民商法学家(第13卷)

张民安 主编

隐私权的界定

—— Samuel D.Warren, Louis D.Brandeis, William.L.Prosser, Judith Jarvis Thomson,以及 W.A.Parent等学者对隐私权作出的界定

张民安 主 编
林泰松 副主编

中山大学出版社
SUN YAT-SEN UNIVERSITY PRESS
·广州·

版权所有　翻印必究

图书在版编目（CIP）数据

隐私权的界定：Samuel D. Warren, Louis D. Brandeis, William. L. Prosser, Judith Jarvis Thomson, 以及 W. A. Parent 等学者对隐私权作出的界定/张民安主编；林泰松副主编. —广州：中山大学出版社，2017.11

（民商法学家·第13卷/张民安主编）
ISBN 978-7-306-06197-3

Ⅰ. ①隐…　Ⅱ. ①张…②林…　Ⅲ. ①隐私权—研究　Ⅳ. ①D912.704

中国版本图书馆 CIP 数据核字（2017）第 237343 号

出版人：	徐　劲
策划编辑：	蔡浩然
责任编辑：	蔡浩然
封面设计：	方楚涓
责任校对：	杨文泉
责任技编：	何雅涛
出版发行：	中山大学出版社
电　　话：	编辑部 020-84111996，84113349，84111997，84110779
	发行部 020-84111998，84111981，84111160
地　　址：	广州市新港西路135号
邮　　编：	510275　　传　真：020-84036565
网　　址：	http://www.zsup.com.cn　　E-mail:zdcbs@mail.sysu.edu.cn
印　刷　者：	广东省农垦总局印刷厂
规　　格：	787mm×1092mm　1/16　36.625 印张　563 千字
版次印次：	2017 年 11 月第 1 版　2017 年 11 月第 1 次印刷
定　　价：	79.00 元

如发现本书因印装质量影响阅读，请与出版社发行部联系调换

主编特别声明

提出新观点,倡导新观念,援引新资料,解决新问题,推动中国民商法理论的创新和民商法学的进步,是《民商法学家》一贯的宗旨,也是《民商法学家》主编一直以来所追求的目标。

《民商法学家》主编张民安教授和林泰松律师凭借良好的专业素质、外语水平以及与国内外民商法理论界和民商法实务界的良好关系,从理论和实务、国内和国外两个角度诠释当代民商法的最新理念,揭示当代民商法案例中所蕴含的内涵,提升我国民商法的理论水准,为我国立法机关科学地制定民商法提供理论支撑,为我国司法机关科学妥当地解决纷繁复杂的民商事案件提供理论指导。

尊敬的读者,如果您在《民商法学家》中读到所援引的任何案例、法官的判词、学者的精辟论述和提出的学术观点,并在撰写文章或出版著作时引用,请您遵守最基本的学术规范和尊重作者最基本的权利,加上转引自"张民安主编的《民商法学家》"等字样,以体现对作者和译者艰辛劳动的尊重。因为,学术虽然是开放的,但是,作者的劳动是应当得到保护的,只有这样,在学术上倡导新观念、提出新观点的学者才能真正体现其价值。

序

一、Samuel D. Warren 和 Louis D. Brandeis 并不是世界上第一个提出隐私权理论的学者

在 1890 年第 4 期的《哈佛法律评论》上，Samuel D. Warren 和 Louis D. Brandeis 发表了《论隐私权》一文，主张美国要认可隐私权和隐私侵权责任的独立性，反对再像英美法系国家普通法那样通过类推适用其他的既存侵权责任制度来保护他人的隐私利益。他们指出，最近的发明和商事手段要求普通法采取新的步骤来保护他人，使他们能够享有 Cooley 法官称之为"独处权"的权利。由于照相技术和报纸杂志的发展，快照和新闻媒体记者大量侵入他人的私人生活和家庭生活的领域，使他人的私人生活和家庭生活存在暴露于天下的危险。[①] 美国普通法有必要保护他人的隐私权，保护他人的隐私免受行为人尤其是新闻媒体的侵害，因为，美国新闻媒体正在进入社会生活的各个领域，正在渗透到社会的各个角落。[②] 他们还指出，在英美法系国家，过去的既存侵权责任制度虽然能够对他人的隐私利益提供某些保护，但是这些保护都存在这样或者那样的问题。为了对他人的隐私利益进行良好的保护，美国侵权法应当承认一种独立的隐私权，此种隐私权不依赖于其他既存的侵权责任制度，诸如名誉侵权责任制度。[③]

在我国，由于受到我国台湾地区某些学者的影响，我国民法学者普遍认为，Samuel D. Warren 和 Louis D. Brandeis 是世界上最早、最先

---

① 张民安：《无形人格侵权责任研究》，北京大学出版社 2012 年版，第 440 页。
② 张民安：《无形人格侵权责任研究》，北京大学出版社 2012 年版，第 440 页。
③ 张民安：《无形人格侵权责任研究》，北京大学出版社 2012 年版，第 441 页。

主张隐私权理论的学者。① 实际上，此种理论极端错误，严重背离事实，因为事实是，隐私权的理论源自法国。

首先，在美国学者 Samuel D. Warren 和 Louis D. Brandeis 于 1890 年主张隐私权理论之前，法国学者早在 19 世纪初期就已经开始主张隐私权的法律保护理论。早在 1819 年，法国巴黎大学的著名学者 Pierre-Paul Royer-Collard 就已经提出了"私人生活应当用围墙隔断"的著名格言，认为新闻媒体不得擅自在其报纸杂志上公开他人的私人生活，否则，它们应当根据《法国民法典》第 1382 条的规定对他人遭受的损害承担赔偿责任。②

其次，在美国学者 Samuel D. Warren 和 Louis D. Brandeis 于 1890 年主张隐私权理论之前，法国立法者早在 1868 年就已经通过制定法承认了隐私权的制定法保护。为了将 Royer-Collard 在 1819 年所主张的"私人生活应当用围墙隔离"的论断、法律格言上升为制定法，法国的少数立法者从 1822 年开始不断作出努力，试图将私人生活受尊重权规定在立法者所通过的制定法当中。在 1868 年，这些立法者的努力终于大功告成，因为法国立法者在 1868 年 5 月 11 日制定的法律当中对私人生活受尊重权作出了规定，这就是该法的第 11 条。该条规定：一旦新闻媒体在它们的报纸杂志上公开有关他人私人生活方面的某种事实，则它们的公开行为将构成犯罪行为，应当遭受 500 法郎刑事罚金的惩罚；对新闻媒体的公开行为主张刑事追究的人只能是利害关系人。③

再次，在美国学者 Samuel D. Warren 和 Louis D. Brandeis 于 1890

---

① 关于我国民法学者对隐私权的起源问题作出的说明，请读者阅读张民安《隐私权的起源——对我国当前流行的有关隐私权理论产生于美国 1890 年观点的批判》，载张民安主编《侵权法报告》（第 6 卷），中山大学出版社 2013 年版，第 5—26 页。
② 张民安：《场所隐私权研究》，载张民安主编《场所隐私权研究》，中山大学出版社 2016 年版，第 1—2 页。
③ L'article 11 de la loi du 11 mai 1868；. M. Gustave Rousset, Code général des lois sur la presse et autres moyens de publication, IMPRIMERIE ET LIBRAIRIE GéNéRALE DE JURISPRUDENCE, 1869, pp. 70—71；张民安：《法国人格权法（上）》，清华大学出版社 2016 年版，第 454 页；张民安：《场所隐私权研究》，载张民安主编《场所隐私权研究》，中山大学出版社 2016 年版，第 1—2 页。

年主张隐私权理论之前,法国法官早在 1858 年的案件当中承认了隐私权在侵权责任法当中的地位。在 19 世纪的法国,除了法国立法者在 1868 年的制定法当中对私人生活受尊重权作出了明确规定之外,法国的法官也从 19 世纪中期开始通过适用《法国民法典》第 1382 条的规定保护他人的私人生活受尊重权,当行为人未经他人同意就擅自公开他人的私人生活时,基于他人的起诉,法官会根据《法国民法典》第 1382 条的规定责令行为人赔偿他人所遭受的损害。在 1858 年 6 月 16 日的著名案件即 l'affaireRachel 一案[①]当中,法国 Seine 地区一审法院(tribunalcivil de la Seine)的法官首次适用《法国民法典》第 1382 条所规定的一般过错侵权责任来保护他人的私人生活免受侵犯,并且根据该条的规定责令行为人就其侵犯他人私人生活的过错行为对他人承担赔偿责任。[②] 自此之后,在他人的私人生活受尊重权的问题上,法国 19 世纪中后期和 20 世纪初期的法官均遵循法国 Seine 地区一审法院在上述 l'affaireRachel 一案和 l'affaire Fougère 一案当中所采取的规则,将行为人在没有获得他人同意的情况下所实施的公开他人私人生活的行为看作《法国民法典》第 1382 条所规定的过错行为。在符合该条所规定的过错侵权责任构成要件的情况下,法国的法官均会责令行为人对他人遭受的损害承担赔偿责任,其中就包括赔偿他人所遭受的非财产损害。因为法国的法官认为,私人生活受尊重权在性质上属于一种道德权利,它涉及他人的道德因素、精神因素、情感因素,尤其是它往往涉及他人亲密的家庭生活,一旦行为人将他人具有道德因素、精神因素或者情感因素的私人生活公开,则他们的公开行为会导致他人遭受精神上的痛苦、心理上的烦恼、情感上的忧郁

[①] Trib. civ. Seine(1ère ch.),16 juin 1858,Félix c. O'Connell,Dalloz,1858. III. 62 et Ann. prop. ind. 1858,p. 250;Jean-Christophe Saint-Pau et,Droits de la Personnalité,LexisNexis,p. 677;张民安:《法国人格权法(上)》,清华大学出版社 2016 年版,第 455 页。

[②] 张民安:《隐私权的起源》,载张民安主编《隐私权的比较研究》,中山大学出版社 2013 年版,第 28—32 页;张民安:《法国的隐私权研究》,载张民安主编《隐私权的比较研究》,中山大学出版社 2013 年版,第 124—133 页;张民安:《法国人格权法(上)》,清华大学出版社 2016 年版,第 455 页;张民安:《场所隐私权研究》,载张民安主编《场所隐私权研究》,中山大学出版社 2016 年版,第 2—3 页。

等非财产损害。①

最后,在美国学者 Samuel D. Warren 和 Louis D. Brandeis 于 1890 年主张隐私权理论之前,法国某些学者已经在 19 世纪 70 年代对隐私权领域的某种重要问题作出了详细的讨论。在 19 世纪中后期,法国某些民法学者认为,虽然法国 1868 年的法律第 11 条保护他人的私人生活免受侵犯,但是,该条所规定的私人生活并不包括他人在公共场所的生活,仅仅是指他人在私人场所即家庭当中的生活,当行为人侵犯他人在公共场所的所作所为时,他们并不对他人承担隐私侵权责任。②

例如,在 1869 年的《新闻自由法》当中,Rousset 就采取此种理论,认为私人生活受尊重权仅以私人场所为限,公共场所不可能存在私人生活受尊重权。他指出:"根据立法者在立法会所进行的讨论当中所表达的观念,我认为,该条所规定的私人生活似乎应当限定在他人在其家庭当中所实施的行为或者所发生的事实的范围之内,是指他人在其不可侵犯的住所当中所进行的生活,此种生活从他人的家门口开始一直到他人在其家庭生活当中所进行的亲密活动;换言之,私人生活也就是家庭内部生活的同义词。"③

"在他人的私人生活之外,他人所享有的生活则是其家庭外部生活,他人的家庭外部生活属于社会生活,而社会生活则属于世人。因此,如果他人的生活发生在大街小巷上,如果他人的生活发生在公共庆祝活动当中,如果他人的生活发生在公共场所,如果他人的生活发生在赛马场,如果他人的生活发生在杂技表演场,如果他人的生活发

---

① 张民安:《隐私权的起源》,载张民安主编《隐私权的比较研究》,中山大学出版社 2013 年版,第 28—32 页;张民安:《法国的隐私权研究》,载张民安主编《隐私权的比较研究》,中山大学出版社 2013 年版,第 124—133 页;张民安:《场所隐私权研究》,载张民安主编《场所隐私权研究》,中山大学出版社 2016 年版,第 3 页。
② 张民安:《公共场所隐私权理论研究》,载张民安主编《公共场所隐私权研究》,中山大学出版社 2016 年版,第 4 页。
③ M. Gustave Rousset, Code général des lois sur la presse et autres moyens de publication, IMPRIMERIE ET LIBRAIRIE GéNéRALE DE JURISPRUDENCE, 1869, p. 71;张民安:《公共场所隐私权理论研究》,载张民安主编《公共场所隐私权研究》,中山大学出版社 2016 年版,第 4 页。

生在戏院,如果他人的生活发生在沙龙当中,或者如果他人的生活发生在教堂寺院里面,则他人的这些生活均不属于私人生活。当他人来到这些地方干着自己的勾当时,当他人来到这些地方炫耀他人非法获得的财富时,如果《完全巴黎》(*Tout Paris*)将他人在这些场所所进行的行为公开,则他人不得主张法国 1868 年法律第 11 条的保护,因为他们的这些行为已经从被围墙隔离的生活当中脱离出来。"①

再例如,在 1887 年的《刑事法学杂志》当中,法国学者 Godin 等人也主张公共场所存在私人生活受尊重权的理论。他们指出:"实际上,我们能够确定无疑地说,私人生活并不仅仅包括公民在其自己住所内所实施的所有行为,它还包括公民在其自身住所之外的场所所实施的行为:公民在别人的住所内所实施的行为,公民在诸如剧院、音乐厅和陈列馆等公共场所所实施的行为以及公民通过公共方式所实施的行为,如果他们的这些行为并不是以具有公共特征的方式或者以被众人所关心的方式(dans un caractère public ou entourés)付诸实施的话……公民在这些场所所实施的行为之所以属于私人生活的范围,是因为他们在这些场所所实施的行为具有私人特征(caractère prive),我们可以适当地说,他人在这些场所所实施的行为是他人个人生活的延续。"②

二、美国在隐私权的理论问题上后来居上

虽然美国人在隐私权领域并不是真正的拓荒者,但是,他们在隐私权的几乎所有领域均成为后来居上者,并因此取得了令人瞩目的成就。

在美国,自 Samuel D. Warren 和 Louis D. Brandeis 在 1890 年发布自己的著名文章《论隐私权》之后,隐私权随即引起了美国大量学

---

① M. Gustave Rousset, Code général des lois sur la presse et autres moyens de publication, Imprimerie et librairie générale de jurisprudence, 1869, p. 71;张民安:《公共场所隐私权理论研究》,载张民安主编《公共场所隐私权研究》,中山大学出版社 2016 年版,第 4 页。

② Jules Godin et al., Journal du Droit Criminel, Paris, Libraires de la Cour de Cassation, 1887, p. 68;张民安:《公共场所隐私权理论研究》,载张民安主编《公共场所隐私权研究》,中山大学出版社 2016 年版,第 5—6 页。

者的兴致，除了发表了大量有关隐私权方面的论文之外，他们也出版了大量的有关隐私权方面的著作，使隐私权成为美国侵权责任法当中最受欢迎的一个主题。而在法国，虽然人们很早以来就承认隐私权的存在，但是，除了在一些著作当中对隐私权所涉及的少数内容作出讨论之外，法国民法学者很少专门发表有关隐私权方面的文章或者专门出版有关隐私权方面的著作，并因此对隐私权理论作出深入研究。

在美国，自Samuel D. Warren和Louis D. Brandeis在1890年发布自己的著名文章《论隐私权》之后，一代又一代的学者开始探寻隐私权的类型，不同的民法学者提出了不同的理论，使隐私权的类型越来越多，种类越来越丰富。例如，在1960年的《论隐私权》当中，美国著名学者Prosser就提出了隐私权的四分法理论，认为所有的隐私权均可以分为四种：其一，擅自使用他人姓名、肖像或者照片的隐私侵权行为；其二，不合理地侵扰他人安宁的隐私侵权行为；其三，公开披露他人私人事实的隐私侵权行为；其四，公开丑化他人形象的隐私侵权行为。① 再如，在2006年的《隐私的类型化研究》当中，丹尼尔·J. 索洛韦依对隐私作出了分类，认为隐私分为四种，这就是：信息收集、信息加工、信息传播和侵犯他人私人事务的行为。② 而在法国，民法学者虽然普遍承认隐私权的存在，但是，他们并没有对隐私权作出这样或者那样的分类。

三、美国学者在20世纪70年代之前对隐私权作出的三种界定方式

在法国，虽然立法者早在1970年就已经制定了1970年7月17日的法律，对隐私权作出了规定，但是，立法者并没有对隐私权作出明确的界定。除了立法者没有对隐私权作出界定之外，法国民法学者也普遍没有对隐私权作出界定。例如，虽然法国著名民法学者Jean Carbonnier在其《民法》当中对隐私权作出了说明，认为隐私权属于

---

① 威廉·普罗瑟.W. 佩奇·基顿：《论隐私权》，廖嘉娴译，载张民安主编《美国当代隐私权研究》，中山大学出版社2013年版，第186—201页。
② 丹尼尔·J. 索洛韦依：《隐私的类型化研究》，骆俊菲译，载张民安主编《美国当代隐私权研究》，中山大学出版社2013年版，第204—291页。

人格权的一种，但是，它并没有对隐私权作出界定。① 再例如，虽然法国民法学者 Philippe Malinvaud 在其《民法总论》当中对隐私权作出了讨论，但是，他并没有对隐私权作出界定。② 同样，虽然 Henri et Léon Mazeaud, Jean Mazeaud, Francois Chabas 和 Bernard Teyssié 在其《人法》当中对隐私权作出了讨论，但是，他们并没有对隐私权作出明确的界定。③

（一）Samuel D. Warren 和 Louis D. Brandeis 首次对隐私权作出的界定

而在美国，情况则迥然不同，在讨论隐私权时，除了对其他的众多问题作出广泛和深入的讨论之外，学者尤其对隐私权作出了不同的说明。在 Warren 和 Brandeis 之前，英美普通法就已经为现代学者所认可的各种隐私利益提供了法律保护，这些隐私利益衍生自敲诈勒索法、有证据的特权以及各种特殊关系产生的保密义务。而 Warren 和 Brandeis 的文章戏剧性地改变了这些隐私权的根基。通过创造性地解读现存的文学作品、保密法和名誉侵权法，Warren 和 Brandeis 认为，普通法应该为他人的隐私权提供法律保护。因为普通法渐渐开始保护他人的情感和心理不受行为人伤害，由此也可以引申为普通法为他人的隐私事务不被未经授权的出版商公开提供法律保护。Warren 和 Brandeis 把这种新的权利称为"独处权"，并将其理论化为一种受到法律保护的个人"不受侵犯的个性特征"。④

具体来说，在 1890 年的《论隐私权》当中，Samuel D. Warren

---

① Jean Carbonnier, Droit civil, Volume I, Introduction Les personnes la famille, l'enfant, le couple, puf, pp. 517—519.
② Philippe Malinvaud, Introduction à l'étude du droit, 15e édition, LexisNexis, pp. 322—335.
③ Henri et Léon Mazeaud Jean Mazeaud Francois Chabas, Lecons de DROIT CIVIL, Tome I/ Deuxième Volume, Les Personnes, 8e édition, Montchrestien, pp. 394—400; Bernard Teyssié, Droit civil, Les personnes, 12e édition, Litec, pp. 50—67.
④ 尼尔·M. 理查德、丹尼尔·J. 索洛韦伊：《Prosser 教授的隐私权理论：混合遗产》，蔡雅智译，载张民安主编《隐私权的比较研究》，中山大学出版社 2013 年版，第 309 页。

和 Louis D. Brandeis 首次对隐私权作出了明确界定，他们认为，所谓隐私权是指他人所享有的一种独处权，该种独处权在性质上属于一种不得被侵犯的人格权，他们指出："我们似乎可以得出一个结论：法律为公民通过作品或者艺术品展现的思想、感情和情绪提供的保护只是公民享有的一项更为普遍的权利——独处权的实现。正如公民所享有的免受殴打威胁或者殴打的权利、免受囚禁的权利、免受恶意起诉的权利和免受诽谤的权利一样，这些权利之所以被法律承认并且保护，其原因是这些权利本质上都是所有权或者占有权的体现，也许将这些权利称为财产权更加合适，因为它们具有明显的财产权属性。然而，显然易见，这些财产权与法律为公民通过作品或者艺术品展现的思想、感情和情绪提供保护的权利又截然不同。法律保护他人的个人作品以及其他私人事务免受行为人以各种方式公开，而不是保护这些个人作品以及其他私人事务免受行为人盗取或者征用，此时的法律原则旨在保护他人的人格不受侵犯，而不是保护他人的私人财产不受侵犯。"①

（二）Prosser 对隐私权作出的再界定

"在美国，谈及隐私侵权法不得不提 William Prosser 教授，虽然 Samuel Warren 和 Louis Brandeis 在 1890 年发表的著名的《论隐私权》一文对美国隐私侵权法产生了重要的影响，但是 Prosser 教授才是美国隐私侵权法的主要缔造者。Prosser 教授将 Warren 和 Brandeis 定义的模糊的'隐私权'划分为四种隐私侵权责任制度，这一分类在隐私侵权领域得到广泛的认可，无论学说还是司法判例均对其予以承认。因此，尽管 Warren 和 Brandeis 为隐私侵权种下了原始种子，但是 Prosser 教授则将 Warren 和 Brandeis 所提出的隐私侵权予以系统化、组织化，使隐私侵权成为井井有条和合情合理的制度，而这是过去的隐私侵权所不曾有过的。理所当然地，学者们也都承认，Prosser 教

---

① Samuel D. Warren and Louis D. Brandeis, The Right to Privacy, Harvard Law Review, Vol. 4, No. 5（Dec. 15, 1890），p. 205；塞缪尔·D. 沃伦、路易斯·D. 布兰迪斯：《论隐私权》，陈圆欣译，载张民安主编《隐私权的界定》，中山大学出版社 2017 年版，第 22 页。

授在促进隐私侵权法发展方面具有不可或缺的作用。早在 1964 年，Edward Bloustein 就认为，Prosser 教授对隐私权发展的影响已足以与 Warren 和 Brandeis 匹敌。①②

除了放弃了 Samuel D. Warren 和 Louis D. Brandeis 在其《论隐私权》当中对隐私权采取的单一理论并因此承认了隐私侵权的四分法理论之外，在 1960 年的《论隐私权》当中，Prosser 教授也彻底否定了 Samuel D. Warren 和 Louis D. Brandeis 在其《论隐私权》当中对隐私权作出的界定。他认为，隐私权并不是一种独立权，而是四种不同类型的权利，这就是，他人的姓名、肖像和其他人格特征不得被擅自使用的权利、他人的安宁不得被不合理侵扰的权利、他人的私人事务不得被公开披露的权利，以及他人的形象不得被公开丑化的权利。

通过总结 Samuel D. Warren 和 Louis D. Brandeis 提出隐私权理论之后一直到 20 世纪 60 年代之前美国各州的法官所审理的有关隐私权方面的大约 300 个案件，Prosser 教授最终认定了四种类型的不同隐私侵权行为，他指出："如今，通过美国记录在案的 300 多个案例所隐含的一些信息和学说，我们不仅可以在很大程度上填补美国在隐私权方面的缺漏，还可以得出一些相对明确的结论。在如何处理隐私权类型的问题上，法院的判例发挥着十分重要的作用。虽然以前人们都认为隐私侵权行为只有一种，但从法院的判例来看，事实并非如此。隐私侵权行为不是一种单一的侵权行为，而是由四种侵权行为共同构成的结合体。隐私权法包含了四种独立的隐私侵权行为，它们分别侵害了公民四种不一样的权利。这四种隐私侵权行为结合在一起，形成了一个共同的名称——隐私侵权行为。但是，除了这四种隐私侵权行为都侵害了公民所享有的、被 Cooley 大法官称为'独处权'的权利之外，它们之间几乎不再存在任何共同之处。虽然法院没有对'隐私侵权行为'作出精确的定义，但它们承认以下四种隐私侵权行为：

---

① Edward J. Bloustein, *Privacy as an Aspect of Human Dignity: An Answer to Dean Prosser*, 39 N. Y. U. L. Rev. 962, 964（1964）.
② 尼尔·M. 理查德、丹尼尔·J. 索洛韦伊：《Prosser 教授的隐私权理论：混合遗产》，蔡雅智译，载张民安主编《隐私权的比较研究》，中山大学出版社 2013 年版，第 305—306 页。

侵扰他人安宁或私人事务的隐私侵权行为；公开他人私人事实的隐私侵权行为；公开丑化他人形象的隐私侵权行为；出于商业目的或自己的利益，擅自使用他人姓名或肖像的隐私侵权行为。"

（三） Alan Westin 在 1967 年对隐私权作出的新界定

Prosser 教授所主张的四分法的隐私权理论获得了巨大的成功，因为，除了《美国侵权法复述（第二版）》对其主张的四分法的隐私权理论作出了明确规定之外，除了美国大多数州的制定法对其主张的隐私权理论予以认可之外，美国的学者也普遍认可了他所主张的隐私权理论。①

然而，20 世纪 60 年代以来，随着新科技和新发明的不断涌现，尤其是随着电脑和互联网的出现，人们越来越发现 Prosser 教授所主张的四分法的隐私权理论存在这样或者那样的问题，使他所主张的四分法的隐私权理论无法适应 20 世纪 60 年代以来的社会发展和变化的需要。为了满足 20 世纪 60 年代以来社会发展和变化的需要，美国联邦最高法院开始通过其司法判例建立新类型的隐私权，并因此产生了美国学者所谓的新隐私权理论。所谓新隐私权，是指 20 世纪 60 年代之后的隐私权，该种隐私权不同于 20 世纪 60 年代之前的隐私权，也就是，不同于 1890 年之后一直到 1960 年之前的隐私权。学者普遍认为，20 世纪 60 年代之后的新隐私权包括三种：自治性隐私权（right to decisional privacy）、物理性隐私权（right to physical privacy）和信息性隐私权（right to informational privacy），这就是所谓的新隐私权的三分法理论。②

在此种新的情况下，美国学者开始采取新的方式界定隐私权。在 1967 年的《隐私与自由》当中，美国著名学者 Alan Westin 对隐私权作出了明确界定，认为所谓隐私权是指他人所享有的对其信息予以公开的权利，他指出："所谓隐私权，是指个人、群体或者机构所享有的决定何时、用什么样的方式以及在何种程度上将其信息对别人公开

---

① 张民安：《信息性隐私权研究》，中山大学出版社 2014 年版，序言，第 1 页。
② 张民安：《信息性隐私权研究》，中山大学出版社 2014 年版，序言，第 1—2 页。

的权利。"① Alan Westin 对隐私权所作出的此种界定得到了其他学者的广泛遵循,在对隐私权作出界定的时候,大量的学者采取了他的界定。②

例如,在其《隐私权》一书当中,Adam Carlyle Breckenridge 就采取了 Alan Westin 的界定方式,认为隐私权等同于信息性隐私权,他指出:"我认为,所谓隐私权,是指他人所享有的能够决定与别人分享其信息范围、能够控制与别人分享其信息的时间、地点或者环境的权利,也就是,所谓隐私权,是指他人所享有的能够按照其认为合适的方式拒绝别人分享或者让别人分享其信息的权利。实际上,隐私权就是指他人所享有的对其本人的信息的传播予以控制的权利,因为他人本人的信息属于他人所占有的东西。"③

再例如,在《隐私与行为调查》一文当中,Oscar M. Ruebhausen 和 Orville G. Brim 也采取了 Alan Westin 的界定方式,认为隐私权就等同于信息性隐私权,他们指出:"所谓隐私权,是指他人所享有的能够决定或者选择与别人分享或者不分享其个人态度、信仰、行为或者意见的时间、环境以及范围的自由。"④

同样,在其起草的《提供和使用个人信息原则》(*Principles for Providing and Using Personal Information*,IITF 原则)当中,克林顿政府信息基础特别工作小组(President Clinton's Information Infrastructure Task Force)也采取此种界定方式,它指出:"所谓隐私权,是指他人所享有的对其个人信息、能够被识别的个人信息的获取、披露和使用予以控制的权利。"⑤ 特别工作小组对隐私权作出的界定为美国学者 Jerry Kang 所采取。在其《网络交易中的信息隐私权》一文当中,

---

① ALAN F. WESTIN, PRIVACY AND FREEDOM, New York: Athenum., 1967, p. 7;张民安:《信息性隐私权研究》,中山大学出版社 2014 年版,序言,第 2 页。
② 张民安:《信息性隐私权研究》,中山大学出版社 2014 年版,序言,第 2 页。
③ ADAM CARLYLE BRECKENRIDGE, THE RIGHT TO PRIVACY, University of Nebraska Press March 1, 1970, p. 1.
④ Oscar M. Ruebhausen & Orville G. Brim, Jr., Privacy and Behavioral Research, (1965) 65 COLUM. L REV. 1184, p. 1189.
⑤ United States Dep't of Justice v. Reporters Comm. for Freedom of the Press, 489 U. S. 749, 763 (1989).

他完全采纳了此种界定。他指出："所谓信息性隐私权，是指'他人所享有的对其个人信息、能够被识别的个人信息的获取、披露和使用予以控制的权利。'这一定义来自《提供和使用个人信息原则》，这一原则由克林顿执政时期的信息基础设施特别工作组（Information Infrastructure Task Force）所制定。笔者之所以采用 IITF 对信息性隐私权作出的定义，是因为该定义是在广泛收集研究样本、综合学术和政策思考之后作出的，它有助于对信息性隐私权的分析，对于政府、私营机构以及学术讨论均产生了重大影响。如果历史能够重演，IITF 原则将会成为美国联邦政府进行进一步隐私权立法的最重要的基础。"①

四、美国当今学者对隐私权作出的形形色色的界定

在当今英美法系国家，除了上述三种典型的界定方式之外，英美法系国家尤其是美国的学者对隐私权作出的界定可谓五花八门、形形色色，不同的人基于不同的考虑对隐私权作出了不同的考虑。例如，在 1968 年的《论隐私权》当中，Charles Fried 教授认定，所谓隐私权，是指他人所享有的要求别人尊重其爱、友谊和信任的权利。② 再如，在 1974 年的《隐私的界定》当中，Richard B. Parker 教授对隐私权作出了界定，他认为，所谓隐私权，是指一种控制权，他人通过使用这种控制权来选择和决定在什么时候和被谁感知我们（任何一个特定的人）身体（指生物意义上的肉体）的任何一部分，这里的"感知"是指行为人亲自看我们或听我们的谈话，或者通过照相机、录音机、电视等仪器来看我们或听我们的谈话，或者触摸我们或者以

---

① Jerry Kang, Information Privacy in Cyberspace Transactions, (1998) Stanford Law Review, Vol. 50, No. 4, pp. 1205—1206；杰瑞康：《网络交易中的信息隐私权》，韩林平译，载张民安主编《民商法学家》第 10 卷，中山大学出版社 2014 年版，第 66 页。
② Charles Fried, Privacy, (1968) 77 YALE L. J. 475, pp. 475—493；查尔斯·弗莱德：《论隐私权》，廖嘉娴译，载张民安主编《隐私权的界定》，中山大学出版社 2017 年版，第 101 页。

嗅觉和味觉感知我们的气息。①

在当今美国,学者对隐私权的界定究竟有多少类型?不同的民法学者作出的回答存在差异。在《隐私的界定》当中,Richard B. Parker 教授认为,虽然不同的学者对隐私权作出了不同的界定,但是,总的说来,学者的意见主要分为四种。第一种意见认为,隐私是一种心理学上的状态,一种"远离他人"、接近于异化的情状。第二种意见认为,隐私是一种权力,是"我们对于自己个人信息的控制权",或者说是"人们可以对别人获取其个人事务相关信息的手段加以控制的状态",又或者是"我们控制个人信息流通的能力"。第三种意见由一位著名学者提出,他认为隐私应当定义为"个人、组织或机构应有的权利,该权利可以保护权利主体得以自主决定在什么时候、以什么方式和到达何种程度地将自己的信息向别人传播"。第四种意见认为,隐私的其中一个重要方面是对拒绝参与其他人的活动的选择权,如果我们不得不忍耐"聆听"机动车流的呼啸声或者被迫呼吸被污染的空气,我们的这种权益就会受到损害。②

在 2002 年的《隐私权的定义》当中,Daniel J. Solove 认为,在当今美国,有关隐私权的界定虽然形形色色,但是,可以归结为六种:其一,独处权的理论,认为隐私权是一种独处权;其二,限制接触理论,认为隐私权是他人所享有的限制别人接触他们的权利;其三,秘密理论,认为隐私权是指他人所享有的要求别人对其个人特定事务进行保密的权利;其四,个人信息的自我控制理论,认为隐私权是指他人所享有的决定何时、对何人和以何种方式公开其个人信息的权利;其五,人格权理论,认为隐私权是指他人所享有的免受侵犯的一种人格权;其六,亲密关系理论,认为隐私权是指他人所享有的自

---

① Richard B. Parker, A Definition of Privacy, (1973—1974) 27 R UTGERS L. Rev. 275, p. 281;理查德·B. 帕克:《隐私的界定》,林泰松、骆俊菲译,载张民安主编《隐私权的界定》,中山大学出版社 2017 年版,第 114 页。
② Richard B. Parker, A Definition of Privacy, (1973—1974) 27 R UTGERS L. Rev. 275, pp. 275—276;理查德·B. 帕克:《隐私的界定》,林泰松、骆俊菲译,载张民安主编《隐私权的界定》,中山大学出版社 2017 年版,第 115 页。

由发展其个人人际关系的权利。①

在美国,学者为何在隐私权的定义方面存在如此众多的不同定义?答案在于,在美国,隐私权的含义非常广泛,它究竟广泛到什么程度,似乎没有人能够说得清楚、明白。对不同的人而言,隐私权意味着不同的含义。因为这样的原因,美国学者普遍承认,对隐私权下定义并不是一件轻松的事情,而是一件吃力不讨好的事情。

Daniel J. Solove 对此作出了明确说明,他指出:"隐私权的含义很广,它包含了思想自由、个人身体的自我控制、独居、个人信息的自我控制、免受监视的自由、保护个人名誉、免受非法搜查和审讯等内容。哲学家、法学家们纷纷感叹,给隐私权下定义是一件很困难的事,而给隐私权下一个令人满意的定义更是难上加难。Arthur Miller 认为,给隐私权下定义很困难,因为隐私权的含义本来就很含糊,况且隐私权的含义容易随着时间的变化而发生改变。Julie Inness 则认为,法学界以及哲学界有关隐私权定义的观点处在一种杂乱无章的状态。Alan Westin 说:'虽然隐私权很重要,但是我们这个社会并没有给隐私权下一个准确的定义。'William Beane 意识到,即便是那些支持保护隐私权的人也不得不承认,对隐私权的本质和范畴进行定义是一件很困难的事。Tom Gerety 认为,对于所有的法律人来说,隐私权是一个可变的定义,因为任何案件都可以和隐私权理论联系起来。② Robert Post 认为,隐私权的含义很广,各个含义的内容不相同,它们的复杂程度也不相同,有时候,还会出现不同类型隐私权的内容相互矛盾的情况。基于上述原因,Robert Post 甚至认为,给隐私权下定义是一件不太可能的事。还有一些学者对法律所保护的隐私利益进行了调查研究,经过研究后他们发现,隐私权保护的利益范围很广,这些利益不仅种类不同,而且它们相互之间也没有什么关系。Judith Thompson 甚至认为,给隐私权下定义没有什么意义。不过,他也认

---

① Daniel J. Solove, Conceptualizing Privacy, (2002) California Law Review, Vol. 90, No. 4, pp. 1099—1124;丹尼尔·L. 索洛韦伊:《隐私权的定义》,黄淑芳译,载张民安主编《美国当代隐私权研究》,中山大学出版社 2013 年版,第 11—38 页。

② Tom Gerety, Redefining Privacy, 12 HARv. C. R. – C. L. L. RV. 233, 234 (1977);

为隐私利益属于法律所要保护的主要利益。"①

而在 2003 年的《作为身份维持原状的隐私》当中，Jonathan Kahn 则认为，虽然作为自我界定和个人发展的一项基本要件，隐私一直以来在西方自由精神的传统中占据着核心地位，但是，隐私一词的含义长久以来却未能得到清楚明确的界定。法学家和哲学家们试图从各个方面来廓清"隐私"这一词，他们对隐私做了各种各样的描述，他们形容其为一种社交的自治、一项权利、一种心理状态、一个免受侵扰的物理空间或是支配自身的一种形式，等等。②

一些更具体的界定则包括：隐私是一种"和旁人保持距离"的心理状态，"不参与他人行为的自由"，"授权个人对其存在享有道德权利的社会习惯"，"信息不从其拥有者流向其他人的界限"，"别人了解他人某些生活方式的限制"，"个人对其财产（私事）等事项享有排他性的处分权"，"他人为防止别人为不利目的而使用自己信息的保密手段"，以及隐私是"个人、组织或是机构自行决定何时、以何种方式以及何种程度公开他们个人信息的权利"。③

Jonathan Kahn 指出，虽然美国学者在隐私权的定义方面可谓百花齐放，但是，他们的主要界定可以分为八种：其一，认为隐私权是指他人所享有的一种免受侵犯的人格权；其二，认为隐私权并不是指他人对其单一的隐私所享有的权利，而是指他人对其众多的、不同的利益所享有的免受侵犯的权利，诸如他人对其姓名、肖像、私人生活等特殊利益所享有的免受侵犯的权利；其三，认为隐私权是指他人所享有的一种免受侵犯的尊严权；其四，认为隐私权是指他人所享有的

---

① Daniel J. Solove, Conceptualizing Privacy, (2002) California Law Review, Vol. 90, No. 4, pp. 1088—1089；丹尼尔. L 索洛韦伊：《隐私权的定义》，黄淑芳译，载张民安主编《美国当代隐私权研究》，中山大学出版社 2013 年版，第 11—38 页。
② Jonathan Kahn, Privacy as a Legal Principle of Identity Maintenance, (2002—2003) 33 Seton Hall. L. Rev. 371, p. 371；乔纳森·卡恩：《作为身份维持原则的隐私》，王梓棋译，载张民安主编《美国当代隐私权研究》，中山大学出版社 2013 年版，第 68 页。
③ Jonathan Kahn, Privacy as a Legal Principle of Identity Maintenance, (2002—2003) 33 Seton Hall. L. Rev. 371, pp. 371—372；乔纳森·卡恩：《作为身份维持原则的隐私》，王梓棋译，载张民安主编《美国当代隐私权研究》，中山大学出版社 2013 年版，第 68—69 页。

就其自身的私人事务作出自我决定的权利,即自治性隐私权;其五,认为隐私权是指他人对其私人信息所享有的一种自由支配的权利;其六,认为隐私权是指他人对其私人领域、私人空间所享有的免受打扰的权利;其七,认为隐私权是指他人所享有的禁止别人进入其自我划定的边界的权利;其八,认为隐私权是指宪法所保护的公民所享有的免受政府执法人员非法侵犯其人格尊严和身份利益的权利。[1]

五、《民商法学家》(第13卷)对隐私权定义的关注

在1986年的《中华人民共和国民法通则》当中,我国立法者并没有对隐私权作出规定。因此,他们也不可能对隐私权作出界定。在2008年的《侵权责任法》当中,我国立法者虽然首次通过制定法的方式正式承认了隐私权,但是,除了在第二条当中使用了"隐私权"三个字之外,他们并没有对隐私权作出更多的规定。因此,在该民事单行法当中,他们也没有对隐私权作出界定。在2017年的《中华人民共和国民法总则》(以下简称《民法总则》)当中,我国立法者虽然用了两个条款对隐私权作出了规定,但是,他们仍然没有对隐私权作出界定。

《民法总则》第110条对隐私权作出了说明,该条规定:自然人享有生命权、身体权、健康权、姓名权、肖像权、名誉权、荣誉权、隐私权、婚姻自主权等权利。除了在第110条当中对隐私权作出了规定之外,立法者还在第111条当中对信息性隐私权作出了特别规定,该条规定:自然人的个人信息受法律保护。任何组织和个人需要获取他人个人信息的,应当依法取得并确保信息安全,不得非法收集、使用、加工、传输他人个人信息,不得非法买卖、提供或者公开他人个人信息。

在《民法总则》当中,立法者之所以将信息性隐私权从一般隐私权当中分离出来,一方面是因为信息性隐私权的地位重要,不能够

---

[1] Jonathan Kahn, Privacy as a Legal Principle of Identity Maintenance, (2002—2003) 33 Seton Hall. L. Rev. 371, pp. 371—410;乔纳森·卡恩:《作为身份维持原则的隐私》,王梓棋译,载张民安主编《美国当代隐私权研究》,中山大学出版社2013年版,第70—99页。

也不应当与隐私权的其他内容混杂在一起；另一方面是因为，在今时今日，侵犯他人信息性隐私权的现象大量发生，包括政府执法人员和私营企业在内的众多行为人均通过各种各样的方式尤其是互联网、计算机的方式收集、使用、加工、传输或者买卖、提供或者公开他人私人信息，让他人的私人信息在互联网时代面临前所未有的风险。

在我国，《民法总则》第110条所规定的隐私权属于一般隐私权，而第111条所规定的隐私权则属于特殊隐私权。在他人隐私权遭受侵犯时，如果符合第111条所规定的条件，则行为人应当根据第111条的规定对他人承担隐私侵权责任；在其他情况下，如果他人的隐私权遭受侵犯，行为人只能够根据110条的规定对他人承担侵权责任。问题在于，除了第111条所规定的信息性隐私权之外，第110条所规定的隐私权具有哪些内容？我国立法者没有作出说明。

在我国，即便在立法者没有明确规定隐私权的时代，我国民法学者就明确承认隐私权的存在。因此，除了对隐私权的历史和其他内容作出了或者详尽的说明或者简略的讨论之外，我国民法学者也普遍对隐私权作出了界定。不过，我国民法学者的界定存在这样或者那样的问题，因为，除了对隐私权作出最抽象的界定之外，他们很少对隐私权的类型作出说明。实际上，隐私权的类型直接影响到隐私权的定义，因为，隐私权所保护的利益范围不同，人们对隐私权作出的界定也不同。

笔者认为，在对隐私权作出界定时，我们应当首先了解其他国家的学者是如何对待隐私权的定义的。因为，如果我们不知道其他国家的学者是任何界定隐私权的，不知道他们为何对隐私权作出此种或者比种界定，则我们无法清晰地理解隐私权的内涵和外延。为了让我国民法学者普遍了解其他国家尤其是英美法系国家学者对隐私权作出的不同界定，我们在《民商法学家》（第13卷）当中对形形色色的不同学者作出的形形色色的不同界定作出说明，包括：Samuel D. Warren 和 Louis D. Brandeis 对隐私权作出的界定、William. L. Prosser 对隐私权作出的界定、Judith Jarvis Thomson 对隐私权作出的界定以及 W. A. Parent 等人对隐私权作出的界定。

想他人所不能想，言他人所不能言，著他人所不能著，编他人所不能编，对迄今为止被认为是天经地义、理所当然的某些基本民商法理论、某些基本民商法制度提出挑战，介绍或者提出某些"不同凡响"的甚至被认为是"离经叛道"的民商法理论和民商法观点，是编者20年以来所一直追求的目标，也是笔者在《民商法学家》当中所希望实现的目的。

《民商法学家》（第13卷）之所以能够顺利出版，除了主编和各著译者的努力之外，还得益于中山大学出版社和蔡浩然编审的鼎力支持，在《民商法学家》（第13卷）即将出版之际，本书主编真诚地对他们表示由衷的感谢！

张民安教授

2017年4月29日

于广州中山大学法学院

目　　录

第一编　隐私权的经典界定

论隐私权
　…塞缪尔·D. 沃伦　路易斯·D. 布兰迪斯 著　陈圆欣 译
　　一、导论 …………………………………………………（1）
　　二、保护公民隐私权的法律原则 ………………………（5）
　　三、保护公民隐私权的法律原则的本质与范围 ………（8）
　　四、隐私权的界限与法律救济 …………………………（21）
　　五、结语 …………………………………………………（26）

论隐私权 ………………………威廉·L. 普罗瑟 著　凌玲 译
　　一、导论 …………………………………………………（28）
　　二、侵扰他人安宁的隐私侵权行为 ……………………（39）
　　三、公开披露他人私人事实的隐私侵权行为 …………（44）
　　四、公开丑化他人形象的隐私侵权行为 ………………（53）
　　五、出于商业目的或自己的利益，擅自使用他人姓名或
　　　　肖像的隐私侵权行为 ………………………………（59）
　　六、共同的特征 …………………………………………（68）
　　七、公众人物和公共利益 ………………………………（73）
　　八、公共领域与私人领域之间的界限 …………………（80）
　　九、抗辩事由 ……………………………………………（87）
　　十、结语 …………………………………………………（91）

论隐私权 ……………………查尔斯·弗莱德 著　廖嘉娴 译
　　一、对缓刑犯和假释犯的监视手段 ……………………（95）
　　二、隐私权的根本性价值 ………………………………（96）
　　三、道德和尊重 …………………………………………（97）
　　四、爱、友谊和信任 ……………………………………（99）
　　五、隐私权的含义 ………………………………………（101）

  六、隐私权对爱、友谊和信任的重要性 ……………（102）
  七、隐私权的保护范围 ……………………………（105）
  八、监控对个人隐私权的危害 ……………………（108）
  九、结语 ……………………………………………（111）
隐私的界定 ………… 理查德·B. 帕克 著　林泰松、骆俊菲 译
  一、导论 ……………………………………………（113）
  二、隐私的界定 ……………………………………（114）
  三、隐私的界定在实践中的应用 …………………（129）

第二编　隐私权的现代界定

论隐私权 ………… 茱蒂丝·贾维斯·汤姆森 著　丁双玥 译
  一、导论 ……………………………………………（136）
  二、两种重要的假设情形 …………………………（137）
  三、笔者对两种假设情形的看法 …………………（140）
  四、隐私权和财产权 ………………………………（140）
  五、隐私权和"人对自身的权利" ………………（145）
  六、两个例子 ………………………………………（150）
  七、对简单的设想的证明 …………………………（150）
  八、隐私权权利束与其他权利束之间的问题 ……（154）
  九、隐私权权利束的性质 …………………………（156）
隐私的困境 ………… 雷蒙德·瓦克斯 著　魏凌 译
  一、导论 ……………………………………………（158）
  二、隐私的各种界定方式 …………………………（162）
  三、结语 ……………………………………………（169）
对隐私的定义所作的各种界定 ……… W. A. 帕伦特 著　魏凌 译
  一、导论 ……………………………………………（171）
  二、当前受到普遍认可的隐私定义 ………………（172）
  三、隐私的新定义 …………………………………（182）
隐私权的各种界定方式 ………… 麦迪逊·鲍尔 著　魏凌 译
  一、导论 ……………………………………………（190）

二、隐私的简化论定义 …………………………………… (191)
三、隐私的描述性定义 …………………………………… (193)
四、结语 …………………………………………………… (205)

隐私权的三种含义 ……… 罗伯特·C. 波斯特 著　谢晓君 译
一、隐私权的第一种含义 ………………………………… (207)
二、隐私权的第二种含义 ………………………………… (213)
三、隐私权的第三种含义 ………………………………… (216)

隐私的概念 ……………… 海曼·格劳斯 著　魏凌 译
一、导论 …………………………………………………… (221)
二、隐私的概念 …………………………………………… (223)
三、对 Griswold v. Connecticut 一案裁决的分析 ……… (228)
四、Prosser 教授和 Bloustein 教授的分析方法 ………… (234)
五、结语 …………………………………………………… (243)

第三编　隐私权的再界定

隐私的一种新界定 ……… W. A. 帕伦特 著　杨雅卉 译
一、隐私的一种新界定 …………………………………… (245)
二、司法中对隐私概念的不当处理 ……………………… (252)
三、Prosser 的隐私理论以及美国法学界近期对隐私概念的
　　补正 …………………………………………………… (263)
四、对正确可靠的隐私判例进一步完善 ………………… (270)

隐私的再界定 …………… 汤姆·格雷蒂 著　谢晓君 译
一、隐私的定义与直觉 …………………………………… (282)
二、侵权行为的种类 ……………………………………… (288)
三、亲密行为与自治权 …………………………………… (301)
四、信息性隐私权 ………………………………………… (314)
五、结语 …………………………………………………… (324)

二分还原主义的隐私权理论 ……… 戴维·马西森 著　凌玲 译
一、取消主义、原教旨主义和还原主义的隐私 ………… (326)
二、取消主义、原教旨主义和还原主义的隐私权理论 … (328)

三、二分还原主义的隐私权理论 ……………………（329）
　　四、人、自由权、财产权 ………………………………（331）
　　五、内在的侵扰以及对人的关系型侵扰 ………………（333）
　　六、隐私权侵害：对人的关系型侵扰 …………………（335）
　　七、内在的侵扰行为与对行为的关系型侵扰 …………（337）
　　八、隐私权侵害：对行为的关系型侵扰 ………………（338）
　　九、对财产的内在侵扰和关系型侵扰 …………………（339）
　　十、隐私权侵害：对财产的关系型侵扰 ………………（340）
　　十一、隐私权的体系 ……………………………………（341）
　　十二、结语 ………………………………………………（342）

隐私权的重构
　　……… 马克·阿尔菲诺　G. 伦道夫·梅耶斯 著　陈圆欣 译
　　一、导论 …………………………………………………（348）
　　二、假定 …………………………………………………（349）
　　三、隐私是一种基本的道德权利 ………………………（353）
　　四、与其他隐私理论的关系 ……………………………（357）
　　五、含义 …………………………………………………（361）
　　六、结语：信息隐私和离散监控问题 …………………（363）

隐私的哲学理论 ……………赫尔曼·T. 塔瓦尼 著　谢晓君 译
　　一、导论 …………………………………………………（366）
　　二、隐私的各种理论 ……………………………………（368）
　　三、在网络隐私问题上适用有限获取与有限控制理论 …（377）
　　四、结语 …………………………………………………（382）

法律和道德当中的隐私范围
　　…………………… 朱迪恩·瓦格纳·得茨 著　谢晓君 译
　　一、导论 …………………………………………………（383）
　　二、隐私与公共记录 ……………………………………（385）
　　三、超越信息 ……………………………………………（387）
　　四、隐私与自由 …………………………………………（395）
　　五、隐私的广泛含义 ……………………………………（400）
　　六、结语 …………………………………………………（406）

第四编 隐私权的其他界定

论隐私权 ………………… 理查德·A. 波斯纳 著　陈圆欣 译
 一、导论 ……………………………………………………（407）
 二、隐私经济学 ……………………………………………（408）
 三、隐私侵权法 ……………………………………………（422）
 四、结语 ……………………………………………………（433）

隐私、秘密和名誉 ………… 理查德·A. 波斯纳 著　陈圆欣 译
 一、导论 ……………………………………………………（434）
 二、隐私经济学分析的起源 ………………………………（435）
 三、"隐私"一词的语源 …………………………………（436）
 四、隐私蕴含的经济学原理 ………………………………（440）
 五、经济学分析的一些理据 ………………………………（454）
 六、名誉侵权的经济学 ……………………………………（459）
 七、与隐私有关的立法运动 ………………………………（469）
 八、政府与隐私 ……………………………………………（477）

论隐私权 ………………… 劳埃德·L. 维因雷布 著　魏凌 译
 一、隐私权的定义问题 ……………………………………（482）
 二、自治性隐私权 …………………………………………（487）
 三、信息性隐私权 …………………………………………（491）
 四、隐私权是否来源于惯例 ………………………………（499）

论隐私权 ………………… 罗伯特·B. 麦凯 著　谢晓君 译
 一、导论 ……………………………………………………（502）
 二、《美国联邦宪法第十四修正案》的正当程序以及
  《权利法案》 ……………………………………………（507）
 三、隐私权与《美国联邦宪法第五修正案》和《美国联邦
  宪法第四修正案》 ……………………………………（514）
 四、政府以及避孕信息的传播 ……………………………（521）

论隐私的定义 ……………… 朱丽尔·英尼斯 著　魏凌 译
 一、导论 ……………………………………………………（525）
 二、以信息为基础的隐私定义 ……………………………（526）

三、以接触行为为基础的隐私定义 …………………… (532)
　　四、以决定为基础的隐私定义 ……………………………(533)
　　五、结语 ……………………………………………………(539)
隐私的概念、价值和隐私权　………苏珊娜·王 著　谢晓君 译
　　一、导论 ……………………………………………………(541)
　　二、隐私的概念 ……………………………………………(542)
　　三、隐私的价值 ……………………………………………(544)
　　四、社会中的隐私权保护 …………………………………(553)
　　五、结语 ……………………………………………………(559)

第一编　隐私权的经典界定

论隐私权

塞缪尔·D. 沃伦[①]　路易斯·D. 布兰迪斯[②]著　陈圆欣[③]译

目　次

一、导论
二、保护公民隐私权的法律原则
三、保护公民隐私权的法律原则的本质与范围
四、隐私权的界限与法律救济
五、结语

一、导论

个人的财产、人身安全应当得到足够的保护，此乃法律的基本原则，这一原则与普通法一样源远流长；然而，人们也发现此种保护应该随着时间变化而发展，并且应该扩张其保护范围。政治、社会和经济因素的变化不断要求承认新的权利，为了永葆青春，普通法也必须随着社会发展而发展，以满足人们在不同时代里的要求。因此，在很早的时候，法律只保护他人的生命和财产免受行为人所实施的实际妨碍、暴力侵占（trespasses vi et armis）的行为侵害，这就是普通法上的侵害他人生命与财产的侵权。在那时，"生命权"（right to life）仅

[①] 塞缪尔·D. 沃伦（Samuel D. Warren），美国《哈佛法律评论》创办人之一。
[②] 路易斯·D. 布兰迪斯（Louis D. Brandeis），美国最高法院大法官。
[③] 陈圆欣，中山大学法学院助教。

仅保护公民免受各种殴打侵权的侵害；自由仅仅意味着不受到实际约束的自由；财产权也仅仅为公民的土地和牲畜提供保护。后来，个人的精神世界、感情及心智得到了认可。这些法律权利的范围也逐渐得到拓展，最终生命权意味着他人拥有享受生活的权利——独处权（the right to be let alone）；自由权意味着他人所享有的广泛的公民特权得以实现；而"财产权"也逐渐囊括了各种形式的财产，不仅包括有形财产，还包括无形财产。

随着法律承认人之情感所蕴含的法律价值，他人所享有的身体免受实际损害的权利得以拓展，即便行为人仅仅意图损害他人身体的权利，也就是说，让他人陷入可能遭受人身伤害的恐惧，他人也有权禁止行为人的此种行为。从殴打侵权到由其发展出来的殴打侵权的威胁①，公民所遭受的侵权行为的形态日益丰富。后来，普通法为公民提供了特别的保护，普通法保护公民免受令人厌恶的噪音和气味、尘埃和烟雾以及过度震动的侵扰。滋扰侵权法（the law of nuisance）由此得到了发展。② 于是，法律为公民提供的保护也从个人身体的保护延伸到其他权益的保护。公民的名誉以及他在同伴中的地位也受到法律的保护，英美法上的名誉侵权法由此诞生。③ 在法律上，公民的家庭关系成为其生活的一部分，如果公民对其妻子不忠，那么其妻子在情感上遭受的损害也能够得到法律的救济。④ 诚然，有时候法律会停滞不前，比如当行为人引诱他人妻子并且此行为对他人造成名誉损害时，他人及其家庭成员也不得以家庭名誉受损为由得到法律的救济。然而，尽管如此，社会的需求也会得到法律的响应。如果父母的感情受到伤害，那么他们可以通过诉诸请求赔偿服务损失之诉（action

---

① Year Book, Lib. Ass., folio 99, pl. 6b (1348 or 1349)，似乎是首次对民事侵犯造成损害进行赔偿的案例。
② 从技术层面来说，这些妨害主要是对财产的侵害，但是如果承认免受这类妨害的权利包括财产权，那么其中就涉及对人类情感价值的确认。
③ Year Book, Lib. Ass., folio 177, ppL 19 (1356), (2 Finl. Reeves Eng. Law, 395) 似乎是最早被报道的诽谤诉讼的案件。
④ Winsmore v. Greenbank, Willes, 577 (I 745).

per quod servitium amisit)① 这样一种法律拟制（mean fiction），来获得足够的损害赔偿。与生命权的拓展类似，财产所有权的内涵也得到了发展。从有形资产之上产生了无形资产，法律对无形资产的保护领域不断扩大，为公民的智力成果和思考过程提供了保护②，其中包括文学作品与艺术作品③、商誉④、商业机密和商标⑤。

法律的发展是不可避免的。随着文明不断进步，人们渐渐认识到物质生活仅仅承载了他们部分的痛苦之情、喜悦之情以及生命价值，而情感生活在他们的生活里占据着越来越重要的位置。人的思想、情绪和感情需要得到法律的认可，虽然没有立法机构通过法律认可这些思想、情绪和感情，但是普通法随着时代的变化而发展的优点使得司法能够回应此种需求并且提供足够的保护。

最近出现的各种发明创造和商业方法引发人们思考如何进一步保护公民权利，保护 Cooley 法官所称的"独处权"。⑥ 即时拍照技术和报纸媒体行业已经侵入了公民神圣的私人区域和家庭生活；此外，数

---

① 服务损失是这一诉讼的主要原因，但是据说："在任何已报道的由父母提起的诉讼当中，我们都没有注意到此类服务的价值被认为是衡量损害的方法。"Cassoday, J., in Lavery v. Crooke, 52 Wis. 612, 623 (1881). First the fiction of constructive service was invented; Martin v. Payne, 9 John. 387 (1812). 该案首次拟制了"建设性服务"这一说法。接下来，父母的感情、本人及家庭的耻辱都被认为是决定损害赔偿的重要因素。Bedford v. McKowl, 3 Esp. I 19 (1800); Aiidrews v. Askey, 8C. & P. 7 (1837); Phillips v. Hoyle, 4 Gray, 568 (1855); Phelin v. Kenderdine, 20 Pa. St. 354 (1853). 对这些损害进行赔偿的允许，似乎确认了损害家庭名誉是对损害父母人身的一种方式。因为一般来说，仅仅父母感情受到伤害是不能成为损害赔偿的要件的。例如，小孩受到人身伤害时，父母遭受的痛苦。Flemington v. Smithers, 2 C. & P. 292 (1827); Black v. Carrolton R. R. Co., IO La. Ann. 33 (1835); Covington Street Ry. Co. v. Packer, 9 Bush, 455 (1872).
② "Yates 法官的观点是：如果不能被标记，以及在返还之诉或者追索之诉中不能重新获得的，都不能称之为财产。在人类社会的早期，那时财产形式简单，损害的救济形式也同样简单，这一观点可能是正确的。但是在一个文明程度更高的阶段，生活中的关系自己由此产生的利益都复杂化了，这个观点就变得不正确了。Erle, J., in Jefferys v. Boosey, 4 H. L. C. 815 869 (1854).
③ 1558 年，英国首次确认版权为私人财产权的一种。Drone on Copyright, 54, 6i.
④ Gibblett v. Read, 9 Mod. 459 (1743), 可能是首次将信誉确定为财产的案例。
⑤ Hlogg v. Kirby, 8 Ves. 215 (1803). 直到 1742 年，Hardwicked 法官仍然拒绝将商标视为财产，拒绝给因商标侵权签禁止令。Blanchard v. Hill, 2 Atk. 484.
⑥ Cooley on Torts, 2d ed., p. 29.

不胜数的技术设备也对公民的私人生活造成威胁,正如那句预言所说的,"在屋顶上大声地宣传公民在衣橱里说的悄悄话"。多年以来,我们一直有一种感觉,即当行为人未经他人同意对他人的肖像进行描绘时,法律应该为他人提供救济①;一位富有才华的作家在最近才探讨,报纸媒体行业对公民隐私的侵犯。② 几个月前,纽约州的地方法院审理了一件声名狼藉的案件③,该案涉及公民的肖像权流通问题(the right of circulating portraits);在法官作出判决之前,他们需要考虑法律是否承认和保护公民在该案中所享有的隐私权,进一步而言,在尚未发生但是即将发生的其他情况中,法律是否承认和保护公民在该种情况中所享有的隐私权。

  毫无疑问,法律对公民所享有的隐私权的保护是十分必要的。新闻媒体正在全面且明显地逾越礼貌和礼节的界限。流言蜚语不再是无所事事者和道德败坏者的专属产物,新闻媒体已经厚颜无耻地将它当作一种产业。为了满足部分人好色的心态,媒体会在日报上开设专栏并且广泛地传播两性关系的细节。为了让无所事事者有茶余饭后的话题,媒体也开设了一个又一个充斥着流言蜚语的专栏,这些专栏无不侵犯了公民的家庭生活。随着人类文明的发展,生活变得越来越紧张和复杂,公民需要在世界里找到属于自己的角落,在精炼文化的影响下,公民更容易被暴露于众,因此他们更加需要独处和隐私;然而,现代产业和发明已经严重侵犯到公民的隐私,让他们遭受精神的痛苦和悲伤,这种痛苦和悲伤比身体伤害对公民造成的影响更大。此种伤害并不局限于成为新闻业或者其他行业的话题而遭受的痛苦。正如其他商业领域一样,没有需求就没有供给,这些侵犯他人隐私的行业正

---

①   8 Amer. Law Reg. N. S. I (1869); 12 Wash. Law Rep. 353 (1884); 24 Sol. J. & Rep. 4 (1879).

②   6 Scribner's Magazine, July, 1890. "The Rights of the Citizen: To his Reputation", by E. L. Godkin, Esq., pp. 65, 67.

③   Marion Manola v. Stevens & Myers, N. Y. Supreme Court "New York Times" of June 15, 18, 21, 1890. 原告称其当时正在百老汇排戏,由于角色需要穿精神装,在未经其同意的情况下,被告用闪光灯从一间包厢偷拍了她,被告 Stevens 是"空中楼阁"公司的经理,被告 Myers 是一名摄像师。原告请求禁止被告使用拍摄的照片。法院给予单方请求签发了预防性禁止令,并且设定了一个提议辩论时间,以确定该禁止令是否永久有效,但是到那时为止没有人提出异议。

是为了满足部分人的需求而产生。经过人们的加工和传播，不得体的流言蜚语所蔓延的范围会越来越广，造成的影响也会越来越大，这些"茁壮成长"的流言蜚语又为其他流言蜚语的产生埋下种子，这种循环源源不断，最终导致了社会道德的败坏和评判标准的一降再降。即便是看似无害的流言蜚语，如果它被一直被广泛传播，那么它对公民也会造成不良影响。流言蜚语不仅贬低了人格，还歪曲了事实。它通过颠倒事情的相对重要性来贬低人们的思想和抱负。当涉及私人生活的流言蜚语获得出版商的关注，并且触及社区居民的真正利益时，难怪无知轻率的人们会轻重不分。因为流言蜚语简单易懂，而人性弱点不会让我们对邻居的不幸与痛苦真正感到沮丧，所以相比于其他事情，它更容易吸引人的眼球。涉及琐碎小事的流言蜚语十分容易摧毁人们鲁莽的想法和脆弱的情感。在此种流言蜚语强大的影响下，没有人能够产生积极的情绪和强大的冲动。

本文旨在探讨现存的法律是否存在为公民隐私权提供适当保护的原则；如果存在此种法律原则，那么此种法律原则所提供的保护的本质和范围是什么。

二、保护公民隐私权的法律原则

行为人实施隐私侵权的手段表面上与名誉侵权法所规制的侵权行为相似，作为一种独立的诉讼理由，这类损害的法律救济似乎都涉及受伤情感的处理。然而，名誉侵权法的原则与本文所关注的保护公民隐私的法律原则是大相径庭的。名誉侵权法仅仅处理名誉侵权，即行为人通过降低他人在同伴中的评价来侵犯他人的名誉，损害的是他人与朋友之间的外在关系。因此，根据名誉侵权法的原则，只有当行为人公开他人私人事务，并且直接损害他人与其他人之间的关系，让其他人厌恶、嘲讽或者轻视他人时，他人才能获得法律救济，如果没有上述结果，那么不管他人被公开的私人事务流传得有多么广泛、多么不宜被公众知晓，也不管是通过文字还是印刷品的形式传播，他人也无法获得法律救济，也就是说，行为人公开他人私人事务的行为对他人的自我评价以及感受所造成的影响并非构成侵权行为的基本要素。简而言之，名誉侵权法所认定的不法行为及其相关的权利仅仅与名誉相关，与他人的精神状态无关。名誉侵权法仅仅扩大了法律对实体财产的保护,即保护与实体财产密切相关或者有利于财产保护的特定权利。相反,我们的法律原则尚未对他人所遭受的纯精神损害提供损害赔偿的救济。不管他人遭受多么痛苦的精神损害,也不管行为人有意还是无意造成此精神损害,只要行为人的行为本身是合法的,那么他人所遭受的精神损害就是"不能依法获得救济的损害"(damnum absque injuria)。当他人的合法权利受到侵害时,他人因此遭受的精神损害也许会被纳入损害赔偿的考虑范围①;然而,我们的法律体系与罗马法不同,甚至当他人遭受行为人所实施的羞辱或者侮辱行为,或者遭受行为人故意无理地贬低其名誉的行为时,我们的法律体系也不会为他人所遭受的精神损害提供救济。②

虽然看起来有必要,但是我们也不必为了支持"普通法承认并支持在侵犯隐私权案件中运用某种原则"的观点,而将隐私损害结果与仅仅在表面上具有相似性的因名声受到攻击所遭受的损害相类比,或者与罗马法学家所称的因侵犯荣誉所遭受的伤害相类比。与侵犯普通法所称的知识产权与艺术财产权相关的法律理论,只是一般隐私权(general right to privacy)的个案和应用,这种一般隐私权理论才能被恰当地理解为我们所讨论的弊病的救济。

---

① 如今,虽然"情感"的法律价值得到了普遍的承认,但是在不同类型的案件中能够获得赔偿金,法官仍然有不同的看法。由此,因侵犯人身所引发的惊吓可以成为诉讼理由,但是由于过失所引发的惊吓便不能成为诉由。因此,由于伴随身体伤害而来的惊吓,不能成为损害赔偿的要件,即便存在合法的诉讼理由,例如侵入他人土地(trusspass quare clausum fregit)。Wyman v. Leavitt, 7I Me. 227; Canning 7. Williamstown, I Cush. 451. The allowance of damages for injury to the parents'feelings, 在诱奸、诱拐儿童(Stowe v. Heywood, 7 All. i I8)或者将儿童尸体从墓地中转移(Meagher v. Driscoll, 99 Mass. 281)的情况中,对父母情感伤害进行赔偿据说是普通原则的例外。在诽谤诉讼或者恶意诉讼中,对情感的伤害被确认为损害补偿的因素之一。虽然何时情感伤害构成或者不构成诉因或者损害赔偿要素并不具有逻辑性,但是这无疑是实践准则的良好运行结果。通过生产权威判决,我们相信,无论在什么地方产生实际精神损害赔偿都是某一行为自然且可能的结果,对情感伤害的赔偿是允许的。如果在通常情况下不会产生精神伤害,或者即使产生了也是微不足道的,并且不存在明显的伤痕,更不用说其他范围广阔的病痛,损害是不被允许的。有关这一主题的判断很好地说明,我们的法律逻辑服从于常识。
② 侵权行为,从狭义上说,是对名誉故意且非法的侵犯,如侵犯他人的完整人格。如今所犯下的暴行,不再仅仅指一个人用拳头攻击,或者用棍棒攻击,对他人说出侮辱性言语也属于侵权行为。Salkowski, Roman Law, p. 668 and p. 669, n. 2.

一般而言，普通法保护公民享有决定是否将自己的思想、感情和情绪与别人分享的权利。① 在我们的政体中，公民绝对不会被强迫表达自己的内心（除非他作为案件的证人，需要提供证词）；即便公民选择向别人表达自己的想法，在他公开的时候，他也可以控制该表达内容公开的范围。无论公民是通过文字②、符号③、绘画④、雕塑还是音乐⑤的方式表达自己，公民所享有的此种权利不会受他采取的表达方式的影响。不管公民所表达的思想或者情感具备什么样的价值或者本质，也不管公民所采取的表达方式如何出彩，公民皆享有不被强迫表达自己内心的权利。⑥ 同样地，不管是一封寻常的信件，一本日记的目录，一篇绝美的诗歌或者文章，一幅拙劣的画作还是一件惊为天人的艺术品，它们受到的法律保护是一样的。无论是哪一种表达的载体，他人都有权决定是否将它公之于众。⑦ 在未经他人同意的情况下，任何人都不得以任何形式将他人的作品公开。他人所享有的此种

---

① 毫无疑问，每个人都有权利保留自己的情感，如果他愿意，他当然有权是否将其公之于众，或者只让自己的朋友看到。Yates, J., in Millar v. Taylor, 4 Burr. 2303, 2379 (1769).
② Nicols v. Pitman, 26 Ch. D. 374 (1884).
③ Lee v. Simpson, 3 C. B. 871, 881; Daly v. Palmer, 6 Blatchf. 256.
④ Turner v. Robinson, IO Ir. Ch. 121; s. c. ib. 510.
⑤ Drone on Copyright, 102.
⑥ 假设法律就是这样规定的，那么它的基础是什么呢？我相信，这不涉及任何特定文学上的考虑。创造普通法的人有着许多美德，但其中可能并不包括保护信件。然而，他们知道财产保护的责任和必要性，与这个一般目标一致，有着深谋远虑的普遍规则被制定出来——和平与文化可能会让人们发现和引进各类不同构造和形式的财产，而这一规则都能与之相适应。随着知识的发展和传播、人类文化理解水平的提高，有文字记录和保存的脑力活动、思想以及情感的产品成为一种不容忽视的财产。Stat. 8 Anne 是现代立法对这一主题的干预，它标题就是'为了鼓励学习'，并且在序言中使用了'接受自由'一词。无论立法的运作是增加还是削减了作者的个人权利，从某种程度上说，这些个人权利都没有被触犯，我们能够看到，在普通法中，为了保护财产，保护财产的安全，至少作品公开发表之前需要经过作者的同意。Knight Bruce, V. C., in Prince Albert v. Strange, 2 DeGex & Sm. 652, 695 (1849).
⑦ 然而，这一问题不会转化为形式或者数量上的利与弊、得与失。无论手稿的作者是赫赫有名还是鲜为人知，无论是高贵还是卑贱，如果是无辜的公民，那么无论其作品是有趣还是无聊、肤浅还是沉重、畅销还是滞销，作者都有表达它们的权利。除非经过作者同意，否则任何人不得将该作品公开发行。Knight Bruce, V. C., in Prince Albert v. Strange, 2 DeGex & Sm. 652, 694.

权利完全独立于他用于表达其思想、感情和情绪的方式。有时候，公民可能不需要借助任何实体来表达其内心，比如说话、唱歌和演戏。有时候，他们可能借助特定实体来表达其内心，比如写诗、参与论文创作并且没有放弃该论文的所有权。只有当作者自己将其作品与别人分享时，他才会丧失保密作品的权利，换言之，他将自己的作品公开了。① 这种权利与版权法及其在艺术领域所拓展的权利不同。版权法旨在保护作者、作曲家或者艺术家因作品公开而享有的全部利益；然而，普通法旨在保护他们享有完全控制作品公开的权利，以及保护他们自主决定是否将作品公开的自由裁量权。② 除非公民公开其作品，否则他所享有的法定权利是无价值的；然而，一旦公民公开其作品，他所享有的普通法权利就会随时消失。

三、保护公民隐私权的法律原则的本质与范围

保护他人的手稿或者艺术作品免于公开的权利的本质和基础是什么呢？如果只需要解决文学艺术作品的复制问题，那么我们自然而然可以认为，此种权利的本质和基础是财产权的实现。③ 文学和艺术作品的确拥有许多一般财产的属性：它们可转让，具有价值，它们的价值要通过公开发表或者复制才能够实现。然而，当作品的价值不在于

---

① Duke of Queensberry v. Shebbeare, 2 Eden, 329 (1758); Bartlett v. Crittenden, 5 McLean, 32, 41 (1849).
② Drone on Copyright, pp. 102, 104; Parton v. Prang, 3 Clifford, 537, 548 (1872); Jefferys v. Boosey, 4 H. L. C. 815, 867, 962 (1854).
③ 问题在于，法律是否与必然得到保护的民事财产权一样，记载着法院能够留意的事实。如果有一封损害友谊的信件，无论持续友谊还是中止友谊，都不能成为法院干涉公民生活的理由，禁止令不能给予这一类别的任何原则成立。Lord Eldon in Gee v. Pritchard, 2 Swanst. 402, 413 (1818). 因而，在基于保护财产权的基础上，在没有制定法的支持和偏见的情况中，普通法保障有关作品的隐私以及隐匿作品的思想与情感，以及作者所期望的保持不为人知的权利。Knight Bruce, V. C., in Prince Albert v. Strange, 2 De-Gex & Sm. 652, 695. 人们承认权宜之计与公共政策绝不能成为民事司法管辖的唯一依据，原告根据何种理由能够获得所要求的救济是一个仍待解决的问题。对我们来说，原告似乎只能基于一个理由提出要求救济的主张，我们的司法实践才能提供救济。在未经写信人同意的情况下披露私人信件是对写信人专有财产权的侵犯，甚至当信息已送达受信任，并为收信人所持有时也应如此。这样，我们才会感到满意。Duer, J., in Woolsey, v. Judd, 4 Duer, 379, 384 (1855).

公开发表所带来的利益,而在于他人能够控制是否公开发表该作品的能力所带来的内心平静或者安慰时,我们就难以认为,他人对其作品享有的权利是财产权。如果一个男人在写给他儿子的信中,或者在一本日记中,提到他在某一天没有跟妻子一起吃饭,那么无论谁拿到这封信或者这本日记,即便他通过合法途径获得这封信或者这本日记,他也不能公开这封信或者这本日记及其副本,他更加不能够公开这封信或者这本日记的内容。在这里,法律所保护的东西是什么呢?诚然,法律保护的并非该男人记录下他没有跟妻子吃饭这个过程所产生的智力成果,而是事实本身。法律所保护的并非智力成果,而是家庭内部的事务。每个人都可能向不同的人写过很多信件。没有人可以将这些信件的清单公开。如果信件或者日记的内容被当作文学作品保护,那么这些信件和日记所受到的保护将与版权法为已经出版的文件提供的保护一致。然而,版权法不会禁止行为人列举这些信件,也不会禁止行为人公开信件中所含有的某些事实。版权法会禁止行为人通过绘画的方式复制一系列的油画或者铜版画,但是它不会禁止行为人公开这些油画或者铜版画的名称,甚至也不会禁止行为人对这些油画或者铜版画进行描述。① 然而,在著名的 Prince Albert v. Strange 一案中,法官认定,普通法不仅仅禁止原告和维多利亚女王为了自娱自乐

---

① 我认为,一部作品合法出版后,一般来说,它就与一部从未出版的作品不同。前者可能会被翻译、删选、分析、部分展示、称赞或者受到其他方式的对待,而后者不会。然而,假设不是翻译、节选或者评论,而是被编以目录的情况;假设某人创作了形形色色的文学作品(用 Eldon 法官的话来说,"无辜的公民"),而他从来未想过这些作品会被印刷或者出版,或者丧失阻止出版的权利;假设某个不知羞耻的人不正当地获取了这些作品的信息,并且未经授权或者许可,以传播为目的印刷或者描述上述目录,法律会允许这种行为吗?我希望并且相信不会。我认为,能够阻止公开盗版的相同原则,也能够适用于这一案件。

出版公民写给特定人或者以特定主题书写的信件,他不仅可能遭受嘲讽,他的人生甚至会被毁掉。他可能拥有一些退信,是他写给之前曾经有关系的人,无论多么无伤大雅,也不能够在其死亡后被公开;或者他的文字可能是墨守成规的,与其外在习性与世俗地位不相吻合。如果现在还有因文治罪的传唤,这也是危险的,即便有时可以逃脱这种危险。

此外,手稿的情形可能是这样,即只需要列出其中一个名字就可能成为全民好奇心的众矢之的,在一份未出版的著作目录中将会提及多少人呢?他们生前身后都会让这份东西大卖。Knight Bruce, V. C., in Prince Albert v. Strange, 2 De Gex & Sm. 652, 693.

而复制该案中的雕刻画，还禁止公开发行（至少是通过印刷或者描绘的方式）该雕刻画，更不用说批量出版，禁止他们对该画进行描述，即便是通过目录或者其他类似的方法进行简单的描述也不行。① 同样，即便是没有任何文学价值的新闻汇编作品，只要它没有被公开，那么它就会受到隐私权的保护。②

当法律所需要保护的对象不是以知识产权的形式出现，而是以其他普通有形财产的形式出现时，我们就不能确切地说法律所保护的权利是文学作品或者艺术作品的财产权。如果一个人悄悄地收藏了一系列的宝石或者珍品，我们也难以接受任何人将这些宝石或者珍品的名目制作成目录并且公开这份目录，然而，从法律的角度来说，这份目

---

① 蚀刻版画的摹本或重印本是传播原作知识与信息的唯一方式，而列表和描述不都如此吗？手段虽然不同，但目标与效果却相似，在两者当中，其目标与效果都是让公众或多或少地知道该未出版的作品以及创作者，而这一作品是他有权出于私人或者个人娱乐的目的完全持有，而且可以拒绝，或者只在自己愿意的范围内让别人知晓该信息。对已出版作品进行删减、翻译、摘要以及批评的情形，对于我们当前的问题都没有任何参考意义；它们取决于版权相关法案规定的范围；与完全取决于普通法上的财产权的作者对未出版作品的排他性权利的相似之处。Lord Cottenham in Prince Albert v. Strange, IMcN. & G. 23, 43 (1849). 在 Millar v. Taylor 一案中，Yates 法官称："创作者与新型机械发明者的情形类似，每一种首创发明者都将立足于财产之上。"无论是机器还是文学作品，无论是一首叙事史诗还是太阳系天体仪；剽窃别人的发明与窃取他的思想，两者都是同样严重的不道德行为。在我看来，个人以自己的兴趣、指令以及用途来实施机器发明与艺术作品中的财产权利，这当然是允许存在的；而且，在公开发表之前，它们有可能受到侵犯，不仅仅是制定摹本，还可能包括描述或者编制目录。这类作品的目录本身也许就具有价值。就像一个人论文的列表那样，这一目录可能同样有效地表明了艺术家思想的偏好及转向、感受与品位，在非专业化时更是如此。文件夹或工作室可能与写字台宣告一样多的内容。一个人在忙于私事的时候可能采取一种无害的方式，但这种方式一旦向社会公开，就可能毁掉他舒适的生活，甚至是这一领域的成就。无论如何，我认为，每个人都有权利称：未经自己的同意，其在私人时间内成果不会更容易公开发行，因为与相反情形比较，公开发行对于她来说必须具有好的声誉或者具有利益。因而，我想，不仅是被告侵犯了原告的权利，而且这个侵权是这样的类型，影响这样的财产权，以至于要给予原告禁止令的预防性救济；而且正因为它是这样一种侵权——一种不得体且不适宜的侵权，这种侵权不仅违反了惯例，还违反了对每个人来说自然而然的行为规范——实际上，对家庭生活隐私的窥探是卑劣的，如果侵入了家庭（这个最神圣的词语），这个人对其家庭生活和在家中的行为享有公认的权利，在这个国家得到最明显的尊重，虽然这并非他们绝无仅有的权利。Knight Bruce, V. C., in Prince Albert v. Strange, 2 DeGex & Sm. 652, 696, 697.

② Kiernan v. Manhattan Quotation Co., SO How. Pr. 194 (1876).

录只不过是一份名目的集合，不属于智力成果。①

有一种观点认为狭义上的财产权是法院拒绝为未公开的手稿提供保护并且拒绝签发禁止公开私人信件的禁止令的原因，因为"信件不具备文学作品的属性，所以它们不是法律保护的财产"；显而易见的是，"原告不会将信件的价值与文学作品的价值相提并论，因为写信人自己绝对不会同意将信件公开。"② 然而，这些判决没有被日后的法官遵循③，如今法官更加倾向于认为，普通法为任何书写作品的作者所提供的保护与作品的物质价值无关，与作品的内在价值无关，也与作者是否有意出版该作品无关，更与作品的载体无关，普通法为作者提供的保护仅仅与他们所表达的思想或者情感有关。

虽然法官宣称他们是基于狭义的财产权理论作出判决，但是事实

---

① 被告的律师声称，在未经所有权人同意的情况中，行为人获取他人财产信息，法院基于任何规则和原则（不管他人可能将信息保存的多么隐秘，或者花费了多大努力保密）都不能禁止未经本人同意而向世界交流与公开发行这一信息的行为，告知世界这一财产是什么，或采取口头、印刷或者书写的方式对这些财产进行公开描述。

　　对于私有性质的财产，其所有权人在不侵犯别人权利的情况下，可以且能够处于私密状态。行为人未经他人明示或者暗示同意的情况中获取这一财产信息，行为人能够未经他人同意而合法使用此信息，并且公开对该财产进行描述呢？我表示怀疑。这种公开也许是这样一种状态，或与财产处于这样一种关系，即提出的问题与所涉及的事情过于轻微、不受重视而被合法公开。然而我能够想象到，这一事务可能严重影响到所有者的利益和情感，或对两者具有影响。例如，一个艺术家未完成作品的性质与目的，过早地公之于众，可能对他造成痛苦以及伤害。还有其他诸如此类的例子……

　　有学者建议，未经本人同意，公开收藏着的宝石、金币、古董或者其他类似的珍藏品，便是未经本人同意使用其财产。当然，这种类型的事件确实可以让收藏者的生活深受困扰，但是它也能够让感兴趣的人获得愉悦——因而并非仅仅是一件标准的不幸事件，但是在最普遍的意义上说，它的确给所有者造成了伤害。这样的目录，即便不加以描述，也是大家争相获取的东西，有时甚至可以获得可观价值。在这个例子以及类似的情况中，他人不仅仅受到情感或者想象力的伤害，还可能受到别的伤害。Knight Bruce, V. C., in Prince Albert v. Strange, 2 DeGex & Sm. 652, 689, 690.

② Hoyt v. Mackenzie, 3 Barb. Ch. 3201 324 (1848); Wetmore v. Scovell, 3 Edw. Ch. 515 (842). See Sir Thomas Plumer in 2 Ves. & B. 19 (1813).

③ Woolsey v. Judd, 4 Duer, 379, 404 (1855). 对社会福利来说，幸运的是，法官在判决中承认，虽然在写信时没有任何盈利目的，或者任何版权意识，写信人仍然对信件享有财产权，除非处于民事或者刑事司法要求，否则未经本人同意，其他人无权公布这些信件。Sir Samuel Romilly, arg., in Gee v. Pritchard, 2 Swanst. 402, 418 (1818). But see High on Injunctions, 3d ed., 1012, contra.

上他们所适用的是更为宽泛的理论。因此，在上面提及的 Prince Albert v. Strange 一案中，无论是首席大法官还是副大法官，他们都或多或少地采取比上述提及的更为广义的财产权理论作出判决。副大法官 Knight Bruce 指出，法官会在适当的情况下制止行为人公开他人"写给特定人的书信或者有关特定事物的文件"，因为此种公开行为可能会披露他人的私人事务；然而，在这种情况中，我们仍然难以预料何种财产权才能受到法律的保护，如果当行为人的公开行为危及他人私人事务的暴露并且导致他人的生活毁于一旦时，行为人的此种公开行为才应该被限制，那么为什么当行为人的公开行为仅仅存在让他人生活变得痛苦的危险时，行为人的公开行为也要被禁止呢？通过公开他人所收藏的宝石的名录，剥夺他人所享有的可实现利益，这个行为本身并非不法行为。因为预期收益不是法律所认可的财产权，所以只有当行为人的行为同时侵犯了他人的其他权利，比如行为人公开他人私人事务的行为会导致公众讨厌他人，或者此种行为将导致行为人的精神遭受严重损害时，行为人的行为才构成不法行为。如果我们必须保留狭义的财产权理论，那么毫无疑问，喜欢八卦的人们就能将他人的私人事务当作茶余饭后的话题来进行讨论。Cottenham 法官声称，"公民有权免受别人为了娱乐的目的过度消遣他的私人事务。" 在 1820 年 Wyatt v. Wilson 一案的记录手稿中，Eldon 法官表示赞同 Cottenham 法官的观点，在该案中，Eldon 法官的意见大致是"在已故的国王乔治三世生病期间，如果某位医生记录下他在国王在世时所听到和看到的事务，那么法官绝对不会让他印刷和出版这些记录"；Cottenham 法官指出，在他看来，被告的行为侵犯了原告享有的"隐私权"。如果隐私被认为是受到法律保护的权利，那么在判断他人的隐私权是否受到行为人的侵害时，法官就不能单凭行为人的行为是否造成特定损害的结果来进行判断。

我们似乎可以得出一个结论：法律为公民通过作品或者艺术品展现的思想、感情和情绪提供的保护只是公民享有的一项更为普遍的权利——独处权的实现。正如公民所享有的免受殴打威胁或者殴打的权利，免受囚禁的权利，免受恶意起诉的权利和免受诽谤的权利一样，这些权利之所以被法律承认并且保护，其原因是这些权利本质上都是所有权或者占有权的体现，也许将这些权利称为财产权更加合适，因为它们具有明显的财产权属性。然而，显然易见，这些财产权与法律为公民通过作品或者艺术品展现的思想、感情和情绪提供保护的权利又截然不同。法律保护他人的个人作品以及其他私人事务免受行为人以各种方式公开，而不是保护这些个人作品以及其他私人事务免受行为人盗取或者征用，此时的法律原则旨在保护他人的人格不受侵犯，而不是保护他人的私人财产不受侵犯。①

如果这个结论是正确的，那么现行有效的法律所提供的法律原则可以从两个方面为公民的隐私提供保护，即要么让公民的隐私免受汲汲于利的新闻媒体的侵扰，要么让公民的隐私免受拥有记录或者复制气味、声音等现代设备的其他公民的侵扰。因为法官没有限制法律仅为特定的表达形式或者智力成果提供保护。也就是说，无论是他人在音乐作品或者其他艺术作品，比如文学作品中表达的感情和情绪，还

---

① 但是有人提出疑问，如果私人信件不想成为文学作品，那么它能够受到与文学作品同样的禁止令保护吗？这一疑问，也许产生自我们养成的习惯，即没有对未出版的手稿与已出版著作中的财产权利之间进行区分。后者，正如我在另一处所表明那样，是从出版中获取利益的权利。前者则是控制出版行为的权利，并且决定到底是否出版。它被称为一种财产权，这一表述也许不是尽善尽美的，但从另一方面也足以描述此种权利不管是多么没有具体形态，已然包含有财产的诸多重要因素：它至少是肯定且明确的。当博学的法官将这一术语应用于未出版的手稿时，这种表述让我们不致感到困惑。很明显，他们使用这一表述是为了与纯粹的情感利益相比，描述一种具有法律利益的实体权利，除此之外，别无其他意图。Curtis on Copyright, pp. 93 – 94.

阻止未出版手稿发行的权利与众所周知的豁免权之间的相似性，体现在对待与债权人有关的权利之上。阻止这类公开发行的权利，以及针对侵权行为提起诉讼的权利，与恐吓、殴打、诽谤或恶意诉讼等诉讼理由一样，都不是向债务人提供的资产。没有任何法律能够强迫作者发行作品。除作者之外，没有人能够对出版这一重大事件作出决定。无论它的手稿多么具有价值，在未征得本人同意的情况下，债权人不能够将它作为财产而占有。Mclean J., in Bartlett v. Grittenden, 5 Mclean, 32, 37 (1849).

人们还认为，即使在收信人没有主张其权利的情况下，收信人也不像遗嘱执行人或者遗嘱管理人那样具有出售财产的权利。Eye v. Higbee, 22 How. Pr. (N.Y.) 198 (1861).

在法律意义上，财产权一词的真正含义是："它对任何人而言都是特定或者独具的；它仅仅属于一个人"。该词的第一个含义源于 proprius，指的是某人自己的。Drone on Copyright, p. 6.

显然，为了成为独占性所有的对象，一个东西必须具有可识别性。但是，当它的身份能够被识别时，个人所有权能够得到维护，那么这个东西是有形还是无形的就无关紧要了。

是他人在所说的话、所做的动作以及所演奏的曲子中表达的感情和情绪都受到法律同等的保护，这种保护不会比他人通过书面表达的感情和情绪所受到的法律保护更低。虽然公民通过永久性的形式所表达的思想或者情感更容易得到法律的认可，因而从证据的角度来说，通过永久性的形式表达思想和情感比其他方式更重要，但是从实体权利的角度来说，公民通过何种方式表达其思想和情感并不重要。如果是这样，那么这个结论就意味着，公民对他们的思想、感情和情绪享有更广泛的隐私权，无论他们是通过写作、行为、交谈、姿势还是面部表情表达他们的思想、感情和情绪，这些思想、感情和情绪都会受到法律同样的保护。

因此，有人会主张，我们需要区分公民故意通过文学和艺术作品表达出来的思想与情感以及他们在日常生活中随意、不自主地表达出来的思想与情感之间的差别。换言之，有人可能会主张，公民有意识的劳动成果应该受到法律的保护，这也许是对努力工作的鼓励。然而，这种主张貌似合理，而实际上是不可取的。如果以需要的劳动量作为判断标准，那么我们会发现，相比起绘画或者写书，公民在创造个人财富和经营家庭关系方面所需要的努力更多；我们也会发现，公民更容易通过日记本而不是他们的行动来展现出自己的高尚情操。如果以行为当中的审慎程度作为判断标准，那么在善意执行现行有效的规则时，现在可以受到充分保护的日常通信将不再受到法律的保护。如果我们拒绝区分公民在诸如文学作品等希望被公开的作品中所表达的思想与情感以及他们在日常生活中所表达的思想与情感之间的差别，那么我们也不需要考虑公民所需的劳动量、审慎程度、产品价值以及出版意图，公民也不再享有禁止其他人公开和复制这些所谓的文学作品和艺术作品的权利基础，除非公民享有隐私权，因为隐私权是公民享有的免受别人侵扰的一般权利之一，它是一种人格权。

在某些情况中，法官保护他人的私人事务免受行为人所实施的非法公开的行为侵扰，而他们作出此种判决的依据不是他人的财产权被侵犯，至少可以说大部分的依据不在于此，而在于行为人违反了他们与他人之间的默示合同关系，或者违反了信任，或者违反了保密义务。

因此，在 Abernethy v. Hutchinson 一案①中，原告是一名出色的外科医生，他希望法院制止《柳叶刀》将其在伦敦的圣巴塞洛缪医院所作的非公开演讲公开，Eldon 法官提出，因为原告并没有通过书面形式将演讲内容记录下来，所以他质疑原告对其演讲内容是否享有财产权，不过他还是基于阻止行为人违反保密义务而签发了不得公开演讲内容的禁止令，Eldon 法官认定"当人们作为学生或者其他的角色而听到某些演讲时，即便这些演讲是通过口头的方式传达，即便人们可以通过记笔记等方式将演讲内容全部记录下来，他们也只能出于自己学习的目的使用这些内容，而不能为了利益公开这些演讲内容，因为他们没有被授予经销权"。

在 Prince Albert v. Strange 一案②中，虽然 Cottenham 法官在上诉意见中认为，原告对雕刻画所享有的财产权本身就足以让他签发阻止被告占有此画的禁止令，但是当他仔细考察过相关的证据后，他认为，被告占有雕刻画的行为已经违反了他与原告之间的信任、保密义务或者说合同义务，因此，原告申请签发禁止令的理由同样是充分的。

在 Tuck v. Priester 一案③中，原告拥有一幅画并且请被告对该画进行临摹。被告除了按照原告要求的数量进行临摹以外，还为自己保留几幅复制品，并且将这些复制品以低价在英格兰出售。随后，原告向登记机关注册了他们对这幅画所拥有的版权，并且向法官申请了制止被告侵权的禁止令和提起了损害赔偿之诉。虽然大法官们对如何在该案中适用版权法产生争议，但是他们一致认定，即便没有版权法，原告也有权基于被告违反合同的行为申请禁止令并且获得损害赔偿。

在 Pollard v. Photographic Co. 一案④中，一名摄影师拍摄了一位女士的日常生活照片，法官认定，摄影师不得将该照片用作展览或者出售该照片的复制品，因为这种行为既违反了他与该女士所订立的默示合同，也违反了他对该女士所承担的保密义务。在原告律师与对方

---

① 3 L. J. Ch. 209（1825）.
② I McN. & G. 25（1849）.
③ 19 Q. B. D. 639（1887）.
④ 40 Ch. Div. 345（1888）.

律师辩论时，North 大法官打断了他的辩论并且提出了疑问："如果行为人是偷偷地拍摄类似的底片，那么你是否主张，行为人就可以将这些含有他人形象的底片用于展览呢？"原告律师回答："在这种情况中，他人和行为人之间根本不存在信任或者对价，更不用说形成合同关系。"随后，被告律师反驳："公民对其形象不享有任何财产权，只要摄影师没有作出任何诽谤他人或者其他违法的行为，那么他对底片的使用就不应该受到限制。"然而，虽然法官明显地认定被告的行为违反了他与原告之间的合同关系和信任，这种违反行为足以让司法进行干预，但是他仍然认为，为了遵循前文所提到的先例①，他应该

---

① Dlke of Queensberry v. Shebbeare, 2 Eden, 329; Murray v. Heath, I B. & Ad. 804; Tuck v. Priester, i9 Q. B. D. 629.

基于对财产权的保护作出判决。①

---

① 因此，这个问题是：一位摄影师受雇于一个客户，为客户拍摄照片，但是在没有经过该客户明示或者暗示的同意的情况下，摄影师是否有权将照片复制后为自己所用，出售或者处理这些照片，或者为了做广告或其他目的而将这些照片公开。我之所以说明示或者暗示的同意，是因为摄影师因职业身份经常被允许拍摄某位公民的照片，虽然没有明示，但是随后的出售行为必然是双方认可的。对于上述问题，我的答案是否定的。摄影师没有权利这样做。一个人可以在受雇过程中获取机密信息，但是法律不会允许他对该信息进行任何不当利用；如果有必要的话，可以颁发禁止令，禁止这种使用。例如，禁止职员公布雇主的账目，禁止律师公布客户的风流史，这些信息都是在雇佣过程中获取的。再说，法律明确规定，对于明示或者暗示契约的行为可以通过禁止令予以限制。在我看来，摄影师案和前两个案件所依靠的原则都相同。雇用并且支付报酬的目的在于要求摄影师在某个主题上为客户提供所需数量的照片。为此，摄影师拍摄了底片，有了这些底片，便可以冲印出超出客户所需数量的照片。因此，等待拿到底片的客户相当于把复制照片的权利交给摄影师。在我看来，摄影师未经同意，出于自用目的使用底片加印照片的行为，不恰当地使用了客户交给他的信赖权；进一步来说，我认为，客户与摄影师之间的契约暗含一个协议，从底片冲洗出来的照片只能够为客户自己所使用。参见 Tuck v. Priester，I9 Q. B. D. 639 一案的判决意见，博学的法官说道："Lindley 法官说要解决禁止令的问题，它所成立或者可能成立的基础与罚金或损害赔偿金完全不同。在我看来，原告和被告的关系是这样的，不论原告拥有版权与否，被告的所作所为就让其获得禁止令。原告雇用他制作一定数量的照片，这一雇用行为必然暗示被告不能够为自己制作更多复制品。被告所表现的行为是严重违反了契约和诚信，而且，依我看来，这一行为显而易见地赋予原告申请禁止令的权利，不管他们是否享有该照片的版权。这个案件更值得注意的是，原被告之间签订的是书面合同，并且其中已经表明一个隐含的条件，即被告不能够为自己制作任何复印件。当一名女士惊讶地发现她所雇用的摄影师将自己的肖像公开展览并且出售其中复本时，Linedly 法官在该案中所运用的'对诚信严重违反'的规则对于当前来说具有同样效力。"North，J.，in Pollard v. Photographic Co.，40 Ch. D. 345，349－352（1888）。

也许有人会说，我所参考的案件都涉及特定财产权利受到侵犯，基于法律对由个人自身技术或者脑力劳动的产品保护；然而，在当前的案件中，个人照片完全不值得这类保护，这就意味着法律保护的目的是阻止不法行为，而不是仅仅保护情感上的不满，但是由摄影师拍摄照片的公民并没有因此被法律抛弃。因为 26 Vict.，c. 68，s. I 法中规定："制作人或者制造人在存在有效对价的情况中为他人制作照片底片时，不能保留其中的版权，除非要求制作照片的人在书面协议中明确地让制作人或者制造人保留此权利，版权应当属于制造照片者所服务的人。"

本案案件的结果就是照片版权属于原告之一。毫无疑问，同一部法律的第四部分规定，任何版权所有者在登记之前都不受该法的保护，而且就登记之前的任何行为提起的诉讼不能得到支持。我推测，因为女性原告的照片没有登记，所有在辩论过程中律师没有提到该法。但是，尽管在登记之前，该法通常赋予的对世权保护无法得到执行，但是这也不能剥夺原告以违约及违反诚信为由起诉被告的普通法权利。这与前面提到的 Morison v. Moat [g Hare，24I] 和 Tuck v. Priester [I9 Q. B. D. 629] 一案中已经明确，而后一个案件还涉及了议会制定的同一法律。Per North，J.，ibid. p. 352。

这些话表明，成文法可以创设照片或者画像中的财产权利，这些权利在没有登记之前是不存在的；但有人提出，就像已经作出判决的类似案件那样，最终在这个案件中应当裁决的只有在公开发行的时候才能适用成文法则，并且，在登记之前，照片或者画像就具有财产属性，因此，成文法才得以适用。

合同默示条款之形成，或者默示信任之形成（尤其在合同以书面形式存在，并且无相关习惯或者惯例的情况中）都只是一种司法陈述，即公德、私义和日常生活需要都要求对此种规则的认可，因为它们认为，在类似情况下公开含有他人形象的照片是一种不可容忍的侵权行为。只要行为人和他人之间存在合同关系，并且此合同的条款符合公平公正原则，或者行为人和他人之间建立了信任关系或者保密关系，那么他人必然受到合同关系或者信任关系的保护。然而，法官不能止步于此。当他人所遭受的伤害仅仅源于行为人所实施的违反合同或者违反特定保密义务的行为时，此种狭义的规则可以满足社会大众对权利保护的要求；然而，如今，现代设备为行为人实施非法行为提供了更多的便利，即便没有他人的参与，行为人也可以实施非法行为，因此，法律应该进一步扩大对他人的保护基础。例如，在拍照技术比较落后时，即只有当公民自愿地"坐下"时，摄影师才可以对公民进行拍照，此时，合同法或者保护信任的规则就可以为公民提供充分的保护，让他的肖像免于不合理地传播；但是，近来拍照技术已经得到很大的提升，摄影师可以在公民不知晓的情况下进行偷拍，此时，合同关系或者信任关系的理论就不足以为公民的肖像提供充足的保护，我们必须诉诸侵权法。从最广义的角度来说，财产权包括了所有个人财产、全部的权利和特权，因此，它也包括了公民的人格免受侵犯的权利，它能够为公民提供他们所需要的独处权的广泛基础。

因此，当法官在搜索禁止行为人公开他人的私人信件的原则时，他们自然而然会想到行为人的行为是否违背了保密义务，或者行为人与他人之间是否存在默示合同；但是他们很快就认识到，诸如合同关系的理论不能为公民提供充分的保护，因为当行为人对于他人来说是陌生人时，此理论不能为他人所受到的伤害提供救济；所以，此时法官会认定他人对其私人信件享有财产权，并且根据财产权理论为公民提供保护。① 诚然，根据我们的常识，我们难以通过某个法律认定，收到普通信件并且将该信件公开的人违反了明示或者默示合同，或者违反了信任关系。试想一下，如果一个公民在没有提出请求的情况下收到一封寄给他的信，他将信拆开并且阅读了信的内容。在这种情况中，显然该公民没有订立任何合同，他也没有与别人建立信任关系。公民不应该因为他将信拆开并且阅读信的内容而承担除了法定义务以外的义务；设定的法律责任只是为了让人留意到寄信人的法律权利，不管这种权利是什么，也不管这种权利被称为发件人对信的内容所享有的财产权，还是发件人对信的内容所享有的隐私权。②

商业秘密法对禁止行为人非法公开商业秘密的行为进行了类似的探究。在商业秘密法中，法官根据违反合同理论或者破坏保密协议的理论签发阻止行为人公开商业秘密的禁止令。③ 诚然，如果公民不是商业秘密的重要参与人，那么他也很难拥有该秘密。然而，当公民通过非法侵入的方式——比如偷看记载秘密的文件或者窃听他人的秘密对话时，法官会犹豫是为他人提供帮助吗？在 Yovatt v. Winyard 一

---

① 参见 Story 法官对 Folsom v. Marsh, 2 Story, 100, 111 (1841) 一案的观点："如果收信人在其他情境中不当地发表类似的一封或者多封信件，衡平法院可以通过禁止令来阻止公开发表的行为，因为它泄露了私人秘密或者违反了合同，或者侵犯了作者的权利；而且进一步来说，如果他试图从发表中获得利益，那么此时这种行为不仅仅泄露了秘密或者违反合同，还侵犯了写信人独有的版权……这种一般性的财产权，以及附属于财产权的一般权利都属于写信人，无论这些信息是文学作品还是日常信件、事实或者商务信件。就像一般的版权那样，手稿的一般财产权利属于写信人及其代理人。理所当然，与两方都没有任何关系的第三方无权因为自己的私利、好奇心、热心等而公开上述信件。"
② 收信人不是一个受托人，他也没有担任类似受托人的角色。无论是现在还是将来，写信人都不享有占有权。写信者对持有者能够强制执行的唯一权利就只有阻止发行权，而不是从持有者手中要求收回手稿以便自行公开。Per Hon. Joel Parker, quoted in Grigsby v. Breckenridge, 2 Bush. 480, 489 (1857).
③ 在 Morison v. Moat, 9 Hare, 241, 255 (1851) 案中，该案涉及请求禁止使用药物秘方的禁止令之诉，George James Turner, V. C. 先生称："我认为，在此类案件中，法院当然可以行使管辖权。诸多不同的理由事实上为行使管辖权提供基础。有些案件诉诸的是财产权，有些诉诸的是契约，有些则是信托，或者将信任视为管辖权成立的基础——我认为，这意味着法院在当事人的良心之上强加法律义务，在特定利益已被授予的情况下履行承诺，而且与授予利益方同样方式强制其执行。然而，无论管辖权的成立基础是什么，有管辖权的法院无疑都能实施这一权力。"

案①中，法官签发了禁止令阻止被告使用或者公开他通过非法途径获得的兽医处方单。在该案中，被告是原告的一名雇员，他偷偷地打开原告的笔记本，并且将原告记载在上面的兽医处方抄录下来。Eldon大法官"基于被告的行为违背了他与原告之间的信任和违反了保密义务，签发了禁止令"；然而，我们仍然难以在法律上明确地区分雇员非法获得兽医处方与陌生人非法获得此处方之间的差别。②

因此，无论此种受到法律保护的权利的确切性质是什么，我们都必须推断此种权利并非来源于合同或者特殊的信任，而是一种对世权；此外，正如前文所述那样，除非人们从广义的和特殊的角度来理解私人财产所有权的理论内涵，否则私人财产所有权理论绝对不是事实上保护此种权利的理论。保护公民的私人著作和其他智力或者情感成果免于公开的权利是隐私权，此种权利可以延伸至保护公民的外貌、言语、行为和人际关系（包括家庭内部关系和其他人际关系）。③

如果行为人对他人隐私的侵犯造成他人的法律权利受损，那么他人就具备了请求救济的权利，因为法律已经承认，他人因行为人的不

---

① I J. & W. 394（1820）.
② 在商业信誉法中，可以看到合同规定的权利发展到财产权的类似法律发展。早在《年鉴》里就有迹象表明，商人通过合同努力确立的、如今成为"商业信誉"的利益，但是直到1743年，这种商业信誉才被法律确认为除商人个人协定以外的财产权利。See Allan on Goodwill, pp. 2 - 3.
③ 将现存原则适用于新事实并非法官造法，之所以将其称为法官凿光，是因为要宣称现存法律实际上由制定法和既定判例构成，以及从根本上拒绝这些原则的存在（一般而言，在这些案件中称之为证据）。并非将现存原则适用于新的案件，而是引入一个新的原则，这才能被准确地称之为法官造法。但是，即便某个判决涉及法官造法，也不应该将其视为反对该判决的确凿无疑的理由……当把私性正义、道德标准以及公众便利等原则适用到一个新主题时，我们的法官就在不断地行使这种权利。事实上，我们法律所具有的弹性，它对于新环境的适应，它的成长能力，都使它能够满足不断变迁的社会的需求，而且能够为每一个确定的不法行为提供及时的救济，这也是它最引以为自豪的地方。

我无法理解，如果任何人思考过这一主题，他们怎么能够假定社会可以在没有法官造法的情况下运行，而且假定准许法官形式事实上已被形式的权利、弥补立法者的疏忽又能存在什么样的危险。在任何国家，法官所定的那部分法律，要远远优于立法机关制定的相关部分的成文法。I Austin's Jurisprudence, p. 224.

上述提到的参考案例表明，在一个半世纪里，普通法在特定案件中为隐私权提供保护，此处所建议的给予更进一步的保护，只不过是另一种对现存原则的适用。

法行为而遭受精神损害能够获得损害赔偿。

作为私人,他人享有阻止行为人公开其肖像的权利,这是他人所享有的隐私权之扩张,但是也是最简单的扩张情形;他人也有权阻止行为人擅自描绘他人的肖像,他人有权阻止新闻媒体擅自讨论他人的私人事务,这两种权利对于他人而言更为重要并且更加具有深远意义。不管他人所写的书稿的内容多么随意和无关紧要,不管这些书稿多么不值一文和没有艺术价值,如果这些书稿不仅能够免受行为人复制,还能够免受行为人透露其内容或者将它们编纂成目录,那么他人在社会关系和家庭关系中的言行举止就更应该得到保护,此言行举止不得被任何人无理地公开。如果在未获得一位女士的同意的情况下,你不得对其拍照,那么你就更加不能在报纸杂志上绘声绘色地讨论她的容颜、身姿与言行举止。

如果将隐私权理解成诸如此类的权利,那么它早已在法国法中有所体现。①

四、隐私权的界限与法律救济

然而,隐私权的界限在哪里呢?为了确保隐私权的实现,法律会为公民提供何种救济呢?在缺乏任何经验之前,我们难以判断何种隐私权才能满足公德或者私义对公民尊严和生活便利的保护;虽然如此,但是我们可以在名誉侵权法以及与文学艺术作品相关的法律中找到隐私权一般规则的类比法律推理。

(一)隐私权不禁止与公共利益或者普遍利益相关之事务的公开

在确定这一规则的范围时,我们需要类推适用名誉侵权法的案例,不过名誉侵权法是关于有限特权(qualified privilege)的法律,

---

① Loi Relative a la Presse. ii Mai 1868. " I i. Toute Dublication dans un &crit periodique relative iL un fait de la vie prive6 constitue une contravention punie d'un amende de cinq cent francs. " La poursuite ne pourra 6tre exercee que sur la plainte de la partie interess6e. "Rivi6re, Codes Francais et Lois Usuelles. App. Code Pen. , p. 20.

即针对公共利益或者普遍利益发表的评论与批评受到有限特权的保护。① 诚然,在适用这样一种规则时,我们会遇到困难;但是,这种困难是这种规则固有的,其他部门法也会存在它们固有的适用问题——例如,将行为人的行为是否具有合理性作为侵权责任的判断标准。该法律的主旨必须保护私人事务被社会大众无理由地关注的公民,避免公民陷入不受欢迎以及违背意愿的宣传报道之中;该法律也要保护所有人,不管其身份地位如何,以免他们不愿意公开的私人事务被公开。不合理侵犯他人隐私的行为应该受到指责,并且在可能的情况下禁止此种行为。然而,在上述情况中,法律所保护的公民权利在本质上是明显不同的。有些公民也许可以名正言顺地宣称其拥有避免声名狼藉的权利,避免成为新闻业的牺牲品。另外一些公民则需要在不同程度上放弃生活的隐私,接受公众的监督。在第一种情况中,公民享有独处权是合理的,因为这类人的事务仅仅涉及自身,但是在第二种情况中,公民需要接受公众的监督,因为公众可以合法地讨论该公民的事务。对于普通公民而言,即便他们的言行举止异于常人,他们也享有免受其他公民评论的权利,但是如果公民是一名政治候选人,那么他就不享有上述权利。因此,除了需要按照事实与行为本身的标准将其区分为公共事务或者私人事务之外,还有必要作进一步的区分。公开一位恭俭温和的公民有演讲障碍或者发音不准的情况,即便这不是一种前所未有的侵犯公民权利的行为,也是一种无理的侵权行为,但是,如果是公开一位即将成为国会议员的公民有此情况,那么这种行为就不会被视为无理了。

　　本文旨在保护私人事务的隐私,以及在私人事务被公开之前,公民的事务在何种程度上和多大范围内受到隐私保护。② 既然同样的事

---

① See Campbell v. Spottiswoode, 3 B. & S. 769, 776; Henwood v. Harrison, L. R. 7 C. P. 606; Gott v. Pulsifer, 122 Mass. 235.
② Nos moeurs n'admettent pas la prdtention d'enlever aux investigations de la publicitd les actes qui rel6vent de la vie publique, et ce dernier mot ne doit pas etre restreint l la vie officielle ou h celle du fonctionnaire. Tout homme qui appelle sur lui l'attentionou les regards du publique, soit par une mission qu'il a revue ou qu'il se donne, soit par le r8le qu'il s'attribue dans l'industrie, les arts, le theatre, etc. , ne peut plus invoquer contre la critique ou l'expos6 de sa conduite d'autre protection que les lois qui repriment la diffamation et l'injure. " Circ. Mins. Just. , 4 Juin, 1868. Rivi&re Codes Français et Lois Usuelles, App. Code Pen. 20 n (b).

实被公开的合理性完全取决于被公开的对象,那么我们也无法建立一个固定的模式来禁止令人反感的公开行为。在适用侵权责任的规则时,必须灵活和具体情况具体分析——这种要求不幸地增加了适用隐私权的难度,还导致了适用隐私权的不确定性,使其易于早夭。此外,在实践中,人们往往关注那些不可容忍的破坏行为准则和礼节的行为,出于对私人事务的尊重,即便最优雅的品位和最敏锐的感觉会谴责所有事务,人们也不会谴责这些品位和感觉。

总而言之,能够免于公开的事务仅限于私人事务,也就是说,涉及私人的生活、习惯、行为和个人关系的事务,并且此种事务与公民是否适合担任所寻求或者被推荐担任的官职没有法定联系,与他是否适合担任所寻求或者被推荐担任的任何公职或者准公职没有法定联系,与他在公职或者准公职的职责范围内的所作所为没有法定联系。前述内容并非免于公开的事务的精准或者详尽的定义,因为在大量的情况下,人们的判断最终都会变成个人的判断和看法,所以免于公开的事务不可能得到精准或者详尽的定义,但是前述内容尝试从大体上阐释所涉事务的种类。有一些事务,无论其是否属于公共生活的范围之内,人们都有权让其免受公众的猎奇;而另外一些事务,只有当受牵涉的公民所处的位置让其免于公众监督时,这些事务才属于私人事务。①

(二)当名誉侵权法规定某些公开发表的言论具有可免责性时,即便这些言论涉及私人事务,隐私权法也不禁止这些言论被公开

根据这个规则,法院、立法机构及其委员会、市议会及其委员会等地方公开发表的任何言论都不会侵犯公民的隐私权;其他市政或者教区的公共团体,或者准公共团体,如因慈善、商业或者其他一般利

---

① provoqu6 ou authoris6 l'attention, l'approbation ou le blame. Circ. Mins. Just., 4 Juin, 1868. Rivi&re Codes Franqais et Lois Usuelles, App. Code Pen. 20 n (b). 因此,这一规则清楚地表明了它的制定目的是排除对政府官员过往历史进行全面调查,美国公众对此再熟悉不过了,并且不幸的是,美国公众对此太过于兴高采烈,尽管非杰出的任务可能会要求他们应该得到却未被法律赋予的"绝对缄默权"的保护,他们也可能会要求在最大限度上让其私生活免受审查。

益而形成的大型自愿联合组织进行的沟通也不会构成对公民隐私权的侵犯；此外，至少在多数司法管辖区域内，对上述事项的报道也被赋予了类似的特权。① 这个规则既不会禁止公民为了履行特定公共责任或者个人责任而公开发表言论，不管此种责任是法律意义上的还是道德意义上的，也不会禁止公民在处理自己的事务时公开发表仅涉及他自身利益的言论。②

（三）在没有特定损害产生的情况中，法律也许不会禁止口头传播他人隐私的行为

这个规则区分口头传播他人隐私和书面传播他人隐私之间的责任差别，其理由与名誉侵权法区分口头诽谤和书面诽谤的理由一样，在名誉侵权法中，相对于书面诽谤的责任形式来说，口头诽谤采取严格责任形式。③ 一般来说，口头传播所造成的损害是微不足道的，所以

---

① Wason v. Walters, L. R. 4 Q. B. 73; Smith v. Higgins, i6 Gray, 25I; Barrows v. Bell, 7 Gray, 331.
② 对这种阻止公开私人信件权利的限制早已得到承认；但是，与享有这一权利的写信人一样，在必须或者有正当理由公开信件或者诸如公众利用信件等情况下，换言之，收信人可能拥有而且必须拥有公开任何写给他们信件的权利。但是，这一权利被严格地限定在上述情形中。因此，在普通法或者衡平法的诉讼中，公民可以有理由使用以及公布一封或者多封信件，只要它们能够成为坚持或对抗诉讼请求权所必要且正当的手段。所以，当公民被写信人诽谤或者丑化形象，或者被指控有不好行为时，他可以采用公开信件的方式，公布一封或者多封信件，但是公布的范围必须在证明他品质与名誉所必需的，或者使他免受不公正毁谤或者指责所必需的范围之内。Story, J., in Folsom v. Marsh, 2 Story, I00, 110, 111 (1841)。

Drone 竭力否认收信人享有任何公布信件内容的权利，但是他的否认理由似乎并不令人满意。Drone on Copyright, pp. 136－139.
③ 3ownshend on Slander and Libel, 4th ed., § 18; Odgers on Libel and Slander, 2d ed., p. 3.

法律可能会为了保护言论自由的权利而忽视口头传播造成的损害。①

（四）在经过他人同意或者被公开的事务原本已经为公众知晓时，他人对该事务不再享有隐私权

这只是版权法中常见规则的另一种适用而已。版权法的判决还创立了"视为发表"的标准。也就是说，如果当事人出于限定意图进行私人交流，那么此种交流就不是版权法意义上的公开发表。②

（五）行为人不能以公开事务的真实性作为侵犯他人隐私权的抗辩

显然，隐私权法与被公开事务的真实性无关。隐私权法不是为了个性受到抑制或者妨碍的公民提供救济，而是为隐私权受到伤害的公民提供救济。对于前者来说，名誉侵权法可能已经提供了充分的保护。而对于后者来说，隐私权不仅能够让公民的生活免受不实报道，还能够让他们的生活免受各种报道。③

---

① 但是只要流言蜚语是通过口头传播的，那么对任何人来说，它都只是在很小的范围内传播，而且限于他所熟知的圈子内部。它们不会或者几乎很少会被传播到流言对象一无所知的圈子里。流言的传播确实让公民的姓名、活动或者言论为陌生人知悉。但是更为重要的是，它并不会让公民因知道自己受到流言攻击而感到痛苦和难堪。公民很少能够听到口头传播的流言，它仅仅是让该公民显得荒唐可笑，或者侵犯他的合法隐私，而不是从正面攻击他的名誉。因而，流言对他的宁静与安逸仅仅造成轻微程度的影响。E. L. Godkin, "The Rights of the Citizen: To his Reputation", Scribner's Magazine, July, 1890, p. 66.

副大法官 Knight Bruce 在 Prince Albert v. Strange, 2 DeGex & Sm. 652, 694 一案中建议，应当在通过口头侵犯艺术作品隐私权以及通过书面描写或者编制目录的方式侵犯艺术作品隐私权之间进行区分。

② See Drone on Copyright, pp. 121, 289, 290.

③ Compare the French law.

"En prohibant l'envahissement de la vie priv6e, sans qu'il soit n6cessaire d'6tablir l'in'tention criminelle, la loi a entendue interdire toute discussion de la part de la d6fense sur la v6ritd des faits. Le rem6de eut 6te pire que le mal, si un ddbat avait pu s'engager sur ce terrain." Circ. Mins. Just., 4 Juin, 1868. Rivi6re Code Franqais et Lois Usuelles, App. Code Penn. 20 n (a).

（六）行为人不能以"非恶意"作为侵犯他人隐私权的抗辩

对于隐私侵权而言，行为人的恶意并非构成侵权的要件，只有在非法侵入公民人身或者财产的普通案件中，行为人的恶意才构成侵权的要件。对于普通法的名誉侵权而言，行为人的恶意也并非构成侵权的必要条件，除非是对某些抗辩的反驳，比如某些场合使得行为人的传播具有可免责性，或者根据国家和其他地方的法律规定，行为人所指控的陈述是真实的。不管说话者或者写作者是受人驱使还是完全自主，也不管他们的动机是否应该受到谴责，行为人同样完成了对他人隐私的侵害，并且此种侵害对于他人而言是没有差别的。正如名誉侵权一样，不管行为人公开发表言论的动机是什么，他损害他人名誉和企图破坏安宁的行为都构成名誉侵权的结果。如果将隐私侵权视为针对个人的不法行为，而且这一规则渗透于整个侵权责任法，那么，公民就要为其故意行为负责，即便他们在实施该行为时没有恶意；如果将隐私侵权视为针对社会的不法行为，那么，大量的法定罪行都应该适用同样的原则。

名誉侵权法和版权法的实施，为隐私侵权的救济提供了借鉴，即：①所有案件都可以提出侵权损害赔偿之诉[1]。甚至在没有特定损害发生的情况中，他人也可以因情感受到伤害而获得实质赔偿，就像是名誉侵权案件那样。②在非常有限的几类案件中，法官可以签发禁止令。[2]

五、结语

毫无疑问，公民的隐私权应该受到刑事法律的额外保护，不过，

---

[1] Comp. Drone on Copyright, p. 107.
[2] Comp. High on Injunctions, 3d ed., 1015; Townshend on Libel and Slander, 4th. 417a—417d.

如果是这样,那么我们就需要为此制定法律了。① 也许有人认为,刑事法律应该在相对狭窄的范围内追究公开他人私人事务的行为人的刑事责任;但是,公民享有免受其他公民侵犯隐私的权利,这种权利符合社会利益。这样一来,引入刑法救济的正当性是不容置疑的。尽管如此,确认个人权利是保护社会利益的主要途径。每个人只对自己的作为和不作为负责。如果公民手中拥有能够保护自己的武器,却赦免了自己的谴责对象,那么他应该为此负责。如果他反抗,那么公众舆论将团结起来成为他的后援。那么,他拥有这样一种武器吗?普通法的确为公民提供了这样一种武器,经过数个世纪的文火锻造,如今,这种武器正好作为公民保护自己的权利的利器。普通法一直承认公民的住宅是神圣不可侵犯的堡垒,甚至,在长官执行命令时,他们也不得侵犯公民的住宅。难道法院在向权威机构关闭前门时,会为无所事事的人和好色之徒的猎奇心理打开后门吗?

---

① 波士顿律师事务所的 William H. Dunbar 律师对潜在的立法建议提出了以下见解:第一节,如果言论不涉及公民担任、已担任或者寻求担任的官职或公职的行为或资格,或该公民在类似公开场所作为候选人或者被推荐为候选人时的行为,不涉及公民在他或她的商业、专业、职业内的行为,致使他曝光于公众的视线中;不涉及公民在公共场所所作所为,以及其他关于公共利益和普遍利益的言论,这些言论在符合本法规定的范围内,应视作涉及私人生活或者私人事务的言论。无论行为人在任何报纸、杂志或其他定期出版物上发表任何涉及他人私人生活或者私人事务的言论,经由他人书面要求不得发表此类言论,或者任何涉及他的言论,那么行为人应被处以在州立监狱不超过五年的监禁,或处以在监狱不超过两年的监禁,或处以不超过 1000 美元的罚金。第二节,对于第一节中提出的任何刑事指控,所控诉的言论属实或者行为人在发表言论时没有恶意都不能成为抗辩理论;但是,如果公开发表的诽谤言论属于可免责的言论,那么在此情况下,任何人都不应受到法律制裁。

论隐私权

威廉·L. 普罗瑟[①] 著　凌玲[②] 译

目　次

一、导论
二、侵扰他人安宁的隐私侵权行为
三、公开披露他人私人事实的隐私侵权行为
四、公开丑化他人形象的隐私侵权行为
五、出于商业目的或自己的利益，擅自使用他人姓名或肖像的隐私侵权行为
六、共同的特征
七、公众人物和公共利益
八、公共领域与私人领域之间的界限
九、抗辩事由
十、结语

一、导论

在1890年，作为马萨诸塞州波士顿的上流社会的一名年轻主妇，Samuel D. Warren太太在她的住宅里举办了一系列颇具规模的社交活动。Samuel D. Warren太太家世显赫，她的父亲是特拉华州的参议员Bayard先生，丈夫Samuel D. Warren不仅是一名富有的造纸商，而且还是一名才华横溢的法学学者——只是不久之前，他为了继承祖业而

---

① 威廉·L. 普罗瑟（William L. Prosser），美国加州大学法学院院长。
② 凌玲，中山大学法学院助教。

不得不放弃了在法学上的造诣。作为波士顿上流社会的社交名人，Samuel D. Warren 太太的私生活备受瞩目。因而，波士顿的新闻媒体尤其是《周六晚报》，都专门在"贵族轶事"这类栏目上对她所举行的社交活动进行详细的报道。为了博取公众的眼球，这些报道不仅公开了活动的一般内容，而且还绘声绘色地描述了一些十分私人的事项以及一些令当事人感到十分尴尬的细节，并对此进行大肆宣扬。当时正是"花边新闻"大行其道的年代，为了迎合市场的需求和大众的低级趣味，各大新闻媒体无所不用其极，尽其所能地窥探和挖掘公民的私生活——当然，当时的新闻媒体所采用的窥探方法或者技术对于如今的人们而言都是见怪不怪了。① 在当时的美国社会，波士顿或许是美国为数不多的公民十分排斥新闻媒体报道其姓名和私人事务的几个城市之一。因而，在波士顿，过分窥探公民私生活的新闻媒体与渴望远离媒体骚扰的公民之间存在难以调和的矛盾。这个矛盾在一家新闻媒体擅自报道 Warren 的女儿的婚礼时达到了顶峰。Warren 对新闻媒体连篇累牍地恣意报道他女儿的婚礼的无礼行为感到十分恼火。② 对于新闻媒体的这种无耻行为，在最初的火冒三丈之后，普通的市民也只能忍气吞声自认倒霉。但 Warren 不是普通人，他是日后将要名震法学界的耀眼新星，他对新闻媒体此次行为的怒火使得美国的新闻媒体、广告商以及娱乐产业在后来的 70 多年间付出了惨重的代价。

在新闻媒体擅自报道他女儿的婚礼之后，Warren 找到昔日的法学搭档——注定会名垂青史的 Louis D. Brandeis。随后，他们合作撰

---

① The press is overstepping in every direction the obvious bounds of propriety and of decency. Gossip is no longer the resource of the idle and of the vicious, but has become a trade, which is pursued with industry as well as effrontery. To satisfy a prurient taste the details of sexual relations are spread broadcast in the columns of the daily papers. To occupy the indolent, column upon column is filled with idle gossip, which can only be procured by intrusion upon the domestic circle. The intensity and complexity of life, attendant upon advancing civilization, have rendered necessary some retreat from the world, and man, under the refining influence of culture, has become more sensitive to publicity, so that solitude and privacy have become more essential to the individual; but modem enterprise and invention have, through invasions upon his privacy, subjected him to mental pain and distress, far greater than could be inflicted by mere bodily injury. Warren and Brandeis, The Right to Privacy, 4 HAv. L. REv. 193, 196 (1890).

② MAsoN, BRADErs, A FREE MAN's Lim 70 (1946).

写了后来赫赫有名的《论隐私权》①一文并刊登于《哈佛法律评论》。该文被美国法学界公认为法律期刊文章对法律产生重要影响的杰出典范。Warren 和 Brandeis 深赋学术天分，拥有过人的想象力和能力，他们都是哈佛大学法学院 1877 届最优秀的学生。尽管根据现实的证据以及两人的生活情况，人们可以推测，《论隐私权》一文的撰写和调查研究都极有可能出于 Brandeis 之手，但毋庸置疑的是，Warren 也为这篇文章提出了重要的观点，这篇文章是两人的合作之品。

在《论隐私权》一文中，通过对一系列以诽谤罪、损害他人财产罪②或者违反信用原则和违背默示合同的行为③为审判基础的判决进行分析和总结，Warren 和 Brandeis 得出一个大胆的结论：实际上，这些判决的审判基础是一个比上述的原则和规范更加广泛的原则，法律应当承认该原则的独立性，而不是继续将其局限在所谓的财产权或者其他原则之中。Warren 和 Brandeis 将该原则称为隐私权，并极力主张，随着新闻媒体滥用新闻自由权的情况日益严峻，法律不仅应当为公民遭受的现实性损害（财产损害或身体损伤）提供法律救济，还必须以隐私权为基础为公民所遭受的严重的或者不合理的精神损害提供严格的法律救济。后来，这个观点引发了无数法律评论期刊对隐

---

① 4 HAv. L. REv. 193 (1890).
② Woolsey v. Judd, 4 Duer (11 N. Y. Super.) 379, 11 How. Pr. 49 (N. Y. 1855) (publication of private letters); Gee v. Pritchard, 2 Swans. 402, 36 Eng. Rep. 670 (1818) (same); Prince Albert v. Strange, 2 De G. & Sm. 652, 41 Eng. Rep. 1171, 1 Mac. & G. 25, 64 Eng. Rep. 293 (1849) (exhibition of etchings and publication of catalogue).
③ Yovatt v. Winyard, 1 Jac. & W. 394, 37 Eng. Rep. 425 (1820) (publication of recipes surreptitiously obtained by employee); Abernethy v. Hutchinson, 3 L. J. Ch. 209 (1825) (publication of lectures to class of which defendant was a member); Pollard v. Photographic Co., 40 Ch. D. 345 (1888) (publication of plaintiff's picture made by defendant).

私权的激烈讨论——当然,这都是后话了。① 对于 Warren 和 Brandeis 所提出的观点和法律建议,除了个别的免责条款之外,笔者都表示认同。

尽管《论隐私权》一文在美国隐私权的发展史上描下了浓墨重彩的一笔,但该文在发表之初对美国的法学理论和司法的影响甚微。在美国的司法判例中,第一个以隐私权作为独立审判原则为原告(受害人)提供法律救济的判决是由纽约的一名审判法官作出的,但该判决并没有得到相关的报道或者宣传。② 在该案中,原告是一名女演员,在她身穿暴露的紧身裤登台表演时,被告(一名男子)不仅在台下利用隐藏在小盒子里面的照相机偷拍了她许多性感火辣的照片,而且还十分狂热地向公众展示这些照片。在该案审判结束之后,纽约法院在另外三个经过报道的案件③以及马萨诸塞州的一个联邦法院在一个案件④中不仅遵循了该案判决,而且还在判决中表现出它们准备接受隐私权这个原则的决心。原本这是隐私权发展的一个良好趋势,但是,这个美好的发展进程因为密歇根州的法院在 Atkinson v.

---

① Larremore, The Law of Privacy, 12 CoLum. L. Rav. 693 (1912); Ragland, The Right of Privacy, 17 Ky. L. J. 101 (1929); Winfield, Privacy, 47 L. Q. REV. 23 (1931); Green, The Right of Privacy, 27 ILL. L. REV. 237 (1932); Kacedan, The Right of Privacy, 12 B. U. L. REV. 353, 600 (1932); Dickler, The Right of Privacy, 70 U. S. L. Rxv. 435 (1936); Harper & McNeely, A Re-examination of the Basis for Liability for Emotional Distress, [1938] WXs. L. REv. 426; Nizer, The Right of Privacy, 39 Mica. L. Rav. 526 (1941); Feinberg, Recent Developments in the Law of Privacy, 48 CoLusm. L. Rv. 713 (1948); Ludwig, "Peace of Mind" in 48 Piecesvs. Uniform Right of Privacy, 32 MiNN. L. Rv. 734 (1948); Yankwich, The Right of Privacy, 27 NoESE DAtMd LAW. 429 (1952); Daims, What Do We Mean by "Right to Privacy," 4 S. D. L. Rv. 1 (1959).
② Manola v. Stevens (N. Y. Sup. Ct. 1890), in N. Y. Times, June 15, 18, 21, 1890.
③ Mackenzie v. Soden Mineral Springs Co., 27 Abb. N. Cas. 402, 18 N. Y. S. 240 (Sup. Ct. 1891) (use of name of physician in advertising patent medicine enjoined); Marks v. Jaffa, 6 Misc. 290, 26 N. Y. S. 908 (Super. Ct. N. Y. City 1893) (entering actor in embarrassing popularity contest); Schuyler v. Curtis, 147 N. Y. 434, 42 N. E. 22 (1895) (erection of statue as memorial to deceased; relief denied only because he was dead).
④ Corliss v. E. W. Walker Co., 64 Fed. 280 (D. Mass. 1894) (portrait to be inserted in biographical sketch of plaintiff; relief denied because he was a public figure).

John E. Doherty & Co. 一案①中粗暴直接地否定了隐私权理论而遭受

---

① Atkinson v. John E. Doherty & Co., 121 Mich. 372, 80 N. W. 285 (1899). The man was dead, and in any case a public figure; and on either ground the same decision would probably result today. Schuyler v. Curtis, 147 N. Y. 434, 42 N. E. 22 (1895); In re Hart's Estate, 193 Misc. 884, 83 N. Y. S. 2d 635 (Surr. Ct. 1948); Schumann v. Loew's, Inc,, 199 Misc. 38, 102 N. Y. S. 2d572 (Sup. Ct. 1951), aff'd, 135 N. Y. S2d 361 (Sup. Ct. 1954); Rozhon v. Triangle Publications, 230 F. 2d 359 (7th Cir. 1956); Abernathy v. Thornton, 263 Ala, 496, 83 So. 2d 235 (1955); Metter v. Los Angeles Examiner, 35 Cal. App. 2d 304, 95 P. 2d 491 (1939); Kelly v. Johnson Pub. Co., 160 Cal. App. 2d 718, 325 P. 2d 659 (1958); James v. Screen Gems, Inc., 174 Cal. App. 2d 650, 344 P. 2d 799 (1959); Kelley v. Post Pub. Co., 327 Mass. 275, 98 N. E. 2d 286 (1951); Bartholomew v. Workman, 197 Okl. 267, 169 P2d 1012 (1946). Cf. Atkinson v. John E. Doherty & Co., 121 Mich. 372, 80 N. W. 285 (1899).

As in the case of living persons, however, a publication concerning one who is dead may invade the separate right of privacy of surviving relatives. See the last three cases cited in Gill v. Curtis Pub. Co., 38 Cal. 2d 273, 239 P. 2d 630 (1952). Cason v. Baskin, 159 Fla. 31, 30 So. 2d 635, 638 (1947).

The question of degree has not been discussed in the cases. In Kerby v. Hal Roach Studios, 53 Cal. App. 2d 207, 127 P. 2d 577 (1942), the plaintiff was an actress, concert singer and monologist, so obscure that the defendant's studio had never heard of her. She was allowed to recover for appropriation of her name and a false light before the public, without mention of whether she was a public figure, which obviously woula have made no difference in the decision. It may be suggested that even an obscure entertainer may be a public figure to some limited extent, but that the field in which she may be given further publicity may be more narrowly limited. Witness the disclosure, in the election of 1884, of Grover Cleveland's parentage of anillegitimate child, many years before.

Stryker v. Republic Pictures Corp., 108 Cal. App. 2d 191, 238 P. 2d 670 (1951); and see Continental Optical Co. v. Reed, 119 Ind. App. 643, 86 N. E. 2d 306 (1949). Bernstein v. National Broadcasting Co., 129 F. Supp. 817 (D. D. C. 1955), affd, 232 F. 2d 369 (D. C. Cir. 1956) (murder and trial); Smith v. National Broadcasting Co., 138 Cal. App. 2d 807, 282 P. 2d 600 (1956) (false report to police of escape of black panther). Paramount Pictures v. Leader Press, 24 F. Supp. 1004 (WI). Okl. 1938), reversed onother grounds in 106 F. 2d 229 (10th Cir. 1939); Chaplin v. National Broadcasting Co., 15 F. R. D. 134 (S. D. N. Y. 1953).

Ruth v. Educational Films, 194 App. Div. 893, 184 N. Y. S. 948 (1920); see Jansen v. Hilo Packing Co., 202 Misc. 900, 118 N. Y. S. 2d 162 (Sup. Ct. 1952), aff'd, 282 App. Div. 935, 125 N. Y. S. 2d 648 (1953). Cf. O'Brien v. Pabst Sales Co., 124 F. 2d 167 (5th Cir. 1941) (all-American football player). Jeffries v. New York Evening Journal Pub. Co., 67 Misc. 570, 124 N. YS. 780 (Sup. Ct. 1910); Cohen v. Marx, 94 Cal. App. 2d 704, 211 P. 2d 320 (1950); Oma v. Hillman Periodicals, 281 App. Div. 240, 118 N. Y. S. 2d 720 (1953). Colyer v. Richard K. Fox Pub. Co., 162 App. Div. 297, 146 N. Y. S. 999 (1914) (high diver); Koussevitzky v. Allen, Towne & Heath, 188 Misc. 479, 68 N. Y. S. 2d 779 (Sup. Ct. 1947), aff'd, 272 App. Div. 759, 69 N. Y. S. 2d 432 (1947) (symphony conductor); Gavrilov v. Duell, Sloan & Pierce, 84 N. Y. S. 2d 320 (Sup. Ct. 1948) (dancer); Redmond v. Columbia Pictures Corp., 277 N. Y. 707, 14 N. E. 2d 636 (1938), affirming 253 App. Div. 708, 1 N. Y. S. 2d 643 (trick shot golfer). Cf. Gautier v. Pro-Football, Inc., 304 N. Y. 354, 107 N. E. 2d 485 (1952) (performing animal act at football game); Goelet v. Confidential, Inc., 5 App. Div. 2d 226, 171N. Y. S. 2d 223 (1958) (unspecified).

Martin v. Dorton, 210 Miss. 668, 50 So. 2d 391 (1951) (sheriff); Hull v. Curtis Pub. Co., 182 Pa. Super. 86, 125 A. 2d 644 (1956) (arrest by policeman); Corliss v. E. W. Walker Co., 64 Fed. 280 (D. Mass. 1894). Cf. Thompson v. Curtis Pub. Co., 193 F. 2d 953 (3d Cir. 1952). Smith v. Suratt, 7 Alaska 416 (1926). Stryker v. Republic Pictures Corp., 108 Cal. App. 2d 191, 238 P. 2d 670 (1951). Accord, Molony v. Boy Comics Publishers, 277 App. Div. 166, 98 N. Y. S. 2d 119 (1950), reversing 188 Misc. 450, 65 N. Y. S. 2d 173 (Sup. Ct. 1946) (hero in disaster).

See Continental Optical Co. v. Reed, 119 Ind. App. 643, 86 N. E. 2d 306 (1949). Sidis v. F-R Pub. Corp., 113 F. 2d 806 (2d Cir. 1940), affirming 34 F. Supp. 19 (S. D. N. Y. 1938). Wilson v. Brown, 189 Misc. 79, 73 N. Y. S. 2d 587 (Sup. Ct. 1947); Cason v. Baskin, 155 Fla. 198, 20 So. 2d 243 (1945), second appeal, 159 Fla. 31, 30 So. 2d 635 (1947). A book, Cross Creek, which became a best seller, was written about the back woods people of Florida, and an obscure local woman was described in embarrassing personal detail. It was held that she did not became a public figure.

严重的阻碍。在 Atkinson v. John E. Doherty & Co. 一案中,一个商家用一名已故社会名人的姓名为它所制造的雪茄命名。在 1902 年的 Roberson v. Rochester Folding Box Co. 一案[①]中,纽约的上诉法院遇到了相同的问题。在该案中,被告在未经原告(一名美貌的年轻女子)同意的情况下,擅自使用原告的照片作为一种面粉的宣传画报,并在画报上面印刻"家庭面粉"("The Flour of the Family")的字样。因为这句带有双关意味的宣传语会勾起某些人不太得体的遐想,因此,当时人们认为审理该案的法院会支持原告要求法律救济的诉求。但令人感到意外的是,法院以 4∶3 通过的判决不仅否决了 Warren 和 Brandeis 提出的隐私权原则,而且还公开宣称所谓的隐私权是不存在的。自然而然地,该法院认定原告并没有合法的权利作为依据以反对被告对她实施的行为。法院之所以作出这样的判决,主要是碍于以下五个原因:第一,美国缺乏以隐私权原则作为审判基础的判例;第二,在该案中,原告没有受到现实性损害,她受到的损害仅仅是精神上的;第三,如果法院在该案中判决原告胜诉,则随之而来的就是数量巨大的类似诉讼,法院无法负荷如此之重的诉讼业务;第四,法院难以明确区分公众人物和普通民众,更难以区别公众人物和普通民众分别受到何种程度的侵扰才值得法律的救济;第五,法院担心判决原告胜诉会对新闻自由造成过度的限制。

  Roberson 一案一经判决便激发了社会公众的强烈反对。这使得当时赞成该判决的很多法官通过发表法律评论[②]来维护该案的判决——这种通过发表法律评论来为法院判决正名的方法在当时实属首创。受到当时的社会舆论和法学界对隐私权的争论的影响,纽约的立法机关紧接着便颁布了一部制定法。根据该法,如果行为人在没有得到他人的书面同意的情况下,出于广告或者商业目的,擅自使用他人姓名、肖像或照片,则行为人的该种行为同时构成刑法上的轻罪行为(misdemeanor)和侵权法上的侵权行为。在这之前,纽约的法院已经适用纽约的旧法律为上百个类似案件作出了判决,因此,该制定法并没有摒弃纽约原本的法律。除了该制定法本身对隐私权的范围有所限制之

---

① 171 N. Y. 538, 64 N. E. 442 (1902).
② O'Brien, The Right of Privacy, 2 CoLum. L. Rv. 437 (1902).

外，纽约的法院根据该法作出的判决与普通法的规定相当一致，因为美国的其他州也效仿纽约制定了相类似的制定法且美国的法院都援用这些制定法审判与隐私权相关的案件。

三年之后，佐治亚州的最高法院在 Pavesich v. New England Life Insurance Co. 一案①中面临的许多问题与纽约的上诉法院在 Roberson 一案中面临的问题并无二致。在该案中，被告不仅在它的保险广告中擅自使用了原告的姓名和照片，而且还伪造了原告签署的证明书。与纽约的上诉法院的做法截然不同的是，佐治亚州的最高法院不仅采纳了 Warren 和 Brandeis 提出的观点，而且还明确承认隐私权是一种独立存在的公民权利。该案的判决成为后来的法院审判隐私权案件的主要先例。

尽管佐治亚州的最高法院明确承认了隐私权的存在，但是，在接下来的30多年中，美国对隐私权是否存在这个问题仍然争论不休。此外，在司法实践上，Roberson 一案和 Pavesich 一案分庭抗礼，大多数的法院在审判有关隐私权的案件时都会在这两个先例中选择其中一个作为判例依据。在这30多年间，由于《美国侵权法复述》的正确引导，社会和司法界都更加倾向于承认隐私权的存在，那些拒绝承认隐私权的案例逐渐被推翻。

如今，美国的绝大多数法院都公开承认隐私权的存在。据统计，在美国，首先承认隐私权的存在的州有阿拉巴马州②、阿拉斯加州③、

---

① 122 Ga. 190, 50 S. E. 68 (1905).
② Smith v. Doss, 251 Ala. 250, 37 So. 2d 118 (1948); Birmingham Broadcasting Co. v. Bell, 259 Ala. 656, 68 So. 2d 314 (1953), later appeal, 266 Ala. 266, 96 So. 2d 263 (1957).
③ Smith v. Suratt, 7 Alaska 416 (1926).

亚利桑那州①、加利福尼亚州②、康涅狄格州③、哥伦比亚特区④、佛罗里达州⑤、佐治亚州⑥、伊利诺伊州⑦、印第安纳州⑧、爱荷华州⑨、

---

① Reed v. Real Detective Pub. Co., 63 Ariz. 294, 162 P. 2d 133 (1945).
② Melvin v. Reid, 112 Cal. App. 285, 297 Pac. 91 (1931); Kerby v. Hal Roach Studios, 53 Cal. App. 2d 207, 127 P. 2d 577 (1942); Stryker v. Republic Pictures Corp., 108 Cal. App. 2d 191, 238 P. 2d 670 (1951); Gill v. Curtis Pub. Co., 38 Cal. 2d 273, 239 P. 2d 630 (1952); Linehan v. Linehan, 134 Cal. App. 2d 250, 285 P. 2d 326 (1955); Fairfield v. American Photocopy Equipment Co., 138 Cal. App. 2d 82, 291 P. 2d 194 (1955).
③ Melvin v. Reid, 112 Cal. App. 285, 297 Pac. 91 (1931); Kerby v. Hal Roach Studios, 53 Cal. App. 2d 207, 127 P. 2d 577 (1942); Stryker v. Republic Pictures Corp., 108 Cal. App. 2d 191, 238 P. 2d 670 (1951); Gill v. Curtis Pub. Co., 38 Cal. 2d 273, 239 P. 2d 630 (1952); Linehan v. Linehan, 134 Cal. App. 2d 250, 285 P. 2d 326 (1955); Fairfield v. American Photocopy Equipment Co., 138 Cal. App. 2d 82, 291 P. 2d 194 (1955).
④ Peay v. Curtis Pub. Co., 78 F. Supp. 305 (D. D. C. 1948).
⑤ Cason v. Baskin, 155 Fla. 198, 20 So. 2d 243 (1944), second appeal, 159 Fla. 31, 30 So. 2d 635 (1947); and see Jacova v. Southern Radio & Television Co., 33 So. 2d 34 (Fla. 1955).
⑥ Pavesich v. New England Life Ins. Co., 122 Ga. 190, 50 S. E. 68 (1905); Bazemore v. Savannah Hospital, 171 Ga. 257, 155 S. E. 194 (1930); McDaniel v. Atlanta Coca Cola Bottling Co., 60 Ga. App. 92, 2 S. E. 2d 810 (1939); Walker v. Whittle, 83 Ga. App. 445, 64 S. E. 2d 87 (1951); Gouldman-Taber Pontiac, Inc. v. Zerbst, 96 Ga. App. 48, 99 S. E. 2d 475 (1957).
⑦ Eick v. Perk Dog Food Co., 347 Ill. App. 293, 106 N. E. 2d 742 (1952); Annerino v. Dell Pub. Co., 17 11. App. 2d 205, 149 N. E. 2d 761 (1958).
⑧ Continental Optical Co. v. Reed, 119 Ind. App. 643, 86 N. E. 2d 306 (1949). See also Estill v. Hearst Pub. Co., 186 F. 2d 1017 (7th Cir. 1951).
⑨ Bremmer v. Journal-Tribune Co., 247 Iowa 817, 76 N. W. 2d 762 (1956).

堪萨斯州①、肯塔基州②、路易斯安那州③、密歇根州④、密西西比州⑤、密苏里州⑥、蒙大拿州⑦、内华达州⑧、新泽西州⑨、北卡罗来纳州⑩、俄亥俄州⑪、俄勒冈州⑫、宾夕法尼亚州⑬、南卡罗莱州⑭、

---

① Kunz v. Allen, 102 Kan. 883, 172 Pac. 532 (1918). See also Johnson v. Boeing Airplane Co., 175 Kan. 275, 262 P. 2d 808 (1953).
② Foster-Milburn Co. v. Chinn, 134 Ky. 424, 120 S. W. 364 (1909); Douglas v. Stokes, 149 Ky. 506, 149 S. W. 849 (1912); Brents v. Morgan, 221 Ky. 765, 299 S. W. 967 (1927); Rhodes v. Graham, 238 Ky. 225, 37 S. W. 2d 46 (1931); Trammell v. Citizens News Co., 285 Ky. 529, 148 S. W. 2d 708 (1941).
③ Itzkovitch v. Whitaker, 115 La. 479, 39 So. 499 (1905); Schwartz v. Edrington, 133 La. 235, 62 So. 660 (1913); Hamilton v. HeinOnline – 48 Cal. L. Rev. 386 1960 Lumbermen's Mut. Cas. Co., 82 So. 2d 61 (La. App. 1955).
④ Pallas v. Crowley, Milner & Co., 322 Mich. 411, 33 N. W. 2d 911 (1948).
⑤ Martin v. Dorton, 210 Miss. 668, 50 So. 2d 391 (1951). See Note, 27 Miss. LJ. 256 (1956).
⑥ Munden v. Harris, 153 Mo. App. 652, 134 S. W. 1076 (1911); Barber v. Time, Inc., 348 Mo. 1199, 159 S. W. 2d 291 (1942); State ex rel. Clemens v. Witthaus, 228 S. W. 2d 4 (Mo. 1950); Biederman's of Springfield, Inc. v. Wright, 322 S. W. 2d 892 (Mo. 1959).
⑦ Welsh v. Pritchard, 125 Mont. 517, 241 P. 2d 816 (1952).
⑧ Norman v. City of Las Vegas, 64 Nev. 38, 177 P. 2d 442 (1947).
⑨ Vanderbilt v. Mitchell, 72 N. J. Eq. 910, 67 Atl. (Ct. Err. &App. 1907); Edison v. Edison Polyform Mfg. Co., 73 N. J. Eq. 136, 67 Ati. 392 (Ch. 1907); Frey v. Dixon, 141 N. J. Eq. 481, 58 A. 2d 86 (Ch. 1948); Ettore v. Philco Television Broadcasting Co., 229 F. 2d 481 (3d Cir. 1956).
⑩ Flake v. Greensboro News Co, 212 N. C. 780, 195 S. E. 55 (1938).
⑪ Friedman v. Cincinnati Local Joint Exec. Board, 6 Ohio Supp. 276, 20 Ohio Op. 473 (C. P. 1941); Housh v. Peth, 165 Ohio St. 35, 133 N. E. 2d 340 (1956).
⑫ Hinish v. Meier & Frank Co., 166 Ore. 482, 113 P. 2d 438 (1941).
⑬ Clayman v. Bernstein, 38 Pa. D. & C. 543 (C. P. 1940); Bennett v. Norban, 396 Pa. 94, 151 A. 2d 476 (1959); Aquino v. Bulletin Co., 154 A. 2d 422 (Pa. Super. 1959); Jenkins v. Dell Pub. Co., 251 F. 2d 447 (3d Cir. 1958).
⑭ Holloman v. Life Ins. Co. of Va., 192 S. C. 454, 7 S. E. 2d 169 (1940); Meetze v. Associated Press, 230 S. C. 330, 95 S. E. 2d 606 (1956); Frith v. Associated Press, 176 F. Supp. 671 (E. D. S. C. 1959).

田纳西州①、西弗吉尼亚州②。其次,特拉华州③、马里兰州④也极有可能承认隐私权的存在,因为在这两个州中,分别有一个联邦法院和低级法院已经承认了隐私权的存在。再次,阿肯色州⑤、科罗拉多州⑥、马萨诸塞州⑦、明尼苏达州⑧以及华盛顿⑨的法院虽然不以隐私权原则作为审判依据,但也至少没有声明隐私权是完全不存在的。最后,纽约的制定法⑩在一定的程度上承认了隐私权的存在,不仅如

---

① Langford v. Vanderbilt University, 199 Tenn. 389, 287 S. W. 2d 32 (1956).
② Roach v. Harper, 105 S. E. 2d 564 (W. Va. 1958); Sutherland v. Kroger Co., 110 S. E. 2d 716 (W. Va. 1959).
③ Miller v. National Broadcasting Co., 157 F. Supp. 240 (D. Del. 1957).
④ Graham v. Baltimore Post Co., (Baltimore Super. Ct. 1932), reported in 22 Ky. LJ. 108 (1933).
⑤ Mabry v. Kettering, 89 Ark. 551, 117 S. W. 746 (1909), second appeal, 92 Ark. 81, 122 S. W. 115 (1909).
⑥ Fitzsimmons v. Olinger Mortuary Ass'n, 91 Colo. 544, 17 P. 2d 535 (1932); McCreery v. Miller's Grocerteria Co., 99 Colo. 499, 64 P. 2d 803 (1936). In the last nafhed case the dissent indicates that an opinion recognizing the right of privacy was written, but withdrawn.
⑦ Marek v. Zanol Products Co., 298 Mass. 1, 9 N. E. 2d 393 (1937); Thayer v. Worcester Post Pub. Co., 284 Mass. 160, 187 N. E. 292 (1933); Themo v. New England Newspaper Pub. Co., 306 Mass. 54, 27 N. E. 2d 753 (1940). In Wright v. R. K. O. Radio Pictures, 55 F. Supp. 639 (D. Mass. 1944), the court considered that the state had rejected the right of privacy; but in Kelley v. Post Pub. Co., 327 Mass. 275, 98 N. E. 2d 286 (1951), the question was said to be still open. See also Hazlitt v. Fawcett Publications, 116 F. Supp. 538 (D. Conn. 1953).
⑧ Berg v. Minneapolis Star & Tribune Co. 79 F. Supp. 957 (D. Minn. 1948). See also Hazlitt v. Fawcett Publications, 116 F. Supp. 538 (D. Conn. 1953).
⑨ OIn Hillman v. Star Pub. Co., 64 Wash. 691, 117 Pac. 594 (1911), the right of privacy was rejected, and said to be a matter for legislation. In State ex rel. La Follette v. Hinkle, 131 Wash. 86, 229 Pac. 317 (1924), it was apparently recognized; but in Lewis v. Physicians & Dentists Credit Bureau, 27 Wash. 2d 267, 177 P. 2d 896 (1947), the question was said to be still open in Washington. See also Hazlitt v. Fawcett Publications, 116 F. Supp. 538 (D. Conn. 1953).
⑩ N. Y. Sess. Laws 1903, ch. 132, §§ 1—2. Now, as amended in 1921, N. Y. Civ. RIGUTs LAW, If SO-Si. Held constitutional in Rhodes v. Sperry & Hutchinson Co., 193 N. Y. 223, 85 N. E. 1097 (1908), aff'd, 220 U. S. 502 (1911).

此，俄克拉荷马州①、犹他州②、弗吉尼亚州③也采用了相类似的法律。

在这30年间，只有罗德州在1909年的一个案例④中，以及内布拉斯加州⑤和得克萨斯州⑥在更晚的一些案例中否定了隐私权的存在，这种状况表明，立法机关应当根据旧的普通法所面临的挑战和新变化得出与时俱进的立法活动，只有这样，立法才能够在批评和挑战中发展得更好。

不管是哪个州的法院，在审理有关隐私权的首个案件时，它们总是会绞尽脑汁地探讨隐私权存在与否这个问题，而很少考虑或者直接忽略了何为隐私权的具体内涵这个问题——当然，有关法院的这种做法，人们是可以理解的。实际上，一直到近十年来，才开始有人（大部分都是法学作家）尝试探讨以下两个问题：人们想要保护的权利到底有哪些？人们反对哪些行为？如今，通过美国记录在案的300多个案例所隐含的一些信息和学说，我们不仅可以在很大程度填补美国在隐私权方面的缺漏，还可以得出一些相对明确的结论。

---

① OKLA. STAT. ANN. tit. 21, § § 839—40 (1958). Before the statute there were numerous indications that Oklahoma would recognize the right of privacy without it. Bartholomew v. Workman, 197 Old. 267, 169 P. 2d 1012 (1946); McKinzie v. Huckaby, 112 F. Supp. 642 (W. D. Old. 1953); Lyles v. State, 330 P. 2d 734 (Okl. Cr. 1958); Paramount Pictures v. Leader Press, 24 F. Supp. (W. D. Okl. 1938), rev'd on other grounds in 106 F. 2d 229 (10th Cir. 1939; Banks v. King Features Syndicate, 30 F. Supp. 352 (S. D. N. Y. 1939, Oklahoma law); Hazlitt v. Fawcett Publications, 116 F. Supp. 538 (D. Conn. 1953, Oklahoma law). The Note in 10 OXrL. L. REv. 353 (1957), considers that there is still some doubt as to whether the common law right may not be recognized, in addition to the statutory one. The New York statute has been held to be exclusive. Kimmerle v. New York Evening Journal Co., 262 N. Y. 99, 186 N. E. 217 (1933).
② UTAH CODE ANN. § § 76-4-8 and 76-4-9 (1953).
③ VA. CODE AN. §8-650 (1957). See Notes, 38 VA. L. REv, 117 (1952); 44 VA. L. Rzv. 1303 (1958).
④ Henry v. Cherry & Webb, 30 R. I. 13, 73 At. 97 (1909).
⑤ Brunson v. Ranks Army Store, 161 Neb. 519, 73 N. W. 2d 803 (1955). See also Schnieding v. American Farmers Mut. Ins. Co., 138 F. Supp. 167 (D. Neb. 1955).
⑥ Milner v. Red River Valley Pub. Co., 249 S. W. 2d 227 (Tex. Civ. App. 1952); McCullagh v. Houston Chronicle Pub. Co., 211 F. 2d 4 (5th Cir. 1954). See Seavey, Can Texas Courts Protect Newly Discovered Interests, 31 TExAs L. REv. 309 (1953).

在如何处理隐私权类型的问题上，法院的判例发挥着十分重要的作用。虽然以前人们都认为隐私侵权行为只有一种，但从法院的判例来看，事实并非如此。隐私侵权行为不是一种单一的侵权行为，而是由四种侵权行为共同构成的结合体。隐私权法包含了四种独立的隐私侵权行为，它们分别侵害了公民四种不一样的权利。这四种隐私侵权行为结合在一起，形成了一个共同的名称——隐私侵权行为。但是，除了这四种隐私侵权行为都侵害了公民所享有的、被 Cooley 大法官[①]称为"独处权"的权利之外，它们之间几乎不再存在任何共同之处。虽然法院没有对"隐私侵权行为"作出精确的定义，但法院承认以下四种隐私侵权行为：①侵扰他人安宁或私人事务的隐私侵权行为；②公开他人私人事实的隐私侵权行为；③公开丑化他人形象的隐私侵权行为；④出于商业目的或自己的利益，擅自使用他人姓名或肖像的隐私侵权行为。

显而易见的是，上述四种隐私侵权行为至少在某些方面隶属于不同的规则之下。如果法院在审判有关隐私侵权行为的案件时混淆了这四种隐私侵权行为以及相关的规则，则法院将会发现，它们不仅无法适用正确的法律依据审判案件，而且还会为隐私权原则的发展带来许多困扰。

在下文中，笔者将逐一对这四种隐私侵权行为作出详细的解释。

二、侵扰他人安宁的隐私侵权行为

虽然 Warren 和 Brandeis 十分警惕行为人所实施的公开行为（publication）可能给他人带来的危害，但对于那些会侵扰公民安宁的其他行为或者事物，他们似乎并没有给予特别的关注。在他们发表《论隐私权》一文9年之前，密歇根州发生了一个案件。[②] 在该案中，一名年轻男子（被告）在一名女子（原告）分娩时闯入了后者分娩的地方。审判该案的法院认定，虽然在该案中，原告同意了被告的闯入行为，但是，由于被告对原告实施了欺骗行为，所以，该同意行为属无效行为。正因为如此，审判该案的法官并不需要对隐私侵权行为

---

① Cooley, ToaRs 29 (2d ed. 1888).
② DeMay v. Roberts, 46 Mich. 160, 9 N. W. 146 (1881).

这一概念作出具体的解释,便可直接认定被告的行为构成非法入侵行为或者非法殴打行为。虽然当时的法院并没有引用隐私权原则审判该案,但无论如何,该案至少称得上是一个隐私权案件。在这之后,其他法院在审判类似案件时都遵循了该案的判决,法院在审判案件的过程中认定,如果被告闯入原告的家[①]、酒店住房[②]或者闯入女性的船包间[③],又或者在购物中心对女性的包包实施非法搜查行为[④],则被告应当为自己的行为承担法律责任。至少在相当大的程度上,在涉及上述情形的案件中,法院对隐私权原则的适用会与对非法侵入学说的适用有所重合。

虽然在上述情形中,法院仅仅在公民遭受现实性损害(physical intrusion)时适用隐私权原则,但是,不久之后,法院就拓宽了隐私权原则的适用范围。根据拓宽之后的适用范围,在行为人利用有线窃听器[⑤]和传声器[⑥]窃听他人之间的谈话内容的情况下,法院也会适用隐私权原则进行审判。法院曾经在涉及上述情形的三个案件[⑦]中适用了隐私权原则。在第三个案件中,被告通过原告住宅的窗户窥探原告的住宅,审判该案的法院依据路易斯安那州的刑事法规适用了隐私权

[①] Young v. Western &A. R. Co., 39 Ga. App. 761, 148 S. E. 414 (1929) (search without warrant); Walker v. Whittle, 83 Ga. App. 445, 64 S. E. 2d 87 (1951) (entry without legal authority to arrest husband); Welsh v. Pritchard, 125 Mont. 517, 241 P. 2d 816 (1952) (landlord moving in on tenant).

[②] Newcomb Hotel Co. v. Corbett, 27 Ga. App. 365, 108 S. E. 309 (1921).

[③] Byfield v. Candler, 33 Ga. App. 275, 125 S. E. 905 (1924).

[④] Sutherland v. Kroger Co., 110 S. E. 2d 716 (W. Va. 1959).

[⑤] Rhodes v. Graham, 238 Ky. 225, 37 S. W. 2d 46 (1931).

[⑥] 60McDaniel v. Atlanta Coca Cola Bottling Co., 60 Ga. App. 92, 2 S. E. 2d 810 (1939); Roach v. Harper, 105 S. E. 2d 564 (W. Va. 1958). The same conclusion was reached, on the basis of a criminal statute, in People v. Trieber, 28 Cal. 2d 657, 163 P. 2d 492, 171 P. 2d 1 (1946).

[⑦] Moore v. New York Elevated R. Co., 130 N. Y. 523, 29 N. E. 997 (1892) (looking into windows from elevated railway; plaintiff compensated under eminent domain); Pritchett v. Board of Commissioners of Knox County, 42 Ind. App. 3, 85 N. E. 32 (1908) (relief on the basis of nuisance); Souder v. Pendleton Detectives, 88 So. 2d 716 (La. App. 1956) (spying into windows).

This topic gave rise to a possible nomination for the all-time prize law review title, in the Note, Crimination of Peeping Toms and Other Men of Vision, 5 ARx. L. REv. 388 (1951).

原则。事实上，俄亥俄州的最高法院似乎是美国的法院系统中唯一不承认行为人所实施的、对他人造成精神损害（mental distress）的粗暴行为是一种独立的侵权行为的法院。① 但是，在这个问题上，如今的俄亥俄州最高法院也已经与其他法院达成一致。② 在 House v. Peth 一案③中，通过债务人家里的电话机和债务人的工作地点，一名债权人在一段相当长的时期内追踪了该债务人的行踪。俄亥俄州的最高法院正是适用隐私权原则对该案进行了判决。除此之外，法院还可以在多种情形中适用侵扰他人安宁的隐私侵权行为作出合适的判决。例如，如果行为人在未经他人授权的情况下查探他人的银行账目④，则行为人的行为会被法院认定为侵扰他人安宁的隐私侵权行为。例如，如果法院下发传票（blanket subpoena duces tecum）要求公民提交自己所有的书本和文件⑤或者政府执法人员非法要求公民进行血液检验⑥，则这些执法行为都违背了隐私权原则，都是无效的。

但是，人们必须明确的一点是，并非行为人所实施的所有窥视行为和侵入行为都构成侵扰他人安宁的隐私侵权行为，相反，只有对他人造成的侵扰达到一定程度的行为才会构成侵扰他人安宁的隐私侵权行为。如果行为人所造成的噪音只是侵扰了普通的教堂集会⑦，或者行为人只是在公共场所作出了一般的无礼行为或不雅姿势⑧，则其行为不足以构成侵扰他人安宁的隐私侵权行为。除此之外，行为人所实

---

① Bartow v. Smith, 149 Ohio St. 301, 78 N. E. 2d 735 (1948).
② Cf. Duty v. General Finance Co., 154 Tex. 16, 273 S. W. 2d 64 (1954).
③ 70 House v. Peth, 165 Ohio St. 35, 133 N. E. 2d 340 (1956), affirming 99 Ohio App. 485, 135 N. E. 2d 440 (1955). Accord, on the ground of "nuisance," Wiggins v. Moskins Credit Clothing Store, 137 F. Supp. 764 (E. D. S. C. 1956).
④ Brex v. Smith, 104 NJ. Eq. 386, 146 Atl. 34 (Ch. 1929); Zimmerman v. Wilson, 81 F. 2d 847 (3d Cir. 1936).
⑤ Frey v. Dixon, 141 N. J. Eq. 481, 58 A. 2d 86 (Ch. 1948); State ex rel. Clemens v. Witthaus, 228 S. W. 2d 4 (Mo. 1950) (court order).
⑥ Bednarik v. Bednarik, 18 N. J. Misc. 633, 16 A. 2d 80 (Ch. 1940). Cf. Hawkins v. Kuhne, 153 App. Div. 216, 137 N. Y. S. 1090 (1912), aff'd, 208 N. Y. 555, 101 N. E. 1104 (1913) (illegal photographing and measuring by police called an "assault").
⑦ Owens v. Henman, 1 W. & S. 548, 37 Am. Dec. 481 (Pa. 1841).
⑧ Lisowski v. Jaskiewicz, 76 Pa. D. & C. 79 (C. P. 1950); Christie v. Greenleaf, 78 Pa. D. & C. 191 (C. P. 1951).

施的侵害行为必须是令一个有理性的人感到高度反感或者厌恶的行为。例如，一名房东在某个周末的早上敲门向承租人讨要租金的行为明显是不会让一个有理性的个人感到十分反感的，这种行为自然不会是侵扰他人安宁的隐私侵权行为。①

人们还必须明确的一点是，行为人所窥视或者侵扰的必须是他人的私人事务，否则，行为人所实施的行为不构成侵扰他人安宁的隐私侵权行为。如果政府执法人员记录公民的庭前证言②、在他们的权限之内拍摄公民的照片或录下公民的指纹和三围数据③、依法要求公民提供或公开公司的财务报表④，则公民无权拒绝政府执法人员的这些要求。在公共道路或者其他公共场所，公民不享有独处的权利。如果行为人只是跟在他人的背后，则他人不能主张行为人的这种行为侵害其隐私权。⑤ 除此之外，如果行为人在公共场所给他人拍摄照片，则

---

① Horstman v. Newman, 291 S. W. 2d 567 (Ky. 1956).
② Gotthelf v. Hillcrest Lumber Co., 280 App. Div. 668, 116 N. YS. 2d 873 (1952).
③ Voelker v. Tyndall, 226 Ind. 43, 75 N. E. 2d 548 (1947); McGovern v. Van Riper, 140 N. J. Eq. 341, 54 A. 2d 469 (Ch. 1947), affirming 137 N. J. Eq. 548, 45 A. 2d 842 (Ct. Err. & App. 1946), which reversed 137 N. J. Eq. 24, 43 A. 2d 514 (Ch. 1945); State ex rel. Mavity v. Tyndall, 224 Ind. 364, 66 N. E. 2d 755 (1946); Bartletta v. McFeeley, 107 N. J. Eq. 141, 152 At. 17 (Ch. 1930), aff'd, 109 N. J. Eq. 241, 156 At. 658 (Ct. Err. & App. 1931); Fernicola v. Keenan, 136 N. J. Eq. 9, 39 A. 2d 851 (Ch. 1944); Norman v. City of Las Vegas, 64 Nev. 38, 177 P. 2d 442 (1947); Mabry v. Kettering, 89 Ark. 551, 117 S. V. 746 (1909), second appeal, 92 Ark. 81, 122 S. W. 115 (1909); Hodgeman v. Olson, 86 Wash. 615, 150 Pac. 1122 (1915); cf. Sellers v. Henry, 329 S. W. 2d 214 (Ky. 1959). As to the use made of police photographs, see ixfra, text at notes 143—45. In Anthony v. Anthony, 9 N. J. Super. 411, 74 A. 2d 919 (Ch. 1950), a compulsory blood test in a paternity suit was held to be justified, and not to invade any right of privacy. Such cases, of course, usually turn on constitutional rights.
④ Bowles v. Misle, 64 F. Supp. 835 (D. Neb. 1946); United States v. Alabama Highway Express Co., 46 F. Supp. 450 (D. Ala. 1942); Alabama State Federation of Labor v. McAdory, 246 Ala. 1, 18 So. 2d 810 (1944).
⑤ Chappell v. Stewart, 82 Md. 323, 33 Atl. 542 (1896). Cf. McKinzie v. Huckaby, 112 F. Supp. 642 (W. D. Old. 1953), where the defendant, calling at the plaintiff's home, brought along a policeman, who remained outside in the car.

行为人的拍摄行为也不构成侵害他人隐私权的行为。① 这是因为，在一个公共场所，所有人都有权看到或者观察身边的人，行为人在公共场所给他人拍照的行为与行为人记录下自己所看到的事物或对自己所看到的事物作出详细的书面描写的行为并不存在本质上的区别，这些行为都不会侵害他人的隐私权。但另一方面，在他人行动不便只能躺在医院的病床上②或者正在家中独居的情况下，如果行为人在未得到他人同意之前便擅自对他人进行拍照，则其行为构成侵害他人隐私权的行为，他人有权主张行为人的拍照行为侵害其隐私权。

综上所述，显而易见的是，有关侵扰他人安宁的隐私侵权行为的法律和原则保护的主要是公民在精神上的权利。它们的主要作用在于填补非法侵入学说、妨害制度、故意的精神损害制度的缺漏，以及为公民的宪法性权利所遭受的侵害提供法律救济。

---

① Gill v. Hearst Pub. Co., 40 Cal. 2d 224, 253 P. 2d 441 (1953); Berg v. Minneapolis Star & Tribune Co., 79 F. Supp. 957 (D. Minn. 1948) (courtroom); Lyles v. State, 330 P-2d 734 (Old. Cr. 1958) (television in court). Cf. Gautier v. Pro-Football, Inc., 304 N. Y. 354, 107 N. E. 2d 485 (1952); Sports & General Press Agency v. "Our Dogs" Pub. Co., [19161 2 K. B. 880; and cases cited.

Sports & General Press Agency v. "Our Dogs" Pub. Co., E1916] 2 K. B. 880; Humiston v. Universal Film Mfg. Co., 189 App. Div. 467, 178 N. Y. S. 752 (1919); Merle v. Sociological Research Film Corp., 166 App. Div. 376, 152 N. Y. S. 829 (1915); Berg v. Minneapolis Star & Tribune Co., 79 F. Supp. 957 (D. Minn. 1948) (courtroom); Lyles v. State, 330 P. 2d 734 (Old. Cr. 1958) (television in courtroom). Cf. Gautier v. Pro-Football, Inc., 304 N. Y. 354, 107 N. E. 2d 485 (1952) (football game); Jacova v. Southern Radio &Television Co., 83 So. 2d 34 (Fla. 1955) (cigar store raid).

See Fitzpatrick, Unauthorized Photographs, 20 GEo. L. J. 134 (1932). In United States v. Gugel, 119 F. Supp. 897 (ED. Ky. 1954), the right to take such pictures was said to be protected by the Constitution of the United States.

The same type of reasoning, that the record does not differ from a written report, was applied to the recording of a private telephone conversation between plaintiff and defendant, in Chaplin v. National Broadcasting Co., 15 F. R. D. 134 (S. D. N. Y. 1953).

In Friedman v. Cincinnati Local Joint Executive Board, 6 Ohio Supp. 276, 20 Ohio Op. 473 (C. P. 1941), a labor union which had taken pictures of customers crossing a picket line was enjoined from making use of them for purposes of retaliation.

② Barber v. Time, Inc., 348 Mo. 1199, 159 S. W. 2d 291 (1942). Cf. Clayman v. Bernstein, 38 Pa. D. & C. 543 (C. P. 1940) (picture of semi-conscious patient taken by physician).

三、公开披露他人私人事实的隐私侵权行为

在 Warren 和 Brandeis 撰写《论隐私权》的时代，公民对新闻媒体过分骚扰他们的私人生活的行为感到十分烦恼。因此，在《论隐私权》一文中，Warren 和 Brandeis 着笔最多的就是第二种隐私侵权行为——公开披露他人私人事实的隐私侵权行为。实际上，相对于第一种隐私侵权行为，该种隐私侵权行为在判例中出现得相当之晚。尽管在很早之前的案件①中，涉及该种隐私侵权行为的情形就已经出现，但是，直到 1927 年，肯塔基州的法院才在本州的一个案件②中独立适用了该种隐私侵权行为来审判案件。这个案件就是 Brents v. Morgan 一案，在该案中，被告在自家车库的窗户上贴了一张公告，宣称原告欠了自己一大笔钱却无力归还。虽然该案是法院独立适用公开披露他人私人事实的隐私侵权行为的第一案，但却不是法院独立适用公开披露他人私人事实的隐私侵权行为的主要判例——加利福尼亚州 1931 年的 Melvin v. Reid 一案③才是。这在很大程度上是因为，相比 Brents v. Morgan 一案，Melvin v. Reid 一案中的被告所披露的有关原告的事实更加令人感到吃惊。在 Melvin v. Reid 一案中，原告原名为 Gabrielle Darley，她不仅曾经是一名卖淫女，而且还是轰动一时的谋杀案的被告。在谋杀案中被法院宣判无罪后，原告告别过去，重新过上正常人的生活并重拾清誉，后来还嫁给一位名为 Melvin 的男子。在某种意义上，原告的生活就像是戏剧家 Arthur Wing Pinero 所编的戏剧一样，在经历苦难之后终于迎来了幸福——在嫁人之后，原告在社会上受到了应有的尊重，她身边的亲友们都不知道她曾经有过一段不堪回首的过往。7 年之后，被告制作并公开展示了一部根据真人故

---

① Douglas v. Stokes, 149 Ky. 506, 149 S. W. 849 (1912) (publication of picture by photographer, breach of implied contract); Thompson v. Adelberg & Berman, 181 Ky. 487, 205 S. W. 558 (1918) (publication of debt, libel); Feeney v. Young, 191 App. Div. 501, 181 N. Y. S. 481 (1920) (exhibition of pictures of caesarian operation, breach of trust and implied contract).

② Brents v. Morgan, 221 Ky. 765, 299 S. W. 967 (1927). Dr. W. R. Morgan owes an account here of MYM49. 67. And if promises would pay an account this account would have been settled long ago. This account will be advertised as long as it remains unpaid.

③ 112 Cal. App. 285, 297 Pac. 91 (1931).

事拍摄而成且名为 The Red Kimono 的影片。该部影片不仅使用了原告的曾用名 Gabrielle Darley，而且还向原告的亲友披露了她的过往。这使得原告好不容易才建立起来的新生活就此毁于一旦。审判该案的法院认为，尽管加利福尼亚州并没有相似的判例，但是根据《美国联邦宪法》的规定，每个人都在某种程度上享有"追求和享受幸福"的权利，该种权利不容剥夺。因此，法院认定，被告的行为侵害了原告的隐私权，原告可就此提起诉讼。

在 Melvin v. Reid 一案之后，许多案件都遵循了该案的判决。这些案件涉及的情形五花八门：被告在一部将自己描述成抢劫案的受害人的广播剧中使用原告的姓名①；被告向公众公开自己的债务清单②；被告向公众公开人体解剖的医学图片；被告向公众公开女性身上令人尴尬的男性化特征、跋扈的个性、爱说脏话的习惯、对亲友和邻居所作的行为③。在这些案例中，法院对公民所享有的这类隐私权进行了适当的限制，有如下方面：

（1）行为人对有关他人的私人事实所实施的披露行为必须是向公众公开的行为，而不是只向私人披露的行为。如果行为人将他人没有偿还债务的事实刊登在报纸上④或者在公共道路上的窗户上贴出公告⑤又或者在高速公路上大声将这些事情向大家哭诉⑥，则行为人的这些行为都构成对他人隐私权的侵害。但凡事都有例外，在审判涉及相关情形的案件时，佐治亚州的一个低级法院并没有适用公开披露他

---

① Mau v. Rio Grande Oil, Inc, 28 F. Supp. 845 (N.). Cal. 1939).
② Trammell v. Citizens News Co., Inc., 285 Ky. 529, 148 S. W. 2d 708 (1941); Biederman's of Springfield, Inc. v. Wright, 322 S. W. 2d 892 (Mo. 1959). Cf. Bennett v. Norban, 396 Pa. 94, 151 A. 2d 476 (1959).
③ Cason v. Baskin, 155 Fla. 198, 20 So. 2d 243 (1945), second appeal, 159 Fla. 31, 30 So. 2d 635 (1947).
④ Trammell v. Citizens News Co., 285 Ky. 529, 148 S. W. 2d 708 (1941). Cf. Thompson v. Adelberg & Berman, Inc., 181 Ky. 487, 205 SW. 558 (1918).
⑤ Brents v. Morgan, 221 Ky. 765, 299 S. W. 967 (1927).
⑥ 92Bennett v. Norban, 396 Pa. 94, 151 A. 2d 476 (1959). Cf. Biederman's of Springfield, Inc. v. Wright, 322 S. W. 2d 892 (Mo. 1959) (public restaurant).

人私人事实的隐私侵权行为,而是采用了其他法律依据①。该法院认定,除非被告违反了合同约定或者违背了自己与原告之间的信任关系(这种信任关系会为原告主张救济提供独立的法律依据)②,否则,如果被告只是将原告的这些私人事实告知原告的雇主③或者其他个人甚至小团体④,则被告的行为不会对原告的隐私权构成侵害。Warren 和 Brandeis⑤认为,除非原告可以举证证明被告的公开行为已经对原告造成了特别的侵害,否则,只有在被告通过书写或者复印的方式公开原告的私人事实时,原告才可以起诉被告的行为侵害其隐私权。根据之前的法院判决⑥,如果被告仅仅在口头上公开原告的私人事实,则原告无权就被告的行为提起诉讼。但是,随着无线电广播技术的发展,人们已经摒弃了这种落后的观点。如今,毋庸置疑的是,即使被告通过书写以外的方式公开原告的私人事实,原告也有权起诉被告的行为侵害自己的隐私权。⑦

---

① Gouldman-Taber Pontiac, Inc. v. Zerbst, 96 Ga. App. 48, 99 S. E. 2d 475 (1957), reversed in 213 Ga. 682, 100 S. E. 2d 881 (1957), on the ground that the communication was privileged.
② Berry v. Moench, 8 Utah 2d 191, 331 P. 2d 814 (1958); cf. Simonsen v. Swenson, 104 Neb. 224, 177 N. W. 831 (1920); and see Note, 43 Mum. L. Rav. 943 (1959).
③ Patton v. Jacobs, 118 Ind. App. 358, 78 N. E. 2d 789 (1948); Voneye v. Turner, 240 S. W. 2d 588 (Ky. 1951); Lucas v. Moskins Stores, 262 S. W. 2d 679 (Ky. 1953); Hawley v. Professional Credit Bureau, Inc. , 345 Mich. 500, 76 N. W. 2d 835 (1956); Lewis v. Physicians & Dentists Credit Bureau, 27 Wash. 2d 267, 177 P. 2d 896 (1947). Cf. Davis. v. General Finance & Thrift Corp. , 80 Ga. App. 708, 57 SE. 2d 225 (1950) (telegram to plaintiff); Perry v. Moskins Stores, 249 S. W. 2d 812 (Ky. 1952) (postcard to plaintiff).
④ Gregory v. Bryan-Hunt Co. , 295 Ky. 345, 174 S. W. 2d 510 (1943) (oral accusation of theft). On the other hand, in Kerby v. Hal Roach Studios, 53 Cal. App. 2d 207, 127 P. 2d MYM77 (1942), the distribution of a letter to a thousand persons was held, without discussion, to make it public.
⑤ 97Warren and Brandeis, The Right to Privacy, 4 HARv. L. REv. 193, 217 (1890).
⑥ Martin v. FIY. Theatre Co. , 10 Ohio Op. 338 (Ohio C. P. 1938); Gregory v. BryanHunt Co. , 295 Ky. 345, 174 S. W. 2d 510 (1943); Pangallo v. Murphy, 243 S. W. 2d 496 (Ky. 1951); Lewis v. Physicians & Dentists Credit Bureau, 27 Wash. 2d 267, 177 P. 2d 896 (1947).
⑦ Bennett v. Norban, 396 Pa. 94, 151 A. 2d 476 (1959); Biederman's of Springfield, Inc. v. Wright, 322 S. W. 2d 892 (Mo. 1959); Linehan v. Linehan, 134 Cal. App. 2d 250, 285 P. 2d 326 (1955).

（2）被告所披露的有关原告的事实必须是私人事实，而不是与公众有关的事实。毋庸置疑的是，如果原告将自己或者与自己有关的事实暴露在社会公众的视野之内，如原告在自己居住的房子里面现身或者出现在自己参与的商业活动中，则原告没有理由可以因此抱怨被告看到或者知道自己的这些事实。因此，法院已经认定，即使政府执法人员强制披露公共学校的教师的战时工作情况和户外活动，后者也不能提起诉讼主张隐私权救济。①

对于公开披露他人私人事实的隐私侵权行为，人们还面临着两个十分棘手的问题。

第一个问题在于，是否只要公民出现在公共道路或者其他公共场所，则所有人都有权对该名公民进行拍照并向社会公众公开这些照片？例如，如果一名毫无知名度和存在感的公民因为醉酒在繁华的街道上踉跄前行的情景被一名野心勃勃的记者拍下来并公之于世，那么，后者的行为是否侵害了前者所享有的隐私权？涉及类似情景的案例经常会牵涉到新闻自由权或者其他公共利益②，也正因为如此，上述的问题才变得难以回答，但尽管如此，人们似乎还是更倾向于对这个问题作出否定的回答。

一方面，有关的判决表明，任何在公共场所出现的事物都有可能被人们记录下来并通过拍照或者书面描述的方式在社会公众之间流传③，因为这些照片和书面描述仅仅是告诉社会公众，哪些事物是已经在社会公开的事物，以及哪些事物是大家可以自由观看的事物，所

---

① Reed v. Orleans Parish Schoolboard, 21 So. 2d 895 (La. App. 1945). Compare the cases of disclosure of corporate records, Bowles v. Misle, 64 F. Supp. 835 (D. Neb. 1946); United States v. Alabama Highway Express Co., 46 F. Supp. 450 (D. Ala. 1942); Alabama State Federation of Labor v. McAdory, 246 Ala. 1, 18 So. 2d 810 (1944).
② 译者注：见本文第七章所有注释。
③ In Chaplin v. National Broadcasting Co., 15 F. R. D. 134 (S. D. N. Y. 1953), the same reasoning was applied to the broadcast of a recorded private telephone conversation between plaintiff and defendant. The case looks wrong, since one element, the sound of Chaplin's voice, was not then public, and was expected to be private to the recipient.

以，这些照片和书面描述的存在都不会对公民的隐私权造成侵害。①在众多的相关判决中，能够称得上是杰出代表的是加利福尼亚州的一个判决。② 在该案中，原告与妻子在超市相拥的情景被被告拍了下来，且被告还公开发表了这些照片。审判该案的法院认定，原告不能对被告的行为主张权利救济。对此，曾有人表示反对③：如果他人在公共场所的众多人流中被行为人盯上并受到行为人过度的关注，则行为人过多的关注行为也会侵害他人的隐私权——纽约有一个判决就带有这种意见。④ 但是，后来法院只是在判决中引用一本虚构小说的某部分内容对这个意见进行附带性的阐释而已，明显没有认真对待这个原本应当被人们重视的意见。⑤ 另一方面，似乎人们很明确的一点是，如果行为人偷偷拍摄了他人的照片，或者行为人在一个私人场所

---

① Sports & General Press Agency v. "Our Dogs" Pub. Co., E1916] 2 K. B. 880; Humiston v. Universal Film Mfg. Co., 189 App. Div. 467, 178 N. Y. S. 752 (1919); Merle v. Sociological Research Film Corp., 166 App. Div. 376, 152 N. Y. S. 829 (1915); Berg v. Minneapolis Star & Tribune Co., 79 F. Supp. 957 (D. Minn. 1948) (courtroom); Lyles v. State, 330 P. 2d 734 (Old. Cr. 1958) (television in courtroom). Cf. Gautier v. Pro-Football, Inc., 304 N. Y. 354, 107 N. E. 2d 485 (1952) (football game); Jacova v. Southern Radio & Television Co., 83 So. 2d 34 (Fla. 1955) (cigar store raid).
② Gill v. Hearst Pub. Co., 40 Cal. 2d 224, 253 P. 2d 441 (1953).
③ Note, 44 VA. L. Rv. 1303 (1958).
④ Blumenthal v. Picture Classics, 235 App. Div. 570, 257 N. Y. S. 800 (1932), aff'd, 261 N. Y. 504, 185 N. E. 713 (1933).
⑤ In Sarat Lahiri v. Daily Mirror, 162 Misc. 776, 295 N. Y. S. 382 (Sup. Ct. 1937).

不顾他人的反对为他人拍摄了照片①，或者行为人偷了他人的物品②，又或者行为人通过行贿或其他背信弃义的方法获得他人的物品③，则行为人的行为侵害了他人的隐私权，他人可以提起诉讼主张法律救济，因为在这些情形中，他人本身以及他人的事务、物品原本都处于隐秘的状态之下。

第二个问题在于，如果行为人所公开的有关他人的事实属于公共记录，那么，这将会对行为人的公开行为的定性产生何种影响。如果这些记录都是机密的、不对社会公众公开的信息，例如所得税申报

---

① Barber v. Time, Inc., 348 Mo. 1199, 159 S. W. 2d 291 (1942) (hospital bed). Cf. Clayman v. Bernstein, 38 Pa. D. & C. 543 (C. P. 1940) (picture of semi-conscious patient taken by physician).

② Peed v. Washington Times, 55 Wash. L. Rep. 182 (D. C. 1927).

In Metter v. Los Angeles Examiner, 35 Cal. App. 2d 304, 95 P. 2d 491 (1939), the newspaper appears to have gotten away with a great deal. After plaintiff's wife had committed suicide, the screen of his kitchen window was forced open, and a photograph of his wife disappeared from his table. The same day the same photograph appeared in the paper. The court considered that there was no evidence that the defendant had stolen it. The actual decision can be justified, however, on the ground that the woman was dead. See Schuyler v. Curtis, 147 N. Y. 434, 42 N. E. 22 (1895); In re Hart's Estate, 193 Misc. 884, 83 N. Y. S. 2d 635 (Surr. Ct. 1948); Schumann v. Loew's, Inc,, 199 Misc. 38, 102 N. Y. S. 2d 572 (Sup. Ct. 1951), aff'd, 135 N. Y. S2d 361 (Sup. Ct. 1954); Rozhon v. Triangle Publications, 230 F. 2d 359 (7th Cir. 1956); Abernathy v. Thornton, 263 Ala, 496, 83 So. 2d 235 (1955); Metter v. Los Angeles Examiner, 35 Cal. App. 2d 304, 95 P. 2d 491 (1939); Kelly v. Johnson Pub. Co., 160 Cal. App. 2d 718, 325 P. 2d 659 (1958); James v. Screen Gems, Inc., 174 Cal. App. 2d 650, 344 P. 2d 799 (1959); Kelley v. Post Pub. Co., 327 Mass. 275, 98 N. E. 2d 286 (1951); Bartholomew v. Workman, 197 Okl. 267, 169 P2d 1012 (1946). Cf. Atkinson v. John E. Doherty & Co., 121 Mich. 372, 80 N. W. 285 (1899).

As in the case of living persons, however, a publication concerning one who is dead may invade the separate right of privacy of surviving relatives. See the last three cases cited supra and: Gill v. Curtis Pub. Co., 38 Cal. 2d 273, 239 P. 2d 630 (1952).

③ Bazemore v. Savannah Hospital, 171 Ga. 257, 155 S. E. 194 (1930) (picture of deformed child born to plaintiff, obtained from hospital attendants). Cf. Douglas v. Stokes, 149 Ky. 506, 149 S. W. 849 (1912) (breach of implied contract by photographer).

表①（很明显这属于不对社会公众公开的信息），那么，毫无疑问，行为人公开他人的这些信息的行为侵害了他人的隐私权。但是，法院已经认定，如果行为人公开他人的出生日期或者婚姻状态②、服兵役记录③、准律师资格、行医资格或者他人正在驾驶出租车的事实，则他人不得主张行为人的这些行为侵害其隐私权。除此之外，还有一个十分复杂的问题在于，有一些已经过去很久且在某种程度上已经被社会公众遗忘的公共记录，如某人的刑事犯罪记录，如果在某种情况下被行为人重新提出来并获得比以前更高的社会关注度，那么，法院应当如何看待行为人公开他人的这些记录的行为。一般来讲，这种记录的重新出现不可避免地牵涉各种复杂的问题。对此，法院已经认定，如果这些曾经被记录下来有关他人的事件在过了很长时间后重新被行为人提起且获得了社会集体关注，那么，该事件仍然属于涉及公共利益的事件。但审理 Melvin v. Reid 一案④的法院并不这么认为。在该案中，法院认定，即使被告所提起的有关原告的往事涉及公共利益，被告也完全没有必要明确指出原告的姓名以及向原告的朋友和同事揭露原告的历史，如果被告这么做，则被告的行为侵害了原告的隐私权。一般来讲，如果一个公共记录是十分重要的，那么，这个记录所涉及的公共利益会使得这个记录所涉及的个人事务变成公共事务，而不是私人事务，但这并不是一个绝对的结论，在某些特殊的情况下，当事人对这些事务仍然享有隐私权。

（3）行为人公开他人私人事实的行为必须是令一个有理性的人

---

① Cf. Maysville Transit Co. v. Ort, 296 Ky. 524, 177 S. W. 2d 369 (1944); Munzer v. Blaisdell, 183 Misc. 773, 49 N. Y. S. 2d 915 (Sup. Ct. 1944), aff'd, 269 App. Div. 970, 58 N. Y. S. 2d 360 (1945) (records of mental institution); Sellers v. Henry, 329 S. W. 2d 214 (Ky. 1959) (police photograph; liability dependent upon use).

② Meetze v. Associated Press, 230 S. C. 330, 95 S. E. 2d 606 (1956).

③ Stryker v. Republic Pictures Corp., 108 Cal. App. 2d 191, 238 P. 2d 670 (1951); Continental Optical Co. v. Reed, 119 Ind. App. 643, 86 N. E. 2d 306 (1949).
　　In Thompson v. Curtis Pub. Co., 193 F. 2d 953 (3d Cir. 1952), a patent obtained by the plaintiff was held to be a public matter, "as fully as a play, a book, or a song."

④ 112 Cal. App. 285, 297 Pac. 91 (1931). Accord, Mau v. Rio Grande Oil, Inc., 28 F. Supp. 845 (N. D. Cal. 1939); and see cases cited in the preceding note. The Melvin and Mau cases were explained on the basis of the use of the name in the Smith case.

在正常的情绪下都会感到十分反感的行为。① 人类具有群居的特性，在某种程度上，我们所有人一辈子都活在别人的注视和探询之中，除了隐居在与世隔绝的沙漠中的隐士，没有人可以永远保持自己的独立性，更没有人可以保持绝对的隐秘。除了隐士，所有人的行为举止都或多或少地收到来自邻居或者社会公众的观察，有些人的日常生活甚至会因为新闻媒体的报道而闹得人人皆知。一个有理性的普通人不会因为新闻媒体报道他/她的一些生活琐事（如参加宴会回家、在丛林中露营、在家中为朋友举办生日宴会等）而恼火或者自寻烦恼。Warren 也很可能无法因为新闻媒体报道了他女儿的婚礼就享有向法院起诉新闻媒体的权利。隐私权法的存在不是为了保护过分敏感甚至心理变态的人，或者帮助他们打击普通的公开行为和报道行为。② 但是，如果行为人公开的他人事实涉及尚未向社会公众公开的两性关系的细节③或者行为人仔细描绘出他人身体的隐私部位或私密行为④，则该种行为应另当别论——面对这种无礼甚至无耻的行为，任何一个有理性的人都会感到高度的反感。

在这方面，有一个十分著名的案例——Sidis v. F-R Publishing-Corporation 一案⑤。在该案中，原告 William James Sidis 曾经是一名小神童，7 岁时已经就四维空间这个主题给当时众多著名的数学家做演讲，16 岁时毕业于哈佛大学。正当 William James Sidis 步入青春期的

---

① Reed v. Real Detective Pub. Co., 63 Ariz. 294, 162 P. 2d 133 (1945); Davis. v. General Finance & Thrift Corp., 80 Ga. App. 708, 57 S. E. 2d 225 (1950); Gill v. Hearst Pub. Co. 40 Cal. 2d 224, 253 P. 2d 441 (1953); Samuel v. Curtis Pub. Co., 122 F. Supp. 327 (N. D. Cal. 1954).

② Meetze v. Associated Press, 230 S. C. 330, 95 S. E. 2d 606 (1956) (report of birth of child to girl twelve years old).

③ Garner v. Triangle Publications, 97 F. Supp. 546 (S. D. N. Y. 1951). Cf. Myers v. U. S. Camera Pub. Corp., 9 Misc. 2d 765, 167 N. Y. S. 2d 771 (N. Y. City Ct. 1957) (nude full body photograph of model); Feeney v. Young, 191 App. Div. 501, 181 N. Y. S. 481 (1920) (exhibition of film of caesarian operation); Banks v. King Features Syndicate, 30 F. Supp. 352 (S. D. N. Y. 1939) (X-rays of woman's pelvic region).

④ Cason v. Baskin, 155 Fla. 198, 20 So. 2d 243 (1944), second apPeal, 159 Fla. 31, 30 So. 2d 635 (1947). Cf. Stryker v. Republic Pictures Corp., 108 Cal. App. 2d 191, 238 P. 2d 670 (1951).

⑤ 113 F. 2d 806 (2d Cir. 1940), affirming 34 F. Supp. 19 (S. D. N. Y. 1938).

时候，他遭受了一些心理上的剧变，自此之后，他不仅十分反感数学，还十分厌恶社会公众对他的关注。于是，他淡出社会公众的视线，当上一名默默无闻的会计并醉心于收集有轨电车转移器（street car transfers）。此外，他还喜欢研究有关 Okamakammessett 的印第安人传说。尽管他希望过上安宁的生活，但现实却事与愿违。《纽约客》杂志社找到他并带着嘲讽意味地公开报道他的工作、行踪以及研究活动。这一举动对 William James Sidis 的生活带来了毁灭性的影响。毫无疑问，《纽约客》发表的文章促成了 William James Sidis 的英年早逝。在该案中，《纽约客》杂志公开的是与公共利益有关的事实，根据新闻自由权，《纽约客》杂志有权这样做，但是，审判该案的法院并没有以此作为审判依据。相反，法院适用了公开他人私人事实的隐私侵权行为的有关理论——法院认定，因为被告（《纽约客》杂志）发表的文章根本没有提及任何会令一个正常人感到反感的私人事实，所以，原告没有提起侵权诉讼的法律依据。有人将该案与 Melvin v. Reid 一案[①]作比较。在 Melvin v. Reid 一案中，被告所公开的有关原告曾经当过卖淫女和曾成为谋杀案的被告的痛苦往事，这种行为已经触犯了人们的道德底线[②]。当被告公开的有关原告的事实是人们根据一般的社会习惯和观念无法容忍的事实时，被告必须为其公开行为承担法律责任。正因为如此，审理 Melvin v. Reid 一案的法院认定，被告的行为构成隐私侵权行为，原告有权起诉并获得法律救济。

综上所述，公开他人私人事实的隐私侵权行为明显与侵扰他人安宁的隐私侵权行为有重大的区别。有关公开他人私人事实的隐私侵权行为的法律保护的是公民的社会名誉以及保护公民不会因为别人的诽谤而遭受精神上的痛苦。这实际上相当于弥补了有关诽谤罪的法律对公民的精神保护的不足，将公开他人私人事实的隐私侵权行为写进侵权法，拓宽了旧的侵权法所保护的范围，使得行为人所实施的侵犯性

---

① 112 Cal. App. 285, 297 Pac. 91 (1931).
② Suggested by the lower court in Sidis v. F-R Pub. Corp, 34 F. Supp. 19 (S.D.N.Y. 1938).

意味较弱的行为也受到司法的规制。① 诽谤诉讼受到旧的法律规则的影响，在很多情况下都限制了公民的诉权。毫无疑问，有关隐私侵权的法律不仅可以在很大程度上弥补诽谤诉讼的不足之处，而且还可以使他人得以起诉行为人所实施的某些错误行为（在以前，他人不可以就行为人的这些行为提起诉讼）。

四、公开丑化他人形象的隐私侵权行为

第三种隐私侵权行为是公开丑化他人形象的隐私侵权行为，与第二种隐私侵权行为一样，Warren 和 Brandeis 也没有注意到它的存在。名如其意，所谓公开丑化他人形象的隐私侵权行为，是指行为人所实施的能够丑化他人在社会公众心目中的形象的公开行为。该种隐私侵权行为第一次出现大约是在 1816 年。当时，Lord Byron 刚好成功禁止了别人冒充他的名义所发表的下流诗歌在社会公众之中的流传。② 多年以后，禁止行为人公开丑化他人形象的原则突然频繁地出现在一

---

① Brents v. Morgan, 221 Ky. 765, 299 S. W. 967（1927）; Melvin v. Reid, 112 Cal. App. 285, 297 Pac. 91（1931）; Mau v. Rio Grande Oil, Inc., 28 F. Supp. 845（ND. Cal. 1939）; Barber v. Time, Inc., 348 Mo. 1199, 159 S. W. 2d 291（1942）; Cason v. Baskin, 155 Fla. 198, 20 So. 2d 243（1945）, second appeal, 159 Fla. 31, 30 So. 2d 635（1947）; Themo v. New England Newspaper Pub. Co., 306 Mass. 54, 27 N. E. 2d 753（1940）.

② Lord Byron v. Johnston, 2 Mer. 29, 35 Eng. Rep. 851（1816）.

系列的法院判决之中。① 在这些判决中,法院认定,如果被告公开的事实含有虚假或者虚构成分,那么,即使被告享有新闻自由权或者被告公开的事实涉及公共利益又或者被告只是对知名人物做进一步的报道,被告也应当为自己的行为承担法律责任。尽管这些判决已经涉及公开丑化他人形象的隐私侵权行为,但是,直至近几年,法院和立法机关才承认了公开丑化他人形象的隐私侵权行为是一种独立的侵权行为。

首先,正如 Lord Byron 一案那样,公开丑化他人形象的隐私侵权行为经常以行为人冒充他人的观点和话语,从而丑化他人形象的形式出现。② 对此,行为人在广告中编造各种证明的行为③或者俄亥俄州

---

① Peay v. Curtis Pub. Co., 78 F. Supp. 305 (D. D. C. 1948).
   Martin v. Johnson Pub. Co., 157 N. Y. S. 2d 409 (Sup. Ct. 1956). For other examples, Peay v. Curtis Pub. Co., 78 F. Supp. 305 (D. D. C. 1948).
   Leverton v. Curtis Pub. Co, 192 F. 2d 974 (3d Cir. 1951).
   Gill v. Curtis Pub. Co., 38 Cal. 2d 273, 239 P. 2d 630 (1952).
   Martin v. Johnson Pub. Co., 157 N. Y. S. 2d 409 (Sup. Ct. 1956). Accord, Semler v. Ultem Publications, 170 Misc. 551, 9 N. Y. S. 2d 319 (N. Y. City Ct. 1938) (pictures of model in sensational sex magazine); Russell v. Marboro Books, 18 Misc. 2d 166, 183 N. Y. S. 2d 8 (Sup. Ct. 1959) (picture of model used in bawdy advertisement for bed sheets).
   Metzger v. Dell Pub. Co., 207 Misc. 182, 136 N. Y. S. 2d 888 (Sup. Ct. 1955).
   More doubtful is Callas v. Whisper, Inc., 198 Misc. 829 (1950), affirmed, 278 App. Div. 974, 105 N. YS. 2d 1001 (1951), where the picture of a minor, obtained by fraudulent representations, was used as background in a night club, with the innuendo that she was in a disreputable place. It was held that she had no cause of action. The facts, however, are by no means entirely clear from the summary of the pleading.
   Thompson v. Close-Up, Inc., 277 App. Div. 848, 98 N. Y. S. 2d 300 (1950).
   Samuel v. Curtis Pub. Co., 122 F. Supp. 327 (NJ). Cal. 1954).
   Metzger v. Dell Pub. Co., 207 Misc. 182, 136 N. Y. S. 2d 888 (Sup. Ct. 1955).
② See Wigmore, The Right Against False Attribution of Belief or Utterance, 4 Ky. L. J. No. 8, p. 3 (1916).
③ 3 (1916). 130 Cf. Pavesich v. New England Life Ins. Co., 122 Ga. 190, 50 S. E. 68 (1905); Manger v. Kree Institute of Electrolysis, 233 F. 2d 5 (2d Cir. 1956); Fo. ter-Milburn Co. v. Chinn, 134 Ky. 424, 120 S. W. 364 (1909); Fairfield v. American Photocopy Equipment Co., 138 Cal. App. 2d 82, 291 P. 2d 194 (1955).

第一编　隐私权的经典界定

的 Hinish v. Meier & Frank Co. 一案①中被告所实施的行为都是很好的例证。在 Hinish v. Meier & Frank Co. 一案中，原告是一名政府官员，被告在一封电报上盗用原告的姓名并将该电报发给政府执法机关以敦促政府当局开展某项政治活动。更令人心惊的是，这项政治活动是原告作为一名政府官员不应当主动提倡的活动。更加典型的能够公开丑化他人形象的方式是行为人冒充他人的名义发表书本、文章、意见的行为。② 除此之外，未经授权擅自将他人姓名标为公职候选人③，或擅自为事故受害人做宣传④，或者在一场令人尴尬的流行赛事中，未经男演员的同意便擅自为男演员报名⑤等行为，都是公开丑化他人形象的隐私侵权行为。

其次，公开丑化他人形象的隐私侵权行为还经常以另一种形式出现：行为人擅自使用他人的照片为与他人没有关联的书本或者文章做插图。人们仍无法十分确定的一点是⑥，如果以公共利益为依据，行为人能否在合理和恰当的范围内使用他人的照片为相关的书本和文章做插图。但是，人们至少可以明确的一点是，如果行为人在文章中擅

---

① Hinish v. Meier & Frank Co., 166 Ore. 482, 113 P. 2d 438 (1941). Accord, Schwartz v. Edrington, 133 La. 235, 62 So. 660 (1913) (continued circulation of petition after plaintiff had withdrawn his signature).
② D'Altomonte v. New York Herald Co., 154 App. Div. 453, 139 N. Y. S. 200 (1913), modified, however, as not within the New York statute, in 208 N. Y. 596, 102 N. E. 1101 (1913) (authorship of absurd travel story); Hogan v. A. S. Barnes & Co., 114 U. S. P. Q. 314 (Pa. C. P. 1957) (book on golf purporting to give information from plaintiff about his game).
③ State ex rel. La Follette v. Hinkle, 131 Wash. 86, 229 Pac. 317 (1924).
④ Hamilton v. Lumbermen's Mutual Cas. Co., 82 So. 2d 61 (La. App. 1955).
⑤ Marks v. Jaffa, 6 Misc. 290, 26 N. Y. S. 908 (Super. Ct. N. Y. City 1893).
⑥ People *ex rel.* Stem v. Robert M. McBride & Co., 159 Misc. 5, 288 N. YS. 501 (N. Y. City Magis. Ct. 1936); Kline v. Robert M. McBride &Co., 170 Misc. 974, 11 N. Y. S. 2d 674 (Sup. Ct. 1939).
　　Sarat Lahir v. Daily Mirror, 162 Misc. 776, 295 N. Y. S. 382 (Sup. Ct. 1937). *Accord*, Delinger v. American News Co., 6 App. Div. 2d 1027, 178 N. Y. S. 2d 231 (1958) (physical training instructor, article on relation of muscular development and virility); Dallessandro v. Henry Holt & Co., 4 App. Div. 2d 470, 166 N. Y. S. 2d 805 (1957) (picture of plaintiff conversing with priest who was subject of book); Oma v. Hillman Periodicals, 281 App. Div. 240, 118 N. Y. S. 2d 720 (1953) (boxer, article on boxing); Gavrilov v. Duell, Sloan & Pierce, 84 N. Y. S. 2d 320 (Sup. Ct. 1948), *aff'd*, 276 App. Div. 826, 93 N. Y. S. 2d 715 (dancer, book on dancing).

自使用一些十分清白或者与文章毫无关系的他人的肖像,并很可能使读者以为这些肖像的主体是出租车司机①、对儿童冷漠无情的人②、恶俗之恋的恋人③、"欲壑难填"的女人④、少年犯⑤、贩毒者⑥等,行为人的这些行为明显会丑化他人在社会公众心目中的形象,因此,在这些情况下,他人可以向法院提起隐私侵权诉讼。

最后,公开丑化他人形象的隐私侵权行为还有一种表现形式:在他人尚未被确定有罪的情况下,行为人便将包括他人的姓名、照片和指纹在内的事物陈列在专门针对刑事罪犯所设的公共"罪犯相片陈列室"中。⑦尽管政府执法人员有权在第一审中将被告(他人)的姓名、照片和指纹记录下来,并在接下来的审判活动中合法地使用这些记录⑧,甚至在被告(他人)被定罪之后,政府执法人员仍可以合法

---

① Peay v. Curtis Pub. Co. , 78 F. Supp. 305 (D. D. C. 1948).
② Leverton v. Curtis Pub. Co, 192 F. 2d 974 (3d Cir. 1951).
③ Gill v. Curtis Pub. Co. , 38 Cal. 2d 273, 239 P. 2d 630 (1952).
④ Martin v. Johnson Pub. Co. , 157 N. Y. S. 2d 409 (Sup. Ct. 1956). Accord, Semler v. Ultem Publications, 170 Misc. 551, 9 N. Y. S. 2d 319 (N. Y. City Ct. 1938) (pictures of model in sensational sex magazine); Russell v. Marboro Books, 18 Misc. 2d 166, 183 N. Y. S. 2d 8 (Sup. Ct. 1959) (picture of model used in bawdy advertisement for bed sheets).
⑤ Metzger v. Dell Pub. Co. , 207 Misc. 182, 136 N. Y. S. 2d 888 (Sup. Ct. 1955).
   More doubtful is Callas v. Whisper, Inc. , 198 Misc. 829 (1950), affirmed, 278 App. Div. 974, 105 N. YS. 2d 1001 (1951), where the picture of a minor, obtained by fraudulent representations, was used as background in a night club, with the innuendo that she was in a disreputable place. It was held that she had no cause of action. The facts, however, are by no means entirely clear from the summary of the pleading.
⑥ Thompson v. Close-Up, Inc. , 277 App. Div. 848, 98 N. Y. S. 2d 300 (1950).
⑦ Itzkovitch v. Whitaker, 115 La. 479, 39 So. 499 (1950); and see Downs v. Swann, 111 Md. 53, 73 AUt. 653 (1909); State ex rel. Mavity v. Tyndall, 224 Ind. 364, 66 N. E. 2d 755 (1946); Norman v. City of Las Vegas, 64 Nev. 38, 177 P. 2d 442 (1947). Cf. Vanderbilt v. Mitchell, 72 NJ. Eq. 910, 67 At. 97 (Ct. Err. & App. 1907) (birth certificate naming plaintiff as father of child).
⑧ Mabry v. Kettering, 89 Ark. 551, 117 S. W. 746 (1909), second appeal, 92 Ark. 81, 122 S. W. 115 (1909); State ex rl. 'Mavity v. Tyndall, 224 Ind. 364, 66 N. E. 2d 755 (1946); Norman v. City of Las Vegas, 64 Nev. 38, 177 P. 2d 442 (1947); Bartletta v. McFeeley, 107 NJ. Eq. 141, 152 Atl. 17 (Ch. 1930), affirmed, 109 NJ. Eq. 241, 156 Ad. 658 (Ct. Err. & App. 1931); McGovern v. Van Riper, 140 NJ. Eq. 341, 54 A. 2d 469 (Ch. 1947); Downs v. Swann, 111 Md. 53, 73 At. 653 (1909).

地使用这些记录①，但是，如果政府执法人员使用这些与犯罪有关的记录的行为会丑化被告（他人）在社会公众中的形象，则政府执法人员的这些行为超出了他们的权限。

虽然行为人经常通过诽谤他人的行为公开丑化他人的形象，他人也会因此提起诽谤诉讼以维护自己的权益②，但实际上，即使行为人所实施的行为不构成诽谤，其行为也可能构成公开丑化他人形象的隐私侵权行为。但无论如何，行为人所实施的行为必须是令一个有理性的普通人感到十分反感的行为才构成公开丑化他人形象的隐私侵权行

---

① Hodgeman v. Olsen, 86 Wash. 615, 150 Pac. 1122 (1915) (convict); Fernicola v. Keenan, 136 N. J. Eq. 9, 39 A. 2d 851 (Ch. 1944).
② Cf. Bennett v. Norban, 396 Pa. 94, 151 A. 2d 476 (1959) (accusation of theft upon the street); Linehan v. Linehan, 134 Cal. App. 2d 250, 285 P. 2d 326 (1955) (public accusation that plaintiff was not the lawful wife of defendant's ex-husband); D'Altomonte v. New York Herald, 154 App. Div. 453, 139 N. Y. S. 200 (1913), modified, 208 N. Y. 596, 102 N. E. 1101 (1913) (imputing authorship of absurd travel story); Peay v. Curtis Pub. Co., 78 F. Supp. 305 (D. D. C. 1948) (imputing cheating practices to taxi driver); Martin v. Johnson Pub. Co., 157 N. Y. S. 2d 409 (Sup. Ct. 1956) (use of picture with article on "man hungry" women); Russell v. Marlboro Books, 18 Misc. 2d 166, 183 N. Y. S. 2d 8 (Sup. Ct. 1959) (picture used in bawdy advertisement).

为。与有关公开披露他人私人事实的隐私侵权行为的法律①一样，有关公开丑化他人形象的隐私侵权行为的法律也不保护过分敏感的人。② 例如，如果行为人只是在撰写他人的传记时犯了一些小错误，如记错某些日期、地点和无足轻重的小事，则行为人的这些行为都不构成公开丑化他人形象的隐私侵权行为，他人无权就此向法院请求法律救济。又例如，如果一名女孩因为在公共道路上接受一名刨根问底的摄影师的采访而被别人错误地描述为在夜总会卖香烟的女孩，则别人描述错误的行为也不会构成公开丑化女孩的形象的隐私侵权行为。③ 总而言之，法院在评价行为人的行为的恶劣程度是否足以使该行为构成公开丑化他人形象的隐私侵权行为时，必定会以社会公众的一般道德观念作为重要的依据。

---

① Reed v. Real Detective Pub. Co., 63 Ariz. 294, 162 P. 2d 133 (1945); Davis. v. General Finance & Thrift Corp., 80 Ga. App. 708, 57 S. E. 2d 225 (1950); Gill v. Hearst Pub. Co. 40 Cal. 2d 224, 253 P. 2d 441 (1953); Samuel v. Curtis Pub. Co., 122 F. Supp. 327 (N. D. Cal. 1954).

　　Meetze v. Associated Press, 230 S. C. 330, 95 S. E. 2d 606 (1956) (report of birth of child to girl twelve years old).

　　Garner v. Triangle Publications, 97 F. Supp. 546 (S. D. N. Y. 1951). *Cf.* Myers v. U. S. amera Pub. Corp., 9 Misc. 2d 765, 167 N. Y. S. 2d 771 (N. Y. City Ct. 1957) (nude full bodyhotograph of model); Feeney v. Young, 191 App. Div. 501, 181 N. Y. S. 481 (1920) (exhibitionf film of caesarian operation); Banks v. King Features Syndicate, 30 F. Supp. 352 S. D. N. Y. 1939) (X-rays of woman's pelvic region).

　　Cason v. Baskin, 155 Fla. 198, 20 So. 2d 243 (1944), *second apPeal*, 159 Fla. 31, 30 So. 2d 635 (1947). *Cf.* Stryker v. Republic Pictures Corp., 108 Cal. App. 2d 191, 238 P. 2d670 (1951).

　　113 F. 2d 806 (2d Cir. 1940), *affirming* 34 F. Supp. 19 (S. D. N. Y. 1938).

　　112 Cal. App. 285, 297 Pac. 91 (1931).

　　Suggested by the lower court in Sidis v. F-R Pub. Corp, 34 F. Supp. 19 (S. D. N. Y. 1938).

② In Strickler v. National Broadcasting Co., 167 F. Supp. 68 (S. D. Cal. 1958), it was left to the jury to decide whether fictitious details of plaintiff's conduct in an airplane crisis, as portrayed in a broadcast, would be objectionable to a reasonable man.

③ Middleton v. News Syndicate Co., 162 Misc. 516, 295 N. Y. S. 120 (Sup. Ct. 1937).

　　It would appear, however, that this was carried entirely too far in Jones v. Herald Post Co., 230 Ky. 227, 18 S. W. 2d 972 (1929). There was a newspaper report of the murder of plaintiff's husband in her presence, and false and sensational statements were attributed to her, that she had fought with the criminals, and would have killed them if she could.

公开丑化他人形象的隐私侵权行为明显与前两种隐私侵权行为不一样。有关公开丑化他人形象的隐私侵权行为的法律保护的是公民的名誉，类似于有关诽谤的法律，目的是保护公民免受精神上的损害。实际上，公开丑化他人形象的隐私侵权行为与公开披露他人私人事实的隐私侵权行为有一个相同之处，但是，前者强调的是行为人是否歪曲事实或者撒谎，后者强调的是行为人公开的事实和物品是否属于私人事实和物品或个人隐私。许多涉及公开丑化他人形象的隐私侵权行为的案件都会涉及诽谤行为，显而易见的是，不管行为人是公开丑化他人还是诽谤他人，行为人经常通过撒谎达成目的。隐私侵权行为所涵盖的范围远远超过了诽谤罪所规定的行为。除此之外，在很多情况下，有关隐私侵权行为的法律可以比其他侵权法为公民提供更广泛的救济途径。

如上文所述，有关隐私侵权行为的法律不保护过分敏感的人，但恰好是这些保持高度警惕心的人更加关注隐私权的发展。人们对隐私权的发展的关注度越来越高，使得人们开始更加深入地思考一些与隐私权有关的问题。迄今为止，仍无人能够对这些问题作出解答。例如，有关公开丑化他人形象的隐私侵权行为的法律是否不能够完全涵盖诽谤罪法？如果被告在新闻媒体上公开用虚假的信息诽谤原告，那么，原告是否只能根据诽谤法而非隐私侵权行为法提起诉讼要求法律救济？如果是这样的话，试问，这么多年来，导致诽谤法的发展停滞不前，无法为原告遭受的更多不公待遇提供法律救济的原因是什么？是因为法院和立法机关出于对新闻自由权的保护而故意限制诽谤法的发展，还是因为诽谤法所规制的行为的范围过大会导致原告滥用诉权，而增大司法压力？难道就因为这么不充分的理由，法院和立法机关就一直都对一些常见的、已经对公民生活造成明显的不良影响的行为视而不见？

五、出于商业目的或自己的利益，擅自使用他人姓名或肖像的隐私侵权行为

几乎没有迹象表明，Warren 和 Brandeis 打算在他们的文章中论及第四种隐私侵权行为——行为人滥用他人身份的侵权行为。美国与之相关的首个案件是 Pollard v. Photographic Co. 一案①,在该案中,被告(一名摄影师)为原告拍摄了照片并将这些照片对外销售。审理该案的法院以被告违反默示合同为依据作出判决。在后来的类似案例中,也有法院和该案的法院一样,都以被告违反默示合同为依据作出判决②;因为第四种隐私侵权行为很早就出现在 Roberson 一案③中,且该案的判决还导致了纽约的立法机关制定了相关的制定法④,所以,相对前三种隐私侵权行为,第四种隐私侵权法行为的发展是比较快的。第四种隐私侵权行为是指行为人为了自己的便利或者利益,擅自使用他人姓名或肖像的行为。⑤ 不管是在纽约,还是在美国其他州,都有很多原告起诉被告擅自使用自己的姓名或肖像,要求法律救济的案例。在这些案例涉及的情况五花八门:被告擅自使用原告的姓名⑥、

---

① Pollard v. Photographic Co., 40 Ch. D. 345 (1888).
② Holmes v. Underwood & Underwood, 225 App. Div. 360, 233 N. YS. 153 (1929); Klug v. Sheriffs, 129 Wis. 468, 109 N. V. 656 (1906); Fitzsimmons v. Olinger Mortuary Ass'n, 91 Colo. 544, 17 P. 2d 535 (1932); McCreery v. Miller's Groceteria Co., 99 Colo. 499, 64 P. 2d 803 (1936); Bennett v. Gusdorf, 101 Mont. 39, 53 P. 2d 91 (1935).
③ 171 N. Y. 538, 64 N. E. 442 (1902).
④ N. Y. Sess. Laws 1903, ch. 132, §§ 1—2. Now, as amended in 1921, N. Y. Civ. RIGUTs LAW, If SO-Si. Held constitutional in Rhodes v. Sperry & Hutchinson Co., 193 N. Y. 223, 85 N. E. 1097 (1908), aff'd, 220 U. S. 502 (1911).
⑤ It is not impossible that there might be appropriation of the plaintiff's identity, as by impersonation, without the use of either his name or his likeness, and that this would be an invasion of his right of privacy. No such case appears to have arisen.
⑥ Mackenzie v. Soden Mineral Springs Co., 27 Abb. N. Cas. 402, 18 N. Y. S. 240 (Sup. CL1891); Eliot v. Jones, 66 Misc. 95, 120 N. Y. S. 989 (Sup. Ct. 1910), aff'd, 140 App. Div. 911, 125 N. Y. S. 1119 (1910); Thompson v. Tillford, 152 App. Div. 928, 137 N. Y. S. 523 (1912); Brociner v. Radio Wire Television, Inc., 15 Misc. 2d 843, 183 N. Y. S. 2d 743 (Sup. Ct. 1959) (use in union drive for membership held advertising); Birmingham Broadcasting Co. v. Bell, 259 Ala. 656, 68 So. 2d 314 (1953), later appeal, 266 Ala. 266, 96 So. 2d 263 (1957); Kerby v. Hal Roach Studios, 53 Cal. App. 2d 207, 127 P. 2d 577 (1942); Fairfield v. American Photocopy Equipment Co., 138 Cal. App. 2d 82, 291 P. 2d 194 (1955).
In the cases cited in the next note, the plaintiff's name accompanied the picture.

图片①或者肖像②为被告的产品做广告或者为被告的文章做推广③、被告使用原告的姓名为公司命名④、被告使用原告的名字或肖像达到其

---

① Fisher v. Murray M. Rosenberg, Inc. , 175 Misc. 370, 23 N. Y. S. 2d 677 (Sup. Ct. 1940); Russell v. Marboro Books, 18 Misc. 2d 166, 183 N. Y. S. 2d 8 (Sup. Ct. 1959); Flores v. Mosler Safe Co. , 7 N. Y. 2d 276, 164 N. E. 2d 853 (1959), affirming 7 App. Div. 2d 226, 182 N. Y. S. 2d 126 (1959); Korn v. Rennison, 156 A. 2d 476 (Conn. Super. 1959); Pavesich v. New EnglandLife Ins. Co. , 122 Ga. 190, 50 S. E. 68 (1905); Colgate-Palmolive Co. v. Tullos, 219 F. 2d 617 (5th Cir. 1955) (Georgia law); Eick v. Perk Dog Food Co. , 347 IllA. p p. 293, 106 N. E. 2d 742 (1952); Continental Optical Co. v. Reed, 119 Ind. App. 643, 86 N. E. 2d 306 (1949); Kunz v. Allen, 102 Kan. 883, 172 Pac. 532 (1918); Foster-Milburn Co. v. Chinn, 134 Ky. 424, 120 S. W. 364 (1909); Pallas v. Crowley, Milner & Co. , 322 Mich. 411, 33 N. W. 2d 911 (1948); Munden v. Harris, 153 Mo. App. 652, 134 S. W. 1076 (1911); Flake v. Greensboro News Co. , 212 N. C. 780, 195 S. E. 55 (1938).

② Young v. Greneker Studios, 175 Misc. 1027, 26 N. Y. S. 2d 357 (Sup. Ct. 1941) (manikin). In Freed v. Loew's, Inc. , 175 Misc. 616, 24 N. Y. S. 2d 679 (Sup. Ct. 1940), an artist used the plaintiff's figure as a base, but improved it, and it was held not to be a "portrait or picture" within the New York statute. But in Loftus v. Greenwich Lithographing Co. , 192 App. Div. 251, 182 N. Y. S. 428 (1920), the artist used the plaintiff's picture in designing a poster, but made some changes, and the result was held not to fall within the statute. The difference between the two cases may have been one of the extent of the resemblance.

③ Neyland v. Home Pattern Co. , 65 F. 2d 363 (2d Cir. 1933) (patterns); Lane v. F. W. Woolworth Co. , 171 Misc. 66, 11 N. Y. S. 2d 199 (Sup. Ct. 1939), aff'd, 256 App. Div. 1065, 12N. Y. S. 2d 352 (1939) (lockets); McNulty v. Press Pub. Co. , 136 Misc. 833, 241 N. Y. S. 29 (Sup. Ct. 1930) (cartoon containing photograph); Jansen v. Hilo Packing Co. , 202 Misc. 900, 118 N. Y. S. 2d 162 (Sup. Ct. 1952), aff'd, 282 App. Div. 935, 125 N. Y. S2d 648 (1952) (popcorn); Miller v. Madison Square Garden Corp. , 176 Misc. 714, 28 N. Y. S. 2d 811 (Sup. Ct. 1941) (booklet sold at bicycle races).

Also, of course, when there is an unauthorized sale of the picture itself. Kunz v. Boselman, 131 App. Div. 288, 115 N. Y. S. 650 (1909); Wyatt v. James McCreery Co. , 126 App. Div. 650, 111 N. Y. S. 86 (1908); Holmes v. Underwood & Underwood, 225 App. Div. 360, 233 N. Y. S. 153 (1929).

④ Von Thodorovich v. Franz Josef Beneficial Ass'n, 154 Fed. 911 (E. D. Pa. 1907); Edison v. Edison Polyform Mfg. Co. , 73 NJ. Eq. 136, 67 At]. 39i (Ch. 1907). Cf. U. S. Life Ins. Co. v. Hamilton, 238 S. W. 2d 289 (Tex. Civ. App. 1951), where the use of an employee's name on company letterhead after termination of his employment was said not to invade his right of privacy (not recognized in Texas), but was held to be actionable anyway.

他的商业目的①。因为纽约的制定法和其他州效仿该法制定的法律都将第四种隐私侵权行为限定为行为人为达到广告目的或者"商业目的"而实施的行为,所以这些州的法律所规定的第四种隐私侵权行为比其他州的普通法所规定的范围要小。②尽管如此,一般来讲,在司法实践上,这些法律的适用范围并没有多大的区别。

"擅自使用他人姓名或肖像的隐私侵权行为"中的"姓名"不仅仅是他人的姓名这么简单,而是能够证明原告身份的一个象征。例如,这个世界上有成千上万个叫 John Smiths 的人,没有人能够说自己对一个姓名享有独占权。除非行为人将某个姓名用于非法用途,否

---

① Hogan v. A. S, Barnes Co. , 114 U. S. P. Q. 314 (1957) (book); Binns v. Vitagraph Co. of America, 210 N. Y. 51, 103 N. E. 1108 (1913) (motion picture); Redmond v. Columbia Pictures Corp. , 277 N. Y. 707, 14 N. E. 2d 636 (1938), affirming 253 App. Div. 708, 1 N. Y. S. 2d 643 (same); Stryker v. Republic Pictures Corp. , 108 Cal. App. 2d 191, 238 P. 2d 670 (1951) (same); Ettore v. Philco Television Broadcasting Co. , 229 F. 2d 481 (3d Cir. 1956) (motion picture exhibited on television); Almind v. Sea Beach Co. , 78 Misc. 445, 139 N. Y. S. 559 (Sup. Ct. 1912), aff'd, 157 App. Div. 927, 142 N. Y. S. 1106 (1913) (picture of plaintiff entering or leaving street car used to teach other passengers how to do it).

 In Donahue v. Warner Bros. Pictures, 194 F. 2d 6 (10th Cir. 1952), it was held that a motion picture, based upon the life of a deceased celebrity but partly fictional, and using his name, came within the Utah statute. But in Donahue v. Warner Bros. Pictures Distributing Corp. , 2 Utah 2d 256, 272 P. 2d 177 (1954), the state court rejected this decision, and indicated that the statute was to be limited to the use of name or likeness in advertising, or the sale of 41some collateral commodity. The effect of this is to nullify the federal decision.

② 547 (Sup. Ct. 1957) (use of name and publicity to extort money not a commercial use within the statute); Hamilton v. Lumbermen's Mutual Cas. Co. , 82 So. 2d 61 (La. App. 1955) (advertising in name of plaintiff for witnesses of accident); State ex rel. La Follette v. Hinkle, 131 Wash. 86, 229 Pac. 317 (1924) (use of name as candidate for office by political party). See also the cases cited:

 Burns v. Stevens, 236 Mich. 443, 210 N. W. 482 (1926). Contra, Baumann v. Baumann, 250 N. Y. 382, 165 N. E. 819 (1929); but cf. Niver v. Niver, 200 Misc. 993, 111 N. Y. S. 2d 889 (Sup. Ct. 1951).

 Vanderbilt v. Mitchell, 72 N. J. Eq. 910, 67 Ati. 97 (Ct. Err. & App. 1907).

则，行为人可以随心所欲地使用任何一个姓名。① 叫 Kabotznicks 的人可以把自己的姓名改成 Cabot，叫 Lovelski 的人也可以随意将自己姓名改成 Lowell（美国波士顿 19 世纪著名的天文学家），对此，波士顿的人除了暗自伤神之外也无计可施。每个人都可以声称自己是 Dwight D. Eisenhower，Henry Ford，Nelson Rockefeller，Eleanor Roosevelt 或者 Willie Mays，且不用因此承担任何法律责任。但是，如果行为人使用他人的姓名是为了盗用他人的身份，从而为自己牟取利益，如盗用他人身份获得贷款或机密信息②、冒充别人的妻子③、为一名父亲办理儿子的出生证明④，那么，行为人必须为自己使用他人姓名的行为承担法律责任。从这个层面上讲，这也是对"擅自使用他人姓名或肖像的隐私侵权行为"中的"擅自使用"一词的理解。

在这个基础之上，在决定是否起诉被告时，原告应当先确定被告擅自使用其姓名的行为是否构成盗用原告身份的行为。如果被告仅仅是在一部小说⑤或者连环漫画⑥又或者公司名称⑦中使用了与原告一样

---

① Du Boulay v. Du Boulay, L. R. 2 P. C. 430 (1869); Cowley v. Cowley, [1901] A. C. 450; Brown Chemical Co. v. Meyer, 139 US. 540 (1891); Smith v. United States Casualty Co., 197 N. Y. 420, 90 N. E. 947 (1910); Baumann v. Baumann, 250 N. Y. 382, 165 N. E. 819 (1929); Bartholomew v. Workman, 197 Okla. 267, 169 P. 2d 1012 (1946).

② "While I know of no instance, it can safely be assumed that should A, by the use of B's name, together with other characteristics of B, successfully impersonate B, and thereby obtain valuable recognition or benefits from a third person, a suit by B against A could be maintained." Green, The Right of Privacy, 27 ILT. L. REv. 237, 243—44 (1932).

　　Three years after these words were published, recovery was allowed in such a case. Goodyear Tire & Rubber Co. v. Vandergriff, 52 Ga. App. 662, 184 S. E. 452 (1936), in which defendant, impersonating plaintiff's agent, obtained confidential information from dealers about tire prices.

③ Burns v. Stevens, 236 Mich. 443, 210 N. W. 482 (1926). Contra, Baumann v. Baumann, 250 N. Y. 382, 165 N. E. 819 (1929); but cf. Niver v. Niver, 200 Misc. 993, 111 N. Y. S. 2d 889 (Sup. Ct. 1951).

④ Vanderbilt v. Mitchell, 72 N. J. Eq. 910, 67 Ati. 97 (Ct. Err. & App. 1907).

⑤ Swacker v. Wright, 154 Misc. 822, 277 N. Y. S. 296 (Sup. Ct. 1935); People v. Charles Scribners Sons, 205 Misc. 818, 130 N. Y. S. 2d 514 (N. Y. City Magis. Ct. 1954).

⑥ Nebb v. Bell Syndicate, 41 F. Supp. 929 (S. D. N. Y. 1941).

⑦ Pfaudler v. Pfaudler Co., 114 Misc. 477, 186 N. Y. S. 725 (Sup. Ct. 1920).

的姓名,除非原告能够提出相关的情形①或者其他因素②证明,被告使用的姓名所指的人就是原告自己,否则原告没有充分的理由起诉被告侵犯其隐私权。同时,人们十分明确的一点是,如果原告已经和某部舞台剧里面的姓名或者其他虚构的姓名紧紧联系在一起,则原告有权反对被告使用这些姓名并就被告使用这些姓名的行为提起隐私侵权诉讼。

另一方面,如果被告仅仅公开了一些只能看到原告的手、大腿或

---

① In Uproar Co. v. National Broadcasting Co., 8 F. Supp. 358 (1). Mass. 1934), affirmed as modified, 81 F. 2d 373 (1st Cir. 1936), the comedian Ed Wynn publihed, in pamphlet form, humorous skits which he had performed on the radio, in which he made frequent mention of "Graham." It was held that the lublic would reasonably understand this to refer to Graham Mc-Namee, a radio announcer who had been his foil.

In Kerby v. Hal Roach Studios, 53 Cal. App. 2d 207, 127 P. 2d 577 (1942), defendant, advertising a motion picture, made use of the name Marion Kerby, which was signed to a letter apparently suggesting an assignation. Plaintiff, an actress named Marion Kerby, was the only person of that name listed in the city directory and the telephone book. She had in fact a large number of telephone calls about the letter. It was held that it might reasonably be understood to refer to her.

In Krieger v. Popular Publications, 167 Misc. 5, 3 N. Y. S. 2d 480 (Sup. Ct. 1938), a complaint alleging that the plaintiff was a professional boxer, and that the defendant had appropriated his name by publishing a story about such a boxer of the same name, which appeared more than a hundred times in twenty pages, was held sufficient to state a cause of action.

On the other hand, in Levey v. Warner Bros. Pictures, 57 F. Supp. 40 (S. D. N. Y. 1944), the plaintiff, whose name was Mary, was the divorced first wife of the actor George M. Cohan. The defendant made a motion picture of his life, in which the part of the wife, named Mary, was played by an actress. The part was almost entirely fictional, and there was no mention of the divorce. It was held that this could not reasonably be understood to be a portrayal of the plaintiff.

In such cases the test appears to be that usually applied in cases of defamation, as to whether a reasonable man would understand the name to identify the plaintiff. CompareHarrison v. Smith, 20 L. T. R. (ns.) 713 (1869); Clare v. Farrell, 70 F. Supp. 276 (D. Minn. 1947); Macfadden's Publications v. Turner, 95 S. W. 2d 1027 (Tex. Civ. App. 1936); Landau v. Columbia Broadcasting System, 205 Misc. 357, 128 N. Y. S. 2d 254 (Sup. Ct. 1954); Newton v. Gruhb, 155 Ky. 479, 159 S. W. 994 (1913).

② Mackenzie v. Soden Mineral Springs Co., 27 Abb. N. Cas. 402, 18 N. Y. S. 240 (Sup. Ct. 1891) (signature); Orsini v. Eastern Wine Corp., 190 Misc. '235, 73 N. Y. S. 2d 426 (Sup. Ct. 1947), aff'd, 273 App. Div. 947, 78 N. Y. S. 2d 224 (1948), appeal derded, 273 App. Div. 996, 79 N. Y. S. 2d 870 (1948) (plaintiff's coat of arms).

者脚部①、住宅②、汽车③或者狗④的图片，且人们无法从这些图片中得知与这些图片相关的人是谁，则被告不需要为自己公开这些图片的行为承担任何法律责任。除此之外，如果被告在虚构一名小说人物时仅仅采用了原告的性格、职业、职业生涯规划甚至是生活中的小插曲，则被告同样不需要对其行为承担法律责任。⑤

在相关的情形中，如果法院可以确定，被告使用的姓名或者肖像特指原告，则法院需要探讨的下一个问题是，被告使用原告的姓名或肖像的行为是否为了自己的利益。根据相关的制定法，此处所指的"利益"必须是金钱上的"利益"，但普通法对"利益"的定义可能并没有这种限制。⑥ 在很早的时候，纽约的法院便面临了这样一个棘手的问题：无线广播台、电视台、影片制作者、报纸和杂志等机构明显都不是博爱的慈善机构，而是以营利为目的的挣钱机构，那么，法院对这些机构使用别人的姓名或肖像的行为应当如何评价？有人认为，这些机构所发表的一切事物都是为了实现"商业目的"。对此，这些机构表示反对，它们主张，它们发表事物的行为与社会公众（包括其发表的内容涉及的公民）之间必定会存在更加亲密和直接的

---

① Brewer v. Hearst Pub. Co., 185 F. 2d 846 (7th Cir. 1950). Cf. Sellers v. Henry, 329 S. W. 2d 214 (Ky. 1959), and Waters v. Fleetwood, 212 Ga. 161, 91 S. E. 2d 344 (1956), where there were photographs of unidentifiable dead bodies.

② Rozhon v. Triangle Publications, 230 F. 2d 359 (7th Cir. 1956). In accord is the unreported case of Cole v. Goodyear Tire & Rubber Co., App. Dept. Superior Court, San Francisco, Calif., Nov. 21, 1955.

③ Branson v. Fawcett Publications, 124 F. Supp. 429 (E. D. Ill. 1954).

④ Lawrence v. Ylla, 184 Misc. 807, 55 N. Y. S. 2d. 343 (Sup. Ct. 1945).

⑤ Toscani v. Hersey, 271 App. Div. 445, 65 N. Y. S. 2d 814 (1946). Cf. Bernstein v. National Broadcasting Co., 129 F. Supp. 817 (D. D. C. 1955), af'd, 232 F. 2d 369 (D. C. Cir. 1956); Miller v. National Broadcasting Co., 157 F. Supp. 240 (D. Del. 1957); Levey v. Warner Bros. Pictures, 57 F. Supp. 40 (S. D. N. Y. 1944).

⑥ See, for example, State ex rel. La Follette v. Hinkle, 131 Wash. 86, 229 Pac. 317 (1924) (use of name as candidate by political party); Hinish v. Meier & Frank Co., 166 Ore. 482, 113 P. 2d 438 (1941) (name signed to telegram urging governor to veto a bill); Schwartz v. Edrington, 133 La. 235, 62 So. 660 (1913) (name signed to petition); Vafiderbilt v. Mitchell, 72 N. J. Eq. 910, 67 AUt. 97 (Ct. Err. & App. 1907) (birth certificate naming plaintiff as father); Burns v. Stevens, 236 Mich. 443, 210 N. W. 482 (1926) (posing as plaintiff's common law wife).

关系，它们这么做不仅仅是为了向社会公众销售刊物以谋取利益。即使他们在自己的刊物中也刊登了带有明显盈利目的广告也不能抹杀这一点①此外，它们还主张，如果法律限制它们发表事物或观点，那么，这将是对它们所享有的新闻自由权的侵犯，这无疑是违反宪法规定的。② 因此，法院最后认定，如果这些机构仅仅在书本③、动图④甚至是广告的新闻评论部分⑤中附带提起公民的姓名，则这些机构的行为不侵犯公民的隐私权。除此之外，即使这些机构发表的照片⑥或者新闻影片⑦中偶然出现了公民的肖像，它们也不需要为此承担法律责任。

但是，当出现了一些说明上述规定新闻媒体等机构的法律责任的规则不正确的案件时，法律和法院对新闻媒体等机构的"慷慨大方"很快便戛然而止。很早便承认上述错误的是纽约的法院——纽约的法院认定，行为人发表涉及他人姓名的小说的行为是以商业牟利为目的使用他人姓名的行为。在这种情形中，只要行为人对其使用了他人姓名的文章进行销售，其销售行为就构成出于"自己的利益"使用他

---

① Colyer v. Richard K. Fox Pub. Co., 162 App. Div. 297, 146 N. Y. S. 999 (1914).
② See Donahue v. Warner Bros. Picture Distributing Corp., 2 Utah 2d 256, 272 Pac. 177 (1954).
③ Damron v. Doubleday, Doran & Co., 133 Misc. 302, 231 N. Y. S. 444 (Sup. Ct. 1928), af'd, 226 App. Div. 796, 234 N. Y. S. 773 (1929); Shubert v. Columbia Pictures Corp., 189 Misc. 734, 72 N. Y. S. 2d 851 (Sup. Ct. 1947), aff'd, 274 App. Div. 571, 80 N. Y. S. 2d 724 (1948), appeal denied, 274 App. Div. 880, 83 N. Y. S. 2d 233 (1948).
④ Stillman v. Paramount Pictures Corp., 1 Misc. 2d 108, 147 N. Y. S. 2d 504 (Sup. Ct. 1956), aff'd, 2 App. Div. 2d 18, 153 N. Y. S. 2d 190 (1956), appeal denied, 2 App. Div. 2d 886, 157 N. Y. S. 2d 899 (1956).
⑤ Wallach v. Bacharach, 192 Misc. 979, 80 N. Y. S. 2d 37 (Sup. Ct. 1948), aff'd, 274 App. Div. 919, 84 N. Y. S. 2d 894 (1948). In accord is O'Brien v. Pabst Sales Co., 124 F. 2d 167 (5th Cir. 1941), where the court refused to find a commercial use in the publication of the pictures of an all-American football team on a calendar advertising the defendant's beer, with no suggestion that the team endorsed it.
⑥ Dallessandro v. Henry Holt & Co., 4 App. Div. 2d 470, 166 N. Y. S. 2d 805 (1957) (plaintiff's photograph while conversing with a priest who was the subject of the book).
⑦ Humiston v. Universal Film Mfg. Co., 189 App. Div. 467, 178 N. Y. S. 752 (1919); Merle v. Sociological Research Film Corp., 166 App. Div. 376, 152 N. Y. S. 829 (1915) (picture of plaintiff's factory showing his name).

人姓名的行为。此外，如果行为人使用他人的姓名或肖像作出有关他人的虚假陈述①，或者丑化了他人在社会公众心目中的形象②，则行为人的行为也构成"为自己的利益"使用他人姓名或肖像的行为。该规则督促了新闻媒体必须保证其报道的精确度——这原本是专门为第四种隐私侵权行为而设的法律，然而巧妙的是，美国的法院也会依据该规则在相关的案件中承认并适用有关第三种隐私侵权行为（公开丑化他人形象的隐私侵权行为）的理论。③

很多证据都表明，出于商业目的或自己的利益，擅自使用他人姓名或肖像的隐私侵权行为与前面三种隐私侵权行为很不一样。与其说有关该种隐私侵权行为的法律保护的是公民的精神不受侵害，不如说它保护的是公民对能表明其身份的姓名和肖像享有的专用权。讨论公民的这种"专用权"是否属于"所有权"似乎是一件没有意义的事情。④ 即使这种专用权不是所有权，但只要它能受到法律的保护，那么，它至少称得上是一种可以有价值的权利，公民可以通过销售自己的各种许可证或者证书获益。明确指出"专用权"的所有权属性的

---

① Holmes v. Underwood & Underwood, 225 App. Div. 360, 233 N. Y. S. 153 (1929); Sutton v. Hearst Corp., 277 App. Div. 155, 98 N. Y. S. 2d 233 (1950), appeal denied, 297 App. Div. 873, 98 N. Y. S. 2d 589 (1950); Garner v. Triangle Publications, 97 F. Supp. 546 (S. D. N. Y. 1951).

② Semler v. Ultem Publications, 170 Misc. 551, 9 N. Y. S. 2d 319 (N. Y. City Ct. 1938); Thompson v. Close-Up, Inc., 277 App. Div. 848, 98 N. Y. S. 2d 300 (1950); Metzger v. Dell Pub. Co., 207 Misc. 182, 136 N. Y. S. 2d 888 (Sup. Ct. 1955); Martin v. Johnson Pub. Co., 157 N. Y. S. 2d 409 (Sup. Ct. 1956). These were all cases involving the use of plaintiff's picture to illustrate articles with which he had no connection.

③ Brents v. Morgan, 221 Ky. 765, 299 S. W. 967 (1927); Melvin v. Reid, 112 Cal. App. 285, 297 Pac. 91 (1931); Mau v. Rio Grande Oil, Inc., 28 F. Supp. 845 (ND. Cal. 1939); Barber v. Time, Inc., 348 Mo. 1199, 159 S. W. 2d 291 (1942); Cason v. Baskin, 155 Fla. 198, 20 So. 2d 243 (1945), *second appeal*, 159 Fla. 31, 30 So. 2d 635 (1947); Themo v. New England Newspaper Pub. Co., 306 Mass. 54, 27 N. E. 2d 753 (1940).

④ See Rhodes v. Sperry & Hutchinson Co., 193 N. Y. 223, 85 N. E. 1097 (1908); Gautier v. Pro-Football, Inc., 304 N. Y. 354, 107 N. E. 2d 485 (1952); Mau v. Rio Grande Oil, Inc., 28 F. Supp. 845 (N. D. Cal. 1939); Hull v. Curtis Pub. Co., 182 Pa. Super. 86, 125 A. 2d 644 (1956); Metter v. Los Angeles Examiner, 35 Cal. App. 2d 304, 95 P. 2d 491 (1939); Ludwig, "Peace of Mind" in 48 Pieces vs. Uniform Right of Privacy, 32 MINN. L. REv. 734 (1948).

法院是美国联邦第二巡回法院。该法院认定，专属于他人的独占许可权包含了他人的"形象权"①，这赋予了他人禁止第三人使用其姓名或肖像的权利。尽管该判决不被其他法院所遵循②，但是，它显然是合乎情理的。

六、共同的特征

Biggs 大法官曾经说过，如今有关隐私权的法律"仍然是飓风中一把轻飘飘、乱糟糟的干草堆"③。这些法律无疑正处于一种杂乱无章的状态之中，之所以会这样，很大程度上是因为，各州的法律机关及法院不仅没有成功地将上述四种隐私侵权行为明确区分开来，而且也没有认识到它们需要为这些法律注入一些新鲜的血液。最能够体现这些问题的是许多法院对发生在加利福尼亚州的两个 Gill 案件所表现出来的困惑。在两个 Gill 案件中，被告都是在洛杉矶的一家名为 Farmers 的超市中拍下了原告（是各自案件的原告）拥抱妻子的情景并公开了这些照片。其中一个案件④的关键点在于，被告仅仅公开了他拍下来的照片，法院要解决的问题是被告的这种公开行为是否构成公开他人私人事实的隐私侵权行为。对此，法院最终认定，因为被告所拍摄的情景只是公共场景的一小部分，并不涉及原告的隐私，所以，被告公开其拍摄的照片的行为不构成公开他人私人事实的隐私侵

---

① Nimmer, The Right oj Publicity, 19 LAw & CONrTEMI. PROB. 203 (1954); Notes, 62 YAT L. J. 1123 (1953); 41 Go. LJ. 583 (1953).

② The "right of publicity" was held not to exist in California in Strickler v. National Broadcasting Co., 167 F. Supp. 68 (S. D. Cal. 1958). It was rejected in Pekas Co. v. Leslie, 52 N. Y. LJ. 1864 (Sup. Ct. 1915).

　　It appears to have been foreshadowed when relief was granted on other grounds in Uproar Co. v. National Broadcasting Co., 8 F. Supp. 358 (D. Mass. 1934), modified in 81 F. 2d 373 (1st Cir. 1936); Liebig's Extract of Meat Co. v. Liebig Extract Co., 180 Fed. 68 (2d Cir. 1910). See also Madison Square Garden Corp. v. Universal Pictures Co., 255 App. Div. 459, 7 N. Y. S. 2d 845 (1938).

③ In Ettore v. Philco Television Broadcasting Co., 229 F. 2d 481 (3d Cir. 1956).

④ Gill v. Hearst Pub. Co., 40 Cal. 2d 224, 253 P. 2d 441 (1953). The complaint alleged the publication of the picture in connection with the article involved in the other case, but failed to plead that the defendant had authorized it. A demurrer was sustained, but the plaintiff was permitted to amend.

权行为。在另一个案件中①,被告不仅拍摄了原告与妻子相拥的照片,而且在一篇已经发表的、谈论不同类型的爱情的文章上使用这些照片嘲讽那些错误的爱情。审判该案的法官认定,被告对这些照片的使用已经丑化了被告及其妻子在社会公众心目中的形象,因此被告的行为构成公开丑化他人形象的隐私侵权行为,被告应当为此承担法律责任。上述两个案件的判决依据的分别是不同类型的隐私侵权行为的法律。

侵扰他人安宁的隐私侵权行为、公开他人私人事实的隐私侵权行为、公开丑化他人形象的隐私侵权行为,以及出于商业目的或自己的利益,擅自使用他人姓名或肖像的隐私侵权行为这四种隐私侵权行为的构成要件既有相同的地方也有不同之处。首先,前两种要求行为人侵扰了有关他人的秘密的、隐秘的或者私人的事务或事实;而后两种则不同。其次,第二和第三种都包含了"公开"这一行为构成要件,而第一种则没有这一构成要件,虽然第四种隐私侵权行为也经常包含"公开行为"在内,但这并不是它的必要构成要件。再次,第三种要求行为人公开的有关他人的内容必须是错误的或者虚构的,而其他三种则没有这个要求。最后,第四种要求行为人的行为以实现自己的利益为目的,而其他三种则不是。由此可见,法院要明确区分这四种隐私侵权行为不是一件简单的事情,它们必须要小心谨慎,认清各种隐私侵权行为各自的构成要件,才能拨开云雾,作出正确的选择。在司法实践中,法院经常会在一个案件中同时发现两三种甚至四种隐私侵权行为,在这种情况下,法院要理清各种法律依据以作出正确的判决十分不易。②

基于这四种隐私侵权行为都有一个共同的名称,因此,尽管这四种隐私侵权行为各自都有相应的法律和规则,但是,这些规则之间都有很多的共同之处。这四种隐私侵权行为中的任何一种所涉及的他人

---

① Gill v. Curtis Pub. Co., 38 Cal. 2d 273, 239 P. 2d 630 (1952).
② E. g., the defendant breaks into the plaintiff's home, steals his photograph, and publishes it with false statements about the plaintiff in his advertising.

权利都专属于他人自己,与他人的家人没有关系①,否则,很有可能发生的情形就是,他人在某些情况下会侵害自己的隐私权②。这显然是十分荒诞的。隐私权是一种不可让渡的权利③,在他人死亡之后,针对行为人侵害他人隐私权的行为,与他人相关的其他人有可能有权提起隐私侵权诉讼④,也有可能无权提起隐私侵权诉讼⑤。根据某个特别的州的法则,对于行为人发表与死者有关的事务或事实的行为,

---

① Murray v. Gast Lithographic & Engraving Co, 8 Misc. 36, 28 N. Y. S. 271 (N. Y. C. P. 1894); Rozhon v. Triangle Publications, 230 F. 2d 359 (7th Cir. 1956); Waters v. Fleetwood, 212 Ga. 161, 91 S. E. 2d 344 (1956); Bremmer v. Journal-Tribune Co., 247 Iowa 817, 76 N. W. 2d762 (1956); Kelly v. Johnson Pub. Co., 160 Cal. App. 2d 718, 325 P. 2d 659 (1958). See also Hanna Mfg. Co. v. Hillerich & Bradsby Co, 78 F2d 763 (5th Cir. 1939); Wyatt v. Hall's Portrait Studios, 71 Misc. 199, 128 N. Y. S. 247 (Sup. Ct. 1911); Murray v. Gast Lithographic & Engraving Co., 8 Misc. 36, 28 N. Y. S. 271 (N. Y. C-P. 1894); Rhodes v. Sperry & Hutchinson Co., 193 N. Y. 223, 85 N. E. 1097 (1908). Cf. Von Thodorovich v. Franz Josef Beneficial Ass'n, 154 Fed. 911 (ED. Pa. 1907) (Austrian diploma. t cannot maintain action on behalf of Emperor of Austria).

② Walker v. Whittle, 83 Ga. App. 445, 64 S. E. 2d 87 (1951) (intrusion into home to arrest husband). See Coverstone v. Davies, 38 Cal. 2d 315, 239 P. 2d 876 (1952); Smith v. Doss, 251 Ala. 250, 37 So. 2d 118 (1948); and cf. Bazemore v. Savannah Hospital, 171 Ga. 257, 155 S. E. 195 (1930); Douglas v. Stokes, 149 Ky. 506, 149 S. W. 849 (1912).

③ Hanna Mfg. Co. v. Hillerich & Bradsby Co, 78 F2d 763 (5th Cir. 1939); Wyatt v. Hall's Portrait Studios, 71 Misc. 199, 128 N. Y. S. 247 (Sup. Ct. 1911); Murray v. Gast Lithographic & Engraving Co., 8 Misc. 36, 28 N. Y. S. 271 (N. Y. C-P. 1894); Rhodes v. Sperry & Hutchinson Co., 193 N. Y. 223, 85 N. E. 1097 (1908). Cf. Von Thodorovich v. Franz Josef Beneficial Ass'n, 154 Fed. 911 (ED. Pa. 1907) (Austrian diploma. t cannot maintain action on behalf of Emperor of Austria).

④ Reed v. Real Detective Pub. Co., 63 Ariz. 294, 162 P. 2d 133 (1945).

⑤ Wyatt v. Hall's Portrait Studios, 71 Misc. 199, 128 N. Y. S. 247 (Sup. Ct. 1911); Lunceford v. Wilcox, 88 N. Y. S. 2d 225 (N. Y. City Ct. 1949).

他人在普通法上不享有提起隐私侵权诉讼的权利。① 但是，俄克拉荷马州、犹他州、弗吉尼亚州的制定法明确规定，在上述的情况下，他人享有诉权。此外，似乎美国的法院都认为，隐私权只是与自然人有关的权利，即使公司②、企业③等主体对自己的名称享有专用权，该专用权可以保护它们免受不公平的竞争的侵害，但是它们不能主张自己享有隐私权。④

就原告因为被告所实施的这四种隐私侵权行为所受到的损害而言，法院一般都认为，原告不需要举证加以证明。⑤ 就这方面而言，隐私侵权诉讼与诽谤（包括文字上的诽谤和口头上的诽谤）诉讼相

---

① Schuyler v. Curtis, 147 N. Y. 434, 42 N. E. 22 (1895); In re Hart's Estate, 193 Misc. 884, 83 N. Y. S. 2d 635 (Surr. Ct. 1948); Schumann v. Loew's, Inc,, 199 Misc. 38, 102 N. Y. S. 2d572 (Sup. Ct. 1951), aff'd, 135 N. Y. S2d 361 (Sup. Ct. 1954); Rozhon v. Triangle Publications, 230 F. 2d 359 (7th Cir. 1956); Abernathy v. Thornton, 263 Ala, 496, 83 So. 2d 235 (1955); Metter v. Los Angeles Examiner, 35 Cal. App. 2d 304, 95 P. 2d 491 (1939); Kelly v. Johnson Pub. Co., 160 Cal. App. 2d 718, 325 P. 2d 659 (1958); James v. Screen Gems, Inc., 174 Cal. App. 2d 650, 344 P. 2d 799 (1959); Kelley v. Post Pub. Co., 327 Mass. 275, 98 N. E. 2d 286 (1951); Bartholomew v. Workman, 197 Okl. 267, 169 P2d 1012 (1946). Cf. Atkinson v. John E. Doherty & Co., 121 Mich. 372, 80 N. W. 285 (1899).

As in the case of living persons, however, a publication concerning one who is dead may invade the separate right of privacy of surviving relatives. See the last three cases cited in Gill v. Curtis Pub. Co., 38 Cal. 2d 273, 239 P. 2d 630 (1952).

② Jaggard v. R. H. Macy & Co., 176 Misc. 88, 26 N. Y. S. 2d 829 (Sup. Ct. 1941), aff'd, 265 App. Div. 15, 37 N. Y. S. 2d 570 (1942); Shubert v. Columbia Pictures Corp., 189 Misc. 734, 72 N. Y. S. 2d 851 (Sup. Ct. 1947), aff'd, 274 App. Div. 571, 80 N. Y. S. 2d 724 (1948), appeal denied, 274 App. Div. 880, 83 N. Y. S. 2d 233 (1948); Maysville Transit Co. v. Ort, 296 Ky. 524, 177 S. W. 2d 369 (1944); United States v. Morton, 338 U. S. 632 (1950).

③ Rosenwasser v. Ogoglia, 172 App. Div. 107, 158 N. Y. S. 56 (1916).

④ Vassar College v. Loose-Wiles Biscuit Co., 197 Fed. 982 (W. D. Mo. 1912).

⑤ Reed v. Real Detective Pub. Co., 63 Ariz. 294, 162 P. 2d 133 (1945); Fairfield v. American Photocopy Equipment Co., 138 Cal. App. 2d 82, 291 P. 2d 194 (1955); Cason v. Baskin, 155 Fla. 198, 20 So. 2d 243 (1945); Pavesich v. New England Life Ins. Co., 122 Ga. 190, 50 S. E. 68 (1905); Kunz v. Allen, 102 Kan. 883, 172 Pac. 532 (1918); Foster-Milburn Co. v. Chinn, 134 Ky. 424, 120 S. W. 364 (1909); Munden v. Harris, 153 Mo. App. 652, 134 S. W. 1076 (1911); Flake v. Greensboro News Co., 212 N. C. 780, 195 S. E. 55 (1938).

似。在诽谤诉讼中，原告难以证明自己所受到的损害的事实不能成为法院拒绝为原告提供法律救济的理由。① 被告应当为原告可能受到的精神损害及其他损害对原告承担赔偿责任，原告对此不需承担举证责任。② 如果被告有证据证明自己受到了特殊损害，如因为被告的隐私权行为导致的疾病，或者被告财产的不法增长③，又或者是原告的经济利益遭受损失④，等等，那么，原告应当受到相应的补偿。正如其他侵权行为一样，如果在实施隐私侵权行为时，被告带有不法的动机或心理⑤，那么，被告在承担上述的损害赔偿的基础之上还要承担惩罚性赔偿责任。但是，如果被告能够证明自己是无辜的，如被告有理

---

① Brents v. Morgan, 221 Ky. 765, 299 S. W. 967 (1927); Rhodes v. Graham, 238 Ky. 225, 37 S. W. 2d 46 (1951); Hinish v. Meier & Frank Co., 166 Ore. 482, 113 P. 2d 438 (1941); Fairfield v. American Photocopy Equipment Co., 138 Cal. App. 2d 82, 291 P. 2d 194 (1955).
② Pavesich v. New England Life Ins. Co., 122 Ga. 190, 50 S. E. 68 (1905); Sutherland v. Kroger Co., 110 S. E. 2d 716 (W. Va. 1959). In Cason v. Baskin, 159 Fla. 31, 30 So. 2d 63. 5 (1947), where there was evidence that the plaintiff had suffered no great distress, and had gained weight, the recovery was limited to nominal damages.
③ Bunnell v. Keystone Varnish Co., 254 App. Div. 885, 5 N. Y. S. 2d 415 (1938), affirming 167 Misc. 707, 4 N. Y. S. 2d 601 (Sup. Ct. 1938).
④ Continental Optical Co. v. Reed, 119 Ind. App. 643, 86 N. E. 2d 306 (1949); Manger v. Kree Institute of Electrolysis, 233 F. 2d 5 (2d Cir. 1956); Hogan v. A. S. Barnes & Co., Inc., 114 U. S. P. Q. 314 (Pa. C. P. 1957). Likewise, the fact that the plaintiff has benefited in his profession by the publicity may be considered in mitigation, and may reduce his recovery to nominal damages. Harris v. H. W. Gossard Co., 194 App. Div. 688, 185 N. Y. S. 861 (1921).
⑤ Munden v. Harris, 153 Mo. App. 652, 134 S. W. 1076 (1911); Hinish v. Meier & Frank Co., 166 Ore. 482, 113 P. 2d 438 (1941); Welsh v. Pritchard, 125 Mont. 517, 241 P. 2d 816 (1952).

由相信原告已经同意被告所实施的行为①,那么,被告不需要为自己的行为承担法律责任。

在隐私权原则出现的早期,法律和法院在保护公民的隐私权时经常与宪法所规定的新闻自由权产生正面的冲突。这使得隐私权与新闻自由权在这种冲突之中逐渐达成一种妥协。在这个相互妥协的过程中,新闻媒体衍生出两种紧密联系的、特别的、受到限制的权利。②其中一种权利是新闻媒体进一步报道公众人物的权利。另一种权利则是向社会公众报道新闻以及与公共利益有关的事物的权利。前者侧重的是新闻媒体所报道的"人",后者侧重的是新闻媒体所报道的事件或者其他内容。虽然表面上这是两种权利,但实际上这都是新闻自由权的一种别称而已。

七、公众人物和公共利益

所谓公众人物,是指可以通过自己的成就、声望、生活方式,或职业、号召力,使自己的所作所为、事务、性格给社会带来合法利益,并被人们认为是"知名人物"的人。③ 换言之,所谓公众人物,就是人们所说的名人——通过自己的不懈努力成功受到公众瞩目的人。很明显,根据这种说法,公众人物至少是通过在社会公众中露面

---

① Fisher v. Murray M. Rosenberg, Inc. , 175 Misc. 370, 23 N. Y. S. 2d 677 (Sup. Ct. 1940); Barber v. Time, Inc. , 348 Mo. 1199, 159 S. W. 2d 291 (1942). But in Myers v. U. S. Camera Pub. Corp. , 9 Misc. 2d 765, 167 N. Y. S. 2d 771 (N. Y. City Ct. 1957), punitive damages were allowed where the defendant "knew or should have known."

In Harlow v. Buno Co. , 36 Pa. D. &C. 101 (C. P. 1939), the fact that the defendant had acted in good faith under a forged consent was held to defeat the action entirely. This appears to be wrong. Cf. Kerby v. Hal Roach Studios, 53 Cal. App. 2d 207, 127 P. 2d 577 (1942), where the defendant made use of the plaintiff's name without even being aware of her existence.

② In Themo v. New England Newspaper Pub. Co. , 306 Mass. 54, 27 N. E. 2d 753 (1940), it was said that these privileges are not technically defenses, and the absence of a privileged occasion must be pleaded and proved by the plaintiff. This is the only case found bearing on the question; but it may be doubted that other jurisdictions will agree.

③ Cason v. Baskin, 159 Fla. 31, 30 So. 2d 635, 638 (1947).

并让公众记住的、享有一定的声望①的人。

例如男演员②、专业的棒球运动员③、拳击者④或者其他艺人⑤。但是,社会公众人物的范围并不限于上文所述。它还包括政府官

---

① The question of degree has not been discussed in the cases. In Kerby v. Hal Roach Studios, 53 Cal. App. 2d 207, 127 P. 2d 577 (1942), the plaintiff was an actress, concert singer and monologist, so obscure that the defendant's studio had never heard of her. She was allowed to recover for appropriation of her name and a false light before the public, without mention of whether she was a public figure, which obviously woula have made no difference in the decision. It may be suggested that even an obscure entertainer may be a public figure to some limited extent, but that the field in which she may be given further publicity may be more narrowly limited.

　　Witness the disclosure, in the election of 1884, of Grover Cleveland's parentage of an illegitimate child, many years before. Stryker v. Republic Pictures Corp., 108 Cal. App. 2d 191, 238 P. 2d 670 (1951); and see Continental Optical Co. v. Reed, 119 Ind. App. 643, 86 N. E. 2d 306 (1949). Bernstein v. National Broadcasting Co., 129 F. Supp. 817 (D. D. C. 1955), aff'd, 232 F. 2d 369 (D. C. Cir. 1956) (murder and trial); Smith v. National Broadcasting Co., 138 Cal. App. 2d 807, 282 P. 2d 600 (1956) (false report to police of escape of black panther).

② Paramount Pictures v. Leader Press, 24 F. Supp. 1004 (WI). Okl. 1938), reversed on other grounds in 106 F. 2d 229 (10th Cir. 1939); Chaplin v. National Broadcasting Co., 15 F. R. D. 134 (S. D. N. Y. 1953).

③ Ruth v. Educational Films, 194 App. Div. 893, 184 N. Y. S. 948 (1920); see Jansen v. Hilo Packing Co., 202 Misc. 900, 118 N. Y. S. 2d 162 (Sup. Ct. 1952), aff'd, 282 App. Div. 935, 125 N. Y. S. 2d 648 (1953). Cf. O'Brien v. Pabst Sales Co., 124 F. 2d 167 (5th Cir. 1941) (all American football player).

④ Jeffries v. New York Evening Journal Pub. Co., 67 Misc. 570, 124 N. YS. 780 (Sup. Ct. 1910); Cohen v. Marx, 94 Cal. App. 2d 704, 211 P. 2d 320 (1950); Oma v. Hillman Periodicals, 281 App. Div. 240, 118 N. Y. S. 2d 720 (1953).

⑤ Colyer v. Richard K. Fox Pub. Co., 162 App. Div. 297, 146 N. Y. S. 999 (1914) (high diver); Koussevitzky v. Allen, Towne & Heath, 188 Misc. 479, 68 N. Y. S. 2d 779 (Sup. Ct. 1947), aff'd, 272 App. Div. 759, 69 N. Y. S. 2d 432 (1947) (symphony conductor); Gavrilov v. Duell, Sloan & Pierce, 84 N. Y. S. 2d 320 (Sup. Ct. 1948) (dancer); Redmond v. Columbia Pictures Corp., 277 N. Y. 707, 14 N. E. 2d 636 (1938), affirming 253 App. Div. 708, 1 N. Y. S. 2d 643 (trick shot golfer). Cf. Gautier v. Pro-Football, Inc., 304 N. Y. 354, 107 N. E. 2d 485 (1952) (performing animal act at football game); Goelet v. Confidential, Inc., 5 App. Div. 2d 226, 171 N. Y. S. 2d 223 (1958) (unspecified).

员①、著名的发明家②和探险家③、战地英雄④甚至普通的士兵⑤、神童⑥那样的人在内。总而言之,它包括任何能够引起社会公众集体关注的人。但是,有一点可以明确的是,在涉及隐私权问题时,所谓公众人物,是指那些在其隐私权受到侵害之前就已经在社会公众中享有地位和知名度的人。如果被告只是通过自己的行为引导社会公众关注那些原本默默无名的原告,则即使被告的行为使原告受到社会公众的集中关注,原告也称不上是公众人物。⑦

相比普通民众,公众人物至少在某种程度上失去了隐私权。对此,人们可以在美国法院所作出的众多判决中大致总结出三个原因:第一,因为公众人物经常向社会公众宣传自己,他们原本就同意(可以说是默认)向社会公众公开或宣传与他们有关的事情,所以,他们自然不能对社会公众的公开行为有所抱怨。第二,因为有关公众人物的事物原本就是向社会公众公开的事务,所以他们的这些事务都称不上私人事实。第三,新闻媒体享有受宪法保护的新闻自由权,它们可以向社会公众报道与公共利益有关的人的事情——毫无疑问,公众人物总是与公共利益联系在一起的。除此之外,法院还在上述原因的基础之上认定,对于与公共人物有关的,又与公共利益有合理的关联的事物,新闻媒体有权对其进行进一步的报道。

因为社会公众都有希望了解自己所处的世界所发生的事情的欲

---

① Martin v. Dorton, 210 Miss. 668, 50 So. 2d 391 (1951) (sheriff); Hull v. Curtis Pub. Co., 182 Pa. Super. 86, 125 A. 2d 644 (1956) (arrest by policeman).
② Corliss v. E. W. Walker Co., 64 Fed. 280 (D. Mass. 1894). Cf. Thompson v. Curtis Pub. Co., 193 F. 2d 953 (3d Cir. 1952).
③ Smith v. Suratt, 7 Alaska 416 (1926).
④ Stryker v. Republic Pictures Corp., 108 Cal. App. 2d 191, 238 P. 2d 670 (1951). Accord, Molony v. Boy Comics Publishers, 277 App. Div. 166, 98 N. Y. S. 2d 119 (1950), reversing 188 Misc. 450, 65 N. Y. S. 2d 173 (Sup. Ct. 1946) (hero in disaster).
⑤ See Continental Optical Co. v. Reed, 119 Ind. App. 643, 86 N. E. 2d 306 (1949).
⑥ Sidis v. F-R Pub. Corp., 113 F. 2d 806 (2d Cir. 1940), affirming 34 F. Supp. 19 (S. D. N. Y. 1938).
⑦ Cason v. Baskin, 155 Fla. 198, 20 So. 2d 243 (1945), second appeal, 159 Fla. 31, 30 So. 2d 635 (1947). A book, Cross Creek, which became a best seller, was written about the back woods people of Florida, and an obscure local woman was described in embarrassing personal detail. It was held that she did not became a public figure.

望，所以，法律赋予了新闻媒体以及其他信息机构向社会公众报时事新闻以及与公共利益有关的事物的权利和自由。这里所说的"新闻"不仅包括所有与普通的日常生活有关的事件与事物，还包括那些"已经引起社会公众集体关注的、但人们还没有完全弄清来龙去脉"的事情。① 在很大的程度上，新闻媒体可以凭借自己的经验和职业敏锐度捕捉到读者们喜欢阅读的信息，并在这个基础上娴熟地给自己发表的新闻冠上吸引公众眼球的精简标题。正因为如此，读者只需要瞥一眼早报的新闻标题就能够了解一篇新闻的大致内容。新闻的内容包括杀人事件②以及刑事案件③、拘留④、警方突袭⑤、自杀⑥、结婚⑦、离婚⑧、安全事故⑨、由于使用麻醉剂而导致死亡的事件⑩、一名女人身患罕见的疾病⑪、一个12岁的小姑娘的出身⑫、一次诽谤诉讼⑬、

---

① Sweenek v. Pathe News, 16 F. Supp. 746, 747 (E. D. N. Y. 1936).
② Jones v. Herald Post Co., 230 Ky. 227, 18 S. W. 2d 972 (1929); Bremmer v. Journal Tribune Co., 247 Iowa 817, 76 N. W. 2d 762 (1956); Waters v. Fleetwood, 212 Ga. 161, 91 S. E. 2d 344 (1956); Jenkins v. Dell Pub. Co., 143 F. Supp. 953 (W. D. Pa. 1956), aff'd, 251 F. 2d 447 (3d Cir. 1958); Bernstein v. National Broadcasting Co., 129 F. Supp. 817 (D. D. C. 1955), affl'd, 232 F. 2d 369 (D. C. Cir. 1956).
③ Elmhurst v. Pearson, 153 F. 2d 467 (D. C. Cir. 1946) (sedition); Miller v. National Broadcasting Co., 157 F. Supp 240 (D. Del. 1957) (robbery); Hillman v. Star Pub. Co., 64 Wash. 691, 117 Pac. 594 (1911) (mail fraud).
④ Frith v. Associated Press, 176 F. Supp. 671 (E. DS. C. 1959) (mob action); Coverstone v. Davies, 38 Cal. 2d 315, 239 P. 2d 876 (1952) ("hot-rod" race); Hull v. Curtis Pub. Co., 182 Pa. Super. 86, 125 A. 2d 644 (1956).
⑤ Jacova v. Southern Radio & Television Co., 83 So. 2d 34 (Fla. 1955). Cf. Schnabel v. Meredith, 378 Pa. 609, 107 A. 2d 860 (1954).
⑥ Metter v. Los Angeles Examiner, 35 Cal. App. 2d 304, 95 P. 2d 491 (1939); and seeSamuel v. Curtis Pub. Co., 122 F. Supp. 327 (N. D. Cal. 1954).
⑦ Aquino v. Bulletin Co., 154 A. 2d 422, ' 190 Pa. Super. 528 (1959).
⑧ Berg v. Minneapolis Star & Tribune Co., 79 F. Supp. 957 (D. Minn. 1948); Aquino v. Bulletin Co., 154 A. 2d 422, 190 Pa. Super. 528 (1959).
⑨ Kelley v. Post Pub. Co., 327 Mass. 275, 98 N. E. 2d 286 (1951). Cf. Strickler v. Na. tional Broadcasting Co., 167 F. Supp. 68 (S. D. Cal. 1958) (crisis in airplane).
⑩ Rozhon v. Triangle Publications, 230 F. 2d 539 (7th Cir. 1956). Cf. Ab'ernathy v. Thornton, 263 Ala. 496, 83 So. 2d 235 (1955) (death of criminal paroled for federal offense).
⑪ See Barber v. Time, Inc., 348 Mo. 1199, 159 S. W. 2d 291 (1942).
⑫ Meetze v. Associated Press, 230 S. C. 330, 95 S. E. 2d 606 (1956).
⑬ Langford v. Vanderbilt University, 199 Tenn. 389, 287 S. W. 2d 32 (1956).

第一编　隐私权的经典界定　　　　　　　　　　　　　　77

　　有关警察对逃脱的黑豹的关注①、多年前被以为死亡的人的重新出现②以及其他类似的事情——总的来讲，只要能够激起人们的同情心或者让人们在茶余饭后感叹两句，那么这些新闻一般都会很容易受到新闻媒体的青睐。③

　　但是，新闻媒体有权报道的范围不限于上文所列举的社会时事，它们还可以通过书本、文章、图片、影片等载体向社会公众报道其他信息、教育事件甚至娱乐活动④；或者通过无线广播节目报道一般人类活动中的有趣部分⑤以及在新闻短片或游记中重现某些社会现象。⑥在决定新闻媒体可以报道哪些内容、不可以报道哪些内容时，一方面，法院就像一个审查机构一样，严格审查哪些是社会公众可以阅读的内容，哪些是社会公众不可以阅读的内容。另一方面，在判定新闻媒体的某些报道行为是否违反法律或者侵害公民隐私权时，法院遵循的是疑罪从无原则。换言之，如果没有充足的理由论证新闻媒体所报道的内容属于不应当被报道的内容，则法院会认定，新闻媒体不需要

---

① Smith v. National Broadcasting Co., 138 Cal. App. 2d 807, 292 P. 2d 600 (1956).
② Smith v. Doss, 251 Ala. 250, 37 So. 2d 118 (1948).
③ See, as to unspecified news, Moser v. Press Pub. Co., 59 Misc. 78, 109 N. Y. S. 963 (Sup. Ct. 1908); Themo v. New England Newspaper Pub. Co., 306 Mass. 54, 27 N. E. 2d 753 (1940).
④ Ruth v. Educational Films, 194 App. Div. 893, 184 N. Y. S. 948 (1920) (baseball); Sweenek v. Pathe News, 16 F. Supp. 746 (E. D. N. Y. 1936) (group of fat women-reducing with novel and comical apparatus); and see Jenkins v. Dell Pub. Co., 143 F. Supp. 953 (W. D. Pa. 1956), aff'd, 251 F. 2d 447 (3d Cir. 1958).
⑤ People ex rel. Stem v. Robert M. McBride & Co., 159 Misc. 5, 288 N. Y. S. 501 (N. Y. City Magis. Ct. 1936) (strike-breaking); Kline v. Robert M. McBride & Co., 170 Misc. 974, 11 N. Y. S. 2d 674 (Sup. Ct. 1939) (same); Samuel v. Curtis Pub. Co., 122 F. Supp. 327 (N. D. Cal. 1954) (suicide); Hogan v. A. S. Barnes Co., 114 U. S. P. Q. 314 (Pa. C.. 1957) (golf); Oma v. Hillman Periodicals, 281 App. Div. 240, 118 NY. S. 2d 720 (1953) (boxing); Delinger v. American News Co., 6 App. Div. 2d 1027, 178 N. Y. S. 2d 231 (1958) (muscular development and virility).
⑥ Humiston v. Universal Film Mfg. Co., 189 App. Div. 467, 178 N. Y. S. 752 (1919). Cf. Gill v. Hearst Pub. Co, 40 Cal. 2d 224, 253 P. 2d 441 (1953) (market place); Berg. v. Minneapolis Star & Tribune Co., 79 F. Supp. 957 (D. Minn. 1948) (photograph in courtroom); Lyles v. State, 330 P. 2d 734 (Okl. Cr. 1958) (television in courtroom); Middleton v. News Syndicate Co., 162 Misc. 516, 295 N. Y. S. 120 (Sup. Ct. 1937) ("inquiring photographer" on the street).

为自己的行为承担法律责任。对于法院的这种做法，社会公众是可以理解的。

事实上，有很多因为新闻报道遭受痛苦或者与公共利益有关的公民，如刑事案件的被告，他们不仅不愿意自己的事情得到宣传，而且还竭力避免社会公众对自己的关注。但无论如何，他们都被迫丧失部分的隐私权。例如，不幸看到丈夫惨死在自己眼前的妇女①、在政府执法人员对香烟店的老板发起的突击中被误捉的无辜旁观者②，即使他们被新闻媒体等机构公之于世，他们也找不到法律依据向法院提起诉讼，更毋论主张法律救济。他们在某段时期内都会被迫变成万众瞩目的公众人物，更令他们感到无助的是，"即使到了大部分的社会公众不再那么关注他们，他们终于可以回归合法的、平凡的正常生活当中时，新闻媒体仍然有权报道他们的事情以满足社会公众对领导、英雄、恶棍、受害者等人的好奇心"③。不仅如此，新闻媒体甚至有权对他们的家庭进行鉴别以及在合理的范围内对其家庭进行介绍④——前提是，新闻媒体不能公开他们的家庭成员的私人生活⑤。

简而言之，判定新闻媒体所报道的内容是否合法的关键在于，它们所报道的内容是否与原告之间存在内在的联系或者涉及公共利益。

---

① Jones v. Herald Post Co., 230 Ky. 227, 18 S. W. 2d 972 (1929).
② Jacova v. Southern Radio & Television Co., 83 So. 2d 34 (Fla. 1955).
③ REsTATE ENT, TORTS § 867, comment c (1939).
④ Smith v. Doss, 251 Ala. 250, 37 So. 2d 118 (1948) (family of man who disappeared, was believed murdered, died, and his body was brought home); Coverstone v. Davies, 38 Cal. 2d 315, 239 P. 2d 876 (1952) (father of boy arrested for "hot-rod" race); Kelly v. Post Pub. Co., 327 Mass. 275, 98 N. E. 2d 286 (1951) (parents of girl killed in accident); Aquino v. Bulletin Co., 190 Pa. Super. 528, 154 A. 2d 422 (1959) (parents of girl secretly married and then divorced); Jenkins v. Dell Pub. Co., 143 F. Supp. 952 (W. D. Pa. 1956), aff'd, 251 F. 2d 447 (3d Cir. 1958) (family of boy kicked to death by hoodlums); Hiliman v. Star Pub. Co., 64 Wash. 691, 117 Pac. 594 (1911) (son of man arrested for mail fraud). Cf. Milner v. Red River Valley Pub. Co., 249 S. W. 2d 227 (Tex. Civ. App. 1952) (family of man killed in accident).
⑤ Such a limitation is indicated in Martin v. New Metropolitan Fiction, 139 Misc. 290, 248 N. Y. S. 359 (Sup. Ct. 1931), aff'd, 234 App. Div. 904, 254 N. Y. S. 1015 (1931), where a mother, attending her son's criminal trial, was depicted as broken-hearted in a news story. On the pleadings, the court refused to dismiss because it could not say that evidence could not be produced which would go beyond the privilege.

一方面，新闻媒体所享有的最大程度的新闻自由权在于，新闻媒体不仅可以使用公民的姓名或者肖像来介绍与公民本身存在联系的特定事件，而且还可以用它们来阐释讲解一般性社会话题（与公民本身不存在联系）的书本或文章。即使新闻媒体用公民的肖像为一本以工人罢工为主题的书本做插图，或者用印度教的魔术师的照片为一篇以印度的绳子魔术为主题的文章做插图，新闻媒体都不需要为它们的这些行为承担法律责任，只要新闻媒体对公民肖像的使用能够体现公共利益，那么，它们的这些行为都是正当行为，都不构成对隐私侵权行为。另一方面，在这些插图对公民隐私权构成不合理影响或者这些插图不能体现任何公共利益的情况下，如一名忠于职守的出租车司机的照片出现在与贸易欺骗行为有关的文章当中①，又或者使用作风正派的模特的照片为"欲壑难填的女人"做插图②，行为人的这些行为会丑化他人在社会公众心目中的形象，因此，在这个基础之上，他人有权向法院主张法律救济。有两个案件很到位地展示了上述两种情形之间的区别。在两个案件的其中一个案件中③，法院认定，被告用一张有人站在桥上扬言要自杀的照片为以自杀为主题的文章做插图的行为是合法的。在另一个案件中，一个贫民窟的无辜小男孩正在道路上谈论棒球的时候被被告拍了下来，后来被告在一篇有关青少年犯罪的文

---

① Peay v. Curtis Pub. Co. , 78 F. Supp. 305 (D. D. C. 1948).
② Martin v. Johnson Pub. Co. , 157 N. Y. S. 2d 409 (Sup. Ct. 1956). For other examples, seePeay v. Curtis Pub. Co. , 78 F. Supp. 305 (D. D. C. 1948). Leverton v. Curtis Pub. Co, 192 F. 2d 974 (3d Cir. 1951). Gill v. Curtis Pub. Co. , 38 Cal. 2d 273, 239 P. 2d 630 (1952). Martin v. Johnson Pub. Co. , 157 N. Y. S. 2d 409 (Sup. Ct. 1956). *Accord*, Semler v. Ultem Publications, 170 Misc. 551, 9 N. Y. S. 2d 319 (N. Y. City Ct. 1938) (pictures of model in sensational sex magazine); Russell v. Marboro Books, 18 Misc. 2d 166, 183 N. Y. S. 2d 8 (Sup. Ct. 1959) (picture of model used in bawdy advertisement for bed sheets). . Metzger v. Dell Pub. Co. , 207 Misc. 182, 136 N. Y. S. 2d 888 (Sup. Ct. 1955). More doubtful is Callas v. Whisper, Inc. , 198 Misc. 829 (1950), *affirmed*, 278 App. Div. 974, 105 N. YS. 2d 1001 (1951), where the picture of a minor, obtained by fraudulent representations, was used as background in a night club, with the innuendo that she was in a disreputable place. It was held that she had no cause of action. The facts, however, are by no means entirely clear from the summary of the pleadingThompson v. Close-Up, Inc. , 277 App. Div. 848, 98 N. Y. S. 2d 300 (1950).
③ Samuel v. Curtis Pub. Co. , 122 F. Supp. 327 (NJ). Cal. 1954).

章中使用了这张照片并附上"犯罪的小男孩"的文字，审判该案的法院认定，小男孩应当得到法律救济。

八、公共领域与私人领域之间的界限

无论如何，人们可以明确的一点是，公众人物仅仅在有限的范围内丧失了部分隐私权①，同样地，新闻媒体报道时事新闻和涉及公共利益的事物的权利也是受到限制的。法院有很多判决都很明确地指出，公众人物所享有的隐私权和新闻媒体所享有的报道新闻的权利都只适用于与公开他人私人事实的隐私侵权行为有关的案件当中，换言之，就公众人物的隐私权而言，只有在新闻媒体的报道行为构成公开公众人物的私人事实的隐私侵权行为时，新闻媒体所享有的新闻自由权才会受到限制。毋庸置疑的是，"希望独处"② 的著名电影女明星 Greta Garbo 与其他人享有同等的权利，她有权禁止别人闯入她的住宅或者查询她的银行账户。同样的，最近因为离婚案件轰动一时的某

---

① Discussed in Spiegel, Public Celebrity v. Scandal Magazine-The Celebrity's Right to Privacy, 30 So. CAr. . L. REv. 280 (1957).
② Attributed to Greta Garbo.

位名人也享有这种权利。① 毫无疑问，社会名人也享有隐私权，他们同样可以抱怨行为人利用其姓名和肖像做广告以及推销产品的行为②，

---

① This seems to be clear from the cases holding that the publication of stolen or surreptitiously obtained pictures is actionable, even though the plaintiff is "news." See Barber v. Time, Inc., 348 Mo. 1199, 159 S. W. 2d 291 (1942) (hospital bed). *Cf.* Clayman v. Bernstein, 38 Pa. D. &C. 543 (C. P. 1940) (picture of semi-conscious patient taken by physician). Peed v. Washington Times, 55 Wash. L. Rep. 182 (D. C. 1927). In Metter v. Los Angeles Examiner, 35 Cal. App. 2d 304, 95 P. 2d 491 (1939), the newspaperappears to have gotten away with a great deal. After plaintiff's wife had committed suicide, the screen of his kitchen window was forced open, and a photograph of his wife disappeared from his table. The same day the same photograph appeared in the paper. The court considered that there was no evidence that the defendant had stolen it. The actual decision can be justified, however, on the ground that the woman was dead. Schuyler v. Curtis, 147 N. Y. 434, 42 N. E. 22 (1895); *In re* Hart's Estate, 193 Misc. 884, 83 N. Y. S. 2d 635 (Surr. Ct. 1948); Schumann v. Loew's, Inc,, 199 Misc. 38, 102 N. Y. S. 2d572 (Sup. Ct. 1951), *aff'd*, 135 N. Y. S2d 361 (Sup. Ct. 1954); Rozhon v. Triangle Publications, 230 F. 2d 359 (7th Cir. 1956); Abernathy v. Thornton, 263 Ala, 496, 83 So. 2d 235 (1955); Metter v. Los Angeles Examiner, 35 Cal. App. 2d 304, 95 P. 2d 491 (1939); Kelly v. Johnson Pub. Co., 160 Cal. App. 2d 718, 325 P. 2d 659 (1958); James v. Screen Gems, Inc., 174 Cal. App. 2d 650, 344 P. 2d 799 (1959); Kelley v. Post Pub. Co., 327 Mass. 275, 98 N. E. 2d 286 (1951); Bartholomew v. Workman, 197 Okl. 267, 169 P2d 1012 (1946). *Cf.* Atkinson v. John E. Doherty & Co., 121 Mich. 372, 80 N. W. 285 (1899). Gill v. Curtis Pub. Co., 38 Cal. 2d 273, 239 P. 2d 630 (1952). Bazemore v. Savannah Hospital, 171 Ga. 257, 155 S. E. 194 (1930) (picture of deformed child born to plaintiff, obtained from hospital attendants). *Cf.* Douglas v. Stokes, 149 Ky. 506, 149 S. W. 849 (1912) (breach of implied contract by photographer).

② Eliot v. Jones, 66 Misc. 95, 120 N. Y. S. 989 (Sup. Ct. 1910), affd, 140 App. Div. 911, 125 N. Y. S. 1119 (1910) (name of president of Harvard used to sell books); Lane v. F. W. Woolworth Co., 171 Misc. 66, 11 N. Y. S. 2d 199 (Sup. Ct. 1939), aff'd, 256 App. Div. 1065, 12 N. Y. S. 2d 352 (1939) (picture of actress sold in lockets); Birmingham Broadcasting Co. V. Bell, 259 Ala. 656, 68 So. 2d 314 (1953), later appeal, 69 So. 2d 263 (Ala. 1957) (name of sports broadcaster used to advertise program with which he had no connection); Continental Optical Co. v. Reed, 119 Ind. App. 643, 86 N. E. 2d 306 (1949) (picture of soldier used to advertise optical goods); Jansen v. Hilo Packing Co., 202 Misc. 900, 118 N. Y. S. 2d 162 (Sup. Ct. 1952), affd, 282 App. Div. 935, 125 N. Y. S. 2d 648 (1953) (picture of baseball player sold with popcorn). Cf. Kerby v. Hal Roach Studios, 53 Cal. App. 2d 207, 127 P. 2d 577 (1942) (name of actress used to advertise motion picture); State ex rel. La Follette v. Hinkle, 131 Wash. 86, 229 Pac. 317 (1924) (use of name of politician as candidate by political party).

也可能成为事故的受害者。① 曾经有一个法院认定，甚至澳大利亚的总统也有权反对保险公司擅自使用其姓名的行为。② 虽然人们似乎认为，一方面，法院不是独裁者，法院认为公众人物也在某种程度上享有隐私权观点并不绝对正确；另一方面，即使新闻媒体发表的内容是变态的、可怕的、危言耸听的、不道德的、卑劣的，它们也不会丧失报道新闻的权利③；但是，无论如何，不管是公众人物④还是那些被报道的公民，当新闻媒体所报道的有关他们的信息是虚构的或者错误的，或者使用他们的照片来嘲讽他们自身，丑化他们在社会公众心目中的形象，那么，他们仍然享有就新闻媒体的这些行为提起侵权诉讼

---

① lores v. Mosler Safe Co. , 7 N. Y. 2d 276, 164 N. E. 2d 853 (1959), affirming 7 App. Div. 2d 226, 182 N. Y. S. 2d 126 (1959) (picture and news story of man who accidentally set Sre used to advertise safes).

② Von Thodorovich v. Franz Josef Beneficial Ass'n, 154 Fed. 911 (E. D. Pa. 1907). Accwrd, Edison v. Edison Polyform Mfg. Co. , 73 N. J. Eq. 136, 67 Atl. 392 (Ch. 1907) (Thomas KdWW).

③ Goelet v. Confidential, Inc. , 5 App. Div. 2d 226, 171 N. Y. S. 2d 223 (1958); Bremmer v. Journal-Tribune Pub. Co. , 247 Iowa 817, 76 N. W. 2d 762 (1956); Jenkins v. Dell Pub. Co. , 143 F. Supp. 953 (W. D. Pa. 1956), aff'd, 251 F. 2d 447 (3d Cir. 1958); Aquino v. Bulletin Co. , 190 Pa. Super. 528, 154 A. 2d 422 (1959); Waters v. Fleetwood, 212 Ga. 161, 91 S. E. 2d 344 (1956). Two cases sometimes cited to the contrary, Douglas v. Stokes, 14 § Ky. 506, 149 S. W. 849 (1912), and Bazemore v. Savannah Hospital, 171 Ga. 257, 155 S. E. 194 (1930), are apparently to be explained on the basis of pictures obtained by inducing breach of trust. It may nevertheless be suggested that there must be some as yet undefined limits of common decency as to what can be published about anyone; and that a photograph of indecent exposure, for example, can never be legitimate " news. "

④ Hazlitt v. Fawcett Publications, 116 F. Supp. 539 (D. Conn. 1953) (fictional account ofstunt driver, tried for homicide); Sutton v. Hearst Corp. , 277 App. Div. 155, 98 N. Y. S. 2d 233 (1950), appeal denied, 277 App. Div. 873, 98 N. Y. S. 2d 589 (1950) (fictional story about turret gunner); Hogan v. A. S. Barnes Co. , 114 U. S. P. Q. 314 (Pa. C. P. 1957) (book purporting to give information from plaintiff about his golf game); Stryker v. Republic Pictures Corp. , 108 Cal. App. 2d 191, 238 P. 2d 670 (1951) (fiction in motion picture about war her6); Binns v. Vitagraph Co. of America, 147 App. Div. 783, 132 N. Y. S. 237 (1911), aff'd, 210 N. Y. 51, 103 N. E. 1108 (1913) (fiction in motion picture about radio operator hero); Donahue v. Warner Bros. Pictures, 194 F. 2d 6 (10th Cir. 1952) (fiction in motion picture about entertainer); D'Altomonte v. New York Herald Co. , 154 App. Div. 953, 139 N. Y. S. 200 (1913), modified as not within the New York statute in 208 N. Y. 596, 102 N. E. 1101 (1913) (authorship of absurd story attributed to well known writer).

的权利。① 换言之，即使新闻媒体的报道行为不构成公开他人私人事实的隐私侵权行为，但其报道行为仍要受到其他隐私侵权行为理论的限制。

退一步讲，即使仅仅就公开他人的私人事实这一隐私侵权行为而言，新闻媒体报道有关公众人物的新闻的权利也受到一些相对不太确定的限制。Warren 和 Brandeis②认为，即使是社会名人也对他们的私人生活享有隐私权。只有在报道那些与社会名人之间存在直接的、紧密联系的或者已经被社会公众所熟知的事情时，新闻媒体才能把社会名人当成公众人物。但法律在这方面的发展并没有 Warren 和 Brandeis 所想的那么狭隘。法律已经承认，在一定的范围内，社会公众可以关注以及讨论社会名人的个性以及许多其他方面的私人信息。人们不仅可以为社会名人写传记，也可以通过一些细节向社会公众剖析他们的性格和往事。人们甚至可以披露一些令社会名人颜面有损的事实。③ 正如我们的报刊每天所展示的那样，社会公众可以在吃早餐、穿衣服、阅读、空闲或者和朋友聊天的时候，谈论大量的有关社会名人的

---

① See the cases of pictures used to illustrate articles, Peay v. Curtis Pub. Co., 78 F. Supp. 305 (D. D. C. 1948). Leverton v. Curtis Pub. Co, 192 F. 2d 974 (3d Cir. 1951). Gill v. Curtis Pub. Co., 38 Cal. 2d 273, 239 P. 2d 630 (1952). Martin v. Johnson Pub. Co., 157 N. Y. S. 2d 409 (Sup. Ct. 1956). *Accord*, Semler v. Ultem Publications, 170 Misc. 551, 9 N. Y. S. 2d 319 (N. Y. City Ct. 1938) (pictures of model in sensational sex magazine); Russell v. Marboro Books, 18 Misc. 2d 166, 183 N. Y. S. 2d 8 (Sup. Ct. 1959) (picture of model used in bawdy advertisement for bed sheets). . Metzger v. Dell Pub. Co., 207 Misc. 182, 136 N. Y. S. 2d 888 (Sup. Ct. 1955). More doubtful is Callas v. Whisper, Inc., 198 Misc. 829 (1950), *affirmed*, 278 App. Div. 974, 105 N. YS. 2d 1001 (1951), where the picture of a minor, obtained by fraudulent representations, was used as background in a night club, with the innuendo that she was in a disreputable place. It was held that she had no cause of action. The facts, however, are by no means entirely clear from the summary of the pleadingThompson v. Close-Up, Inc., 277 App. Div. 848, 98 N. Y. S. 2d 300 (1950).

② "In general, then, the matters of which the publication should be repressed may be described as those which concern the private life, habits, acts and relations of an individual, and have no legitimate connection with his fitness for a public office which he seeks or for which he is suggested, and have no legitimate relation to or bearing upon any act done by him in a public or quasi public capacity." Warren and Brandeis, The Right to Privacy, 4 HARv. L. REv. 193, 215 (1890).

③ Smith v. Suratt, 7 Alaska 416 (1926) (Dr. Cook).

八卦。

不管怎样,公共领域(事件)和私人领域(事实)之间总是存在某些界限的,并不是社会所发生的所有事情都带有"公共"性质。① 相应地,新闻媒体和人们所能报道或者讨论的内容范围也是受到限制的。人们可以肆无忌惮地讨论女演员与棒球运动员之间的性关系,也可以讨论发明家和交通事故的受害人,但这并不代表人们可以毫无节制地公开讨论任何事情。例如,美国有多个州的制定法②规定,禁止新闻媒体公开性犯罪中的受害人的姓名。除此之外,在美国,行为人不得公开他人的私人信件,即使是社会名人的信件,行为人也不得在得到他们的同意之前便擅自公开。③ 曾有法院认定,当Albert亲王的私人刻画被别人展示在所有人的面前时,亲王也有权就此提起诉讼。④ 洛杉矶一个初级法院审判的一个案件⑤可以很好地阐释公众人物所享有的隐私权。在该案中,男演员Kirk Douglas在朋友的家庭摄影机面前做了一个不太得体的姿势,随后他的朋友将这段影像公开展览了,法院认定,Kirk Douglas在这种情况下有权提起诉讼。即使该案判决没有得到官方的报道,但这并不代表它对隐私权的研究没有借鉴意义。

在判断某段新闻涉及的内容属于公共领域还是私人领域的内容时,或许法院应当重点分析以下两者之间的比较:一是这些新闻涉及的公众人物或普通公民的社会地位和他们牵涉的公共利益;二是这些新闻所公开的事实带有多大程度上的私人性质。如果这些新闻涉及的

---

① Cf. Garner v. Triangle Publications, 97 F. Supp. 546 (S. D. N. Y. 1951) (relations, partly fictional, between participants in murder).
② For example, FLA. STAT. § 794.03 (1957); Wis. STAT. ANx. § 942.02 (1958).
③ Pope v. Curl, 2 Atk. 341, 26 Eng. Rep. 608 (1741); Roberts v. McKee, 29 Ga. 161 (1859); Woolsey v. Judd, 4 Duer 379 (11 N. Y. Super. 1855); Denis v. Leclerc, 1 Mart. (os.) 297 (La. 1811); Baker v. Libbie, 210 Mass. 599, 97 N. E. 109 (1912). Usually this has been put upon the ground of a property right in the letter itself, or literary property in its contents. See Note, 44 IoWA L. REv. 705 (1959).
④ Prince Albert v. Strange, 1 Mac. & G. 25, 64 Eng. Rep. 293 (1848), affd, 2 De. G. & Sm. 652, 41 Eng. Rep. 1171 (1849).
⑤ Douglas v. Disney Productions, reported in Los Angeles Daily Journal Rep., Dec. 31, 1956, p. 27, col. 3.

人的社会地位十分高，牵涉十分重要的公共利益，而新闻所公开的事实并不属于十分私人的事实，那么，这些新闻内容属于公共领域的内容；反之则属于私人领域的内容。或许对于美国总统或者政府高官候选人而言，有关他们的绝大多数信息都涉及公共利益，社会公众对有关他们的信息的关注在大多数情况下都是合法的。但是，如果新闻媒体报道的内容涉及武装部队的一名成员，那么，法院应当对有关该部队成员的各种信息作出明确的区分——有关该部队成员的兵役信息或者与其兵役有关的信息或多或少都会涉及公共利益，这些信息一般都属于公共领域的内容，但除此之外，该成员的其他信息一般都属于私人领域的信息，新闻媒体不能随意报道这些信息。① 此外，毫无疑问，全民关注的谋杀案件的被告只能享有非常少的隐私权——比拒缴停车罚款的公民所享有的隐私权还要少。但是，至今为止，只有极少数的法院能够指出应当在能合法公开和不能合法公开的内容之间的界限在哪里。

还有一个有待解决的问题在于，时间对于某些事件的性质的影响。当原告已经由受公众关注回归平淡生活时，被告能不能重新向社会公众公开原告的过去？毋庸置疑的是，新闻媒体有权教育或者向人们提起历史上的事件、以前的公众人物。过去的事情在现在也能成为涉及公共利益的事件。如果新闻媒体向大家重提的只有事件本身，而没有使用原告的姓名，那么，新闻媒体这种行为并不会侵害原告的隐私权。② 在大部分的案件中，法院都认定，被告使用原告的姓名③或

---

① Stryker v. Republic Pictures Corp., 108 Cal. App. 2d 191, 238 P. 2d 670 (1951); and see Continental Optical Co. v. Reed, 119 Ind. App. 643, 86 N. E. 2d 306 (1949).
② Bernstein v. National Broadcasting Co., 129 F. Supp. 817 (D. D. C. 1955), *affd*, 232 F. 2d369 (D. C. Cir. 1956) (murder and trial); Smith v. National Broadcasting Co., 138 Cal. App. 2d 807, 282 P. 2d 600 (1956) (false report to police of escape of black panther).
③ Cohen v. Marx, 94 Cal. App. 2d 704, 211 P. 2d 320 (1950) (pugilist, ten years); Sidis v. F-R Pub. Corp., 113 F. 2d 806 (2d Cir. 1940), *affirming* 34 F. Supp. 19 (S. D. N. Y. 1938) (infant prodigy, seven years); Schnabel v. Meredith, 378 Pa. 609, 107 A. 2d 860 (1954) (slot machines found on plaintiff's premises, six months).

肖像①的行为本身是合法的，被告不需要为这种行为承担法律责任。因此，曾经有一名倒霉的检察官在一个著名的刑事案件中漏出自己的手臂。他的这个姿势被人拍了下来并在15年之后在有关罪犯的犯罪生涯的报道中被公开了，对此，法院认定，该检察官没有权利获得法律救济。② 这些判决表明，一个人只要曾经成为公众人物或者新闻的当事人，那么，即使多年以后人们旧事重提，人们的这种行为也是合法的。

但是，在 Melvin v. Reid 一案③中，法院认定，被告将原告过去曾经是谋杀案被告的事情以及将原告的曾用名重新公开的行为侵害了原告的隐私权，被告应当为自己的行为承担法律责任。历史上，也有少数几个案件④的判决与该判决是相同的。有人推测，促使审理 Mel-

---

① Jenkins v. Dell Pub. Co., 143 F. Supp. 953 (W. D. Pa. 1956), aff'd, 251 F. 2d 447 (3d Cir. 1958) (family of murdered boy, three months). Accord, as to pictures illustrating articles, Samuel v. Curtis Pub. Co., 122 F. Supp. 327 (N. D. Cal. 1954) (arguing with suicide, twenty-two months); and see Leverton v. Curtis Pub. Co., 192 F. 2d 974 (3d Cir. 1951) (child struck by car, two years).

② Estill v. Hearst Pub. Co., 186 F. 2d 1017 (7th Cir. 1951).

　　The case of Smith v. Doss, 251 Ala. 250, 37 So. 2d 118 (1948), where a man who had disappeared and was believed to have been murdered died in a distant state, and his body was brought back to town, is probably to be distinguished on the basis that the later event wasitself "news," and so justified the revival of the story.

③ 112 Cal. App. 285, 297 Pac. 91 (1931). The report of the case leaves the facts in some doubt. It came up on the plaintiff's pleading, which alleged that the defendant made use of the plaintiff's maiden name of Gabrielle Darley, and that "by the production and showing of the picture, friends of appellant learned for the first time of the unsavory incidents of her early life." It is difficult to see how this was accomplished, unless the picture also revealed her present identity under her married name of Melvin. At least the allegation is not to be ignored in interoreting the case.

④ Mau v. Rio Grande Oil, Inc., 28 F. Supp. 845 (N. D. Cal. 1939) (radio dramatization of robbery); Bernstein v. National Broadcasting Co., 129 F. Supp. 817 (D. D. C. 1955), af-fd, 232 F. 2d 369 (D. C. Cir. 1956) (murder and trial); Smith v. National Broadcasting Co., 138 Cal. App. 2d 807, 282 P. 2d 600 (1956) (false report to police of escape of black panther).

　　In Barber v. Time, Inc., 348 Mo. 1199, 159 S. W. 2d 291 (1942), the court laid stress upon the "unnecessary" use of the name in even a current report, concerning a woman suffering from a rare disease. The decision, however, appears rather to rest upon the intrusion of taking her picture in bed in a hospital.

vin v. Reid 一案的法院作出这种判决的关键点不在于被告使用了原告的曾用名，而在于被告公开了原告的行踪和身份——这些信息并不属于"历史新闻"的回顾。又或者法院作出这种判决是因为被告公开原告过去的生活的行为毁了原告追求体面生活的梦想（事实上原告在当时已经过上了她想要的生活），这种行为违背了社会的"道德观念"。但是，该案的判决并没有任何迹象表明法官是因为这样的想法才作出这种判决的。该案判决唯一能说明的一点在于，行为人不能随意公开他人的过去，因为在某些情况下，行为人要为自己的这种行为承担法律责任。

九、抗辩事由

接下来笔者要讨论的是，在隐私侵权诉讼中，被告所提出的抗辩事由。首先，被告公开事实真相的行为不会构成第一种、第二种和第四种隐私侵权行为。① 但是，被告的这种行为有可能构成第三种隐私侵权行为，即公开丑化他人形象的隐私侵权行为。正因为如此，被告公开有关原告的事实真相的行为虽然不至于完全被排除在侵权行为之外，但相比其他极容易构成隐私侵权行为的行为而言，它构成隐私侵权行为的概率很低。

在面对原告的诉讼请求时，被告主要的抗辩事由在于，原告同意了被告的行为。如果原告同意了被告的行为，则不管在何种隐私侵权诉讼中，原告都无法获得救济。② 原告可以通过明示的同意或默示的

---

① 29OBrents v. Morgan, 221 Ky. 765, 299 S. W. 967 (1927); Melvin v. Reid, 112 Cal. App. 285, 297 Pac. 91 (1931); Mau v. Rio Grande Oil, Inc., 28 F. Supp. 845 (ND. Cal. 1939); Barber v. Time, Inc., 348 Mo. 1199, 159 S. W. 2d 291 (1942); Cason v. Baskin, 155 Fla. 198, 20 So. 2d 243 (1945), *second appeal*, 159 Fla. 31, 30 So. 2d 635 (1947); Themo v. New England Newspaper Pub. Co., 306 Mass. 54, 27 N. E. 2d 753 (1940).

② Grossman v. Frederick Bros. Acceptance Corp., 34 N. Y. S. 2d 785 (Sup. Ct., App. T. 1942) (written consent a complete defense under the New York statute); Jenkins v. Dell Pub. Co., 143 F. Supp. 953 (WD. Pa. 1956), *aff'd*, 250 F. 2d 447 (3d Cir. 1958); Reitmeister v. Reitmeister, 162 F. 2d 691 (2d Cir. 1947); Tanner-Brice Co. v. Sims, 174 Ga. 13, 161 S. E. 819 (1931).

In Porter v. American Tobacco Co., 140 App. Div. 871, 125 N. Y. S. 710 (1910), it was held that consent must be pleaded and proved as a defense.

同意行为表示同意被告的行为，如原告明知道被告用自己的照片是何用途还摆好姿势给被告拍照①，或者卖力地寻求公众的关注或者宣传。② 在被告实施侵害行为之前，原告可以随时取消自己作出的无偿同意行为③；但是，如果原告作出的同意行为构成不可撤销的约定，那么，对于被告公开原告的事情或者利用原告的信息谋取商业利益，被告都不需要对自己的行为承担责任。④ 但是，如果被告的行为给原

---

① Gill v. Hearst Pub. Co. , 40 Cal. 2d 224, 253 P. 2d 441（1953）; Thayer v. Worcester Post Co. , 284 Mass. 160, 187 N. E. 292（1933）; Wendell v. Conduit Machine Co. , 74 Misc. 201, 133 N. Y. S. 758（Sup. Ct. 1911）; H eJionhOnnsloinne v - . 4B8o Ceianlg. LA. iRrpevla. n4el 9C 1o9. , 6 0175 Kan. 275, 262 P. 2d 808.
② In O'Brien v. Pabst Sales Co. , 124 F. 2d 167（5th Cir. 1941）, the fact that the plaintiff had gone to great lengths to get himself named as an all-American football player was held to prevent any recovery for publicity given to him in that capacity. Cf. Gautier v. Pro-Football, Inc. , 304 N. Y. 354, 107 N. E. 2d 485（1952）（television broadcast of performing animal act at football game）.
　　See also Schmieding v. American Farmers Mut. Ins. Co. , 138 F. Supp. 167（D. Neb. 1955）, where the plaintiff failed to object to continued use of his rubber-stamp signature after terminationof his employment.
③ Garden v. Parfumerie Rigaud, 151 Misc. 692, 271 N. YS. 187（Sup. Ct 1933）; State ex rel. La Follette v. Hinkle, 131 Wash. 86, 229 Pac. 317（1924）.
④ Lillie v. Warner Bros. Pictures, 139 Cal. App. 724, 34 P. 2d 835（1934）（motion picture contract includes use of "shorts"）; Long v. Decca Records, 76 N. Y. S. 2d 133（Sup. Ct. 1947）（contract to make records held to include use of name and picture in advertising）; Fairbanks v. Winik, 119 Misc. 809, 198 N. Y. S. 299（Sup. Ct. 1922）（motion picture actor surrenders right to use of film）; Wendell v. Conduit Machine Co. , 74 Misc. 201, 133 N. Y. S. 758（Sup. Ct. 1911）（use of employee's picture in business after termination of employment）; Marek v. Zanol Products Co. , 298 Mass. 1, 9 N. E. 2d 393（1937）（contract consent to use of name）; Sharaga v. Sinram Bros. , 275 App. Div. 967, 90 N. Y. S. 2d 705（1949）（use of salesman's nrime after termination of employment）; Johnson v. Boeing Airplane Co. , 175 Kan. 275, 262 P. 2d 808（1953）（consent to picture in house organ held to include national publication）.
　　In Bell v. Birmingham Broadcasting Co. , 263 Ala. 355, 82 So. 2d 3, 15（1955）, it was held that a custom of giving consent was proper evidence bearing on the interpretation of the contract.

告带来的侵害超出了约定的范围,如被告修改了原告的照片①,或者被告公开的内容与原告同意公开的范围不一样②,那么,原告的同意行为不足以使被告逃避法律责任。美国所有相关的制定法③都要求原告的同意必须是书面同意。有人主张,原告的口头同意行为也应当有效。纽约有一个与之相关的规则,根据这个规则,原告的口头行为不会使原告丧失诉权,但是,法院在判决时可以在评估原告的损失时酌量减少。④

除此之外,还有一些被告极少使用的抗辩理由。Warren 和 Brandeis⑤ 认为,如果被告可以证明自己享有某种权利,使得自己发表对原告造成诽谤的内容的行为是合法行为,则原告不得主张被告侵害原告的隐私权。在这种情况下,既然被告发表的内容带有明显的诽谤意味,其行为也是合法行为,那么,被告发表真实的事实的行为当然亦是合法的。至今仍然没有人能够对这个结论提出质疑,因为,目击证

---

① *Cf.* Manger v. Kree Institute of Electrolysis, 233 F. 2d 5 (2d Cir. 1956) (letter altered to make it testimonial); Myers v. Afro-American Pub. Co., 168 Misc. 429, 5 N. Y. S. 2d 223 (Sup. Ct. 1938), *aff'd*, 255 App. Div. 838, 7 N. Y. S. 2d 662 (1938) (consent to use of semi-nude picture on condition that nudity be covered up).

② Ettore v. Philco Television Broadcasting Co., 229 F. 2d 481 (3d Cir. 1956) (motion picture contract held not to include use of the film on television, subsequently developed); Colgate-Palmolive Co. v. Tulos, 219 F. 2d 617 (5th Cir. 1955) (use of employee's picture in advertising after termination of employment); Sinclair v. Postal Tel. &Cable Co., 72 N. Y. S. 2d 841 (Sup. Ct. 1935) (picture of actor putting him in undignified light); Russell v. Marboro Books, 18 Misc. 2d 166, 183 N. Y. S. 2d 8 (Sup. Ct. J959) (picture of model used in bawdy advertisement of bed sheets).

③ It has been held that the consent of an infant is ineffective under the New York statute and that of the parent must be obtained. Semler v. Ultem Publications, 170 Misc. 551, 9 N. Y. S. 2d 319 (N. Y. City Ct. 1938); Wyatt v. James McCreery Co., 126 App. Div. 650, Ill N. Y. S. 86 (1908).

④ Buschelle v. Conde Nast Publications, 173 Misc. 674, 19 N. Y. S. 2d 129 (Sup. Ct. 1940); Hammond v. Crowell Pub. Co., 253 App. Div. 205, 1 N. Y. S. 2d 728 (1938); Miller v. Madison Square Garden Corp., 176 Misc. 714, 28 N. Y. S. 2d 811 (Sup. Ct. 1941) (reduced to nominal damages); Lane v. F. W. Woolworth Co., 171 Misc. 66, 11 N. Y. S. 2d 199 (Sup. Ct. 1939), *aff'd*, 256 App. Div. 1065, 12 N. Y. S. 2a 352 (1939); Harris v. H. W. Gossard Co., 194 App. Div. 688, 185 N. Y. S. 861 (1921).

⑤ Warren and Brandeis, The Right to Privacy, 4 HARv. L. REV. 193, 216 (1890).

人享有公开自己看到的事情的绝对特权①，有相关资格的人和机构可以报道别人被提名为政府官员候选人②以及公开民事诉讼中的起诉状③，这些权利都是得到法律或者法院认可的。法院曾经在少数案例中承认，被告享有保护或者进一步发展自己的合法利益的权利。例如，在某些案例中，法院承认电话公司享有监控电话用户的电话记录的权利④，以及被告可以在不征求原告同意的情况下，仅得到了原告妻子的同意便使用原告的姓名。⑤ 法院已经认定，不受著作权保护的文学作品属于公共领域的事物，而非私人事物，因此，被告可以公开这些作品并在其上标明作者的姓名。⑥ 除此之外，法院还认定，如果被告为原告设计了婚纱，那么，即使被告在自己的广告中公开该婚纱与原告之间的关系，被告的公开行为也不会都成侵害原告隐私权的行为。⑦

不同的法律之间总是充斥着重重的冲突，隐私权也不例外。迄今为止，有关隐私权的法律还存在许多令人困扰的问题，这主要是因为隐私权法在某种程度上与诽谤法有所重叠。对此，笔者会尝试在其他

---

① Application of Tiene, 19 N. J. 149, 115 A. 2d 543 (1955).
② Johnson v. Scripps Pub. Co., 18 Ohio Op. 372 (C. P. 1940).
③ Langford v. Vanderbilt University, 199 Tenn. 389, 287 S. W. 2d 32 (1956). Cf. Lyles v. State, 330 P. 2d 734 (Okl. Cr. 1958) (television in courtroom); Berg v. Minneapolis Star & Tribune Co., 79 F. Supp. 957 (D. Minn. 1948) (photograph taken in courtroom).
④ Schmukler v. Ohio-Bell Tel. Co., 116 N. E. 2d 819 (Ohio C. P. 1953). Accord, People v. Appelbaum, 277 App. Div. 43, 97 N. Y. S. 2d 807 (1950), aff'd, 301 N. Y. 738, 95 N. E. 2d 410 (1950) (subscriber tapping his own telephone to protect his interests). Cf. Davis v. GeneralFinance & Thrift Co., 80 Ga. App. 708, 57 S. E. 2d 225 (1950) (creditor's telegram to debtorthreatening suit); Goudman-Taber Pontiac, Inc. v. Zerbst, 213 Ga. 682, 100 S. E. 2d 881 (1957) (creditor's complaint to debtor's employer).
⑤ Holloman v. Life Ins. Co. of Va., 192 S. C. 454, 7 S. E. 2d 169 (1940).
⑥ Ellis v. Hurst, 70 Misc. 122, 128 N. Y. S. 144 (Sup. Ct. 1910); Shostakovitch v. Twentieth-Century Fox Film Corp., 196 Misc. 67, 80 N. Y. S. 2d 575 (Sup. Ct. 1948), aff'd, 275 App. Div. 692, 87 N. Y. S. 2d 430 (1949). Cf. White v. William G. White Co., 160 App. Div. 709, 145 N. Y. S. 743 (1914), where the plaintiff's sale of a corporation bearing his name was held to convey the right to continue to use it.
⑦ Brociner v. Radio Wire Television, Inc., 15 Misc. 2d 843, 183 N. Y. S. 2d 743 (Sup. Ct. 1959).

文章中提出解决方案①，在本文中，笔者不再赘言。

十、结语

综上所述，很明显，通过引用 Warren 和 Brandies 在《论隐私权》中所提出的隐私权原则，美国的法院已经为侵权诉讼的被告所承担的法律责任创造出一种新的独立审判依据，即由四种不同但相互之间有存在联系的隐私侵权行为共同组成的结合体。不仅如此，有关隐私侵权行为的法律和理论还逐渐侵犯、覆盖甚至侵蚀了许多其他的法律领域。就目前与隐私侵权行为有关的判决来看，实际上，法院在作出这些判决时根本没有意识到自己所作出的判决背后蕴含的意义和重要性，也没有考虑到这些判决将会给司法、立法以及法理带来的危机——隐私权就是在这样一种无人察觉的状态下无声无息地缓慢发展起来的。尽管这个进程十分缓慢，但是，直至今日，隐私权的崛起已经十分明显，再无人可以忽视它。

在阅读有关隐私权的案件时，人们必须意识到，在某种程度上，能够为被告提供保护的其他领域的法律或理论已经被法院所抛弃或者忽视。首先，就行为人侵扰他人安宁的隐私侵权行为而言，行为人的主要错误在于故意给他人施加精神上的伤害——这在现在已经构成行为人必须为其行为承担侵权责任的独立依据。② 但是，法院坚持认为，只有在被告的行为对原告造成真实的、严重的精神伤害且原告可以有证据证明这种伤害的存在，如通过证明被告的行为导致了原告的身体疾病，或者根据具体的情形证明自己的确受到严重精神伤害的前提下，被告才必须为自己的行为承侵权责任。但是，一旦被告将涉及原告隐私的事物制作成图片且被告的行为明显带有侵扰原告的生活的倾向，那么，即使原告没有举证证明自己所遭受的损害，被告也要为自己的行为承担侵权责任。对于这个结论，美国有足够多的判例可以加以论证。针对这个结论，人们不免又会问：在与之相关的情形中，原告的诉权是不是也会受到某些限制？例如，当一位美女在自己家的

---

① Prosser, Interstate Publication, 51 MIcH. L. REv. 959 (1953), reprinted in PROSSER, SELECTED Topics ON ＝ LAW OF TORTS 70 – 134 (1953).
② Discussed at length in Prosser, Insult and Outrage, 44 C. L. Rav. 40 (1956).

后院进行裸体日光浴时,她的邻居正利用望远镜观赏她的裸体,那么,在这种情形中,这位美女是否能够因为觉得邻居的行为为自己带来的羞辱而有权向法院提起隐私侵权诉讼?

公开他人私人事实的隐私侵权行为以及公开丑化他人形象的隐私侵权行为比较相似。一方面,它们的侧重点都在于行为人的行为损害了他人的名誉;另一方面,有关它们的法律都与诽谤法有所重叠,甚至有覆盖部分诽谤法的趋势。数百年来,隐私权与新闻自由权的冲突从未停止,如今,以前人们对于新闻自由权的偏爱已经一去不复返。相对于新闻自由权,如今人们更加需要保护自己的隐私权。如今,公民的隐私权得到越来越周全的保护。首先,法院已经认定,如果公开有关原告的准确的事实,那么,即使被告在公开原告的私人事实时不持有不法动机,被告也必须为自己的行为承担法律责任。其次,在过去,为了预防公民滥用诉权导致司法资源的浪费和司法效率的低下,法院认定,在被告的行为不构成诽谤行为的情况下,原告必须证明自己因为被告的行为遭受特别的损失。如今,法院已经摒弃了以往那种过时的、不合理的做法。即使被告的行为不构成诽谤行为,原告也不需要举证证明自己因为被告的行为遭受特别的损害才能获得法律救济。再次,即使被告公开有关原告的事实不带有任何诽谤或者讽刺的意味,被告的公开行为也可能构成隐私侵权行为。甚至当被告公开原告私人事实的行为是在赞美原告,原告也可以就此提起诉讼要求被告为其行为承担法律责任。那些为被告所实施的隐私侵权行为提供抗辩理由以及要求原告必须举证证明自己的损失的规定都要求原告在提起诽谤诉讼之前对诉讼费提供担保。如今,这些不合理的规定都被时代的发展所抛弃。隐私权体现了人们对自己的私人领域的重视和人们保持隐私的需要,在以前,人们几乎从来没有想起过要对自己的这种权利加以保护。上述的这些发展可以说是隐私权发展的重大突破。或许在判断行为人的行为是否构成隐私侵权行为时,法院更应当侧重的仍然是社会公众的"普通情感"这个判断标准(或者说是"道德标准")——尽管法院可能并不情愿在判案时受到这个判断标准的束缚。根据这个判断标准,法院将会发现,隐私侵权行为的范围远远超出了诽谤法所规定的诽谤行为的范围。

至于涉及最后一种隐私侵权行为(出于商业目的或自己的利益,

擅自使用他人姓名或肖像的隐私侵权行为）的案件，实际上，它们为所有公民的姓名、肖像以及公民本身创造了一项判例法。这项判例法赋予了公民对其姓名、肖像、自身所享有的隐私权，这种隐私权类似于商标法所规定的商标权，但却比那些参与商业活动的企业组织依据不正当竞争法所享有的权利（商标权）宽泛很多。一方面，在司法实践中，公民能否享有这些隐私权权利取决于审判团的裁决；另一方面，相对于商标权，这些权利受到的限制比较少，即使行为人的行为不构成普通法上的商标法所说的侵犯商标权的行为，他人也可以起诉行为人的行为侵害其隐私权。

这并不意味着，隐私权法正朝着一个错误的方向发展。毋庸置疑的是，隐私权之所以能够得到快速的发展，一方面是因为它体现了社会公众的真实情感和需求；另一方面是因为如今人们的隐私权遭受到过于频繁的侵害。可以这么说，实际上，隐私权的发展已经到这样一个阶段：一方面，人们必须明白自己的所作所为将会对隐私权（不管是对自己所享有的隐私权还是对别人所享有的隐私权）带来的影响；另一方面，人们在生活中应当懂得如何尊重别人的隐私权，防止自己作出侵害别人的隐私权的行为。

上述所有有关隐私权的发展都起源于 Warren 的女儿的婚礼，这不得不说是一个奇迹。所以后来有人猜测，Warren 的女儿一定是个非常漂亮的女孩，才会为隐私权的发展打开如此美妙的篇章。无独有偶，Very 先生那美丽动人的女儿身上也发生过类似的轶事。她曾在伦敦丽晶街的一家糖果店工作——她的出现使得数百人每天都守在玻璃窗外面看她，以至于 Very 先生不得不把她送出城。此外，她还引发了另一个社会讨论的热点——当时，伦敦的街头巷尾都在议论，她是否应当被视为妨害社会公共利益的人。这位年轻少女的美貌竟引发了上千诉讼案件，这不得不说是一段令人印象深刻的司法史。

论隐私权

查尔斯·弗莱德[①]著　廖嘉娴[②]译

目　次

一、对缓刑犯和假释犯的监视手段
二、隐私权的根本性价值
三、道德和尊重
四、爱、友谊和信任
五、隐私权的含义
六、隐私权对爱、友谊和信任的重要性
七、隐私权的保护范围
八、监控对个人隐私权的危害
九、结语

隐私权开始成为人们普遍关注的对象。在紧凑而相互联系的社会中所固有的纯粹偶然性的侵扰行为正在成倍地增加。行为人越来越阴险地利用日益复杂的科技设备来侵入以前接触不到的领域，公共和私人主体开始大量提出关于个人信息的索赔，从而形成了一种新的关于隐私权保护的紧迫感。关于电子窃听的激烈争论与免于自证其罪的特权正是这种紧迫感的两个例子。

本文的目的不在于提出一个具体的建议，更不是要引起人们对另外一种隐私侵权行为的注意。笔者只是建议对隐私权的根基进行审查——即人们为什么认为隐私侵权行为会伤害到他们的人性的原因。

[①] 查尔斯·弗莱德（Charles Fried），美国哈佛大学法学院教授。
[②] 廖嘉娴，女，广州市中级人民法院法官。

一、对缓刑犯和假释犯的监视手段

为了引出隐私权问题的特殊性，笔者将首先提出一个不完全假设性的观点，这个观点有助于我们从限制和侵扰中分离出隐私侵权行为的独有特征。

目前已经有一些电子设备可以被人们戴在身上，并发出信号让远方的监视者确定人们的准确位置。这些电子设备都十分小巧，完全不会引人注目：其他人无法知晓目标人物正在受到"窃听"，甚至连目标人物本身也会将这些电子设备当作一块小绷带一样不予注意——如果他忘了最初装置这些设备的情形的话。而且，现有技术下制造出来的设备不仅能够监视一个人的位置，还能获得关于他的其他重要事实：他的体温、脉搏速度、血压、血液中的酒精含量以及所处环境中的声音（例如他所说的话以及旁人对他说的话），甚至在不远的将来还可能可以获得其脑电波的图样。有人建议这些设备可以用于监视那些处于缓刑或假释中的人，这种建议目前正受到积极的研究。

缓刑作为监禁的一种替代方式，是指将罪犯释放到社会中；而假释则是指在囚犯受到监视和限制自由的期限届满之前将他释放。处于缓刑和假释期间的人往往都会受到各种限制。最常见的是，缓刑犯或假释犯不能离开规定的地区。同样常见的是限制其到访的场所类型——如酒吧、桌球室、妓院以及类似场所；以及限制其可能交往的对象和可能参与的活动。后者最常见的情形是禁止缓刑犯或假释犯饮酒。有时候，缓刑和假释可能会因为缓刑犯或假释犯作出"不道德行为"而遭到撤销——例如与配偶之外的人发生性行为。缓刑和假释也包括一些积极性规定，例如要求缓刑犯和假释犯在批准的岗位上固定工作、在批准的居所定居或者定期到教养所、社会组织或精神病治疗机构报告。如果缓刑犯或假释犯未能遵守这些规定，那么人们就会认为他们改过自新的过程受到了危害，并将他们认定为危险性大的人物。

目前，对缓刑犯和假释犯进行个人监视的情形是十分常见的。一方面，利用当前技术手段或其升级版本生产出来的设备可以立即发现任何违反积极性规定或限制性规定的行为；另一方面，由于受监视的对象知道自己的一举一动都会被察觉，所以他们会更加遵守规定。尽管人们承认监视这种方式具有显著的侵犯性,但仍然有人主张在缓刑和假释这种特定情形下使用监视手段完全是正当的,因为它能够为释放囚徒提供正当性依据,而且没有什么会比监狱制度更具有侵犯性和非人性了。此外,没有人有义务屈从于监视:罪犯可以拒绝缓刑或假释,并在狱中等到刑期届满,或直到他被认定为可以适用不受监视的假释。监视手段的支持者们认为,从这个角度看来,监视那些理应受到监督的罪犯并不会比在完全自愿的基础上监视癫痫患者、糖尿病患者、心脏病患者及类似人物更加令人反感。

二、隐私权的根本性价值

大部分关于监视和类似手段(尽管这些手段不具有那么强的科幻性)的讨论都是断断续续而不完全的,其中提到了这些手段所具有的缺点:它们可能会使特定信息错误落入其他人手中、为骚扰行为提供机会、不可避免地将那些没有理由受到监督的人牵涉起来、导致政府监视的内容被用于未授权的目的以及对政治表达和结社自由产生威胁,等等。这些主张通常都是充分令人信服的,但有时候这些理由也可能被推翻。例如上文提到的监视缓刑犯和假释犯的例子在某些方面就是这样。许多人试图证明隐私侵权行为是错误的、令人无法忍受的,但他们所提出的理由却无法构成一个独立的反驳。笔者认为,其原因在于隐私权不仅仅是一种可以用于保障特定实质性利益的社会工具。这些关于隐私权价值的分析往往会得出这样的结论——各种不同的实质性利益还可以通过其他手段获得保护,或者因为行为人侵犯他人隐私权的原因具有一定的重要性而导致隐私权无法很好地保护这些利益,其他手段也能够赋予其充分的保护。事实上正是这种工具性的分析使隐私权显得十分脆弱,所以让我们觉得必须赋予隐私权一些内在的重要性。但是,将隐私权视为一种内在价值似乎无助于推进我们的分析,反而容易切断这种分析。在本文中,笔者试图讨论赋予隐私权如此高的地位意味着什么,并阐述我们为什么必须确认隐私权的价值。

笔者的观点是,隐私权不仅仅是为了保障其他价值的众多可行手段中的一种,隐私权与人类最根本的结果和关系有着必然的联系,如尊重、爱、友谊和信任等。隐私权不仅仅是促进这些根本性关系的一种有力手段；事实上，如果没有隐私权，这些根本性的关系都是不可能实现的。这些根本性关系的存在需要以隐私权的存在或存在的可能性作为背景。要说明隐私权对于尊重、爱、友谊和信任的必要性，就相当于解释为什么对隐私权的威胁会危及我们作为一个人的完整性。去尊重、爱、信任和喜爱其他人，并将我们自己作为受到爱、信任和喜爱的对象，这正是我们对于自己作为人群中的一员的概念的核心，而隐私权正是这些态度和行为存在的必要氛围，正如氧气对燃烧的必要性一样。

三、道德和尊重

将隐私权视为爱、友谊和信任的必要环境的观点建立在对这些概念的复杂解释上，而这些概念又建立在更普遍的关于道德、尊重和人性的概念之上。如果笔者对这种基本观点的概述使读者满怀质疑和询问，那么读者或许可以从这样一个事实中得到安慰：笔者已经在另外的文章中对这个体系作出更加详尽的展示说明。[1] 笔者只希望此处给出的概述具有充分的连贯性，从而能够作为本文对隐私权的讨论基础。

爱、友谊和信任并不只是一些空泛的感觉或情感；它们分别包含了一个关于性格、信仰和态度的系统，这些系统是根据可识别的原则而组织起来的。尽管爱、友谊和信任相互之间有所区别，但它们都建立在一个关于人格和人格权的共同概念之上。这是一个关于人们相互之间的基本权利和义务的道德概念，这个概念的结构是由笔者所称的道德原则以及关于尊重的正确态度所连接起来的。

笔者提出的隐私权概念建立在某种道德概念的基础上，这种道德概念承认人的基本权利，即所有人基于其作为人的地位而平等享有的权利。这些权利受到一定限制只是为了保护其他人所享有的相同权利。在这种意义上，这个道德的概念是康德式的；它要求承认人作为结果的地位，并禁止出于使整体幸福或福利最大化的目的而压倒人们最根本的利益。罗尔斯在其著作中对这种观点作出了现代的阐述，他

---

[1] For a preliminary statement of the larger scheme, see Fried, Reason and Action, 11 NATURAL L. F. 13 (1966).

将人的根本利益总结为"自由",并提出一个准则——社会制度的构建必须使每个人享有与整体自由相似的最大化自由。

道德的原则并不代表着个人价值和利益的最高价值。它必须假设人们拥有不同的实质性价值和利益,并且与采用不同方式排列这些价值和利益的大多数伦理体系保持一致。道德原则的作用更像是对不同价值和利益的体系和秩序的一种约束,它要求:无论这些价值和利益的内容是什么,只有当它们与所有自由追求自身利益(无论是什么利益)的人所享有的平等权利相符合时,人们才能追求这些价值和利益。所以,道德原则远非代表着一个完整的价值体系,而只是保证每个人享有定义和追求自身价值且不受其他人的不必要影响的平等自由。道德原则所建立起来的并不是完整的价值体系,而是人们相互之间的基本权利。①

与这种道德观点相关联的是尊重的概念,事实上,尊重的概念与任何承认人的道德权利的观点都是相关联的。② 尊重是指一个人在与其他人的相处中遵守道德原则的限制,从而尊重其他人的基本权利所表现出来的态度。在某种程度上,尊重也被认为是界定人(person)的概念的一种态度:人是指那些有义务在与其他人的相处中遵守道德原则的限制的③个体,从而在人与人之间表现出相互的尊重。因此,自尊是这样一种态度:一个人认为自己有权受到其他人符合道德原则的对待。

正如道德哲学家所言之凿凿地主张的,道德的原则及其相关的尊重概念构成了我们关于正义和公平竞争的概念的基础。也许不那么明显,但它们也在我们关于爱、友谊和信任的概念中扮演着重要的角色。④ 笔者认为,强制国家和公民尊重所有人的隐私权,这是道德的一个必要部分,也构成了上述这些关系的基础。

---

① For a discussion see Fried, Natural Law and the Concept of Justice, 74 ETHICS 237, 250 (1964).
② The concept of respect is also Kantian. I. KANT, Critique of Practical Reason 76—84 (L. Beck transl. 1956).
③ See generally J. Piaget, The Moral Judgment of the Child (M. Gabain transl. 1948).
④ See Rawls, The Sense of Justice, 72 Phil. Rev. 281 (1963).

四、爱、友谊和信任

在建立爱的概念的时候，我们并不能指望存在一个被所有人接受的核心含义。所以，笔者所提到的爱并不是对所有关于爱的观点和说法的综合性表达。不过，有关爱的一种重要的传统观点认为，爱这种情感有一个必要的特征，即被爱的人的价值取决于这个人本身，而不是他的某种属性或产品。① 就这个意义而言，爱符合了我们有义务给予其他人的尊重。但是，根据道德的要求，尊重必须是公平而不偏不倚的；而爱显然不是这么公平的。道德所强调的尊重是爱的必要条件，而不是充分条件。爱的另一个特征是自发放弃自己对心爱的人所享有的某种权利，这是一种出于关心的自由而慷慨的放弃，高于人们之间不偏不倚的尊重。但是，这种自由而慷慨的感觉的逻辑基础在于一个人能够完全拥有其可能放弃的索赔权以及可能送出去的礼物。笔者认为，人们在爱和友谊的关系下送出的礼物的本质就在于隐私权为人们提供了重要保障。

这种观点强调了自愿放弃权利在爱的关系中的必要性。不过，爱当然也不仅仅是如此消极或者单方面的。人们去爱其他人，同时也希望自己被爱，所以这种关系的完整形态并不是简单的放弃权利，而是指双方互相放弃自己的权利。在爱的完整形态下，权利的互相放弃产生了新的共有利益，这种新的共有利益是相爱的人们创造出来的，并将其视为爱人关系的表现。因此，爱是一种积极的创造性的关系，不仅包括相互的权利放弃，也包括相互的支持。这种互惠关系的结构是复杂而难懂的，② 此处笔者不再作进一步分析。从上述分析中我们足以看出，礼物和权利的放弃在逻辑上是先于人们相爱的关系而存在的；而既然隐私权是前者的必要条件，那么它对后者而言也应当是必要条件。

友谊与爱的区别很大程度上在于这种关系中专注程度的不同，以及这种关系在人们的生活和利益中所占价值比重的不同。除了这些程

---

① Cf. Aristotle, Nicomachean Ethics bk. 8, chs. 2–3.
② For an excellent discussion see M. Scheler, The Nature of Sympathy, espccially ch. 7 (P. Heath transl. 1954).

度上的区别，爱和友谊仍然是十分接近的，因为它们都与更普遍意义上的道德和尊重有着相似的联系。而这种相似的联系正是笔者在此处提出的关于友谊的观点。

从直觉上来说，信任是对另一个人的一种期望态度。但如果仅仅将信任视为对他人意向（disposition）的认可并信赖他人的行为会与其意向一致，这种观点便是错误的。[①] 更确切地说，当我们说"相信他会做某事"的时候，"某事"可能是指我们所知道的符合某人个性的邪恶行为，也可能是指某人在隆重的歌剧之夜打喷嚏的行为，因为这个人一旦接近喷香水的女士就会忍不住打喷嚏。但这些情形都是讽刺性的。尽管人们对他人的信任与信赖另一个人的意向有关，但人们的这种信赖只建立在特殊种类的意向之上：例如道义行事的意向、公平地与他人相处的意向、以事业为生的意向等等。因此，信任另一个人首先就是指期望他在与你相处的过程中接受道德原则的约束，尊重你作为一个人的地位以及你的人格。

信任与爱和友谊一样，在本质上是一种关系——它是一种互利的关系。公平并不要求我们为了那些不愿意对我们表现其容忍的人而牺牲我们自己的利益。所以，那些不接受道德约束的、邪恶且虚伪的人并不会获得他人的信任。我们不会信任他们，他们也没有理由在一种相互期待的关系的基础上完全地信任我们，因为我们对他们并不是合作性的相互容忍的态度，而是防卫的警惕态度。所以，一个完全不可靠的人不仅是不能被信任的，他也不能信任别人，因为他无法融入那种为了彼此的利益而自愿相互容忍的关系中，而这正是信任的关系。一个不可靠的人或许能够或多或少地预料到其他人的行为，但他所预料到的行为并不是建立在一种相互尊重对方的人格并愿意在道德的约束下共同努力的关系之上。

信任与爱和友谊的相似点在于它是一种"自由"的关系。道德并不会强求我们与身边的人建立信任关系。但是，信任与爱和友谊的区别在于它并非总是一种简单地出于我们自身利益的关系。信任具有更强的功能性。在某种意义上，人们建立信任关系是因为这种关系有

[①] See Garfinkel, A Conception of, and Experiments with, "Trust" as a Condition of Stable Concerted Actions, in Motivation and Social Interaction 187 (O. Harvey ed. 1963).

助于实现其他结果（爱和友谊也是出于追求某些结果的需要，但这些结果来自于爱和友谊的关系本身，并在这种关系中被人们所共享）。然而，这些结果绝不是完全处于支配地位的——在缺乏真实信任的情况下人们也有可能实现这些结果；所以人们对信任的追求是对尊重人格的一种独立的肯定。因此，无论是作为一个人还是一个国家，我们的行为是建立在信任的基础上的，不仅因为它能使我们更有效率（它也可能无法发挥这种作用），更因为我们重视那些建立在信任基础上的关系本身。最后，信任也不像爱和友谊那么具有侵扰性。信任可以被局限于人们手头的具体事务中，它也并不意味着一种追求越来越多的共同结果的倾向。所以，一个人可以信任那些他从未爱过或喜欢过的人，但友谊和爱则必然意味着信任，至少在一般的情形下是这样。

五、隐私权的含义

隐私权与尊重和自尊、爱、友谊和信任的概念紧密相连。撇开任何哲学上的分析，这一点也是直观而明显的。在这一部分，笔者将尝试把它们之间的关系明确化。普遍而言，笔者认为，在发展成熟的社会环境中，爱、友谊和信任只有在人们享有并赋予彼此一定隐私权的情况下才可能实现。

首先，笔者有必要强调有关隐私权的直观概念。作为相似的概念，隐私权似乎与保密有所联系，即限制其他人对自己的了解。但我们必须对保密这个概念进行完善。例如，并非人们对我们知道得越少就意味着我们享有越多的隐私权。隐私权并不仅仅是其他人对关于我们的信息的缺乏，而是我们对关于自己的信息的控制。

如果以一个生活在荒岛上的孤独的人所享有的隐私权为例，未免像是一种讽刺。一个人享有隐私权，是指他既可以授权也可以拒绝别人接近自己。即便一个人处于他所认为的外人不可能侵入的私人环境中，他也并不是绝对的不受侵扰。例如，一个人的住宅可能是具有私人属性的，但这是因为门、窗和窗帘等构造使其可能具有私人性质，同时也因为法律授权人们驱逐那些非法进入他人私人住宅的人。而那些地处遥远的隐秘度假地之所以具有私人性质，在某种程度上也仅仅是因为人们去那里度假的目的在于防止未经授权的人接近他们。

所以，隐私权是一个人对其信息的控制。这不仅仅是对流传在外的信息数量的控制，同时也包括对信息内容的调整。我们可能不会介意其他人知道一个关于我们的一般性事实，但如果他了解其中的细节，我们就会觉得自己的隐私权受到了侵犯。例如，一个泛泛之交的人知道我生病了并不会使我不快，但他如果了解到我的具体病情，就可能会侵犯我的隐私权。又比如一个好朋友可能知道我得了什么病，但他如果亲眼见到我表现出这种疾病的症状，就可能属于侵犯我的隐私权。

六、隐私权对爱、友谊和信任的重要性

除了隐私权与爱、友谊和信任的关系之外，还有另外一些原因促使我们重视隐私权。最明显的一点是，从信息控制的角度而言，隐私权属于个人自由的一个方面。一种行为的意义很大程度上来源于其社会背景——即源于有多少人了解这种行为以及人们对这种行为的认识是什么。如果某种行为受到的谴责只是来自某些知情的第三人，那么这种行为有可能是一种善意的行为；但是如果社会公众都对这种行为进行谴责，那么这种行为便是残忍而有辱人格的。所以，如果一个人不能肯定第三人没有在关注他——即不确定其隐私权是否得到保障，那么他就不能自由地作出他自己认为是善意的行为。

除了使我们能够对自己行为所处的环境进行控制之外，隐私权还在保护个人自由方面扮演了一个更具防御性的角色。我们可能会希望作出或者说出一些不受道德禁止、但也不受欢迎或非传统的事情。如果我们能够确定某些事情只有自己知道或者只在赞成或容忍我们品味的圈子里流传，那么我们就很可能会去作出或说出这些事情；但如果我们认为自己的每一句话和每个行为都是公开的，那么，对于不赞成或者有形报复的恐惧就可能会阻止我们作出或说出这些事情。[①]

正是基于这些重要的原因，人们才会如此重视隐私权，即便世界上并不存在爱、友谊或信任，人们对隐私权的重视也不会发生改变。这些原因支撑着关于隐私权的一些令人熟悉的观点。不过，它们给予

---

① Cf. Schwartz, On Current Proposals to Legalize Wire Tapping, 103 U. Pa. L. Rev. 157, 157–58, 161–65 (1954).

隐私权的保障比我们所认为的要少一些；它们未能反驳这样一种观点：某些特定的隐私侵权行为能够保障我们所享有的其他自由，而享有这些自由比补偿隐私权受到的损害更加重要。所以，如果只将隐私权作为一般性自由的一个方面或者一种实现方式，就会遗漏掉隐私权的一些最重要的与众不同的特征。隐私权使我们有权控制关于自己的一些信息，这种价值更接近于绝对的重要性。因为如果没有爱、友谊和信任的关系，我们就很难成其为人（human），而隐私权正是这些关系所必需的。

正如上文所分析的，爱和友谊中包含着道德所要求的每个人对其他人权利的基本尊重；同时也包含着朋友之间、爱人之间对某些东西的自愿自发的放弃。隐私权所保障的人们对自身信息享有的权利就属于朋友和爱人之间自愿放弃的这些东西。作为朋友和爱人，人们彼此之间必须达到某种亲密的程度。但是，亲密意味着对一个人的行为、信仰或情感等信息进行分享，而这些信息是人们不会与所有人分享的，也是人们有权不与任何人分享的。隐私权赋予我们这种权利，从而创造出我们在友谊和爱的关系中所投入的道德资本（moral capital）。

隐私权不仅仅是爱人为了表现爱意而放弃的众多权利中的一种。以其他的权利作为礼物也能够很好地表达出爱与友谊，例如以财产或提供服务作为礼物等。但是，这些礼物并不具有分享私人信息所带来的亲密性，其本身并不能构成爱或者友谊。一方面，如果一个人对自己的财产十分慷慨大方，但却吝于让别人接近自己，那么这样的人是很难成为朋友的；另一方面，如果一个人自愿或非自愿地、不加选择地与全世界分享关于自身的所有事情，那么这样的人也难以成为朋友——这就清楚地体现出隐私对于爱的必要性。除了提供所谓的"道德资本"，隐私权还在另外一个方面体现出其对爱和友谊的必要性。隐私权属于人们必须彼此尊重的基本权利之一，而互相尊重正是爱和友谊的最低限度的要求。

友谊是一种相对低于爱的关系，而隐私权则使人们得以调整不同程度的友谊。很少人能够与所有的朋友都保持最亲密的情感联系。隐私权赋予我们控制信息的权利，从而使我们得以与不同的人保持不同的亲密程度。所以，即便是朋友之间也需要接受隐私权的约束。由于友谊意味着对私人信息的自愿放弃,所以人们不会愿意了解自己的朋友或爱人选择不与自己分享的事情。而第三方(可能是国家)如果将朋友一方的信息强加给另一方,就很可能打破这种平衡,从而破坏朋友之间原本已经达到的有限的亲密程度。

此外还有一种更加极端的情形,在这种情况下,隐私权并不是为了保护一些可能与朋友分享的信息,而是为了使这些信息与全世界隔绝。有这样一些想法,如果对朋友或爱人表达出来的话,将会是一种充满敌意的行为,但心存这些想法却是完全不违背友谊或者爱的。这是因为这些想法在被表达出来之前,仅仅是一种未获肯定的行为的可能性。只有通过表达,才意味着我们接受了这些想法,选择其作为我们个人的一部分,并将其牵扯我们与其他人的关系之中。[①] 一个老练的人会明白,朋友或爱人都一定会心怀某些想法,这些想法一旦被表达出来将会是带有伤害性的;所以,他并不会看重其朋友或爱人对这些想法的表达,当然,这种观点可能会受到反驳。在某种意义上这种反驳是正确的。如果有这样一种可能性,即将这些想法表达出来,同时使自己和他人明白这些想法的表达并不意味着我们已经肯定并接受了它们;那么这种可能性也许只存在于这样一种关系中——至少另一方能够完全地接近我们的一种关系。但是,这种可能性不太现实。所以,这种最完全意义上的隐私权可能也是最基本的隐私权,它不仅是我们自由地定义自己与他人之间的关系所必要的,也是我们自由地对自己进行定义所必不可少的。这种隐私权不仅意味着对自身行为的控制,还意味着对自己身份的控制;对这种控制权的剥夺将是对自由、人性和自尊的最根本的侵犯。

信任是期待其他人会在道德的约束下行为的一种态度。信任是一种使我们的生活更加便利的手段,如果是在这个意义上,那么对我们依赖的人进行廉价而高效的监视也能够达到同样的目的。人们会采取最充分、经济而可行的措施来防止自己走上错误的方向。然而,我们往往会选择去信任其他人,而不是采取更加保险的预防措施,如监视他们或者要求他们给出承诺。正如笔者在上文所主张的,这一定是因

---

① Compare M. Montaigne, De la Solitude, in Essais, ch. 38, with J. P. Sartre, Being and Nothingness pt. 2 (H. Barnes transl. 1956).

为我们重视信任的关系本身。信任是一种我们借以表达自己的人性的关系，它虽然没有爱或友谊那么振奋人心，但也没有那么使人疲倦。

在不存在错误的可能性的情况下，可以没有信任。更具体而言，一个人不可能知道自己受到信任，除非他享有在不受到持续性监视的情况下行为的权利，从而使他知道自己可以背叛这种信任。而隐私权正是赋予了我们这种必要的权利。正如笔者在上文所提出的，由于完全意义上的信任是互利性的，所以一个不可信任的人本身也无法信任别人或者学着去信任别人。如果没有隐私权以及隐私权所保障的犯错的可能性，他就不可能享受人性的这个方面。

七、隐私权的保护范围

本文上一部分探讨了隐私权概念的意义，以及隐私权对于人格和与其不可分离的爱、信任和友谊等关系的重要性。笔者得出的结论是抽象而一般性的。但是，隐私权在特定社会和文化中的具体表现有着巨大的区别。在下文中，笔者将阐述这些区别为什么是预料之中的、并且完全符合笔者提出的一般性概念。

在具体环境和现实社会中，控制个人信息与控制个人的人身安全或财产安全一样，只能是相对的、有条件的。与财产安全和人身安全同样，对个人隐私的控制也必须受到其他人所享有的权利的限制。此外，一个人在外部世界中越是冒险，越是通过他人的帮助、与他人竞争或在他人面前追求自己的其他利益，他的隐私权就越有可能受到侵犯。而且，界定和保护隐私权这种完全出自喧闹的社会交往过程中的权利正是法律和社会制度的职责所在，这一点也与人身和财产安全相一致。因此，如果认为这些因不同社会而有所区别的隐私权的具体定义和保护是严格地从一般性原则中推导出来的，并将一般性原则视为区别不同实证环境（例如技术或者气候条件）的唯一合法变量，就未免显得十分荒谬。对标准的描述只能留到政治程序或社会程序中进行，如果同时满足以下两个条件，这些政治和社会程序的结果便是符合正义的：一是程序本身是公正的，即能够公平地代表所有人的利益；二是这些程序产生的结果保护人们的基本尊严，并以人们对自身信息（至少是一部分信息）享有绝对权利的形式为人际关系提供道德资本。①

　　隐私权所保护的生活中的特定范围至少在一定程度上是符合传统习俗的，这不仅是因为它们是政治程序的产物，而且也因为我们重视隐私权的其中一个原因。隐私权被视为爱、友谊和信任等关系的道德资本，在这个意义上，一个人有权避免外界知晓何种类型的信息并不是最重要的；最重要的是，人们的某些信息是受到保护的。而传统习俗就可以很好地决定生活中哪些范围属于私人范围。

　　传统习俗在培养隐私权及其保护的尊重方面还扮演了另一个重要的角色；传统习俗指定了一些本质上并不比其他范围更具有私人性质的特定范围，使其成为整个隐私权制度的象征性标志，从而使其理应获得比其具有的特定重要性更高层次的保护。这种对传统保护范围的明显过度尊重弥补了这样一种不可避免的事实——即隐私权在所有具体的社会体系中都会受到严重的危害：无论是他人不可避免地、绝对化地正当行使其权利的行为，还是他人值得质疑但具有政治性地、惩罚性地行使自身权利的行为，抑或社会并不容忍但却不能或不愿意禁止的行为，又或者那些不正当的直接侵犯或侵略的行为，都会使隐私权受到危害。这一系列行为都对隐私权造成了真实的威胁，它们很可能使隐私权被完全地压垮，或者导致一种同样糟糕的局面——将人们的私人领域局限在最小的范围内，导致人们在此之外进行的活动都将意味着对隐私权的全盘放弃。

　　鉴于隐私权在一般意义上受到这一系列威胁，所以不同的社会体系都对特定的传统隐私范围赋予了象征性的重要性。所以，在美国文化中，人的排泄功能或多或少地受到绝对隐私权的保护，在这种隐私权受到侵犯的情况下，人们会遭受极度的痛苦，就像被剥夺了尊严和自尊一样。但是，似乎不存在任何与尊重原则相关的理由来证明为何必须如此；人们可以设想在其他文化中，排泄功能可能不会受到如此多的隐私权保护，而象征性的隐私权是与说话、吃饭或者喝水联系在一起。② 还有另外一些受到更精细调整的象征性的隐私范围，其中有

---

① Cf. Rawls, Legal Obligation and the Duty of Fair Play, in Law and Philosophy 3 (S. Hook ed. 1964).

② See generally A. Westin, Privacy and Freedom ch. 1 (1967).

一些与笔者所说的实质性隐私（即隐私权保护的是实质性的利益）融合在一起。有关性和健康的极其复杂的隐私权规范便是这方面的绝佳例子。

通过确认特定范围隐私权的标志性地位来表达对人格完整性的尊重，还有另外一些绝佳的范例：如反自证其罪的特权，以及否定政府官员在缺乏明确授权的情况下强加其他种类信息的权力的相关学说。通过充分赋予特权，美国社会确认了个人对其自身信息进行控制的最高价值。可以肯定的是，这种特权并不禁止行为人通过询问其他人或者观察他人从而窥探其个人事务的行为。这种特权的核心在于一个人不能被强迫公开他自己的信息。因此，人们对于其他人了解自己何种信息的控制得到了极大的增强，尽管相同信息的其他来源依然存在。在本人不合作的情况下，信息的其他来源必然是不完整的，因为只有本人才是其当前生活（无论是公共的还是私人的、内在的还是表面的）的唯一一个必然的见证者。而其他人能够传播出去的关于他的信息在某种程度上只是那些他已经放弃控制的信息。

这种特权具有或然性和标志性。它是一个完整的规则架构中的一部分，这个规则架构创建出一套足以保障尊重、信任和亲密性的隐私权制度。笔者认为，这种特权的或然性表现在它不能体现出特定规则对于这套隐私权制度存在的必要性。而其标志性则是因为这种特权的行使能够显著地表达了这样一种事实——社会为了承认隐私权及其保障的对个人的尊重，而愿意在追求正当的或者至关重要的利益的过程中接受约束。相反地，一种对个人施加强制力、强迫其揭露自我的程序将会造成一种惊人的、引人注目的情况——即否定人们对自己的信息和照片的控制权。① 在这个意义上，这样一种程序显得十分具有羞辱性。不过尽管如此，笔者仍然觉得这不足以明确地说明：一个偶尔允许施加这种强制力的体系就一定是不正义的。

笔者呼吁人们注意某些隐私范围所具有的象征性，并不是要削弱其重要性。相反地，它们具有很高的重要性，因为它们体现了一般情形下人们对其他人的尊重——在这种一般情形下，我们对彼此的所作所为往往缺少尊重，或者至少是缺乏表达尊重的场所。在人们遵守这

---

① See R. Chambers, Thomas More (1935).

些象征性约束的情况下，这一点体现得并不明显，因为这些象征性约束属于我们所期待的体系中的一部分；只有当这些约束遭到违反，它们才会得到明显的体现。[①] 不仅仅是那些看重自己地位的人会因为行为人违反这些象征性约束的行为而遭受严重伤害，而且那些试图贬低和羞辱他人的行为人往往也只会选择对这些传统的隐私领域进行象征性的侵略或侵犯行为。

八、监控对个人隐私权的危害

现在，让我们回到电子监控这个具体的问题上来看上文对隐私权概念的分析说明能否在更牢固的基础上建立起这样一种反驳——即监控是一种令人无法忍受的隐私侵权行为。让我们来考虑那种更具侵扰性的监控手段，即不仅监控位置，而且监控对话和其他数据的监控行为。

很明显，这样一种监控系统将会严重削弱或者完全剥夺人们控制自身信息的权利。但是，如果我们假设监控得到的数据只会进入那些已经获得授权的人们（例如缓刑犯和假释犯的管理人员）手中，并且只要受监控的人在他享有自由的范围内没有违反规定，他就不会受到不利待遇，那么我们提出的上述反驳就很可能被认为是毫无意义的。但是，这种观点忽略了隐私权作为所有类型关系的背景的重要性——从最紧张的关系到最随意的关系，都需要隐私权作为其背景。因为所有这些关系都需要某种程度的亲密性，而监控则使亲密成为不可能。

我们有必要进一步明确亲密性的概念。很显然，监控为那些获得授权的人员提供了大量怨恨或误解其监控对象的机会。出于这个原因，受监控对象在行为上就很可能一直处于不安和压抑的状态。这相当于有一个看不见的观众一直存在，这一点对监控对象而言是更加危险的；因为当不存在可见的观众时，一个人很可能因为忘记有人在盯着他而放松警惕。而且，即便我们假设监控人员十分仁慈和善解人意，但是监控对象不可能享有任何程度的真实亲密性这个事实也会导致十分严重的后果。笔者认为，隐私权不仅仅是一种防御性的权利。

[①] E. Goffman, Behavior in Public Places (1963).

相反地，隐私权为爱和友谊这些赋予我们生活许多积极价值的亲密关系构建了必要的环境和背景。在扮演一位公民或者同事的角色时，人们只需在必要的程度上表现出自己有能力胜任并且在道德上符合这种关系，而无须在更大程度上展现自己。但是作为朋友或者爱人，人们就必须展现更多的自我。然而，在任何亲密的自我揭露都可能被监控人员获悉的情况下，这种自我揭露就丧失了其表达爱或友谊的排他性的亲密性质。所以，监控剥夺了人们的隐私权，从而打破了人们对其他人表现出亲密性的可能性，并使爱和友谊中的必要特征成为不可能。

监控同样会影响监控对象加入信任关系的能力。正如笔者在上文中对信任的分析，信任关系要求存在一种让受信任的人可以犯错的可能性。持续性的监视，例如监控，是对信任的一种否定，这种监视会使未被发现的违规行为的可能性降到最低。受监控的假释犯在本质上是不享有获得政府信任的自尊的。更重要的是，监控会阻止假释犯与外部世界的人们形成真实的信任关系。一个没有察觉到监控的雇员如果将一笔钱委托给假释犯管理，并不会赋予假释犯责任感和自治权，但在同样情况下，一个不受监控的人如果接受这种委托就会拥有责任感和自治权。所以，从事实上（事实可能是特定而具有讽刺性的）而言，假释犯是不可能被信任的。

现在让我们来考虑这样一种观点：无论监控手段看起来多么具有侵扰性，监狱生活肯定会具有更强的侵扰性。从某种程度上而言，这当然是一个事实。但是，即便是一个合理安全和管理良好的监狱，也会在一些情况下允许囚犯与看守或探访者进行私下对话。在这个意义上，这样一种监狱制度就比监控更不具有侵扰性。不过，一般的监狱制度往往都不会允许这种情形发生，而是会进一步剥夺囚犯的所有隐私权——如果囚室装有门，那么门上面也会有偷窥的小洞。但是，这种监狱与监控之间还是存在重要的区别之处：即便监狱环境是惩罚性的、非私人的，但它也是光明正大的；但在监狱之外的世界里，人们之间的关系所处的环境就有着明显而巨大的区别。在笔者看来，监狱制度是以人为本的，但监控则只会攻击人的本性。如果囚犯拥有一种合理形成的建立爱、信任和友谊等关系的能力，并且在事实上也经历过这些关系，那么他很可能会强烈地意识到（至少在一段时间内）

监狱生活明显不同于他拥有这些亲密关系的环境；而这种意识将会防止他混淆在监狱这种"完全制度"（total institution）中建立的关系与那些在外部世界更自由的社会环境下建立的关系。

相反地，监控只会以尽管重要却微弱且不引人注意的方式提醒人们注意其人际关系所在的背景和环境。监控对象似乎可以与其他人一样自由地行为并建立起相同的关系，但事实上却缺少了一个重要的关于自治和控制自身所处环境的要件——他无法进入私密的状态。囚犯可以采取一种退出或者退避的态度，从而在某种程度上维护其隐私的完整性。但监控对象看似处在自由的环境中，与他交往的人们期待他具有特定的回应、能力和倾向，所以他至少不得不对那些与他一同工作、有可能成为朋友的人作出一副亲密的样子。人们期待他这样，因为他们推定他具有建立普通关系的能力和倾向。然而，如果这个监控对象真的这么做了——例如，他在自己经常吃饭的餐馆对女服务员开了一个带有一点性暗示的善意玩笑①——那么他就会被迫违背自己的人格完整性，因为他不得不对监控他的人员揭露出自己私人人格中哪怕是很小的一个方面，而这种私人人格是他希望为那些他愿意表现出亲密和友好态度的人所保留的。当然，理论上而言，一个受到监控的假释犯可以和囚犯一样采取退避的态度，但事实上这对他而言同样是一种代价高昂且不体面的经历。他会被诱导着"交出自己"（give himself away）并像其他人那样行为，因为从外部的任何一个角度看来，他都与旁人无异；但在监狱中他就不会受到这样的影响。更重要的是，如果采取退避的态度，那么监控对象就很可能被那些他渴望获得尊重和喜爱的人看成是冷漠的、不近人情的、奇怪的和无人性的。但是监狱环境导致囚犯们给自己戴上缄默的、踌躇不决的面具，这一点对所有戴着这种面具的人而言都是明白无误的，所以这种环境并不会对囚犯的人性产生影响。

最后，这样一种监控手段的阴险之处还在于其双重性，监控对象不仅要被迫以上文中提到的带有羞辱性或者看起来不人道的方式背叛自己，而且要被迫背叛那些可能与他亲近的人。而即便是出于公然压迫的监狱之中的囚犯也无须承担这种双重背叛的重压。

---

① Cf. E. Goffman, Encounters 37–45 (1961).

不过，还有一种主张可能反驳笔者所提出的这些观点：即只要监控行为建立在监控对象同意的基础上，例如监控对象更希望受到监控而不是在狱中服刑，那么以道德这种与自由如此密切相关的理由来断然否定监控手段的可适用性未免显得十分荒谬。这种主张可能是不容置疑的，因为笔者完全没有信心认为在受监控的前提下释放罪犯这种方式应当被完全禁止。不过，根据本文的分析，笔者确实认为，监控手段给罪犯造成的代价很容易被人轻视，如果经过研究，就会发现这是一种比其表面上看起来更不令人满意的选择。而且，监控会对那些潜在的监控对象造成较大的威胁。如果将监控作为有条件地释放罪犯与继续囚禁罪犯之间的一个选择，那么政府官员一旦开始怀疑其是否应当信任假释犯或者缓刑犯，就会采用监控这种手段来解决其疑惑。

在受监控的条件下释放罪犯这种方式所带来的诱惑不仅掩盖了监控对象可能付出的代价，也掩盖了整个社会可能因此而付出的代价。本文对信任的讨论已经清楚地显示出，不受监控的释放与受监控的释放是两种完全不同的经历；所以，不受监控的释放所带来的教育和改造效果也是完全不同的。不受监控的释放以一种更显著的方式肯定了罪犯与社会之间的信任关系——这种信任关系被罪犯的犯罪行为所破坏，而我们正致力于重新建立起这种信任关系。但是，正如所有家长都明白的道理：只有通过被信任的经历，我们才有可能去信任他人。

九、结语

本文对隐私权的讨论研究了隐私权概念的含义及其重要性。笔者认为，隐私权是一种社会秩序，通过隐私权，人们可以控制其他人对关于自己的信息的接近。本文并没有直接考虑如何授予个人这种控制权以及如何构建体现隐私权概念的社会制度这两个问题。显然，人们借以表达自己对其他人隐私权的尊重的许多社会制度都是非正式的、暗示性的。如果这些社会制度确实存在，那么对违反其建立起来的期望的惩罚通常也都是微小而非正式的。不过，法律规则在建立隐私权社会环境的方面同样也发挥了重要的作用。这些法律规则授予人们对特定领域的控制权，如个人住宅以及通话内容等，并以可行的惩罚来保障这些权利。但是，这些法律规则或多或少是难以理解的，因为缺乏具体的解释：何种情形才能求助于这些法律规则？没有这些具体解释，我们便无法感受不同环境中隐私权所要求的不同法律规定的重要性。

更不明显的是，法律并不仅仅是保护隐私权的一种工具；在美国文化中，法律是制度本身所不可缺少的一种必要因素。正如本文所提到的，隐私权的概念强调控制和正当性，要求确认人们有权控制自身所处的环境。但在大多数发达的社会中，要在观念和事实上同时赋予人们一种用于控制的充分手段，唯一的方法就是在法律上赋予其控制权。法律上的控制权是受到最少质疑和挑战的控制权；这是一种最能使我们严肃对待的控制权。如前所述，隐私权并不是指我们自身的信息没有在外部流传的状态；而是一种能够对信息进行控制的安全感。借助公开的、客观的和根本的法律制度来赋予人们这种控制权，我们就将控制权提升到了一种更高的地位，同时也体现出我们对待这种权利的严肃态度。

隐私的界定

理查德·B. 帕克[①]著　林泰松[②]、骆俊菲[③]译

目　　次

一、导论
二、隐私的界定
三、隐私的界定在实践中的应用

一、导论

在1971年4月19日，美国联邦最高法院以六比三的表决结果对United States v. White[④]一案作出判决。在该案中，政府的情报人员陈述，他们通过监听隐藏在线人（informant）身上的无线窃听器偷听到被告White和线人之间的对话，并将这段对话作为控罪证据使用；而且，在执行这项监听行为前，他们并未获得搜查令授权。美国联邦最高法院最终推翻了该案上诉审的判决，[⑤]认定政府情报人员的行为不构成对《美国联邦宪法第四修正案》赋予被告的合理隐私期待的侵犯行为。[⑥]换言之，美国联邦最高法院认定，尽管我们以为自己与别人的对话可以免受陌生人的实时（simultaneously）监听，但是实际上这种期待不属于宪法赋予我们的合理隐私期待。这种看法可能会令大

[①]　理查德·B. 帕克（Richard B. Parker），美国罗格斯大学法学院（Rutgers Law School）教授，1971年于哈佛大学（Harvard University）取得法学博士学位。
[②]　林泰松，法学博士，国信信扬律师事务所主任。
[③]　骆俊菲，中山大学法学院助教。
[④]　401 U. S. 745 (1971).
[⑤]　405 F. 2d 838 (7th Cir. 1969), rev'd, 401 U. S. 745 (1971).
[⑥]　401 U. S. at 752–754.

部分人震惊。White 一案的判决由此引起了我们的思考：隐私是什么？为什么"隐私"是阐释《美国联邦宪法第四修正案》的一个关键术语？

本文的写作目的有三个：①说明和界定隐私的含义，解释"隐私"和《美国联邦宪法第四修正案》以及《权利法案》（*Bill of Rights*）中其余几个宪法修正案之间的联系；②使用本文对于隐私的界定，说明在其他法律或非法律语境中隐私意味着什么；③结合 White 一案判决说明目前司法界对隐私的模糊界定会对案件判决造成怎样的影响。

二、隐私的界定

当前，学界对于隐私一词究竟是法律术语还是心理学术语尚且没有达成一致意见。学者的意见主要分为以下四种。

第一种意见认为，隐私是一种心理学上的状态，一种"远离他人"、接近于异化（alienation，心理学术语，译者注）的情状。① 第二种意见认为，隐私是一种权力，是"我们对于自己的个人信息的控制权"，② 或者说是"人们可以对别人获取其个人事务相关信息的手段加以控制的状态"，③ 又或者是"我们控制个人信息流通的能力"④。第三种意见由一位著名学者提出，他认为隐私应当定义为"个人、组织或机构应有的权利，该权利可以保护权利主体得以自主决定在什么时候、以什么方式和到达何种程度地将自己的信息向别人传播"⑤。第四种意见认为，隐私的其中一个重要方面是对拒绝参与其他人的活动的选择权，如果我们不得不忍耐、"聆听"机动车流的呼啸声或者被迫呼吸被污染的空气，我们的这种权益就会受到损

---

① Weinstein, *The Uses of Privacy in the Good Life*, in Privacy, NoMos XIII94 (Pennock & Chapman, eds. 1971).
② Fried, An Anatomy Of Values 140 (1970).
③ Privacy, NoMos XIII169 (Pennock & Chapman, eds. 1971).
④ Miller, The Assault On Privacy 25 (1971).
⑤ Westin, Privacy And Freedom 7 (1968).

害。① 从这些差异极大的各种定义中可以看出,人们并不确定隐私的含义是什么,有的人认为隐私是一种心理学上的状态,有的人则认为隐私是一种权力、一种应得的权利或者一种拒绝参与别人的活动的选择权,可见,就《美国联邦宪法第四修正案》的制定目的而言,该修正案所保护的宪法赋予公民的合理隐私期待的内涵和范围是不甚清晰的。

笔者认为,隐私最理想的定义应该满足以下三个标准。

首先,这个定义应当符合人们对个人信息的管理习惯,这是隐私定义的习惯性标准。个人信息的管理习惯,在本文中是指人们对于个人应当在什么时候保有隐私、什么时候放弃隐私这个问题的直觉判断。目前对于隐私的建议定义有的过于宽泛、有的失于狭隘,有的却可以说同时具有这两种缺点。例如,有人提出,隐私应当定义为个人独处的状态,② 这一定义就明显过于宽泛,因为尽管有时候别人打扰了我们独处的状态会导致我们的隐私权受到侵害,但是这种行为并不必然损害我们的隐私权,例如企业不会每一次从我们的个人收入当中预扣所得税前,都通知我们它即将实施这样的行为,这种行为虽然干扰了我们对于个人收入的自主支配,但却不构成隐私侵权行为。又比如有人提出,隐私是指人们对谁可以观察他们进行性行为这个问题进行控制的权利,但是这个定义过度狭隘。虽然对于生活中某些方面的控制可能是隐私权的一种表现,但是隐私权同时还包含其他内容。

其次,隐私的定义应当简单明了,这是隐私定义的简洁性标准。人们可能都有一种共识,认为隐私是没有共同特点的多种个人权益的大杂烩。所以,即使是隐私的最简单的定义都可能包含一长串的权益清单。比如,隐私可能是指他人自主决定自己的生活的权利,任何人不得:①干扰他人家人的生活以及他人的家庭生活;②干扰他人的生理或精神的健全,或者干扰他人的道德自由或精神自由(moral and intellectual freedom);③攻击他人的尊严或声誉;④公开丑化他人;

---

① Weinstein, *The Uses of Privacy in the Good Life*, in Privacy, NoMos XIII161 (Pennock & Chapman, eds. 1971).
② Cooley, Torts 29 (2d ed. 1888), *cited in* Warren & Brandeis, *The Right to Privacy*, 4 HARV. L. REV. 193, 195 (1890).

⑤揭露与行为人无关的、他人的尴尬事务;⑥擅自利用他人的姓名、身份或肖像;⑦窥探他人的生活,监视他人或侵扰他人的生活;⑧干扰他人的通信;⑨将他人的私人通讯记录,包括书面通信或者口头通讯记录用于不正当用途;⑩将他人向行为人主动提供,或者行为人自行获取的职业机密信息公开。[1] 他人保有个人隐私或个人隐私受到损害可能意味着他人保有或丧失免受以上各种行为侵扰的自由。简洁性标准,要求隐私的定义能够总结出以上各种行为共有的或以上部分行为共有的特点,如果该定义能够缩短这个侵权行为清单的长度,那就更好了。

最后,隐私的定义应当符合律师和法官的应用要求,这是隐私定义的实用性标准。美国的法律程序限制了在程序中运用的各种法律概念的精细程度。由于隐私的定义必须能够被陪审员指南所引用,被原告的诉求以及法官的审判意见所引用,实用性标准要求我们在法律程序中选择使用可操作性更强的法律概念,而不是可操作性较弱,但更接近真正含义的法律概念。

后两个标准,即简洁性标准和实用性标准可以从它们不同的设立目的进行区分。简洁性标准设立的意义在于提高隐私定义的措辞的优雅,以防累赘;而实用性标准设立的意义则在于提高隐私的定义在法律程序当中的可操作性。以上三个标准之间并非相互平行互不干涉的,后两种标准之间可能会发生冲突,甚至可能各自与第一个标准,即习惯性标准发生冲突。但总体而言,我们对于隐私的界定应当尽可能的真实(即符合人们的习惯)、语言优美(即简洁)以及具有可操作性(即具有实用性)。这三种设想的标准在各位学者提出的各种隐私的定义当中都有所提及,只是因为折中而没有全部都体现出来,但实际上,对隐私的界定越充分、越完善,对这三种标准进行折中的必要性就越少。

曾经有心理学家委婉地向笔者提到,希望寻找到一个简短的隐私定义的这种想法恐怕是谬误的。如果隐私的理想定义只有习惯性标准

---

[1] *Conclusions of the Nordic Conference on the Right of Privacy*, in Privacy And The Law, A Report By The British Section of The International Commission of Justice 45 (Littman & Carter-Rusk eds. 1970).

这一个标准，笔者同意他的这种看法，因为没有一种隐私的定义可能符合所有人的习惯。各位学者之所以忽略某些难以解释的反例来提出对隐私的界定有多种原因，其中一个约定俗成的原因是，我们的法律需要一个简短而受到人们普遍认同的隐私定义。笔者在本文中试图阐明的隐私定义，不仅界定了在众多涉及《美国联邦宪法第四修正案》的案件中可能受到侵犯的那些权益的内涵，说明了为什么美国联邦最高法院近来援引有关隐私权的法律法规来证明女性堕胎权的正当性，[1] 还理清了有关隐私侵权行为的混乱的侵权法条文。无论是在涉及携带窃听器的线人的案件中、在有关堕胎行为的案件中，还是在涉及使用他人肖像作为广告的行为的案件中，若法院使用了相同的言辞进行判决，则说明这些案件中争议的可能受损害的权利是相同的。但是，某些法院曾经使用诸如"人格尊严与人格独立"[2] 和"独处的自由"[3] 等用语指代这种权利，笔者认为，这些用语所指代的内容与隐私并不等同。

当我们找到了达到习惯性标准和实用性标准的隐私的定义，我们就可以逐一探讨以下五个问题：①他人的隐私是否受到损害；②他人的隐私是否应当（should）受到损害；③他人是否知道自己的隐私受到损害；④他人是否同意行为人损害自己的隐私；⑤他人对于保有个人隐私或行为人损害其隐私有什么感受。

在前文提及的各种对隐私的定义当中，将隐私看作一种权力或者一种对某样事物的控制权的定义，[4] 这的确可以帮助我们区分以上五个问题从而分别讨论。例如，如果隐私被界定为"我们对于自己的个人信息的控制权"，[5] 那么我们就可以单独探讨他人的这种控制权是否受到损害这个问题，而无需将他人的控制权是否应当受到损害的问题与前者混同探讨，而这两个问题又与他人是否知道自己的这种控制权受到损害、他人的这种控制权如果受到损害会给他人带来什么感

---

[1] Roe v. Wade, 401 U. S. 113 (1973); Doe v. Bolton, 401 U. S. 179 (1973).

[2] Bloustein, *Privacy as an Aspect of Human Dignity: An Answer to Dean Prosser*, 39 N. Y. U. L. REV. 962, 1001–1007 (1964).

[3] Warren & Brandeis, *The Right to Privacy*, 4 HARV. L. REV. 195 (1890).

[4] Fried, An Anatomy Of Values140 (1970).

[5] Fried, An Anatomy Of Values140 (1970).

受以及他人是否同意行为人损害他人的这种控制权这三个问题相互独立。

如果将隐私界定为一种心理学上的状态，则人们无法据此解释他人的隐私在短时间内受到侵犯而他人仍没有察觉的现象，因为在这种情况下，他人的心理状态并没有因为个人隐私被行为人损害而受到影响。研究人们在多种情况下个人隐私受到损害时的感受是很有趣的，也是很重要的。其中一个原因是，法律保护人们在某些情形下的个人隐私免受别人的侵犯，实际上是在保护人们免于遭受别人带来的精神痛苦。但是隐私不应当被界定为免受各种精神痛苦的权利或者独自远离他人的精神状态，① 因为这种界定无法解释为什么在有的时候人们的隐私受到损害时，其精神状态却没有相应的改变。

同样地，一个能充分阐释隐私内涵的定义不应当回避在特定情形下人们的隐私是否应当受到损害这个问题。笔者认为，界定人们在特定的情形下所保有的或受到损害的个人隐私实际上是什么的问题，与人们应当在什么时候丧失或者保有自己的隐私这个问题，以及在特定情形下人们是否享有道德上的隐私权或法律上的隐私权这个问题相比较，第一个问题和后两个问题是不相同的，应当区别处理。法院在审理有关隐私侵权的案件时，必须平衡原告的隐私权与被告或公众的其他重要权利，如果法院援引的隐私的定义能同时得到两者的认同且不会对任何一方造成损害，法院的司法活动将会更为便利。而如果将隐私界定为一种对某样事物（如我们的个人信息）的控制权，这种定义正好能够满足以上条件，因为通过这种定义，人们可以将他人的这种控制权是否受到损害的问题，与他人的这种控制权是否应当受到损害的问题以及他人在特定情形下是否享有这种控制权的问题区别开来。

基于上述理由，笔者认为 Fried、Miller、Gross 和其他一些学者将隐私定义为一种权力或者对某样事物的控制权的观点是正确的。但是，如果将隐私看作"对个人信息的控制权"② 或者"我们控制有关

---

① Weinstein, The Uses of Privacy in the Good Life, in Privacy, NoMos XIII 94 (Pennock & Chapman, eds. 1971).
② Fried, An Anatomy Of Values140 (1970).

自己的信息流通的能力"① 的这种定义显然过于宽泛。设想一下，如果某一次考试将某学生没有好好学习的事实反映出来；或者如果在某一次聚会上某人被一名贵宾严厉斥责了一番，该情形向所有在场的人暴露出他的地位比那名贵宾低下的事实；在这两种情形以及其他类似的情形下，别人获知他人的信息前并没有获得他人的同意，换言之，他人对自己的信息失去了控制，但是我们不会因此认为他人的隐私因而受到损害。

我们对个人信息的控制权受到损害不等于我们的隐私受到损害，于是有人认为隐私应当限定为对个人信息的某些内容的控制权。但是这种看法是错误的。因为，尽管有的信息（比如我们的阴毛的颜色）似乎与个人隐私有着特别密切的联系，但是尽管丧失对个人信息的大部分内容的控制权有时会导致个人隐私受到损害，但不会必然导致这样的结果。因此，比如在某些情形下，我们会觉得让别人知道自己的姓名是个人隐私受到损害的一种表现，但在其他情形下我们却不会有这种感觉，对哪些信息失去控制代表着个人隐私受到损害需要结合具体的行为背景具体分析。而且，如果将隐私定义为对某些信息的控制权，则隐私所控制的这些信息是什么将会取决于人们特定的文化或亚文化背景，这对充分阐释隐私的含义不利。究其原因，一共有两个。其一，从逻辑上而言，对各种文化对于隐私的重视程度进行跨文化比较是可能的，但是，如果隐私的定义与特定的文化有关，这种比较就会变得不可能。所以，隐私定义的习惯性标准要求对隐私的界定必须考虑这种跨文化比较的可能性。其二，隐私定义的简洁性标准和实用性标准要求，隐私的定义应当可以适用于所有人类文明：一方面，简洁性标准明确要求隐私只能有一种定义，而不能有多种定义；另一方面，在一个像美国这样的多元文化国家，实用性标准要求隐私的定义应当具有可应用于法律程序的可操作性，而不会与某些特定信息绑定在一起。

从上述分析来看，将隐私定义为我们控制自己个人信息的权利过于宽泛，但是从另外一些角度来看，这种定义同时又是过于狭隘的。因为在生活中，有许多时候个人隐私受到损害与我们的个人信息的传

---

① Miller, The Assault On Privacy 25 (1971).

播或公开没有太大联系。比如，如果某一名怀孕妇女被迫生下她不想生育的孩子，又例如当我们处在除了自己之外空无一人的公共场所的时候，一个陌生人走过来坐在我们旁边。在这些情形下，那名怀孕的妇女和我们尽管都没有丧失对个人信息的控制，但是都会感到个人隐私受到侵犯。反之，比如一对情侣在分别之后，男子又回头从窗户中窥探女子的裸体，在这种情况下这名女子的隐私受到侵犯，但是如果说她是因为丧失了对自己的信息的控制而失去隐私却并不准确，因为这名女子尽管丧失了对部分个人信息的控制权，让她的情人知道了她的裸体并没有改变，知道了她并没有穿衣服，但是她个人隐私受到损害的根源不在于丧失对个人信息的控制权，而在于她丧失了对谁可以观察到她的裸体这一问题的控制权。

如果上述隐私定义当中，"信息"一词是指广义上的信息，那么我们可以说我们无法控制谁可以看见自己，就等于我们丧失了对个人信息的控制权。如果第二个例子是非典型的假设场景，只能勉强归入涉及他人无法控制个人信息被行为人获取，继而个人隐私受到损害的案例，则我们可以总结出一个简单又具有实用性的隐私的定义。但实际上这个例子非常典型，因为决定谁可以看见我们、听见我们说话、闻到我们的气味或者感觉到我们的气息，即总而言之，对"谁可以感知我们"这个问题的控制权，是隐私概念的核心；相反，对那些可以在个人档案和信息库里寻找到的个人信息的流向的控制权只是隐私概念的边缘部分。

笔者认为，隐私是指他人对谁（行为人）可以感知到自己这个问题的控制权。行为人通过感知他人而非仔细阅读他人的详细资料而获知的他人的情况，虽然可以称之为"信息"，但是使用这个词其实并不准确。而且，我们难以界定行为人所获知的"他人的情况"是什么。不过行为人获知这些情况的方式是显而易见的，那就是通过五种感官（five senses）来获知，因此，笔者建议将隐私界定为"他人对谁可以感知自己这个问题的控制权"。

他人对谁可以感知自己这个问题的控制权，与他人对个人信息流通的控制权这两种权力是很容易被混淆的。为了区分清楚这两种能力，我们再假设一个场景来进行说明：假设，某名宇航员在宇宙飞船内生活期间，地面控制中心一直通过贴在他身上的电极监控他的身体机能，则地面控制中心比宇航员自己更了解他所处的位置和他的身体状况；但即使是这样，宇航员仍然会在排泄时将飞船内的监控摄像头（television camera）关闭，为自己保留一点隐私。那么，宇航员将摄像头关闭时所保留的"隐私"实际上是什么利益呢？他的确保留了控制某些信息的能力，但这些所谓的"信息"只限于"监控系统工作正常"这样的信息，宇航员借此可以使地面控制中心无法证实他们从电极上收集的信息的真实性，但除此之外，宇航员关闭监控摄像头的行为对他控制个人信息的流通毫无意义。可是，如果宇航员连关闭摄像头的能力都不具备，他的个人隐私就会受到严重损害。因为如果这样，那么他就失去了对谁可以看见他进行排泄这个问题进行控制的能力，而不是失去对谁可以知道他正在排泄这个问题进行控制的能力，前者构成了个人隐私的基本部分。人们常常运用隐私权来控制个人信息的流通，但隐私本身是指人们对于谁可以感知他们自己这个问题的控制权。

笔者认为，隐私的定义应当是：隐私是他人对什么时候、谁（行为人）可以感知（sense）他人身体的任何一部分这个问题的控制权。在上述定义中，"感知"一词是指单纯地看见、听见，或者通过触摸、嗅觉和味觉来感知；"他人身体的任何一部分"是指他人身躯的任何一个部分、他人的声音以及他人身体的产物；"紧密联系"是指空间上的联系。"他人身体的任何一部分"所触及的物体，包括他人通常随身携带的物品，或者他人保存在仅他自己可以接触到的空间里的物体。在美国的文化里，这类物体包括我们的钱包、口袋或保险箱里的物品，也包括我们日记本中的某几页；但在其他文化中，人们可能认为这类物体指的是放吃食的器皿或某个私人领域的内容物。但无论这类物体在各种文化中意味着什么，在笔者对隐私的定义中，"他人身体的任何一部分"不延及他人身体所接触的物体。

"他人身体的任何一部分"主要指代他人肉体身躯的部分。尽管我们对那些可以物理性地感知我们的人施以控制，以决定谁可以了解我们的感觉，但是对别人"感知"我们的个人特征的某些组成要素如我们的欲望或心理状态施以控制，这通常不是隐私的组成部分。就像前文所举的例子，在聚会上被贵宾所斥责的人其个人隐私不会因此而受到损害，因为他没有失去选择和决定谁可以感觉其躯体的某一部分的能力。如果别人将这个人的上衣或假发扯坏，或将这个人和别人的对话录音后被播放给其他人听以供消遣，或者偷拍了这个人的照片后四处散播照片，这个人不仅会因此受到侮辱，他的隐私还会因此受到损害，因为他失去了选择和决定谁可以看见他的身体或者听见他的谈话的能力。类似地，在前面例子中，因考试而暴露自己的无知的那名学生也没有因此而失去隐私，不过他仍然可以选择不让考官看见他的答卷以免这张仿佛是检验他个人隐私的测试题暴露他的无知。我们所有人都会运用自己的控制权选择谁可以感知我们身体的物理性部分，那是我们的隐私，我们需要遮掩自己的个性、欲望或者暂时的精神状态。我们可以拒绝面见某人，拒绝做这个人提供的一套揭露个人隐私的测试题，以免暴露我们对这个人的态度。但即使我们的态度、个性、欲望或暂时的精神状态被别人获知，这个事实本身不会构成一种对个人隐私的损害。

也许有人会对以上观点表示反对。这些反对者认为在某些情形下，我们的欲望和心理状态是私密的个人信息，毫无疑问，如果我们失去对这些私密信息的控制权，我们的隐私就会受到损害。但笔者并不这么认为。私密信息是我们通常可以通过行使隐私权来保护的信息，所以，失去对私密信息的流通的控制权通常是我们的个人隐私受到损害所引起的结果（而且，私密信息的内涵是什么因不同文化而异）。然而，我们失去对私密信息的流通的控制权与我们的个人隐私受到损害之间并没有必然的联系。如果我们告诉别人自己是同性恋者，我们就失去了对"我们是同性恋者"这一信息向外流通的控制权，但是我们的隐私却不会因而受到损害。

当隐私被定义为对什么时候和被谁感知到我们身体的任何一部分这个问题的控制权时，"感知"一词是多个动词的总称，这些动词包括："看见"（see）、"听见"（hear）、"触摸"（touch）、"嗅"（smell）和"品尝"（taste）等一系列常用动词。假设我们说"甲看（see）了乙的日记"，我们可能是指甲阅读（read）了乙的日记，也可能是指甲仅仅看见了乙的日记本的存在，具体是哪一种意思应视具体语境而定。但无论是哪一种意思，根据笔者对隐私的定义，甲的行为都可能损害了乙的隐私，因为笔者对隐私的界定将"看"的一般用法和其他与之相近又有所区别的用法都包含在内。另外，根据笔者对隐私的定义，在这个假设情境中，只要甲阅读了乙的日记，则无论日记的内容是什么，甲的行为造成乙的个人隐私受到损害的这种结果都不会改变。因为根据笔者的观点，甲的阅读行为是一种"看"的行为，所以甲的阅读行为侵犯了乙的隐私。而且，因为乙可能很珍惜自己的隐私，即乙非常看重对谁可以看自己的日记这个问题的控制权，尤其当乙的日记中包含了一些会暴露个人秘密信息的内容，乙会更为重视这本日记。但是无论乙的日记内容是什么，只要甲"看"了乙的日记，乙的个人隐私就会因而受到损害——不管甲是阅读了日记的内容还是仅仅看见日记本的存在，乙对谁可以看见自己的日记这个问题都同样失去了控制权。

假设甲在看乙的日记时并没有辨认出该日记是属于乙的，那么乙的隐私受到损害的程度就会减轻。根据行为人可以在多大程度上根据他人信息的内容推测出这些信息的信息主体是谁，行为人对他人隐私造成的损害是有程度差异的。所以，哪怕他人日记上只有一句话向行为人透露出他人的身份，他人选择决定谁可以感知其身体的任何一部分的能力都会大为弱化。如果日记的主人能够保持匿名，他就能够保持控制权，自主选择谁可以通过日记获知他的情况。只要行为人无法辨认日记的主人的身份，即使行为人阅读了他人的日记，他人的隐私受到损害的程度也会大为减轻。总而言之，除了直接指向信息主体身份的信息之外，当别人感知到我们时，被别人感知的信息内容是什么不会影响我们的隐私受到损害的程度，即我们对什么时候和被谁感知到我们自己这个问题的控制权弱化的程度不受影响。当行为人损害了他人的隐私时，某些类型的隐私损害给他人带来的利益损失会比其他类型的隐私损害带来的损失更大，这通常都是由行为人所获知的他人信息的内容所决定的。但他人对什么时候和被谁感知到他身体的任何一部分这个问题的控制权弱化的程度和他人隐私受损害的程度是成正比的。这一现象使得我们可以将这两个问题区分考虑：我们的隐私受到损害的程度有多大；以及为什么我们不赞成这样的隐私损害。

如果某人在宴会上与别人的对话被录音，这个人（谈话者）的隐私会因为他失去对谁可以听见他的声音这个问题的控制权而受到损害。影响谈话者的隐私受损害的程度的主要因素不是他谈话的内容，除非对谈话实施录音的行为人透露了这个人的身份。然而，行为人如何处理这些录音磁带将会严重影响谈话者的隐私受损害的程度。如果录音内容没有被清除，而录音磁带被行为人以外的人带走并在其他地方播放，谈话者就会遭受另一重的隐私损害。而这些录音磁带是否被反复播放对于谈话者的隐私受损害的程度没有影响，因为谈话者的隐私不是由于谈话者和别人的对话被第三人听见而受到损害，而是因为谈话者无法控制在什么时候和被谁听见他的谈话这个问题而受到损害。

综上所述，隐私是指一种控制权，他人通过使用这种控制权来选择和决定在什么时候和被谁感知我们（任何一个特定的人）身体（指生物意义上的肉体）的任何一部分，这里的"感知"是指行为人亲自地看我们或听我们的谈话，或者通过照相机、录音机、电视等仪器来看我们或听我们的谈话，或者触摸我们，或者以嗅觉和味觉感知我们的气息。

现在至少有两种声音对笔者的这种隐私定义提出反对。

一种反对意见认为，笔者的这种定义过于狭隘。假设政府执法人员询问某个人的所有邻居有关这个人的信息，最终发现了一些这个人不愿意暴露的私密信息；或者假设某个由国家管理的信息库的管理者通过各种途径收集到了某个人的信息，建立起了这个人的详细个人档案，将他永远不会自愿披露的一些信息业收入库中；在这些假设的情形中，信息收集者（政府执法人员和信息库管理者）似乎侵犯了信息主体的隐私，但是信息主体都没有因为信息收集者的行为而对什么时候和被谁感知到信息主体自己这个问题失去控制权。

另一种反对意见认为，笔者将隐私定义为一种控制权是对隐私的过分贬低和将隐私工具化，这与隐私一向受到人们推崇的地位不符。笔者想在本文对这种观点作出回应。笔者认为，隐私作为一种手段的意义远比其作为一种目标的意义重要，我们围绕隐私展开的各种辩论最终只得到混乱的结论就是因为我们将运用隐私所得到的结果与隐私本身混淆了。不过，笔者也同意隐私应当受到人们的推崇，因为对于几乎所有重要权利和个人自由的实现，隐私所扮演的角色都非常重要。

对于第一种反对意见，笔者是这样看的，行为人收集、整理和储存他人信息的行为并没有损害他人的隐私，而是损害了他人隐私的某些价值，原因如下：

首先，当行为人收集他人的信息时，他人信息作为隐私的价值便会丧失，因为隐私的其中一种用途便是控制个人信息的流通。行为人希望感知他人的其中一个原因是希望获取他人的信息。通常情况下，他人可以通过行使隐私权来拒绝行为人探寻我们的信息。但是如果行为人已经知道了他想要获取的信息，行为人就无须再感知他人的其他情况。他人也许还可以享有自己的隐私，保留自己对在什么时候和被谁感知这个问题的控制权，但是由于那些他无法控制其流通的信息，他的隐私的价值会因而下降。

其次，行为人收集他人信息的行为使他人的隐私价值下降，因为行为人的行为使他人隐私的安全度降低。获取了他人信息的行为人（个人或者政府）可以更容易地剥夺他人的隐私。假设甲知道了乙的住址、姓名、职业、人脉关系和收入来源，那么甲可以很轻易地将乙置于自己的监视之下或者拘禁乙，也即剥夺乙的控制权使其无法选择和决定谁可以感知自己。在某种意义上来说，甲对乙的影响力就是乙所失去的、对谁可以感知自己这个问题的控制权，换言之，即甲的行为使乙的隐私受到损害。从这种意义上说，信息库和类似的信息收集者的行为并不能证明本文对隐私的定义不恰当。总的来说，正如 Westin 一案[1]和 Miller 一案[2]的判决所暗示的那样，政府和其他机构的信息收集行为不会造成信息主体的隐私受到损害，而只是威胁信息主体的隐私安全。

最后，信息的收集、整理和储存行为使他人（信息主体）总是处于不确定自己是否还享有个人隐私的状态，从而对他人隐私的价值造成威胁。他人只有在完全确定自己享有隐私权的时候，才能够充分地享有并行使隐私权，这与其他类型的权力的特点类似。行为人可能在无意识当中实施了某些损害他人隐私的行为，而他人也可能没有意识到自己的隐私受到损害，甚至可能因为个人隐私的公开而感到高兴。如果他人不确定自己在某种特定情况下是否享有个人隐私，是否对在什么时候和被谁感知自己这个问题拥有控制权，他人所享有的隐

---

[1] See Westin & Baker, Databanks In A Free Society (1972).
[2] Miller, The Assault On Privacy 7 (1971).

私的很大一部分价值便因而丧失。如果人们不确定自己享有隐私,他们就不会运用隐私权来保护自己。一个实际上不能够随意探听或窥视公民的生活的政府所实施的行为,不会对公民的隐私造成损害;但是即便如此,如果公民仍然认为政府可以或正在使用某些手段来感知自己的情况,公民个人隐私中的一大部分价值就会丧失。这些公民事实上享有隐私,但是他们却不能享受个人隐私或运用隐私权来保护自己。一个广泛收集公民信息的政府,就是公民心目中有能力实施或将会实施未经公民许可的监视行为或监听行为的政府。这种政府的存在本身就会降低个人隐私的价值,即使政府的行为并没有实际上的损害公民的个人隐私。

上文提到信息收集行为会降低个人隐私的价值,下文将进一步分析本文所界定的隐私有何正面价值。Charles Fried 提出,个人隐私是指他人对个人信息的控制权,他在谈论隐私的工具性质时说道:"如果说隐私的本质是具有价值的,它本身是我们行为的目的(end),我们心里会感到不太舒服,因为隐私总是与某个人或某些事情相关,我们不愿意用价值二字去评价某个人或某件事;但如果将隐私仅仅看作一种工具(instrument),看作获得某种利益的工具,我们仍然会觉得不太满意,因为我们总觉得隐私应当具有某种超出于工具性质的重要性。于是我们陷入了困惑当中,因为我们既认为隐私具有价值,又无法解释隐私为何不能与其他价值相交换。我的研究正是为了说明我们为什么认为隐私具有重要价值,以及我们为什么不愿意把它当作行为的目的这两个问题。

"简而言之,我的观点是,要达成我们的许多行为的目的,如获得爱、信任、友情、尊重和自尊,我们需要隐私的支撑。因为隐私对于我们达成这些目的而言必不可少,隐私因而具有了重要性。而又因为隐私仅仅是支撑这些行为目的达成的其中一个要素,我们并不愿意赋予隐私以极端的重要性。[1]

"我并不认为,隐私仅仅是为了我们能够达成以上行为目的的其中一种可能利用的手段,我觉得,隐私与获得别人的尊重、爱、友情和信任这些行为目的之间具有必然的、非常关键的联系。享有个人隐

---

[1] Fried, An Anatomy Of Values138 – 38 (1970).

私不仅仅使我们更容易达到这些目标,因为如果人们都不享有个人隐私,我们根本不可能获得别人的尊重、爱、友情和信任。要获得别人的尊重、爱、友情和信任,人们之间必须相互尊重对方的隐私,允许对方保留自己的隐私空间。因此,行为人的行为如果对他人隐私造成威胁,则该行为还同时威胁他人作为人的尊严。相互表示尊重、爱、信任和关怀是我们作为人类社会中的一员所必须遵守的社会规则,而尊重对方的隐私是我们作出以上表示所必须的前提,就像燃烧的进行必须以氧气的存在为前提。"①

如果套用在笔者对隐私的定义上,Fried 的观点中大部分都是有道理的。例如,Fried 认为隐私的其中一种用途是创造亲密性(creation of intimacy)。他认为:"亲密性是指人们之间互相分享有关对方的行动、信念或感情的某些信息——这些信息人们不会希望与所有人分享,人们也有权不与任何人分享。隐私赋予人们选择亲密性的权利,人们只有先付出隐私的资本,然后才能够在人群中收获友情和爱情。"②

有人对上述观点提出反对,其理由是,我们经常会和自己并不亲密的人分享大量个人信息,而且,尽管信息是亲密性的一种表现,却不是亲密性的最重要表现。例如,丈夫对他的妻子的了解可能还不如妻子的朋友多。但因为夫妻双方选择持续地感知对方,所以他们之间会比朋友之间更为亲密。这种选择也是行使隐私权的一种方式。同理,密友之间之所以关系亲密不是因为他们选择向对方披露自己的秘密,而是因为他们总是选择与对方出现在同一个场合,因此通常他们不需要交流更多的新信息,而且除了想获得对方的陪伴带来的愉悦之外,这种行为不带有其他目的。

如果按照本文对隐私的界定,而不是将隐私界定为一种对个人信息的控制权的话,隐私和信任、爱、友情、尊重和自尊这些人们实施各种行为时想要获得的目标物之间的联系会更为紧密。但即使如此,即便人们之间在交往过程中不对保留个人隐私提出要求,这些珍贵的目标物也不是不可能获得的。例如,在集中营里和海难事故发生后漂

---

① Fried, An Anatomy Of Values140 (1970).
② Fried, An Anatomy Of Values142 (1970).

浮在海面的破船上，人们之间没有隐私可言，但是仍然可以收获这些珍贵的情感。当然，根据我们的生活经验，如果人们在交往过程中可以保留隐私，显然获得这些情感的可能性会大幅度提升。

尽管隐私与信任、爱、友情、尊重和自尊这些人们实施各种行为时想要获得的目标物之间没有必然联系（这似乎表明隐私并不是那么重要），但是如果我们将隐私界定为他人对在什么时候和被谁感知自己这个问题的控制权，而不是界定为对个人信息的控制权的话，隐私与更多的基本人权和自由就具有了实际的必然联系，隐私的重要性因而体现出来。隐私之所以这么珍贵和重要的原因是，他人的个人隐私受到损害是行为人的行为得以损害他人的基本权利和自由的一个先决条件。

以个人的人身自由为例。人身自由，是指他人享有的任何人不得违背其意志将其拘禁的权利。按照本文对隐私的定义，被拘禁的人其隐私通常同时受到损害；而他人通常需要在保有个人隐私的前提下才可能行使人身自由的权利，而这种隐私即是指他人对在什么时候和被谁感知自己这个问题的控制权。相反，他人对个人信息的控制权却明显不是他人行使人身自由权利的必要前提，因为即使他人的个人信息全部都被别人所获知，他人仍然可能享有人身自由；但是他人也可能在失去人身自由的时候，仍然保有对个人信息的控制权。比如如果俘获难民的人用数字来代表被带往集中营的难民而不是将名字作为这些人的象征，不把这些难民当作个体的人来对待，那么，如果说隐私是指对个人信息的控制权的话，这些难民在许多基本人权都无法得到保障的同时其隐私并没有受到多大的损害。

隐私是一种卑微的权力。我们之所以重视隐私，是因为经验告诉我们，如果丧失个人隐私，我们会同时失去许多对我们个人而言非常重要的或者从政治意义上而言非常重要的利益。但隐私与我们所珍视的某些事物并非完全一样，对于我们获取自己所期待的事物（包括友情、爱情等情感）而言也未必具有逻辑上的必然联系。隐私就像一片肥沃的土壤，尽管这片土壤对于许多参天大树和奇花异草的生存和生长是必须的，沃土可以为这些植物的成长提供极其宝贵的环境，但是，沃土与花木不是同一样事物，二者之间也没有逻辑上的必然联系。

三、隐私的界定在实践中的应用

由于隐私是我们行使任何基本的政治权利所必须的前提，《人权法案》（Bill of Rights）中的大部分条文都为个人隐私提供了间接的保护。比如，《美国联邦宪法第五修正案》禁止政府执法人员强迫刑事被告自证其罪，禁止非法拘禁以及禁止执法人员强迫犯罪嫌疑人坦白罪行以防犯罪嫌疑人的隐私受到损害；《美国联邦宪法第六修正案》要求法官审判时必须遵从快速和公平原则的规定；《美国联邦宪法第八修正案》禁止执法机关收取超出法律规定的保释金；等等。这些宪法条文都间接地保护了我们对于谁可以感知我们自己这个问题的控制权。在各个宪法条文中，其中三个宪法性文件的法律规定与笔者之前所界定的"隐私"一词的关联尤为紧密，这三个宪法性文件分别是：①《美国联邦宪法第一修正案》规定，公民的结社自由受到宪法保护；②《美国联邦宪法第三修正案》规定，禁止士兵驻扎在私人住所内；③《美国联邦宪法第四修正案》规定，任何人不得对他人的身体、房屋、文件和财物实施不合理的搜查和扣押，不得对他人实施不合理的逮捕。

Black 法官曾经宣扬他反对将窃听行为（eavesdropping）纳入《美国联邦宪法第四修正案》所限制的行为范围内。他认为，《美国联邦宪法第四修正案》"制定的目的是直接杜绝执法人员在未获得地方治安官签署的搜查令授权的情况下，实施进入并搜查公民的住所或其他建筑物，甚至扣押公民的个人物品的行为"，但是该修正案并没有赋予"法院以不受限制的权利将一切影响个人隐私的行为认定为违宪行为"[①]。因此，他担心由于宪法上使用的"隐私"一词词义模糊，这很可能会削弱公民抵抗政府不法行为的基本权利。[②]

笔者正是希望通过本文对隐私的界定，纠正其他学者对隐私的定义过于宽泛和模糊的缺点。本文对隐私的界定符合《美国联邦宪法第四修正案》的立法意图，即保障公民所享有的、保护其人身、房屋、文件和财物的权利。在《美国联邦宪法第四修正案》制定之时，

---

① Katz v. United States, 389 U. S. 347, 367 (1967) (Black, J., dissenting).
② Griswold v. Connecticut, 381 U. S. 479, 509 (1965) (Black, J., dissenting).

法律只要禁止执法人员实施擅自进入他人的房屋或其他建筑物，或不合理地拘捕他人或扣押他人的私人物品的行为，就足以保护本文所界定的公民的"个人隐私"，无需特别禁止任何人对他人实施窃听行为，也无需特别指出宪法保护的个人隐私的内涵。但是随着时代变迁，在现代生活中，由于伸缩镜头（telescopic lens）和抛物线反射镜式麦克风（又叫抛物面传声器，parabolic microphone）等新科技产物的诞生，对个人隐私的保护不能再局限于禁止行为人实施物理性侵入他人的住所或者逮捕他人的行为那么简单。从 Olmstead v. United States 一案①的判决到 Katz v. United States 一案②的判决的改变可以看出，法律保护个人隐私的方式正在发生演变。但是《美国联邦宪法第四修正案》（以及《人权法案》中的其他条文，尤其是《美国联邦宪法第一修正案》和《美国联邦宪法第三修正案》）所保护的个人权益仍旧不变。隐私是人们对于谁可以感知自己身体的任何一部分这个问题的控制权，隐私本身是很重要的，而且由于保有个人隐私是我们行使其他个人权利和自由的基本条件，隐私的重要性就更为显著。

在1973年美国联邦最高法院审判的两个涉及妇女堕胎权的案件③中，法官的意见反映出他们对隐私的界定与本文对隐私的界定基本一致。如果隐私是人们对谁可以感知自己身体的任何一部分这个问题的控制权，那么行为人强迫孕妇继续怀孕、生下孩子并且将孩子抚养成人的行为就是对孕妇个人隐私的损害，而且这种损害会持续多年。但是，如果隐私是指人们对于个人信息的控制权，那么 Rehnquist 法官认为堕胎权与隐私毫无关系的观点便可能是正确的。④ 本文提出的隐私的定义正好可以说明隐私与人们对个人身体的控制权之间的关系。换言之，由于隐私是人们对谁可以感知自己身体的任何一部分这个问题的控制权，所以人们对自己的身体行使控制权的同时也是在保护自己的隐私。⑤

笔者认为有关隐私侵权行为的法律需要一个统一的隐私的定义。

---

① 277 U. S. 438 (1928).
② 389 U. S. 347 (1967).
③ Roe v. Wade, 410 U. S. 113 (1973); Doe v. Bolton, 410 U. S. 179 (1973).
④ Roe v. Wade, 410 U. S. 113, 172 (1973) (Rehnquist, J. , dissenting).
⑤ 译者加入的句子。

在美国的大部分州的公民都可以起诉别人侵犯了他的隐私权。但是，隐私侵权作为一个独立的案由的历史并不长，仅仅在100年前美国的法院才承认了这种案由的成立。促使法院承认隐私侵权是一种独立案由的驱动力，主要是 Warren 和 Brandeis 于1980年在《哈佛法律评论》上发表的著名论文《论隐私权》。从该文发表以来，"隐私权"的确立令许多侵权诉讼的审判有了法律依据。在1960年，William Prosser 教授为了确切界定隐私权的相关法律究竟保护的是怎样的一种利益，研究了300多个隐私侵权案例。[①] Prosser 教授得出结论，可救济的隐私权行为之间并没有一个完全相同的特征。但是他发现，在众多案例中，有四种隐私权行为的特点常常出现，在任何一个案件中争议的隐私侵权行为至少具有这四种特点中的一种。这四个特点是：

（1）行为人侵扰他人的安宁或住所，或者他人的私人事务。
（2）行为人公开他人的令人尴尬地私人事务。
（3）行为人公开丑化他人的形象。
（4）行为人为了自己的利益擅自使用他人的姓名或肖像。

在 Prosser 教授的论文发表四年后，Edward Bloustein 发表论文提出，Prosser 教授所研究的案例中争议的隐私侵权行为都具有一个特点，那就是这些隐私侵权行为都侵犯了他人的人格尊严。[②] 他还认为，"隐私侵权行为和其他类型侵犯他人的人格尊严和个人独立性（individuality）的侵权行为的区别在于实施侵权行为的方式不同"。尽管"人格尊严和个人独立性"不足以作为隐私的定义，但是 Bloustein 认为有关隐私侵权行为的法律所保护的利益同样受到有关其他类型侵权行为的法律所保护这一观点，笔者认为是正确的，因为诸如有关暴力殴打行为、非法拘禁行为、故意引起他人精神痛苦的行为、擅自进入他人住所的行为以及各类过失行为的法律都保护个人的隐私权益。

既然有关隐私侵权的法律所保护的利益同样受到有关其他类型侵权行为的法律所保护，那么为什么还要将"隐私侵权"看作一种独

[①] Prosser, *Privacy*, 48 CALiF. L. REv. 383 (1960).
[②] Bloustein, *Privacy as an Aspect of Human Dignity: An Answer to Dean Prosser*, 39 N. Y. U. L. REV. 962, 1001 – 1007 (1964).

立的案由呢？笔者认为原因在于，将"隐私侵权"作为一种独立的案由，法律可以在其他传统的侵权法所没有覆盖的范围内为个人隐私提供保障，而且，将隐私侵权行为作为一类独立的侵权行为来处理，可以促使司法机关灵活地对侵权行为进行分类，从而有效应对威胁个人隐私的新型侵权行为。①

在过去有关隐私侵权行为的著名案例中，有许多案中争议的隐私侵权行为属于导致原告失去对谁可以感知他自己这个问题的控制权的行为。这些案中的许多不当行为（do not）导致的后果，与上文探讨的行为人实施收集他人信息的行为所导致的后果相似，都引起了他人隐私的价值受损。

本文没有全面讨论 Prosser 教授所收集的所有案例，也没有将它们重新整理以证明本文对隐私的定义的正确性。要有力地论证本文对隐私的定义或任何其他的隐私定义，对 Prosser 教授所收集案例的数据予以说明是必须的。但是，笔者并没有打算在本文对 Prosser 教授的案例进行全面探讨。在本文的末尾，笔者的讨论回归到对 United States v. White 一案②所适用的隐私新定义的讨论中。

在 White 一案中，White 法官认为："如果政府执法人员获取被告与别人的谈话记录并公开的过程中没有使用电子仪器，则执法人员的行为没有构成对宪法赋予被告的合理隐私期待的侵犯行为；如果执法人员对被告的谈话实施实时监听，或者别人通过与被告谈话的执法人员身上的麦克风实时监听被告与执法人员的谈话，而且被告并不确定这位执法人员是否值得信赖，则执法人员或这位实时监听的人的行为同样不构成对宪法赋予被告的合理隐私期待的侵犯行为。"

传统意义上的线人不会在身上隐藏窃听器，而现在有的线人会将电子窃听器隐藏在身上，执法人员通过窃听器窃听线人和被告之间的对话。White 法官的话使我们注意到我们应当为这两种线人的行为在宪法地位上的区别寻找到法律依据。他认为，被告对线人的实际隐私期待的不同不能作为区别两种线人的行为的依据，"区分这两种线人

---

① Weinstein, *The Uses of Privacy in the Good Life*, in Privacy, NoMos XIII 182 (Pennock & Chapman, eds. 1971).
② 401 U. S. 745 (1971).

的行为的关键,不是在特定情况下被告的隐私期待,也不是被告对于自己的同伴的判断力的依赖程度。被告很可能并不知道也没有怀疑过他们的同事已经或将会向警察告密,或者正怀揣录音机或麦克风与被告进行谈话。否则,被告与线人的谈话就会结束,而我们所遇到的对两种线人行为的区分标准问题也就不复存在或者与其现在表现大相径庭。按照 Katz 一案的观点,区分这两种线人的行为关键在于,被告的隐私期待是否受到宪法的保护,即《美国联邦宪法第四修正案》限制执法人员实施未经搜查令授权的执法行为旨在保护的隐私期待是什么。目前美国法律有选择地保护他人的隐私期待,如果被告的熟人由于某些原因而向警察告密,法律允许执法人员将告密者的证言作为呈堂证据使用,也允许执法人员以 Hoffa 一案和 Lewis 一案中的执法人员的方式利用线人以获取证据。"所以,虽然线人怀揣录音设备或窃听器与被告对话的行为本身超出被告的预期,但这种行为出人意料的性质或者新颖性不足以使法官认为应当将线人的窃听行为纳入《美国联邦宪法第四修正案》所限制的行为范围内;线人对被告的背叛也不足以使法官认为应当将线人的窃听行为纳入《美国联邦宪法第四修正案》所限制的行为范围内,因为《美国联邦宪法第四修正案》同样不禁止传统意义上不携带窃听器的线人与被告进行对话的行为;线人将其与被告对话的内容传播给第三人知道的行为不足以使法官认为应当将线人的窃听行为纳入《美国联邦宪法第四修正案》所限制的行为范围内,因为这个无论线人身上是否携带窃听器材,线人都会将这些对话内容向第三人传播。两种线人的行为之间的唯一可能具有宪法意义的区别是,两种行为传播信息的效率是不同的。携带窃听器材的线人可以将无可挑剔的准确的对话内容传递给执法人员,而不携带窃听器材的线人所传递的对话内容则可能有谬误。但传递效率的高低不同仅仅可能给有罪的人带来坏处而不会有损无罪的人的利益,而且可能防止了线人对被告进行陷害,所以这也不足成为区分两种线人的行为的宪法地位的判断标准。

　　White 法官的观点似乎暗示了,他认为他人的隐私期待就是他人对于个人隐私的控制权的期待。如果隐私是一种对信息的控制权,那么刑事被告在与传统意义上的线人和携带窃听器材的线人对话时,就是自愿将个人隐私透露给线人。因为传统意义上的线人和携带窃听器材的线人都不需要搜查令的授权就可以对被告透露的隐私加以利用，所以两种线人的行为的区别仅仅在于信息传播的效率。对于 White 法官而言，被告对线人说话会失去对某些关键的犯罪信息的控制权，而被告对一个值得信赖的、不是线人的人说话并不会失去他对关键犯罪信息的控制权，从宪法的角度看，被告的这两种行为存在巨大差别。政府需要搜查令的授权才可以对他人和他所信赖的不是线人的人之间的对话实施监听行为，因为政府的这种未经他人同意单方实施的行为会引起他人的隐私受到损害——即失去对于某些信息的控制权。但对他人和线人之间的对话实施监听行为时，政府无需搜查令的授权，因为在这种情况下他人隐私受到损害是源于他人的自愿行为，而且政府对这些由他人自愿暴露的信息的利用其实质与政府对由他人向公众公开的信息进行利用并无二致，同样不需要搜查令的授权。《美国联邦宪法第四修正案》毕竟不能限制行为人利用他人自愿放弃（relinquish）的个人隐私。

然而，按照本文对隐私的界定，无论他人是将个人隐私告诉了线人还是朋友，他人的隐私都不会因而被放弃（surrender）。我们可以选择让某个人听见我们说的话，同时保留停止和这个人说话的权利。传统意义上的线人并没有携带窃听器材偷录他和被告的对话，线人随后的告密行为不会引起被告隐私的损害，线人的告密行为仅仅是削减了被告的隐私的价值，因为他将被告希望行使隐私权加以保护的信息传递给了第三方。但是，携带窃听器材的线人却篡夺了被告对听见对话的人数的控制权，线人单方面对被告的隐私造成损害，这与政府窃听被告与非线人之间的对话对被告隐私的损害本质上是一样的。因此，根据本文对隐私的界定，从宪法的角度看，他人对携带录音器材的线人说话，与他人和值得信任的朋友或任何一个没有携带窃听器材的线人谈话这两种行为是不相同。两者的区别在于，实施前一种行为的时候，他人对谁可以听见他说话这个问题失去了控制权，而他人在实施后一种行为时却不会产生这样的结果。政府利用携带窃听器材的线人以获取他人的谈话的行为，是对他人隐私的单方剥夺行为。而如果政府只是从一位没有携带窃听器材的线人处得知他人的谈话，则政府的行为相当于从档案或信息库里搜寻他人的资料的行为，仅仅对他人隐私的价值造成冲击却不会损害他人的隐私本身。如果《美国联邦宪法第四修正案》所保护的利益是他人的隐私，那么政府实施通过携带窃听器材的线人获取他人的对话录音的行为之前，应当获得搜查令的授权；如果政府是通过询问一位没有携带窃听器材的线人处得知他人的谈话的，则政府的询问行为也许需要获得搜查令的授权，但这不是必须的。因为隐私本身的性质为我们从宪法的角度区分传统意义上没有携带窃听器材的线人的行为和携带了窃听器材的线人的行为提供了坚实的基础。

　　本文对隐私的界定并非要对 White 一案的判决作出判断，认定这个判决正确与否。美国联邦最高法院在将来可能仍然认为，执法者未经搜查令授权而利用携带窃听器材的线人获取他人的对话的行为所损害的他人的隐私利益与执法行为所保护的利益相比，后者会高于前者，但是 Hoffa 一案①中争议的没有携带窃听器材的线人的行为（该行为不会造成他人的隐私受到损害），与 On Lee v. United States 一案②、Lopez v. United States 一案③和 White 一案④中争议的携带窃听器材的线人的行为（该行为会直接造成他人隐私受到损害）之间，具有明显的区别。由此我们可以明白，为什么使用电子器材进行监视的行为与传统的情报收集行为是不一样的。

　　对隐私进行重新界定不能解决的问题很多，诸如法律应当对隐私给予怎样的保护，在某一特定情形下隐私具有怎样的经济价值、社会价值或政治价值，等等。⑤ 但是，无规矩不成方圆，有据可循可以促使法院作出更合理的判决。法官越清楚隐私的含义是什么，对在什么情况下应当保护隐私和在什么情况下应当牺牲个人隐私的问题就越能够作出明智的判断。White 一案的判决似乎并不明智。笔者希望通过更清晰地界定隐私的定义从而使法院明白在某些案件中，法院的判决牺牲了他人的什么利益。

---

① 385 U. S. 293 (1966).
② *On Lee v. United States*, 343 U. S. 747 (1952).
③ *Lopez v. United States*, 373 U. S. 427 (1963).
④ *White*. 401 U. S. at 746.
⑤ See especially ARENDT, The Human Condition (1958).

第二编 隐私权的现代界定

论隐私权

茱蒂丝·贾维斯·汤姆森[①]著 丁双玥[②]译[③]

目　次

一、导论
二、两种重要的假设情形
三、笔者对两种假设情形的看法
四、隐私权和财产权
五、隐私权和"人对自身的权利"
六、两个例子
七、对简单的设想的证明
八、隐私权权利束与其他权利束之间的问题
九、隐私权权利束的性质

一、导论

长久以来，似乎没有人对隐私权是什么作出过非常明确的界定，这一问题也许是关于隐私权的最突出的问题。例如，有一种大家非常熟悉的观点，即将隐私权视为一种"独处权"，我们可以仔细考量一下这种熟悉的说法。一方面，将隐私权视为"独处权"似乎并不周

[①] 茱蒂丝·贾维斯·汤姆森（Judith Jarvis Thomson），美国麻省理工学院哲学教授。
[②] 丁双玥，中山大学法学院助教。
[③] 本文中标题名系译者所加。

延。如果隐私权是"独处权",那么政府执法人员可能会产生这样的观念,即,为了能够透过住宅墙壁观察 Smith(公民)的一举一动,政府允许政府执法人员对 Smith 的住宅使用 X 光射线装置;为了能够听到 Smith 的一字一句,政府允许政府执法人员针对 Smith 使用声音放大装置;但是在以上两种情形中,政府执法人员完全没有侵犯 Smith 的独处状态:他们并没有接触到 Smith 本人,甚至都没有靠近 Smith——政府执法人员所使用的装置与 Smith 有相当的距离。对于 Smith 这个例子,虽然所有人都会认为该情形涉及隐私权并且政府执法人员实施的行为侵犯了 Smith 的隐私权,但是,如果将隐私权视为"独处权",那么人们会很难准确地解释政府执法人员怎样侵犯了 Smith 的隐私权。另一方面,将隐私权视为"独处权"涵盖了过于宽泛的内容。例如,如果我用砖块击打了 Jones 的头部,那么我实施的行为就侵犯了 Jones 的独处状态。尽管用砖块击打 Jones 头部的行为必然侵犯了 Jones 享有的某项权利,但是这种行为侵犯的权利绝非 Jones 的隐私权。此外,如果将隐私权定义为"独处权",那么它的界限又在何处呢?难道所有侵犯他人权利的行为都是侵犯他人隐私权的行为吗?

至少,在开始对隐私权下定义时,我们不用野心勃勃地想要确定一个完美的概念。笔者认为,我们应该关注一些具体的、设想的情形,在这些情形中,人们都认为其中的隐私权受到了侵犯,并且,我们应该思考人们这样认为的具体原因和人们这样认为的合理性。

二、两种重要的假设情形

首先,这里有个难题值得我们注意。笔者认为,这些具体的、设想的情形未必会得到很多的认同。假设第一种情形:我丈夫和我正在争吵并以我们最大的声音朝对方大喊大叫,如果此时我们忘记了关闭窗户,那么窗外街道上的行人很容易就能听到我们争吵的内容。对我来说,那些驻足倾听我们争吵的人并没有侵犯我们的任何权利;他们驻足倾听的行为最多也只能说是品行良好的人不会实施的不端行为。相比之下,假设第二种情形:我丈夫和我在窗户紧闭的房屋内进行轻声的争论,并且路过窗外的一般行人都无法听到我们争吵的内容;在这种情况下,再假设某人为了听到我们争论的内容,在街道对面针对我们的房屋使用了声音放大装置，而这种装置能够使他听到我们争论的内容。对我来说，行为人实施的这种行为确实侵犯了我和我丈夫的权利，我本以为，该权利就是隐私权。

但是，此情形尚有异议的余地。行为人在第二个情形中实施的行为毫无疑问比第一个情形中实施的行为更加恶劣，因为，比起仅仅在街道上驻足倾听的行为来说，针对他人房屋使用声音放大装置的行为是非常不妥当的。尽管如此，还是有人可能会认为，上述两种情形中行为人实施的行为均未侵犯他人的权利，这两种假设中的行为均是不端行为而已。

如其不然，也有人会认为，两种情形中行为人实施的行为都侵犯了他人的权利，实际上也就是侵犯了他人的隐私权，但是比起第二个情形中的行为的侵害性，第一个情形中行为的侵害性较小。

笔者认为，上述两种观点都是错误的。上文假设的两种情形不仅仅只是程度上的区别，而更是一种性质上的区别：在第一个情形中，行为人实施的驻足倾听的行为可能是一种恶劣的行为，但行为人实施的行为并没有侵犯任何人的权利。然而在第二个情形中，当行为人对他人房屋使用声音放大装置的时候，他不仅仅实施了恶劣的行为，其行为也侵犯了他人的权利，即他人的隐私权。但是对于此观点，笔者并没有相关的论证。笔者认为，在解释隐私权时必须考虑隐私权不同于其他权利的特征，即使这种特征并不能自然而然地证明上述两种假设的情形就像笔者所持的观点一样是有性质上的区别的，更不能解释为什么这两种情形在性质上有所不同。从这种意义上来说，笔者将这些假设的情形视为作为论据的事实。

当然，笔者认为，还有一个观点值得我们注意，如果仔细考虑这种观点，那么我们也许就不太倾向于认定上述两种情形中行为人实施的行为都侵犯了他人的权利。人们对权利（此处所说的权利是指一般意义上的权利，而非特指隐私权）有一种常见的解释，这就是，如果一个人享有某种免受他人对其实施某种行为的权利，这种权利本身就意味着，如果他人对享有该项权利的人实施了该种行为，那么他人实施的行为就是恶劣的行为，或者是违法的行为，又或者是不应该实施的行为。因此，举例而言，如果你享有免受他人杀害或拘禁的权利，这些权利本身就意味着，如果他人实施杀害你或拘禁你的行为，那么他人实施的行为就是恶劣的行为、违法的行为以及不应该实施的行为。如果这种对权利的解释方法是正确的，那么它就意味着，我们不仅享有禁止他人对我们的房屋使用声音放大装置来窃听我们低声争吵的权利，我丈夫和我也同样享有另一种权利，这种权利禁止他人在街道上驻足倾听我们的大声争吵，因为如果他人实施了驻足倾听的行为，那么他人实施的行为就是恶劣的行为、违法的行为以及不应该实施的行为。

但是，这种对权利的解释方法是完全错误的。在生活中，有很多行为是我们不应对他人实施的行为，如果我们对他人实施这些行为，那么我们实施的行为就是恶劣的，但是，我们实施的此类行为并没有侵犯他人的权利。例如，吝啬的行为与不和善的行为都属于恶劣的行为。假设，你嗜爱巧克力冰淇淋，但是这种食物对我来说只需浅尝辄止。现在，我有很多巧克力冰淇淋并且只食用了一点点，但是这对我来说就已经足够了，因为我并不十分钟情于这种食物。于是，当你看到这一幕就向我请求："你能否将剩下的冰淇淋给我？"如果我回应说："不，我不愿意将剩下的冰淇淋给你，我决定将剩下的冰淇淋埋在花园里。"那么我的这种行为的确是恶劣的。我不应该实施这种行为，而应该把剩下的冰淇淋给你。但是，你并不享有任何权利可以强制要求我将冰淇淋交给你，并且，即使我将剩下的冰淇淋埋在花园里，我也没有侵犯你的任何权利。

的确，虽然行为人实施的某些行为可能并不侵犯他人的任何权利，但是其比侵犯他人权利的行为更加恶劣。在上述例子中，如果你不仅仅是想要剩下的冰淇淋而是出于健康的原因需要食用冰淇淋，那么，我将剩下的冰淇淋埋在花园中的行为就是十分恶劣、不得体的行为，但是即使如此，我也没有侵犯任何人的权利。相反，如果在我埋掉冰淇淋之前，你夺走或者偷走它，那么，你实施的行为就侵犯了我的权利（毕竟，我对冰淇淋享有所有权），但是，你实施的行为既谈不上十分恶劣也谈不上不得体，即便你实施的行为是不良行为，它也不属于罪大恶极的行为。

毫无疑问，从行为性质的角度出发分析某一行为是否侵犯了他人的权利是于事无补的：无论某个恶劣的行为是否侵犯了他人的权利，恶劣的行为就是恶劣的行为，其性质并不影响这一判断。当然，当我们想要明确为什么这个行为或那个行为是恶劣的时候，我们就有必要研究并了解这些行为的特性了。

三、笔者对两种假设情形的看法

回到之前假设的两种情形，笔者认为，我们应该这样区分这两种情形：在一个情形中，行为人侵犯了我丈夫和我的权利；而在另一个情形中，行为人没有侵犯我丈夫和我的权利。笔者认为，两种情形之间的不同之处不在于行为人是否使用了声音放大装置，因为行为人是否使用声音放大装置并不是两种情形有所不同的原因。一方面，试想某位行人是耳聋的，当我丈夫和我在敞开的窗户旁大声争吵时，这位耳聋的行人正好路过并且开启他的助听器以便听清我们争吵的内容，在笔者看来，这位耳聋的行人实施的行为与那些听觉功能正常的行人实施的驻足倾听行为一样，都没有侵犯我丈夫和我的权利。另一方面，假设你和我需要讨论一些私人事务。由于去公园会面是最方便的途径，所以我们决定去公园讨论，又因为我们不希望别人偷听或无意中听到我们的谈话，所以我们选择了公园中一个远离小径的长椅。我们想要掩人耳目的行为引起了另一个人的好奇心，他非常想知道我们私下交谈的内容，所以他隐藏在灌木丛中爬行到我们身后并蜷伏在长椅后偷听我们的谈话。因为他实施了这种行为，所以他侵犯了我们的隐私权——同样，如果他在100码以外使用声音放大装置窃听我们想要保持为隐私的谈话，那么他实施的行为也同样侵犯了我们的隐私权。

四、隐私权和财产权

实际上，讨论前文提出的两种假设情形是有相当难度的，因此笔者建议我们暂且避开这一难题，来讨论一些较为简单的问题。

假设，某个人拥有一幅色情图片，他只愿独自欣赏这幅图片，不想让别人看到这幅图片——或许是他不想让别人知晓他拥有这样的图片，又或许是如果别人看到这幅图片他会感觉到他丧失了欣赏这幅图片的愉悦感。所以，他将这幅图片锁在他的壁式保险箱内，并且只有在夜晚或者关上百叶窗和窗帘的情况下，才将此图片拿出来欣赏。我们听闻他拥有这幅图片并想一睹为快，因此我们就对其壁式保险箱使用了 X 光射线装置并看到了保险箱内的图片。我认为，我们实施的行为侵犯了他的权利，即隐私权。

毫无疑问，当人们担心自己的隐私权受到别人侵害的时候，人们不会再为别人是否会浏览他们的财产而感到担忧。至少，这并不会引起人们的过分担忧。当然，当你考虑到特殊的令人厌恶的行为时，你就不会对别人浏览你的财产的行为感到无动于衷了，例如，如果一个窃贼进入你的房屋，他并没有直接窃取你的电视机或银器然后赶快离去，而是为了浏览一些事物（例如，他浏览了你的情书或者你衣橱地板上成堆的破袜子）才停留了片刻，那么你可能会对这种行为感到特别的反感。或许，窃贼实施的闯入行为和盗窃行为会吞噬其所实施的其他行为给你带来的反感，但是闯入行为和盗窃行为也可能并不会吞噬其他行为给你带来的反感：如果窃贼进入你的房屋并没有盗窃你的财产，而仅仅在你的房屋内到处察看，相比于单纯的盗窃行为，这种行为可能会让你觉得更加反感。

因此，笔者认为，如果我们使用 X 光射线装置偷看别人壁式保险箱中的图片，那么我们实施的行为就侵犯了别人的隐私权。现在我们来探讨，我们侵犯别人隐私权的方式和原因。

一个人拥有一幅图片就意味着他享有涉及这幅图片的一系列权利。举例来说，如果你拥有一幅图片，你享有的一系列权利包括出售它的权利，你可以将这幅图片卖给任何你自愿与其交易的人；包括将它赠与他人的权利；包括撕毁它的权利；包括欣赏它的权利。上述列举的这些权利都属于"积极权利"，也就是权利享有者针对这幅图片作出某些行为的权利或涉及这幅图片的权利。一个人拥有一幅图片也意味着他享有关于这幅图片的"消极权利"，也就是阻止别人对这幅图片作出某些行为的权利，例如，别人不得出售这幅图片，不得将这幅图片赠与第三人，也不得撕毁这幅图片。

那么，一个人拥有一幅图片，是不是也意味着他享有阻止别人欣赏这幅图片的消极权利呢？笔者认为，他享有这样的权利。如果一个人拥有的是一幅精美的色情图片，他想永久地将这幅图片隐藏起来，以免除了他自己以外的人欣赏到这幅图片，那么他的这种行为可以说是非常吝啬的——慷慨大方的人可能会让自己的朋友也能够欣赏到这幅图片。但是，即使吝啬，他也有权利隐藏这幅图片。如果有人正打算撕毁这幅图片，他可以夺回图片：因为他拥有这幅图片，所以他有权确保除了他自己以外无人能撕毁这幅图片。如果有人正打算欣赏这幅图片，他也可以夺回图片或者将图片掩盖：因为他拥有这幅图片，所以他有权确保除了他自己以外无人能欣赏这幅图片。

需要强调的是，不仅仅在别人将要撕毁图片的情况下，也不仅仅在别人正在撕毁图片的情况下，图片的所有者才有权夺回图片或尽其所能（在合法条件下）保护图片免受破坏，在其他情况下他同样有权确保无人可能会撕毁他的图片。这就是笔者的观点。假设，我们极度地想要撕毁他的图片，而他为了阻止我们撕毁图片就将图片锁在他的壁式保险箱内。由于我们非常急不可耐地想要撕毁图片，所以我们购买了一个远距离穿透图片的摧毁装置：我们秘密地将这种装置安放在街对面的公寓中，将装置对准街对面壁式保险箱中的图片，然后按下按钮启动了装置，最终我们摧毁了图片。即使如此，他未能成功保护图片免受装置摧毁的事实，并不能说明我们使用该装置摧毁图片的行为就是正当的。

再假设，有一种方法能够保护图片免受远距离穿透图片的摧毁装置的摧毁，因为装置发出的射线无法穿透铂金，图片所有者可以用铂金包住图片来防止图片被摧毁。但是，除非卖掉自己所有的家当，否则图片所有者根本不能支付购买铂金的资金。这种现实状况使得图片所有者很难采用如此昂贵的方式保护其图片，但是，即使他没有倾家荡产地保护其图片，也不意味着我们使用该装置撕毁其图片的行为就是正当的。

我们都有权利尽我们所能（在合法条件下）保护自己的财产免受别人的偷盗行为。但是，笔者断定，事实上我们几乎不可能阻止一个下定决心的窃贼盗窃我们的财产。或许，只有雇佣全副武装的护卫队或者将房屋封锁在铜墙铁壁中，我们才能保证我们的财产免受偷盗；也或许，连这些保护措施都不足以保障财产免受偷盗。即使我们无法完全保证我们的财产免受别人的偷盗，或者我们虽然有保护财产的方法，但是却因方法过于昂贵甚至超过我们财产的价值使我们没有采取这些方法对财产进行保护。但是，这些事实都不意味着下定决心的窃贼盗走我们财产的行为就是正当的。

笔者认为，如果一个人拥有一幅图片，那么他就可以从别人手中夺回图片或者将图片掩盖起来以阻止别人看到图片,他也可以将图片藏在他的壁式保险箱内。但是笔者认为,图片所有者不仅有权采取一切措施(在合法条件下)阻止图片被正要观看图片的人看到,他也有权防止那些可能看到图片的人看到图片,就像他有权防止可能撕毁图片的人撕毁图片或者有权防止可能夺走图片的人夺走图片一样。笔者认为,如果图片所有者有权防止那些可能看到图片的人看到图片,那么他享有的这种权利就会产生这样的结果:如果图片所有者将图片藏在他的壁式保险箱内,我们对其壁式保险箱使用 X 光射线装置并偷看了保险箱内的图片,那么我们实施的行为就侵犯了图片所有者对其图片享有的权利,而这一权利正是防止那些可能看到图片的人看到图片的权利。即使图片所有者无法防止我们使用 X 光射线装置偷看他的图片,这一事实也不意味着我们使用 X 光射线装置偷看其图片的行为就是正当的,正如,即使图片所有者未能成功保护图片免受远距离穿透图片摧毁装置摧毁的事实,并不能说明我们使用该装置摧毁其图片的行为就是正当的。

相较而言,如果仅仅是一幅贴在墙壁上的地铁线路图,那么你就无权从墙上摘下它或者将它遮掩住,你无权采取任何措施防止别人看到地铁线路图。并且,即使你将地铁线路图遮掩住,而别人使用 X 光射线装置透过遮盖物看到了路线图,别人也没有侵犯你的任何权利。因为地铁线路图毕竟不属于你,你并没有权利禁止除你以外的其他人看到地铁线路图。

当然,别人欣赏图片的行为并不会损害图片本身,撕毁图片才会损害图片本身。但是,是否损害到物体本身并不是问题的关键。举例来说,如果我擅自使用了你的牙刷,尽管我并没有损害你的牙刷,但是你仍然有权禁止我使用你的牙刷。

享有一项权利并不意味着一定会主张这项权利。因此,虽然从各个角度来说,你拥有一幅图片就意味着你有权禁止别人撕毁该图片,但是,你也有可能恰好希望别人撕毁你的图片,因此,你有可能实施以下几种行为:①邀请别人撕毁你的图片。②无论别人是否想要撕毁你的图片,你都设法让别人撕毁你的图片。例如,你小心翼翼地将图片放在某个地方,别人早晨起床的时候必然会踩到这个地方并将图片踩坏。③虽然你可能并不是绝对地想要别人撕毁你的图片,但是你也并不在意别人是否会撕毁你的图片，因此，你就可能允许别人撕毁图片。例如，由于懒得关心图片的完整性，你将图片随意丢在孩子们正在破坏的东西当中。④虽然你明确地不希望别人可能撕毁你的图片，但是你却一时疏忽，将图片放在某个危险的地方，使别人不得不损害图片才能保证自己不陷入麻烦。⑤虽然你明确地不希望别人可能撕毁你的图片，但是你却一时疏忽，将图片放在某个地方，使别人没有合理根据可以相信该图片属于特定的人。

同样地，虽然你拥有一幅图片就意味着你有权禁止别人欣赏你的图片，但是你也可能恰好希望别人欣赏你的图片，因此，你有可能实施以下几种行为：①邀请别人欣赏你的图片。②无论别人是否想要欣赏你的图片，你都设法让别人看到你的图片。③虽然你可能并不是绝对地希望别人欣赏你的图片，但是你也并不在意别人是否会欣赏到你的图片，因此，你就可能允许别人欣赏图片。④虽然你明确地不希望别人可能欣赏到你的图片，但是你却一时疏忽，将图片放在某个危险的地方，使别人不得不看着图片（至少，不能转开他的视线）才能保证自己不陷入麻烦。⑤虽然你明确地不希望别人可能欣赏到你的图片，但是你却一时疏忽，将图片放在某个地方，使别人没有合理根据可以相信该图片属于特定的人。

在上述这些情形中，别人撕毁图片或者欣赏图片的行为都是可以被允许的，他们实施的行为并没有侵犯图片所有者的任何权利。笔者认为，这样总结上述情形并不会有失偏颇：虽然图片所有者享有禁止别人对其图片实施某些行为的权利，但是，在上述第①、第②和第③种情形中，图片所有者自愿放弃了他的权利，而在第④和第⑤种情形中，图片所有者无意地放弃了他的权利。判断何种情况属于一个人放弃其权利的情况绝非易事：我们需要判断什么样的授权行为、什么样的疏忽行为和什么样的环境才能满足这种情况。权利重要性的不同也使得情况变化多样，并且，人们的习惯、惯例以及保护权利的成本都对情况的判断有着重要影响，我们并不能明确地指出哪个因素是主导因素。虽然如此，但是确实有一些行为明确地意味着权利享有者放弃了他的权利，并且，如果权利人放弃了他对于某个物品所享有的权利，那么，即使别人实施的行为并不符合权利的内容，别人也没有侵犯权利人的权利。

在某些情况下,即使别人实施的行为并不符合权利的内容,别人实施的行为也并没有侵犯权利人对于某事物享有的权利。除了上述情况外,还有其他情况会导致同样的结果:或许,权利人将自己对某事物的权利转让给了其他人;或许,权利人的相关权利被剥夺了;又或许,权利人虽然仍享有权利,但是其享有的权利被其他更加紧迫的权利所超越(此处并非详尽的列举)。另外,在其他一些情况下,我们不能确定行为人实施的行为是否侵犯了权利人的权利。假设,有人偷走了你所拥有的图片,并且他邀请第三人(第三人并不知道该图片属于你)来撕毁图片或欣赏图片;或者假设,有人将你所拥有的图片错认成他自己的图片而带走,并且邀请第三人(第三人并不知道该图片属于你)来撕毁图片或欣赏图片;那么,如果第三人接受邀请并撕毁或欣赏你的图片,那么第三人是否侵犯了你的权利呢?关于权利的一般理论能为这些问题提供一个解释。

当然,这里需要强调一个关于权利的问题:一个人可能曾经享有禁止别人实施一定行为权利,甚至现在他仍然享有禁止别人实施一定行为的权利,但是,无论其何时享有这样的权利,只要权利人有意或无意地放弃了自己的权利,同时别人实施的行为符合上述的情况,那么别人实施的行为就没有侵犯权利人的权利。

如果上述讨论是正确的,那么我们很快就能得到我们想要的结论了。在前文中,笔者提出,当我们为了看到图片所有者的色情图片而对其壁式保险箱使用 X 光射线装置的时候,我们实施的行为就侵犯了他的权利,即他的隐私权。如果笔者的讨论是正确的话,那么现在看来,我们实施的行为侵犯的是图片所有者的财产权利,特别是其享有的消极财产权,即别人不得欣赏其图片的权利,这是他因拥有这幅图片而享有的众多权利之一。后文中,笔者将回到这一问题,探讨这些权利的相互联系。

五、隐私权和"人对自身的权利"

当然,我们不会像爱护我们自身一样爱护我们自己的财产。我们并不希望别人看到我们的破袜子,但是,这仅仅让我们产生一般的厌恶感,当我们原以为没有人在窥视或偷听,却有人看到了我们对着镜子做的鬼脸或者听到了我们与家人的争吵时,我们的感觉会更糟。所以，你可能会认为，笔者在色情图片这样的一般财产上面花费了过长篇幅。

如果笔者关于色情图片的讨论是正确的话，那么关于人们自身的结论就很容易得出了。因为，如果我们对自己的财产享有还算严格的权利，那么我们对自身享有的权利将远比对财产享有的权利要严格得多。人们支配自己膝关节的方式与人们支配鞋子或者色情图片的方式是完全不同的：别人既无法购买你的左膝关节也不可能继承得到你的左膝关节。并且我认为，你也不会想要出售你的左膝关节。但是，你不出售你的膝关节并不是因为膝关节不属于你——从前就有女人出售过自己的头发，并且现在还有人出售自己的血液——而仅仅是因为没有人想要购买他人使用过的左膝关节。当然，如果确实有一个人想要购买你的膝关节，那么你是唯一有权出售你自己的膝关节的人。此外，虽然损害自己的膝关节是非常恶劣的行为，但是你确实有权损害自己的膝关节，并且除你之外的任何人绝对没有这样的权利——你因拥有你的膝关节而享有的权利中就包括这一权利，即除了你之外的任何人都无权损害你的膝关节。并且笔者认为，你因拥有你的膝关节而享有的权利还包括，禁止别人触摸你的膝关节的权利和禁止别人看到你的膝关节的权利。当然，你有权邀请别人来触摸你的膝关节或欣赏你的膝关节；或者，你也有权允许别人触摸你的膝关节或欣赏你的膝关节；又或者，你可能一时疏忽，将自己的膝关节暴露在某个地方，使别人不得不触摸到你的膝关节或看到你的膝关节才能保证自己不陷入麻烦。简而言之，就是你已经放弃了禁止别人触摸你的膝关节或看到你的膝关节的权利。但是，只要你作出了邀请、允许或者疏忽大意的行为，就意味着你放弃了你的权利。

我猜想，有些人会因为一时疏忽使别人看到自己暴露在外的膝关节而感到痛苦万分。但是只有少数人会因为一时疏忽使别人看到自己暴露在外的面容而感到痛苦万分，大多数人都不会对此感到痛苦，但是如果一位穆斯林妇女因为一时疏忽使别人看到自己暴露在外的面容，那么她可能会感到痛苦，如果某人在火灾中惨遭毁容，他因为一时疏忽使别人看到自己暴露在外的严重受损的面容，那么这个人也会感到非常痛苦。假设，某天早晨醒来时，你发现自己长出了獠牙或者失去了鼻子，那么你可能会立即主张你享有一项大多数正常人安心地放弃了的权利，即禁止别人看到你的面容的权利。一般情况下，人们或许并不十分在意这一权利，但是，如果某人出于种种原因不希望他的面容被他人看到，并且他因此遮盖住他的面容，而我们为了透过遮盖物看到他的面容使用了X光射线装置，当我们注意到这种情况时，我们实施的行为实际上侵犯了他对于自己面容的权利，这项权利正是他禁止别人看到他面容的权利。相反，与人的面容相较而言，如果你不希望别人看到的是一幅地铁线路图，那么，即使你非常不希望别人看到这幅图片，即使我们为了透过遮盖物看到这幅图片而使用了X光射线装置，我们也不会侵犯到你的任何权利；毕竟，地铁线路图并不属于你，你无权禁止除了你以外的人看到地铁线路图。

笔者认为，与不想被别人所见的权利一样，不想被别人所闻的权利也是相同的道理。假设，你是一名非常著名的歌剧明星，因此人们蜂拥而至都想听到你的演唱。你有可能通过售票的方式让别人有权听你演唱，有可能邀请别人来听你的演唱，你也有可能因为一时疏忽使别人不可避免地听到了你的演唱。但是，如果你现在决定不再让别人听到你的歌声，并且你仅仅在紧闭的窗户和隔音墙内小心地低声吟唱，那么，当别人为了听到你的歌声而针对你的房屋使用声音放大装置时，别人实施的行为就侵犯了你的权利，即禁止别人听到你歌声的权利。

上文提到的不被他人所见和不被他人所闻①的这些权利，与我们对我们财产享有的权利是类似的。笔者认为，我们享有这些权利的想法听上去很滑稽。我们在细数各种权利时并不会提及这些非主要权利。当我们讨论权利时，脑海中浮现的是这些主要的权利：生命权、自由权、免受别人伤害的权利以及财产权。别人看到某人的形象或听到某人的声音这样的行为并不会伤害到他，但是这并不意味着其没有权利禁止别人这样做。例如，即使别人敲击某人左膝关节的行为并不会对其产生伤害，但是他仍有权禁止别人在未经其允许的情况下敲击他的膝关节。又如，尽管，趁某人睡着时剃光他的头发或者将他的手肘染成绿色这样的行为对其并不会产生什么伤害，但是，他显然有权禁止别人对其实施这样的行为。这些非主要的权利看上去都十分类似，也许我们可以将它们归为一类。由于找不到更好的词语，所以笔

---

① In "A Definition of Privacy," Rutgers Law Review, 1974, p. 281, Richard B. Parker writes:
 The definition of privacy defended in this article is that privacy is control over when and by whom the various of us can be sensed by others. By "sensed," is meant simply seen, heard, touched, smelled, or tasted. By "parts of us," is meant the parts of our bodies, our voices, and the products of our bodies. " Parts of us" also includes objects very closely associated with us. By "closely associated" is meant primarily what is spatially associated. The objects which are "parts of us" are objects we we usually keep with us or locked up in a place accessible only to us.
 The right to privacy, then, is presumably the right to this control. But I find this puzzling, on a number of counts. First, why control? If my neighbor invents an X-ray device which enables him to look through walls, then I should imagine I thereby lose control over who can look at me: going home and closing the doors no longer suffices to prevent others from doing so. But my right to privacy is not violated until my neighbor actually does train the device on the wall of my house. It is actual looking that violates it, not the acquisition of power to look. Second, there are other cases. Suppose a more efficient bugging device is invented: instead of tapes, it produces neatly typed transcripts (thereby eliminating the middlemen). One who reads those transcripts does not hear you, but your right to privacy is violated just as if he does.
 On the other hand, this article is the first I have seen which may be taken to imply (correctly, as I think) that there are such rights as the right to not be looked at and the right to not be listened to. And in any case, Professor Parker's interest is legal rather than moral: he is concerned to find a definition which will be useful in legal context. (I am incompetent to estimate how successful he is doing this.)
 I am grateful to Charles Fried for drawing my attention to this article.

者将简单地称之为"人对自身的权利",这一权利由笔者前文提到的非主要权利和其他非主要权利组成。

在文章开始时,笔者假设了一个情形,如果我丈夫和我在窗户紧闭的房屋内进行轻声的争论,并且路过窗外的一般行人都无法听到我们争吵的内容,在这种情况下,如果某人为了听到我们的争论内容,就针对我们的房屋使用了声音放大装置,那么,他实施行为实际上就侵犯了我丈夫和我的隐私权。如果我在上文中的讨论是正确的,那么现在来看,这个行为人所侵犯的我们不被他人所闻的权利,正是人对自身的权利的一种。

前文还讨论了一种情形,如果我们使用X光射线装置偷看他人壁式保险箱中的图片,那么我们实施所见行为就侵犯了他人的隐私权。如果我在上文中的讨论是正确的,那么现在来看,我们所侵犯的图片免受他人所见的权利,正是图片所有者因拥有该图片而享有的权利之一。

分析至此,我们得到一个简单的设想,即,隐私权本身就是一个权利束,并且它并不是一个独立的权利束,而是与人对自身的权利形成的权利束相互重叠,也与人因拥有某财产而形成的权利束相互重叠。因此,当行为人使用X光射线装置偷看他人的图片时,行为人侵犯的权利(禁止除了图片所有者之外的人看到图片的权利)既是隐私权权利束中的一项权利,也是财产拥有人因拥有某财产而享有的权利束中的一项权利。此外,当行为人使用声音放大装置窃听我们的谈话时,行为人侵犯的权利(禁止他人听到我们谈话内容的权利)既是隐私权权利束中的一项权利,也是人对自身的权利束中的一项权利。

从其他窃听案例中,我们也可以得到关于这一设想的一些简单论证。在前文中笔者曾提到,如果我丈夫和我正在敞开的窗户旁大声争吵,窗外街道上的普通行人很容易就能听到我们争吵的内容,此时,若有行人驻足倾听我们的争吵,那么这位驻足倾听者并没有侵犯我们的任何权利,更没有侵犯我们的隐私权。为什么这位驻足倾听者没有侵犯我们的任何权利呢?笔者认为,他听到我们的争吵是因为我们让他听到的(无论我们有意或者无意),我们放弃了禁止别人听到我们争吵内容的权利,因为我们没有采取任何常见的、简易可行的措施

（例如关上窗户或压低我们的声音）来防止别人听到我们的争吵。当然，这仅仅是一种解释，即放弃禁止别人听到我们争吵内容的权利是否就意味着我们放弃了隐私权，或者，我们放弃的禁止别人听到我们争吵内容的权利是否仅仅是隐私权权利束中的一项权利，而这项权利正是行人驻足倾听的行为可能侵犯的权利。

为了进一步论证，我们必须考察那些对隐私权造成更大侵害的行为。

六、两个例子

接下来要讨论的例子和我们之前讨论过的例子是类似的。①一位耳聋的间谍针对你的房屋使用了窃听装置，这种窃听装置并不是把声音记录在磁带上，而是能把声音排列成文字使这位耳聋的间谍能够阅读。②一位盲人间谍针对你的房屋使用了 X 光射线装置，这种装置并不能让使用者看到图像，而是产生一幅幅列浅浮雕版使这位盲人间谍可以感觉到。耳聋的间谍并没有听到你的声音，盲人间谍也没有看到你形象，但是他们实施的上述行为都侵犯了你的隐私权。

在笔者看来，上述两个例子中，行为人对你实施的观察行为和窃听行为均侵犯了你对自身的权利。你所拥有的权利不仅仅是不被别人所见和不被他人所闻的权利，你也同样有权利禁止别人将你所说的话记录成文字，有权利禁止别人将你的一举一动塑造为浅浮雕版。由于这两位间谍侵犯了你的这两项权利，所以他们侵犯了你的隐私权。当然，有人可能会放弃这些权利：当一位教师进入教室时，他可能就放弃了禁止别人将其所说的话记录成文字的权利，当一位模特进入工作室时，他可能就放弃了禁止别人将其形象塑造为浅浮雕版的权利。因此，这两个例子似乎并没有引发新的问题。

七、对简单的设想的证明

生活中有数不胜数的案例与信息有关。

笔者坦率地认为，没有人对所有事实都享有权利，即所有事实都不被他人所知的权利。当你看到一个人的形象或者听到他说话时，你有可能侵犯了他的隐私权，但是，如果你仅仅是了解到一些关于他的信息，你不可能因此侵犯了他的隐私权。

笔者认为，在这个领域我们所享有的权利是这样的：我们有权禁止别人采取某些手段挖掘我们的信息，我们也有权禁止别人以某些方式使用我们的信息。我将简单地说明这两种权利。

如果为了获取某人的个人信息，我们使用 X 光射线装置观察他，那么我们实施的行为就侵犯了他的隐私权。实际上，无论我们想要获取的是个人信息还是非个人信息，我们实施的行为都侵犯了他的隐私权。我们暗中监视他，可能是为了弄清他午夜独自在厨房中干什么，也可能是为了弄清他是怎样做千层饼的，因为我们已经知道了他会在午夜独自在厨房中做千层饼，但是，无论我们为了弄清什么，我们实施的监视行为都侵犯了他的隐私权。当然，这两个例子都能支持前文提到的简单的设想：在两个例子中，我们实施的行为都侵犯了他人的权利，我们侵犯的权利（其行为不被他人所见的权利）既是隐私权权利束中的一项权利，也是人对自身的权利束中的一项权利。

如果为了获得信息，我们对一个人严刑拷打，那么我们实施的行为又是怎样的呢？笔者认为，如果为了弄清某人是怎样做千层饼的，我们就对其严刑拷打，那么我们实施的行为就侵犯了其身体免受他人伤害的权利，但是我们并没有侵犯其隐私权。但是，如果为了弄清某人午夜独自在厨房中做什么，我们对其严刑拷打，那么我们实施的行为是否侵犯了他的隐私权呢？在这个例子中，我们可以推测出我们实施的行为侵犯了其身体免受他人伤害的权利，如果我们对其进行严刑拷打是为了获得他的个人信息，那么我们也可以推测出我们侵犯了他的隐私权。这一个案例同样可以支持简单的设想：为了获得他人的个人信息，我们对其严刑拷打，我们实施的行为侵犯了他的权利（免受严刑拷打获得其信息的权利），这一项权利既是隐私权权利束中的一项权利，也是身体免受他人伤害的权利束中的一项权利。

通过威胁的方式强迫别人以获取信息的行为也是同样的：如果我们想要获取的信息是非个人信息，那么我们实施的行为就仅仅侵犯了受害者免受别人威胁强迫的权利；如果我们想要获取的是个人信息，那么我们实施的行为就侵犯了其免受威胁被迫将个人信息告诉别人的权利，这一项权利既是隐私权权利束中的一项权利，也是免受别人威胁强迫的权利束中的一项权利。

笔者认为这似乎是一个合理的观点，即，当行为人对他人实施一定行为以获取他人的个人信息时,只要行为人实施的行为侵犯的不是他人的与隐私权相同的权利,或者包含在隐私权内的权利,那么,行为人实施的行为就不仅侵犯了这些权利,也侵犯了他人的隐私权。因此,向某人写信询问其出生地在何处的行为并没有侵犯其隐私权:因为给某人写信的行为并不会侵犯其任何其他权利。相反,行为人为获取他人个人信息而暗中监视他人的行为会侵犯其隐私权,并且,无论出于何种原因,行为人对他人实施暗中监视行为都会侵犯其享有的人对自身的权利,而人对自身的权利既不同于隐私权也不包含在隐私权之内(虽然这两种权利有相互重叠之处)。另外,行为人为了获取他人的个人信息对其严刑拷打的行为会侵犯他人的隐私权,并且,无论出于何种原因,行为人对他人实施严刑拷打的行为都会侵犯其身体免受别人伤害的权利,而身体免受别人伤害的权利既不同于隐私权也不包含在隐私权之内(虽然这两种权利有相互重叠之处)。如果这一观点是正确的,那么对于这一系列案例来说,简单的设想就是正确的观点了。如果某人享有禁止别人对其实施某些行为的权利,那么他就有权利禁止别人为了获取其个人信息对其实施这些行为。并且,他享有的禁止别人为了获取其个人信息对其实施这些行为的权利,既属于禁止别人对其实施某些行为的权利,也属于隐私权(如果出于获取其个人信息的目的对其实施这些行为,那么这些行为就侵犯了他的隐私权)。

  笔者并不确定行为人使用他人信息的情形是否与挖掘他人信息的情形相同。如果某人原本以为我们不会散播他的信息并因此将其信息泄露给我们,而我们随后将该信息散播出去,那么,无论我们散播的信息是个人信息的还是非个人信息,我们实施的行为都会侵犯其保密权。如果我们散播的信息是其个人信息,那么我认为我们实施的行为同时也侵犯了其隐私权,因为我们实施的行为所侵犯的权利(涉及个人信息的保密权)既是隐私权权利束中的一项权利,也是保密权权利束中的一项权利。无论我们散播其个人信息是出于恶意还是出于盈利又或是出于其他原因,这一结论都能成立。

  此外,假设我通过完全正当的手段(例如,我从第三方获知这一信息,并且第三方并没有辜负任何信任)获知你拥有一幅色情图片并将它锁在你的壁式保险箱内,假设,即使我非常清楚我接下来的行为会给你造成精神痛苦,我还是将这一信息印刷在我自己发行的报纸的头条位置上，想想这种有噱头的新闻会多么引人注目：州立大学的Jones教授在壁式保险箱内珍藏色情图片！那么，我实施这样的行为是否侵犯了你的隐私权呢？我自己更倾向于我并没有侵犯你的隐私权。但是，如果有人认为我实施的行为侵犯了你的隐私权，那么之前提到的简单的设想就仍然是成立的：他可以主张，人们有权利免受别人造成的精神伤害，而我实施的行为侵犯了你免受个人信息公开造成的精神伤害的权利，这项权利既是隐私权权利束中的一项权利，也是免受别人造成的精神伤害的权利束中的一项权利。但是，精神痛苦毕竟是对人心灵的伤害，如果某人特别希望将其个人信息印刷在报纸上，并因此明确声明他希望报社印刷发行他的信息，那么将其个人信息印刷发行的行为完全不会对他的心灵产生任何伤害，因为这种行为正好投合了他的心愿。

我之所以不愿意承认我在上述情形中侵犯了你的隐私权，并不是因为我认为人们完全不享有免受别人造成的精神伤害的权利，而是因为我认为人们享有这一权利的说法仅仅只是表面上看起来有道理。就我看来，身体上的伤害和痛苦并没有什么特别之处，精神上的伤害和痛苦也是伤害和痛苦。实际上，精神上的伤害和痛苦比身体上的伤害和痛苦更加刻骨铭心，更加延绵不断，所以，认为人们有权免受别人造成的身体上的伤害和痛苦，却无权免受他人造成的精神上的伤害和痛苦的观点是完全没有道理的。更确切地说，我拒绝承认的理由是，即使人们有权利免受别人公开个人信息造成的精神痛苦，但是在大多数情况下，这一权利往往会被一个更加迫切的权利超越，那就是所谓的公众所享有的新闻权，这项权利意味着只要某一信息被公众视作有新闻价值的，那么无论这一信息是个人信息的还是非个人信息，新闻媒体都可以印刷出版这一信息；这就是为什么笔者认为在上述情形中我实施的行为并没有侵犯他的任何权利，当然，也就没有侵犯他的隐私权。[1]

---

[1] It was Warren and Brandeis, in their now classic article, "The Right to Privacy", Harvard Law Review, 1890, who, first argued that the law ought to recognize wrongs that are (they thought) committed in cases such as these. For a superb discussion of this article, see Harry Kalven, Jr., "Privacy in Tort Law-Were Warren and Brandeis Wrong?" Law and Contemporary Problems, Spring 1966.

八、隐私权权利束与其他权利束之间的问题

现在的问题是,隐私权权利束中是否有任何权利是完全不包含于其他权利束中的呢?笔者并不相信隐私权权利束中没有这样的权利,也不相信隐私权权利束中的每一项权利都会与其他权利束的某个部分重叠。但是想要回答这个问题是非常困难的,部分原因是(从最好的一面来说)我们并不十分明确隐私权权利束中到底存在哪些权利。笔者在文章开始时就提到,对两种假设情形中行为人实施的行为是否侵犯了他人的隐私权,人们有不同的意见;然而,随着笔者一步步将关注点放在更加核心的案例上,这些不同意见的冲突就变得越来越突出了。例如,对于以下情形,我们该作何评论呢?

(1)如果我的邻居们每天晚上都极其喧闹使我不胜其扰,或者他们每天都做臭烘烘的炖菜令人反胃,那么他们实施的行为是否侵犯了我的隐私权呢?有些人会认为他们实施的行为侵犯了我的隐私权,而我并不这样认为。但是,如果他们确实侵犯了我的隐私权,那么或许这种观点可以符合简单的设想,因为邻居们实施的行为可能侵犯了我的其他权利,大致来说,就是我在自己的住所中免受别人打扰的权利。

(2)如果在经过全市范围的投票支持后,城市中的所有公共汽车和地铁都安装了高音喇叭来播放音乐,那么这种行为是否侵犯了我的隐私权呢?有些人会认为这种行为侵犯了我的隐私权,而我并不这样认为。但是,承认这种行为侵犯我的隐私权的观点或许可以符合简单的设想,因为可能有一小部分人(虽然不是大多数人)享有在公共场合免受这种噪音打扰的权利。

(3)假设你是一个非常著名的人物,无论你去哪里,所到之处都有摄影师跟随,他们围绕着你不停地拍摄照片,只要你一出现,人群就会立刻聚集将你包围,所有人的目光都注视着你。那么,这些人实施的行为是否侵犯了你的隐私权呢?有些人会认为这种行为侵犯了你的隐私权,而我并不这样认为。在我看来,只要你现身公共场合,你就放弃了你免受别人拍摄和注视的权利。当然,就像我们普通人一样,你也享有在公共场合免受别人骚扰的权利(任何人都享有的权利),特别是你有权禁止摄影师和人群过于靠近地包围你。

（4）假如某个陌生人在街道上拦住你并向你问道："您的体重是多少？"或者，一位熟人在听说了你的家庭悲剧后对你说："您的孩子被货运卡车碾压过去，您一定悲痛极了！"① 又或者，你乘坐出租车时，出租车司机转过身对你说："我的妻子和我的心理医师有了外遇。"对于这些行为，有些人会认为它们侵犯了你的隐私权，而我并不这样认为。在这些案例中都包含强制因素，这些与你对话的人都在强迫你进行一场你不想进行的谈话，迫使你继续谈话的原因就是，如果拒绝交谈你就会因为自己的失礼感到难堪。但是，即使有强制因素，笔者也很难想象我们有权利禁止别人实施这些行为。当然，人们实施的这些行为可能会构成打扰行为，或者说，持续地实施一系列这些行为可能构成打扰行为（例如，假设一位熟人每天早晨都喜欢停留在你办公室中问你昨晚睡得是否安好）。如果是这样，那么我认为人们实施的行为确实侵犯了你的权利，也就是你免受别人打扰的权利。

（5）一些你认识的人们非常喜欢分享关于你的一些非常私人的流言蜚语。② 假设，他们所分享的关于你的信息都是通过未侵犯你权利的方式获得的，并且，所有参与者在分享信息时都没有违背信任。那么他们分享关于你的信息的行为是否侵犯了你的权利呢？如果认为他们实施的行为侵犯了你的权利，那么这种观点就不符合简单的设想了，因为在我看来，一方面，他们实施的行为并没有侵犯一个既不同于隐私权也不包含在隐私权权利束中的权利；另一方面，他们实施的行为没有侵犯你的任何其他权利。显而易见的是，我们并没有权利禁止别人传播关于我们的流言蜚语。

（6）假设某州议会认定，公民使用避孕用品的行为是违法的。那么州议会的这种行为是否侵犯了该州公民的隐私权呢？毫无疑问，当州政府执法人员采取一定的措施执行这一法规时（例如，透过公民卧室的窗户进行窥视），他们实施的行为显然会侵犯公民的隐私权；但是，如果州议会仅仅颁布这项法规，这一颁布行为除了可能侵犯其他一些权利以外，是否还侵犯该州公民的隐私权呢？我认为州议

---

① Example from Thomas Nagel.

② Example from Gilbert Harman.

会颁布法规的行为并没有侵犯该州公民的隐私权，但是即使认为州议会实施的行为侵犯了该州公民的隐私权，这种观点也不会对简单的设想有什么影响。因为，通过制定法律认定某种行为违法是对人们自由权的侵犯，而除非有迫不得已的需要，所有人皆享有自由免受侵害的权利。

九、隐私权权利束的性质

即使认为隐私权权利束中的每一项权利都与其他权利束中的权利重叠，这种观点也不能说明隐私权在某种程度上是一种"衍生"权利。在笔者看来，有一个更为重要的观点是：我们享有隐私权的事实并不能解释我们享有的隐私权权利束中的任何一项权利。这是笔者的观点。我们享有免受别人严刑拷打的权利，其原因是我们享有身体免受别人伤害的权利；我有权禁止别人撕毁我的色情图片，其原因是我对图片享有所有权，我拥有该图片；我有权立即就地翻个筋斗，其原因是我享有（行动）自由权；我有权尽一切努力保护我的生命，其原因是我享有生命权。上述情形中，在解释人们为何享有某种权利时，我们诉诸我们享有其他包含这些权利的权利。但是，我并不会因为自己享有隐私权就可以主张我享有自己的形象不被别人所见的权利，也不能因此主张我有权禁止别人为了获得我的个人信息对我严刑拷打。更确切地说，人们更倾向于这种观点，即，我享有自己的形象不被别人所见的权利，也有权禁止别人为了获得我的个人信息对我严刑拷打，正因为我享有这些权利，所以我享有隐私权。

这种观点（假设它是正确的）与笔者在文章开始时提出的观点是相互关联的，即，似乎没有人对隐私权是什么作出过非常明确的界定。我们面对的是一个权利束，虽然这一权利束具有备受争议的边界，但是大多数人都认为，当行为人实施的行为侵犯了权利束中的任何一项核心权利时，行为人实施的行为就侵犯了他人的隐私权。但是，这些核心权利有什么不同于其他权利的共同特征，使得行为人实施的行为一旦侵犯到这些核心权利就侵犯了他人的隐私权呢？侵犯这些核心权利的行为是指侵扰他人安宁的行为吗？侵犯这些核心权利的行为是指侮辱他人尊严的行为吗？在很多情形中，虽然我们实施的行为侵扰了他人的安宁或者我们实施的行为侮辱了他人的尊严，但是我们实施的行为并没有侵犯他人的隐私权。我们认识到，仅凭"因为我们享有隐私权"这一句话根本无法解释我们享有隐私权权利束中的任何一项权利，所以最终结果就是，我们认为我们有必要找出隐私权权利束中所有权利的共同特征，然而，我们也意识到我们并没有确定隐私权权利束中到底有哪些权利，因而也无法找出它们的共同特征。

但是，如果像笔者一样接受这种观点，即，隐私权权利束中的每一项权利也同时属于其他权利束，那么我们就没有必要再找出隐私权权利束中所有权利的共同特征，也没有必要解决隐私权权利束备受争议的边界问题了。因为，如果笔者的这种观点是正确的，那么从这个意义上来说，隐私权就是"衍生物"：如果采用这种观点，那么我们就可以在我们从未提及隐私权的前提下，解释权利束中每一项权利是在什么样的情况下产生的。的确，我们可以在从未提及隐私权的前提下，解释每一种侵犯隐私权的违法行为。怎样解释某人为了获得你的个人信息对你严刑拷打的行为呢？你有权禁止别人为了获得你的个人信息对你严刑拷打，他侵犯了你的这项权利，你享有此项权利是因为你享有身体免受别人伤害的权利——因为你享有这项权利，所以他对你实施严刑拷打的行为就是违法的。怎样解释某人偷窥你壁式保险箱中色情图片的行为呢？他侵犯了你享有的财产免受别人所见的权利，你享有此项权利是因为你对自己的财物享有所有权——因为你对你的财物享有所有权，所以他偷窥你财物的行为是违法的。怎么解释某人使用 X 光射线装置透过你的房屋墙壁偷窥你的一举一动的行为呢？他侵犯了你享有的不被别人所见的权利，你享有此权利是因为你对自己的人身享有类似于你对自己财产的各种权利——因为你对自己的人身享有这些权利，所以他使用 X 光射线装置透过你的房屋墙壁偷窥你的一举一动的行为是违法的。

无论如何，在遇到任何所谓的侵犯隐私权的案例时，笔者都会思考行为人实施的行为是否侵犯了除了隐私权之外的其他权利，如果没有，就接着思考行为人实施的行为是否根本没有侵犯任何权利。笔者将这种思路视为一种有帮助的启发性的思路。在关于权利的问题上，我们仿佛一直在漆黑的夜里探索却无法找到明确的答案，任何对于权利问题的简化都将是有益的。

隐私的困境

雷蒙德·瓦克斯[①]著　魏凌[②]译

目　次

一、导论
二、隐私的各种界定方式
三、结语

一、导论

约一个世纪之前，Warren 和 Brandeis 曾将"隐私"定义为他人在普通法上享有的可主张的权利，[③]但是直至现在，隐私概念的问题也仍然尚存疑问。远在大洋彼岸的美国学者对于"隐私"的含义和"隐私权"的权利内容的问题已经不再感兴趣；在英国，尽管以 Kenneth Younger 为首的委员会曾于1972年向英国议会提交了隐私权的立法建议，但是英国的某些司法辖区却仍然没有在法律上明确承认隐私权。

法院在处理案件时拒绝承认他人在法律上享有任何内在的隐私权，正如曾发生在美国最引人注目的一个案件 Malone v. Commissioner of Police of the Metropolis 一案[④]，加之在法律上创造隐私权的可能性不大[⑤]，这一切现象都意味着，在英国，当前促成改变的刺激因素可

[①] 雷蒙德·瓦克斯（Raymond Wacks），美国牛津布鲁克斯大学法律系高级讲师，香港大学法律及法律理论名誉教授。
[②] 魏凌，中山大学法学院助教。
[③] S. D. Warren and L. D. Brandeis, "The right to Privacy"（1890）4 Harv. Law Rev. 193.
[④] Malone v. Commissioner of Police of the Metropolis (1979) 2 All E. R. 620.
[⑤] P. Winfield, "Privacy" (1931) 47 L. Q. R. 23, 34.

能来自于《人权和基本自由欧洲公约》。不论该公约是作为《英国人权法案》的文本而签署的，还是作为欧洲人权法庭作出的意在指明英国法律缺陷的裁决而通过的，隐私的概念都不可避免地暗示着，它将作为描述他人在法律上受到行为人侵犯的"利益"[1]、"主张"[2]、"权力"[3] 或"权利"[4] 的一种方式。本文旨在表明，英国法不但拒绝承认隐私的概念，也拒绝承认隐私对社会科学[5]或政治理论[6]所具有的价值。

倘若我们认为特定的环境（例如独处）或特定的人类活动（例如窃听者实施的窃听行为或偷窥狂实施的偷窥行为）不会也不应该被独立直观地定性为"隐私"或"侵犯他人隐私的行为"，那么此种想法无疑非常愚蠢，但是此种观点的存在也表明，当前隐私的价值受到贬损——假若隐私曾经因作为严格的法律术语而受到重视，那么现在它的地位已经不再像之前那样显赫。

学界长期都在探索隐私的定义究竟是什么，长期的争辩早已使得这一问题变得枯燥乏味，并且基本上所有的努力都徒劳无功。这场争论之所以枯燥乏味主要是基于以下四点原因：

首先，从本质上而言，不同学者提出的"定义"的依据不同。例如，某些学者将"隐私"视为他人所享有的一种"权利"，而另外

---

[1] L. Lusky, "Invasion of Privacy: A Clarification of Concepts" (1972) 72 Colum. Law Rev. 693.

[2] A. F. Westin, Privacy and Freedom (1970) 7.

[3] E. L. Beardsley, "Privacy: Autonomy and Selective Disclosure" in Privacy, Nomos XIII (1971) edited by J. R. Pennock and J. W. Chapman 56; R. B. Parker "A Definition of Privacy" (1974) 27 Rutgers Law Rev. 275, 280; A. Miller, The Assault on Privacy (1971) 25; C. Fried, An Autonomy of Values (1970) 140; H. Gross, "Privacy and Autonomy", Nomos XIII, 169.

[4] D. N. MacCormick, "Privacy: A Problem of Definition" (1974) 1 Brit. J. Of Law & Soc. 75.

[5] J. M. Roberts and T. Gregor, "Privacy: A Cultural View," Nomos XIII 199; P. Halmos, Solitude and Privacy (1935), E. Shils, "Privacy: Its Constitution and Vicissitudes" (1966) 31 Law & Contemp. Problems 307.

[6] See H. J. McCloskey, "The Political Ideal of Privacy" (1971) 21 Philosophical Quarterly 303; S. Lukes, Individualism (1973) Chap. 9, "Privacy"; M. A. Weinstein, "The Uses of Privacy in the Good Life," Nomos XIII 88.

一些学者则将"隐私"视为"状态""条件""生活的范围"等,尽管都是在讨论隐私定义的问题,但是这些学者实际上并没有参与到同一个问题的讨论中,他们看问题的角度完全不同。将"隐私"视为"权利"的学者不管特定的学者将隐私视为何种权利,他们均主张用规范性的语句描述隐私,而将"隐私"视为"状态""条件"等的学者则仅仅阐述某些描述隐私状态的语句。

其次,学者的争论通常基于不同的目的。例如,在 Prosser 教授所撰写的著名文章《论隐私权》一文①中,Prosser 教授分析了几百个涉及他人隐私权的案例,他借此说明,美国法不仅承认"隐私权"这一伞状权利,它还认可隐私权之下囊括了四种不同的侵权行为。Prosser 教授的此种做法是一个成功的尝试。在此问题之上,Bloustein 教授所提出的观点同样引人注目。Bloustein 教授反对 Prosser 教授分化隐私权的观点,他认为,隐私权只存在一个独立的法律利益,法律只将此单独利益作为保护中心,Bloustein 教授将隐私的此种利益称为"人格尊严"利益。在论及不同的受保护的利益时,虽然 Prosser 教授主张原告享有四种受法律保护的利益,但是他只辨别出了三种利益,分别是精神利益、名誉利益和财产利益,而且 Prosser 教授也只是对法律本身进行了描述。不论 Bloustein 教授回应 Prosser 教授的观点是否有力,Bloustein 教授都是在尝试从更高水平的抽象层面为法律对隐私权的保护提供一个更为宽泛的解释。

再次,通常人们对隐私的渴望来自于不同的立场。一些人将隐私本身视为一个目的,而另一些人则将隐私视为保护其他社会目的如创造力、爱或情感释放的一种工具。前一种观点尽管是作为支持隐私的核心观点,但是它并不能正确说明隐私利益比其他利益如言论自由更为优越。后一种观点则纯粹是未经证实的经验主义式的推测。如果上述两种观点都想具有说服力,那么它们就必须结合起来站在同一个立场,而不是互相驳斥对方。

最后,隐私的定义通常会比预期带来更多的问题。例如,隐私被广泛定义为他人享有"控制"个人信息的权利或是他人享有控制别人接触自己的权利。为了评估隐私的此种定义,我们需要了解,例

---

① W. L. Prosser, "Privacy" (1960) 48 Calif. Law Rev. 383.

如，他人行使此种控制权的目的是什么？通常，这一问题的答案都会与某些主张不谋而合，即支持他人享有限制别人暴露或传播有关自己的事实的权利或主张或利益。不过，此种观点不仅与他人享有控制权有关，而且还涉及他人行使特定的选择权。此外，将隐私视为控制权的缺陷还在于此种定义无法解释以下的问题，这就是，如果他人想让别人知道某些关于自己的事实，他人也无法和别人讨论这些事实。因为根据隐私的"控制"定义，如果他人丧失控制自身信息传播的权利，那么他人也就随之丧失自己的隐私。相反的是，如果他人成功地完全向别人公开了自己的私人事务，他人却没有丧失自己的隐私（因为这相当于他人并未丧失控制权）。显而易见，以上这些观点都是错误的。①

笔者之所以认为关于隐私定义的争论到最后都会徒劳无功，是因为在某些承认隐私权为普通法权利之一的法律制度中，"隐私"一词的地位在法院已经根深蒂固，而如果隐私权已经明确获得某部法律的保护，它也只是立法机关所承认的样子而已。在英国，上述两种情况都不存在，争议显得更没有意义，由于隐私的概念在英国的判例中尚未占有一席之地，特别是鉴于当前隐私的概念已经被滥用的情况之下，我们很难相信隐私在当前的状态下能给我们带来任何令人信服的优势。诚然，近期英国的法院已经开始接受"隐私"这一术语，此种做法给我们带来了小小的信心，让我们相信隐私的概念将可能逃离当前被滥用的现状。

隐私权作为保护他人独处的状态以免受行为人传播流言蜚语的权利，自它被提出之日起至今已经过了一段非常漫长的时间。此种权利发展得十分迅速，但是它现在却面临着有可能被自身吞噬的威胁。美国法仅在某些情况下才乐意承认了他人享有某些隐私权，如他人享有堕胎的权利②，留长发的权利③，未经他人同意，行为人不得擅自将他人作为广告主体④，他人享有免受行为人监控的权利⑤。当前，隐

---

① R. E. Gavison, "Privacy and Its Legal Protection" (1975).
② Roe v. Wade, 410 U. S. 113 (1973); Doe v. Bolton, 410 U. S. 179 (1973).
③ Kelly v. Johnson, 425 U. S. 238 (1976).
④ Lehman v. Shaker Heights, 418 U. S. 298 (1974).
⑤ United States v. United States District Court, 407 U. S. 297 (1972).

私至少在七种情况下几乎无法挽回地与其他问题相混淆。

二、隐私的各种界定方式

(一) 隐私等同于自治

近来，在美国联邦最高法院所作的关于性自由和淫秽物品的裁决中，我们可以看出，当前存在的普遍趋势是将隐私视为个人自治的同义词，又或者，将隐私视为自由的同义词，不过，此种做法并不会耗尽隐私的概念。如今，隐私也被某些学者用来证明个人生命选择权的正当性。

隐私权此种惊人的发展可能归因于两种因素：

其一，这可能归因于 Warren 和 Brandeis 的论文——他们在文中提出了"隐私权的本质是独处权"的命题，尽管这一观点非常全面，但是也非常含糊不清。如果隐私权包含在独处权之内，那么行为人实施的每一个物理性攻击行为都会构成侵犯他人隐私的行为。

其二，尽管《美国联邦宪法》并未规定隐私权的相关内容，但是，美国联邦最高法院还是从《权利法案》的相关条款或在其他领域找到了保护此种"个人的基本权利"的依据，这就给隐私权的发展带来了足够的范围和灵活性。一旦他人在人们生活的宪法整体范围内主张此种权利，隐私在最大程度上变得如同 Mill 在其《自由》一文中所尽可能理解的那样也就不足为奇："个人对自己，对自己的身体和头脑，均享有至高无上的主权。"但是，问题并不在于隐私本身，问题在于法律在规范个人行为自由的限制之上。他人应当享有免受公众干扰的思考和行动的空间，这一原则已经构成了自由理念的核心，但是，对于达成让法律承认隐私权的目的而言，它仅仅是作为支撑更为狭窄和具体的权利的最终规范。他人享有的自治并不必然因为他人享有的隐私遭到侵犯而受到影响（例如，他人的电话遭到行为人的窃听），反之，当他人享有的自治受到侵犯时，他人享有的隐私也不必然受到侵犯（例如，盗窃法的条款并未侵犯他人享有的隐私）。但是，如果隐私权具备了一个独立的意义或是概念（例如，隐私权是指他人决定是否公开个人信息的权利），那么，当行为人剥夺他人享有的自治时，行为人实施的此种行为也将侵犯他人享有的隐私权,因为此种行为限制了他人选择"隐私"的自由。

(二) 隐私与自由相混淆

尽管自由获得了更多明确的法律保护,当前学界对隐私的呼吁也形成了一个趋势,特别是美国联邦最高法院认为,行为人实施的隐私侵权行为可以更准确地定性为行为人侵犯他人特定自由的行为,此种做法主要发生在三个领域:

1. 免受不合理的搜查行为

《美国联邦宪法第四修正案》(以下简称《第四修正案》)确立了"公民享有免受不合理的搜查行为和扣押行为的安全权",此外,《第四修正案》还确定了法官签发搜查令的标准。在一系列相关案件的裁决中,法院试图将《第四修正案》适用于行为人通过电子设备实施搜查行为的案件。通过此种做法,法院试图在"隐私合理期待"理论中蕴含自由的概念,并且在处理一系列的案件时赋予了电话使用者此种权利。[①]

毋庸置疑的是,当行为人窃听他人与别人的电话内容时,他人享有的隐私权就受到了侵犯。但是,如何确定警察搜查公民或其财产的界限是一个非常宽泛的问题。人们很容易理解为何"隐私"一词能够被用于这些案件的裁决中(在 Brandeis 大法官所持的强有力的异议中,他从反向的角度看待这一问题)。尽管在英国,法官不需要提及隐私权也能将诸如此类的案件处理得非常得当,但是,此种做法也会模糊所涉及的问题,并且还会削弱那些用来反对警察权力过度介入公民私人生活的力量。

2. 交往自由

近来,相似的发展也出现在了被美国联邦最高法院称为"结社隐私"的相关案件中,"结社性隐私权"是指他人享有不向外界公开自己参与某个组织或某个团体的细节的权利。其中主要的例子,如,

---

① See for example Ghanl v. Jones [1970] 1 Q. B. 693; Elias v. Pasmore [1934] 2. K. B. 164; Truman (Frank) Export Lid. V. Metropolitan Police Commissionser of the Police of the Metropolis (No. 2), supra, where, in response to the plaintiff's brave contention that English Law recognised the limited right to privacy on the telephone, the Vice-Chancellor, though rejecting the argument, implicitly acknowledged its appropriateness in such circumstances.

在 N. A. A. C. P. v. Alabama 一案①中，美国阿拉巴马州的总检察长强迫某个民权组织公开其内部成员的名单，法院认定总检察长的行为侵犯了该民权组织的隐私权。再一次地，我们不难理解为何法院在处理这些案件时会采用隐私利益来保护他人的利益，但是，在此种情况之下，使用《美国联邦宪法第一修正案》所规定的自由利益来保护他人可能更为有效。

3. 言论自由

一般而言，在民主社会中，人们都会引用道德标准和言论自由的主张来解决法律应当在何种程度上控制行为人分发和使用淫秽物品的问题。某些寻求限制自由的人通常都会主张多数人享有强加道德标准于社会之上的权利，而反对此种观点的人则不认同大多数人享有此种权利，此外，反对者还要求支持者提供证据以证明他们所声称的"淫秽材料"对他人所造成的"损害"。不过，近来美国联邦最高法院采用"隐私权"来废止某些禁止他人占有淫秽物品的法律，美国联邦最高法院还在某些案件中作出裁决，认定基于他人对其住所享有的隐私权，他人在其住所内享有选择是否观看淫秽物品的权利。②

无论当前此种观点的地位如何，笔者认为，支持他人使用淫秽物品是基于他人享有自由的观点无疑是从错误的角度来看待这一问题。比起说明限制他人阅读淫秽书刊的正当性，我们需要寻找更强大的依据才能说明限制他人在自己的住所内阅读色情书刊将侵犯他人享有的自由权。此种自由是他人享有表达自由的间接结果，而不能说明它存在的合理性。此外，基于隐私权之上的观点也暗示着，当他人在某个公园的长椅上阅读淫秽物品时，他人享有的此种权利将丧失。诚然，如果没有隐私权的存在，如果他人在不享有隐私权的情况之下获得了淫秽物品，他人只会以下的情形中享有自由："只有当他人在自己的阁楼上书写或设计一个小册子时或只有当他人在地下室加工或印刷自己的小册子以便能够在自己的书房阅读时，他人才享有自由。"

---

① N. A. A. C. P. v. Alabama, 357 U. S. 449 (1958).
② Stanley v. Georgia, 394 U. S. 557 (1969).

(三) 隐私与机密相混淆

如果机密信息的接收者违反了保密规定，向别人透露了机密信息，那么他们实施的行为将侵犯机密信息拥有者的隐私。要想此种情况发生，那么被泄露的信息必须是"私密的"或是"亲密的"信息，但是此种情况很少发生。双方当事人约定不向其他人透露信息或者只向授权的第三方透露信息的亲密关系往往发生在商务往来中，双方共享的信息往往是商业秘密或商业机密。然而，通常情况下，真正"私密"的信息也可能成为亲密关系的主题，此种情况经常发生在婚姻关系中，当然也可能发生在雇佣关系中。此外，股票信息也被禁止披露。诚然，这些都是来自衡平法救济的基础之上，Warren 和 Brandeis 曾提出观点认为普通法应当承认隐私权。

Kenneth Younger 委员会提出的观点与此相左，他们认为，原告到法院起诉被告，要求被告就其违反保密约定的行为对原告承担法律责任是处理隐私权领域一系列问题错误的、不恰当的方法之一。此种做法之所以不正确，是因为亲密关系的要件有效地将行为人实施的两类至关重要的隐私侵权行为排除在了隐私的领域之外，这就是行为人以物理或以电子方式侵扰他人安宁的行为和行为人公开他人私人事务的行为。上述两种情况之下，受害者和行为人之间都不存在亲密关系或信任关系。此种行为是不适当的，因为它是建立在和隐私几乎没有关系的原则之上。当人们在争论时，人们不能区分披露的信息在秘密传播（主要的泄密问题）和信息公开（主要的隐私问题）两者间的区别。笔者认为，人们之所以反对行为人公开他人的机密信息，可能是基于机密信息的持有者均负有善意的义务，他们的行为受到该义务的约束，而在谈及隐私问题时也同样是建立在错误的原则之上。

(四) 隐私与秘密相混淆

长期以来，人们都要求政府应当在更大的程度上广泛公开自己的所作所为并承认公民享有的知情权，有时这一问题也会与隐私问题纠缠不清。[①] 某些学者断言，隐私的法律保护将有损新闻媒体所承担的

---

① See C. J. Friedrich, "Secrecy versus Privacy: The Democratic Dilemma," Nomos XIII 105.

向读者报道政府重要事务的责任感,甚至还有些学者不可思议地谴责《官方机密法案》的规定过度保护政府的隐私。

后者的观点明显混淆了隐私和秘密之间的区别。"秘密"并不必然是"私密的",仅仅保持某件事的秘密性,不将此事公开还不足以认定此件事就是属于他人的"隐私"。从原则上来说,如果要将他人的某个"秘密"认定是他人的"隐私",那么人们必须进一步意识到,他人没有义务向别人回答或透露他们希望保持私密性的事务。

(五) 隐私与名誉相混淆

当他人的私人事实无缘无故被行为人公之于众时,这些私人事实的虚实与否并非是问题的关键之处,如果行为人公开的事实是虚假的并且影响了他人的名誉,那么他人将有可能向法院提起诽谤之诉,要求行为人就其实施的侵权行为承担法律责任。当然,如果行为人公开的事实是真实的,那么在多数普通法系国家,法院都会考虑行为人实施此种行为的正当性与否,而不论行为人实施的行为是否对他人的名誉造成影响。如果被告实施的行为已经满足隐私侵权行为的要件,那么原告将有权提起隐私侵权之诉。人们通常认为,在此种情况之下法院保护的是原告基本的名誉利益。此种观点是错误的,主要是基于以下两个原因。首先,原告的愤怒来自被告实施的行为公开了他们的私人生活,原告向法院起诉不仅仅是为了阻止被告不准确地描述其私人生活的行为,还在于阻止行为人公开其私人生活的行为本身。其次,即便被告实施的披露行为没有影响原告的名誉,甚至被告实施的行为还给原告的名誉锦上添花,法院也不应该禁止原告要求获得救济的行为。[1]

在美国,尽管隐私侵权之诉和名誉侵权之诉具有非常多相似之处,绝大多数的名誉侵权的案件现在都可以被看作隐私侵权的案件,隐私侵权之诉还有可能取代名誉侵权之诉的地位。相似的发展出现在隐私权的宪法保护当中,即当美国联邦最高法院将判断名誉侵权之诉案件的标准用于处理某个它认为涉及他人隐私的案件时。

名誉侵权之诉和隐私侵权之诉之间的困惑还在于,四类经典的隐

---

[1] See Sidis v. F. R. Publishing Corporation, 113 F. 2d 806 (1940).

私侵权行为中包含了"行为人公开丑化他人形象的隐私侵权行为"。尽管行为人公开丑化他人形象的行为并不必然是侵犯他人名誉的行为，但是，此种分类可能是多余的，① 并且一定会对名誉侵权之诉的发展造成阻碍。反对将公开丑化他人形象的行为归入隐私侵权行为的学者认为，从隐私的概念本身我们就可以看出，上述两种侵权行为之间并没有什么共同点。行为人的公开行为使公众对他人产生了错误的印象并进而影响到他人的利益，此种利益更密切地类似于受到法律保护的名誉利益而不是隐私利益。

因此，尽管1974年的《罪犯自新法令》规定，禁止透露失效判决的内容。1976年的《性犯罪法令》规定，实施强奸的被告享有匿名权的内容经常都被视为"隐私"问题，但是实际上它们并不涉及隐私。这两项法律规定的内容都是在保护被告的名誉而不是他们的隐私。《罪犯自新法令》规定，如果行为人恶意披露判决内容，并且罪犯因行为人的披露行为遭受损害，那么他们将有权向法院提起侵权之诉，要求行为人就其实施的侵权行为承担法律责任。《性犯罪法令》则保护被告在定罪前免受外界的污名指责。相似的是，某些学者建议或许可以通过更改辩护理由来保护他人的隐私，此外还须证明被告陈述的真实性，证明被告公开他人私人事实的行为是基于公共利益的需求，当然，这一切的前提均是假定行为人公开披露的隐私侵权行为必然是破坏他人名誉的。

（六）隐私被视为财产所有权利益

另外一种众所周知的隐私侵权行为是：被告为了自己的利益擅自使用原告的姓名或肖像的隐私侵权行为。事实上，尽管美国的法院首先将此种侵权行为视为隐私侵权行为，但是此种观点是不正确的。② Warren和Brandeis的论文最终将裁决的救济建立在某些财产利益之上，因此灵动敏捷的美国法接受将此种商业开发行为作为隐私的一部分并不足为奇。Warren和Brandeis也曾尝试给那些涉及他人隐私权

---

① G. Dworkin, "The Common Law Protection of Privacy" (1967) 2 U. Law. Rev. 418, 426.
② Pavesich v. New England Life Insurance Co., 50 S. E. 68 (1960), following the dissenting judgment of Gray J. In Roberson v. Rochester Folding Box Co., 64 N. E. 442 (1902).

的案件的裁决寻求一个比财产所有权更为广泛的依据作为行为人"侵犯他人人格"的理论依据。不过，在 Warren 和 Brandeis 撰写《论隐私权》一文时，财产所有权的概念比现在狭窄得多①，因此他们不得不从别处寻找隐私权的理论基础。

今时今日，行为人出于商业目的（通常是出于广告目的）通过人工手段在未经他人授权的情况之下使用他人的姓名或肖像的行为侵犯了他人享有的隐私权。不论他人被行为人侵犯的利益是否与他人享有的"财产所有权"有关，法院之所以保护他人的此种利益，都是为了防止行为人以善意为借口获得不当的利益。②

（七）隐私受到电子数据库的影响

今时今日，隐私理论开始进入信息收集和储存的领域，特别是涉及计算机的领域。我们可以假定，或者非常令人吃惊地强行断言，收集和使用个人信息的行为将对他人享有的隐私权造成威胁。对电子计算机的法律监管一直都潜藏着对他人隐私的考虑。

毫无疑问，电子数据库的迅速发展和微型处理器收集信息的惊人速度都对他人的自由带来了全新的和潜在的毁灭性挑战。不过，根据这一现状就认定他人享有的隐私权也将受到侵犯未免太过武断。即便隐私的概念最终被认定为与这一观点联系最为密切的意义——也正是上述饱受争议的一种观点（即隐私是指包括他人控制个人信息传播的能力），上述的命题也不足以令人信服。因为此种观点没有解释其他反对数据库的观点（即便它们也是基于"隐私"的名义提出的），例如在数据库储存他人的信息将威胁他人的安全，数据库收集的是他人的观点而不是关于他人的事实，信息的相关性与储存信息的目的有关。此外，尽管信用社以它们收集的信息都是不准确的为由反对外界的指控，但是实际的情况是，大多数人都不会认为信用社收集他人信息的行为侵犯了他人的隐私。

如果我们认为行为人滥用计算机储存的他人个人信息的行为无意识地侵犯了他人享有的隐私权，那么此种观点无疑非常浅薄的。在此

---

① D. F. Libling, "The Concept of Property: Property in Intangibles" (1978) 94 L. Q. R. 103.
② See M. B. Nimmer, "The Right of Publicity" (1954) 19 Law & Contemp. probs. 203.

种情况之下,他人并未丧失过多的隐私,不过,通过关注日益发展的数据库带来的具体问题,人们能更有效地认识到隐私的价值。过多地关注"侵犯隐私"的问题将阻碍人们细致和理性地解决这些问题。

三、结语

今时今日,尽管隐私的概念显得十分庞大,但是它却并不宽泛。隐私既作为自治的同义词,也与传统的自由、秘密、名誉、财产和信息收集紧密联系在一起。隐私的概念是如此复杂,期待隐私不要和其他密切相关的概念相联系是不合理的,但是,隐私与其他概念相混淆也会削弱其本身的概念,法律对隐私的预期保护及隐私相关利益的保护也会减少。

在此种衰弱、困惑及超负荷的状态下,隐私似乎已经变得不可救药。任何想将隐私恢复成典型的人格利益的尝试看起来都注定不会成功,因为此种尝试来得太晚。隐私已经变成诸如"幸福"或"安全"的模糊概念。隐私除了具有一般的潜在价值,它不应该被作为描述一个法定权利或诉因的方式。

笔者认为,从保护个人信息的角度来看待隐私的问题更为可靠、有效和合理。从本质上来说,隐私的问题主要有三方面:首先,隐私的问题涉及诸如行为人现实地或以电子设备的方式侵入他人的住所或办公室的行为,此种行为可以由 Kenneth Younger 委员会提出的建议来进行规制,无须依靠隐私来解决这一问题。其他两个问题实际上都与"个人信息"有关,分别是行为人公开他人的个人信息的问题和行为人通过数据库使用或潜在地滥用他人的个人信息的问题。比起应用有关"隐私"的术语和理论来解决这些问题,以保护"个人信息"为主导目的而对行为人进行必要的法律甚至是法律管辖之外的控制都对问题的解决更有利。

个人信息可能被定义为某些与他人有关的事实、交流或观点,他人期待将此类信息视为亲密的或机密的信息并因此想要隐瞒或者至少限制此类信息的传播,他人的此种期待是合理的。尽管这里还存在隐私的其他定义,但是这些定义并未尝试对隐私提供保护,它们只能作为新的分析方法的起点。应当强调的是,客观性是分析方法的中心。

从这一角度而言,当前隐私领域内存在的大多数问题都能得到有效的解决。通过找到这些问题的核心——规范他人的"个人信息",问题就能从预先确定的一般理论中解脱出来,具体的解决方法也更容易应对在实践中变化不断的问题。不过,只有当法律避开了模棱两可、混糊不清的隐私的困境时,此种进步才有可能出现。

对隐私的定义所作的各种界定

W. A. 帕伦特[①]著　魏凌[②]译

目　　次

一、导论
二、当前受到普遍认可的隐私定义
三、隐私的新定义

一、导论

毋庸置疑的是，在今时今日，隐私的定义在哲学界尤其是法学界显得愈发重要。得益于学者在这一方面所作的努力，我们对隐私的定义有了更为明确和清晰的理解。不过，在笔者看来，当前对隐私的研究正陷入一个无望的混沌之中。矛盾的隐私定义比比皆是。隐私与那些和它相关但却存在区别的价值（如自治、独居及秘密）之间的联系经常被学者忽视，或者被无望地遮掩起来，某些学者更是直接混淆了这些价值。许多学者在对隐私下定义时忽视了基本的方法论原则。

目前，我们迫切需要一个能够抓住隐私的核心和涵盖其中心意义的定义，在此定义之下，我们可以清晰、准确并且合理地指出组成隐私大家庭的几个不同定义之间的区别。笔者在本文中将提出符合上述条件的隐私定义。笔者的研究从简单的语言开始，仅是起到抛砖引玉的作用。哲学家必须提供避免存在不一致、歧义或模糊不清的定义分析，哲学家提供的定义必须符合通常用法，符合定义的通常标准。我

[①] W. A. 帕伦特（W. A. Parent），美国圣塔克拉拉大学法学院教授。
[②] 魏凌，中山大学法学院助教。

们有义务为日常使用隐私的定义扫除障碍。①

本文主要研究了自 1960 年以来学者在隐私的定义方面所作的研究。笔者选择 1960 年之后的文章进行研究并非毫无意义。William Prosser 教授于 1960 年在《加利福尼亚法律评论》上发表了极具影响力的一篇文章——《论隐私权》。笔者将在本文的末尾谈论这篇文章。在本文的第一部分，笔者将介绍几个受到学界普遍认可的隐私定义并对它们一一进行剖析。在本文的第二部分，笔者将陈述和分析自己对隐私所作的定义。最后，在本文的结尾部分，笔者将对 Benn 和 Thomson 所写的著名论文进行简要分析。

二、当前受到普遍认可的隐私定义

（一）隐私与独处权

许多年来，在隐私法领域，隐私一直被视为个人独处的状态。这一定义来源于 Warren 和 Brandeis 撰写的具有深远影响力的《论隐私权》一文，在该文中，隐私权被视为与独处权相同的权利。② Warren 和 Brandeis，这两位有抱负的波士顿律师在文章中发挥了他们卓越的雄辩口才和精妙绝伦的类比推理，目的在于让隐私权得到明确的法律承认，从而保护公民免受不负责任的新闻媒体的报道。

1928 年，当美国联邦最高法院在处理 Olmstead v. U. S. 一案③时，Brandeis 大法官重申了这一宽泛的隐私定义，Brandeis 大法官是该案的持异议法官，他反对美国联邦最高法院所作的"认定电话窃听行为并不构成搜查行为和扣押行为，因此行为人实施的行为并不违反《美国联邦宪法第四修正案》"的裁决，Brandeis 大法官认为，个人独处的权利是人类最值得珍视的权利。为了维护公民享有的这一权利，政府机构实施的每一个不合理的侵犯公民隐私的行为都必须受到谴责。

---

① See John Austin's essay "A Plea for Excuses," in his Philosophical Papers (New York: Oxford University Press, 1961), pp. 175 – 204.
② Brandeis, Louis, and Warren, Samuel, "The Right to Privacy", The Harvard Law Review, vol. 4 (1890), pp. 193 – 220.
③ Olmstead vs. U. S., 277 U. S. 438 (1928).

第二编 隐私权的现代界定

某些知名的法学家近期也在提倡 Brandeis 对隐私所下的定义。例如，Paul Freund 认为，独处权的隐私定义可以作为一项塑造法律发展一般过程的法律原则。[1] Bloustein 区分了群体隐私和个人隐私的概念，他认为个人隐私是指个人独处的权利。[2] Konvitz[3]、Monagham[4]、Beytagh[5] 和 Posner[6] 都相继表示了对这一观点的支持，Posner 认为，从某种意义上来说，隐私被隐居的概念包括在内，隐居保护他人独处的利益。此外，Brandeis 对隐私所下的定义在某些重要的法律文件也有体现。[7]

其他的哲学家和法学家提出的隐私概念实际上也与独处权无异。例如，Weinstein 认为隐私是指个人的独居[8]；Bazelon 认为隐私是指个人与社会的分离[9]；Simmel 认为，人们处于一个与社会竞争自我所有权的世界中，隐私是个人反对外界影响及观察的独处状态。[10] 在此种观念之下，隐私权被视为是谴责行为人未经授权即跨越他人的界限或侵入他人的个人场所的权利。Henkin、Beaney 和 Hirschleifer 也都支持隐私的这一定义。近来，当美国联邦最高法院在处理 Eisenstadt v.

---

[1] Freund, Paul, "Privacy: One Concept of Many?" in Nomos XIII: Privacy, pp. 182 – 198.
[2] Bloustein, Edward, "Group Privacy: The Right to Huddle," in Bloustein, Edward, Individual and Group Privacy (New Brunswick: Transaction Books, 1978), pp. 123 – 186.
[3] Konvitz, Milton, "Privacy and the Law: A Philosophical Prelude," Law and Contemporary Problems, vol. 31 (1966), pp. 272 – 280.
[4] Monagham, Henry Paul, "Of 'Liberty * and 'Property,'" Cornell Law Review, vol. 62 (1977), pp. 405 – 444.
[5] Beytagh, Francis, "Privacy and Free Press: A Contemporary Conflict in Values," New York Law Forum, vol. 20 (1975), pp. 453 – 514.
[6] Posner, Richard, "The Right to Privacy", Georgia Law Review, vol. 12 (1978), pp. 401 – 422.
[7] See, for example, the 1972 California election brochure (Ca. Secretary of State, Proposed Amendments to the Constitution 27, Nov. 7, 1972) that sets out the arguments for adding an inalienable right of privacy to the California Constitution (these arguments, incidentally, did persuade the voters). (The Second Restatement of Torts (Division 6A, Privacy: Ch 28 A) likewise equates the right of privacy with the right to be let alone.
[8] Weinstein, Michael, "The Uses of Privacy in the Good Life," in Nomos XIII: Privacy, p. 88.
[9] Bazelon, David, "Probing Privacy," Georgia Law Review, vol. 12 (1977), pp. 589 – 619.
[10] Simmel, Arnold, "Privacy is not an Isolated Freedom," in Nomos XIII: Privacy, p. 72.

Baird 一案①时,它也将隐私权视为谴责政府机构在未经授权的情况之下侵入公民基本事务的权利。

我们是否也应该这样认为呢?

首先,让我们来检验一下 Brandeis 对隐私所下的定义。假设 B 殴打了 A。B 的所作所为影响了 A 的独处,但是我们应该通过怎样的方式来清晰阐述或辩明 B 实施的行为侵犯了 A 的隐私呢?我们可以用其他可行的概念来描述和评估 B 的行为,例如殴打、攻击或暴力。当然,如果 B 在殴打 A 后将 A 的钱包偷走,然后 B 在 A 的钱包里面发现了某些有关 A 的非常私人的信息,那么在此种情况之下我们就需要动用隐私的概念。

其次,假设 A 此时正裸体位于自己的卧室中,B 使用特殊的 X 光设备偷窥 A。尽管 B 的偷窥行为侵犯了 A 享有的隐私权,但是 B 并未侵犯 A 的独处权。又或者,假设 B 在事故现场将受伤的 A 拖到了马路边上,火急火燎地在 A 的身上寻找 A 的钱包,想确认 A 的身份。B 恰好在 A 的钱包中发现了某些关于 A 的极其敏感的私人信息,毫无疑问 B 的行为侵犯了 A 享有的隐私,但是我们不能合理地指责 B 不让 A 独处的行为。确实,当 B 在搜查 A 的钱包时,B 并没有对 A 实施任何行为。

诸如上述的反例应该说服我们不要再将独处权视为隐私权。有数不清的方式能让他人丧失独处权,但是大多数都不会涉及他人的隐私。

有学者将隐私权视为他人免受侵扰的权利,这一观点也同样存在类似的反对意见。由于这一定义太过宽泛,它完全掩盖了隐私概念的核心。笔者将提供具体的案例来说明这一点。假设 A 又聋又哑,他战战兢兢地闯入某间手术室,恰巧 B 此时正在分娩。A 的行为确实侵扰了 B,但是考虑到 A 并不能获悉关于 B 私人性质的事务,主张 A 侵犯了 B 享有的隐私显然存在问题。又或者,假设 A 坚持提供某些建议给 B,B 很有可能会谴责 A 无故侵扰他的私人事务,但是如果 B 基于此向法院提起隐私侵权之诉,那么又将无故地偏离了 B 的主要起诉缘由。

---

① See Eisenstadt v. Baird, 405 U. S. 438 (1977), at 453.

Bazelon 认为，隐私是指个人与社会的分离。这一观点的错误之处在于，他给隐私所下的定义暗示着他人每次与社会接触都会损害自己的隐私。Weinstein 主张隐私是指他人的独居，这一观点和 Simmel 的观点一样，两者都太过宽泛。这里存在许多由独处保护的价值，如独居、安宁、自治，隐私也有可能被包括在内。如果这些价值全部聚集在隐私的光芒之下，那么它们独特的身份和功能将不复存在。如果我们的目标是构建一个能够精确、系统地编辑隐私的构成要素并使它能有效并且优雅地与其他价值相区分的概念体系，如果那么我们必须寻找其他的隐私定义。

（二）隐私与性自治

第二个受到普遍认可的隐私的定义将隐私视为性自治。例如，Gerety 认为，隐私是指他人控制个人身份的亲密度。亲密事务包括某些个人高度自决的事务，没有人会希望国家对这些事务进行监管。[①] 对于 Gerety 而言，这些高度自决的事务几乎只与性关系有关。这些事务包括他人决定是否采取避孕措施，是否堕胎，是否消毒以及是否发生性关系。因此，在 Gerety 看来，与隐私最为相关的亲密事务与他人的身体和性行为有关。个人控制或支配性生活的权利构成了隐私本身或隐私的必要条件。Greenawalt，Eichbaum 和 Richards 对隐私所下的定义与 Gerety 非常相似。

Gerety 给隐私所下的定义最引人注目和最令人费解的地方就在于，他并未尽将隐私看作自治的一种形式。隐私是个人自决的一种类别，这一观点真的是不证自明的真理吗？恕笔者唐突，笔者认为，这一概念并不存在令人信服的理由。不同形式的自治应当被视为个人自由的不同方面，而不是属于个人隐私的范畴。

将隐私视为性自治的观点在其他方面也很难行得通。一方面，对于控制个人身份来说，控制身体是首要也是最基本的，因此控制个人身份成了隐私概念的核心，此种做法模糊了公共与私人之间的明确界限。毕竟个人的身体是一个公开存在的实体。另一方面，这一定义无

---

① Gerety, Tom, "Redefining Privacy," Harvard Civil Rights-Civil Liberties Law Review, vol. 12 (1977), p. 236.

法对笔者所提出的昏迷病人的反例作出较好的解释。假设 A 陷入了无法逆转的昏迷状态（脑死亡），尽管 A 在此时已经丧失自治的能力，但是 A 的医生和家人为了保护 A 的隐私，拒绝让任何人得知 A 现在所处的境况。试图保护失去隐私自我保护功能的人所享有的隐私权并不罕见，也不是毫无意义的行为。此外，尽管他人享有对个人性生活的控制权，但是他们却没有享有很多个人隐私，此种情况也不足为奇。试想，某个时时刻刻都在受到警方监视的刑事犯罪嫌疑人依然可以从事每天的日常活动，其中当然包括他那活跃的性生活。

笔者提出的最后一个反例将直接指出 Gerety 所提出的隐私概念的严重缺陷，Gerety 未对信息收集和发布的问题提供足够的关注，恰好这一问题是隐私概念的中心问题。Elizabeth Beardsley 注意到了这一点。Beardsley 将行为人实施的隐私侵权行为划分成两个类别，分别是自治性披露行为和选择性披露行为，Beardsley 认为，选择性披露行为包括以下情形，即 A 获得或披露 B 的某些不愿让人知晓或揭露的个人信息。Beardsley 明智地指出，如果可以一针见血地将行为人实施的隐私侵权行为与行为人侵犯他人自治的行为区分，那么将会促进隐私概念的厘清。她认为，选择性披露隐私的行为构成隐私概念的核心。[1] 我们应更为仔细地研究这一观点。

（三）隐私与个人信息控制

Beardsley 认为，个人选择性披露的权利是指个人决定或控制在何时及在何种程度上将自己信息公开的权利。显而易见，Beardsley 也将隐私视为另外一种形式的自治！

许多学者认同隐私的这一概念。Westin 也许是提倡这一概念最著名的学者。按照 Westin 对隐私所下的定义，隐私权是指他人、团体或者公共机构自主决定何时、用怎样的方式以及在何种程度上与别人交流自己信息的权利。[2] Westin 所提出的这一概念引用率十分之高，

---

[1] Beardsley, Elizabeth, "Privacy, Autonomy, and Selective Disclosure," in Pennock, J., and Chapman, J. (eds.), Nomos XIII: Privacy, (New York: Atherton Press, 1971), pp. 50 – 70.
[2] Westin, Alan, Privacy and Freedom New York: Ateneum, 1967.

以至于学者将它称为现代法学的教条之一。其他的学者，如 Miller①，Lusky，Gerstein②、Stone③、Laufer 和 Wolfe④，Mclaughlin 和 Vaupel⑤以及 Fried 都曾经认同这一观点。Wasserstrom 所撰写的文章表明他非常强烈地认同隐私的这一定义。⑥ 例如，当论及 Ellsberg 一案时，Wasserstrom 写道："于我而言，隐私的本质在于个人能够控制关于自身的信息。" 在该案中，Daniel Ellsberg 是一位精神病医生，曾就职于美国国防部，某些所谓的泄密调查防范人员闯入他的办公室内，并搜查有关他的令人尴尬的个人信息。

不幸的是，隐私的信息控制理论太过宽泛。Fried 自己也承认，并不是所有类型的个人信息都涉及个人隐私。因此，Fried 认为，"我们可能不会介意让别人知道关于我们自身的一般事实，但是，如果别人知道了关于这些事实的细节，那么我们可能会感觉自己的隐私受到了侵犯。例如，如果他人的某个普通朋友仅仅是知道他人生病了，那么他人并不会感到自己的隐私受到侵犯；然而，如果这位朋友知晓了他人疾病的性质，那么他人就有可能感觉自己的隐私受到侵犯。又或者，他人可能不会介意让自己的亲密好友得知自己患有特殊疾病，但是，如果这位亲密好友目击了他人正在忍受与该疾病密切相关的某些症状，那么他人可能也会感觉自己的隐私受到侵犯。"⑦

---

① Miller, Arthur, The Assault on Privacy (Ann Arbor: The University of Michigan Press, 1971).
② Gerstein, Robert, "California's Constitutional Right to Privacy: The Development of the Protection of Private Life," Hastings Constitutional Law Quarterly, vol. 9 (1982), pp. 385 – 427.
③ Stone, Geoffrey, "The Scope of the Fourth Amendment: Privacy and the Police Case of Spies, Secret Agents, and Informers".
④ Laufer, Robert, and Wolfe, Maxine, "Privacy as a Concept and a Social Issue: A Multidimensional Developmental Theory," The Journal of Social Issues, vol. 72 (1977), pp. 693 – 710.
⑤ McLaughlin, Marsha, and Vaupel, Suzanne, "Constitutional Rights of Privacy and Investigative Consumer Reports," Hastings Constitutional Law Quarterly, vol. 2 (1975), pp. 773 – 823.
⑥ Wasserstrom, Richard "The Legal and Philosophical Foundations of the Right to Privacy," in Mappes, Thomas, and Zembaty, Jane (eds.), Bio Medical Ethics (New York: McGraw-Hill, 1981), pp. 109 – 119.
⑦ Fried, Charles, An Anatomy of Values (Cambridge: Harvard University Press, 1970), Ch. IX.

Fried 的观点非常容易理解。如果将隐私权定义为控制个人信息的权利,那么就意味着,只要他人在大街上行走或吃东西,他人的隐私就会受到损害。这一定义显然与我们的常识背离。仅仅因为行为人在公共场所观察了他人的公共活动,我们就认为他人的隐私就受到了损害,一个准确的隐私的定义绝不会允许发生这种情况。

那么,我们是否能将隐私权视为他人控制与自身有关的信息的权利呢?某些著名的学者认同这一定义,其中包括 Fried,Wasserstrom 和 Gross 在内。

不幸的是,这一修正的定义仍然面临着重重困难。上述昏迷病人的例子已经说明控制个人信息并非隐私的必要条件。如果我们将"控制"一词用来表示他人阻止行为人披露他人个人信息的能力,并且将他人自愿公开的信息排除在外,那么下面这个例子同样会让我们相信,他人拥有控制个人信息的能力并不一定等于他人享有隐私。假设 A 发明了某种 X 光设备,这一设备能够穿透墙壁让 A 看到墙内的事物。尽管 A 能够使用这一设备看到他人位于其住所内的一举一动,但是我们不能认为他人就此不再享有控制个人信息的能力——至少笔者认为 A 的所作所为没有侵犯他人享有的隐私,只有当 A 从他的装置中窥探他人时,A 实施的行为才侵犯了他人的隐私。因此,虽然他人丧失信息控制权将威胁他人享有的隐私,但是这并不意味着他人丧失了自己的隐私。今后笔者会将这个例子作为反例来说明,他人的隐私受到威胁与隐私丧失之间的不同。据笔者所知,Thomson 是第一个指出该反例的意义的。

控制个人信息也并非他人享有隐私的充分条件。假设 A 自由地暴露了关于他的一切事情,不论这些事情是多么的私密。从"控制"这一重要的方面来说,A 确实控制了自己的个人信息,因为是 A 自主决定将他的个人信息公之于众的。尽管我们可以而且应该认为,A 以放弃所有隐私的方式在行使自己的自治权,但是,一个准确的隐私概念应当允许他人拥有不尊重自己隐私的可能。[1]

---

[1] Greenawalt, Kent, "Privacy and Its Legal Protection," Hastings Center Studies, vol. 2 (1974), pp. 45–68.

(四) 隐私与控制接触理论

在过去十年,一种新的隐私定义越来越受到人们认可,尤其是在社会学家和行为学家当中,此种定义广为流行。Irwin Altman 是推动隐私这一概念最具影响性的学者,他将隐私权视为个人选择性控制其他人接触自己或自己的群体的权利。[1] 在 Altman 后来的文章中,他认为隐私是一种界限控制方法,他人可以让别人接触自己,也可以将自己封闭起来。Parker 也非常认同 Altman 的观点。对于 Parker 而言,隐私概念的核心在于,他人享有控制何时及让谁来感知自己的不同部分的权利。[2] Countryman[3]、Ingham[4]、Margulus[5]、Klipter 和 Rubenstein[6]、Laufer 和 Wolfe[7]、Rachels[8]、Reiman[9]、Van Den Haag[10] 等学者都赞同这一观点。

隐私的这一定义是可接受的吗?笔者认为,首先需要指出的是,若以此种方式定义隐私,那么我们将获得惊人的主权。因为控制接触理论允许每个人单方地定义他们与其他人之间的关系。笔者将不能理解 A 将如何行使自己的隐私权,因为接触 A 的人要么被 A 允许要么被拒绝,这显然是 A 自己在侵犯自己的隐私权!诚然,此种人类行

---

[1] Altman, Irwin, "Privacy? A Conceptual Analysis," Environment and Behavior, vol. 8 (1976), pp. 7 – 29.

[2] Parker, Richard, "A Definition of Privacy," Rutgers Law Review, vol. 27 (1974), pp. 275 – 296.

[3] Countryman, Vera, "The Diminishing Right to Privacy: The Personal Dossier and the Computer," in Texas Law Review, vol. 49 (1977), p. 868.

[4] Ingham, Roger, "Privacy and Psychology," in Young, John (ed.), Privacy, p. 30.

[5] Margulus, Stephen, "Conceptions of Privacy: Current Status and Next Steps," The Journal of Social Issues, vol. 33 (1977), p. 19.

[6] Klipter, Peter, and Rubenstein, Daniel, "The Concept 'Privacy' and its Biological Basis," The Journal of Social Issues, vol. 33 (1977), p. 53.

[7] Laufer, Robert, and Wolfe, Maxine, "Privacy as a Concept and a Social Issue: A Multidimensional Developmental Theory," The Journal of Social Issues, vol. 72 (1977), pp. 693 – 710.

[8] Rachels, James, "Why Privacy is Important," Philosophy and Public Affairs, vol. 4 (1975), pp. 323 – 333.

[9] Reiman, Jeffrey, "Privacy, Intimacy, and Personhood," Philosophy and Public Affairs, vol. 5 (1976), pp. 26 – 44.

[10] Van Den Haag, Ernest, "On Privacy," in Nomos XIII: Privacy, pp. 149 – 168.

为的观点与建立在彼此自愿和尊重之上的更为自由理想的关系并不和谐。其次，控制接触概念同样将屈服于昏迷病人和 A 使用 X 光装置的反例。假设笔者丧失了控制其他人接触自己的能力，其他人可以在任何时间认识笔者。这并不必然意味着，笔者实际丧失了自己的隐私，因为没有人会利用笔者的弱点。如果没有人与笔者有任何联系，那么笔者的隐私将很难受到侵犯。此外，上述他人自行披露个人信息的例子也说明，他人享有控制别人接触的权利并非是享有隐私权的充分要件。

这已经是隐私"控制"定义的第三次失败。我们现在应该考虑的问题是，隐私与控制是同义词的看法是否存在根本性的错误？笔者相信是的。所有的定义都混淆了隐私与自由这两种截然不同的价值。学者们将自由的核心意义（即所谓的无强迫或无约束的选择权）强加于隐私的概念中，因此将隐私与没有联系的东西相混淆，此种做法无益于我们理解核心的隐私权的原型案例。我们可能会认为，他人应该有权自由行使各种各样的自治权，但是如果我们能通过引用自由权而不是隐私权来表达我们的观点，那么我们的观点可能会更为中肯和清晰易懂。

当我们将某些赞成控制接触定义的学者给隐私所提出的观点进行检验时，笔者的观点将更具有说服力。这一定义的局限、临时性的特性在被精通英语的人使用时将显露无遗。例如，Parker 认为，行为人强迫某个妇女生孩子的行为将侵犯该妇女的隐私权；Van Den Haag 认为，隐私是指他人享有的不让别人参与自己的活动的权利，隐私权也意味着他人享有不参与别人的活动的权利。笔者认为，如果将这些例子中的"隐私"一词用"自由"一词代替，此种改变将使我们谈论或思考上述的例子时更为清晰。实际上，在这些例子中，只有他人享有的免受强迫的权利受到损害，这一权利才直接影响他人享有的自由权。

不得不提及的是，控制接触理论还存在另外的不足之处。它把行为人实施的将他人暴露于令人烦恼的环境中的行为描述成侵犯他人隐私的行为。不过，这里还存在其他可行的概念，人们可以用这些概念来更准确和精确地传达在此种披露之下他人究竟失去了什么。有害的气体和污染物危害人们的健康，连续不停的噪音损害了人们的安宁，污染、噪音和不请自来的推销员损害了人们享有的财产所有权（此种财产意味着他人拥有和享受某种物质）。这种方式能让我们完全地思考在我们脑海中的事物，并且没有强迫任何一个概念过多地去履行与其性质不同的角色。

（五）隐私与限制接触理论

在笔者阐明自己对隐私所下的定义之前，我们还需要考虑另一种隐私的定义。Gavison 是以此种方式阐述的："隐私是指他人限制别人接触自己。"[1] Garrett 提出了一个与 Gavision 颇为相似的隐私概念，他认为，隐私是指限制一个或多个实体接触某个拥有经历的实体。[2] O'Brien 认同这一基础观点，他将隐私视为限制行为人接触他人个人生活经历和活动的存在条件。[3] 为了评估这一定义，我们需要更加仔细地考量限制接触的观点。Garrett 和 O'Brien 得出了两种个人接触类别之间有用的区别，他们将这两类接触分别称为临时性的接触和解释性的接触。临时性接触涉及行为人对他人实施的身体接触行为或身体接近行为。而解释性接触则涉及行为人实施获得他人信息的行为。

当将隐私视为他人限制行为人临时性接触自己时，这里存在某些严重的困难。A 本来可以不受限制地临时接触 B，但是 A 从未选择利用这一优势，这一反例再一次出现在我们面前。此外，我们能够用其他比隐私更好的概念来描述行为人实施的接触的行为，例如，债权人给债务人打骚扰电话的行为；行为人驾驶大卡车在住宅区发出刺耳噪音的行为；行为人实施的此类侵权行为明显应该被谴责为侵犯他人财产权和安宁的行为。

因此，如果隐私权成功地被确定为他人享有的限制行为人接触自己的权利，那么它应该是指解释性接触行为。Gross 对此作出了解释，他认为，隐私是指人们熟知他人或他人个人生活事务受到限制的生活状态。不幸的是，这一隐私概念在隐私受到威胁与隐私丧失的反例面

---

[1] Gavison, Ruth, "Privacy and the Limits of Law," Yale Law Journal, vol. 89 (1980), pp. 421–472.

[2] Garrett, Roland, "The Nature of Privacy," Philosophy Today, vol. 18 (1974), pp. 263–284.

[3] O'Brien, David, Privacy, Law, and Public Policy, New York: Praeger, 1979.

前显得不堪一击。同样它也面临着以下的问题：假设 A 监听了 B 的电话并偷听到 B 与别人的某些谈话内容，A 由此得知了 B 的某些非常私人的信息。这个案例完全符合 Gross 对隐私所下的定义。然而，尽管 A 的监听行为受到官方限制，例如，A 必须从法官处获得许可才能对 B 实施监听行为，但是在此种情况之下，人们肯定不会认为 B 保护了自己的隐私。

三、隐私的新定义

（一）隐私新定义的设想

笔者自己对隐私所下的定义是：隐私是他人未公开的个人信息不被行为人知晓的状态。又或者，以更为简单的语言来说明：隐私是指行为人不能获得他人未公开的个人信息。笔者在下文将提及个人信息的定义。

笔者认为，我们应该相信，个人信息是指在特定的社会环境及特定的时间条件之下他人不愿让别人知道的信息。他人可能不会介意，又或者说，他人可能会想让自己的部分亲朋好友或同事又或者那些他们足够信任的人（例如医生、心理学家、理财顾问等）知道他们个人的信息，但是如果这些个人信息传播到他们信任的人以外的范围，他人将会非常介意，甚至非常担忧。因此，个人信息是由有关他人的个人事实所组成的，大多数人在同一社会同一时间下都会合理预期地将个人信息描述为"它们并非公众消费的对象；它们不应该被广泛地讨论（正如 Warren 和 Brandeis 恰当表达的那样）；它们不应该被行为人泄露等"诸如此类的事物。

今时今日，在美国，属于他人个人的性习惯、生殖器大小、个人收入、嗜酒习惯及婚姻幸福均属于个人信息的范畴。属于个人信息类别的成员都严格地具有文化规范和社会实践的功能，随着它们的改变，人们普遍认可的隐私的价值和范围也会随之改变。某些在人们现在看来是隐私的事物可能在不久的将来会成为人们日常谈话的内容（也即这些事物不再属于他人的隐私）。

为了适应某些特殊的案例，个人信息的概念需要扩宽范围。尽管许多人不会介意让别人知晓他们的体重、身高、家庭地址、电话号码、工作地点等诸如此类的个人信息，但是也有某些人，他们并不愿意将这些个人的信息透露出去，一旦他们的这些个人信息被公之于众，对他们来说将会是一个大问题。例如，假设某个男子极其介意自己低矮的身高，他甚至不愿意让亲密的好友知道自己的实际身高。毫无疑问，身高属于这个男子的个人信息。笔者想通过巧妙的观察得出，当这个男子的身高达到多少时，我们会认为行为人实施的公开他人信息的行为才能算作侵犯他人隐私的行为。

鉴于此种类型的案例，我们对个人信息作出了更为全面的隐私定义："个人信息一方面指的是，在特定的社会环境下，大多数人选择自我保密的事务（除了朋友、家人、建言献策者），另一方面指的是，特定的人特别敏感因此不愿选择披露的个人事务（尽管多数人都不会介意让别人广泛知晓这些个人事务）。

属于公共记录的个人信息，即法庭记录、新闻报纸或其他为了公众审查而提供的文件，这些都不应该被排除在个人信息的范畴之外。这一点也不奇怪，相反，我们似乎可以很自然地认为，诸如此类的文件包含了非常多的个人信息。我们可以将个人信息称之为公共记录文件的一部分。

或许你还记得，笔者对隐私所下的定义将他人已经公开在公共记录之上的个人信息排除在外。此种做法的基本理由十分简单。假设A在浏览旧报纸时偶然发现B曾经是被定罪的罪犯。我们能够认定A实施的行为侵犯了B享有的隐私吗？假若我们作出肯定的回答，那么将会混淆私人信息和公共信息之间的区别。要求根据隐私权来保护已经公开的个人事实将显得非常奇怪。属于公共领域的事物不能有效地被归类为私人材料，因此这些信息不应该被包括在隐私的概念之内。

（二）维护新的隐私定义

哲学家必须提供清晰易懂且强有力的概念分析。对不同意义的认识和尊重并且使用它们是这一重要事件的关键。过于膨胀或不适宜的概念将使某些概念为其他的价值牺牲了自己的独特功能。笔者认为这可以看作概念剥削的一种形式。那些概念和人类一样受到了不必要的虐待，这是一个令人悲伤的事实（确实，笔者发现，某些学者为了欺骗读者而刻意沉浸在此种概念的剥削形式中）。

　　为了进一步看清这一剥削形式，我们可以研究那些与隐私概念属于同一家庭或社群的其他概念。由于这些概念具有公共性特征，因此我们不能孤立地研究与它们相近或相似的概念。如果对某个概念的边界进行调整，将可能影响到与这一概念相邻的其他概念。因此，分析隐私的概念也有必要考虑其他属于隐私大家庭里面的概念。一个值得信赖的隐私定义会在保证每个概念完整性的基础上正确区分每一个概念。它们不同的意义都得到尊重，它们各自扮演的角色也将被清楚地标明。侵占其他概念的意义或功能将有损它们的完整性。当家族中的某个或某些成员主导、抑制或危及其他成员的独立地位时，此种行为可以被视为类似于家族暴政的形式。个人信息的定义仔细地采用了理性化的概念辨析方法。它隔离了隐私的独立意义，也未曾占用应当属于其他概念的定义的核心。因此，它的适用将最大限度地减少混乱和扭曲推理的机会。

　　笔者将提供下列概念分类的方法来阐述自己的观点。下列的每一个概念都属于隐私大家庭，里面的每个概念都相互联系但又互相区别，每个成员都有自己独特的身份和角色。

　　（1）隐私是指他人未公开的个人信息不被行为人获得。

　　（2）自由是指他人免受强迫或免受外界强加的限制。当某部法律阻碍了个人选择时，我们就认为自由受到威胁。

　　（3）自治是指自我决定，是指他人作出自我选择的能力。行使自治权是他人行使自由权的一种形式。

　　（4）安宁（又称安宁与宁静）是指他人免受冒犯、骚扰，或他人免受恼人的噪音、喧闹声之扰。它是个人达到内心宁静的必要前提条件，也是以安宁或平静为标志的一种精神状态。

　　（5）健康是指没有疾病的困扰。这一价值可能会遭到污染的空气、有毒有害气体的威胁。

　　（6）财产是指独自拥有享有某间房屋或其他物品的状态。大声的噪音，不必要的推销行为，难闻的气味，也可以被认为将侵害他人享有的私人财产所有权。

　　（7）独居是指他人身体上独处，没有任何人陪伴的状态。基于隐私侵权行为可以在没有任何调查员、监听等情况下发生，因此隐私侵权行为可以在没有侵犯他人独居的情况之下发生。

（8）隐居是他人远离外界视线的状态，因此要求有墙壁、围栏、悬崖或某些类似的物理屏障存在。显而易见地，隐居对于隐私来说并非是必需品。

（9）秘密是指控制或隐藏个人信息，这也就是说，秘密由计划、方式、代码、程序、规则等组成的事实，而不是有关个人的事实。当论及某些事物如官方文件、记录、会议、敏感的谈判和交流的状态时，秘密的概念是最为适用的。我们应该拒绝将秘密的概念作为维护Gavison，Posner所提及的信息。

（10）匿名是指他人的身份（姓名）不被其他人知晓的状态。通常情况下，他人的身份并不属于个人信息的范畴，因此谈论他人的身份并不会被认为是侵犯他人隐私的行为。

鉴于上述概念之间的区别，人们可以理解为什么将隐私视为一个或多个概念的复合体是一种错误的做法。不幸的是，某些研究隐私的学者确实是这样做的。例如，Westin认为独居、亲密、匿名和储存为隐私的四种状态。Gavison则将独居、秘密、匿名视为组成隐私的要素。Posner认为，秘密和独处被称为两个真实的隐私。诸如此类的分析只会鼓励和促进一塌糊涂的思考。

我们应当简单地回顾William Prosser在侵权法领域对隐私所作的研究，Prosser教授深信隐私的概念是多维度的。在他那篇1960年所撰写的著名文章中，他认为，法律之上的隐私侵权行为由四种不同类别的侵权行为组成，它们分别侵犯了原告享有的四种截然不同的利益。每种侵权行为除了都侵犯了他人享有的独处权之外，它们几乎没有任何共同之处。[①] 四种隐私侵权行为分别为：①侵扰他人独处或隐居或他人私人事务的隐私侵权行为；②公开披露他人令人尴尬的私人事务的隐私侵权行为；③公开丑化他人形象的隐私侵权行为；④行为人为了自己的利益擅自使用他人姓名或肖像的隐私侵权行为。

笔者看来，显而易见，在Prosser教授所提及的四种隐私侵权行为中，只有第二种隐私侵权行为涉及真正的隐私问题，假设行为人披露的事务是他人未公开的私人事务。第一种侵权行为也可能涉及隐

---

① Prosser, William, "Privacy", California Law Review, vol. 48 (1960), pp. 383–423.

私。它取决于行为人实施的侵扰行为的类别。如果行为人实施的侵权行为属于认知的性质,并且属于行为人知晓他人未公开的个人信息,那么行为人实施的行为就涉及隐私问题;然而,如果行为人实施的行为仅仅是现实侵扰他人的行为,那么他人的隐私并不会受到威胁。涉及第三种侵权行为的案例应当是属于名誉侵权法的范畴。第四种侵权行为,因为它本质上与报酬有关,所以它应当属于财产法的领域。我们可以得出的结论是,Prosser 教授所提出的分类方法从根本上就是混乱的,它不应该被法院视为教条来遵循。

(三) 对异议的回应

笔者对隐私所下的定义确实不会过于开放或过于膨胀,因此学者们可能批评这一定义太过狭隘。如果学者们批评这一定义是基于它不能用来描述或分析某些重要的案件,那么笔者反驳的观点是:我们并不需要用这一概念来处理这些案件,这里还存在其他分析案件的可行概念,人们未能意识到这一点表明了概念上的破产。批评这一概念的学者认为,个人信息的隐私定义将使人们不再可能根据隐私来挑战那些规定公民禁止采用避孕措施的法律,[1] 对此,笔者回应是,尽管诸如此类的法律并未侵犯他人享有的隐私,但是它们侵犯了人们享有的自由,基于这点,这些法律应该受到批评。

某些学者对笔者的建议提出了反对意见,尽管这些意见都略有不同,但是在笔者看来这些意见都非常狭隘。例如,Scanlon 认为,即便行为人没有实施实际的观察行为和偷听行为,但是行为人实施的行为如果违反了明确规则,那么此种行为也有可能侵犯他人的隐私。Scanlon 所举的例子是,行为人持续性地强迫他人回答某些个人问题,并且这些个人问题在传统上是被禁止公开的,尽管行为人并未获得任何关于他人的个人信息,但是他人的隐私也受到侵害。类似地,A 从 B 浴室窗户外偷窥 B,A 实施的此种行为侵犯了 B 享有的隐私,不论 A 是否真的看见了 B。[2]

---

[1] Garrett, Roland, "The Nature of Privacy," Philosophy Today, vol. 18 (1974), p. 274.
[2] Scanlon, Thomas, "Thomson on Privacy," Philosophy and Public Affairs, vol. 4 (1975), p. 317.

一方面，笔者认同 Scanlon 的观点，即行为人实施的持续性询问行为是错误的，即便行为人实施的此种行为并未获得他人的个人信息。另一方面，笔者并不认同此种错误行为必须或者应该被描述成侵犯他人隐私的行为。此种做法将引起某些不必要的混乱。相反，笔者认为，此种询问行为已经给他人带来了不必要的骚扰（或许他人可以根据滋扰法向法院提起诉讼）。如果行为人实施的滋扰行为发生在笔者所有的财产之上，那么此种行为还可以被认定为侵入侵权行为或侵犯他人财产所有权的行为。至于作为倒霉偷窥者的 A，我们应该认定 A 实施的行为是不正当的现实侵入行为，而不是根据隐私权的相关理论来谴责他。诚然，A 实施的行为威胁到了 B 享有的隐私，但是只要 B 的未公开的个人信息未曾泄露出去，比如说 B 戴着一顶假发的信息没有被 A 披露出去，那么 B 的隐私就没有丧失。

Valecky 提出了另一种异议。他让人们想象，无所不知的大脑意识在疯狂运转。它们知道所有人的所有事。Valecky 认为，隐私的概念一直都是丰富多彩的，因此在此种情况之下隐私并不会受到侵犯。① 不幸的是，这一观点明显是错误的。它混淆了某个概念的意义与该概念所处的状态。人们不会也不应该会认为，在集权制度之下自由就失去它的意义。这种观点显得非常奇怪。

Fried 也坚决否认"只要他人被越少的人知道，那么他人享有的隐私就愈多"的观点。Fried 提出了一个例子，某个住在荒岛上的人享有的隐私并未多于其他人，Fried 以一种反常的讽刺来说明他的观点。但是这一例子能够证明什么呢？人们几乎不会期望一个居住在荒岛上与世隔绝的人会珍视自己的隐私。因此，我们将隐私授予这样的人根本就没有有益的或有建设性的目的。

这里还有一个最后的批评个人信息定义的方式，即否认诸如隐私这样的概念，否认它们具有自己的定义。Gerstei 就是持此种怀疑的主张，他声称，隐私的概念不能用简短的语言进行描述，也不能成为明确可适用的规则。② Kurland 和 Thomson 同样都是持怀疑论者。笔

---

① Valecky, Lubor, "The Concept of Privacy," in Young, John (ed.), Privacy, pp. 13 – 34.
② Gerstein, Robert, "California's Constitutional Right to Privacy: The Development of the Protection of Private Life," Hastings Constitutional Law Quarterly, vol. 9 (1982), p. 414.

者在下文的论述中将尝试指出他们的错误之处。

（四）结论：关于 Thomson 的论文

Thomson 所撰写的论文是目前最知名和引用率最高的研究隐私的文章。尽管 Thomson 对隐私概念的分析并不能站稳脚跟，但是笔者认为也值得在本文对其进行简短的探讨。Thomson 认为并不存在单一独立的隐私权，相反，在"隐私"之下存在某些不同的权利，每种权利都是不同类型的。在 Thomson 看来，隐私权只是一个派生的权利，这就能够解释为什么人们甚至不用提及隐私权本身就能将他们享有的每种权利归入隐私之下。确实，根据 Thomson 的观点，行为人实施的每个不正当侵犯他人隐私权的行为都可以在未曾提及隐私权本身的情况之下进行解释！所以，我们根本不需要谈论隐私权。Thomson 采用了几个例子来阐述她的观点，下面是她举的两个例子：

（1）A 拥有一张色情照片，他将该照片锁在某个不为人知的地方。B 将他特殊的 X 光设备安装在 A 的保险箱上并且看到了 A 的色情照片。B 侵犯了 A 享有的隐私权，但是我们还能用更为根本的方法来解释 B 的所作所为，这就是，根据 A 享有的消极权利，B 无权对 A 拥有的东西实施某种行为，B 无权实施的行为当然包括不能出卖或查看 A 所有的东西，A 享有的权利是财产所有权，B 正是因为损害了 A 享有的此种权利才应该受到谴责。

（2）由于 A 并不想让别人看到自己的脸部，他用面具遮住了自己的脸部。B 使用 X 光设备透过面具看到了 A 的脸部。通过实施此种行为，B 侵犯了 A 享有的不让别人看见自己脸部的权利。这一权利是每个自然人都享有的基本权利。

上述 Thomson 所举的例子是否具有说服力？笔者认为，她的观点并不具有说服力。理由仅仅是因为，按照 Thomson 的观点，人们需要承认大量地位十分可疑的权利。不得不指出的是，人们真的需要相信自己享有不被别人看见或听见的权利吗？个人真的享有自己的财产不被别人看见的一般权利吗？Thomson 认为人们一直都在搁置这些权利，例如，当人们位于公共场所时，他们放弃了自己享有的不被人看见或听见的权利。但是，我们真的是这样认为的吗？Thomson 所提出的权利极不自然，多少都有些临时的意味。众人不禁会问，难道隐私权不能用来保护他人不愿被别人看见或听见的权利吗？难道隐私权不能用来保护他人不愿被别人看见自己所有物的权利吗？使用隐私权来保护他人的做法显得更为合理和明智。

这恰好是笔者想要保护的方法。隐私是社会中的基本人类价值。基本的隐私权给我们带来了十分美好的感觉。隐私权应当与他人享有的个人未公开的信息免受行为人不合理或不正当获悉的权利相等同。

在隐私的此种定义之下，我们可以用更为简单、直接且有说服力的方法来处理 Thomson 所提及的例子。

（1）如果 B 是在没有正当理由的情况之下将自己的 X 光设备安装在 A 保险箱上，如果 A 享有色情照片的所有权，那么 B 实施的行为无疑侵犯了 A 享有的隐私权。我们可以认为，在此案例之下，A 享有的一般隐私权授予他享有不让别人看自己照片的具体权利。

（2）假设 A 并非基于搞怪的目的遮住自己的脸部，B 使用 X 光设备看见 A 脸部的行为将侵犯 A 享有的隐私权。同样，我们可以认为，在此案例之下，A 享有的一般隐私权授予他享有自己的脸部不被别人看见的具体权利。这一具体权利来源于隐私权。

最后，人们不禁会产生疑惑，为什么 Thomson 从未尝试给隐私下定义？笔者认为，期待每一个决心挫败隐私权的人都应该表明他们对隐私权的看法是不合理的。也许 Thomson 认为隐私权太过复杂难懂，不易在哲学上厘清。笔者在本文已经尝试去证明隐私权并非如此难以捉摸。

隐私权的各种界定方式

麦迪逊·鲍尔[①]著　魏凌[②]译

目　　次

一、导论
二、隐私的简化论定义
三、隐私的描述性定义
四、结语

一、导论

近几十年来，尤其是在美国，更具体地说是在《美国联邦宪法》的发展背景下，个人隐私的话题已经成为众多社会公众和学者所讨论的问题的焦点。尽管许多争论都是围绕如何平衡隐私权与其他权利或利益之间的关系，但是这里还存在其他的某些分歧，它们大部分在本质上都是属于概念性问题。这些概念性问题关注的是隐私权的意义或定义，它们区分隐私权和其他类型的权利的分析依据来自道德、政治或法律理论。

然而，概念性问题容易逐渐演变成为其他类型的问题，尤其是在法律理论的背景之下。例如，某些学者试图开发隐私的某个概念以便对隐私是如何在某个特定的法律管辖区内获得法律认可的问题寻找一个最佳的理由。[③]

其他学者关注解释性的问题。例如，在宪法管辖的语言及历史的

[①] 麦迪逊·鲍尔（Madison Powers），美国乔治敦大学哲学系教授。
[②] 魏凌，中山大学法学院助教。
[③] Ruth Gavison, "Privacy and the Limits of Law", Yale Law Journal 89 (1980): 347-348.

范围内都未明确提及隐私权的情况之下,法官在司法上承认和发展基本隐私权是否具有合法性?① 相反,纯粹的概念性问题往往会全力以赴以便为隐私寻找一个具有普遍哲学依据的定义,因此,在此种情况下所形成的隐私定义可用于厘清许多由政治或法律传统所引起的规范性争论。因为不同的隐私概念的立场服务于不同的战略政治利益,所以概念问题的结论部分可能是由于不同党派在某些潜在的实质问题的不同立场之上而产生的。例如堕胎问题,法官在处理案件时是依靠不同的宪法裁判理论而进行裁判的,而不仅仅是依靠阐明哲学问题进行裁判。

在这些看似无穷无尽的术语纠纷的背景之下,许多学者似乎更加怀疑隐私权的概念问题是否仍然具有精确分析的前景。② 此外,某些学者则似乎将进步之路视为更温和的任务——揭露参与者(例如在《美国联邦宪法》管辖之下的法官和学者)在特定的解释传统之下理解和运用隐私概念的方式。③ 不过,本文假设我们获得了重要的概念分析方法,当我们需要选择某个特定的隐私概念时,或者甚至当我们在面临巨大的政治和语言分歧时,深思熟虑有助于我们提出强有力的观点。笔者捍卫的隐私定义旨在协调和完善众多具有影响力的隐私概念的核心观点。这两个概念分析方法在隐私文献中被称为"反简化论(反还原论)"和"简化论(还原论)"。

二、隐私的简化论定义

支持反简化论的学者认为,他人应该根据隐私的通用观点来理解行为人实施的各种各样的隐私侵权行为或侵扰行为。隐私的反简化论定义所包含的内容是不同的,行为人干扰他人的个人信息、秘密、休息、缄默、精神安宁、身体完整、匿名、独居、隐居、庇护、亲密或亲密关系及决策自主等问题通常都被视为干扰他人隐私的不同维度或

---

① John Hart Ely, "The Wages of Crying Wolf: A Comment on Roe v. Wade", Yale Law Journal 82 (1973): 920–949.
② Ferdinand Schoeman, Privacy and Social Freedom (1994): 11–23.
③ Jeffrey Johnson, "Constitutional Privacy", Law and Philosophy 13 (1994): 161–193.

方面。①

简化论者则认为，隐私的概念越宽泛，隐私就显得越模糊不清、模棱两可和难以揣摩。② 如果隐私的概念缺乏任何明确的含义，又或者隐私概念有着太多的普遍用途和存在太多的争议，那么他人对隐私的呼吁将不能提前解决某些规范性的争议。由于隐私的概念存在高度隐喻"免受侵扰的区域或范围"概念的趋势，学者往往通过承认隐私权来表达他人应当免受行为人侵扰的观点。反对简化论的学者可能会认同这一结果，甚者可能会承认这一做法具有相当大的理论价值。某些学者坚信，行为人对他人实施的各种各样的干扰行为最好被视为行为人侵犯他人享有的某种单独基本权利的不同维度的行为。③ 不过，此种观点没有说明行为人实施的何种侵扰行为可以构成一个独立的隐私侵权行为（而不是其他类型的侵权行为），学者们并未解释为何他们要将隐私权普遍地看作他人免受干扰的权利。

笔者认为，我们不能简单地认为，反简化论者和简化论者之间争论的界线只在于他们称谓的不同。从一系列的观点中我们可以看出，反简化论者和简化论者所持的观点是截然不同的。极端的反简化论者认为，隐私是由许多没有任何共同特征的松散联系在一起的概念所组成的"大家庭"，而某些极端的简化论者则认为，由于隐私的概念（或隐私权）"只不过"是代表着其他的某些概念（或其他的某些权利），他们主张完全消除任何引用隐私的看法。④ 此外，还有许多持

---

① Anti-reductionist definitions include: Alan Westin, Privacy and Freedom (1967): 31 – 32; Julie Inness, Privacy, Intimacy, and Isolation (1992): 56; Lawrence Tribe, American Constitutional Law (1978): 886; William Prosser, "Privacy", California Law Review 48 (1960): 383; Gavison, 346 – 402; and Anita Allen, Uneasy Access: Privacy for Women in a Free Society (1987).

② Edward Shils, "Privacy: Its Constitutional Vicissitudes", Law and Contemporary Problems 31 (1966): 281. For the charge of ambiguity, or that a concept has two or more distinct meanings, see Hyman Gross, "The Concept of Privacy", New York Law Review 42 (1967): 53. For the claim that privacy lacks any clear definition beyond its core meaning such that the boundaries of the concept cannot be determined, see Richard Posner, "The Right of Privacy", Georgia Law Review 12 (1978): 401.

③ Julie Inness, Privacy, Intimacy, and Isolation (1992): 56.

④ Judith Thomson, "The Right to Privacy", Philosophy and Public Affairs 4 (1975): 295 – 314.

中立态度的学者，他们的观点可能都大同小异。

笔者认同的是隐私简化论的其中一个版本，该观点试图为所有的隐私主张寻求共同的理论基础。不过，比起其他的简化论观点，这一简化论观点更为温和，它认为理论简化的结果并不会导致隐私权的消除，隐私权也不会被其他更为基本的概念取而代之。因此，隐私权的存在与否并不会受到简论论和反简化论的影响。

此外，笔者认为，理解简化论最简便易行的方法就是，由于不同学者害怕隐私概念模糊不清的程度不同，他们所提出的隐私简化论的程度也不同。即便是某些认为自己持反简化论的学者，他们也有可能会与持简化论的学者一样，均偏好对隐私的概念作严格的界定，以便转移外界对隐私的概念含糊不清的指责。然而，温和派的简化论者的观点在某些方面也与反简化论者的观点相符，这就是，即便对隐私的概念作了细致详尽的定义，在隐私之上也还是存在几种相互独立、不可相容的意义。持简化论的学者坚信，从哲学的角度而言，可行的隐私定义将明确有力地表达独立的分析基础。因此，坚持隐私简化论的理由变得愈发清晰。

三、隐私的描述性定义

任何隐私的定义都必须初步解决的一个问题是，隐私究竟是作为描述事物的状态还是作为控制事物的能力而被人们所熟知？

隐私的控制定义将隐私权视为他人享有控制别人接触自身的某些方面的权利。① 关于这一定义，具有说服力的例子来源于 Alan Westin 对信息性隐私权所作的定义："所谓信息性隐私权，是指个人、组织或机构所享有的自主决定何时、以何种方式及在多大程度上向别人公

---

① See, e. g. , Ernest Van Den Haag, "On Privacy", NOMOS XIII: Privacy (J. Pennock and J. Chapman, eds. , 1971): 149; Richard Parker, "A Definition of Privacy", Rutgers Law Review 27 (1974): 275; Hyman Gross, "Privacy and Autonomy", NOMOSXIII: Privacy (J. Pennock and J. Chapman, eds. , 1971): 169; Charles Fried, An Anatomy of Values (1970): 140; Charles Fried, "Privacy", Yale Law Journal 77 (1968): 482; Tom Gerety, "Redefining Privacy", Harvard Civil Rights-Civil Liberties Law Review 12 (1977): 236; Elizabeth Beardsley, "Privacy: Autonomy and Selective Disclosure", NOMOS XIII: Privacy (J. Pennock and J. Chapman, eds. , 1971): 65; and Inness, 2.

开有关自身信息的权利。"

某些反对隐私控制定义的学者指出了此种定义的缺陷,这就是,他人既可能在不享有控制权的情况下获得隐私,他人也有可能在行使控制权时不享有隐私。① Ferdinand Schoeman 提供了两个例子来说明控制既不是隐私的必要条件,也不是隐私的充分条件。② 第一个例子是,假设我们并非出于故意将某个男子放逐到某荒岛之上。尽管该男子丧失了控制自身信息的能力,但是毫无疑问,他的隐私仍然是完好无损的。因此,控制能力并非是他人享有信息性隐私权的必要条件。第二个例子是,某个男子自由地选择向别人透露自己的个人信息。尽管该男子仍然可以控制是否让别人接触自己的个人信息,但是在此种情况之下,他已经失去了自己的某些隐私。从这一例子可以看出,控制能力也并非是他人享有信息性隐私权的充分条件。

在拒绝隐私的控制定义之后,某些学者提出了另外一些见解,他们认为,隐私可以被视为事物的某种境况或状态,事物状态的改变也可以被视为是他人所享有的隐私权的改变。然而,采用此种分析方法的核心错误之处在于,应当如何确定适当的描述范围。例如,根据 Samuel Warren 和 Louis Brandeis 给隐私所下的定义,他们认为,隐私是指他人独处的状态。③ 但是,反对者认为,现实中存在数不清的方式能够使他人丧失独处的状态,但是这些方式与他人的隐私或他人隐私的丧失一点关系也没有。Judith Thomson 认为,当行为人用砖头敲打他人的头部时,毫无疑问他人在此种情况下不再处于独处的状态,但是,我们没有理由会认为他人的隐私在此时受到了侵犯。在决定行为人对他人实施的侵扰行为在何时将构成侵犯隐私侵权行为时,如果

---

① Criticisms of control definitions include: Gavison, 350; Allen, 26; W. A. Parent, " Privacy, Morality, and the Law", Philosophy and Public Affairs 12 (1983): 344 (hereafter, PPA); and W. A. Parent, " Recent Work on the Concept of Privacy", American Philosophical Quarterly 20 (1983): 272 - 273 (hereafter, APQ).

② Ferdinand Schoeman, "Privacy: Philosophical Dimensions of the Literature", in Philosophical Dimensions of Privacy: An Anthology (F. Schoeman, ed. , 1984): 3.

③ Samuel Warren and Louis Brandeis, "The Right to Privacy", reprinted in Philosophical Dimensions of Privacy: An Anthology (F. Schoeman, ed. , 1984). However, the right of privacy may not be equivalent to the right to be let alone, but a merely special case of the latter in the work of Warren and Brandeis. Gavison, 346, 357, and 388, fn. 48.

不存在清晰的判断标准,那么此种定义将显得尤为宽泛。

当他人隐私的丧失还涉及其他抽象的概念时,隐私的"状态"概念将得到更多的追捧。Ruth Gavison 总结了描述性分析方法的吸引人之处,他认为,隐私的"状态"定义使人们在没有质疑隐私的价值和意愿的情况下理解隐私。Ruth Gavison 的言下之意是,他人声称自己丧失隐私的主张可以被视为一个纯粹的事实问题,但是,当行为人侵害他人隐私的行为已经构成隐私侵权行为时,他人向法院起诉要求法院判令行为人就其隐私侵权行为承担法律责任时,他人必须提出明确的规范依据以证明自己所遭受的隐私损失已经构成了道德上或法律上的重大事件。

诚然,在判断隐私是否是一个好的、值得进行保护的事物时,在判断何种事物应当保持私密性时,在判断保护隐私的道德或法律程度是否正当时,以及在决定他人是否应当通过行使自己享有的控制权和决定权来对隐私的重要状态进行保护时,纯粹的描述性定义并不能作出任何规范性的判断。因此,隐私的描述性定义的目的在于详细说明,当他人丧失自己享有的隐私权时,他人失去的隐私包括哪些,他人是在自愿还是在被迫的情况下丧失隐私?他人是有意地向外界透露自己的隐私还是无意中泄露了自己的隐私?行为人使他人丧失隐私的动机是出于恶意还是好意?从道德或法律的角度而言,他人隐私的丧失有着重大意义还是几乎没有意义等诸如此类的问题?不过,根本的问题在于,纯粹描述性分析方法的理论抱负能够在多大程度上实现?

(一)隐私的限制接触定义

其他的描述性定义分析方法将隐私视为他人限制别人接触自己的一个或多个方面的状态。因此,在此种定义之下,隐私被分析为行为人难以接触他人的一种状态,他人隐私的丧失也被理解成为他人丧失了此种难以接触的状态。不过,限制接触定义并不等于行为人接触他人的方面增多了,他人所享有的隐私权就必然受到更大程度的侵犯。W. A. Parent 将隐私狭窄地定义为,"隐私是指他人未经公开的个人信息不被别人知晓的一种状态。"Parent 所提出的隐私定义仅将焦点集中在他人信息方面的不可接触性,而其他学者的观点则提出了更为宽泛且多维度的隐私定义。隐私的多维度(多方面)定义表明,他人有权限制别人接触自己的一个或多个方面，而这也就直接决定了他人享有的隐私的多少，他人限制别人接触自己的方面越多，他人享有的隐私就越多，反之，他人限制别人接触自己的方面越少，他人的隐私也越少。Ferdinand Schoeman 认为，"从某种程度而言，一个享有隐私权的人有权限制别人接触他们的个人信息，有权限制别人接触他们的亲密生活，也有权限制别人接触他们的想法或他们的身体。"Anita Allen 将隐私定义为，"他人享有隐私权是指他人处于别人难以接触的状态，当他人享有隐私权时，别人不能从感官上或以监控设备的形式接触他人的心理和有关他人的各种信息。"Ruth Gavison 同样提出了三种不同的限制接触的方式，Ruth Gavison 认为，当他人处于隐居、秘密或匿名状态时，行为人接触他人就受到了限制。

所有类型的限制接触定义也会面临其他的隐私定义同样遭遇的许多问题。限制接触定义的核心概念在于，它是一个灵活的空间隐喻概念，它非常容易延伸，这就可能导致，当他人享有隐私权时，他人不可接触的方面将会是全覆盖性的。Allen 将别人不能接触的三个方面描述成为他人的"身体、心理和信息"，而 Gavison 则认为，当他人处于隐居、秘密或匿名状态时，别人不能接触他人。Parent 仅仅承认别人不能接触他人的个人信息。因此，我们需要从这些相互竞争的限制接触定义当中确定选择适用何种定义。

Parent 所提出的单方限制接触定义（即隐私权是指他人享有限制别人接触有关自身信息的权利）有其值得肯定的一面，此种定义独特地从理论上确立了，只要行为人接触了他人的某一方面，他人的隐私就会因此受到损失。其他所有形式的接触方式都被排除在外，排除它们的主要根据在于，行为人接触他人的其他方面可以被解释为他人在其他方面而不是他人的隐私遭受了损害，例如，当行为人干扰他人自治的状态时，或者当行为人接触他人的身体时，我们可以视为他人的自治或他人的身体完整因行为人的接触行为遭受了损害。

然而，此种简化主义的原则本身可能并不具有决定作用。限制接触的暗喻方法在某种程度上强调了隐私所具有的特征，并且让我们理解了其他与隐私相关的事物的相似特征，我们可以根据他人隐私的丧失来理解行为人实施的不同干扰方式，此种隐喻性特征是这一定义的优势所在。①

此外，此种定义适应预先确立的道德和语言标准，它将成为我们迫切需要得到之物的一部分。诚然，人们使用术语的某些标准反映出多种多样的意义。然而，当我们呼吁外界更多地考虑如何解决隐私的定义问题时，我们的能力受到了严重的限制。这是因为，当前用于判断概念问题的深度语言和道德意识正处于混乱无序的状态。人们的道德意识经常处于不成熟、不完善、不一致和未经深思熟虑的状态。此外，某些用于表达特定目的的众所周知的惯用语既不正确也不全面，容易误导他人，这些用语或者只是作为一种速记的方式，或者仅仅是松散的、不严谨的表述方式。因此，当前被认为赞成限制接触定义的观点是，此种定义能够解释人们的直觉如何变得混乱，也能达到表述清晰的目的，同时向我们阐明，语言实践是如何进行改革的。

笔者认为，还需要进行讨论的问题是，隐私的限制接触定义能够在多大程度上为隐私这一理论权利提供一个有序的结构，包括与隐私有关的隐私与其他权利相联系的理论。这里还存在一个强有力的观点，这就是，如果此种定义可以厘清在道德、政治或法律理论上都不能解决的问题，那么它的存在将是非常有意义的。

（二）Parent 所提出的信息性隐私的狭窄观点

尽管 Parent 并未将其观点贴上"限制接触定义"的标签，但是毫无疑问的是，从这一角度来评价他所提出的定义是合理的。理由在于，Parent 所提出的隐私定义对以下的问题作出了回答，即当行为人接触他人的哪一方面时，他人的隐私就遭受了损失。Parent 将隐私定义为他人未经公开的真实个人信息（而不是已经公之于众的个人信息）不被公共领域的其他人知晓的状态。因此，根据他的定义，当行为人接触到他人的个人信息时，他人的隐私就遭受了损失。

从支持纯粹性描述定义分析方法的角度出发，这里存在三种反对 Parent 所提出的定义的观点。

第一个反对 Parent 定义的观点建立在 Parent 所提出的，"行为人获取的信息必须是'大多数在社会中生活的人都不会选择向外界透

---

① George Lakoff and Mark Johnson, Metaphors We Live By (1980).

露的信息,或者是某些对特定人而言及其敏感且他们不会选择向外界透露的私人事务'"①。由于此种限制明确建立在道德依据上,Parent 所提出的定义并不能称之为描述性定义。它混淆了两个问题,即他人所损失的究竟是什么的问题和他人的意愿究竟是什么的问题。因此,此种定义将 Gavison 正确地认为应当分离的问题混作一谈。Parent 对隐私所下的定义阐述了人们可能合理地想要保持私密性的某些方面,他对隐私所作的限制最好被视为是在回应"人们所享有的隐私权是什么"的问题,而不是在回答事实上取决于"隐私的损失是什么"的隐私定义问题。

第二个反对 Parent 定义的观点是,Parent 认为"个人信息"要求行为人认知接触他人信息的行为必须已经构成信息收集的行为。此种限制的结果就是,如果行为人从认知上接触了他人,但是却没有产生任何新的信息,或者是在公共领域没有增加任何新的信息,那么行为人实施的行为将不会造成他人隐私的损失。Parent 所提出的此种限制是违反常理的。让人难以接受的是,假设当行为人重复获得他人的个人信息时,他人所享有的隐私权就不会受到侵犯。Julie Inness 曾提出某个偷窥狂的例子,如果上述说法成立,那么偷窥狂就可以以"我在之前早就看过了"诸如此类的说辞来逃脱责任。② 相反,认知接触定义并未遭到 Inness 的反对,因为不要求再一次接触他人,又或者行为人每一次接触他人都能获得新的信息。正如上述的例子所证明的那样,重复的认知接触行为意味着行为人从认识上接触他人的难度降低了。

此外,当他人的某些信息出现在公共领域时,当某个额外的人了解到已经被许多人知道的他人的信息时,并不意味着他人享有的隐私权就一定没有遭到损害。再一次地,重要的不是行为人是否能够从认知上接触他人,而是行为人所获得的信息的类型是怎样的,或许他人所遭受的损失仅仅是边际损失,而不论行为人是第一个还是第一百万

---

① W. A. Parent, "A New Definition of Privacy for Law", Law and Philosophy 2 (1983): 305, 307 (hereafterL AP).
② See also Judith DeCew, "The Scope of Privacy in Law and Ethics", Law and Philosophy 5 (1987): 150–153.

个听到谣传、看到照片或听到磁带的人。如果行为人所接触的他人的个人信息是已经在公共领域公开的信息，那么他人就不能以此为由向法院提起隐私侵权之诉并要求行为人就其侵权行为承担民事赔偿责任。这一点说明了，Parent 对他所提出的隐私定义所作出的第二点限制只与隐私权是什么的问题相关，而不是与"隐私的损失是什么"有关。

第三个反对 Parent 定义的观点直接反对 Parent 所理解的接触他人个人信息的方式。在 Parent 所撰写的某些文章中，他指出，行为人只有对他人实施了认知上的接触行为才会导致他人享有的隐私权的丧失。尽管 Parent 明确地限制了认知接触的标准，这点为笔者所认同，但是，他认为"限制认知接触并不会涉及隐私"。显而易见的是，我们不应该对为了确保隐私及其状态而设定的限制感到困惑。然而，我们并不清楚 Parent 在这方面想要表达的意见有多少。

Parent 所提出的反例直接反对认知接触的分析方法，这就意味着，他将他人的隐私受损限制在特定的认知接触方式的结果之下，也就是说，唯有当行为人实施对他人的认知接触行为时，他人的隐私才会受到损害。Parent 认为，如果一个男人又聋又哑，当他跌跌撞撞地进入某个妇女正在进行生产的手术室时，这位又聋又哑的人的行为或许构成侵扰他人的行为，但是，那位正在生产的妇女所享有的隐私权并未受到侵犯。原因在于，侵扰者本身并不能从这位妇女身上获得任何有关她的个人性质的信息。笔者认为，Parent 的此种主张是非常令人困惑的。假设该男子并不是盲人，那么似乎更有说服力的说法是，在此种情况之下那位正在生产的妇女所享有的隐私权在某种程度上受到了侵害，这是通过增加视觉上的熟悉感来达成认知接触的结果。如果 Parent 打算将某些特定的认知接触形式从他认定的足够造成隐私损失的接触形式中排除出去，如果他所提出的反例意味着，他试图根据某些道德或评价依据将行为人所收集到的某些他人的信息排除在隐私之外，那么 Parent 对隐私所下的定义就是太过狭窄了。

笔者尝试对上述观点作出总结：Parent 所提出的隐私定义太过狭窄，因为它任意地将纯粹的描述性定义都会包含在内的认知接触方式排除在外，并且此种排除是根据道德或评价标准所作出的。认知接触并未造成行为人获得新的信息，行为人所接触的信息可能是别人早已经了解到的。或许某些特定的接触他人的形式只可以被称为认知接触方式。然而，认知接触的分析方法能够满足纯粹的描述性定义的目的，此外，它也能避免用来反对 Parent 定义的强有力的观点。

（三）Allen 所提出的反对简化隐私的观点

比起 Parent 对他人个人信息的不可接触性的理解，隐私的认知接触定义显得更为全面。认知接触定义认同 Parent 所提出的简化论的主张，即行为人只要接触他人的个人信息的一个方面就足以对他人的隐私造成损害。如果认知接触定义能够对 Gavison 和 Allen 各自提出的看似不同的隐私多维定义提供一个统一的解释，那么认知接触定义的例子将会更具有说服力。笔者在下文将开始讨论 Allen 所提出的隐私定义。

Allen 认为，如果别人不能接触到他人的五种感官，那么他人的身体就具有难以接触性。当他人的心理状态（例如信息、愿望和喜好）不能被其他人感知时，他人就具有了心理方面的不可接触性。当别人不能知晓他人的某些私人事务时，或者他人的某些私人事务不可知时，他人就具有信息方面的不可接触性。Allen 进一步声称，他人在某一方面具有不可接触性并不总是增强他人在其他方面所享有的隐私权。因此，Allen 所提出的隐私多维定义（又或者称为隐私多方定义）让某些持反简化论的学者开始主张，他人隐私的任何损失都必须被理解成为某一特定类型的隐私损失。即便行为人在接触他人时往往涉及接触他人的一个或多个方面，但是从逻辑上来说，这并不是必要的。

与 Allen 所提出的反简化论的观点相反的意见是，某些学者认为，从概念的角度而言，心理方面的不可接触并不等于信息方面的不可接触。他人的心理方面的不可接触往往涉及他人所有的在本质上更为基础的个人信息的不可接触。尽管它们可能有所不同，但是从本质上来说，它们的接触方式都是属于认知方面的问题。一般而言，心理方面的不可接触仅在特别涉及个人的思想、信念或其他精神状态等其他事实时，心理方面的不可接触才与信息方面的不可接触存在差异。此种定义将他人的某些心理方面的信息单独隔离出来（与其他方面的信息例如行为信息、遗传信息和疾病状态信息进行对比），作为与有关他人的信息的一部分,当行为人对他人这一方面的信息了解越多时,他人的隐私就会受到损失。因为心理方面的信息仅仅是他人个人信息的其中一个种类,他人心理状态方面的不可接触并不意味着可以形成隐私的一个独立的维度,所以当行为人可以接触他人的心理状态时,认知接触定义并不能适应并且作出解释。

同样,身体方面的不可接触和信息方面的不可接触之间的区别也并非如隐私的多维定义所表明的那样,它们两者之间的差异并非是本质上的不同。身体方面的不可接触是模糊不清的,不过,至少有两种类型的方式可以被区分开来。

身体方面的不可接触涉及他人限制行为人直接接触自己的身体。身体接触的第二种概念(Gavison 也将其纳入了她对隐私所下的定义内)是指行为人与他人之间亲密距离的增加,但是此种行为并不一定涉及身体方面的接触。为了阐明这一问题,笔者保留了身体方面不可接触的概念来表明,他人身体完整性的丧失和行为人打破与他人之间的距离,它们都被称为一种他人丧失了独处的状态。

如果身体方面的不可接触可以被视为隐私的一个独立维度,只要他人有任何身体方面或身体完整性方面的损失,即便没有涉及信息方面的丧失,人们也会认为,他人的隐私在此种情况下受到了损害,那么将形成一个再好不过的隐私的"不干扰"定义。在此种定义之下,行为人实施的任何物理性干扰行为,包括行为人使用棒球棒击打他人的头部,行为人的行为也会构成侵犯他人隐私权的行为。因此,他人仅仅在身体方面不可接触的损失并非是他人隐私丧失的充分条件。

然而,Allen 对隐私所下的定义清楚地表明,能够导致他人隐私损失的物理侵入行为必须是行为人至少接触了他人的五种感官中的其中一种的行为,根据 Allen 的观点,行为人用棒球棒击打他人头部的行为将不构成侵犯他人隐私的行为。显而易见的是,一旦此种感官体验被作为其中一种要件,那么限制接触将会使某些但并非所有行为人接触他人身体的行为都构成对他人隐私权的侵犯。尽管在通常情况下,行为人增加对他人身体方面的接触是从认知上接触他人的一种途径,但是,即便是根据 Allen 自己所提出的标准,将他人身体方面的不可接触视为一个独立的隐私维度,此种做法仅仅强调隐私的每个维度是什么,而不是强调我们已经证明的造成隐私损失的必要条件或充分条件。

接下来，让我们思考独处和隐居，它们是指他人不被别人接触以致形成人与人之间的距离的方式。假设行为人在未经他人允许的情况下侵扰了他人所享有的独处或隐居状态，也即行为人打破了与他人之间本来的距离，恰好这位受到侵害的人正在遭受某类五种感官都无法正常运作的罕见疾病。在此种情形之下，由于行为人并未从认知方面接触他人，因此他人所享有的隐私权并未受到侵犯。即便他人所享有的隔离状态受到了行为人的侵扰，即便他人与外界隔绝的生活状态因此受到了某些影响。这一例子表明，如果行为人仅仅是贴近了与他人的亲近距离，行为人的此种行为并不一定导致他人隐私的损失。此外，如果行为人长期使用检测设备并且通过人造卫星对他人的生活进行监视，那么，即便行为人没有贴近他们与他人之间的亲密距离，即便行为人的行为没有使他人隐居的生活状态受到影响，行为人所实施的行为也将侵犯他人所享有的隐私权。

上述例子表明，他人丧失独处或隐居并不必然导致他人所享有的隐私权的丧失，同样，独处或隐居也并不一定能保证保护他人的隐私不受侵犯。因此，独处和隐居两者都并非是他人隐私存在的必要条件或充分条件。

就这一点而言，我们可以从Allen对隐私所下的多维定义作出主要的总结。认知接触定义在重构了隐私的各个维度之后形成了合理的简化版隐私定义。Allen所提出的他人丧失隐私的三方面的必要条件和充分条件均已经被证明与行为人增加对他人的基本信息的认知接触行为有关。因此，Allan所提出的反简化论的隐私定义将不会受到认同。

（四）Gavison所提出的反对简化隐私的观点

让我们思考一下在Gavison所提出的隐私的三个独立的推定要素下，认知接触方法会作出怎样的分析。Gavison还提出了反对简化隐私的主张，她认为，她所提出的三种形式的隐私是相互独立、不可削减并且截然不同的。"它们是相互独立的，隐私的丧失可能发生在隐私的三种形式中的任何一种形式的变化之下，并且不需要隐私的其他两种形式也发生变化。"

Gavison 将隐私的第一个要素称为秘密，或者是"他人被别人知晓的程度"，Gavison 的此种观点深深地受到了认知接触定义的影响。尽管认知上的获得或个人信息的增加并不是必要的，它仅仅是作为由 Gavison 所提出的第一种不可接触的形式，从认知接触定义上来看是他人隐私丧失的一种形式。

Gavison 称隐私的第二个要素为"匿名"，同样，它也可以被包含在认知分析方法之内。Gavison 认为，匿名是指他人吸引别人注意力的程度。Gavison 认为此种类型的隐私损失的区别性特征在于，它并未涉及他人个人信息的认知接触。然而，认知接触定义之下的隐私损失也与匿名有关，由于此种观点并未假设只有当行为人获得他人的某些个人信息时，他人的隐私才遭受损失。他人仅仅"成为别人注意的焦点"所增加的认知接触就已经足够算作他人的隐私遭受了损失。因此，Gavison 并未确立独立可区分的隐私形式以避免由支持简化论的认知接触定义进行分析。

综上所述，Gavison 所提出的隐私的两种因素都可以根据认知接触定义而简化成为一个单一形式的隐私损失，因此，秘密和匿名都并非是像 Gavison 所设想的那样，它们并不是各自独立的隐私意义。再一次地，简化论的观点用来反对 Gavison 的观点就如同反对 Allen 所提出的观点一样有效。

那么，Gavison 所持的反简化论的主张在论及她所提出的隐私的第三个要素时，又会出现怎样的情况呢？Gavison 认为，隐私的第三个要素是指身体的不可接触性，它是"他人允许别人接触自己身体的程度"。Gavison 所提及的他人身体上不可接触的损失仅仅意味着他人将丧失独处的状态，它并未过多地涉及他人个人信息的丧失，此种损失仅仅指的是他人享有的空间的孤独感被削弱了。Gavison 将隐私看作他人身体的不可接触，因此简化论者不能像分析上述两种形式的隐私形式那样来分析这一问题。尽管 Gavison 所提出的身体不可接触的隐私形式并未形成独立的隐私损失，但是，这里还存在其他的某些理论，反对将它视为其他不可削减的隐私的损失形式。

如果 Gavison 并非想用共同类型的损失来解释隐私的一致性，那么我们必须从其他方面来看待，为何每种推定的不同类型的损失都应当被看作隐私损失。Gavison 提供了两个理由来将她提出的三种形式的隐私作为独立的概念,她声称,通过参考可接触性的核心概念,我们就可以识别隐私损失的情形。

可接触性的核心概念本身已经被证明太过宽泛,因为它并未解释存在三种不同的失去不可接触性的类型,它也并未说明是否还存在其他形式的丧失不可接触性将会导致他人隐私的损失。

如果 Gavison 能够完善她所提出的第二个主张,即所谓的每种形式的不可接触的意愿实质上都是相似的。然而,即便完善了上述的说法,这里还是存在两个非常重要的障碍。

首先,某些学者提出了非常深刻且强有力的观点,他们声称将提供一个价值中立的隐私定义。他人在怎样的情况下会丧失隐私也据此定义来确定。同时,如果要将不同种类的损失看作他人隐私方面的损失,那么它们所涉及的价值必须是同类的。Gavison 曾经呼吁寻找一个共同的价值来解释,为什么那些以经验主义为主的可识别的损失应当被视为隐私方面的损失,但是,此种做法与她自己提出的要求相冲突,因为 Gavison 曾经认为,应当用中立的方式去看待诸如此类的损失。因此,Gavison 所提出的多维分析方法或者必须要放弃提供隐私的纯粹描述定义,或者只有当他人没有对这些损失的价值不享有追索权时,这些损失才能被视为隐私方面的损失。相反,如果没有增加此种困难,隐私的认知接触定义能够在理论上达成纯粹描述性定义的目标。

其次,为了支撑自己提出的隐私的多维定义的一致性,Gavison 所依赖的共同价值并没有呼吁用一个独立的潜在利益或价值来解释她所提出的隐私的三种形式是如何统一的。诚然,为了保持其所提出的隐私定义的一致性和连贯性,Gavison 试图寻找一个潜在价值来解释为什么在所有主张隐私权的案件中,隐私权对他人而言都是至关重要的。[①] 笔者将这一观点视为正当的简化论,隐私权理论认定的权利或利益必须与该理论所证明的或所支持的权利存在联系。

阐明隐私简化论的正当性的目的是显而易见的。如果我们缺乏指

[①] Jeffrey Reiman, "Privacy, Intimacy, and Personhood", Philosophy and Public Affairs 6 (1976): 38. Cf. James Rachels, "Why Privacy Is Important", Philosophy and Public Affairs 4 (1975): 333.

出隐私权作为独立的利益的能力，那么似乎没有什么能够被看作隐私。那些支持隐私简化论的学者尤为担心的问题是，与笔者用来反对 Gavison 和其他学者的观点相反，他们担心这里不存在站得住脚的简化的隐私定义。为了避免隐私权的衰败或陷入混乱不堪的局面，隐私权理论似乎必须需要定义简化主义的帮忙或者阐明隐私简化主义的正当性所在。

尽管为反简化论正名已经超出了本文的论证范围，但是，Gavison 所提出的一系列各种各样的不同利益有时也能解释隐私的重要性所在，也给我们解答为何 Gavison 明智地拒绝这一选择的问题提供了线索。Gavison 认为："隐私对于促进自由、自治、自我，人与人之间的关系及构建自由社会有着重要作用。"正如 Gavison 所言，当涉及隐私问题时，人们有理由怀疑使用何种价值来解决问题才是最为恰当的，人们也会假设，各种各样的价值所支持起来的权利是隐私权而不是其他形式的权利。我们可以发现，Gavison 否认隐私权的正当性来源于某个独立的普世价值，她的此种做法使她所提出的反简化论的隐私定义显得更不合理。

定义简化论可以将反简化论的正当性包含在内，前者为隐私权主要问题的解决作出了一致的解释。隐私的简化定义承认，由于各种各样的原因，他人受到的干扰也可能是各种各样的，他人所遭受的损失也可能是多样化的，包括自由（通过行为人强迫他人的方式）、隐私（通过行为人从认知方面接触他人的方式）、身体完整（通过行为人增加对他人身体的接触的方式）和独处的状态（通过行为人贴近与他人身体上的距离的方式）。反简化论的定义尝试掩盖这些损失之间的不同之处，它也导致相应的隐私权理论也变得无望地模糊起来。

四、结语

尽管笔者并未尝试阐明温和的简化论将比所有反简化论的观点都更为优越，隐私的认知接触定义就已经显现出它具有的某些优势。第一，它提供了合理的简化论观点来对以下问题作出解释，这就是，只要行为人接触了他人的单一的某个方面，他人就遭受了某种损失，并且他人遭受的此种损失唯一可以被称为他人隐私的损失，而不是偶然伴随着隐私损失的其他事物的损失。第二，此种定义将避免别人在信息性隐私权定义中任意施加限制。第三，限制认知定义认定他人隐私丧失的方式与描述性定义分析方法所具有的理论追求相一致。第四，纯粹的描述性分析方法用一种与众不同的理论来告诉我们，在怎样的情况下，他人隐私的丧失问题将构成他人所享有的隐私权受到侵犯的问题。隐私的简化论定义能够确保，当人们都在使用"隐私权"这一术语时，他们所讨论的问题是相同的。

隐私权的三种含义

罗伯特·C. 波斯特[①]著　谢晓君[②]译

目　次

一、隐私权的第一种含义
二、隐私权的第二种含义
三、隐私权的第三种含义

一、隐私权的第一种含义

隐私权是很复杂的，它的各方面存在矛盾和冲突，并且，它具有多种多样不同的含义。因而，笔者有时甚至怀疑，我们究竟能否成功地对隐私权作出解释。然而，Jeffrey Rosen 在《不被期待的凝视》(The Unwanted Gaze) 一书中对隐私权作出充分的解释，他的这一勇气是十分值得敬佩的。[③] 虽然他已经撰写了一本内容丰富的、有用的书，里面包含各种敏锐的观察行为以及对这些奇珍异闻的忠告，但是对于隐私权概念的核心，笔者仍然保持谨慎与沉默。

笔者将对《不被期待的凝视》一书的序言中所提及的三种不同的隐私权含义作出区分和进行评论，并且，在某种程度上，这三种含义是互不相容的。首先，根据隐私权的第一种含义，社会公众对别人的了解与隐私权有关；其次，根据隐私权的第二种含义，个人尊严与隐私权有关；最后，根据隐私权的第三种含义，个人自由与隐私权有关。笔者认为，第一，隐私权的第一种含义不应该被认为是关于隐私

[①] 罗伯特·C. 波斯特（Robert C. Post），美国加州大学伯克利分校法学院教授。
[②] 谢晓君，中山大学法学院助教。
[③] Jeffrey Rosen, The Unwanted Gaze: The Destruction of Privacy In America (2000).

权的一个问题；第二，虽然隐私权的第二种含义有助于人们对隐私权的理解，但是，这会让我们的关注点主要集中在社会结构的形式上；第三，隐私权的第三种含义最好应被视为对政府规章制度的自由限制。

当"双方同意的性行为"被强制公之于众时，Monica Lewinsky 所享有的权利毫无疑问遭受了"侵犯"，为了对此作出解释，Rosen 早在《不被期待的凝视》的序言中介绍了隐私权的第一种含义。Rosen 认为，"隐私权的核心价值"在于保护他人"免受行为人对其作出错误的判断，并且这一判断仅仅出自于一个很狭窄的关注范围，在此范围内，信息很容易混淆行为人对他人的了解"。Rosen 认为，正如任何一个正常人一样，如果"基于 Lewinsky 最令人尴尬的并且因此也是最显著的品位和偏好，行为人从而对她产生错误的判断"，那么 Lewinsky 必然会认为自己的权利受到侵犯。Rosen 继续写道："Monica Lewinsky 不介意她的朋友知道她已经把 Nicholson Baker 的《声》(*Vox*) 复本交给总统，因为她的朋友已经知道她阅读关于电话性交的书籍。但是，当我们的阅读喜好或者私人邮件向陌生人公开时，在大众的眼中，我们可能就会受到轻蔑，然而这无非出于我们曾经阅读过的色情书籍，或者是我们曾经讲过的粗俗笑话。"Rosen 将社会公众对别人表面上的了解与别人的"实际情况"相比较，并且这些复杂的实际情况只有"别人少数的朋友、爱人或者家庭成员才会知道"。然而他发现，"断章取义的、被歪曲的信息不能代替他人的真实情况，而真实情况只能通过时间慢慢呈现"。

毫无疑问的是，Rosen 已经清楚、有说服力地指出社会的真实关切。也就是说，虽然我们可以对 Lewinksy 被社会公众误解的遭遇感同身受，但是问题在于，这种遭遇是否与隐私权的含义有关。不管是否由于"隐蔽的"事实被披露，无论人们何时遭到社会公众的误解，这总是令人痛苦的。如果一个有能力的专业运动员变得老套，并且因一次不应有的失误而遭到社会公众错误地判断，那么即便他可能在足球场所有观众面前犯下这些错误，但是他也需要承受与 Lewinsky 所受到的类似伤害。在社会生活中，被误解的风险是常见的，这建立在公众理解这一社会学的基础上。然而，这如何与隐私这一具体价值搭上关系呢？

从最普遍的意义来说，Rosen 希望在社会公众对别人的了解范围之内保留一定的隐私区域。他认为，为了避免错误和误解，隐私权可以阻止信息的传播。关于隐私权的这个观点贯穿《不被期待的凝视》一书的始终。然而，这是一个古怪的观点，因为社会公众对别人的了解需要依赖于信息。

新的信息可以改变社会公众对别人的所有了解，甚至是对于朋友和爱人的亲密了解。如果我们阻止信息的传播，那么这将阻碍社会公众对别人的了解。因为在人类的生活中，社会公众对别人所有的了解都依赖于信息，因而这些了解是暂时的和不确定的，所以我们不能违背信息和"实际情况"。不出意外的话，如果我们有更多关于别人的信息，那么我们就可以对别人作出更稳当的了解。如果新闻媒体公布更多关于 Lewinsky 的信息，那么社会公众将对她有更好的理解。然而，如果社会公众有理由知道 Lewinsky 与克林顿总统的性丑闻，那么社会公众将永远不会像她母亲那样深切地、全面地理解她，并且社会公众绝不会对她进行深切地、全面地了解的这一事实也不会阻止该性丑闻事件被公之于众。

Rosen 可能认为，隐私权可以防止社会公众对别人进行了解时产生特定类型的、令人遗憾的误解。对于某些不在特定情况下容易让人产生误解的信息，例如亲密行为，别人可以依据隐私权而防止这些信息的公开。然而，根据这样的分析思路，我们必须区分两种关切的焦点。第一个关切焦点在于，如果社会公众想要对别人进行了解，那么隐私权的功能是阻止社会公众对别人产生认知上的误解；第二个关切的焦点在于，别人作为隐私信息的主体，可以通过隐私权这道防线防止被误解。

Rosen 采纳了第一个关切焦点，将隐私权类比为法庭的证据规则，也就是，排除可能使陪审团混淆或者误解的煽动性信息。Rosen 认为："在法庭中，如果淫秽的信息被提出，那么这会转移大部分陪审团和社会公众的焦点，导致他们基于令人尴尬的过往经历对原告和被告作出判断，而不是基于所控告的犯罪行为或者清白事实。"Rosen 将 Warren 和 Brandeis 所主张的隐私权解释为："淫秽信息是十分有趣的、有吸引力的，当这些信息被广泛公开时，这会遮盖所有其他话题的社会讨论，让人难以思考或者谈论其他事情。"因此，隐私权可以保障"公众的兴趣不被淫秽之事所转移"。

根据 Rosen 所指出的重要的社会关切,问题在于社会公众对别人的了解与别人所享有的隐私权之间的关系。总而言之,淫秽信息既可以是公开的,也可以是隐蔽的。如果克林顿与 Lewinsky 之间存在明显的性关系,那么作为隐私的这一事实会吸引社会公众的注意力。相反地,如果关于克林顿私生活的细节是无聊的、无趣的,那么许多细节都不会被社会公众注意。一般来说,吸引人的信息不一定是隐私的信息,而与社会公众相关的信息也不一定是公开的信息。对于吸引人的信息以及与社会公众相关的信息之间的区分,我们似乎可以完全转化为另一种判断方法,这就是,社会公众获取信息的目的。关于笔者私人性生活的信息,不同的人对此有不同的反应。对于笔者书刊的主编来说,这可能只是一个具有吸引力的信息,然而对于心理医生来说,这可能是一个他高度关注的信息。

排除煽动性证据的司法判例也是遵循这样的逻辑。法官通常会权衡证据的相关性,防止证据的误导。即便是属于隐私的证据,法官也不会单纯因此而排除其使用。例如,在涉嫌交通事故的案件中,如果政府执法人员收集到关于被告不合理的私人银行记录,那么这些证据可能会被排除适用。然而,在涉嫌经济诈骗的案件中,这些证据就不会被排除适用。所以,关键不在于信息是否属于隐私,而在于信息是否与手头上的案件相关。相似地,当法官判断证据是否有足够的煽动性或者偏见从而被排除适用时,他们的这些判断并不是取决于证据究竟属于公开的信息还是隐私的信息。毫无疑问的是,被告的曾经犯罪记录属于公开的信息,但是作为可能会引起偏见的证据,这些犯罪记录的证据通常会被排除适用。

当 Rosen 主张认为政府官员私人性生活的相关信息应该不向社会公众公开时,他以法庭中的证据排除规则作为类比,从而支撑其主张。然而,如果我们的分析到目前为止是正确的话,那么他实际上不是以隐私权作为论据,而是以这些信息与社会公众的相关性作为论据。这些相关性与信息的隐私性是相互独立的。大家都会认为,如果总统与一名朝鲜间谍发生性关系,不管这些信息在其他情况下是否可能属于隐私,这些信息都应该向社会公众公开。如果我们要论证总统的私生活对社会公众只产生吸引力而不需要公开时,那么我们必须从根本上论证，这些信息与总统的社会评价无关。这并不是一个关乎隐私的问题，而是一个关乎总统责任和角色的问题，因此也需要总统向社会公众作出解释。

笔者应该补充说明，在过去的四十年中，根据《美国联邦宪法第一修正案》，只有社会公众可以判断信息是否与政府官员的评价有关或者无关。没有法律或者司法判例可以提出一个具体的概念，判断政府官员的信息与其评价"无关"，从而防止这些信息的公开。这些观点与《不被期待的凝视》的主要观点相契合，而《不被期待的凝视》的主要观点认为："在隐私权的保护方面，这些社会规范比法律更具有优越性。"即便法律不能对政府官员的责任强加一个具体的概念，但是著名的作家也可以对它们进行宣扬，例如 Rosen。毫无疑问的是，在公开披露政府官员信息这一方面，Rosen 坚持主张明确区分公开行为与私人行为，如果 Rosen 对于政府官员角色的这一理解产生越来越大的影响，那么情况会有所好转。

如果隐私权的价值不在于防止社会公众对别人进行了解时产生认知上的错误，那么它或许在于保护别人免受歪曲或被误解。Rosen 在《不被期待的凝视》一书中重申了这个观点。例如，他在书中强调"保护私人空间的重要性，防止社会公众凭借短暂的关注就对别人作出断章取义的判断"。Rosen 坚持认为："所有美国人都有权对自己作出定义，而不是成为性别定型观念和普遍规律的囚徒。"

社会公众对别人的了解并不是指对别人亲密行为的了解。社会公众所有的了解都涉及定型观念和普遍规律，因此社会公众所了解的所有对象都需要承受被歪曲的风险。Rosen 明确表达了对这一事项的关注，但是问题在于社会公众对别人的了解如何与隐私权相联系。社会公众之所以对于 John Glenn 参议员的固定印象是一名英雄，是因为他的职责是一名宇航员；社会公众之所以对于 Michael Milkin 的固定印象是一名坏人，是因为他所实施的公共财政诡计。虽然大多数人都希望能对自己作出定义，并且要求社会公众接受他们对自己所作出的定义，但是，这与实际情况不符。实际上，如果别人成为社会公众的关注焦点，那么公众讨论对于他们的定义有着必要的影响。公共辩论可以以自身的目的和方式对别人作出定义。根据对别人亲密行为的了解或者别人的自我展示，社会公众对别人所作出的这些定义往往几乎都是由定型观念和普遍规律所组成的，并且不管社会公众对别人的了解是基于隐私信息还是公开信息。

然而，大概可以这样说，与基于别人的公开信息而对其所建立的固定印象相比，社会公众基于别人的隐私信息而建立的固定印象对别人所造成的伤害更大。如果这是正确的话，那么原因不在于隐私权只保护抽象的权利，即别人可以对自己作出比固定印象更深入的定义，因为如果这些抽象的权利真实存在的话，这些权利会与社会公众对别人进行了解之间作出妥协。这之所以是正确的，其原因有二：要么是因为别人对于忍受社会公众基于隐私信息而对其所产生的误解的重要性，要么是因为别人对于隐私信息被误解而承受更大的伤害。但是，我们没有理由接受其中任何一个解释。

一般来说，人们不仅会将自己的身份与公共层面联系起来，例如他们的工作，而且还会将其身份与私人层面联系起来，例如他们的性行为。笔者没有任何理由认同这样一个优先规则，也就是，与避免社会公众对别人私生活产生误解相比，避免社会公众对其工作产生误解更为重要。或者换句话说，避免社会公众对别人生活中所有重要的方面产生误解都很重要。此外，社会公众的固定印象对别人所造成的伤害通常取决于固定印象的内容，而不是固定印象的信息来源。如果社会公众对于笔者的固定印象是一个说谎者，那么无论这些固定印象来源于警察的公开陈述，还是来源于笔者朋友的私人陈述，这都对笔者造成同样的伤害。

如果基于笔者朋友的私人陈述，社会公众从而认为笔者是一个说谎者的话，那么笔者很难在不披露自己更多隐私的情况下，在社会公众面前为自己作出澄清。因为别人希望自己拥有特定的公共形象与不希望披露隐私信息之间的矛盾存在，从而导致问题的产生。但是，无论社会公众对于别人亲密行为的固定印象是否来源于隐私信息，同样的困境都会产生。如果基于公开信息，社会公众认为对笔者形成一种错误的固定印象，认为笔者是一个贫穷的老师，那么笔者也会面临同样的难题，也就是否向学生披露其他隐私信息为自己的公共形象辩驳。在一定程度上，隐私信息和公共形象有关，所以别人面临的是隐私权与公共形象之间的抉择。

然而，别人所担心的"隐私权"是指什么？我们可以从这里开始思考这个问题,也就是,如果笔者的朋友向新闻媒体披露笔者的通话内容,那么无论这是否对笔者的公共形象造成影响,笔者都将遭受独立的、附加的伤害。与之相比,当行为人"对他人的信息进行切割并断章取义"时,该种断章取义行为对他人所造成的伤害与披露信息对他人所造成的伤害不同。此外,披露信息所造成的伤害与背叛所造成的伤害也截然不同,背叛所造成的伤害来源于信任的违背。如果第三方秘密窃听笔者与朋友的私人通话内容,如记者,并且随后向新闻媒体披露这些通话内容,那么此时笔者所遭受的伤害来源于信息的披露,而不是背叛。因此,我们需要探讨的不是隐私权的含义与社会公众对别人进行了解时可能侵犯的权利之间的关系,而是隐私权与侵犯隐私权对他人所造成的独立伤害之间的关系。

这种伤害来源于他人隐私期待的毁灭,并且这种期待是有意义的、规范的。对于朋友之间互相了解的秘密,他人期待着第三方不会对这些朋友间的私人通话内容进行记录以及披露。我们可以将社会上对这种期待的认可看作隐私权。于是,隐私权存在于人与人之间相互尊重的社会规范当中。这些社会规范与个人的身份并存。如果行为人违反这些社会规范,那么他们将会被认为在本质上对他人造成损害,因为他们侵害了他人本身。[1]

二、隐私权的第二种含义

当 Rosen 写序言时,他略微谈及隐私权的第二个含义,这就是,如果行为人对他人实施了侵犯隐私的行为,那么这些行为构成"本质上侵犯他人个人尊严的行为"。例如,行为人公开作出关于他人的错误陈述,那么当这些行为造成损害时,不管其所造成的后果是什么,它们都属于"本质上"的侵害行为。并且,对"个人尊严"的侵犯行为与对"个人自治权"的侵犯行为不同。自治权涉及的是他人创造自己身份并对自己作出定义的能力。与之相比,尊严涉及的是

---

[1] See Robert Post, Rereading Warren and Brandeis: Privacy, Property, and Appropriation, 41 CASE W. RES. L. REV. 647 (1991); Robert Post, The Social Foundations of Privacy: Community and Self in the Common Law Tort, 77 CAL. L. REV. 957 (1989).

"在命令或者态度上对于尊重的感知"①。与自治权不同的是，尊严取决于人与人之间相互尊重的行为规范。这就是为什么现代法律体系经常以自治权和尊严作为对立面，例如在生物伦理学方面：对于个人尊严，一方面，法国法基本上禁止个人对自己身体及各部分享有处置权；另一方面，在很大的范围内，美国法已经承认身体和人之间的财产关系，与与生俱来的、不可让与的个人尊严相比，美国法更看重自治权和价值。这对难以平衡的关系存在矛盾，不仅自治权排斥个人尊严，而且个人尊严也排斥自治权，它们彼此在传统上都不能完全排除对方所规定的限制条件。②

如果我们把隐私权和个人尊严视为同样的事情，那么这就是把隐私权建立在社会成员间的相互尊重之上。也就是说，根据隐私权的此种含义，社会上人的身份和自我价值取决于社会规范，如果行为人违反了社会规范，那么他们所实施的行为就构成对他人"本质上"的侵害。在这些层面上，作为个人尊严的一种形式，隐私权的概念存在理论和实践的矛盾，也就是 Rosen 所认为的，"根据理想的隐私权……个人应该有权对自己作出定义"。

如果隐私权被看作个人尊严的一种形式，那么这就意味着存在一个特定的社会结构，有共同的社会规范管理人与人之间的社交行为。这些社会规范构成文明社会中的礼仪。虽然我们大部分的社会生活都发生在这样一个社会结构之中，但是我们也生活在各种不同的社会结构之中。例如，在医生和病人之间，病人一般不能享有隐私，因为医疗关系这一社会结构的目的是帮助病人恢复健康。一般来说，医生把病人视为需要治疗的身体，而不是需要相互尊重的人。类似的，在历史学家和他们所研究的对象之间，隐私一般并不存在，因为历史学家把他们所研究的对象视为他们所需要了解的客体，而不是需要尊重的个人本身。

有时，公共讨论可以对共同社会的成员资格作出重新认定，并且在这样的语境下，人们通常也会对关于礼仪（和隐私权）的社会规

---

① Charles Taylor, Sources of The Self: The Making of Modern Identity 15 (1989).
② Paul Rabinow, French Dna: Trouble In Purgatory 93 (1999).

范作出评论。① 其中一个很好的例子就是法学院全体教员会议。但是在很大程度上,在一个客观的民主社会中,如美国,公共讨论经常有一个不同的目的,也就是为了了解公共事项和使公职人员承担相应的责任。当行为人为了这个目的而公开披露某些事情时,人就成为调查研究的对象。此时,社会公众将对别人进行研究、了解,而并非保持互相尊重。当人们成为公共焦点,被社会公众"无情地关注"时,他们之所以往往会觉得像裸体一样暴露在公众面前,并且他们的人格也受到侵犯,这是其中一个原因。此外,这也是 Monica Lewinsky 毫无疑问曾经所经受的权利遭受"侵犯"的其中一个原因。社会公众将突破日常生活中人与人相互尊重这一要求的限制范围,以各种方式残忍地对别人进行质问和求证。在这些公共讨论中,别人的隐私之所以受到侵犯,是因为社会公众不再严格遵守社会规范的礼仪,而势在必行要对别人进行了解。在这种情况下,隐私权的价值必然与公共知情权的价值相冲突。

当政府调查和控告犯罪行为时,类似的矛盾也会出现。Rosen 充分讨论了关于政府执法对公民所享有的权利造成侵犯的许多方面。政府执法遵循工具主义原则,预防和惩罚违法犯罪行为。从这个目标出发,隐私权和尊严的相关社会规范都只是政府执法的障碍和负担。为了明确承认社会中存在基本的隐私权规范,《美国联邦宪法第四修正案》(以下简称《第四修正案》)所规定的令状规则明确限制了政府执法的效率。在这样一个语境下,隐私权的价值必然与打击犯罪的效率相冲突。没有最终的解决办法可以处理这对矛盾。然而,当政府执法人员紧急地、势在必行地打击犯罪行为时,他们所实施的行为或多或少会对公民所享有的隐私权造成一定侵害,而这些侵害需要得到抑制,或者甚至是审查。这就是为什么 Rosen 要求"需要更独立的机制保护隐私权,例如大陪审团或者其他常用的、有解释义务的团体,从而平衡政府执法的需求和公民所享有的隐私权之间的矛盾,以及判断在信息披露之前,政府执法人员所实施的搜查行为是否合理"。

---

① See Robert Post, The Constitutional Concept of Public Discourse: Outrageous Opinion, Democratic Deliberation, and Hustler Magazine v. Falwell, 103 HARV. L. REV. 603, 627 – 633 (1990).

如果正如 Rosen 有时所暗示的，也就是宪法对于解释《第四修正案》保护"隐私合理期待"是"完全迂回的"，那么这些平衡机制将变得没有意义。毫无疑问的是，"合理期待"的司法解释将对政府执法机构的行为产生影响，并且进而对隐私权的具体社会规范产生影响。虽然这些事项是辩证的，因此也存在某些循环，但是这并不意味着，社会规范完全是法律行为的产物。Rosen 也承认这种观点，他根据其所主张的"公民期待在真实世界所享有的隐私权"，从而对涉及《第四修正案》的司法判例作出评论。如果隐私权被认为是个人尊严的一种形式，那么除了在文明社会中实际存在的社会规范之外，没有其他根本上的隐私保护措施。

三、隐私权的第三种含义

作为个人尊严的一种形式，隐私权肯定与共同的社会生活相关。行为人所实施的侵犯他人隐私权的行为之所以会对他人造成损害，是因为我们都生活在一个有共同规范的社会当中，这些规范对于我们自身的身份和自我尊重有重要作用。对于隐私权的这种理解与隐私权的第三种含义形成鲜明的对比，而在《不被期待的凝视》的序言中，Rosen 也对隐私权的第三种含义进行了讨论。通过讨论性骚扰法如何使隐私权消失殆尽，Rosen 认为："隐私权保护别人享有一个自由的空间，不需要向社会公众解释他们与众不同的地方，从而可以合理协调生活中的不同观点。"Rosen 声称："我们应该保护隐私区域，让人们在隐私区域内可以实施多种多样的行为，在文明社会中，没有人会认为这些隐私区域内的行为应该受到公开审查。"正如 Rosen 在其他地方所承认的，这种隐私权的根本理由是自由主义："一个自由的国家尊重公共言论和私人言论之间的区别，因为它承认，自由必然要求人们享有在某些场合下披露其身份，并且在其他场合隐藏其身份的权利。"

从理论的角度出发，关于个人自由的隐私权的第三种含义与关于个人尊严的隐私权的第二种含义截然相反。关于个人自由的隐私权的第三种含义意味着人与人之间的差异，而不是相互之间的关系。在隐私区域内，社会规范将会受到限制，而不是执行。根据隐私权的第三种含义，别人享有自治权，并且可以对其进行自我定义，而不是在一个共同的社会规范中与其他人相联系。

当然,在真实世界中,别人既是独立的,也是依赖社会的。事实上,美国的社会学家 George Herbert Mead 认为,个人在不同的社交活动中都既要依赖自己,也要依赖社会。Mead 区分作为主语的"我"("I")和作为宾语的"我"("me")。Mead 用宾语的"我"形容个人人格的社会化。然而,他还注意到,不存在完全"社会化的个人"①。人们往往要保留与生俱来的、不可减少的、向社会所展现的自己进行修改或者超越的权利。Mead 用主语的"我"形容这些权利:所谓主语的"我",就是别人对社会公众对其所持看法的回应;所谓宾语的"我",就是别人所要承担的社会公众对其所持的看法。换句话说,社会公众对于别人的看法构成宾语的"我",然后别人对这些看法的回应构成主语的"我"。一方面,作为主语的"我"是自发的、不可预测的和没有形式要求的;另一方面,作为宾语的"我"是有组织的、相对静态的。Mead 把主语的"我"与宾语的"我"都视为个人基本的、不可缺少的两个方面。他强调宾语的"我"与"社会控制"之间的关系,以及主语的"我"与"自我表达"之间的关系。"总的来说,它们构成一个人在社会上的人格。这两个不同的词语体现了个人基本的社会经历。"

隐私权的第二种含义即关于个人尊严的隐私权保护宾语的"我";而隐私权的第三种含义即关于个人自由的隐私权保护主语的"我"。关于个人尊严的隐私权保障他人的社会方面;而关于个人自由的隐私权保障他人自发的、独立的和独特的个体方面。在一个文明社会中,虽然它们似乎都很重要,但是它们也是相互矛盾的。关于个人尊严的隐私权追求消除人与人之间的差异,要求所有人都在一个单一的规范化社会范围内;而关于个人自由的隐私权保护个人的自治权,防止社会对这些自治权进行干扰。正如 Rosen 在其他地方所陈述的,关于个人自由的隐私创造了一个空间,人们可以在该隐私区域内"对他们自己作出定义"。

关于个人自由的隐私权曾经与自然相联系。正如 Richard Sennett 已经发现的,"在传统上,公共和私人之间的界限就是文明和自然之

---

① George Herbert Mead, On Social Psychology 239 (Anselm Strauss ed., 1964).

间的界限，文明集中体现在世界主义者和公共行为方面，而自然主要体现在家庭方面。"① 从这个观点上看，关于个人自由的隐私权是一个自发的、有根据的个人自主区域，免受社会规范和义务的限制。然而，现代评论者已经打算以一个更加政治的角度看待隐私权的此种含义，也就是，将其视为一个自主区域，免受政府规章的管制，而不是一般社会规范的限制。事实上，这种典型的自由角度在概念上与美国联邦最高法院在 Roe v. Wade 一案②中所承认的"隐私权"相关。

　　政府规章制度的正当性和程度问题必然会产生许多著作。③ Rosen 尤其关注与工作场所性骚扰相关的政府规章制度。这是一个重要的、复杂的问题，并且毫无疑问的是，Rosen 认为，法律对两性之间的关系进行一定的干预是必要的。但是对于这种干预是否合理这一问题，我们不能单单凭借干预成本这一理由就能自圆其说，而干预成本是关于个人自由的隐私权含义提醒我们的。对于任何政府规章制度，政府的干预成本必须要与不进行干预所带来的后果进行衡量。《不被期待的凝视》注重隐私权问题的研究，对不进行干预所带来的后果这一问题并没有过多涉及。

　　Rosen 建议以隐私侵权简单代替性骚扰法，虽然这一建议在理论上是有趣的，但是它在实践中却是难以实现的。Rosen 注意到，性骚扰法（部分）禁止"一个敌对的、辱骂的工作环境"④，这体现在道德层面就是如"恐吓、嘲弄和侮辱"等概念。这些概念与礼仪规范紧密相关，而关于个人尊严的隐私权保障这些礼仪规范。⑤ 实际上，对于工作场所的种族骚扰，如果行为人故意实施侵犯他人情感的侵权行为，那么他们将对其所表达的令人无法容忍的话语承担相应的责

---

① Richard Sennett, The Fall of Public Man: On The Social Psychology of Capitalism 18 (1978).
② 410 U. S. 113 (1973).
③ Compare Patrick Devlin, The Enforcement Of Morals (1959) (arguing that the law must enforce Christian morality), with H. L. A. HART, LAW, Liberty And Morality (1963) (arguing that governments need not and should not enforce popular morality).
④ Meritor Sav. Bank v. Vinson, 477 U. S. 57, 66 (1986).
⑤ See generally Rosa Ehrenreich, Dignity and Discrimination: Toward a Pluralistic Understanding of Workplace Harassment, 88 GEO. L. J. 1 (1999).

任①,并且他们所实施的行为在社会学上与隐私侵权相类似。②

但是,"对于雇员可能会认为具有冒犯性的言论和行为,如果它们并没有改变劳动条款和状况,那么它们应该受到隐私法律的规制,而不是受到与劳动歧视相关法律的规制",这是以"关于礼仪的社会规范"管理工作场所内两性之间的关系,而这些"关于礼仪的社会规范"由关于个人尊严的隐私权所保障和执行。这与关于个人自由的隐私权所保障的自治权范围不同,自治权是反歧视法所涉及的内容。然而,在不同的情况下,个人言论和行为都要受到法律审查和责任能力的限制。因此,Rosen 所推崇的解决办法和我们目前的性骚扰法之间的差异并不在于,后者模糊了"公共范围和私人范围之间的界限",而前者明确了此界限;实际上,其不同之处在于,作为反歧视法,性骚扰法为了实现特定的社会目的而限制了个人自由,而隐私侵权为了执行共同的社会规范而限制了个人自由。③

这个差异表明了为什么隐私侵权不能简单地代替作为反歧视法的性骚扰法。目前的性骚扰法与隐私权法不同,前者在"工作场所平等规则"④ 这一强有力的前提下考虑礼仪规范,判断行为人是否严重地违反礼仪规范,从而构成"性别歧视"⑤。隐私权法没有对侵犯隐私的不同后果作出过多关注。这意味着,虽然隐私权法可以对性骚扰法作出补充,但是它不能代替性骚扰法。这两种规范的目的和关注点根本上是不同的。反歧视法致力于改变社会规范和实践,而关于个人尊严的隐私权法致力于执行社会规范和实践。在这个重要的层面上看,反歧视法与隐私权法不同。隐私权法保护个人尊严,但是不能有效保护免受歧视。

当男女平等主义者宣称"个人即政治"时,重点在于之前政府

---

① See, e. g., Contreras v. Crown Zellerbach Corp., 565 P. 2d 1173 (Wash. 1977).
② See Robert C. Post, Between Democracy and Community: The Legal Constitution of Social Form, in Democratic Community: Nomos Xxxv, at 163, 168—69 (John W. Chapman & Ian Shapiro eds., 1993).
③ Robert C. Post, Constitutional Domains: Democracy, Community, Management 3 – 6, 10 – 15 (1995).
④ Harris v. Forklift Sys., Inc., 510 U. S. 17, 22 (1993).
⑤ Oncale v. Sundowner Offshore Serv., Inc., 523 U. S. 75, 79 – 80 (1998).

规章制度所隔绝的社交生活范围,因为自由个性的发展实际上对人身的控制产生重要作用。由于政府的介入对于避免不公正是很必要的,所以反歧视法一般是用这种方法证明其合理性。诚然,反歧视法的执行必然会带来成本,并且令人钦佩的是,Rosen 已经具体指出在同时期的性骚扰法中所增加执行成本的方面。然而,如果政府不采取相关的干预措施,法律要求对其所导致的后果提供同样的关注和全面的说明,对于这一问题,Rosen 没有提供最终的判断方法。即便我们用隐私侵权代替性骚扰法,但是这也不能消除这些后果。因此,虽然关于个人自由的隐私权含义有助于提醒我们规章制度的成本,但是它也不能解决规章制度是否必要或者可取的问题。关于个人自由的隐私权强调了在制定政府规章制度的同时我们所丧失的权利,但没有对其收获进行详细说明。

隐私的概念

海曼·格劳斯[①]著　魏凌[②]译

目　次

一、导论
二、隐私的概念
三、对 Griswold v. Connecticut 一案裁决的分析
四、Prosser 教授和 Bloustein 教授的分析方法
五、结语

一、导论

不论是在法律的领域还是在其他的领域，关注隐私就相当于关注人类生活的状况。不幸的是，有时因为我们语言驾驭能力的不佳，往往分散或者阻挠我们对隐私问题本身的关注，为了让隐私这一问题的法律论证更具说服力，我们通常采取的是迂回的分析方法。或许我们可以援引 H. L. A. Hart 教授的观点来说明此种窘境，这就是："在法律上就如同其他地方，我们已经知道隐私的存在但是还不理解它究竟是什么。"[③] 尽管我们可以毫不费力地认识到行为人侵犯他人的隐私给他人所造成的威胁，但是当我们试图去明确何为隐私时，我们却常常被这一问题绊倒。当前我们面临着这样一种困境，尽管我们知道使用哪些词语来描述隐私，但是却不知道如何将这些词语组成明确的句子，甚至我们还在滥用某些词语。于是，我们的表达能力和应用法律

[①] 海曼·格劳斯（Hyman Gross），美国纽约大学法学院教学研究员。
[②] 魏凌，中山大学法学院助教。
[③] Hart, Definition and Theory in Jurisprudence 3 (1953).

保护原则的能力降低了，因为我们也开始不能确定此种强迫我们采取保护措施的利益究竟是什么，此种利益究竟与那些被现存的法律理论所承认或者拒绝承认的利益究竟有何不同。

为了表明隐私确实值得引起我们注意和确实值得法律保护的这一主张，从初步迹象来看，当前受到法律保护的隐私的范围显得井井有条。一方面，个人隐私大概包括：首先，隐私是识别个人身份的特性，如个人的姓名、肖像或声音；其次，隐私是关于个人生活的亲密事实。另一方面，隐私还包括那些间接的但仍旧为私密信息的事务，他人可以根据这些机密信息寻求法律保护，如所得税信息、人口普查资料信息、金融事务信息等诸如此类的信息。除了上述的内容，这里还存在许许多多根据隐私理论而受到法律保护的内容，例如，为了保护他人的口头交流的隐私不受行为人侵害，法律禁止行为人窃听他人对话的行为，禁止行为人使用各种各样的远程窃听技术和记录技术的行为；为了保护他人的书面交流的隐私不受行为人侵害，法律禁止行为人窥探他人的邮件、电话，禁止行为人窥探他人在公共场合或私人场合的交流。此外，法律还保护他人在私人场所不受行为人监控，或者从较小的程度上来说，保护他人在公共场所也不受行为人监控；保护他人在某些特定的亲密关系之下的通信免受公开披露；保护宪法和法律赋予的他人的人身、信件和财产以及私人空间的安全权，使他人的这些地方免受具有好奇心的公权力机构的现实无理侵扰。

为了进一步证实笔者的说法，即隐私的概念正处于含糊不清的状态当中。笔者将首先叙述"隐私"这个词语的使用现状，以期披露当前隐私的概念混乱的性质。其次，笔者还将探究三个不同的方式体现此种混乱状态的法律理论：其一是美国联邦最高法院在 Griswold v. Connecticut 一案[1]中所作的裁决，在笔者看来，美国联邦最高法院在此案的法律意见中混淆了隐私的概念，此种错误的做法是引人注目也是令人遗憾的；此外，由于隐私的法律概念的真空，使得宪法正在往畸形的方向发展。其二，笔者将分析由 Prosser 教授所写的一篇引起广泛瞩目的文章。[2] 其三，笔者还将分析 Bloustein 教授对 Prosser 教

---

[1] 381 U. S. 479 (1965).
[2] Prosser, Privacy, 48 Calif. L. Rev. 383 (1960).

授的文章所提出的批评意见。① Prosser 教授对于促进我们理解隐私领域的法律的发展作出了卓越的贡献,他认为,如果由侵权法其他领域所规定的几个利益当中的任何一个利益来保护我们视为隐私利益的事物,那么我们视为隐私利益的那些事物将会消失殆尽。笔者认为 Prosser 教授的这篇文章完全是建立在错误的隐私概念之上。Bloustein 教授批评了 Prosser 教授的观点,然而,他对 Prosser 教授的观点的剖析并不成功,他也并未使这一问题变得清晰。Bloustein 教授认为,隐私确实具有独立的利益,并且他同时也指出了隐私的价值所在,但是他并没有告诉我们究竟隐私为何物。而 Prosser 教授真正的问题在于,他从来未曾考虑过隐私的概念是什么。如果我们将 Prosser 教授的这一疏忽扩大到包括 Griswold 一案的裁决意见在内的大背景之下,那么我们将无法清楚地表达我们担忧的原则,因为我们也不清楚我们究竟担忧的是什么。

二、隐私的概念

隐私是事务的一种状态。在我们谈及"隐私权""隐私利益""隐私侵权"等词之前,我们必须熟悉隐私的区别特征。笔者认为,隐私是人类生活的状态,此种状态是指人们了解某个人或者了解某个人的私人生活事务将会受到一定的限制。显而易见地,我们在社会生活中的很多做法都是为了创造或者保持这样的状态。例如,我们普普通通的衣服、窗帘、卧室门、文件柜的锁等诸如此类、数不胜数的物品,我们使用这些物品的目的至少有一部分是为了保护自己的隐私。所有受到隐私法律保护的领域都在表明,人们之前所担忧的生活状态在侵权法的隐私领域正受到特殊强调,无论是 Warren 和 Brandeis 所撰写的文章,还是《美国联邦宪法》,它们均对隐私问题非常敏感。②

当保护他人的隐私可能会涉及某些受到此种隐私影响的人时,隐私利益就已经存在。而当我们从法律上承认此种关系时,隐私的法律

---

① Bloustein, Privacy as an Aspect of Human Dignity: An Answer to Dean Prosser, 39 N. Y. U. L. Rev. 962 (1964).
② For an indication of an historical connection between torts and constitutional law see McKay, The Right of Privacy: Emanations and Intimations, 64 Mich. L. Rev. 259–261 (1965).

利益就由此产生。从某种程度上来说,当此种法律利益可能会(或者不可能会)通过法律程序获得保护时,法律之上的隐私权就产生了。不过,在此种背景之下,隐私并不会由于法律认知而存在。隐私的存在——像秘密、安全、安宁,隐私凭借那些适应它的生活习惯存在着。

的确,在某些情况下,法律本身就是创造隐私的社会实践活动。例如,法律限制政府机构将获得的公民个人信息进行进一步的披露。不过,更为常见的情况是,法律仅仅是保护隐私的后备军,只有当其他保护隐私的手段都已经束手无策时,法律才会对隐私提供保护。然而,上述两种情况下法律都不能说明隐私究竟是什么。虽然法律并不能决定隐私为何物,但是,法律能够决定在什么情况下对隐私提供保护,法律也可以通过是否提供保护的方式来决定将何种情况纳入隐私的范围。隐私不亚于良好的名誉或者健康的身体,隐私是人类生活的创造物,它并不是对隐私提供保护的法律系统的发明物。因此,当我们谈及法律认可的隐私利益或者法律之上的隐私权时,我们不应该被误导,隐私不是因法律认可产生的,法律认可并不会产生隐私,隐私只取决于生活习惯。笔者承认,在那些忽视概念的法学著作之外了解到隐私的概念,我们会发现,隐私的概念看起来是多么令人尴尬地显而易见和不足为道。①

行为人可以通过实施两种不同类型的行为干涉他人的隐私。当行为人实施干涉他人隐私的行为时,他们可能了解某些属于他人的私人事务,他们也可能通过知道某些他人尚未公开的事务而认识他人(即便对于行为人来说,这些未公开的事务是已知的)。我们将第一种干涉他人隐私的行为称为侵扰行为,将第二种干涉隐私的行为称为披露行为或者公开行为,此种行为取决于行为人预期交流的对象是否能够被单独识别。

到目前为止,除了我们所关心的隐私的状态,我们称之为"隐私"的事物至少还存在四种不同类型的状态。为了能将这一问题阐述得更为清晰,当"隐私"一词用于任何其他的名称时,我们最好

---

① For an illustration of such a passage close at hand see the metaphor constructed in Griswold v. Connecticut, 381 U. S. 479, 484 (1965), andsee 381 U. S. 479, 484 (1965).

将其视为"隐私"一词的派生意义含义。本文给"隐私"一词所下的定义是该词基本含义。① 通过笔者下文的阐述,"隐私"一词的派生意义将变得清晰起来。

首先,当我们家里的私人电话响起时,如果我们被电话另外一端的销售人员询问是否参加舞蹈课程或者是否订阅杂志,那么这时我们可能会说我们的隐私受到了侵扰。而如果我们听到邻居的家中也发生了诸如此类的事,我们可能也会这样认为。在这些情况下,隐私被视为"精神安宁"。有趣的是,在后面的例子中,我们的隐私(此处指的是基本意义之上的隐私)并没有因为我们听到了邻居家里发生的事而受到损害,受到损害的是我们邻居的隐私,因为我们是在知道某些与他们相关的事。

其次,假设某位男子原本生活在一片一千英亩的荒野之中,后来,他居住的地方的九百英亩被政府用来建造住宅安置地。尽管该男子仍然在其剩余的百余亩地上生活,尽管该男子仍然受到百余亩地的保护,但是,不论是来自社会公众的关注,还是公众仅仅只是瞥了该男子一眼,我们都可能会认为该男子的隐私受到了损害。在这个例子中,隐私被称为"身体上的独处权"。

再次,参照其他各种各样的情况,我们还可以不准确地将"隐私"一词称为"物理上的排他性"。当门卫用钥匙进入我们的住所时,或者当其他人用其他的通行证进入我们的住所时,我们就会感觉自己的隐私受到侵害。

最后,我们谈到了当前隐私存在的最大意义,这就是,我们有时总会谈及某些事情,比如组建家庭,决定孩子的教育或宗教信仰,或

---

① The matter of a criterion for distinguishing senses of a word is not a simple one. Perplexing issues of modern philosophy and linguistic theory bear heavily on this. For our present purposes we may adopt as practically adequate the following naive test: In any sentence which uses "privacy" in a characteristic way and which expresses a statement of fact or a statement whose truth depends upon the meaning of "privacy", does a different interpretation of "privacy" (1) require that a different procedure be pursued for verification of the statement, or (2) require an appeal to different rules of word-use to verify the statement?

If either (1) or (2) is the case, the different interpretation of "privacy" is an interpretation in a diferent sense, but not otherwise. For an illuminating technical discussion see J. L. Austin, The Meaning of a Word, in Philosophical Papers 37 (Urmson & Warnock eds. 1961).

者决定到哪里生活等诸如此类的私人事务。如果有人冒险想为我们决定这些事务，那么我们可能会说他们是在侵犯我们的隐私。在这个意义层面上，隐私指的是我们的"自治权"①。

当行为人损害他人在上述四种情况之下的"隐私"时，法律为他人所提供的救济是让行为人就其不当行为对他人承担责任，这不同于当行为人侵犯他人隐私时，法院让行为人承担的隐私侵权责任。行为人实施的最引人注目的侵害他人隐私的行为莫过于侵入行为和滋扰行为，当行为人实施这两类侵犯他人隐私的行为时，他人除了能从传统的普通法中获得救济，还能从法律和宪法中获得更为全面的救济。

当谈及"隐私"一词的派生意义时，我们应当注意到，在上述四种情况之下，"隐私"只是作为其他术语的同义词，而此种做法是为了更好地说明某种事务的状态。然而，当我们谈及"隐私"一词的根本意义时，"隐私"是不存在精确的同义词的。至于将"隐私"一词用于派生意义时，根据现行的使用规则，如果允许词语之间的替换，那么就要解决使用的正确性问题。然而，当"隐私"一词在其本来的意义下使用时，它的正确性取决于现实世界中是否存在合适的参照物。因此，如果将"隐私"一词用于派生意义而受到质疑时，正确的做法是指出允许这样使用同义词的规则。当然，我们还需要讨论一个更为深入的问题，这就是合适的参照物的问题，但是，只有当某个术语是与"隐私"一词同义时，我们才能认为"隐私"一词是用于其本义的。在实践中，我们通常倾向于缩短这两个步骤，所以也就掩盖了下面两个问题之间的重要区别：当将"隐私"一词用于派生意义时，我们需要考虑的是选择某个词语替代的问题；而当将"隐私"一词用于其本义时，我们需要考虑的是选择词语的正确参照物的问题。

语言是用来管理世界的，人们期待语言可以发展到最好的程度来服务社会，而不是为语言分析制造障碍。尽管人们的此种期望在整体

---

① As we shall see, it is in this sense that "privacy" is at issue in Griswold. For an interesting suggestion that the concern for privacy is ultimately a concern for a species of autonomy-namely the privilege of keeping things to oneself-see Rossiter, The Free Man in the Free Society, in The Essentials of Freedom 89 (English ed. 1960). This should be carefully distinguished from what obtains in contexts in which "privacy" is used to designate autonomy.

上是合理的，但是，从目前自然语言的发展过程来看，语言使用者的心理过程对语言的发展存在持续性的影响。从严格的逻辑角度来讲，这一定会给语言带来杂质。为了更好地说明笔者逻辑上的困惑，笔者将在下文作出说明，"隐私"一词的派生意义是如何产生的。

首先，如果我们想将某个名词和另外一个形容词相互对应，那么此种做法将存在一个基本的问题。例如，从政治社会的意义上来说，"私人的"一词和"公共的"一词是相互对立的。如果我们想用某个词语来描述某些具有几分私人事务特征的事物，那么，这里还能有哪个词语能比使用"隐私"一词更为恰当呢？（相应地，"公共"一词则意味着某件事与公共事务有关联）于是，在很大程度上，我们使用"隐私"一词来指定自治权，尽管"隐私"一词并非完全等同于自治权，这是因为采用上述方式所产生的结果。

其次，相比上述为了语法便利的做法，更为重要的是在心理交往过程中产生的现象。这里存在心理交往的四种特定的情况，它们都会影响词语的使用。第一，在特定的情况下，隐私取决于身体上的独处，或者精神安宁，或者身体上的排他性，又或者是自主权。例如，当 Marquis de Sade（萨德侯爵）通过占领某个城堡的方式保卫自己的隐私时，我们就会注意到，他人身体上的独处和身体上的排他对于隐私来说是必不可少的。第二，其他事务的状态可能取决于隐私的存在。因此，隐私被认为是他人享有自治权的要件之一。例如，如果某个犯罪集团想要顺利进行犯罪活动，那么它就必须要避免受到警察的监控。第三，隐私状态和匿名状态的存在都取决于同一事物的存在。基于此种考虑，一扇紧闭的门可能会成为隐私或者其他与隐私相关的事务的必不可少的要件。我们通常会从门上的标志看出这种情况：如"私人所有""非请勿入""禁止侵入""请勿打扰""未经允许，不得入内"。那些不被允许实施的行为通常有窃听、敲门、走进门内、占领等，它们会因门上所示的标语的不同而不同，同时这也表明，此种状态获得门上的标语的保护。不过，如果门上没有此种标语，那么它们对于我们来说就只是普通的物理要件。第四，尽管隐私并不是作为其他事物的某个要件而与其他的状态相关，隐私也不是因为和其他事物有共同的要件而相关，但是，隐私和其他的事物通常都是相伴相随。例如，隐私通常和自治权共存，我们不难联想到，当人们处于自己的住所中时,他们可能会比在别的地方更加放纵自己的奇思妙想和古怪举止。

上述所有的心理交往的根据都在密谋着要迷惑我们对隐私的看法,不过,当我们将这一困惑与法律理论联系起来时,我们会发现这种困惑并非毫无缘由。由于先前我们对隐私的概念避而不谈,导致我们现在处于一个无法分辨我们所寻求保护的利益究竟是什么的境地,尽管我们都知道此种要保护的利益涉及隐私问题。某些适用于证明隐私利益合理的观点被用于证明其他与"隐私"有关的某些利益。因为利益是不同的,所以那些被借用来证明其他利益合理性的观点都是错误的,也是毫无关联的。"隐私"被误认为是物质,在此种背景之下,学者提出的那些保护隐私的充分理由其实一点也算不上是理由。

这种错误的策略在 Griswold v. Connecticut 一案的裁决中体现得淋漓尽致。

三、对 Griswold v. Connecticut 一案裁决的分析

在 Griswold v. Connecticut 一案中,联邦低级法院根据美国康涅狄格州的法律认定,Griswold 夫人和 Buxton 医生合谋使用避孕设备的做法是违反法律的。他们为已婚夫妇提供建议,提供避孕测试,并且告诉那些已婚夫妇如何使用不同种类的避孕设备。在该案中,美国康涅狄格州的法律是否违反宪法是美国联邦最高法院需要处理的问题。

基于已婚夫妇所享有的隐私权,由 Douglas 大法官公布的美国联邦最高法院的裁决意见认定,美国康涅狄格州的法律侵害了已婚夫妇的隐私权。美国联邦最高法院为了保护公民的隐私权而建立起宪法原则的做法展现了巨大力量。美国权利法案中特定的条文是:"都可以形成它们的'外延区域',隐私的外围部分是由这些条文形成的,不同的条文创造出一个'隐私区域'。"① 此种观点在 Griswold v. Connecticut 一案的裁决意见中到处都有体现,这一观点足够卓越并且保证经得起细节的检验。

如果我们直接从 Griswold v. Connecticut 一案的结论出发,我们可以看出,如果某部法律声称它调整的是涉及他人婚姻的亲密事务,

---

① 381 U. S. 479, 484 (1965).

那么这部法律可能就会因侵犯他人所享有的隐私权而违反宪法,推理的过程如下:

(1) 尽管美国权利法案并没有明确提及对某些事物提供保护,但是美国联邦最高法院会以明确提及的方式承认该事物,并且对该事物提供保护。例如,结社权现在已经被认定是表达观点的权利,在《美国联邦宪法第一修正案》(以下简称《第一修正案》)所规定的言论自由的条文中对其予以保护。①

(2) 因为要求他人公开个人交往方面的事务将会约束受到保护的自由活动的权利,所以他人交往方面的隐私已经被认为是受到《第一修正案》所保护的一种权利。②

(3) 因此,尽管美国权利法案的条文中并没有出现隐私权这一法律术语,但是《第一修正案》已经承认了隐私权。③

(4) 除了《第一修正案》,我们还可以探究以下美国联邦宪法修正案的内容,如《美国联邦宪法第三修正案》(以下简称《第三修正案》)所规定的保护平民、禁止士兵驻扎民房的内容;《美国联邦宪法第五修正案》(以下简称《第五修正案》)所规定的不得强迫被告人自证其罪的内容;《美国联邦宪法第九修正案》(以下简称《第九修正案》)所规定的保护公民的宪法未列举权利的内容;此外,特别是《美国联邦宪法第四修正案》(以下简称《第四修正案》)所规定的保护公民享有人身、私人场所及私人物品的安全的内容。——以上这些美国联邦宪法修正案所规定的内容都给隐私提供了一个宪法保护区域。

(5) 美国联邦最高法院曾在许多不同的案件中对隐私提供了宪法保护,这其中包括,美国联邦最高法院允许某个地方的法律规定"未经屋主的邀请,禁止推销者挨家挨户上门推销",此种做法是为了防止行为人实施滋扰他人的行为。④ 美国联邦最高法院禁止在公共交通工具上用喇叭大声播放广播节目的行为⑤;禁止警察人员对公民

---

① 381 U. S. 479, 483 (1965).
② 381 U. S. 479, 483 (1965).
③ 381 U. S. 479, 482 – 484 (1965).
④ See Breard v. City of Alexandria, 341 U. S. 622, 626, 644 – 645 (1951).
⑤ See Public Util. Comm'n v. Polak, 343 U. S. 451 (1952).

实施不合理的搜查行为和扣押行为①；禁止警察窃听监狱来访者与在押人员的谈话②；禁止卫生部门检查员在无搜查令授权的情况下检查公民的住所是否受到老鼠的侵扰③，此外，联邦最高法院还禁止某些规定对特定类型的累犯进行特殊消毒的法令。④

（6）"在 Boyd v. United States 一案中，《第四修正案》和《第五修正案》都被认为是公民用来反对政府侵入自己的神圣住所和自己的私人生活的有力武器。"⑤

（7）婚姻关系是在宪法保障之下的隐私区域。⑥

（8）婚姻关系是最为亲密的一种结合类型，它甚至比上述任何一种受到法律保护的结社关系都更为崇高。

（9）美国康涅狄格州的法律禁止已婚夫妇采用避孕措施的做法将毁坏他们的婚姻关系。

（10）因此，美国康涅狄格州的这一法律侵害了受到《美国联邦宪法》所保护的事物，毫无疑问这一法律是违宪的。

如果要求呈现一份完整的符合合理程序的批判意见，那么这将会超出我们目前的任务范围。在 Griswold v. Connecticut 一案中，重要的是，美国联邦最高法院决定使用哪一个双关语，最终他们决定在"隐私"一词上两次使用双关语。

为了初步地确立正确的心态，一个千变万化的万花筒似的隐私权出现了。这是通过突出不同的隐私感来为"隐私"创造具有单一的参照物的幻觉。此种做法是由上面所提及的第（4）、（5）及第（6）部分的观点完成的。正如万花筒所呈现的图像在现实生活中并没有相对应的物体，在 Griswold 一案的裁决意见中所呈现的"隐私"一词在现实中也是没有参照物的。此处，"双关"之意并不在于词语的一个意思转移到另一个意思，而在于发明一个具有令人产生错觉的复合术语。

---

① See Lanza v. New York, 370 U. S. 139 (1962).
② See Monroe v. Pape, 365 U. S. 167 (1961).
③ See Frank v. Maryland, 359 U. S. 360 (1959).
④ See Skinner v. Oklahoma, 316 U. S. 535, 541 (1942).
⑤ 381 U. S. at 484.
⑥ 381 U. S. at 485.

在此种神秘的口头语言的背景下，美国联邦最高法院表演了它的主要把戏——将双关语用于"关系隐私"之上。组织记录保密一直以来都受到《美国联邦宪法》的保护①，这就意味着个人的结社隐私受到法律保护。因此，作为婚姻隐私部分的活动（同时也是个人的结社隐私）具有受到宪法保护的理由，法律不应对此类私人活动进行规制。在争论中的诱饵是"隐私"一词，它在涉及组织记录保密的案件中使用的是"隐私"一词的本义，而在 Griswold 一案中，"隐私"一词则使用了派生的词义——自治权。（我们应该进一步注意到，在 Griswold 一案中，美国联邦最高法院扩宽了《第一修正案》所保护的结社自由的范围，而保护结社自由又涉及结社的类型，即至少应该保护那些部分目的是为了阐述和表达观点的行为，显然，这是在保护与言论自由有关的行为。但是，将婚姻假想成结社的一种类型并没有这样的目的，因此也不需要包含自由表达的问题。因此，实际上在 Griswold 一案中并没有涉及《第一修正案》所保护的结社自由的问题。简而言之，在该案中，"结社"一词是作为辅助词在使用。）

通过此种言语欺骗的做法，宪法条款的意义得到了澄清和阐述，而历史解释的方法却被忽视了，取而代之的是不断成长的日常用语。因此，应当禁止考虑将隐私利益置于《第三修正案》《第四修正案》和《第五修正案》的背景之下进行衡量的做法，此种做法不合逻辑地将隐私利益与截然不同的利益联系起来，从而掩盖了其本质。"隐私"一词将受到拷问，直到它承认一切与家庭有关的事务都受到宪法条文的保护。正如推销员在他人的门前侵犯他人的独居生活或者打扰他人的安宁时刻都涉及隐私的问题，同样，在公共汽车上使用扬声器破坏乘客的安宁时刻也是涉及隐私问题，再如，对罪犯适用消毒法使其丧失自治权也涉及隐私问题。② 在此种背景之下，决定某些所谓的"隐私"事物是否受到某个规范亲密婚姻关系的法律侵害的语言基础就存在了（婚姻关系一直是属于他人自治的区域）。

---

① 381 U. S. at 483, citing NAACP v. Alabama, 357 U. S. 449 (1958).
② NAACP v. Button, 371 U. S. 415 (1963); NAACP v. Alabama, 357 U. S. 449 (1958); Schware v. Board of Bar Examiners, 353 U. S. 232 (1957); Dejonge v. Oregon, 299 U. S. 353 (1937), cited in Griswold v. Connecticut, 381 U. S. 479, 483 (1965).

美国联邦最高法院选择使用某个词语以便公众能够理解那些它想要保护的事物，尽管我们可以提出建议避免隐私的概念出现模棱两可的情况，但是我们不能怀疑美国联邦最高法院也可能会改变它选择的词语。因此，"隐私"一词可能会被用来描述那些受到《美国联邦宪法》保护的特殊事物，这其中当然包括保护公民使其亲密的婚姻关系免受法律规制。不过，美国联邦最高法院也仍然有其束手无策的事情，这就是，在宪法解释的法律推理工作中给常用词创造一个古怪的用法。如果根据宪法性隐私权，那么美国联邦最高法院就不能保护他人享有的自治权，这仅仅是因为有时候"隐私"一词在指定自治权时并不那么到位。在 Griswold 一案中，法官已经尝试用"隐私"一词指定"自治权"。

的确，跟随 Griswold 一案的诉讼程序，我们不难发现，大多数宪法性公民权利的设想都被作为隐私权这一真实的公民权利的细节阐述出来。所有的禁令限制和强制行为和所有的禁止干扰行为及侵扰行为都将确定无疑地将享受隐私权的庇护（尽管剥夺行为可能不容易被包括在内）。通过此种四处分散使用的方法，隐私的概念将会耗尽无疑，同时法律已经逐步承认的隐私利益也将恢复成之前那种混乱不清的状况。

如果我们认为问题仅仅在于语言上，那么我们就错了。这既是一个语言的使用问题，也是一个关系到宪法基本概念的问题。特别地，如果将政府对此类活动的管制行为看作干涉公民隐私的行为，那么我们将会忽略隐私并不是关系到限制或者强制的问题，而是关乎安全的问题。《第三修正案》《第四修正案》和《第五修正案》保护的是公民的安全，而不是自由，而据说这些修正案也都保护隐私利益。与 Griswold 一案裁决的逻辑不同，这些修正案的目的并不是为了阻止镇压公民活动的人，而是为了限制某些确定的、特定的政府活动，尽管这些政府活动是必要的，但是在这些修正案看来是可憎的。这里并没有必要强调安全利益和自由利益之间的不同——之前相当多的注意力都集中在这两种利益之间的冲突问题，特别是在刑法执行领域和国家安全领域，总会有其中一方的利益必须向另一方的利益屈服。①

就这一点而言，如果我们将"安全"说成是"免受某事束缚"，并且将其与"自由做某事"区分开来，那么此种做法将有可能避免产生混乱。无论如何，这两个概念好像均已经列入宪法所规定的"自由"（liberty）这一术语之下。② 因此，正如《第四修正案》所阐明的"安全权"，据说它是法定自由的概念的一部分，因此安全权也可以根据《美国联邦宪法第十四修正案》获得保护。③《第一修正案》的条款规定保护"公民自由做某事的权利"而不是"公民免受某事束缚的权利"（也即保护公民的自由而不是公民的安全），而即便是在《第一修正案》的"外延区域"保护之下，④ 我们也能清楚地知道，隐私是一个涉及安全的问题而不是涉及自由的问题。矛盾是显而易见的，因为美国权利法案是政府行为的广泛方针，它并不是要与单独的人民利益脱离。许多利益都受到这一广泛方针的影响，在某些情况下，当必须保护公民享有的自由表达的利益时，我们发现尊重公民享有的隐私利益的安全也显得尤为重要。在隐私的概念得到澄清之前，我们应该注意到一个非常重要的词语——"独处权"，它被广泛视为隐私权的同义词，我们可以用它的光芒来消除此时此刻隐私的概念所面临的阴暗。

简而言之，Griswold 一案的裁决立足于一个没有具体意义的词语（即"隐私"），美国联邦最高法院从宪法条款中赋予该词含义，它是根据某些日常讲话的松散习惯来对该词语赋予含义，而不是遵循宪法的逻辑。诚然，如果美国联邦最高法院确实将公民的婚姻关系排除在法律之外，那么裁决的依据可能比语言混乱的状态要好。

---

① A balancing of such countervailing interests is the approach taken by the Court in Breard v. City of Alexandria, 341 U. S. 622 (1951), where freedom to solicit is weighed against the householder's domestic repose.
② It is interesting to note that Justice Bradley distinguishes "liberty" and "security" in speaking of the fifth and fourth amendments in Boyd v. United States, 116 U. S. 616, 630 (1886), cited and quoted in Griswold, 381 U. S. at 484.
③ Wolf v. Colorado, 333 U. S. 25, 27–28 (1949).
④ NAACP v. Button, 371 U. S. 415 (1963); NAACP v. Alabama, 357 U. S. 449 (1958); Schware v. Board of Bar Examiners, 353 U. S. 232 (1957); Dejonge v. Oregon, 299 U. S. 353 (1937), cited in Griswold v. Connecticut, 381 U. S. 479, 483 (1965).

四、Prosser 教授和 Bloustein 教授的分析方法

显而易见，当人们在阅读 Prosser 教授和 Bloustein 教授的文章所提及的案例时，人们会发现，在这些案例中所有危如累卵的事物的状态就是所谓的隐私利益。所有的案例都涉及行为人不正当地了解他人的个人信息或者是不正当地披露他人的个人信息的隐私侵权行为。Prosser 教授对此作了一个总结，他认为，所有各种各样的不同种类的利益都成了混合物，它们被不正确地捆绑到了一起，并且被置于一个贴有"隐私侵权行为"标签的盒子里。Bloustein 教授则认为，在那些侵权案件中，自始至终都只有一种利益存在，即人格尊严利益。尽管 Prosser 教授和 Bloustein 教授采取不同的方法对隐私下了定义，尽管他们的做法使"隐私"一词的概念模糊不清，但是，他们两位所提出的观点都举足轻重且具有深远影响。由此也就损害了我们准确区分那些请求法律保护的事物的能力。根据 Prosser 教授的分析方法，我们将会忽略某些摇摇欲坠的具体利益，而如果根据 Bloustein 教授的分析方法，那么就意味着我们对隐私作出了某个评价，但是，Bloustein 教授的方法却忽略了一点，这就是，如果想要对隐私作出评估，那么首先应当解决的问题就是：我们必须明白如何评判隐私才能得到公正的结果。

（一）Prosser 教授提出的"隐私侵权行为四分法"

Prosser 教授认为，所谓的"隐私侵权行为"就是四种不同类型的侵权行为当中的任何一种，行为人实施的每一个不当行为都对应着三种不同利益当中的其中一种。①

Prosser 教授提出的第一种隐私侵权行为类型指的是：行为人侵扰或窥探他人的居所、安宁的隐私侵权行为。行为人实施此种侵权行为侵害的利益是他人享有的精神安宁利益。第一类隐私侵权行为典型的案例有：行为人不请自来地侵入他人独居的场所；虽然行为人没有出现在他人独居的场所，但是他采用听或看或记录的方式侵扰他人的

---

① See Prosser 389. Although Dean Prosser states that there are "four different interests", he subsequently distinguishes only three, as Professor Bloustein points out. Bloustein 965 n. 14.

独居生活；行为人窥探他人的私人文件或书面记录；行为人采用物理性侵害他人的方式去查明事实。①

Prosser教授提出的第二种隐私侵权行为类型指的是：行为人公开披露他人令人尴尬的私人事务的隐私侵权行为。行为人实施此种侵权行为时侵害的是他人的名誉利益。此种侵权行为典型的案例有，行为人向社会公开他人的某些令人感到羞耻的私人事务。②

Prosser教授提出的第三种隐私侵权行为类型指的是：行为人公开丑化他人的形象的侵权行为。再一次地，此种侵权行为也被认为是侵犯了他人的名誉利益。此种侵权行为发生的情况通常是：行为人向公众公开声称他人实施了某些通常被认为不适宜的行为，即便行为人缺乏他人实施该不当行为的事实依据。

Prosser教授提出的第四种隐私侵权行为类型指的是：行为人为了自己的利益擅自使用他人的姓名或肖像的侵权行为，他人的姓名和肖像均与人格利益密切相关，因此，此种侵权行为侵害了他人的人格利益。此种侵权行为的范围已经从及行为人仅在商业上使用他人的姓名和肖像扩展到了文学作品及绘画作品的广告当中。

最后，Prosser教授作了一个总结，他认为："如果我们将这四种侵权类型按照一定的顺序排列，即不合理地侵扰他人安宁的侵权行为，公开披露他人私人事务的侵权行为，公开丑化他人形象的侵权行为，擅自使用他人的姓名和肖像的侵权行为。那么，第一种和第二种侵权行为要求行为人侵犯了某些私密事务，这些事务都是涉及他人的隐私事务；第二种和第三种侵权行为取决于行为人行为的公开性，不过第一种和第四种侵权行为都没有公开性的要求，尽管它们也经常涉及公开性这一要件。第三种侵权行为要求行为人用来丑化他人形象的事实是错误的或是虚构的，但是其他三种侵权行为都不要求这一点；第四种侵权行为要求行为人是为了自身的利益擅自使用他人的姓名和肖像，而其余的侵权行为都对此不作要求。"③

笔者在此分开讨论上述每一个否定隐私侵权行为作为独立的侵权

---

① See Prosser 389–392.
② See Prosser 392–398.
③ See Prosser 401–407.

行为的观点。

（1）Prosser 教授认为，公开丑化他人形象的隐私侵权行为不要求行为人侵犯与他人有关的私人事务。能够印证这一观点的案例是，行为人实施了公开丑化他人形象的侵权行为，但是行为人实施的此种行为并没有侵犯他人的隐私。然而，Prosser 教授在他的文章中并没有提到这种案例。事实上，这里存在大量与上述观点相反的案例，例如，某些好莱坞名人的照片被当地的宣传篡改之后公布，但是当这些名人向法院起诉要求获得救济时，他们的诉求却被拒绝了，法院认为，原告享有的公开权与电影的发布相关，所以原告享有的隐私权是无效的。在该案中，原告享有隐私权被认为是其诉讼请求能够得到法院支持必不可少的因素。① 同样，在 Koussevitzky 一案②中，被告在其出版的有关原告的传记中描写了大量原告在作为管理者的工作期间的不实轶事，原告因此向法院起诉要求被告就其实施的侵权行为承担责任，被告则辩称其享有公共信息利益的特权。尽管法院承认，被告在传记中所描写的事实是虚构的，但是，最后法院仍以原告作为公众人物不享有隐私权为由来处理这个案件。此外，这里还存在另外一个案例，这就是，原告是一对社会地位显赫的夫妇，被告在其杂志上报道了原告夫妇在日常生活中的某些令人感到羞耻的举动，原告认为被告所实施的行为丑化了他们的公众形象因而向法院起诉，要求被告就其实施的行为向原告承担隐私侵权责任。然而，法院最终认定，由于原告的社会地位，他们并不享有隐私权。因此，原告要求被告承担隐私侵权责任的诉讼请求并未得到法院支持。③

（2）Prosser 教授认为，擅自使用他人姓名或肖像的隐私侵权行为不要求行为人侵犯与他人有关的隐私事务。再一次地，Prosser 教授的文章并未提供任何案例证明这一观点。然而，我们却发现，即便被告擅自使用原告姓名或肖像的行为是确确实实存在的，但是，如果原告的隐私并未受到侵害，那么此类案件将会被排除在隐私侵权案件

---

① Paramount Pictures, Inc. v. Leader Press, Inc., 24 F. Supp. 1004 (W. D. Okla. 1938), rev'd on other grounds, 106 F. 2d 229 (10th Cir. 1939).
② Koussevitzky v. Allen, Towne & Heath, Inc., 188 Misc. 479, 68 N. Y. S. 2d 779 (Sup. Ct.), aff'd, 272 App. Div. 759, 69 N. Y. S. 2d 432 (1st Dep't 1947).
③ Goelet v. Confidential, Inc., 5 App. Div. 2d 226, 171 N. Y. S. 2d 223 (1st Dep't 1958).

之外。例如，原告是一位母亲，她反对被告保险公司将她的名字用于某个保险单上的行为，尽管这个保险单以她的儿子作为受益人。法院认为，尽管被告明显是出于自己的商业目的而使用了原告的名字，但是原告的姓名并没有传播到大众当中，因此原告的隐私利益并未受到侵犯。最后，原告的诉讼请求并未得到法院支持。[1] 同样的案例还有，原告是一位服装设计师，被告在自己的原创服装上使用原告的名字[2]；原告是一位世界闻名的作曲家，原告向法院诉称被告在其电影中擅自将其姓名用于电影作曲者。[3] 在上述两个案例中，尽管被告都擅自使用了原告的姓名，但是法院都认定被告实施的行为不构成隐私侵权行为。在这两个案例中，法院不是认为原告享有的隐私权在之前已经被抛弃了，就是认为被告使用原告名字的方式不会对原告的隐私造成侵犯。

（3）Prosser 教授认为，公开他人私人事务的隐私侵权行为和公开丑化他人形象的隐私侵权行为都取决于被告行为的公开性，但是侵扰他人安宁的隐私侵权行为和擅自使用他人姓名或者肖像的隐私侵权行为并不要求公开性，尽管后面两种情形也经常涉及行为的公开性。笔者认为，Prosser 教授的这一观点仅仅是为了将存在的某个诉讼请求进行分类，这一观点是作为临时的分类原则而提出的。公开披露他人私人事务的案件和公开丑化他人形象的案件都涉及被告实施的公开宣传行为，这一点很难引起众人的关注，因为 Prosser 教授已经通过给这些侵权行为下定义的方式来确保这个观点正确无疑。[4] 由于上述两类案件中的不当行为都被定义为"公开行为"，我们不难得出这样的观点，这就是，这两类案件的诉讼请求都应该取决于被告行为的公开性。但是，我们也可以发现，这两类案件中虽然有公开行为的存在，但是并不意味着每个案件中他人所享有的隐私利益都处于岌岌可危的状态，相反的是，即便行为人的行为不具有公开性，他人享有的隐私利益也可能已经受到损害。只要他人清楚地知道伤害是由于某些

---

[1] Holloman v. Life Ins. Co., 192 S. C. 454, 7 S. E. 2d 169 (1940).
[2] Jaccard v. R. H. Macy & Co., 265 App. Div. 15, 37 N. Y. S. 2d 570 (1st Dep't 1942).
[3] Shostakovich v. Twentieth Century-Fox Film Corp., 196 Misc. 67, 80 N. Y. S. 2d 575 (Sup. Ct. 1948).
[4] See Prosser 392, 398.

事情的披露所造成的，那么显而易见的是，即便行为人只是简单的了解他人或者是了解与他人相关的事件也会损害他人单一的隐私利益。

（4）Prosser教授认为，公开丑化他人形象的隐私侵权行为要求存在错误或虚构的事实，而其他三种隐私侵权行为则不需要。Prosser教授所提出的这一观点看起来像是某个分类原则的共有特征，因此，如果要将某个案件归类到公开丑化他人形象的隐私侵权行为中，那么就必须满足上述的要件。但是，某些学者提出了大胆断言，"根据行为人丑化他人形象的事实是否属于错误的或者是虚构的这一点对案件进行分类，而不是根据行为人的行为是否侵害了他人的隐私对案件进行分类，这一做法明显是错误的"。Prosser教授将公开丑化他人形象的隐私侵权案件分为三组，笔者将在下文对他的分类逐一进行评判。

首先，第一组公开丑化他人形象的案件包括行为人的错误联想①，行为人错误地将某些工作或某些观点归因于他人，或者是错误地将他人置于某些状况之下。但是，在决定是否受理某个案件时（除了诽谤之诉以外），法官根本不会考虑被告所描述的事实究竟是真实的还是虚假的。许多涉及公开丑化他人形象的案件处理结果均显示，法官既不会过多地考虑原告主张被告使用虚构的事实的指控，也不会过多地考虑被告辩解的真实性和准确性。在处理此类案件时，法官着重关注的是被告公开丑化他人形象的行为是否经过授权，也就是说，法官考虑的是原告享有的隐私权是否受到法律保护。

其次，根据Prosser教授提出的观点，第二组公开丑化他人形象的案件主要涉及的是，某些出版公司在其出版的作品中存在某些涉及原告本人的虚构描写。这组案例所要解决的问题都非常集中，这就是，如果被告是为了公共利益而出版该作品，那么此种扭曲他人形象的做法能否享有特权？在处理此类案件时，法官所要考虑的问题是，被告出版的作品是否只是用于娱乐消遣或是其他的某些无聊的琐碎之事？又或者，被告所出版的内容是重要的公共信息，并且相对于保护原告的隐私来说，被告出版的内容有着至高无上的重要作用，因此必须牺牲原告享有的隐私权？当法官在处理此类案件时，为了平衡原告享有的隐私权和被告享有的出版自由权，他们仅仅将出版内容的虚构

---

① See Prosser 398-399.

性特征视为一个可考虑的因素。

最后，根据Prosser教授所提出的观点，第三组公开丑化他人形象的案件是指所谓的"盗贼画廊"案件①，在此组案例中，原告的照片或者其他具有辨识度的物品被放置于警察局的档案中。正如Prosser教授所言，此组案件关注的焦点并不在于被告使原告在未定罪之前就已经声名狼藉，而在于被告在没有任何根据能够证明原告有罪的情况下将原告的照片置于公共的警察档案中。② 此类案件较为突出的问题是，通过广泛的警察档案网络对原告进行广泛的传播，被告实施的此种使原告引起他人注意的行为是否足以侵犯原告的隐私。③ 反对警察实施此种行为的意见是，将来可能每个人都要被警方采集指纹，并且警察还可能参考指纹进行索引搜查。尽管此种做法并不是对个人名誉的损害，但却是在打击个人隐私。

在上述三组不同的公开丑化他人形象的案例中，关键在于某些不被我们知晓或想起的利益正处于危险的边缘，而不是因为我们不了解某些利益或者认为此种利益是错误的。在这些案件中，我们必须注意观察激发诉讼的动机和原告提起诉讼请求的必备要素之间的区别。即便原告提起的诉讼缺乏事实，法官也不一定就认定原告的诉讼请求不充分。

（5）Prosser教授认为，擅自使用他人姓名或者肖像的隐私侵权行为中，被告均是为了自身的利益而实施此种行为，但是其他类型的隐私侵权行为却并非如此。Prosser教授的这一观点当然是正确的，因为如果被告并不是为了自身的利益而擅自使用原告的姓名或肖像，那么Prosser教授就不会将案件归入此类。但是，是否真的如Prosser教授所表明的那样，被告为了自身的利益使用原告的姓名或者肖像就一定减损了原告对于其身份享有的所有权呢？笔者认为，这是一个控诉理由的严重错位。被告实施的不当行为是令人敏感的，而且，更为特殊的是，不论行为人是否是为了自身的利益，行为人使用他人人格

---

① See Prosser 399－400.
② See Prosser 399－400.
③ See McGovern v. Van Riper, 137 N. J. Eq. 24, 43 A. 2d 514 (Ch. 1945), aff'd in part, 137 N. J. Eq. 548, 45 A. 2d 842 (Ct. Err. & App. 1946), and cases cited in Prosser 399 n. 143.

的行为都将对他人的情感造成侵害。在此类侵权案件中,将行为人基于自己的利益使用他人的姓名或者肖像的行为作为限定要件是确实存在的。但是,如果将这一要件作为他人向法院提起诉讼请求的要件之一,那么在至高无上的自由交流的公共利益之下,他人享有的隐私利益所受到的侵犯将无法获得救济。这就意味着,侵犯隐私已经犯下仅仅是为了促进某些自私的利益的罪恶。这一要件代表着公共利益和个人的隐私利益之间的平衡点,它并不是定义隐私利益的要素。如果我们想进一步探究"擅自使用行为"的某些无关紧要的特征,那么我们可以参考美国纽约州的相关法律来考虑这个问题,《纽约人权法》的某些规定涉及擅自使用他人的姓名或肖像的隐私侵权行为,其对这一经典的隐私侵权行为的定义如下:"行为人为了广告的目的或者是为了交易的目的而使用他人的姓名或肖像的行为。"这一定义颇有Prosser教授对于这一行为的定义的味道。[1] 根据这一法律,这里存在大量行为人使用特定的姓名或者照片而没有价值的案例。行为人随意地选择适当的姓名或照片进行使用,这些姓名和照片是可以替代的,对于使用者来说也没有任何区别。他人的名字也不会受到任何价值上的损失。根据这一法律,一个个乍看起来良好的判例形成了。[2] 然而,显而易见地,真正的问题并不在于行为人通过使用他人的姓名而获得了姓名的价值,也不在于他们应该承担的问题究竟是什么,而在于行为人在未经他人授权的情况之下就擅自使用了他人的名字。"擅自使用"无非就是指行为人未经他人授权而使用,此类隐私侵权行

---

[1] N. Y. Civ. Rights Law § § 50, 51. The law developed here is typical of "appropriation" cases in other jurisdictions.

[2] See, e. g., Nebb v. Bell Syndicate, 41 F. Supp. 929 (S. D. N. Y. 1941); Swacker v. Wright, 154 Misc. 822, 277 N. Y. Supp. 296 (Sup. Ct. 1935); People v. Charles Scribner's Sons, 205 Misc. 818, 130 N. Y. S. 2d 514 (Magis. Ct. 1954) (all dismissed on the different ground that a use of the plaintiff's name was not constituted merely by the use of a name which was the same as his). See Gardella v. Log Cabin Prods. Co., 39 F. 2d 891 (2d Cir. 1937). But when the assumed name is merely a pseudonymous stage or business device, though of unquestionable value, it is not an attribute of personality and hence its unauthorized use is not an invasion of privacy. See Davis v. R. K. O. Radio Pictures, Inc., 16 F. Supp. 195 (S. D. N. Y. 1936); Jaccard v. R. H. Macy & Co., 176 Misc. 88, 26 N. Y. S. 2d 829 (Sup. Ct. 1941), aff'd, 265 App. Div. 15, 37 N. YS. 2d 570 (1st Dep't 1942).

为无非就是指行为人未经授权将他人的姓名或照片公之于众。

综上所述，Prosser 教授所提出的隐私侵权行为四分法可能仅仅被视为存在于所有隐私案例中的独立利益的附属品，但是，此种方法对于认识法律错误具有一定的必要性。

（二）Bloustein 教授的"人格尊严"分析方法

Bloustein 教授的文章尝试提出有关个人隐私的统一理论，进而调和当前隐私法律发展所产生的各种分歧，Bloustein 教授尝试从源头上解决这一问题。① 然而，笔者认为，Bloustein 教授的做法是将隐私问题归入已经十分庞大的人格尊严的范围之内，而不是对隐私的相关问题梳理归纳使它们自成体系。Bloustein 教授反对 Prosser 教授所提出的隐私侵权行为四分法理论，但是他自己并未能使隐私法形成一个单独的与众不同的体系。Bloustein 教授认为，尽管 Prosser 教授将隐私侵权案例进行了区分，但是他区分的所有案例中都存在一个单一的隐私利益，并且，这一利益在许多法律领域内都岌岌可危，这其中当然包括已经承认隐私权的侵权法。Bloustein 教授公开宣称，他的目的在于发现"如何在判例和法律都混乱的情况之下，以个人隐私的名义去证明隐私利益和社会价值都是正确的"。这一观点看起来似乎是正确的，但是接下来 Bloustein 教授却由于过度强调这一目标而迷失了方向。

Bloustein 教授告诉我们，在那些涉及个人隐私的案例中，原告寻求法院保护的单一的利益是个人尊严利益。当谈及行为人不合理地侵扰他人安宁的隐私侵权案件时，Bloustein 教授认为，原告向法院提起此种隐私侵权之诉的真正本质在于，被告的行为"贬低原告的个性，且是对原告个人尊严的一种侮辱"②。我们被告知，个性取决于"个人是否享有免受特定形式的侵扰的权利"③。而关于公开披露他人私人事务的案件，"他人的隐私受到侵犯是建立在自己的个性受到侮辱的基础之上"，当行为人无视他人的意愿，将他人的私人生活事务大

---

① Bloustein 963.
② Bloustein 973.
③ Bloustein 973.

量地披露于众，他人实际上丧失的是自己的个性。① 当谈及行为人擅自使用他人人格的隐私侵权行为时，Bloustein 教授认为，"每个人都享有阻止自己的人格免受商业利用的权利，但是这并不是因为个人的人格具有商业价值，而是因为如果我们无法行使这样的权利，那么我们的人格尊严将会贬损"② （尽管笔者相信，可能只有在他人不能够行使这一权利或者他人根本不享有此种权利的情况之下才会出现此种人格尊严受损的结果）。在公开丑化他人形象的隐私侵权案件中，Bloustein 教授认为，"行为人使用他人姓名或肖像以致他人作为一个个体的尊严受到侵犯。"③ 同样，Bloustein 教授也谈到了那篇由 Warren 和 Brandeis 撰写的著名的文章，他也将隐私权称为"独处权"。④ 在谈及那些著名的学者时，他说："我使用'未受侵犯的人格'这一原则来安置他人的独立、尊严和完整性，这一原则将人的本质定义为一个独特的、自我决定的存在。"当行为人目睹他人分娩的状况时⑤，当行为人使用电子设备窃听他人家中的举动时⑥，自我决定的这一主题在利益一致合理化的背景下再次重复，"上述两个案例的根本错误是一样的，原告之所以向法院起诉，是因为行为人实施的行为使他们享有的个人独立和个人自由受到了侵犯"⑦。

尽管笔者仅用了少量抽象的文字列举 Bloustein 教授在其文章中提及的案例，但是此种做法是必要的，因为这些具体的案例大多数都经过 Bloustein 教授的仔细分析，它们都是 Bloustein 教授给我们定义"隐私"的方式。此种做法存在更多对直观理解的依赖。在 Griswold

---

① Bloustein 981.
② Bloustein 989. Professor Bloustein generally rejects the notion of proprietary interest and substitutes the rationale of degradation through commercialization, Bloustein 98S, and "wrongful exercise of dominion over another" or "the objective diminution of personal freedom..." Bloustein 990. Such an ample view of the matter seems to go considerably beyond what the cases stand for.
③ Bloustein 993.
④ Bloustein 970, referring to Warren & Brandeis, The Right to Privacy, 4 Harv. L. Rev. 193 (1890).
⑤ Bloustein 972 & n. 5s, citing DeMay v. Roberts, 46 Mich. 160, 9 N. W. 146 (1881).
⑥ Bloustein 974 & n. 72, citing Silverman v. United States, 365 U. S. S05 (1961).
⑦ Bloustein 994.

一案中，我们已经认识到直观可能会让我们误入歧途，特别是 Bloustein 教授建议隐私利益需要根据自我决定利益来理解的做法，这更有可能让我们迷失方向。①

笔者认为，Bloustein 教授在阐明隐私的法律概念上所做的努力可以用以下这种方式进行总结：Bloustein 教授提出的观点无疑是正确的，即虽然 Prosser 教授辨别了四种作为"隐私"而受到法律保护的独立利益，但是当行为人实施侵犯他人隐私的行为时，Prosser 教授却未能区分他人享有的受到损害或威胁的单一利益。然而，尽管 Bloustein 教授认识到了这一点，但是他却将此种无处不在的隐私利益定性为与某些人格尊严有关的利益，他的此种做法是在告诉我们为什么隐私值得进行法律保护，而不是告诉我们隐私是什么。当他人因人格尊严受损而影响到某些其他的利益时，即某些法律认为适合忽视或者将其作为另外一种形式的错误来对待的利益，Bloustein 教授的此种做法无疑会使法院提供给那些提起隐私侵权之诉的人的救济方式变得无效。

五、结语

笔者主要的担忧在于，如何与被 Ludwig Wittgenstein 称为"发挥智慧魔力的语言"进行搏斗。② 在 Griswold 一案中，语言魔力的结果（或方式）就是支持法院所作的看起来简直荒谬的裁决的法律理论。Prosser 教授并未屈服于此种迷人的语言骗局，他拒绝在侵权法之中采用这样的语言骗局之下产生的独立的隐私利益的概念。Bloustein 教授不赞同 Prosser 教授的拒绝做法，但是他的观点并不能作为处理 Griswold 一案裁决根据的理由。

这一问题并不是精细的法律理论为了自身的目的而产生的，宁可说是为了它服务的利益而产生的。若将隐私的发展历程视为一艘帆船在法律的大海中航行，那么，确定隐私的意义才能使有价值的生活状

---

① Professor Bloustein, in speaking of privacy as an aspect of the pursuit of happiness, Bloustein 1001 n. 222, cites among the authorities the dissenting opinion of Justice Harlan in Poe v. Ullman, 367 U. S. 497, 522 (1961), and the dissenting opinion of Justice Douglas in Public Util. Comm'n v. Pollak, 343 U. S. 451, 467 (1952).

② ittgenstein, Philosophical Investigations I § 109 (Anscombe transl. 1953).

态经得起航行的检验。即便当前隐私法律发展的海洋仍是一片混沌，也可以参照当前的理性观点设置前进的航线。尽管依照美国联邦最高法院在 Griswold 一案所作的裁决来设定帆船前进的航线可能是隐私的大船最快到岸的做法，但是，笔者认为，此种做法并不是持续航行的最佳方式。

第三编　隐私权的再界定

隐私的一种新界定

W. A. 帕伦特[①]著　杨雅卉[②]译

目　次

一、隐私的一种新界定
二、司法中对隐私概念的不当处理
三、Prosser 的隐私理论以及美国法学界近期对隐私概念的补正
四、对正确可靠的隐私判例进一步完善

一、隐私的一种新界定

（一）背景介绍

美国现有的司法判例对隐私的定义混乱不堪。我们的法院本该提出一个令人信服的隐私概念，并在司法判例中对其进行捍卫，但是目前为止，我们的法院尚未能做到这一点。相反，在隐私的概念问题上，美国的众多法院一直都在概念上鱼目混珠，甚至不同法院所采用

---

① W. A. 帕伦特（W. A. Parent），美国圣塔克拉拉大学法学院教授。
② 杨雅卉，中山大学法学院助教。

的不同概念之间还会自相矛盾。① 至于隐私方面的各种法律期刊文章，它们提出的法律分析同样苍白贫乏，所以，虽然这些法律期刊文章设法为改善隐私定义混乱的大环境贡献自己的一臂之力，但也仅仅停留于设想罢了。美国法律界一直以来缺乏一个明确、精准、令人信服的隐私概念，这一点令人感到震惊且不可原谅，尤其是当我们意识到隐私这一概念的重要作用时——无论是从数量上还是从重要性上来说，过去二十年间，隐私这一概念在美国司法中承载了太多：从使用避孕措施的权利到进行堕胎和安乐死的权利，这些领域的里程碑案件都成为隐私判断标准当中不可或缺的部分。

笔者撰写本文的主要目的在于，笔者希望在本文中探寻目前的隐私发展困境，从而提出建议，使得美国司法界能够采取措施，摆脱目前隐私概念定义的乱境，理顺这堆"被飓风卷得乱七八糟的干草堆"②。具体而言，笔者首先将在本文中为隐私这一概念提供一个新的定义，这个新定义能够使我们抓住隐私的本质所在以及隐私的核心意义，从而使我们得以将隐私这一概念与其他与之相关联但并不相同的概念区分开来。接着，笔者将讨论司法当中对于隐私概念的不当处理，并给出一些导致这些错误出现的原因。最后笔者将阐述的是，由正确构思所构建起来的隐私概念如何融入当代的美国法律体系之中。

（二）隐私的一种新定义

笔者认为，隐私应该被定义为一种状态——公民保证与自己相关的不在案个人信息不为别人所知的状态。要清晰地阐明这个隐私定义，就必须将不在案个人信息的概念解释清楚。很少有法律学者尝试作出这样的解释，但是，如果我们想要让这个隐私定义适用于现有的司法，这种解释就至关重要。

---

① This fact hasn't escaped all legal scholars. See, for example, Raymond Wacks's "The Poverty of Privacy", The Law Quarterly Review 96 (1980): 73–90; Harry Wellington's "Common Law Rules and Constitutional Double Standards: Some Notes on Adjudication", Yale Law Journal 83 (1973): 221–311 and Louis Henkin's 'Privacy and Autonomy, ' Columbia Law Review 74 (1974): pp. 1410–1433.

② This memorable expression was coined by a Judge Biggs in the case of Ettore v. Philco Television Broadcasting Corp., 229 F. 2d 481 (3rd Cir., 1956), at 485.

在对个人信息的各种解释中，有一些可以被直接剔除。比如说，在认定关于公民的某项信息是否属于个人信息时，有主张认为这个问题完全取决于公民自己对此的态度以及这项信息本身所具有的敏感性，但是，这一主张就和这样的事实产生了矛盾：当一个人披露和自己有关的私密性事实，而不关心自己的个人信息有多少被公之于世的时候，他确实就是在披露自己的个人信息。不过，我们也不应当把个人信息等同于只与某位公民有关而与其他人无关的信息。毕竟我们往往都认为，在获得搜查令、扣押令授权的情况下，侦查机关有权获取公民的个人信息，我们也认为这是侦查机关的职责所在。仅仅因为某项信息与其他人无关并不会改变这项信息所具有的属性，包括敏感性，以及有些信息所具有的私密性。

笔者的建议是，将个人信息定义为一种关于公民自身的事实，在给定的时间内，对大多数人而言，他们都不会希望这样的事实广为人知。人们可能并不会介意寥寥数位密友、家人或是重要的同事知悉这些事实，但是，一旦这些事实的传播范围跨出了这个极其有限的熟人圈，人们对此会非常介怀。① 在现在的美国，与公民个人的性癖好、饮食习惯、经济收入、婚姻状况以及健康状况相关的事实都应当归入个人信息的范畴。而在十年后的美国，其中的某些信息可能会成为日常对话的一部分；如果是这样的话，披露这些信息的行为就可能不会削弱个人隐私。

对于个人信息的这种解释使得个人信息成为一个变量，其内涵随着当时的文化准则和社会习俗而变化。不过，这一解释需要在此基础上再扩大一些，才可以适应一些特定情形和不寻常的情形，比如下面将要列举出来的这些。举例来说，对于大多数人而言，即使我们的身高成为众所周知的事实，我们也不会在意。但是，我们当中还存在一些人，他们对自己的身高非常敏感（或者体重，或者声音的音高，等等）。他们可能会采取一些极端措施，以确保别人不会获知自己的

---

① Thus I venture the belief that most people consider information concerning the condition of their homes, particularly their bedrooms and bathrooms, as being personal. A hostess might well show some guests her "private quarters", but she almost certainly will not invite just anyone in for a grand tour.

敏感信息。对这些人而言，身高是非常私密的事情。一旦有人通过精妙的窥探手法发掘出了这些信息，我们应当毫不犹豫地认为这是一种侵犯他人隐私的行为。

那么，哪些与公民自身相关的事实应当被我们认定为个人信息所包括的事实呢？是身处特定社会中的大多数人都不会选择向别人披露（除了对密友、家人等）的那些事实，还是大多数人都不会介意公之于世，但特定的个人对其极度敏感，因而这特定的少部分人不会选择向别人披露的那些事实？

这时可能有人会提出这样一个问题：被公共记录记载在案的信息要如何处理？也就是说，被报纸、法院的诉讼文书、地契管理局、政府档案等公共记录所记载的信息要如何处理？这些信息向公众开放，我们当中的任何人都可以对其进行查询。如此一来，这些信息就成为一种公共财产。那么这些信息应当被排除出个人信息之列吗？笔者认为不应如此。毕竟，认为公共文件档案中存有关于个人的私密信息并不是什么标新立异或是误导性的观点。比如，我们可能会从公共文档的记载中发现，Jones 和 Smith 多年前因为参与同性恋活动而被捕。在下面的讨论中，笔者会将公共记录中所记载的个人信息称为在案个人信息。

在笔者对隐私的定义中，隐私并不包括与在案个人信息相关的消息。笔者如此定义的理由很简单。假设甲在浏览旧报纸的时候，偶然在一篇报道中看到了乙的名字，这篇报道称乙小时候很聪明，长大之后却没能取得什么成就，反而成为强迫性赌徒，最后自杀了。此时我们应当指责甲侵犯了乙的隐私吗？如果我们给出肯定的答案，认为甲侵犯了乙的隐私，那么这一答案就将模糊公共领域和隐私领域之间的界限，而这是完全没有必要的。将属于公共领域的信息称为隐私，这明显是自相矛盾的行为，因此，一个可行的隐私概念当中不应该包含有属于公共领域的信息。

所以，笔者赞同《美国侵权法重述（第二版）》这一广为人知且广受尊重的著作所表达的观点："如果行为人将关于原告生活的事实公之于世，但行为人所公布的事实已经记载在公共记录中，则此时行为人不承担（侵犯隐私的）侵权责任。"① 之所以在隐私的定义中剔除在案个人信息，原因非常简单，只是因为一般理性人无法理解隐私的概念如何能合理而不矛盾地将在案个人信息纳入其中。美国联邦最高法院也承认了这一点，在 Cox Broadcasting Corp. v. Cohn 一案②中，White 大法官在他所执笔的多数意见中确认了这一观点："如果所涉及的信息已经出现在公共记录中，则公民对该信息所享有的隐私利益也就随之消失。"

应该没有人会认为笔者对隐私的定义过于宽泛从而反对笔者的定义。但是，笔者对隐私的定义是不是过于狭隘？举例来说，一个充分而适当的隐私概念不应该将我们对彼此的印象也考虑在内吗？不应该将我们所获取的关于彼此的信息也考虑在内吗？关于这一点，笔者认为，印象是我们对于人或物的一种观念，这种观念来自短暂或偶然的会面。我们对人或物的印象有可能与真实情况相符，也可能与真实情况背道而驰。如果我们对于某人或某物的印象与真实情况相符，并且这一印象涉及与某人相关的私密事实，则我们对某人或某物的这一印象中就包含了个人信息，此时，获取和披露这种印象的行为确实涉及真正的隐私利益。但是，如果我们对于某人或某物的印象与真实情况并不相符，那么获取和披露这种虚假印象的行为就只能被归入流言和诽谤之列。

笔者相信，隐私和保密权、独处权、自主权之类的价值不同，隐私不是一种价值，而是一种理念，笔者也曾经在别的文章中③详细论证了这一点。笔者所提出的隐私定义具有一个非常重要的优点：它允许这种理念和价值之间的差异存在，并且使得这些差异在我们的道德—法律双重论证中得到尊重，而不是被忽视甚或被湮没于通货膨胀的分析之中。正如柏拉图所说，寻找充分而适当的定义就是在寻找本

---

① Restatement of Torts (Second), Tentative Draft No. 13, section 652D, Comment C, at 114. The parenthetical addition is mine. See also Prosser's Handbook of the Law of Torts, 4th ed. (1971), section 116, pp. 810–811.
② Cox Broadcasting Corp. v. Cohn, 420 U.S. 469 (1975), at 19.
③ 'Recent Work on the Concept of Privacy,' The American Philosophical Quarterly, forthcoming.

质上的观念①或是辨识性的特征。那些指责笔者将隐私定义得过于狭隘，希望隐私的定义中不仅仅包含不在案个人信息的人应该扪心自问：他们希望被纳入隐私定义的那些概念是否能通过隐私这一上位概念得到最好的阐释，又是否无法通过被纳入其他上位概念得到更清晰明确的阐释。

（三）隐私权

隐私权的概念和隐私这一普遍的泛概念截然不同，我们不应当将这两者相混淆。我们的生活中存在着各种侵犯别人隐私的行为，而隐私权概念的存在是为了使我们得以对不合法或不合理的隐私侵犯行为进行讨论、分类，并对其施以法律惩处。我们享有隐私权就意味着，我们有权免受无端的监控行为或是不加选择的无差别监控行为所侵害，包括探听行为、窥探行为、秘密监控行为等。比如，如果我自愿披露了关于我自己的不在案个人信息，或者政府执法人员出于实施执法行为的需要，遵照其职责收集了关于我的不在案个人信息，这是一码事。但是，如果报纸、政府或者私人在没有任何充分理由的情况下获取了关于我的不在案个人信息并/或将其广为传播，或者他们为了达到其合法目的而对我滥用了窥探技术，这就完全是另一码事了。要对后者所代表的这种隐私侵犯行为进行有理有据的反驳，我们的论证中就需要用到隐私权的概念。

接下来，让笔者对非法的隐私侵犯行为稍加阐述。笔者认为，将非法的隐私侵犯行为分为三类将会很有帮助。

其一，无端的或是恶作剧式的隐私侵犯行为，这种隐私侵犯行为又可以再细分为以下几种类型：①并非为了达到任何合法目的，只是因为游手好闲所产生的好奇心，或是因为想要对他人恶作剧的恶意而实施的非法隐私侵犯行为；②在使用侵入性更小的手段即可获得所需信息的情况下，仍然使用并非必要的侵入性手段获取所需信息的非法隐私侵犯行为——比如，在可以通过发送调查问卷获取所需信息的情况下仍然使用窃听手段获取所需信息的行为；③没有充分理由支持的

---

① See Theaetetus, 206c – 207a, and 208c, where Plato makes it clear he is seeking some mark by which knowledge differs from all other things.

任意的非法隐私侵犯行为——比如，一位政府执法人员随机挑选了若干公民，声称其中可能有人参与犯罪活动，并以此为由下令对这些公民实施监视的行为。

其二，不加选择的无差别隐私侵犯行为，这种隐私侵犯行为又可以再细分为以下两大类别：①并非为正当理由获取信息的隐私侵犯行为，比如，警察为了逮捕同性恋者而秘密观察洗手间的行为，警察在实施这一秘密观察行为的过程中会观察到上百位无辜公民进入洗手间使用盥洗设施的过程；②造成公民的个人信息被泄露给无关人员的隐私侵犯行为，这种行为使得与公民个人信息无关的人被允许接触到该个人信息，从而获知了该个人信息，造成个人信息泄露给无关人员的结果，比如，福利人员将与福利受领人相关的高度敏感信息披露给自己的家人和朋友的行为。

其三，未能对公民的个人信息设置并采取合适的安保措施，从而无法尽到保护个人信息的义务，使其落入不法之徒手中的行为。考虑到不在案个人信息数量剧增的现状——也许在计算机技术给我们的生活所带来的所有这一切中，这一点是重中之重——为了防止各方所收集的信息遭到不速之客非法入侵，给信息的储存设施设置安全措施势在必行。

为了保护公民的隐私权免受侵犯，笔者在此提出五个要求，任何主张获取他人不在案个人信息的主张人都应当满足这些要求。

其一，要求主张人对其主张确有需求。要实施隐私侵扰行为，就必须存在对实施该行为的需求，包括有效的需求或合法的需求。

其二，要求主张人的主张有法律上的合理依据。要证明目标信息和法律上的正当需求相关，就必须存在合理依据予以证明。同样地，要证明目标信息（而不是其他与正当需求无关的信息）可以通过主张人所提出的技术手段获得，也必须存在合理依据予以证明。

其三，要求主张人所提出的主张不可通过替代手段实现。主张人只能通过自己所主张的方法获得目标信息，而无法通过任何侵入性更小的替代手段获得目标信息。

其四，要求主张人获得搜查令授权。主张人必须获得中立公正的审判人员所签发的搜查令，搜查令中应当详细地明确说明搜查地点以及搜查行为所寻找的信息。根据《美国联邦宪法第四修正案》（以下简称《第四修正案》）的规定，政府执法人员通常必须遵守这一要求。

其五，要求保证信息安全。在信息的采集、披露和存储过程中，必须对信息的获知加以限制，从而保证只有有权获知信息内容的人能够获取这些信息。

当然，上述的五条要求所构建的框架还非常粗糙，与其说它是一套完整的隐私权理论，不如说它是一套完整隐私权理论的轮廓。当我们判断某个特定的项目或某种特定的行为是否侵犯了公民的隐私权时，我们需要解决很多问题，而其中有一大部分关键问题是这个框架尚不能解决的。诚然，对于无端的或是不加选择的无差别监控行为，包括身体监控、心理监控和数据监控行为，理性人在是否要适用这种监控行为的问题上时不时会产生分歧，从而使得问题难以解决。

因此，围绕所谓的侵犯隐私权的侵权行为，涉及这些侵权行为的各种争论仍将占据我们的注意力，而这些争论的结果将会勾勒出隐私权的轮廓。不过，至少我们在争论中所讨论的是隐私，而不是其他价值，我们的论证都不偏不倚地聚焦于隐私之上。不幸的是，我们的法院近期所作出的努力却并非如此。

二、司法中对隐私概念的不当处理

（一）Griswold 一案的裁判理由

一切的麻烦都开始于 1965 年，开始于美国联邦最高法院对 Griswold v. Connecticut 一案作出的裁决。上诉人 Griswold 是康涅狄格州计划生育联盟的主任。他的职责是在采取避孕措施的方面向已婚人士提供信息、指导和医疗建议。然而，康涅狄格州的法律不允许实施此类与避孕相关的活动，也不允许已婚夫妇采取避孕措施。于是，Griswold 被捕，并被指控违反了康涅狄格州的相关法律。后来，Griswold 提起了上诉，这一案件也一路上诉到了美国联邦最高法院。

Douglas 大法官为 Griswold 一案撰写了美国联邦最高法院的多数意见。在多数意见中，Douglas 大法官并未在自由方面对 Griswold 一案的问题进行判断，而是认为，由宪法所保护的隐私权是存在的，并据此对案件进行判定。不过，这对 Douglas 大法官来说并不是一件容易的事，因为宪法中并未提到隐私权的概念。《权利法案》提供了一些具体保障，这些具体保障的衍生产物建立起了一些灰色地带。这些灰色地带给我们的宪法权利注入生机，充实了宪法权利的实质，也为隐私创建了存在的空间。而这些又反过来使得隐私权得以成形。根据 Douglas 大法官的说法，Griswold 所涉足的是夫妻之间的私密关系，这种私密关系应当处在隐私这一灰色地带内，被安全地保护起来。康涅狄格州的避孕法案最大程度地对这种夫妻间的私密关系造成了破坏性影响，因此，这一法案必须被推翻。①

Douglas 大法官的观点提出了一些棘手的问题。Black 大法官在 Griswold 一案的异议中提出了疑问：Douglas 大法官在观点中对法律的灰色地带进行了分析，这些分析旨在确立宪法文本中未明确列举出的权利，这种分析是否具有合法性？和 Black 大法官一样，我们也会产生同样的疑问。毕竟，如果开国元勋们原本确实打算让隐私也成为一项受宪法保护的权利，他们为什么不在宪法文本中清晰明确地表达出来呢？对这一点，Black 大法官在异议中做了尖锐的总结："我喜欢隐私，正如我也会喜欢下一个被人们如此讨论的权益，但是，我却不得不承认，政府有权侵犯我的隐私，除非有特定的宪法条款禁止政府实施这样的行为。"②

在笔者看来，关于 Douglas 的观点，还存在一个更加亟待解决的问题：我们现在得知隐私构成了人民的一种基本权利，但是，我们要如何理解隐私的含义？Douglas 的观点声称隐私确实是由若干宪法条文所预设的权益，不过他的观点却并未给隐私提供定义；可是，如果不尝试将隐私的概念阐释清楚，人们就很难对 Douglas 的观点作出评价。如此一来，也使得人们很难预测美国联邦最高法院随后会将什么样的行为宣布为侵犯隐私权的行为。

对隐私定义的遗漏显得尤为令人感到沮丧和失望，尤其是当我们考虑到这样一个事实的时候：Griswold 一案中受到挑战的康涅狄格州法律所主要侵犯的似乎是公民的自由利益，而非隐私利益；Harlan 大法官和 White 大法官在他们为 Griswold 一案所撰写的异议中也格外强

---

① Griswold v. Connecticut, 381 U.S. 479 (1965), at 482–487.
② Griswold v. Connecticut, 381 U.S. 479 (1965), at 510.

调了这一事实。在许多公民看来，实施避孕活动通常来说是为了追求一个明智审慎、谨慎负责的目的，而 Griswold 一案中的康涅狄格州法律却禁止公民实施这样的活动，因此，该法律使得公民的选择受到了限制，从而使得公民的自由受到了限制。相比之下，该案中康涅狄格州的法律对隐私所造成的直接威胁要不起眼得多，而且，在 Griswold 一案中，康涅狄格州的相关法律对隐私造成直接威胁的观点和美国联邦最高法院的主要观点没有多大联系，只能说沾了一点边。

（二）Eisenstadt 一案中的隐私定义及其司法应用

我们花了七年时间才等到美国联邦最高法院告诉我们，它对于新设立的隐私权作出了什么样的构想。马萨诸塞州的一项法规禁止未婚伴侣采取避孕措施，Eisenstadt v. Baird 一案涉及了这项法规的有效性，Brennan 大法官在他为 Eisenstadt 一案所撰写的多数意见中写道："的确，在 Griswold 一案中，饱受争议的隐私权确实是婚姻关系当中双方所固有的权利。然而，一对已婚夫妇并不是一个拥有自己的意志和感情的独立实体，而是由两个独立个体所组成的结合体，这两个独立个体分别具有自己的意志和情感。如果我们要说隐私权意味着什么，那么，隐私权应当是独立个体所享有的权利，无论公民是已婚还是单身，都应当享有隐私权，在政府执法人员未获得搜查令或扣押令授权的情况下，这一权利使得公民有权在诸如是否怀孕、是否生产的基本个人问题上免受政府的干涉，得以自行作出决定。"①

Brennan 和其他三位大法官裁决认为，Eisenstadt 一案中的马萨诸塞州相关法规侵犯了公民的隐私权。

第二年我们被告知，隐私权是一种在重要的基本个人问题上自行作出决定的权利，其中囊括了妇女在是否堕胎的问题上自行作出决定的权益；如果是否堕胎的问题涉及无法存活的胎儿（在对胎儿的可存活性进行认定时，美国联邦最高法院的认定根据是，胎儿是否具有脱离子宫后正常存活的能力，并且，美国联邦最高法院认为胎儿的可存活性形成于妊娠期的 24～28 周之间），则妇女必须到执业医师处

---

① Eisenstadt v. Baird, 405 U.S. 438 (1972), at 453.

进行咨询、磋商再作出决定。① 在接下来的五年间，美国联邦最高法院陆续发布了更多关于堕胎问题的裁决，这些裁决所涉及的问题各种各样，从谋求堕胎的妇女的丈夫和父母应当对堕胎一事所享有的权利②，到资助贫困妇女实施堕胎的资助者应当对此所承担的责任③，美国联邦最高法院在裁决中一一处理了这些问题。考虑到我们想要达到的目的，对我们而言，上述这些案例最重要的意义在于，这些案例的裁决（或者说至少是这些案例的多数意见）将Eisenstadt一案中的隐私定义看作宪法性法律中已有的一部分。

这些案例都说明，将Eisenstadt一案中的隐私定义看作宪法性法律中已有的部分已经是一个司法应用上的事实，而在1977年，这一事实在Whalen v. Roe一案的判决中得到了进一步证实。公民可以依据医生所开的处方获取第二类处方药品，比如可卡因、安非他命，或者其他既可以通过合法市场也可以通过非法市场获得的处方药，Whalen一案所涉及的问题是，纽约州政府是否可以将这些公民的姓名和住址全部集中记录在一个计算机文档内。在Stevens大法官所执笔的裁判理据中，美国联邦最高法院论证了纽约州政府这一行为的合法性，并在此过程中点出了公民在特定种类的重要问题上享有自行作出决定的权益，美国联邦最高法院认为，在它之前判决的许多隐私相关案件中，这一权益都是案件的决定性要件。④

在为隐私权勾勒轮廓的过程中，美国联邦最高法院面临着一个艰巨的任务：按照个人选择对人类生活幸福的重要性给不同种类的个人选择排序。在美国联邦最高法院的重要性排序中，堕胎问题和避孕问题上的个人选择至关重要，因此，这两个问题上的个人选择也就被纳入了隐私权的保护范围。而其他的个人选择就没有这么崇高的地位了。比如，在Village Belle Terre v. Boraas一案中，尽管Marshall大法官的异议非常强烈，美国联邦最高法院仍然裁定认为，如果一群没有

---

① Roe v. Wade, 410 U. S. 113 (1973), at 153.
② See, for example, Planned Parenthood of Central Missouri v. Danforth, 428 U. S. 52 (1976); and Bellotti v. Baird, 428 U. S. 132 (1977).
③ See, for example, Maher v. Roe, 432 U. S. 464 (1977); and Beal v. Doe, 432 U. S. 438 (1977).
④ Whalen v. Roe 429 U. S. 589 (1977), at 599.

亲戚关系的未婚成年人共同居住在同一家庭中，则当地社区可以对该家庭中所居住的人数加以限制。① 同时，对于同性恋者是否能够选择私下与其他同性成年人出于自愿发生性关系的问题，美国联邦最高法院也拒绝将同性恋者的这一个人选择纳入宪法性保护范围。②

美国联邦最高法院将隐私权定义为个人在至关重要的基本问题上得以自行作出决定的权利，有几个州法院也步其后尘，采用了这个隐私定义。比如，在著名的 Quinlan 一案中，新泽西州最高法院就宣称，宪法上的隐私权"囊括了病人在特定情况下自行决定是否减少医疗措施的权益，同理，其中也囊括了妇女在特定条件下自行决定是否终止妊娠的权益"③。在 People v. Privitera 一案中，加利福尼亚州上诉法院称，加利福尼亚州宪法中明确规定了隐私权"囊括了癌症病人根据执业医师的建议对自己的医疗措施进行选择的权益以及拒绝接受医疗措施的权益，这一权益对癌症病人而言至关重要，得到隐私权的保护也令人信服"④。而阿拉斯加州最高法院裁定认为，联邦和州的隐私权都对成年人决定是否在自己家中使用大麻的权益提供了保护。⑤

（三）一份令人尊敬的异议

以上的总结清楚地表明，隐私权在美国法律界已经走过了很长一段路，相较而言，走过这段路所用的时间却非常短。但是，隐私权的发展之旅是不是从一开始就被误导到了错误的方向呢？笔者相信答案是肯定的。笔者之所以得出这样的结论，是因为 Eisenstadt 一案中的隐私定义混淆了隐私和自由的价值。一个人在没有政府干预的情况下

---

① Village of Belle Terre v. Boraas 416 U. S. 1 (1974).
② Doe v. Commonwealth's Attorney, 425 U. S. 901 (1976), affirming the decision in 403 F. Supp. 1199 (E. D. Va.).
③ In the Matter of Quinlan, 355 A. 2d 647 (1976), at 663.
④ People v. Privitera, 74 C. A. 3d 936 (1977), at 959. The Court of Appeal accordingly ruled that cancer patients do have the right to try leatrile as a treatment. The California Supreme Court disagreed, however. It accepted the privacy conceptualization of the issue, but argued that the right to privacy does not encompass the cancer patient's decision whether or not to use laetrile. See, People v. Privitera, 23 Cal. 3d. 697 (1979).
⑤ Ravin v. State, 537 P. 2d. 494 (1975).

作出了自己的决定并将其付诸实践,我们可以给这种情形一个非常恰当的描述:公民在没有政府执法人员实施(外部)约束的情况下实施一定行为。而普遍为人所接受的自由概念正是对外部约束的排除,哲学上合理的自由概念亦然。有效制止公民从事各种活动的法律正是侵犯了(这种侵犯有时是正当的,有时并不是正当的)公民的个人自由。无论是 Griswold 一案中的法律,还是 Eisenstadt 一案、Roe 一案、Privitera 一案和 Ravin 一案中的法律,它们都侵犯了公民的自由,这也是这些法律受到挑战的原因。①

美国联邦最高法院中至少有两个大法官认识到了这一点。在 Griswold 一案中,Harlan 大法官和 White 大法官各撰写了一份并存意见,他们在各自的并存意见中都认为案中的法律侵犯了公民的自由而非隐私,用 Harlan 大法官的话说:"在这个案件中,正确的违宪审查所应当要求审查的是康涅狄格州的法规是否违背了'隐含在有序自由这一概念中的'基本价值观,从而违反了《美国联邦宪法第十四修正案》的正当程序条款。"② Harlan 大法官和 White 大法官在这一点上达成了一致。③

还有一些法学教授注意到了隐私和自由之间的这种混乱状况。Henkin 和 Willington 都指出了这一点,其中,Willington 一直在敦促美国联邦最高法院将《美国联邦宪法第五修正案》(以下简称《第五修正案》)和《美国联邦宪法第十四修正案》(以下简称《第十四修正案》)当中所体现的自由权系统化,建立一套具有连贯性和系统性

---

① Of course the enforcement of a law forbidding the use of contraceptives would raise serious and legitimate privacy questions, for doubtless all kinds of sensitive, undocumented personal information could be discovered in police raids. Douglas recognized this fact when he asked, "Would we allow the police to search the sacred precincts of marital bedrooms for telltale signs of the use of contraceptives? The very idea is repulsive to the notion of privacy surrounding the marital relationship." See Griswold, p. 516. But this difficulty is not the gravamen of petitioners' complaint. Nor is it addressed by the Eisenstadt definition.

② See Griswold, p. 500.

③ Justice Rehnquist makes a similar point about the Texas statute under challenge in Roe v. Wade. See his dissenting opinion, p. 172.

的自由权理论。① 笔者对于 Willington 的这一建议表示支持。笔者认为，美国联邦最高法院应该很希望将 Eisenstadt 一案中的隐私定义纳入他们所建立的这套自由权理论当中。当某一事项对公民的生活有着至关重要的影响时，政府就不应当在这些事项上违反公民的意愿，对公民横加干涉，这一点包含在自由权的意义当中。Harlan 大法官对自由权意义的认识值得称道，他在 Griswold 一案之前就认识到自由权包含政府不应干涉公民基本生活事项这一点，并就此给出了清晰的阐述："遍寻整部宪法，除了《第十四修正案》的正当程序条款规定了公民的自由权益外，宪法当中没有任何其他关于具体保障的条款明确提到公民的自由权益的完整范围，或对其作出明确规定。这种'自由'不是从其他权利中抽出的一系列独立部分，无论是获取财产的权利，言论、出版和宗教信仰自由的权利，持有和携带武器的权利，还是免受非法搜查行为和扣押行为侵犯的权利或是其他权利，自由并不是从这些权利中简单地分割出一部分。自由应当是一个合乎理性的统一体，它赋予公民以某种权益，当政府执法人员要剥夺公民的权利时，这一权益将要求相关部门从国家利益出发对政府执法人员剥夺公民权利的行为进行仔细审查，以证明该行为的正当性。普遍地说，这个统一体当中所囊括的内容包括他人对公民随意施加不合理负担或对公民实施无意义的约束行为时，公民享有的免受其束缚的自由……还包括一个合理而敏锐的判决认为这个统一体所应当囊括的内容。"②

在判断具体法令或行政约束的随意性和合理性问题上，美国联邦最高法院作出了许多裁判，毫无疑问，这些裁判中有不少会饱受争议。例如，在臭名昭著的 Lochner 一案中，美国联邦最高法院裁决推翻了一项法律，这项法律禁止饼干企业、面包企业或是糖果蜜饯企业

---

① See Harry Wellington's "Common Law Rules and Constitutional Double Standards: Some Notes on Adjudication", Yale Law Journal and Louis Henkin's "Privacy and Autonomy", Columbia Law Review 74 (1974). For readers who may not be familiar with the constitutional amendments, the Fifth provides in part that no person "shall be compelled in any criminal case to be a witness against himself, not be deprived of life, liberty, or property without due process of law." This amendment constrains the federal government. The Fourteenth Amendment constrains state governments. It provides in part that no state shall "deprive any person of life, liberty, or property, without due process of law..."

② Poe v. Ullman, 367 U.S. 497 (1962), at 543.

的签约员工每周工作超过 60 小时，或者每天工作超过 10 小时，然而，现如今大多数法律意见都认为这一裁决是错误的。① 在 Lochner 一案中，美国联邦最高法院详细地为其裁决进行了辩护：旨在保护员工免于不安全的或是危险的工作环境所威胁的法律构成了随意约束公民自由的行为。而现在，几乎没有宪法学者认同美国联邦最高法院的这一论点。然而，纠正 Lochner 一案的裁判并不意味着法官不再评估剥夺了公民基本自由的法律是否具有正当性，这一实体性正当程序不会被司法所放弃。纠正 Lochner 一案的裁判更不是在概念和定义上要花活的壮举，相反，纠正 Lochner 一案的裁判要求我们严格进行严谨的推理，从而构建可靠的区分标准，用于区分政府所实施的强制行为是否合理。

（四）Brandeis 对隐私的定义及其影响

隐私还有另一个定义，包括 William Douglas②，Potter Stewart③ 和 Abe Fortas 在内的几位前美国联邦最高法院大法官都赞同这一隐私定义。根据这一隐私定义，隐私的内涵简洁明了，就是公民有权独处。Fortas 大法官在此基础上还提供了一个更为简洁明了的版本。根据 Fortas 大法官的说法，隐私权"简单地说，就是独处的权利；公民有权按照自己的选择自由生活，免受别人所实施的攻击行为、侵扰行为或侵犯行为的侵害，除非行为人可以证明，根据社区所在地的法律，社区确实对行为人所实施的攻击行为、侵扰行为或侵犯行为有明确的需求，从而证明这些行为是合理的"④。

许多杰出的法学教授都认为隐私在本质上确实就是如此。比如，Paul Freund 就认为，将隐私权视为独处权可以使得隐私权成为一个

---

① Lochner v. U. S., 198 U. S. 45 (1905).
② See Douglas's The Rights of the People (Westport: Greenwood, 1958).
③ See, for example, Stewart's opinions in Katz v. U. S., 389 U. S. 347 (1967), at 350, and in Whalen v. Roe, 429 U. S. 589 (1977), at 608.
④ Time v. Hill, 385 U. S. 374 (1967), at 412. See also Fortas' opinion in Gertz v. Robert Welch, Inc., 418 U. S. 323 U. S. 323 (1974), at 412–413.

法律原则，有效发挥其作用。① Bloustein 将个人的隐私和群体的隐私区分开来，他认为个人的隐私就等同于独处权。② Posner，Monagham 和 Konvitz 在隐私问题上都和 Bloustein 持相同看法。③ 美国公民自由联盟（ACLU）的发言人 Shattuck 在他作为发言人为美国公民自由联盟所撰写的文章中也表示支持这种观点。④

将隐私权解释为独处权，这一定义的诞生要归功于 Louis Brandeis 所撰写的文章，同时，这一定义在诞生后之所以能够为大众所接受，很大程度上也归功于 Louis Brandeis 的文章。在近 100 年前所写就的经典论文《论隐私权》中，Brandeis 和 Samuel Warren 认为，技术革新和不负责任的"报纸行业"都使得个人隐私所受到的威胁与日俱增，如即时摄影技术或是报纸上的流言蜚语给人们带来的隐私威胁；而美国的普通法必须有所作为，来应对个人隐私所受到的这些新威胁。在这两位年轻律师的观点中，让他们格外忧心忡忡的是这样的一种报刊："这种报刊跨越了礼义廉耻的所有底线。制造和传播流言蜚语不再是无所事事者和恶毒之人的消遣，而是成为一种行当，依托现代工业和人们的厚颜无耻蔚然成风。为了满足好色之徒，两性关系的细节在各类日报专栏上被大肆宣扬。为了迎合无所事事者，报纸被连篇累牍的流言蜚语所充斥，而这些流言蜚语无不是侵扰他人家庭生活才能获得的成果。随着文明进步，人们的生活日趋紧张而复杂，此时，个人很有必要和外界保持一定距离。同时，文明的潜移默化也使得人们日趋文雅，从而对公共场合更为敏感，因此，独处和隐私对个

---

① Paul Freund, "Privacy: One Concept or Many?" in Nomos XIII: Privacy, ed. J. Pennock and J. Chapman (New York: Atherton Press, 1971), pp. 182 – 198.
② Edward Bloustein, "Group Privacy: The Right to Huddle", in his Individual and Group Privacy (New Brunswick: Transaction Books, 1978), pp. 123 – 186.
③ Henry Paul Monagham, "Of 'Liberty' and 'Property'", Comell Law Review 62 (1977): 405 – 44; Milton Konvitz: "Privacy and the Law: A Philosophical Prelude", Law and Contemporary Problems 31 (1966): 272 – 280; Richard Posner, The Economics of Justice (Cambridge: Harvard U. Press, 1981), p. 272. Posner differentiates two bona fide senses of "privacy", those of secrecy and seclusion, and maintains that the latter protects our interest in being let alone.
④ John Shattuck ed., Rights of Privacy (Skokie: National Textbook Co., 1977), in his introductory comments.

人而言更是必不可少。然而，现如今的各类报刊和发明使得个人隐私越来越多地被侵扰，从而在精神上给个人造成极大的痛苦和困扰，相比之下，纯粹的身体伤害远不及其万一。"①

  Warren 和 Brandeis 认为，知识产权和艺术产权（艺术作品版权）都是历史悠久的普通法权利，而独处权是这两种权利得以建立的前提，因此独处权是更为基础的权利，美国的普通法应该正式认可独处权的法律地位，藉此应对公民隐私受到严重威胁的麻烦境地。② Warren 和 Brandeis 还明确提出，他们认为独处权就等同于隐私权。③ 简短地说，Warren 和 Brandeis 的观点是，隐私权是美国普通法当中不可分割的一部分，它使得公民的生活不会面临"在密室里的窃窃私语被从屋顶公之于众"的窘境，其作用必不可少。④

  在《论隐私权》发表近四十年后，Brandeis 重申了他对于独处权的主张，在 Olmstead v. N. Y. 一案中，Brandeis 对美国联邦最高法院的判决有不同意见，他为这一案件撰写了一份著名的异议，将自己对于独处权的主张发表在了这份著名的异议中：Brandeis 认为，Olmstead 一案中政府执法人员对私人电话通话进行窃听的行为并未违反《美国联邦宪法第四修正案》当中禁止政府执法人员实施不合理搜查行为或扣押行为的规定。⑤ 美国联邦最高法院的多数意见则强调，Olmstead 一案中政府执法人员所实施的窃听行为并不包括确切的现实性侵入行为，但是，在 Brandeis 看来，这并不能成为我们对隐私侵犯

---

① Samuel Warren and Louis Brandeis,"The Right to Privacy", Harvard Law Review 4 (1980): 196.
② In Warren's and Brandeis's words "no basis is discerned upon which the right to restrain publication and reproduction of such so-called literary and artistic works can be rested, except the right to privacy..." Samuel Warren and Louis Brandeis, "The Right to Privacy", Harvard Law Review 4 (1980), p. 207.
③ Samuel Warren and Louis Brandeis,"The Right to Privacy", Harvard Law Review 4 (1980), pp. 205 – 207.
④ Samuel Warren and Louis Brandeis,"The Right to Privacy", Harvard Law Review 4 (1980), p. 195.
⑤ The Fourth Amendmend reads: "The right of the people to be secure in their persons, houses, papers, and effects, against unreasonable searches and seizures, shall not be violated, and no warrants shall issue, but upon probable cause, supported by Oath or affirmation, and particularly describing the place to be searched, and the person or things to be seized."

行为放松警惕的理由。相反，Brandeis 认为，正是因为这种隐私侵犯行为不包含确切的现实性侵入行为，所以我们应当对其施以更多关注，尤其是司法上的关注。用 Brandeis 的话说："当某条电话线路遭到窃听时，电话两端的人的隐私都遭到了侵犯，他们之间的所有对话都可能被偷听，无论这些对话的内容是什么，即使这些对话并无任何不当之处，并且具有私密性和保密性，这些对话还是有可能被偷听。"[1] 接着，Brandeis 提出了他对《第四修正案》所做的分析："我们的制宪者在宪法中采取了措施，从而保证我们得以追求幸福生活。制宪者们认识到，人类的灵性、情感和思考能力有多么重要。他们知道，我们在物质生活中只能体会到一部分痛苦、欢愉和满足，而不是生活的全部。因此，我们的制宪者力图对美国人的信仰、思想、情绪和情感加以保护。于是，制宪者们赋予公民以独处权，独处权不仅仅是所有权利中最为全面的权利，而且是对文明人而言最有价值的权利，就如同公民对抗政府的权利一样。为了捍卫公民的独处权，只要政府对个人实施了不合理的隐私侵扰行为，无论其手段如何，这种行为都必须被《第四修正案》所禁止。"[2]

隐私权何曾被人以如此雄辩而激昂热烈的口吻宣扬过！

（五）另一份令人尊敬的异议

然而不幸的是，隐私权也从未遭受过如此严重的误解！假设有甲、乙两位公民，让我们试想一些甲无法做到让乙保持独处的情况：当甲殴打乙的时候，打断乙与他人谈话的时候，对乙大声喊叫的时候，不停给乙打电话的时候，和乙一起吃午餐的时候，甲都无法做到让乙独处。可是，无论在逻辑上还是在法律上，没有任何令人信服的理由可以将上述这些行为解释为侵犯隐私的行为。要将这些行为解释为侵犯隐私的行为，就会使得隐私的概念和内涵产生不必要的膨胀，从而完成一个几乎不可能完成的壮举：将隐私概念的核心含义隐藏起来。这一核心含义就是，保证与自己有关的不在案个人信息不为人所知的状态。当然，在人与人之间的正常交流中，特定形式的交流活动

---

[1] Olmstead v. U. S., 277 U. S. 439 (1928), at 475–476.
[2] Olmstead v. U. S., 277 U. S. 439 (1928), p. 478.

也可能侵犯他人的隐私。比如说，如果甲打断了乙和丙的谈话，并且在此过程中得知了一些和乙有关的非常私密的信息，乙的这一行为就完全可能涉及侵犯他人隐私。但是，如果我们执意认为所有类似这样未能让别人保持独处的行为都可以被归为侵犯隐私的行为，那么，这种看法也是非常错误的。

三、Prosser 的隐私理论以及美国法学界近期对隐私概念的补正

（一）Prosser 的隐私分析中存在的错误

William Prosser 所撰写的关于隐私的文章是隐私问题上最具影响力的文章之一，可以说，这是继 Warren 和 Brandeis 的文章后最重要的一篇文章。① Prosser 是侵权法方面的专家，他的文章《论隐私》发表于 1960 年，当时隐私概念在司法上还未陷入如今的糟糕困境，因此，Prosser 对隐私进行分析的目的并不是试图纠正司法当中对隐私概念的不当处理。相反，Prosser 的隐私分析意在使隐私方面的侵权法变得井井有条、一以贯之，为此，他将当时法院已经处理的大量（超过 300 宗）隐私案件分门别类，划分为几个不同的类型。Prosser 最终得出的结论是："隐私方面的法律包括四种不同的隐私侵犯行为，这四种行为分别侵犯了原告的四种不同类型的权益，这些权益之间几乎不存在共同点，除了一点：对这些权益的侵犯都意味着侵犯了原告'独处'的权利。"②

让我们简要地研究一下 Prosser 提出的四种隐私侵权行为，看看他是否达到了想要达到的目的。第一种形式的隐私侵权行为是，行为人不合理地侵扰原告安宁的行为，又或者是染指原告私人事务的行为。这一类型中的典型案例是 DeMay v. Roberts 一案，该案中，一个年轻人对一个正在分娩的妇女实施了侵扰行为。③ 被侵扰的妇女并不认识那位年轻人，当她看到那位年轻人在自己分娩这样私密的时刻出

---

① William Prosser, "Privacy", California Law Review 48 (1960): 383–423.
② William Prosser, "Privacy", California Law Review 48 (1960), p.389.
③ DeMay v. Roberts, 9 N. W. 146 (1881).

现时，她感到非常不安，并且随后控告这位年轻人侵犯自己的隐私。

　　法律应该支持这一概念吗？这里的难题是，要侵扰一个人的安宁有千千万万种方式，但我们为什么要阐述出隐私在每个方面的内涵，原因却并不明显。在 DeMay 一案中，那位年轻人所实施的隐私侵犯行为在法律上能找到合理的理由和依据。然而，当个人抱怨自己的安宁为外界所侵扰时——比如，刺耳的噪音，难闻的气味——他们就应当在滋扰方面的法律寻求法律救济（在这种情况下他们也可能主张自己的财产权受到了侵害）。窃贼所实施的侵扰行为当中肯定包含现实性侵入行为，该行为是否还涉嫌侵犯隐私权益则取决于窃贼获知了与受害人相关的什么信息。只有当行为人所实施的侵扰行为导致行为人获知他人的不在案个人信息时，我们才应当按照隐私相关法律对该侵扰行为进行裁判。

　　Prosser 的理论中，第二种形式的隐私侵权行为是，行为人公开令他人难堪的私密事实的行为。这一类型中的典型案例是 Sidis v. F-R Publishing Corp. 一案。① Sidis 曾是一位神童，他在成年后成为一位隐士，追求隐姓埋名、深居简出的私密生活。《纽约客》杂志将 Sisid 的故事发表出来，其中着重描写了他如何放弃理智的人生追求，反而在生活中追寻简单而古怪的快乐。于是，Sidis 以自己的隐私受到侵犯为由提起了诉讼。Melvin v. Reid 一案②所反映的是这一形式的侵权行为的另一种情形，这一情形同样普遍存在。Melvin 一案中的原告曾经是一位妓女，并在一场造成轰动的谋杀案的庭审中为自己辩护。Melvin 最终被无罪释放，她脱离了过去的羞耻生活，走入婚姻的殿堂，开始有尊严地生活。七年后，Melvin 一案中的被告制作了一部影片并将其公开展映，影片中用 Melvin 从前的名字再现了她的真实经历。于是，Melvin 也以自己的隐私受到侵犯为由提起了诉讼。

　　笔者确信，Sidis 一案确确实实是一宗隐私案件（笔者也确信 Sidis 应当赢得该案件）。但是，在笔者看来，像 Melvin 一案这样的案件却并不是隐私案件，因为这种案件中所涉及的信息都是不在案信息。任何人都能轻而易举地——都不需要用到像窥视或探听这样的手

---

① Sidis v. F-R Publishing Corp., 113 F. 2d 806 (1940).
② Melvin v. Reid, 112 Cal. App. 283 (1931).

段——就能够获知原告过去的生活是什么样子。

　　Prosser 的理论中，第三种形式的隐私侵权行为是，行为人公开丑化他人形象的行为。这一类型中的案例以 Gill v. Curtis Publishing Co. 一案①以及 Peay v. Curtis Publishing Co. 一案②为代表。在 Gill 一案中，一位无辜者的面部照片被作为配图被被告放在一篇介绍世俗之爱的文章中；而在 Peay 一案中，被告刊登的文章介绍了出租车司机的欺骗行为，但是一位无辜的出租车司机也被该文章公布了出来。

　　因为行为人的错误造成公民遭受轻微冤屈的行为应该被定义为口头的或是书面的诽谤行为，我们应当根据和诽谤相关的法律对这些行为进行法律评价。我们应当谨记，人们可能会因为自己的个人信息被披露而遭受到极大的伤害。如果这些被披露的个人信息与其他人无关，则被披露个人信息的公民可以诉诸隐私权的法律保护。

　　Prosser 提出的最后一种形式的隐私侵权行为是，行为人为了自己的利益而擅自使用他人姓名或肖像的行为。这一类型的代表案例有 Roberson v. Rochester Folding Box Co. 一案③以及 Pollard v. Photographic Co. 一案④。在 Roberson 一案中，原告是一位漂亮的年轻女士，被告在未经其同意的情况下，擅自将这位女士的照片用于面粉广告中；而在 Pollard 一案中，被告是一位摄影师，这位摄影师拍摄了原告的肖像照片并将其发行。

　　将这些类型的案件归于隐私案件同样是错误的做法，因为这些案件中，行为人的行为并未涉及任何获取任何人的个人信息的行为。在这些案件中，大多数行为人的行为本质上所涉及的是金钱报酬的问题，因此，这些案件应当被作为财产案件处理。

　　如果在这些案件中，提出诉求的一方为自己抱不平并非因为金钱问题，而是担忧自己作出选择的优先权利受到了侵害——案中的女士所在乎的并不是自己的姓名或肖像是否可能被他人所使用——那么自由权就成为案件中被关注的焦点。不过，无论是哪种情况，隐私的概

---

① Gill v. Curtis Publishing Co., 38 Cal. 2d 273 (1952).
② Peay v. Curtis Publishing Co., 192 F. Supp. 395 (D. D. C., 1948).
③ Roberson v. Rochester Folding Box Co., 64 N. E. 442 (1902).
④ Pollard v. Photographic Co., 40 Ch. D. 345 (1888).

念都没有用武之地。事实上,在这些案件中,隐私所做的仅仅是分散了人们的注意力,把他们的注意力从真正利害攸关的问题上引开。

所以总的来说,Prosser 的隐私分析并不成功。不过,这也并不出乎意料,因为一开始 Prosser 的理论根基就是错误的:他全盘接受了美国司法过去对于"隐私"概念的运用,而没能用批判的眼光对其进行审视。如果有人认为美国各法院一直都将隐私概念运用得恰到好处,并将这一幼稚的假设作为自己的工作基础,那他就是在自找麻烦。

(二) 美国法学界近期对隐私进行的补正中存在的错误

在过去的十年中,一大批法学学者和哲学学者都提出了他们自己的隐私定义。这些提出隐私定义的行为可以被看作学者们在努力想要把蓬乱的干草堆清理得井井有条。然而不幸的是,他们只是给隐私定义的乱象雪上加霜。

想想最早的 Gerety,他提出将隐私等同于对个人身份的私密性所享有的掌控能力。① 他如何处理这种所谓的私密性呢? Gerety 提出,这种私密性包含了公民在个人基本问题上自行作出的决定,而个人基本问题则是大多数人都不会希望在这些问题的决定上为法律所规制的个人问题。② Gerety 最关注的是和性有关的个人决定。在他看来,典型的隐私侵犯行为就是对个人在性问题上的掌控实施侵扰行为。③ Greenawalt④ 和 Richards⑤ 在隐私问题上也和 Gerety 持相似看法。不过,我们很快就能驳倒 Gerety 的隐私定义,因为它在本质上和 Eisen-

---

① Tom Gerety, "Redefining Privacy", Harvard Civil Rights-Civil Liberties Law Review 12 (1977): p. 236.
② Tom Gerety, "Redefining Privacy", Harvard Civil Rights-Civil Liberties Law Review 12 (1977), p. 273.
③ Tom Gerety, "Redefining Privacy", Harvard Civil Rights-Civil Liberties Law Review 12 (1977), p. 296.
④ Kent Greenawalt, "Privacy and Its Legal Protections", Hastings Center Studies 2 (1974): pp. 45 – 68.
⑤ David A. J. Richards, "Sexual Autonomy and the Constitutional Right to Privacy: A Case Study in Human Rights and the Unwritten Constitution", Hastings Law Journal 30 (1979): pp. 957 – 1018.

stadt 一案中的隐私定义相同，都是将隐私和（某个方面的）自由混为一谈，面对这一问题，Gerety 的隐私定义同样不堪一击。如果有人仍然认为还需要更进一步的论证，笔者可以提供两个令人信服的反例，证明 Gerety 的隐私定义并不可行。让我们设想一个昏迷的病人，他不具有任何掌控能力。在这种情况下，捍卫这位病人的隐私的行为仍然十分有意义，并且完全能够达到目的。因此，对个人身份的私密性所具有的掌控能力并非个人隐私的必要条件，我们驳倒了 Gerety 的观点。另一个事实是，我们可以对犯罪嫌疑人持续实施监控行为，从而削弱其隐私，但是监控行为并未危及该犯罪嫌疑人的性生活，这也可以证明 Gerety 所谓的掌控能力并非个人隐私的必要条件。

最近非常流行一种对隐私定义的设想：将隐私定义为对自己的个人信息的控制。比如，Elizabeth Beardsley 就将隐私权等同于选择性披露的权利，她将选择性披露的权利解释为一种决定权——决定何时让他人知道多少自己的个人信息的权利。① Fried② 有时也会像 Elizabeth 这样表述隐私，Wasserstrom③ 亦然。不过，Alan Westin 或许才是这一观点的支持者当中最知名的一个：Alan 认为，个人、集体或是机构可以主张自己在何时通过什么方式将自己的个人信息分享给别人，以及分享到什么程度，而这种主张就是隐私。④

将隐私如此定义未免过于宽泛。这种定义意味着，当我离开私人空间进入公共场所时，我无法控制别人是否获取我的信息，因此我的隐私此时岌岌可危。然而，这一结论显然违背了常理。给隐私造成危害的是他人获取我的个人信息的行为，但是参与公共活动并不会危及隐私。

Westin 的隐私概念还有一个修订版，这个修订版的概念将隐私定

---

① Elizabeth Beardsley, "Privacy: Autonomy and Selective Disclosure", in Nomos XIII, p. 65.
② Charles Fried, "Privacy", Yale Law Journal 77 (1968): 483.
③ Richard Wasserstrom, "The Legal and Philosophical Foundations of the Right to Privacy", in Biomedical Ethics ed. Thomas Mappes and Jane Zembaty (New York, McGrawhill, 1981), p. 110.
④ Alan Westin, Privacy and Freedom (New York: Atheneum, 1967), pp. 7 and 42.

义为对个人信息的控制,包括 Gross① 和 Wasserstrom②（Wasserstrom 和 Fried 都在上述两种隐私概念之间摇摆不定）在内的好几位学者都支持这个修订版的隐私概念。但是这个修订版同样不尽如人意。一方面,这个隐私概念同样不能解释昏迷者的反例,另一方面,它也无法应对我们接下来要讨论的这个反例——这个反例我们或许可以称之为自愿自我披露者反例。假设甲自愿将自己最私密的个人信息悉数告诉了乙,甲是否对自己所披露的这些个人信息实施了控制行为呢？就"控制"的基本含义而言,甲当然对这些信息实施了控制行为,因为这些信息的披露与否都在甲的掌控中,而甲选择了前者。但是,在把这一切都告诉乙之后,甲也随之失去了他的隐私。这是公民在实现自由时牺牲隐私的典型情形。

如果我们认为"控制"不仅意味着其基本含义,而是意味着公民有权防止自己的个人信息被披露给我们不愿向其披露的人,对个人信息的控制同样不是隐私的必要条件。假设乙手握尖端科技,而他拥有的政治权力使他得以获取公民甲的所有个人信息。让我们再进一步假设甲对于乙的行为完全无计可施,他既不能阻止乙获取自己的个人信息,也不能阻止乙将自己的个人信息披露给乙乐意向其披露的任何人。在这种情况下,甲对自己的个人信息失去了控制：他无法阻止乙披露自己的个人信息。但是此时甲失去了他的隐私吗？不,甲仍然享有隐私,除非乙确实持续对甲实施窥探行为,并传播甲的个人信息。要知道,甲的隐私受到威胁并不意味着其隐私确实被削弱。

此外,还有一个将隐私概念将其定义为控制,在这种定义中,隐私是对自己的人际关系的控制。过去的十年间,这一隐私概念的支持者越来越多,这一点在社会学家当中尤为明显。在所有的支持者里,Irwin Altman 是最有说服力的一个。Irwin 撰写了两篇极具影响力的文章,在这两篇文章中,他试着捍卫这样一个观点：隐私包括对人际关系边界的控制,通过这种控制,人们可以选择与他人建立人际关系或

---

① Hyman Gross, "Privacy and Autonomy", in Nomos XIII, p. 170.
② Richard Wasserstrom, "Privacy. Some Assumptions and Arguments", in Philosophical Law, ed. Richard Bronaugh (Westport: Greenwood, 1978), pp. 157 and 162.

不与他人建立人际关系。① Van Den Haag② 和 Parker③ 也对隐私作出了类似 Irwin 所作出的定义。

不过，和之前那些与控制有关的隐私定义相比，这一隐私定义并不比它们看起来更有道理，即使采用这一定义，仅仅对隐私造成威胁就能使公民丧失隐私的问题仍然存在，昏迷者反例也仍然无法得到解决，这一定义同样过不了这两关。除此之外，这一隐私定义还使我们认为我们有能力并且应当对自己的人际关系实施完全的绝对统治，并使我们沉溺于这一想法之中，然而这种想法却是十足的异想天开。看似合理的道德准则告诉我们，这种完全臣服于自己意愿的人际关系建立在大众的共同合意与相互尊重的基础上。

试图将隐私定义为某种形式的控制，这种尝试存在根本上的错误。不管是对性方面的控制权，还是对个人信息的控制权，或是对自己的人际关系的控制权，这些控制权都不应当被视为隐私权的本质要素，而是应当被视为组成自由权的必要元素。无论何时，当一个人或者一群人试图使另一个人或另一群人无法控制自己生活的某些方面时，我们都应当将这种行为视为企图胁迫他人的行为，将其判断为普遍意义上的自由限制行为的一种，并依据这一判断对该行为作出法律评价。

最后还有一种隐私定义值得我们注意。这种隐私定义将隐私等同于对自己的人际关系的限制。Gavison④ 和 Garrett⑤ 都同意这种定义。从某种意义上说，这一隐私定义比 Altman 的隐私定义要更宽泛，因为实施掌控只是和他人保持距离的方法之一。不幸的是，这一隐私定义并不比将隐私视为控制的隐私定义更具有说服力。如果定义中的"人际关系"是指现实中与某人的亲近程度，则这一定义就无法解决对隐私造成威胁就能使公民丧失隐私的问题。如果定义中的"人际

---

① Irwin Altman, "Privacy-A Conceptual Analysis", Environment and Behavior 8 (1976): 7 – 29; and Altman, "Privacy Regulation: Culturally Universal or Culturally Specific?" The Journal of Social Issues 33 (1977): 66 – 84.
② Ernest Van Den Haag, "On Privacy", in Nomos XIII, p. 149.
③ Richard Parker, "A Definition of Privacy", Rutger's Law Review 27 (1974): 286.
④ Ruth Gavison, "Privacy and the Limits of Law", Yale Law Journal 89 (1980): 428.
⑤ Roland Garrett, "The Nature of Privacy", Philosophy Today 18 (1974): 274.

关系"是获知某人的个人信息，① 则又出现了另一个问题。假设甲窃听了乙的电话，并偷听了乙所进行的许多私密谈话。不过，只有当甲具有法庭所承认的特定合理根据，足以使人相信乙正在计划实施犯罪时，他才能对乙实施这种窃听行为。这种情形当中，行为人对公民实施了隐私侵犯行为，但行为人与公民的人际关系——在这一情形中仅指通过实施窃听行为与公民产生的人际关系——却受到了限制。

笔者希望，上述分析使笔者自己的隐私定义更为可信。我们应当将隐私定义为，保证与自己有关的不在案个人信息为人所知。这一解释抓住了隐私的本质要义，或者说，如果读者们想要换个说法的话，它抓住了隐私的表现形式。这一隐私定义应当为我们的法院所采用，然而到目前为止，我们的法院还没能做到这一点。那么现在我们还能做些什么呢？我们的司法对 Griswold-Eisenstadt 一类的案件处理得并不正确，应当再从头开始——如果仅仅提出这样的建议，未免过于幼稚。司法判例的判决说理享有统治性地位，坚如磐石，无可撼动。在第四部分，笔者将会提供更多现实可行的建议。

四、对正确可靠的隐私判例进一步完善

（一）隐私与《美国联邦宪法第四修正案》

笔者已经提出，将《美国联邦宪法第五修正案》和《美国联邦宪法第十四修正案》理解为对个人隐私的保护是一种误解。相反，其保护对象应当是公民的生命、自由以及财产，这两项修正案旨在保护它们免受违反公民意愿的政府侵扰行为所侵扰。那么，有什么法律条文旨在保护笔者所定义的隐私吗？答案是肯定的，那就是《美国联邦宪法第四修正案》（以下简称《第四修正案》）。

根据《第四修正案》的规定，政府执法人员所实施的不合理搜查行为和不合理扣押行为都是违法行为，而且，政府执法人员所实施的任何搜查行为都必须获得搜查令授权，搜查令当中必须"阐明所搜查的地点，以及所扣押行为的公民或物品"。很明显，《第四修正

---

① Hyman Gross proposed this amended definition in his "The Concept of Privacy", The New York University Law Review, 42 (1967): 34—35.

案》的首要目标就是要保证政府执法人员不会通过任意采用调查手段从而获取公民的敏感个人信息（同时，《第四修正案》的目的还包括保证政府执法人员不会随意干涉公民对自己的财产所享有的权利）。可以看出，对于笔者先前所说的不加选择的无差别隐私侵犯行为，我们的开国先贤也有加以考虑，这一点从他们在《第四修正案》中要求政府执法人员所实施的搜查行为必须获得搜查令授权就可以反映出来。因此，从总体上说，《第四修正案》可以被看作隐私权的前提和基础。

此时，我们再提出这样的说法就令人信服得多：虽然隐私并未跻身于明确列举出来的宪法权利当中，但它仍然是由宪法所保护的权利。随之而来的是，当美国联邦最高法院面对相关问题时——无论是政府执法人员通过窃听或其他窥探手段所获得的证据是否应当采信的问题，还是政府执法人员实施搜查行为之前是否需要获得搜查令授权的问题——它都必须要为《第四修正案》所奠定的隐私权勾画轮廓，而这是一个艰巨的任务。

在过去的15年中，美国联邦最高法院都忙于完成这个艰巨的任务，笔者在这里对其判决意见做了一个简短的抽样研究。在 Katz v. U. S. 一案①中，美国联邦最高法院裁决认为，即使公民涉嫌非法提供赌博信息，在事先没有获得搜查令授权的情况下，政府执法人员也不能在电话亭外部安装窃听设施对公民的电话通话进行录音。在 Berger v. N. Y. 一案②中，美国联邦最高法院宣告一项与批准窃听行为相关的法令无效，该法令授权政府执法人员使用电子监控设备实施不加选择的无差别窃听行为。在 Stanley v. Georgia 一案③中，美国联邦最高法院裁决认为，该案中政府执法人员在没有获得搜查令授权的情况下从 Stanley 家中扣押了色情电影，因此所扣押的色情电影在相关庭审中不能被采纳为证据。在 Lo-Ji Sales, Inc. v. N. Y. 一案④中，美国联邦最高法院认为，该案中政府执法人员对一家成人书店实施了搜查

---

① Katz v. U. S., 389 U. S. 347 (1967).
② Berger v. N. Y., 388 U. S. 41 (1967).
③ Stanley v. Georgia, 394 U. S. 557 (1969).
④ Lo-Ji Sales v. N. Y., 442 U. S. 319 (1979).

行为并扣押了若干电影和杂志,根据《第四修正案》的规定,政府执法人员的这一行为侵犯了上诉人的权利,因为政府执法人员所获得的搜查令并未阐明所扣押的物品。最后是 Steagold v. U. S. 一案①,在这一案件中,美国联邦最高法院裁决认为,即使获得了逮捕令,在事先没有获得搜查令授权的情况下,政府执法人员也不能在第三方家中搜寻其逮捕对象。

在《第四修正案》相关的司法判例中,还有一个争议性更大的领域,这个领域所讨论的就是政府执法人员对车辆实施的搜查行为。在近期的若干案件中,美国联邦最高法院认为,如果政府执法人员有合理依据,且这些合理依据足以使人相信行驶中的某辆车内藏有违禁品,则他们可以在没有获得搜查令授权的情况下对该车辆实施搜查行为,搜查范围也包括他们在车上找到的任何私人的行李隔间以及容器。② Marshall 大法官和 Brennan 大法官极力反对这一宽泛的裁决。Marshall 大法官认为,对于身处车辆中的公民所享有的隐私问题,这一裁决将产生深刻的影响。用 Marshall 大法官的话说:

"政府执法人员仅凭自己先入为主的判断就可以获得在公民车辆中搜查走私货物的合理依据,从而得以在没有获得中立治安法官签发搜查令授权的情况下,对车辆上的密闭纸袋、工具箱、背包、行李箱或是任何类似的容器实施搜查行为,这些容器都将失去搜查令的保护。美国联邦最高法院的裁决从不将富人的权利置于穷人的权利之上,这一事实是人们之所以对美国联邦最高法院感到满意的原因所在。对公民而言,《第四修正案》所提供的保护至关重要,而这样一个宽泛的裁决将使得所有公民都失去这一至关重要的保护,这种裁决并不值得庆贺。"③

在此,有两点值得强调:其一,如果将隐私权适用于特定的搜查行为,理性人都不会对此表示赞同。在此情况下,我们需要对政府执法人员实施搜查行为的目的和政府执法人员所要承担的责任作出判

---

① Steagold v. U. S. , 101 S. Ct. 1642 (1981).
② See, for example, Texas v. White, 423 U. S. 67 (1975), and U. S. v. Ross, 72 L. Ed. 2ed 572 (1982).
③ U. S. v. Ross, at 605.

断,而这些问题并非不证自明。① 其二,也是更重要的是,无论其可能性与可行性如何,法律都应当要求法官在作出上述判断之前,必须先获知所有相关资料,包括与实施搜查行为的必要性相关的资料以及与需要搜查的范围相关的资料。对搜查程序的限制管制着隐私侵入技术的引入与使用,为了保卫我们的尊严,这种程序限制必不可少。

(二) 隐私与《美国联邦宪法第一修正案》

《美国联邦宪法第一修正案》(以下简称《第一修正案》)部分规定了"国会不得制定法律用于剥夺言论自由,或是用于剥夺新闻出版自由……"乍看之下,这一条款似乎给隐私造成了严重的威胁。毕竟,在披露私人信息时,言论自由和出版自由是并驾齐驱的两大披露手段,所有,如果中言论自由和出版自由的实行上不加诸任何法律限制,那么公民凭借什么来对抗无端的大规模无差别隐私侵犯行为呢?

如果这确实是《第一修正案》相关司法判例所导致的结果,我们自然应当大呼意外,因为正如我们所见,《第四修正案》中的一部分就针对这种可能性给我们提供了保护。那么,我们要因此认为《第一修正案》与《第四修正案》相互龃龉吗?② 答案是否定的,原因很简单,美国联邦最高法院从未将《第一修正案》奉为圭臬。遵循"突破法律"规则的正当例外已经得到了认可,而在笔者看来,当公民需要得到个人隐私免遭非法侵扰的保护时,这种保护完全能够,也应当被纳入上述正当例外之中。接下来笔者将就此论题展开进

---

① However in a case just handed down the Court did unanimously agree that the Fourth Amendment does not forbid the police from placing a beeper (radio transmitter which emits periodic signals that can be picked up by a radio receiver) in a drum of chloroform for the purpose of monitoring the progress of a car that carried the drum. Law enforcement officers reasonably believed that the parties under surveillance were conspiring to manufacture controlled substances, including methamphetamine, in violation of federal law. See Knotts v. U.S., 51 LW 4232 (1983).

② Mr. Justice Powell is surely right when observing that "the framers of the Constitution certainly did not think these fundamental rights (those belonging to the Bill of Rights) of a free society are incompatible with each other." See his majority opinion in Lloyd Corp. v. Tanner, 407 U.S. 551, at 570.

行论述。

美国联邦最高法院从未主张出版淫秽出版物的行为受到《第一修正案》的保护。① 举例来说,美国所有的州都制定了禁止贩卖儿童色情物品的法律。相类似地,美国联邦最高法院也从未为公开发表言论的行为享有绝对豁免的观点摇旗呐喊,这种绝对豁免的观点认为,公开发表言论的行为享有免受法律规制的绝对豁免,无论这些言论多么激进、多么具有煽动性。但是在美国联邦最高法院看来,公开发表言论的行为是否受到法律规制取决于该言论的遣词用句,包括词句的性质,以及这些词句具体在什么样的环境下被表达出来。② 至于公开虚假个人信息的行为,最高联邦最高法院也并非完全对此持放任自流的态度。诽谤性的言论并不属于受到宪法保护的言论范围。③

同时,我们也应当将隐私看作《第一修正案》中的一条限制性原则。只要报纸杂志等出版物以完全无端的、武断的或是任意的方式将公民的不在案个人信息予以公开,这种公开行为就应当受到法律制裁。毕竟,与诽谤性的公开行为、煽动性的语言或是污言秽行给公民带来的伤害与损失相比,报纸杂志的这些公开行为给公民带来的伤害与损失同样严重,同样给公民造成了创伤。换句话说,我们的名声确实有可能因为行为人所实施的各种隐私侵扰行为而蒙冤,此时,我们也看不到什么强有力的理由能够解释为什么对言论自由权与出版自由权的解释允许行为人实施这些隐私侵扰行为,而法律却禁止行为人实施其他可与这些隐私侵扰行为相提并论的违法行为?

不幸的是,《第一修正案》的隐私司法判例表现并不如人意。一方面,美国联邦最高法院往往将行为人恶意诽谤造成受害人蒙冤的情形与行为人的善意行为所导致的隐私问题相混淆,这无疑应当归结为 Prosser 的文章给美国联邦最高法院造成的影响(参见 Part III, section 9)。另一方面,在处理涉及不在案个人信息公开行为的案件时,美

---

① Roth v. U. S., 354 U. S. 476 (1957), and Miller v. Ca., 413 U. S. 15 (1973).
② Schenck v. U. S., 249 U. S. 47 (1919) is the classic case here. The Court introduced the "clear and present danger" test for deciding whether inflammatory speech can be stopped.
③ See Brauhainais v. Illinois, 343 U. S. 250 (1952).

国联邦最高法院有时候会采取提高合法隐私利益的方式。① 之所以说不幸是因为，正如笔者之前提到的，在案信息属于公共领域，因此，如果不是承受了过大的压力，美国联邦最高法院就不能将在案信息划归到隐私概念之中。最终导致的结果是，当美国联邦最高法院面对明显侵犯公民隐私的善意隐私侵犯行为时，他们并非总能给这些隐私利益以法律保护。Sidis v. F-R Publishing Corp. 一案②就是体现了这一缺陷的典型案例之一。Sidis 是一位神童——他在 11 岁的年纪就在哈佛大学的教授们面前讲授四维空间了。随后的年月中，Sidis 转而寻求隐私与安宁，希望拥有安静而深居简出的生活。然而，《纽约客》杂志发表了两篇带有配图的文章，描绘 Sidis 的卓越学术水平如何"走下坡路"，从而使他对隐姓埋名的追求毁于一旦。Sisid 起诉了《纽约客》杂志，但是却在一片哗然中输掉了官司，这个结果让隐私的拥趸们大为懊恼。我们只能希望在未来，时间能够给我们带来更能让人感觉到希望的判决结果。

（三）隐私与 Whalen 一案

在笔者看来，Whalen v. Roe 一案的判决是美国联邦最高法院在过去的十年当中就隐私问题作出的最重要的判决。笔者如此认为的原因有二：其一，在 Whalen v. Roe 一案中，美国联邦最高法院的大法官们首次明确支持了一个几乎站得住脚的隐私概念；其二，如果我们的隐私权（本文所解释的隐私权）要得到严肃认真的对待，首先就必须满足一些前提条件，而在 Whalen v. Roe 一案中，美国联邦最高法院的大法官们展示出了他们的思维对这些前提条件的敏感度。

笔者先来梳理一下 Whalen 一案的案件事实。纽约州有许多公民定期获取第二类药物，比如鸦片、可卡因、安非他命或其他第二类药

---

① See, for example, Melvin v. Reid, and Briscoe v. Reader's Digest Associa-tion, Inc., 4 C. 3d 529 (1971), in which a former truck hijacker's identity, already a part of the public record, was divulged in Reader's Digest some eleven years after he had committed the crime. The California Supreme Court ruled that the publication of plaintiff's name was not newsworthy, interfered with his rehabilitative process, and therefore furnished him with a valid cause of action under privacy law.

② Sidis v. F-R Publishing Corp., 113 F. 2d 806 (2d Circ., 1940).

物，有些公民将药物用于合法用途，有些公民则将这些药物用于非法用途；而纽约州政府要求，无论用途合法与否，只要公民定期获取第二类药物，他们的姓名与地址信息就将被州政府保存或记录在一个特定的电脑文件中。这些信息会被记录在磁带上，磁带则会被堆放在储藏室内，磁带将会在存放满五年之后被销毁。这一信息处理系统的安全保护将由上锁的栅栏和报警系统提供，同时禁止公开披露该信息处理系统中所储存的病人身份信息。

美国联邦最高法院的全体大法官达成一致意见，他们都同意纽约州的上述法规并未侵犯病人的隐私权。但是在大法官们论述这一结论的合理性时，大法官们展示出了他们发自内心地关怀着岌岌可危的隐私利益。怀着这样的关怀，Stevens 大法官写道："政府的计算机数据库或其他海量文件中积累了大量的公民个人信息，其中隐含着对隐私的威胁，但我们并非对隐私受到的这些威胁毫无察觉。政府需要承担许多工作，包括税收工作、福利与社会保障福利的分配工作、公共卫生的监督工作、武装力量的发展工作以及刑事法律的执行工作等，这些政府工作都要求政府井然有序地保存大量信息，而政府保存的大量信息中有相当一部分信息从性质上来说属于个人信息，这些信息一旦被揭露将有可能使公民陷入困窘，甚至对公民造成伤害。而收集和运用这种个人信息的权利往往与相应的义务相伴相生，这种法定的义务或是监管性的义务要求防止出现未经授权的非法披露行为。"①

美国联邦最高法院对 Whalen 一案中纽约州政府所构建的信息处理制度进行的审慎的审查，以确保这一制度并不容许出现无端的或是任意的隐私侵犯行为，并且确保纽约州卫生署搜集并归档的个人信息能够得到保护，不会有人不正当地获知这些信息。在此过程中，美国联邦最高法院使用了笔者之前提到过的标准②对非法隐私侵犯行为进行甄别。最终，美国联邦最高法院在 Whalen 一案中所确立的隐私概念与 Griswold-Eisenstadt 一案中的隐私概念全然不同，后者所聚焦的基本上是防止出现公开个人事务的公开行为。Stevens 大法官精确地

---

① Whalen v. Roe, 429 U. S. 589 (1976), at 605.
② Part I, section 3 in this essay.

使用了三个词语①来阐述 Griswold-Eisenstadt 一案中的隐私概念。美国联邦最高法院在 Cohn 一案中指出，公共记录范畴内的事实和信息并不属于隐私利益，如果美国联邦最高法院意图将 Cohn 一案的这一结论与 Griswold-Eisenstadt 一案中的隐私概念相结合，那么他们或许就在 Whalen 一案中给出了正确的隐私概念。随之而来的是，我们可能将要见证一个新纪元的到来，在这个新纪元中，隐私案件的司法判例中不但有着精准的隐私概念，更蕴含着对人类精神世界的尊重。

不过，最近发生的 H. L. v. Matheson 一案提醒我们，即使有了正确的隐私概念，美国联邦最高法院的大法官们还是会在非法隐私侵犯行为的认定问题上有所分歧。根据犹他州的法律要求，医生在给未成年人实施堕胎前必须尽可能告知未成年人的父母或监护人。犹他州的法律还要求，如果妇女向医生寻求实施堕胎，则医生必须告知该妇女的丈夫。美国联邦最高法院的多数意见认为，犹他州的这一法律并未侵犯妇女的隐私权。而 Marshall 大法官与 Brennan 大法官、Blackman 大法官则强烈反对多数意见。Marshall 大法官采纳了 Whalen 一案的隐私定义，并以此表达了他对多数意见的异议：

"许多像本案上诉人这样的未成年人抵触父母对自己的监护，而是希求自己能够享有根本的、个人化的隐私权。对这些未成年人而言，犹他州法律当中对告知父母的要求就成为了一个问题。在这个大背景下，确实有些父母违背了未成年人的愿望，剥夺未成年人保持其个人选择不加披露的权利。此外，在 Roe v. Wade 一案中，这一告知父母的要求使得上诉人与自己的医生之间的私密磋商被公开，并且使第三方介入了这一私密磋商之中。"②

当然，这里的关键问题是，将未成年人终止妊娠的意愿加以披露的行为是否是出于合法的正当目的。有人声称，这种对未成年人父母或监护人进行披露的行为会增强家庭凝聚力，但是，考虑到终止妊娠这一披露内容所具有的情感性质，以及影响了众多父女关系和母女关系的沟通鸿沟，增强家庭凝聚力的这种看法很成问题。还有观点认为，上述披露行为将减少这一类草率而不明智的堕胎决定，这一观点

---

① Ibid., p. 599.
② H. L. v. Matheson, 101 S. Ct. 1164 (1981), at 1186.

同样很成问题。更有可能出现的情况是,要么这一披露行为将使得相关女性所作出的任何决定被他人意志所取代——这些女性将认为他们除了留下孩子之外别无他法——要么这一披露行为就将驱使相关的女性以身试法,冒着健康受损的潜在危险去寻找任何愿意给她们实施秘密堕胎的医生。有好些观点为上述告知父母的要求进行辩护,还有一些将要出现的观点也持此立场,但是,如果这些观点当中并没有具有说服力的观点,我们就应当将告知父母的要求认定为对隐私的无端侵犯行为,并由此废弃这一侵犯隐私权的行为。尽管宪法中未明确指出对隐私权的保护,但隐私权仍然是受到宪法保护的权利。

(四) 隐私与《美国联邦宪法第九修正案》

《美国联邦宪法第九修正案》(以下简称《第九修正案》)写道:"本宪法对特定权利的列举不得被解释为否定或轻视人民所保有的其他权利。"Goldberg 大法官就试图从这一宪法修正案中找到隐私权的存在,从而使得隐私权成为宪法的一部分。Goldberg 大法官在 Griswold 一案中列出自己的这一观点并进行了详尽的阐述,不过,他所阐述的这一观点却建立在谬误的基础上。之所以这么说是因为,在那些未被宪法明确列举出的权利中,有一部分属于人民所保有的其他权利,而 Goldberg 大法官认为,决定其中哪些权利属于人民所保有的其他权利则是法官的义务。他认为,法官应当遵循传统以及人民的集体意志(无论这一集体意志具体如何),从而作出上述决定。① 然而,《第九修正案》中并未提到授权司法机关来承担这一权利甄别工作。对《第九修正案》唯一合理的解释是,人民能够并且应当为自己决定自己想要保有哪些权利。

人民有各种各样不同的方式来行使上述《第九修正案》权利,使自己的隐私得到尊重。我们可以推动国会进行隐私立法;我们可以敦促本州的众议院和州长通过相应的法律法规,从而保护隐私免受非法侵犯行为所侵犯。最后,我们还可以要求本州的州宪法正式承认隐私权是一种基本权利。加利福尼亚州的公民就在 1972 年这么做了,他们在立法程序中通过了一项加利福尼亚州宪法修正案,这项修正案

---

① Griswold v. Connecticut, at 493.

的第一节、第一条将隐私权追加为人民享有的不可剥夺的权利之一。① 有一些观点是在这一加利福尼亚州宪法修正案的基础上展开的,这些观点打着宪法修正案的名义,却严重混淆了修正案的原意——比如,认为隐私权等同于独处权的观点。② 尽管如此,重点还是应该放在政府的窥探行为与数据收集行为的扩大化之上,这一点带来的严重危害值得我们特别注意。许多人不得不痛苦地面对这样一个事实:根据选举手册的表达,"计算机记录使得给每个美国人创建由生到死的档案成为可能"。

有人敦促政府更负责地运用高科技信息处理能力以及高科技信息管理能力,在这些人看来,隐私权这一独一无二的权利正应当应用于此。在本世纪的最后三十年,政府的高科技信息处理能力与高科技信息管理能力将日渐增强,因此,我们需要在不在乎个人信息方面更合理地构建起我们的隐私,这一需求也变得更紧迫、更重要。我们还可以预见,上述隐私构建的进程必然会遭遇到来自科技界资本家的阻力,考虑到这一点,隐私构建的进程可能会变得更加困难。未来,隐私会在我们的法律中扮演什么样的角色?这一点还有待分晓。

---

① Article 1, Section 1 of the California Constitution now begins: "All people are by nature free and independent and have inalienable rights. Among these are enjoying and defending life and liberty, acquiring, possessing, and protecting property, and pursuing and obtaining safety, happiness, and privacy." (Italics mine.).

② California Election Brochure, Proposition 11 (Nov., 1972), p. 27.

隐私的再界定

汤姆·格雷蒂[①]著　谢晓君[②]译

目　次

一、隐私的定义与直觉
二、侵权行为的种类
三、亲密行为与自治权
四、信息性隐私权
五、结语

"在你垒墙之前,你得知道把什么围在墙内,又把什么搁在墙外。"

——罗伯特·弗洛斯特《修墙》

在法律层面,隐私是一座急需修补的墙。关于隐私的法律规定十分混乱,我们草率地可以将其分为两种情形,也是两个部分:第一个部分是,1890年,Warren和Brandeis在普通法层面所写的《论隐私权》一文;[③] 第二个部分是,1965年在Griswold一案的判决[④]中,美国联邦最高法院在宪法层面针对同样的隐私权(或相应的隐私权)所作出的判决。虽然这两个部分分别属于不同的方面,并且由不同的

---

① 汤姆·格雷蒂(Tom Gerety),美国纽约大学法学院教授。
② 谢晓君,中山大学法学院助教。
③ Warren & Brandeis, The Right to Privacy, 4 HARV. L. REV. 193 (1890).
④ Griswold v. Connecticut, 381 U. S. 479 (1965).

人所创造，但是，它们并非完全不同，后者明显是建立在前者的基础之上，因为在这两者出现的时间点中间，Brandeis 大法官在 Olmstead v. United States 一案①的异议意见中已经认为："独处权不仅是最广泛的权利，而且对文明人来说，还是最有价值的权利。"而且，该异议意见所包括的概念也是介乎于以上两者之间。

众所周知，在美国法层面，或者在法律之外的美国观念、美国文化和美国制度层面，隐私理论有一个广泛的历史，有些人认为这是一个侵略性的历史。② 然而，因为隐私理论具有广泛性，所以在制定和适用法律的各个领域，我们有理由暂停质疑隐私理论在作用上的持久性以及本质上的可行性。有些人不解："尽管隐私具有很重要的价值，但是它是否能作为一个宪法上的理论产生作用，也就是说，对隐私的保护是否能为政策提供思路和理由？"

以上这种疑问并非来源于隐私理论的贫乏，而是来源于其所具有的广泛性，因为对于所有的学者来说，它具有多变的能力，可以适用于任何情况，并且，正因为它经常被定义与被作为抗辩理由，所以隐私本身缺乏明显的限制。Brandeis 大法官在 Olmstead 一案中以"最广泛的权利"一词能对此作出很好的说明。但是，如果隐私权真的是最广泛的权利，那么这一权利不就过于广泛和重大，以至于不能在特定的法律领域内实现对隐私作出狭窄的、具体的定义这一目的了吗？

如果一个法律概念像地上的汽油一样，可以流动到任何可接触的地方，那么该法律概念对我们并没有什么好处。就拿司法来举例子：在法院内，即便一个人有充足的理由，他也不能阻止司法程序的停止或者开始，因为虽然这些广泛的、哲学上的概念应该适用于各个方面，但是这些概念并不能适用于我们不完美的法律体系中。一个恰当的法律概念必须是一项可以转化为规则的原则③，并且规则相应地必须能转化为一套适用规则。但是，除非我们强制在概念上规定一些限制，否则这些转化都是不可行的。

---

① 277 U. S. 438 (1928).
② Kalven, Privacy in Tort Law-Were Warren and Brandeis Wrong?, 31 LAW & CONTEMP. PROB. 326 (1966).
③ See Freund, Privacy, One Concept or Many, XIII NOMOS 182, 190 – 192 (1971).

隐私需要一个定义。我们希望以一个或者一系列普遍的陈述作为隐私的定义。尤其是，这些陈述可以限制隐私定义的有效适用。诚然，在最低的程度上来说，一个有限制的概念当然仅仅需要一个有限的列表：例如，史密斯的家庭包括 x、y 和 z。但是，我们希望隐私具备一个更有力的定义，无论在什么情况下适用，它都可以确定所需具备的必要充分条件。只有当这些条件得到满足时，隐私理论才能得以适用。毫无疑问的是，我们还需要对这些条件本身作出进一步的定义。并且，正如我们不能在空中建造城堡一样，在不久的将来，所有理论都将依赖于我们的直觉。只要我们可以使理论和直觉相协调并同时有效运行，那么我们就不需要考虑究竟适用理论还是直觉了。

这里所定义的隐私是指，他人对其个人身份范围内的亲密行为所享有的自治权或者控制权。为了隐私理论的合理使用，自治权、身份和亲密行为都是必要的（并且通常来说，这三者加起来已经足够了）。坦白来说，该定义是规范的。无论该定义是否被接受，它都至少包括一套针对权利与侵权行为的初步结论。此外，该定义将直觉分为两个部分——一部分是规范性的，而另一部分是叙述性的：第一，对于生活中隐私含义的重要性，我们存在一些共同的看法；第二，对于生活中什么是隐私，我们也存在一些共同的看法。这些直觉为隐私这一定义暗示了必要的运作假设：无论隐私的来源是什么，以及无论隐私所保护的对象是什么，隐私概念只有一个，并且因此是可以确定的。如果我们真的要给隐私下定义，那么为了其在法律上的可行性和必要性，我们希望有效地减少其所适用的范围，尤其是在宪法领域。

一、隐私的定义与直觉

直到最近，人们对隐私的讨论不再经常局限于渺小的定义身上。对于 Warren 和 Brandeis 所提出的有限的法律权利和救济，他们只是在相当狭窄的利益范围内，对隐私作出最无层次的定义。他们这种随便的、疏忽大意的定义，并且加上他们强大的说服力，共同导致了隐私权的道德基础超出其法律基础的泛滥之势。并且，就目前来看，隐私权的法律基础是十分薄弱的。他们大概一开始就对这两个基础感到困惑。如果真的如此，那么在隐私权运动的途中，该困惑不容易被消除。① 因为几乎全凭他们两个自己的力量，Warren 和 Brandeis 通过自己所写的一篇文章就发起了这样一个运动，并持续至今。

此外，随着对隐私争论的持续发展，从侵权法到宪法，这两个令人困惑的基础所具备的便利性逐渐减少，隐私权所普遍遭受的脆弱性逐渐超过其所具备的便利性。总的来说，我们要保护这里的隐私，也要保护那里的隐私，甚至要保护任何地方的隐私。然而，我们必须承认，法律并不能为任何地方的隐私提供绝对的保护。法律的管辖范围绝不会包括所有的社会价值。为了实现法律权利的均衡，我们必须要考虑法律权利在道德上的紧急性及其在法律和理论上执行的经济必要性，并且，我们必须承认，相互冲突的权利在道德上具有同等的紧急性。

然而，隐私的定义真的能实现这样一种均衡吗？这是一个很好的疑点。与 Warren 和 Brandeis 相比还早 20 年的时候，James Fitzjames Stephen 先生已经是第一个明确讨论隐私概念的现代律师或者哲学家，他评论道："对隐私的领域下一个明确的定义是不可能的。"② 因为我们不能逃离我们自己所处的时代、地点和历史环境。很大程度上，隐私是人们共同的期望和感知，Stephen 似乎认为，因为隐私太过具体，并且太过于接近经历和历史，以至于我们不能对隐私作出精确的、抽象的分析。

尽管如此，Stephen 也不得不承认，虽然我们难以给隐私下一个明确的定义，但是我们还是可以用"一般条款"对其进行描述。他考虑到，在抽象的（并且与历史无关的）、哲学的定义和具体的（与历史有关的）法律适用之间，是否存在某些妥协的中间立场？正如 Paul Freund 和其他人所提及的，这些中间立场属于"法律原则"，可以居中调解适用于司法判决的法律规则与政治理论，如自由原则、公平原则，等等，从而使整个法律体系更加巩固。根据我们对任何权利

---

① An analogous confusion still persists on the constitutional border between privacyand a free press. See Note, The Right of Privacy: Normative-Descriptive Confusion ill theDefense of Newsworthiness. 30 U. CHI. L. REV. 722 (1963) [hereinafter cited as DefenseofNewsworthiness].

② J. F. Stephen, Liberty, Equality, Fraternity 160 (1967: 1st ed. 1873). See J. S. Mill, On Liberty (1st ed. 1859).

的分析，虽然这些中间立场不是至高无上的，但这大概是最有益处的。它可以将权利的规范内容和叙述内容合二为一，例如隐私权。虽然它既不像抽象的普通定义一样具有根本性，又不像过去先例所适用的简单规则一样具有效果上的确定性，但是作为中间立场的这些原则可以很好地兼顾两者。随着时代的发展，定义必须符合实际情况，正如先例必须符合法理。但是，还有未解决的问题，这就是，在纯法律与纯哲学之间如何确定这些在概念上的中间立场呢？

对于以上问题，大概最简单的策略就是对既定的内容作出"严格"解释。针对任何字面上的权利，字面解释可以为规则的适用提供一个简单的、肯定的标准。也就是说，根据字面解释，权利所包含的模糊不清的意思将得以避免。但是，在宪法领域，或者甚至在Warren和Brandeis所研究的普通法判例中，法律并没有对隐私作出任何具体的、字面上的规定。此外，即便法律对隐私作出了明确的、字面上的规定，但是法官也不能从这些规定当中得出"所言即所指"的具有精确性的指导，从而阻止官方随意剥夺任何有争议的权利，并且即便我们能够从这些规定当中得出某些指导，但是我们所得出的这些指导也是极具争议性的。

与新闻媒体所具有的自由相比，人们肯定更加希望知道隐私究竟是指什么。隐私既缺乏明确的历史先例，在概念上又缺乏明确的限制。Stephen承认，无论是定义还是叙述，隐私概念都是模糊不清的。换句话说，为了让隐私在相对明确的限制范围内得到法律的强制保护，隐私理论的适用需要在道德上满足足够的紧急性，以及在道德上对学者、法官和立法者有足够的说服力。他写道："法律和社会观念在所有情况下都应该严谨地尊重公民的隐私。"但是，如果隐私仍然没有明确的定义，那么我们又如何保护隐私呢？

对此，Stephen的答案是直觉。也就是说，在判断隐私时，除了根据法律对此作出字面解释或者根据哲学对此作出理性解释之外，直觉还可以作为一种值得尊敬的判断方法，或者至少是一种可替代的判断方法。然而，问题在于，当一般法律或者原则适用于个案时，如果我们采用直觉主义，那么我们既没有字面主义所要求的字面规定，也没有理性主义所具备的论据，从而无法避免判决的专断和反复无常。毫无疑问的是，直觉可以像其他判断方法一样迅速有效地跨越一般与特殊之间的鸿沟。但是与其他判断方法不同的是,直觉就像一个有魔法的盒子,是一个其工作部分被隐藏起来的机器。如何预防采用直觉主义的判断者像魔术师一样,将围巾和兔子弄不见之后,然后又将围巾和兔子重新弄出来,换句话说,也就是在某些个案中不适用有关隐私的原则,然而又在某些个案中适用这些原则?以上这个问题只是在Black大法官著名的异议意见所提出的司法直觉主义的基础上加了一个暗喻。[①]然而,对于控制直觉主义的不确定性和特质,Stephen已经有了答案。

直觉并不需要成为单纯属于个人的、很容易改变的事情。在明确的限制范围内,直觉可能因为某些原因而屈服于合意。毕竟,我们的直觉反映了共同认可的社会价值和生活条件。因此,当他将道德层面上的隐私概念转化为法律层面上的隐私概念时,Stephen认为:"实用的判断标准对于隐私的判断几乎是最好的。"换言之,"被描述为不符合礼仪的行为通常都构成侵犯隐私的行为。"

当然,在一个世纪后的今天,我们越来越关注隐私权,并且,我们关注隐私权的理由也越来越多,因此,Stephen为直觉主义的适用所制定的明确规则是远远不够的。然而,尽管十分离奇有趣,但是他所制定的规则告诉了我们从一开始就错过的某些事情。根据一般用法,一个规则往往有两个不同的优势:或者是清晰明确,或者是与社会、文化和法律相关。但是,在对隐私下定义之后,我们经常追求这两个优势,而不是发现这两个优势的不兼容性。需要牢记的是,在不能根据字面主义对概念进行字面解释的情况下,理性主义的定义为直觉主义规则提供了唯一的替代方法。

此外,Stephen所制定的规则是一个经验法则,也就是,在没有详细衡量和论证的情况下,他所制定的规则可以随时适用于各个判决。这就意味着,在法庭上,无论是法官还是陪审团,他们都可以轻易地对其面前的证据适用此规则。对于这些判断标准,普通人或者"理性的"人都会认为其适用是简易的。然而,虽然这些判断标准具有简易性,但是其所得出的结论可能是不可思议的:那些声称根据定义而适用判断标准的人,他们的判断标准其实是建立在其自身的直觉

---

① See, e.g., Adamson v. California, 332 U.S. 46, 90-92 (1947) (Black, J., dissenting).

和内心确信的基础上的。通过指导原则和上诉审查制度,这些直觉的判断标准也将被法官明确限制在一定的合理范围内。但是在特定的判决中,我们不需要为某些特定的事实、特定的直觉和内心确信提供理由,并且在陪审团的裁定中,它们也从不需要理由。因此,这就是为什么直觉主义规则更容易导致判决反复无常、前后不一和"不合理"。

正如 Stephen 关于直觉的回答,一个规则最需要的是明确其保护的对象以及限制的范围。也就是说,只要我们对礼仪存在一些普遍共有的、稳定的直觉,那么使隐私合乎礼仪也就是使隐私得以明确和可辨认。然而,我们当然不能达到这个目的。

由于我们的感知和判断处于不断变化之中,所以根据 Stephen 所制定的规则并不能得出确定的结果,而这已经不只是离奇有趣的了,实际上,这几乎是尖锐辛酸的事实。这样的直觉主义规则只能适用于道德品质如红色一般鲜明的地方。然而,事实上,对礼仪的认知可能还停留在维多利亚时代,而并非我们所身处的时代。无论对于道德上的直觉,或者是法律上的直觉,我们似乎都已经丧失了曾经普遍有效的确定性。因此,对隐私下定义的困境也就产生了。

即便我们的直觉已经有所落后,但是隐私的定义也没有因此而有所进展。对于是否属于应受法律保护的隐私权,目前仍然没有广泛接受的一般识别规则。在这个意义上,Stephen 比我们所想象的要离我们靠近许多。

我们只是最近对 Stephen 关于生活中的直觉或者隐私价值的判断方面作出讨论。目前,在 Griswold 一案的判决作出已超过一个世纪之后,某些权利的道德紧急性和法律的可行性已经毋庸置疑。隐私权的问题一般不在于其不确定性或者无价值,而在于隐私权在法律权利和救济方面缺乏具体的规定,尤其在宪法领域。我们现在完全了解,正如 Brandeis 大法官在 Olmstead 一案的异议意见中所认为的那样,人们在某些广泛的意义上也享有隐私权。但是,如果隐私权与其他权利或利益相冲突,我们不能轻易地说出冲突的后果究竟是什么,甚至连美国联邦最高法院也可能对此无能为力。

除了 Stephen 的这一困境之外,隐私理论还有什么其他问题呢?虽然我们对权利有一个共同的直觉,但是对其没有充分的、一致同意的定义或描述。当我们看到它的时候，我们将无法了解它。并且，照此情形，正如最近判决所阐述的那样①，隐私权必然会衰弱。因此，Stephen 为隐私权所设置的立见分晓的判断标准的失败教会了我们一些事情。他承认，我们所需要的与其说是一个多么哲学的定义，不如说是一个法律的定义，既可以满足道德上的直觉，也可以满足法律上的适用，而这两者都是必要的。我们在这样一个定义中可以了解，Stephen 希望从其所建立的规则中得出一个精确的码尺。一方面，我们可以从而得知什么才属于受法律保护的隐私，也就是，作为法律权利，如果行为人侵犯他人的隐私权，法律将为他人提供救济，并且对行为人规定相应的处罚；另一方面，除此之外，其他不属于法律保护范围内的权利必须被排除在法律之外，也就是，法律不能为这些权利提供保护和救济。

我们在适用的过程中发现这样一个定义的"真相"。根据我们确定隐私这一定义的目的，隐私不是形而上的概念，而是我们为其他人和我们自己所制定的道德上的和法律上的界限。正如 Stephen 所建议的，在给隐私下定义时，我们要界定其适用的范围。在所界定的隐私范围内，对于不同的人，其价值和行为可能会有所得益，又或者可能会有所受损。但是对于我们私密的个人生活而言，隐私是必要的、有限制的。作为一个道德的和哲学的事物，隐私来源于其自身的意义，而不是由它创造其自身的意义。隐私的价值派生于我们对其所保护的身份和行为的重视。

这就是隐私在基本的权利和具体的救济之间占据中间立场的原因。就如正当程序权利或公正审判权利一样，隐私权既需要制度上的规定，又需要概念上的定义。在一个像我们所身处的社会中，如果单凭直觉本身，那么往往会由于不一致而无法为规定提供充分的基础。我们必须求助于概念的定义，如亲密行为、身份和自治权。尽管概念具有抽象性，但是它们可能会被制定成规则。当法官必须对侵犯隐私权的主张作出判决时，法官可以在决定或判决中适用相关的概念。同时，这些概念在一定意义上是派生的。正如隐私概念，如果它们具有

---

① See, e.g., Doe v. Commonwealth's Att'y, 403 F. Supp. 1199 (E. D. Va. 1975), aff'dmem., 425 U. S. 901 (1976). See also pp. 278 – 281 infra.

越少的派生性,那么它们就如自由理论一样具有越低的适用性。

在适用这些中间立场的概念时,我们仍然不能有丝毫的放松。无论是否属于法律概念,任何概念都不具有自动的执行力。我们可能会对亲密行为、身份或者隐私产生疑问,尤其在各种各样的个案事实中。在一定程度上,我们将不会抛弃 Stephen 所制定的直觉主义规则:因为许多隐私案件可能会致力于追求关于礼仪的共同标准(或者相反地,关于反礼仪的共同标准),所以这些案件根据直觉主义规则将能得以解决。此外,无论在效力上还是在范围上,与其说在社会中必要的直觉丧失了,不如说它减少了。但是与此同时,在充分理论化的情况下,隐私权的范围和效力问题大多数将会变得简单。如果我们给予隐私充分的定义,甚至是在宪法判例中对此作出规定,那么为了支持公民对性行为和生育这些个人选择所享有的隐私权,我们也就不需要求助于或者至少可以更少地求助于关于礼仪的共同直觉。原则和判例的一致性将为我们带来很大的帮助。如果行为人公开他人有关亲密行为的事实,法官可以最广义地求助于共同的直觉、他人的预期和相关的判决。然而,如果没有理论上的描述,这甚至会造成判决的不确定性和不可预测性,而这是 Stephen 所不曾预见的。

二、侵权行为的种类

隐私定义的需求并不比隐私侵权行为在侵权法上的发展更为简单。尽管我们阅读了许多侵权案件,但是这些案件都不能被一个隐私理论所解释。相反地,这些案件至少向我们展示了三个不同的侵权救济原则,其中只有一个属于真正的隐私。在擅自使用他人姓名或肖像的隐私侵权、名誉侵权和欺诈案件中,行为人侵犯他人特别的公共身份所具备的某些特征(与私人身份相对应),在普通法救济有时不足够的情况下,另外两个原则可以作为延伸和改进。对于这些判例法的分析调查将为隐私的定义提供理论上的基本工具和资料。这些工具最大的用途就是只对我们需要并且有理由援引的理论提供简单的、有逻辑的解释。

在 Warren 和 Brandeis 发表《论隐私权》一文 70 多年之后,William Prosser 教授为分类前面 300 个和后面 400 个"隐私"判决作出了巨大的努力,或多或少不自觉地重提 Warren 和 Brandeis 所倡导的权利。① 换句话来说,侵权法上的权利本身已经超出了其原本的范围。Prosser 发现自己被数个分类所困扰,也就是,"虽然它们有一个共同的名称,即被 Cooley 大法官称为'独处权',但是除了它们都代表着对原告'独处权'受到侵犯之外,四者之间几乎没有其他的共同点。"为了在这些"大海捞针"② 的判决中找到规律,虽然法官"没有试图对隐私作出明确的定义",但是 Prosser 教授仍然可以将法官们的判决分为四类。它们分别在后来的判例法中发挥巨大的、潜移默化的影响。诚然,正因为这些分类,人们才知道任何定义都应该有其适用的范围和标志,所以 Prosser 教授对于隐私侵权所作出的四分法自有其道理。

隐私侵权的四分法如下:①侵扰他人安宁的隐私侵权;②公开他人私人生活的隐私侵权;③公开丑化他人形象的隐私侵权;④为了自身利益,擅自使用他人姓名或肖像的隐私侵权。为了谨慎起见,Prosser 教授究竟是根据什么将这四种隐私侵权按递减顺序排列的呢?笔者认为,这是根据私密性的程度。因为笔者已经按照递增顺序淘汰了其中的两个,所以笔者将从最后一个隐私侵权种类说起。

(一)擅自使用他人姓名或肖像的隐私侵权

虽然 Warren 和 Brandeis 对于擅自使用他人姓名或肖像的隐私侵权没有过多的主张,但是在关于隐私的早期胜诉案件中,这种隐私侵权类型是最为常见的。第一个在批注中谈及隐私的判决是纽约上诉法院作出的。在该案中,作为原告的 Abigail Roberson 认为,在没有获得她同意的情况下,被告 Rochester Folding Box 公司擅自使用她的肖像,并加以装饰,为其产品"家庭面粉"做广告宣传。③ 虽然在一定程度上,Roberson 应该享有 Warren 和 Brandeis 所主张的权利,但是她仍然得到一个接近(4:3)的有争议的判决。法院认为,如果被告没有侵犯原告特定的所有权,或者被告没有违反信托义务,那么没有

---

① Prosser, Privacy. 48 CAL. L. REV. 383 (1960) [hereinafter cited as Prosser, Privacy]: W. Prosser, handbook of The Law Of Torts § 117 (Privacy) (4th ed. 1971) [hereinafter cited as Prosser, Torts].
② Ettore v. Philco Tel. Broadcasting Corp., 229 F. 2d 481. 485 (3d Cir. 1956) (Biggs, J.).
③ Roberson v. Rochester Folding Box Co., 171 N. Y. 538, 64 N. E. 442 (1902).

判例支持原告可以就被告的行为获得救济。目前，如果原告要就被告的行为获得救济，那么是否需要被告侵犯了原告的所有权，这是一个不明确的问题。① 然而，判断原告是否可以获得救济，不在于她对构成一般意义上的肖像所享有的纸张、线条和颜色的所有权，而在于她本身及其对 Rochester Folding Box 公司的商业价值，而这是唯一重要的意义。就此而论，判断原告是否可以获得救济，问题就在于她是否为了某些对价而允许被告使用其肖像。上诉法院认为，原告 Abigail Roberson 无权获得救济。然而，纽约的立法机构并不同意此判决，并且在下一年首次制定了《隐私权法》。委婉地说，该制定法将 Abigail Roberson 所受到的非法侵害认定为犯罪行为。②

然而，我们对称之为"隐私"内容的理解是否有误呢？笔者在此提醒以下几点。

其一，在众多案件中，允许原告基于隐私而获得救济的第一个判例是 Pavesich v. New England Life Insurance Co.。③ 根据案件事实，被告为了保险公司自身的利益，擅自使用 Pavesich 的肖像，并且在肖像上附加纯属伪造的陈述。原告 Pavesich 不仅举证证明被告在广告宣传中使用了他的肖像，而且与 Roberson 一案不同的是，他还证明了此擅自使用行为属于明确的丑化行为。因此，该案的原告胜诉了。

其二，在 Pavesich 一案之后的众多案件中，原告不仅举证证明了被告对其实施丑化行为，而且还证明了姓名和肖像的可识别性。如果这两者在诉讼中结合起来，那么这就意味着被告试图将其产品描述成原告所喜爱的产品。这种侵权行为就是指，在没有获得他人同意的情

---

① See, e. g., Cepeda v. Swift & Co., 415 F. 2d 1205, 1206 (8th Cir. 1969) (baseballplayer held to have a property right to name and likeness); Price v. Hal Roach Studios, Inc., 400 F. Supp. 836 (S. D. N. Y. 1975) (there is a property right in one's name and likeness). But seeEick v. Perk Dog Food Co., 347 Ⅲ. App. 293, 106 N. E. 2d 742 (1952) (norecovery on property theory, but recovery allowed for mental distress). See also D. PECK, DECISION AT LAW 70 - 96 (1961).

② 1903 N. Y. Laws ch. 132 §§ 1, 2 (presently N. Y. Civ. RIGHTS LAW §§ 50 - 51 (McKinney 1948)). But see Galella v. Onassis, 353 F. Supp. 196 (S. D. N. Y. 1972), aff'dand modified on other grounds, 487 F. 2d 986 (2d Cir. 1973). See generally S. Hofstadter, The Development Of Theright To Privacy In New York (1954).

③ 122 Ga. 190, 50 S. E. 68 (1905).

况下,行为人擅自商业利用他人的身份,并且,他人大概也不能对此作出修正或补救。引述 Prosser 教授的话来说,这意味着:所保护的利益实际上是原告使用其自身的姓名和肖像所享有的专有权。对于该权利是否属于所有权的争论是毫无意义的。即便它不属于所有权,它至少也属于受法律保护的权利,原告可以通过出售许可证实现该权利的价值。如果该权利属于所有权,那么在这些案件中对隐私的分析将会毫无作用,因为只要对"所有权"作出更简单的分析就可以全面解释这些案件。

目前仍有人认为,在理论上,某些"隐私"侵权与著作权或者商业侵权相近,并且他们极力反对将这些"隐私"侵权与著作权或者商业侵权区分开来。已经为统一的隐私概念作出了持久并艰难斗争的 Edward Bloustein[①] 已经主张认为,我们不应该轻易地将我们在身份上所享有的利益比作对其他无形财产所享有的利益,我们对于无形财产享有专属的控制权。因此,单单因为法院事实上已经允许原告对于被告为了商业目的而擅自使用其姓名或肖像的行为获得救济,我们就错误地将身份上所享有的利益看作所有权。Edward Bloustein 写道:"这样的结论是错误的,其原因有二。首先,在大多数例子中所使用的姓名或肖像没有真正的商业价值,或者说,它只有名义上的价值,而该价值根本不值得提起诉讼……其次,原告希望在这些案件中证明所有权,这忽视了原告姓名或肖像被商业利用这一主张的真正对象。如果行为人将他人的姓名或肖像过度商业化,并且损害了他人的个人尊严,那么此时该利用行为才是可诉的。"然而如今看来,Bloustein 的第一个论据对相关的经济学事实有错误的判断。为了广告宣传的目的,行为人对他人姓名或肖像的使用行为就证明了姓名和肖像的市场价值。其中的原因不言自明,广告商希望在无名的消费者群体中找到代表,制造他人的虚假陈述。他人通过举证证明自己没有发表相关的

---

① Bloustein, Privacy as an Aspect of Human Dignity: An Answer to Dean Prosser, 39 N. Y. U. L. REV. 962 (1964) [hereinafter cited as An Answer]; Bloustein, Privacy, Tort-Law, and the Constitution: Is Warren and Brandeis's Tort Petty and Unconstitutional AsWell?, 46 TEN. L. REV. 611 (1968); Bloustein, TheFirst Amendment and Privacy: The Supreme Court Justice and the Philosopher, 28 RUT. L. REV. 41 (1974) [hereinafter cited as The Justice and The Philosopher].

陈述，法官因而允许他人获得损害赔偿。但是为什么呢？

隐私的原理将不能解答怀疑主义者所提出的这些疑问，因为原理本身也是模糊不清的。明确的是，在这些擅自利用他人姓名或肖像的隐私侵权案件中，行为人很少甚至不会侵犯他人的秘密、隐居的地方或者"私密"。相反地，法院首先考虑被告是否通过擅自利用原告的姓名或肖像等而盗用了原告的身份，其次再考虑被告是否已经获得某些利益，或者意图获得某些利益。

在一定程度上，作为一种替代方法，我们有必要对这些案件进行所有权分析：当被告获得某些可计算的利益，而原告因此遭受可计算的损失，或者损失的风险，那么这就构成不当得利。然而，两种情况会混淆这种所有权分析：第一，在擅自使用他人姓名或肖像的隐私侵权诉讼中，可获得的救济包括一般损害赔偿和禁止令，而不是特殊损害赔偿；第二，正如《美国侵权法复述》所承认的，擅自使用他人姓名或肖像的隐私侵权诉讼本身不需要局限于商业模式所规定的商业利用。

根据以上第一种情况，Bloustein 所提出的第一个论据可以推理出第二个论据：只有在一种情况下，行为人所实施的商业利用行为才是可诉的，也就是，只有当行为人所实施的侵权行为贬低、滥用他人的人格尊严时，他们所实施的侵权行为才是可诉的。据称，对于这些案件，该论据是更加充分的、普遍的原理，并且，该论据包括并暗示了隐私。毫无疑问的是，主张认为大多数的姓名或肖像等可识别的身份特征在商业上是无价值的第一个论据，它的失败削弱了第二个论据的力量。因为除了根据不当得利原理寻求救济之外，作为替补的救济途径，他人往往还可以根据市场价值寻求救济，所以严格地来说，至少对于大多数的案件，人格尊严是不必要的。然而，一般损害赔偿（以及甚至是偶尔的禁止令）[1] 的救济能否克服论据所存在的弱点呢？Bloustein 似乎认为，所有权利益的损害一般要求较为狭窄的、较少的特殊损害赔偿救济，并且只有在实际损害发生之后，我们才能根据实际损失的程度计算特殊损害赔偿。但是，在擅自使用他人姓名或肖像

---

[1] See, e.g., Bowman Gum, Inc. v. Topps Chewing Gum, Inc., 103 F. Supp. 944 (E.D, N.Y. 1952).

的隐私侵权诉讼中，特殊损害赔偿规则明显难以适用，并且最重要的是，在原告希望身份不被公之于众的情况下，该规则的适用甚至会对原告造成不公正的结果。

如果将原告的救济范围局限于被告的收益，或者是原告实际的商业损失，即如商标侵权之诉一样，那么这是误解了他们的诉讼基础。在一个严格的商业意义上，比起他们对其身份所丧失的控制权，他们的获利和损失已经没有多大意义，或者说这大概没有多少确定性。然而，这并不意味着，根据 Bloustein 的说法，在这些层面上的身份因此就必须是"私有的"或者"非私有的"。

在擅自利用他人姓名或肖像的隐私侵权诉讼中，Bloustein 对于原告可获得大范围救济的论据存在两个谬论。

其一，对于行为人侵害他人所有权利益的推定一般不能使他人获得救济，除非法律就特殊损害赔偿有明确规定。然而，与此不同的是，衡平法一定会强制执行一份土地买卖合同。① 举一个更好的例子就是，在普通法上，他人著作权受侵犯的救济方式包括禁止令，并且，一旦他人的著作权受到行为人的侵犯，他人还可以获得一般损害赔偿、特殊损害赔偿甚至是惩罚性的损害赔偿。②

其二，Bloustein 的分析所存在的第二个谬论就在于著作权。他人对于自己的创意、书本或者画作（就如自己的姓名和肖像）独自享有所有权，该所有权与他人的个人尊严相结合。这些权利不仅保护他人对这些所有物所享有的乐趣，而且还保护他人对这些所有物所进行的贸易行为。与贸易行为相对应，当他人对这些所有物所享有的乐趣受到威胁或侵犯时，他人可以寻求衡平法上的救济，或者至少可以寻求一般法律救济。尽管如此，所争议的权利都属于所有权。但是，我们当然不能推论认为，无论何时他人认为对其权利的救济属于"一般损害赔偿"，此时他人就对其"隐私"享有权利。

这种对立分析方法可以帮助解释《美国侵权法复述》所规定的擅自利用他人姓名或肖像的隐私侵权案件，这些案件在一定程度上是异常的，并且当然不全都是"商业的"。在擅自利用他人姓名或肖像

---

① S. Williston, Williston on Contracts § 1418A (3d ed. 1968).
② SeeM. Nimmer, Nimmer on Copyright § 150 (1976).

的隐私侵权诉讼中,我们应该如何作出分析?例如,被告违背原告的意愿,在一个新的政治团体名称中擅自利用原告的姓名①,或者在一份向社会公众公开的请愿书中擅自签署原告的姓名②,或者擅自利用原告的姓名向政府工作人员发送电报③,又或者,无论基于什么理由,一位女士认为她在普通法上是某男士的妻子④,或者在她孩子的出生证明上,她将该男士的名字写在父亲栏上⑤。虽然这些案件已是陈年旧案,并且很少出现,但是对于这些擅自利用他人姓名或肖像的隐私侵权诉讼案件,如果我们只是严格地分析所有权,那么这可能会是一大局限。

但是,我们肯定会认为,他人对于自己的姓名或肖像、身份一般都享有一定的所有权,更有甚者,即便他人无权为了被告所使用的目的而销售或租赁其身份,但是他人此时对于其身份还是享有一定的所有权。总而言之,这些案件可能构成刑事欺诈,某些涉及伪造罪,另一些则涉及虚假陈述或者假冒。原告所享有的某些权利以及对某些事物所享有的乐趣因此受到侵犯,并且根据一般观念,这些权利专属于他人本人享有,而其他人并不享有这些权利。

一般来说,无论对于商业的或者非商业的案件,笔者认为可以将擅自利用他人姓名或肖像的隐私侵权分为三个要素:①行为人的利用行为属于不正当行为;②行为人所利用的是他人的身份;③行为人为了自身的利益。重要的是,在理论上,无论"身份"在相关的意义上是否应该被看作一种所有权,我们都应该将它推定为隐私。

这有助于回顾判例法中相关的分歧:Roberson 一案和 Pavesich 一案。在这两个案件中,原告似乎都没有打算主张被告由于租用了他们的肖像而所需要支付的费用,他们反而主张被告所实施的有损他们尊严的行为对他们所造成的伤害。首先,在 Roberson 一案中,作出异

---

① State ex rel. La Follette v. Hinkle. 131 Wash. 86, 229 P. 317 (1924).
② Schwartz v. Edrington, 133 La. 235, 62 So. 660 (1913).
③ Hinish v. Meier & Frank Co., 166 Or. 482, 113 P. 2d 438 (1941).
④ Bums v. Stevens, 236 Mich. 443, 210 N. W. 482 (1926).
⑤ Vanderbilt v. Mitchell, 72 N. J. Eq. 910, 67 A. 97 (1907).

议意见的法官认为，Roberson 已经"被认得他的嘲弄之人严重地羞辱……"①（即便这些嘲弄之人为能识别他这一事实欢呼雀跃，但是我们也无法听见。）其次，在 Pavesich 一案中，法院认为，由自然法所授予的，并且由《美国联邦宪法》和各州宪法所保障的，Pavesich 所享有的自由权受到了严重的侵害和剥夺。② 总结法院在 Pavesich 一案中所作出的判决意见和 Roberson 一案的异议意见，笔者得出以下结论：在擅自利用他人姓名或肖像的隐私侵权案件中，他人受到损害的来源有二：其一，行为人为了自身的利益而擅自利用他人的身份；其二，行为人为了一时兴起而以冒犯的方式将他人的身份公之于众，否则他人的身份仍处于不公开的状态。

法官对此的建议是，在自由权或者个人尊严方面，需要控制好属于个人的身份的使用。但是，该权利的范围太广，以至于对权利的保护不可能面面俱到。我们从来不能控制也不能希望控制个人的姓名、肖像甚至是历史记录所使用的地方。尤其是，他人的这些身份对外公开，并且在一定程度上属于公共领域。尽管如此，这些身份仍然不属于公共财产，行为人也不能随心所欲地利用它们。

法律应该禁止行为人擅自利用他人的公共身份，并且保障他人对此享有（或不享有）一系列有限的专属权利。因此，在可能并且允许的前提下，他人有权对自己的肖像或者意见制定使用许可证。此外，法律还应该保护他人的姓名或肖像不受行为人的欺诈使用。无论这些利益是否被称为所有权，法律对这些利益所实施的保护行为保障了他人公开的、不属于私有的身份。正如 Bloustein 所想的那样，对于擅自利用他人姓名或肖像的隐私侵权，个人尊严已经岌岌可危，但是个人隐私还没有受到如此大的侵害。

如果我们认为，在这些案件中，"隐私"存在风险，那么这就扩大了隐私理论的范围，不仅超出了法律的需要，几乎与所有权和欺诈相关法律中的相似概念一样，而且还超出了相关法律定义的可能性。如果他人的隐私和身份都丧失了，那么这会导致我们将没有概念可以

---

① Roberson v. Rochester Folding Box Co., 171 N.Y. 538, 542-543, 64 N.E. 442, 448 (1902) (dissent).
② Pavesich v. New England Life Ins. Co., 122 Ga. 190, 197, 50 S.E. 68, 80.

叙述性地或者规范性地区分私人身份和公共身份。照此情形，隐私权必然会变得毫无意义，因为它背弃了曾经的保护范围，不断扩大其适用范围。

（二）公开丑化他人形象的隐私侵权

Prosser 教授将下一种隐私侵权类型称为"公开丑化他人形象的隐私侵权"。这是一个稍微令人困惑的暗喻，因为实际上，此种侵权行为的焦点主要不在于他人的个人人格（这事实上是副作用），而在于公开行为。也就是，在某种意义上说，这使社会公众盲信行为人所公开的他人形象。在定义上，这些案件中的行为人至少必须有两方面的侵权行为：第一，丑化行为。也就是说，无论过失还是故意，行为人歪曲他人的某些事实或者意见。在这方面，行为人很容易就可以基于任何目的而歪曲他人；第二，公开行为。也就是说，行为人在社会公众面前公开他人的形象。

笔者承认，社会公众在生活中很容易就可以注意到人们的某些身份。讽刺的是，在这方面，隐居者却是最引人注意的。通过承认一个最低程度的事实，也就是隐居者很容易会刺激人们的好奇心，那么我们就可以承认隐居者其实是最容易引人关注的。不可避免的是，人们都有一种其他人可以识别的身份。简单地说，这和名誉十分相似。由于司法判例加强了人们的共同预期，所以在这一"合理的"预期范围内，与社会公众的好奇心理和关注焦点相伴，他人仍然经常遭受行为人对其进行轻微程度的丑化行为。

首先，在某种意义上，这并不具有《美国联邦宪法第一修正案》（以下简称为《第一修正案》）所规定的"新闻价值"。比如，对于一篇涉及人们步行上班的文章，如果有一个人谈及一条特别的道路，那么任何一个作者都可能会把他辨别出来。即便作者认错人了，要么因为那个人不在现场，要么因为虽然那个人在现场，但他在干别的事，但是作者可能最多也只不过是撤回他的辨认，或者在日后的日子里纠正他的辨认，甚至更可能不再辨认他。① 在美国，我们需要感激《第一修正案》对这些自由权利所作出的规定，或者如果你愿意，可

---

① SeeMiami Herald Publishing Co. v. Tomillo, 418 U. S. 241 (1974).

以将它们称之为"不方便的权利"。从一个较为狭隘的角度出发,新闻媒体和现代社会公众对他人进行一些轻微的、"合理的"关注,这并没有侵犯他人的任何权利。

其次,法律必须区分私人身份和公共身份。在某种程度上,虽然该种区分必须是叙述性的,并且符合我们对于隐私的感知,但是该种区分又必须是规范的,需要按照权利划分的界限分配权利和救济。在对隐私概念下定义时,困难主要在于这种划分的功能,即任何法律概念都必须得以执行,或者至少权利必须得以执行。

对于公开丑化他人形象的隐私侵权案件,它们尤其注重向社会公众公开的范围。在某种程度上,现实存在多种多样的丑化行为,行为人通过这些丑化行为反常地歪曲他人的形象。在 Pavesich 一案中,被告明确地公开丑化了 Pavesich 先生的形象,而在 Roberson 一案中,如果被告有对 Roberson 实施公开丑化行为,那也是暗含的公开丑化行为。无论有没有丑化行为,这两个案件的原告都还可以基于擅自利用他人姓名或肖像的隐私侵权而获得救济。无论行为人所擅自利用的身份是否属于他人的隐私,行为人所擅自利用的他人身份这一要素对于侵权行为的构成并没有什么影响。然而,公开丑化他人形象的隐私侵权案件与擅自利用他人姓名或肖像的隐私侵权案件的立足点一样吗?它们是否超出隐私的分析范围呢?

Prosser 教授首次发现公开丑化他人形象的隐私侵权是在 Lord Byron v. Johnston 一案[1]中。在该案中,法院认为,为了诗歌能够更广泛地传播,作为权宜之计,被告在一首很烂的诗上署上了 Byron 的名字,但是诗人从未写过这首诗,甚至都不知道自己已经"写"了这首诗。Wigmore 曾经将此称为"针对虚假署名所产生的信赖表达而享有的权利"[2]。然而,在 Byron 一案中,并且在大多数其他案件中,虚假署名会给行为人带来某些获益。所争议的署名权属于著作权:保障自己的姓名使用于自己的作品或者所信赖的事情。如果行为人支付了一定的对价,获得他人的同意,那么行为人所实施的行为就没有侵犯他人所享有的署名权。当 Warren 和 Brandeis 研究著作权类推时,

---

[1] 2 Mer. 29, 35 Eng. Rep. 851 (1816).
[2] Wigmore, The Right Against False Attribution of Belief Utterance. 4 KY. L. J. 3 (1916).

他们发现著作权侵权不需要进行隐私分析。然而，他人所享有的独处权包括阻止行为人侵犯自己的姓名或肖像的权利，也就是说，行为人不能为了自身的目的而擅自利用他人的姓名或肖像，他们的此种行为侵犯了他人的独处权。但是，独处权也同样适用于他人的住宅或者庭院。毫无疑问的是，在所有这些案件中，他人所享有隐私利益和权利与其他人是密切相连的。尤其对于包括名誉在内无形财产的安全，他人所享有的这些独处权可以或者更好地保证其享有必要的救济。

对于行为人商业利用他人某些身份的行为与过失，或者故意丑化他人形象的行为，这两者可能是同样的侵权行为，也可能不是同样的侵权行为。此外，在没有侵害他人特定的或者明显的人格的情况下，这两个行为或者其中一个行为都有可能造成损害。通常来说，就 Byron 一案而言，公开丑化他人形象的案件涉及对他人公共身份的滥用，并且该滥用行为是可诉的。也就是说，与一般的名誉侵权诉讼相比，如果我们可以更细致地测量他人的名誉，那么此时他人对于行为人的侵权行为所产生的不满就不在于隐私受损，而在于名誉受损。然而，这是一个由条件词"如果"构成的假定。

实际上，在类型多样的侵权范围内，我们应该如何对公开丑化他人形象的侵权行为进行定性呢？虽然公开丑化他人形象的行为既可能涉及名誉侵权，也可能涉及隐私侵权，然而名誉侵权的司法救济措施比较敏感。在名誉侵权中，原告很难主张侵权行为、提出证据证明侵权行为，或者就侵权行为寻求救济。"名誉"的概念（损害亦同）充满各种根深蒂固的怪癖、漏洞和不一致。因此，在公开丑化他人形象的案件中，甚至是他人能举证证明受到的损害属于"多年以来，法律为限制名誉侵权而制定的种种例外情况"，对于此时他人能否就行为人所实施的侵权行为获得救济，正如 Prosser 和 Wade 所提及的[①]，人们对此会有隐藏的法律歧义，并且这些歧义是强有力的。

不可否认的是，公开丑化他人形象的侵权行为存在救济的困境，或者甚至说它经常需要适用衡平法才能得出合理的结果。尽管如此，原告所主张的损害在于向社会公众公开的行为，而不在于隐私。然而，名誉侵权和隐私侵权这两种混乱的救济困境只会导致法官推迟对

---

① Wade, Defamation and the Right of Privacy, 15 VAND. L. REV. 1093 (1962).

名誉侵权法律的必要改革。公共身份需要法律的保护，但是在法律上，名誉侵权的诉讼理由未必能为他人的公共身份提供肯定的保护，并且，隐私侵权的诉讼理由不能证明保护他人的公共身份是正当的。然而，如果他人根据名誉侵权的诉由为他人的隐私提供救济，这也是不对的。在救济和原理方面，如果公开丑化他人形象的侵权行为是具有名誉毁损性质的虚假陈述，并且不具有高度冒犯性，那么此时公开丑化他人形象的侵权行为应该属于名誉侵权。

识别到这一点将有助于缩窄公开丑化他人形象侵权行为的理论范围。经常在针对新闻媒体或者其他类似的被告所提出的无力的甚至是滑稽的名誉侵权诉讼中，原告会以模糊不清的隐私概念支撑他们的诉讼理由。在这些案件中，撇开《第一修正案》不说，因为被告几乎没有实施什么实际伤害行为，所以原告所要求的损害赔偿一般都是琐碎的，甚至正如 Prosser 和 Kalven 所暗示的那样，他们所要求的损害赔偿是过高的。

对于原告假装以名誉侵权为由向法院提起这些"隐私"侵权诉讼，但此说法并不是在诋毁许多严肃的、实质的案件。例如，有一个对于此种侵权类型有意义的例子：被告在一篇关于出租车司机具有欺骗倾向的新闻报道中使用一位诚实的出租车司机的头像作为插图。① 即便因为没有消费者或者雇主留意到照片，或者因为该新闻报道发布在另外一个城市，从而我们推定照片上的出租车司机的行业名誉没有受到损害，但是基于社会公众会冒犯他公开的、专业的身份，所以他仍然蒙受了冤屈。毫无疑问的是，原告可获得的一般损害赔偿可以抚慰他的冤屈（正如我们所推定的，因为行为人并非在明确具体的其他人面前进行丑化他人，所以他人的名誉只是受到一般损害，而不是具体损害）。总而言之，对于新闻媒体所实施的诋毁出租车司机职业诚信的侵权行为，法律需要给予出租车司机一些适当的救济。但是在这些案件中，人们必然还会质疑，为什么原告不能以名誉侵权作为替代的、潜在的诉讼理由？对于这个问题，只有一种公平的回答：因为名誉侵权难以辨别，所以原告以名誉侵权作为诉讼理由不容易胜诉。

---

① Peay v. Curtis Publishing Co., 78 F. Supp. 305 (D. D. C. 1948). See also F & J Enterprises v. Columbia Broadcasting Sys., 373 F. Supp. 292 (N. D. Ohio 1974).

相比而言，公开丑化他人形象的隐私侵权具有更大的胜算。即便某些法官倾向于支持一种模糊不清的新侵权类型而不是原有的侵权类型，但是诉讼律师当然不会把赌注压在法官身上。

但也不能够像 Bloustein 说的那样："在这些案件中，作为其他所有隐私侵权案件的特征，他人个人人格和尊严的受损程度超过他人名誉受损的程度。"毫无疑问的是，在隐私的语境下，他人的人格和尊严是首当其冲的，而且隐私领域有时也是相当重要的。但是，无论我们是否希望，我们自己生活的范围需要扩展至另外一个领域，在那个领域中，我们大多数人都不能控制或者不能期待控制其他人对我们的意见或者看法。虽然行为人所实施的冒犯他人尊严的每一次行为都会给他人的内心世界造成影响，并且甚至是强烈的影响，但在法律上，这都不是根据他人自己就可以审理的侵权行为。在大多数的时间里，我们必须明白一个道理，也就是，棍棒和石头会伤害我们的筋骨，但是姓名和照片绝不会伤害我们的身体。当姓名和照片真的对他人造成伤害时，社会公众所关注的另一个法律概念将替我们承受伤害，而这个法律概念就是：名誉。

他人对私人身份曝光率的控制行为与对公共身份曝光率的控制行为有很大的区别。总而言之，这两者的界限在于，他人自身必须经常在一定程度上对于什么保持不确定性。但是，因为法律对隐私的保护存在一定的界限，所以这必然会排除许多或者大多数的公开丑化他人形象的侵权案件。

对于多种多样的侵权行为进行一定程度上的分析，笔者得出以下结论：第一，根据 Prosser 教授对"隐私"权判例所作出的多种法律救济的中心论分析，"擅自利用他人姓名或肖像的隐私侵权"属于最外围，离中心最远。此种隐私侵权类型保护他人的公共身份，甚至是外围的公共身份。第二，对于"公开丑化他人形象的隐私侵权"，除了错误地将他人姓名或肖像与其他人的产品、意见或者行为相结合，暗示他人需要承担某些承诺之外，这些案件的判决并没有指出，法官要求行为人实施了任何实际侵害他人隐私的行为。在这些案件中，法院认为，通过利用他人的一种或者另一种身份，以及通过含蓄地或明显地丑化他人形象，行为人所实施的行为侵害了他人特定的权利以及个人尊严利益，或者在广义层面，行为人的行为侵害了他人自身的利益。通常来说,行为人所实施的行为既侵害了他人特定的权利以及个人尊严利益,同时也侵害了他人自身的利益。然而,如果认为行为人的行为构成侵犯他人隐私的行为,这会阻碍私人身份与公共身份的后续区分。在《第一修正案》的案件中,不能区分私人区域与公共区域就导致了谬论。

根据隐私理论,将"擅自利用他人姓名或肖像的隐私侵权"和"公开丑化他人形象的隐私侵权"纳入隐私分析的范围,这就是承认隐私侵权的多样性以及隐私侵权范围的包容性,并且否认多种多样的侵权所存在的弊端。此外,这也意味着承认隐私定义包括两个不受限制的术语:身份和控制权。困难不在于这两个术语本身,因为它们必须加强隐私权的理解基础,然而,困难在于不能对它们进行限制。

三、亲密行为与自治权

各种各样的隐私判决不可避免会出现混乱,正如 Paul Freund 所说的那样,隐私仍然看起来像"一个过于广泛的概念",包括法律规则和法律原则。根据我们对隐私所下的定义,我们必须采取某些办法,防止过于广泛的隐私概念将自己都吞没了。在适用法律概念时,我们必须对它们进行区分。一旦它们混淆不清,它们就不能在需要的地方发挥作用,我们也不能利用这些法律概念对判决的事实、价值和政策进行分类。限制不仅对于合理的经济体制来说是必要的,而且这对于法律体系来说也是必要的。一个没有任何限制的概念大概根本不能称之为概念。

如果没有对隐私概念作出任何限制,那么这不仅对许多隐私侵权的主张造成困扰,而且还会困扰许多试图给概念本身下定义的行为。例如,Alan Westin 所作出的具有影响力的定义:"所谓隐私,就是指个人、群体或者组织有权决定他们的信息于何时、以何种方式以及在何种程度上向社会公众公开。"正如 Plato 所说的那样[1],Westin 在内心对于隐私有一个集大成的定义,该定义包括在不同领域,甚至是在不同文化中,对于某一现象的所有例子。Westin 写道:"根据个人与社会参与的联系,隐私是指个人自愿暂时脱离一般社会生活的那一部

---

[1] See Plato, Sophist 226a.

分……"但是除了对"社会参与"的"要求",Westin 对隐私概念的定义并没有涉及限制条款。也就是说,在法律的语境下,该定义包括太多内容。

长期以来,我们所使用的隐私概念一直都过于宽泛,法学学者不需要求助于哲学家就能知道概念在逻辑上和法律上的弱点。即便作为一个法律概念,Westin 对概念所下的定义当然是引用率最高的和最值得学习的①,但它还是没有对隐私权作出限制,为其提供慎重的救济。想象一下,根据这样一个宽泛的定义,如果我们要对他人所享有的隐私权提供损害赔偿救济,并且对行为人实施处罚,那么我们必须要颠覆"老大哥主义"(Big Brotherism)。只有当他人的权利和人身处于非常危险的境地时,他人才会打探他们的同伴。从这种极端的角度出发,Westin 可能会被认为采取了逻辑上的提喻法,也就是通过全体来定义个别:他所制定的概念很宽泛,表面上包括对他人、组织或者机构所有信息的全方位控制,而隐私只是其中的一部分。当然,无论在法律上还是在生活中,隐私都应该只是更小的一部分。

正如 Bloustein 所描述的隐私特征一样,Westin 在隐私概念的定义中设置了两个关于隐私的重要推定:控制权("他人决定自身的权利")和身份("他人的信息")。然而,除了一个十分模棱两可的术语"诉求",也就是,原告所主张的诉求需要是种种诉求的基础本身之外,Westin 甚至比 Bloustein 对隐私定义规定了更少的限制。Warren 和 Brandeis 通过 Cooley 的"独处权"开始着手研究隐私权。但是,所有这些研究都暗含着一个隐私概念,这个概念包罗万象,实际上包括我们意指隐私的所有事情,但是在权利和救济的重要连接点,这不能剔除与隐私概念相关的其他概念。

对于这里所说的隐私概念,亲密行为是其主要的限制性概念——亲密行为既与身份相关,也与自治权相关,并且,亲密行为与自治权的关系更加微妙和复杂。然而,为了使论证更加简单,我们必须要考

---

① See A. Breckenridge, The Right To Privacy (1970); A. Miller, The As-sault On Privacy (1971); M. Slough, Privacy, Freedom, And Responsibility (1969). But see, criticizing Westin, Greenawalt, Privacy and Its Legal Protections, 2 Hastingscenter Studies 45, 45 – 49 (1974).

虑在宪法层面判断侵权行为的判例。毫无疑问的是，我们现在需要对隐私权规定不可缺少的界限。Prosser 教授的隐私侵权四分法所剩下的两种隐私侵权行为与此有交叉之处：第一，行为人故意现实地侵扰他人安宁的隐私侵权；第二，为了使他人尴尬或者羞辱他人，行为人通过故意公开他人私人生活而在心理上侵扰他人的隐私侵权。

关于这两种隐私侵权类型的普通法判例不需要单独的阐述或解释。与所有权法十分相似，它们涉及简单的侵扰行为。然而，如果对它们作出更进一步的分析，那么我们会发现，它们侵犯的是他人的隐私，而不是他人的土地或者动产。这些案件的情形包括行为人在未经授权的情况下故意进入他人的房间或者住宅，进行不正当的搜查行为、窃听行为或偷窥行为，或者与这些行为性质相似的其他行为。这些案件的要旨在于，行为人因好奇而实施侵权行为，他们窥视他人的私人生活和私人事务，他人就这些侵权行为寻求救济。在隐私概念中，对于亲密行为这一限制性规定与自治权这一扩张性规定，这些案件都可以阐述这两者之间的基本关系。

根据两个最有力的判例，我们可以构建这两种隐私侵权类型的范例。De May v. Roberts 一案①是密歇根州的案件，法院在 Warren 和 Brandeis 撰写《论隐私权》之前数年就已经对此作出了判决。在该案中，一个具有不祥之名的门外汉 Scattergood，跟随一名医生走进一间房间，房间内有一名孕妇躺在床上等待分娩。法院认为，Scattergood 以欺骗的借口进入了房间。该欺骗归咎于 De May 医生，因为他没有告诉 Roberts 夫妇 Scattergood 并没有经过医学上的训练这一事实，而 Roberts 夫妇推定 Scattergood 经过医学上的训练。因此，在"未被告知"的情况下，Roberts 夫妇对 Scattergood 在房间出现的默许同意是无效的。然而，除此之外，法院并没有找到法律上的依据支持它的判决。法院只能认为："分娩的情形是最神圣的……"② 此外，Roberts 太太"对于当时她住所内的隐私享有法律上的权利"。

在 Griswold 一案的前一年，法院已经对 York v. Story 一案③作出

---

① 46 Mich. 160. 9 N. W. 146（1881）.
② 46 Mich. at 163，9 N. W. at 149.
③ York v. Story, 324 F. 2d 450（9th Cir. 1963），cert. denied, 376 U. S. 939（1964）.

了判决。York 一案涉及联邦公民权利，也就是说，一个警察以欺骗的手段获得了一个年轻女人的同意，对她的裸体进行拍摄，并且要求她作出各种各样不检点的拍摄姿势。在 York 一案中，作为犯罪的受害者，York 前往派出所报案。被告警察声称，他有义务对她的伤势进行拍摄，以便"保存犯罪证据"。① 随后，被告的同事之间复制和传播涉案照片。被告的律师主张认为，作为警察，他们全部人都有权检查"证据"，因此他们才"保存"案涉照片。

根据不同的方式，这两个案件都是史无前例的：第一，De May 一案大概是最早明确支持隐私权的（并且肯定是涉及最少自我意识的）普通法判例。第二，York 一案在救济方面没有援引联邦先例，并且其起诉依据是对隐私没有规定的 1871 年《民权法案》（*Civil Rights Act*）②。在这两个案件中，可以理解的是，比起法律概念，法官更加肯定他们的法律直觉。然而，令人费解的是，为什么他们认为需要把这些法律直觉放在一个新的普通法概念或者一个关于隐私的联邦公民权利之中？

可以肯定的是，对于这些现实地侵扰他人隐私的行为，这两个案件的判决都阐述了侵权法甚至是宪法对于救济所存在的漏洞。此外，尽管依据侵权法和所有权法的其他概念，De May 一案的判决毫无疑问也可以得到支持：该案涉及行为人现实侵入他人房间，行为人的行为甚至属于袭击，因为 Scattergood 一度触碰了 Roberts 太太。然而，在 York 一案中，原告以《美国联邦宪法第四修正案》为由支持其部分主张。除了隐私这一主张之外，难道就没有其他概念可以使原告获得救济吗？

然而，在这些案件中，行为人并没有实施现实侵扰行为，虽然现实侵扰行为经常存在于其他侵权领域，现实侵扰行为也是我们对隐私保护的核心对象，影响着我们对隐私的期待和直觉，因此我们有权阻止行为人所实施的现实侵扰行为。根据侵权法、所有权法或者宪法对于不正当行为的其他有效标准，如果没有共同的损害，那么在这些案件中，损害是最小的。直到我们承认，造成损害的原因并非是未经允

---

① 324 F. 2d at 454 n. 6.
② 42 U. S. C. § 1983 (1970).

许的触碰行为或者未经授权的搜查行为，此时原告才能获得公平的损害赔偿，无论是一般损害赔偿还是特殊损害赔偿。相反地，行为人的行为所损害的是他人特有的人格尊严以及在隐私合理期待范围内的自由。在这些案件中，行为人所造成的这些损害与羞辱相伴随，并且至少不全都是微不足道的。

当然，总的来说，无论是在政府体制内还是政府体制外，如果我们要防止行为人所实施的此种侵扰行为，那么我们需要求助于普通法或制定法的其他部门法所保障的权利。尽管如此，在这些关于现实侵扰行为案件的判决中，隐私仍是一个不可缺少的概念。在隐私概念的帮助下阅读这些案件，我们会发现，这些案件为生活中隐私期待的核心规定了界限，隐私期待主要在于他人对于分享亲密行为的控制权，并且这些隐私期待并非属于巧合。对于最亲密的物理身份的控制权所保障的多种多样的价值，其他人已经有充分的讨论。如果没有这些控制权，那么作为人类所特有的爱、思考和选择权，大多数都不能在社会中得以发展，甚至是生存。

作为个人，最基本的要素是身体，如果我们对身体有控制权，那么所有问题将迎刃而解。对身体的控制权是自治权的第一个形态和必要条件，相比之下，对于不是圣人或禁欲主义者的人，对身体的控制权属于自治权的所有形态。无论其规范性承诺的来源是什么，任何合理的隐私概念都必须把身体作为控制个人尊严首要的、最基础的要素。

Stephen关于礼仪的共同直觉规则与此一致：礼仪当然来源于人与人之间的互相尊重，允许任何个人有权控制自己身体上的亲密行为。对于一个规范性的判断标准，即便它具有较少的合意，但不欠缺直觉性，如自然法和基本权利，它也需要有某些明确的参考标准。否则，诉讼请求、判决或者救济都不会有效地适用此标准。

在隐私的讨论过程中，身体这一要素并没有完全被忽略。Richard Parker已经尝试将隐私的定义限制在身体及其各部分之内。他写道："所谓隐私，是指他人享有控制其身体的各部分于何时向何人公开的权利。"该定义很规范，具备宽泛概念所丧失的适用性。与之相比，Westin对隐私所下的定义比较灵活。Parker明显认为："这是为了使隐私的概念可以对陪审团、原告和法庭意见作出指导。"

尽管如此，在应急的情况下，Parker 的定义将陷入过度延伸或者延伸不足的谬论。首先，根据 Parker 的定义，笔者的任何想法无一属于隐私，因为它们都不属于笔者身体的一部分。事实上，根据 Parker 的定义，根本没有任何信息可以直接单独被看作隐私。只有在行为人通过"他人身体各部分能感知"的方式侵犯他人对信息的控制权的情况下，行为人所实施的行为才涉及侵犯他人隐私权的行为。

其次，概念过度延伸的问题甚至更加明显。感知他人的身体与了解他人的身份一样，Parker 所认为的感知（sensing）是了解（knowing）的一种形式，例如，有意识的、聪颖的，等等。不管怎样，虽然他人享有隐私权，但是该权利必须忍受行为人对其有某些"感知"和"了解"。在诉讼中，隐私权的争议往往是，究竟行为人对他人的感知和了解有多少才算是过多。根据 Parker 的定义，行为人对他人的所有感知（也就是所有 Westin 所称的了解）受制于他人的隐私。在一条道路上，没有两个人能在不侵犯另一人隐私的情况下通过道路。更确切地说就是，根据 Parker 的标准，对于每一个侵犯他人身体感知的侵权行为，如在他人的下颚打一拳，用膝盖碰他人的腹股沟，甚至是错误逮捕，这些侵权行为都构成对他人隐私的侵犯。当然，根据隐私权的要求，为了进一步限制他人对身份的控制权和自治权，即便在涉及身体的情况下，也必须要有另一个概念限制行为人的了解（或者感知），并且可能要代替了解（或者感知）。否则，像 Westin 一样，Parker 对于隐私所下的定义将会使我们放弃许多自由而实现绝对的隐私，并且最终变成绝对的隔离。

这里所需要的就是亲密行为的概念。无论行为人何时剥夺他人对自己身体的亲密行为和内心世界所享有的控制权，他们所实施的行为都违反了自治权本质上的共同标准，构成侵犯隐私的行为。亲密行为本身往往是内心意识的体现，允许其他人接近身体的各部分以及内心世界，在这个范围内，它至少可以一般地或者具体地将未被邀请的人拒之门外，不让他们接近。即便作为一种感知，亲密行为也并非纯理论的，它反而是直接的、个人的以及双方同意的，当然它也属于隐私。我们应该只对我们所选择的人分享自己的亲密行为。因为分享这种感知会使隐私权处于危险境地。无论何时，如果他人的亲密行为被行为人间接地获知，也就是与个人无关地、非自愿地，并且被公之于众,那么亲密行为的价值将丧失或者消除。

与多种侵扰行为相比,现实的侵扰行为与精神的侵扰行为之间的区分对于亲密行为的控制权没有多大用处。无论在两种侵扰行为的任何一个案件中,亲密行为的概念都是一样的,并且是连接内心与身体的一个重要连接点。无论是否采取直接的现实手段,几乎所有隐私侵权行为都比不正当的侵扰行为暴露我们更多的事情,而行为人所实施的不正当的侵扰行为会导致不正当的观察和不正当的感知,这所有都既与现实的个人身份相关,也与精神上的个人身份相关。

个人思想必须来源于个人身体,个人身体概念的适用仍然十分清晰,从而限制隐私的法律保护。然而,正如在任何有价值的判决中,这里必然存在直觉,但是是有限制的和必要的直觉:在一定程度上,我们将根据直觉直接判断身体上和精神上的哪部分属于私密和隐私。对此,Griswold 一案大概是最好的判例。并且,对于隐私、亲密行为与自治权三者在概念上的关系,该案为我们提供了更多关于这三者在《美国联邦宪法》上的理解。

在 Griswold 一案[①]中,由 Douglas 大法官所撰写的判决意见没有对公民的身体作出过多讨论,它本质上甚至表明,美国联邦最高法院认为,即便隐私与自治权之间不能互相连接,但是它们之间有一重要的关系。康涅狄格州的制定法不仅禁止夫妻使用避孕工具,而且禁止其他人对于夫妻使用避孕工具的帮助行为或教唆行为,美国联邦第六巡回法院、美国联邦巡回上诉法院、康涅狄格州最高法院均对该案作出定罪判决,美国联邦最高法院对定罪判决进行审理。美国联邦最高法院以 7∶2 的比例作出了判决,认为这些规定侵犯了"法律所保护的自由领域"[②],其中包括"由数个基本的宪法保障条款所创建的隐私范围内的关系,如婚姻关系"[③]。无论是在法庭上还是在法庭外,Griswold 一案的判决意见造成许多争论,这些争论大多数都指向隐私权这一推断,要么根据《美国联邦宪法第一修正案》《美国联邦宪法

---

① 381 U. S. 479 (1965).
② 113 81 U. S. 479, 485 (1965), citing Naacp v. Alabama ex rel. Flowers, 377 U. S. 288, 307 (1964).
③ 381 U. S. 479, 485 (1965).

第三修正案》和《美国联邦宪法第五修正案》，要么根据《美国联邦宪法第九修正案》，要么单独根据《美国联邦宪法第十四修正案》。然而，我们的问题不在于推断的来源，而在于推断的结果。

在 Griswold 一案中，所谓隐私，是指在没有获得所有者同意的情况下，或者在某些情况下，没有特殊的和强制的正当理由，政府执法人员不能侵入公民的住宅。因此，《美国联邦宪法第四修正案》阻止政府执法人员对公民的"人身、住宅、文件或财物"实施"无证搜查或扣押行为"。但是，无论根据事先颁发的搜查令或扣押令，还是根据后来在紧急情况下所发现的正当理由，对于这种类型的搜查行为，也就是侵扰行为，它们可能会得到公民的同意①，或者基于特殊的正当理由而具有正当性，因为它们是在调查犯罪。② 将此上升到一个更抽象的层面就是，我们可以把隐私区域描述为一个个人自治的法律岛屿，它处于公共规则和社会交际这一片大海的中间。按照比喻的说法，在没有获得邀请或者正当理由的情况下，登陆岛屿往往是不被允许的。但是这里比喻和自治权概念的难点很明显：除了政府执法人员所实施的现实侵扰行为之外，还有什么行为可以构成"登陆岛屿"的行为？

在 Griswold 一案中，美国联邦最高法院认为，康涅狄格州的刑事法律侵犯了被告的隐私。但是为什么并且怎样侵犯了被告的隐私呢？答案并不在于，法律必须止步于在私人人身、住宅和财产这些想象的或者虚构的界限。然而，这并不是正确的答案。例如，虽然你邀请某人分享你的住宅或者床铺，但是他/她仍然受到与杀人相关的制定法的保护，或者甚至由于健康状况而受到警察的保护。一般来说，政府执法人员不能以这些法律为由侵扰公民的隐私区域，因为公民仍然可以要求政府执法人员就其侵扰行为提供解释。③ 相反地，无论何时，如果政府执法人员有充分的正当理由，根据刑事犯罪或者其他法律，无论被禁止的行为是否发生，他们所实施的侵扰行为都是正当的，即

---

① See, e. g., Schneckloth v. Bustamonte, 412 U. S. 218 (1973).
② See, e. g., Coolidge v. New Hampshire, 403 U. S. 443 (1971).
③ See, e. g., Bivens v. Six Unknown Named Agents of the Fed. Bureau of Narcotics, 403 U. S. 388 (1971) (holding that violation of the fourth amendment by a federal agent acting under color of law gives rise to a cause of action for damages).

便他们所实施的行为针对公民的"隐私"。

答案在于自治权。为了保护隐私与自治权之间的关系,我们将必须对后者的概念进行描述:虽然自治权不能要求全部法律或者大部分法律在隐私区域内适用豁免,因为在法律体系中,该要求未免太过分,从而将导致法律体系的虚无①,而使他人在隐私区域内想怎样就怎样,不受任何约束。如果隐私与法律两者之间相互排斥,那么这两者都不能得以生存,它们必须是同时共存的和相互重叠的。此时,自治权的概念需要有更狭窄的范围。

实际上,自治权是指公民对自己或者州对自己的法律作出规定的一种状况,也就是自主的内在规则。但是,这毫无疑问走得太远了。康德②以及在他之前的卢梭③提出了理性主义的自治权,对于理性以及自由提出各种异想天开的想法或挑战。然而,无论我们如何定义这些理性主义的自治权,它都不会带我们走得很远,或者甚至是走对的方向。在政治和伦理方面,自治权意味着,对于外界控制或者当权者,公民享有最低限度内的独立自主;在古希腊的城邦时代,自治权是指一个城市独立于其他城市;在康德的理性主义伦理学中,自治权是指公民独立于其他冲动的念头。

我们应该如何理解 Griswold 一案所宣称的隐私区域,或者自主区域?首先看来,并且也是最后的结果,自主似乎来自于州的规定。但是在该案中,州的相关规定并不能对此提供有效的解释,因为如果政府执法人员根据州的规定来执行,那么他们必然要进入公民的隐私区域。不可否认的是,当政府执法人员实施搜查行为、扣押行为或者逮捕行为时,他们必须有相关的解释理由或者特定的正当理由,因为与其他行为相比,如果他们在没有正当理由的情况下实施这些行为,这构成对公民隐私的不合理侵犯。Douglas 大法官提出质疑:"我们是否允许政府执法人员在有迹象表明使用避孕工具的情况下搜查已婚夫妇

---

① See, e.g., H. L. A. Hart, The Concept of Law (1961); J. Raz. The Concept of A Legal System (1970).
② See I. Kant, Groundwork of The Metaphysic of Morals 98 (1961 ed.). See also Dworkin., Autonomy and Behavior Control. 6 Hastings Center Report 23 (1976).
③ See J. J. Ro Usseau, The Social Contract 169–307 (E. Barker ed. 1969).

的寝室这一不容干涉的领域呢？"① 但是，如果政府执法人员对于其他被禁止的行为有正当理由的怀疑，那么他们可以实施这些搜查行为。

　　为什么对于其他被禁止的行为，自治权和隐私可以作出让步，但是对于该行为就不让步了呢？唯一的答案就在于：一方面，与隐私相关的自治权需要得到进一步的限制；另一方面，对于身体上的和精神上的亲密行为，没有人希望政府有权对此进行规制。在 Griswold 一案中，Douglas 大法官认为"可恶的"不在于政府执法人员对夫妻（或者只是未婚男女）的寝室所实施的搜查行为，而在于他们所实施的此种搜查行为是康涅狄格州关于"婚姻关系"的相关法律规定促成的②，并且该法律规定只是针对婚姻关系中的亲密行为。正如 Brennan 大法官在 Eisenstadt v. Baird 一案③中所认为的："如果隐私权意味着什么，那它就意味着，无论结婚与否，对于影响公民个人是否决定生育小孩的事情，公民个人享有免受政府执法人员干预的权利。"

　　从美国联邦最高法院在 Eisenstadt 一案中所确立的规则，到 Roe 一案关于堕胎的判决，这既不是不着边际的，也不是像某些评论者所暗示的那样没有根据。④ Roe v. Wade 一案⑤遗留了很多未回答的问题，甚至还未质问的问题。尤其是，美国联邦最高法院最后明确认定，根据《美国联邦宪法第十四修正案》，公民享有隐私权，但是公民隐私权的范围和效力问题仍未解决。Blackmun 大法官写道："隐私权'十分广泛'，足以让她自己决定是否终止妊娠。"但是为什么呢？判决意见对此并没有陈述理由，而只是依据不确定的司法先例，包括 Griswold 一案和 Eisenstadt 一案，并且毫无疑问地将强迫女人继续怀孕视为一种"伤害"，即便此种"伤害"仍然是不确定的。尽管如此，显而易见的是，我们可以援引隐私作为堕胎的抗辩理由。一个女人对于堕胎与否的决定大概比其他任何决定都要私密，这体现了她的身份和自治权。在某种程度上，这个决定至少只（或者主要）对她

---

① 381 U. S. 479, 485 (1965).
② 381 U. S. 479, 485 (1965).
③ 405 U. S. 438 (1972).
④ See Ely, The Wages of Crying Wolf: A Comment on Roe v. Wade, 82 Yale L. J. 920 (1973).
⑤ 410 U. S. 113 (1973).

自己的性行为和生育能力产生影响。虽然在避孕和堕胎之间存在一道伦理的界限，通常认为：堕胎对新生命造成"深沉的、似乎绝对的罪恶"①。但是，这道界限必须被认为是在隐私权和它所保障的自治权的范围之内。自治权之所以赋予人们这样的个人决定权，不单单是因为这属于基本权利，而且还因为美国联邦上诉法院在 Eisenstadt 一案所强调的（以及美国联邦最高法院在 Roe 一案所显然总结的），这些决定权是基本的、私密的，并且对于"所主张的伤害"是无辜的。

在 Eisenstadt 一案中，美国联邦最高法院明确地放弃最后的限制，将夫妻可以使用避孕工具的规则扩大至未婚男女。不可否认的是，虽然州禁止未婚男女使用避孕工具的相关规定和 Griswold 判例之间的不一致违反了平等保护条款，但是把判决限定在相等保护条款的范围内是不必要的。尽管如此，我们还可以通过隐私和自治权对该案作出分析。然而，这会将法官推向知识悬崖的边缘，因为这是一个他们一直回避的严重问题：他们要么在很大程度上推翻公民所享有的隐私权，要么推翻州政府和联邦政府所享有的自由，根据这些自由，政府原本可以对没有造成伤害的行为进行刑事处罚，尽管这与传统道德相悖。

对于伤害的争议在于：我们对于伤害概念的定义以及阐述会限制隐私概念在宪法中的大多数重要适用。肯定的是，在司法上，如果行为人侵犯了他人的隐私，那么行为人应该承担相应的责任。然而，困难只在于，虽然"个人所实施的私人行为"只对私人或者一般公众产生影响，但是他人认为自己因此受到伤害，尤其是大多数人都存在这种感受。因为如果只在审美、宗教或者"道德"层面，某些人可能仍然认为行为人所实施的行为具有侵犯性。这些行为所造成的伤害更是属于"道德"层面的，因为它在很大程度上触犯了民心和道德。然而，在民主社会中，普遍的民心和道德必然在较短的时间内得到政府当局的肯定，并且在法律中有公正的规定。假如政府当局根据刑事法律管制公民的亲密行为，或者私密的和自治的个人生活，那么会怎样？当法官审理这些法律是否违反宪法的案件时，他们都对美国司法的两套规则感到不适，实际上这是宪法上的政策：多数规则与少数权利。明显的是，即便我们希望普遍地、一致地适用隐私权，但是隐私

---

① Roe v. Wade, 410 U.S. 113 (1973).

权往往是"反多数的"。一个最近的例子表明，这些关系或者险境会使法官在隐私权的判决中出现严重的，并且甚至是令人无能为力的困难。例如，美国联邦最高法院最近维持了低级法院的一个判决并认定，在宪法上，同性恋者之间的性行为可能受到刑事控告的制约，即便在成年同性恋者同意的情况下，他们之间所进行的性行为属于隐私。至少，美国联邦最高法院的三位大法官在法庭上克服了他们的困难，在《美国联邦宪法第四修正案》对此没有具体规定的情况下，他们认为，低级法院对该案有司法管辖权，并且确定口头辩论的日期，全面审理 Doe v. Commonwealth's Attorney 一案。① 另外六位大法官投票认为，对于维持低级法院的判决没有意见。因此，对于通过刑法、大多数的社会观念和公开宣称的道德，从而在宪法上限制隐私权的范围，他们忽视了这其中的相关性和重要性，甚至是有效性。

  Doe 一案是由数名男同性恋者提起的，针对的是弗吉尼亚州鸡奸法的执行或者威胁，② 他们要求得到宣示性判决以及禁止令。他们所针对的鸡奸法在 1792 年开始就一直存于弗吉尼亚州各种形式的法律中，并可以追溯到《旧约全书》中的《利末记》一卷和其他古代的法律渊源。③ 法律将这些男同性恋者之间所进行的性行为视为犯罪，并且可以处以一年以上、三年以下的监禁。或者基于传统道德，或者基于立法者意志，弗吉尼亚州一直没有废止该法律，并且该法律允许当地警察和检察官就该行为视情况提起慎重的诉讼，从而对同性恋者构成威胁。对于本案原告来说，这些威胁已经构成恐吓，因为当他们希望进行人与人之间最基本的亲密行为时，他们极有可能因此而被起诉。

  Bryan 大法官在他的判决意见中用以下言辞写出了原告的抱怨："每个男性原告极力主张，当他们与另一个成年男性维持活跃的、正常的同性恋关系时，并且双方同意，这属于他们的隐私，而此时，维吉尼亚州的鸡奸法却认为这属于犯罪行为，所以该法是违反宪法

---

① 403 F. Supp. 1199 (E. D. Va. 1975), aff'd mem., 425 U. S. 901 (1976) (Justices Brennan, Marshall, and Stevens voting to grant certiorari).
② VA. CODE § 18.1 – 212 (1950).
③ 403 F. Supp. 1199, 1202 n. 2.

的。"似乎很奇怪的是，根据原告所主张的宪法上的隐私权，"正常"和"活跃"这些词语出现在某些学者对 Griswold 一案的仔细阅读和评论中。在 Griswold 一案中，Douglas 大法官已经谈及"婚姻关系"，并且他的观点认为，根据狭窄的案件事实，隐私区域内的婚姻关系受《美国联邦宪法》的保护。在 Eisenstadt 一案中，隐私权的范围扩张到未婚男女的性关系方面，判决认为，如果单纯在道德方面，州禁止使用避孕工具，那么该禁止规定应该对全部人均适用，无论是已婚还是未婚，否则将违反《美国联邦宪法第十四修正案》的平等保护条款。然而，批评者认为援引平等保护条款是不必要的。但是，如果只有旁观者认为这些亲密行为造成伤害，那么 Griswold 一案所确定的隐私权还要限制在婚姻关系之中，无论如何都不保护婚姻关系之外的亲密行为了吗？

在 Poe v. Ullman 一案①的异议意见中，Harlan 大法官已经认为，康涅狄格州禁止使用避孕工具的法律侵犯了《美国联邦宪法第十四修正案》正当程序所保护的基本自由。然而，一般来说，《美国联邦宪法第十四修正案》所保护的自由并不是指性行为的自由（或者我们所称的自治权）。相反地，性行为的自由限定在婚姻中的亲密行为范围内，"对于夫妻之间的性行为，州不仅必须允许，而且在每一时期都对此进行促进和保护"。

追随 Harlan 大法官的看法，Harry H. Wellington 在州与任何夫妻之间所制定的社会契约的基础上，合理解释了 Griswold 一案，认为夫妻至少享有有限制的性自治权。根据这一理由，Eisenstadt 一案只是表明，在使用避孕工具这一方面，未婚男女为了准婚姻的亲密行为，享有与夫妻同等的权利。因此，在 Doe 一案中，原告致力于将同性恋之间的关系描述为与婚姻相同的一种关系。

作为一种道德或者行为，同性恋者的性关系和忠诚度与异性恋者一样强烈和持久。并且如果真的如此，那么法律应该允许同性恋者结婚。② 但是，他们需要结婚（或者准结婚）才能保护自己所享有的隐私权吗？如果我们对此作出肯定的回答，那么这会给予州过大的权

---

① 367 U. S. 497, 539–545 (1960) (Harlan, J., dissenting).
② See Note, The Legality of Homosexual Marriage, 82 YALE L. J. 573 (1973).

力，从而可以使其为了某些目的与某些公民建立自由契约，但并非与全部公民建立自由契约。在社会中，成年人之间进行亲密行为的自由属于一个比这里所表明的更加基本的权利。平等保护条款要求一个更加公平的权利分配原则。

Wellington将隐私区域称作"令人遗憾的发明"。本质上，正如他所看到的，Harlan大法官在Poe一案和Griswold一案中主张广泛适用的隐私权。根据判决意见所主张的隐私权，有的人享有隐私权，然而有的人不享有隐私权；有的亲密行为受到隐私权的保护，然而有的亲密行为又不受隐私权的保护。这一划分的唯一变量明显在于州对于一个确定的婚姻状况的承认与否：已婚或者与其相同的状况。

美国联邦最高法院以大多数比例对Doe一案作出了维持判决，认为在宪法上，不存在平等的、一致适用的隐私权，拒绝了原告对于有限制的亲密行为自治权的主张。在理论上，这是最低限度的隐私概念：所谓隐私，是指公民所享有的一种自治权，足以阻止州政府执法人员的侵扰行为、窥视行为，或者政府对于关乎他们个人身份并且没有造成伤害的亲密行为作出规定。根据直觉或者分析的任何标准，这些亲密行为首先与身体以及性行为有关。

在Doe一案中，原告没有侵犯他人所享有的权利，并且他人也没有感到被侵犯。他们在自己住宅内、寝室内所实施的性行为没有造成伤害，并且这是双方同意的行为，他们的该种行为应该受到宪法所规定的隐私权的保护。然而，美国联邦最高法院对Doe一案所作出的判决是错误的，不仅因为它误解了隐私权的效力和范围，而且还因为它没有支持政治上虚弱的宪法权利，并且孤立同性恋者以自己的方式解决生活所需。在类似Doe一案的案件中，唯一需要感激的是，美国联邦最高法院或者任何州立法机构都未曾共同剥夺公民所享有的此种基本的个人自由权。

四、信息性隐私权

所谓隐私，是指公民对于与个人身份有关的亲密行为的控制权或者自治权。对于这三个概念——亲密行为、身份和自治权，它们限制隐私权有效适用的范围。在现实侵扰行为案件和州相关法律规定的案件中，隐私概念的定义依赖于我们一直希望其所具有的意思：第一，隐私权是强大的，因此为了证明推翻隐私权的合理性，在一定程度上，我们需要在政策上有强有力的证据或者紧急情况；第二，隐私权的范围是有限制的，隐私权的力量与其限制之间几乎是直接相关的。

然而，是因为隐私权的定义太过狭窄，从而导致隐私权受限吗？在讨论这种分类时，存在过度定义（over-definition）和过少定义（under-definition），过度定义具有过度的具体性，过少定义具有过多的抽象性。总而言之，概念的适用决定于其灵活性。对于任何法律上的隐私定义，最有说服力的测试是分析其在数个不同类型的案件中的适用情况。到目前为止，我们主要解决的是侵扰行为和法律规定这两个方面的案件。然而，在理论上和宪法上，一种更难的案件类型是，行为人在信息或者知识上侵犯他人所享有的隐私权。

我们在此必须区分隐私和机密这两者的概念。几乎所有不能普遍得到的信息都可能保持机密：暗示的或者明示的相互同意就能满足这一需要。与这些具体的隐私信息相比，隐私本身是一种狭窄的、几乎固定的分类。这里所包括的隐私信息必须在某种字面上是属于隐私的，或者它的内容属于隐私，或者它的用途属于隐私。根据隐私的定义，只有这些隐私信息才对于个人身份的亲密行为有必要性。与机密的标准不同，根据亲密行为标准，这不能单纯由于相互同意就能保持信息的隐私性。此外，只有一个人知道的信息属于隐私，而至少有两个人知道的信息属于机密，即便该信息本质上属于隐私信息。

隐私信息和机密信息都需要法律保护，但是保护的方面和程度是不同的。隐私信息只需要很少的法律保护，但是有时包括强制执行的机密性保护。对隐私信息的保护必然会引起许多关于言论自由的宪法原则和政策的争论，言论自由不仅针对新闻媒体，而且还针对自由公民。并且，如果涉及最高条款①，也就是，只有联邦宪法原则才可能限制另一个联邦宪法原则，那么信息性隐私权与知情权会造成冲突，而这是我们对于隐私概念在宪法上的地位的最后一个测试。

为了使测试公正，我们将在一定程度上人为地"提炼"判例。一般来说，他人信息上的和物理上的隐私往往是同时受到侵犯的。②

---

① U.S. CONST. art. VI.
② See, e.g., . York v. Story, 324 F.2d 450 (9th Cir. 1963).

如果行为人所实施的行为单纯构成侵犯他人信息性隐私权的行为，那么重点不在于行为人如何获取他人的信息，而在于行为人对他人信息的用途。此时，行为人必须"单纯"在精神上对他人构成有意义的侵扰：我们大概可以举这样一个范例，也是 Warren 和 Brandeis 所举的例子，也就是，如果报纸或杂志对于他人某些隐私事实进行出版，那么这会使他人感到尴尬或者羞辱。

然而，在没有实施任何侵权行为或者违法行为的情况下，这些隐私信息可能已经被获知。例如，他人甚至可能在不经意的时候泄露了自己的隐私信息。[1] 并且，即便暂时撇开《第一修正案》不管，法官和陪审团也将面临一些不能克服的困难：首先，在没有现实的或者客观的联系的情况下，如何认定行为人对他人实施了侵犯隐私的行为；其次，在侵权行为发生以及信息被泄露之后，如何为他人提供充分的救济。

对于信息自治权的任何主张，我们似乎必然会徘徊在过少与过多之间：我们致力于将控制权由身份扩展至信息的某部分，因为行为人可能掌握他人的这些信息，但是他人的信息一般过于零散，而不能完整地分割成两部分，其中一部分属于隐私权，而另一部分是公共用途。当我们试图基于这些信息的内容而对此进行划分时，我们进入了一个法律和哲学的困境，陷入划分这项或那项个人信息这一无穷无尽的质疑和争端中。在信息性隐私权上，我们所需要的是与侵扰行为案件中的侵害行为或者法律规定相似的事物。信息性隐私权所有的重点都在于行为人对他人信息的用途，或者他们所威胁的用途。

但并不是说，行为人对他人信息的所有用途都具有相同的法律基础。就以流言蜚语为例。归根究底，为什么流言蜚语往往会造成巨大的伤害？流言蜚语可能会出现在最私密的事情上，甚至是令人羞辱的事情上，无论这些事情是否属实。他人可能会仅仅因为不能有效地抑制流言蜚语而选择忍受它，但是，几乎没有一个决定性因素可对此作出分析。他人可以阻止流言蜚语吗？并且最坏的程度是，流言蜚语以报纸或者广播的方式公开。然而答案却是，他人不能阻止流言蜚语。

---

[1] See, e.g., Sidis v. F-R Publishing Co., 113 F. 2d 806 (2d Cir.), *cert. denied*, 311 U. S. 711 (1940).

为什么呢？其中部分原因大概在于数量，因为只有为数不多的流言蜚语的传播可以与他人的隐私和自治权相协调。或者说，与处于隐蔽状态的亲密行为和秘密相比，对于处于公开状态（或者 Warren 和 Brandeis 称作为准公开）的亲密行为和秘密，他人将要对此作出更多的容忍。数量对此产生了绝对的影响。没有人可以将隐私绝对化，也没有人曾经试图将隐私绝对化。事实上，他人可能需要其他人至少知道他的某些秘密。无论如何，这是足够的理由要求他人忍受其信息几乎连续不断的泄露，并且这些信息经常都是一些私密的信息，关于他人社会生活的信息。即便如此，就算所泄露的是十分详细的信息，他人的隐私权以及自治权仍未终止，因为在没有获得他人同意的情况下，甚至在他人不知情的情况下，行为人对这些信息进行发布和传播，此时，他人的隐私受到减损，但并不是毁灭。在一定程度上，他人仍然享有自治权，可以采取某些措施控制行为人对于这些信息的进一步泄露和利用。在没有获得他人同意的情况下，其他人仍然会谈论这些信息，但是这些谈论的力量及其持续时间都有可能受到限制，因为人们的记忆是短暂的，而好奇心是常变的。

行为人对他人这些信息的用途在以下情形具有至关重要的作用，也就是，如果行为人作为起诉方利用这些信息控告他人实施犯罪行为，那么他人作为被告可以要求适用非法证据排除规则，因此在没有获得搜查令或扣押令的情况下，或者在没有正当理由的情况下，政府执法人员通过偷窥等侵扰行为获取这些信息。从 Olmstead v. United States 一案[1]到 Katz v. United States 一案[2]，案件的发展线路表明，对于政府执法人员和检察官所使用的电子或者机械的多种多样的技术监控手段，美国联邦最高法院已经多次反复对《美国联邦宪法第四修正案》所保护的利益进行隐私权分析。[3] 在 Silverman v. United States 一案[4]中，美国联邦最高法院首次适用非法证据排除规则[5]，排除使

---

[1] 277 U. S. 438 (1928).
[2] 389 U. S. 347 (1967).
[3] See Amsterdam. Perspectives on the Fourth Amendment. 58 MINN. L. REV. 349 (1974).
[4] 365 U. S. 505, 512 (1961).
[5] See Mapp v. Ohio, 367 U. S. 643 (1961); Weeks v. United States, 232 U. S. 383 (1914).

用政府执法人员通过"现实侵入受宪法保护的区域"而获得的证据。①

在 Katz 一案后，即便一定程度上仍然模糊不清，但是隐私区域至少被认为是有界限的，也就是，一般来说，公民个人在多种多样的生活情形下所享有的"隐私合理期待"保护其精神上和身体上的亲密行为不受侵犯。在所有的刑事案件中，被告所寻求的救济方法之一就是在法庭上申请适用非法证据排除规则，换句话说，如果政府执法人员通过侵犯被告隐私权或自治权的方式收集信息或证据，那么被告可以要求禁止这些信息或证据在法庭上的后续使用。通过恢复他人对其隐私的控制权，非法证据排除规则本身足以保护他人已被侵犯，但仍未消除的隐私。奇妙的是，他人所享有的隐私权对侵权者产生影响，至少在法庭中，侵权者对于所侵犯的隐私具有保密的义务。

对于自治权概念的适用，我们必须要考虑，税务局、警察局、雇佣公司、财务公司、教育机构的永久档案中保留着他人的个人信息，而它们对这些信息的不正当使用是无处不在的和令人不安的。因为这些机构具有这些信息，无论这些信息真假与否，与其说它们属于隐私，不如说它们属于机密——在一个严格的意义上说，隐私是指亲密行为和个人信息没有对外公开，社会公众对这些行为或信息均不知情；而机密是指为了特定的、有限的目的，他人委托其他人秘密保管这些信息，这些委托行为往往是明确的和暂时的。虽然有时他人会默示或明示同意提供这些信息，如当他人申请工作或者是申请做别的事情时。但是有时，他人根本没有同意提供这些信息，如当他人受到普通（但不具有侵扰性）监控时。

不论是以上哪一种情况，行为人都不需要实施任何现实侵犯他人隐私的行为。然而，在收集这些信息时，有两个很重要的缺陷：其一，信息的使用期限可能会超过其本来所必要的或者正当的期限，然而在许多案件中，这实际上是必然的；其二，在没有获得他人同意的情况下，或者在他人不知情并不能对此进行纠正的情况下，信息的内容会被泄露。当这些情况发生时，虽然这些信息不经常被公开，但是它们已经受到侵犯，如果它们原本属于机密的话，它们已不再是原来

---

① 365 U.S. 505, 512 (1961).

的机密，或者它们并没有按照原本收集和储存的目的被使用。一般来说，这会产生一种有组织的流言蜚语，并且它的缺点在于这些信息会越来越歪曲和不完整，怂恿其他人对他人妄下判断，因为流言蜚语会在他人身后不停传播，并且它传播的范围是不确定的。

重要的是，这些他人背后的流言蜚语和判断在一定程度上是有组织的，使他人丧失对这些信息的自治权，而他人对其他生命攸关的重要的自治权也受到威胁。他人经常要介绍自己，才能获得其他人的判断和评价，从而在社会中和生活中占据重要的、持久的地位；其他人将会在招聘、抵押，甚至是判刑和假释时对他人作出判断。其他人可能获知关于他人的陈旧的、局部的或者错误的信息，因为这些信息是永久保存的，很容易被复制和传播。对于这些信息的复制和传播，他人不仅没有对此作出同意，而且还可能对此仍不知情，并且必然也无法对此进行阻止或纠正。

这些流言蜚语对他人所造成的伤害不在于他人丧失了决定的控制权，因为根据推测，他人从来没有这样的控制权，而在于他人背后遭受关乎其评价的诋毁，并且这些诋毁会影响其他人对他人的判断和决定，因为无论他人说什么或者做什么，他们的所作所为都会被贬低，而他们仍不知道其中的原因。即使他人知道由于这些信息的传播，其所享有的自治权因此而有所减损，但是他人往往也不能阻止这些信息的传播，目前相关的法律救济也只能使传播的速度减慢，使得其他人断断续续地获知这些信息。尽管这是令人反感的，但是他人的隐私并没有因此而丧失。虽然他人所享有的自治权几乎严重受损，但是除此之外，他人还有什么亲密行为受到侵扰或者侵犯吗？

正如上文所说，储存在档案中的信息的泄露可能性取决于另一个更本质的缺陷：信息的使用期限彻底地被人为延长。信息记录属于机械记忆，不受制于储存人的记忆力和最终删除的承诺。不正当使用这些信息的威胁与这些信息本身是共存的。他人所享有的自治权受到侵害的风险是多种多样的，不仅仅因为行为人极有可能在没有获得他人同意的情况下，随时擅自复制和传播这些信息，而且还因为尽管法律可以降低这些可能性的发生，但是目前这些可能性随时都有可能发生，也就是，这些可能性是遥遥无期的，永远不能被消灭。因此，这样一个长期的、持久的风险本身也属于一种伤害。

对于这里所提倡的有限制的隐私概念，存在一个奇妙的、难以捉摸的判断标准。身体的亲密行为实际上取决于对于其他人接触其身体的控制权：当脱衣舞女处于工作状态时，她们对于自己身体上的亲密行为的控制权受到极端的限制，并且，即便减少价值判断，她们的亲密行为仍然几乎在控制范围内，但是她们在一定程度上丧失了隐私权。当她们离开舞台时，她们也跟普通人一样，通过正常普通的装扮，重新主张她们对于身体上亲密行为的控制权和隐私权。

对于被称为精神上的隐私，这些信息只需要简单的自治权分析。在一定程度上，他人所有的精神生活（与现实生活相对应）都是自主的，因为他人可以控制或者认为可以控制他们的每个表达，并且在一定程度上，所有的精神生活大概都是私密的。那么，如何对这些精神上的亲密行为和自治权的形式作出限制呢？在制度上和法律上，这里存在两个问题：其一，信息记录的不正当问题；其二，新闻媒体对信息的滥用问题。

如果他人一旦获知某些事情，行为人就能掌握这些信息，无论行为人是否记录或铭记这些信息，他人所享有的自治权在一定程度上也终止了。如果他人的身体受到侵犯，那么他们还可以在侵犯过后重新拥有自己的身体，但是如果他人的信息被泄露，他们就不能如此简单地再次占有这些信息。这个道理大概是显而易见的，对于这些已被泄露的信息记录来说，只会出现程序上的和补救上的问题。此时，自治权的程度将取决于很多事项，立法者也将必须对这些事项进行衡量：例如，为了保护青少年，我们是否应该删除青少年的犯罪记录，或者，为了留心他们后来的行为，我们是否应该保留青少年的犯罪记录？潜在的问题是，除了各种类型的豁免之外，在多种多样的社会机构中，仍然有多少个人信息按照其原本的用途使用，又有多少个人信息被擅自记录或者泄露。对于他人所享有的隐私权，目前相关的法律至少可以在某一方面为此提供保障措施。

通常来说，这些信息的私密性或者隐私性问题根本从来不会被提起，更不用说解决。机密信息不需要一定是私密的信息：它可能几乎完全不是"私密的"事情，比如社会保障号、纳税申报表或者商业记录。① 虽然无论对于隐私信息还是机密信息，受到威胁的利益或权利都很重要，但是我们不应该混淆它们的独特性和特殊性：对于认为肯定会擅自记录自己信息的人，他人必须为了自己的利益而建立默示信托或者明示信托。这些机密信息很容易就被部分滥用，其原因有二：第一，这些信息不属于隐私；第二，行为人并不是通过侵犯他人的"人身、住宅、文件或者财物"而获得这些信息，而是通过其他来源获知，即便这些来源可能不完全属于公众领域，但是至少远远算不上私密。

在这些事情上，隐私为其主张及其合理性提供了一个方便的说法。尽管如此，问题并不在于此。实际上，问题在于自治权的另一种形式：防止有组织的流言蜚语。所有这些机密信息都需要得到保障。只有当机构保密时，他人才能信任它们，从而为它们提供所需要的信息。肯定的是，大多数人不会对这种信任或者所需要的信息进行监督。并且，如果要对机密信息行使权利，那么这将要求法律和规则对此作出许多规定。虽然许多宪法价值可以对此有所帮助，但是即便如此，我们也不能因此陷入概念上的困境，不能因为隐私范围的衰减而使其他宪法价值也变得虚弱、模糊。

直到 Warren 和 Brandeis 所思考的内容有所争议，笔者才着笔写这篇文章：正如 Prosser 教授所描述的，公开他人私人生活中的事实（或者，正如在某些公开丑化他人形象的隐私侵权案件中，半真半假的事实）的隐私侵权会使他人感到尴尬或者羞辱。由于与《第一修正案》相冲突，所以这些侵权可以对隐私权的定义提供最清晰的测试：通过适用隐私权的规则和概念，以及反适用言论自由的规则和概念，隐私权的概念是否足够狭窄和清晰，使我们可以证明隐私权和言论自由的划分是正当的？正如 Thomas Emerson 已经指出的，这里存在两套规则，一套是隐私，而另一套是言论自由，并且，在关系上和概念上，它们是或者应该是相互排斥的。

这里必须严格区分"公开"和"隐私"这两个正好相反的词语：公开披露必须是有效的，并且可能是故意公之于众。Warren 和 Bran-

---

① See. e. g. , United States v. Miller, 425 U. S. 435 (1976); Fisher v. United States, 425 U. S. 391 (1976).

deis 见证了作为反派的新闻媒体,"它们肆无忌惮地超出所有权和礼仪的明显界限"。即使如今这些界限已不再那么明显,他人也要容忍行为人对其合理范围内的公开行为,但是由此带来的社会关注仍然是不可避免的。只有大规模的新闻媒体才能在一个巨大的社会中有效地向社会公众披露这些信息。否则,这些信息有可能不被社会公众所注意,仍然保持隐私状态。然而,当新闻媒体有效披露这些信息时,如果它们对于信息的真实内容有所歪曲,那么实际上会产生巨大的荒唐后果。正如令人伤心的、著名的 William Sidis 一案①,心理上的伤害有时是不能挽回的。

相比之下,储存在数据库的信息几乎从来都是可撤回的以及受控制的,因为正如证据可以被排除一样,它可以被销毁,所以它的恢复或者修补受到控制。这和大量的公开披露他人私人生活的隐私侵权案件不同,在大多数情况下,通过歪曲他人的隐私事实,并且将其对外公开,这就可以彻底地毁灭他人的隐私,他人对于该隐私的后续使用或者滥用不再享有控制权。

至于被披露的信息,可能是一幅图画、一个故事、一篇报道,这既不属于隐私,也不属于自治权,更不可能是亲密行为。这是另一种称之为"说太多"的伤害,而不是救济②,因为撤回或者纠正都无补于事。然而,问题在于,是否存在与《第一修正案》相协调的救济措施。因为这不仅保护新闻媒体享有自由出版的权利,而且还保护公众的知情权。③

本文的内在策略是给隐私下一个充分的精确定义,并且对选择的种类、行为和表达作出限制,保证适用的可行性和正当性。即便与知情权相对,但这也是一种权利,正如 Emerson 所称,这是一种不被知晓的权利。④ 但是该权利必须属于权利的最后一种,而且是最有限的一种,它必须被严格限制在私密事务范围内,并且像亲密行为一样,

---

① Sidis v. F-R Publishing Co., 113 F. 2d 806 (2d Cir.), cert. denied, 311 U. S. 711 (1940).
② Whitney v. California, 274 U. S. 357, 377 (1927) (Brandeis, J., concurring).
③ SeeNew York Times Co. v. Sullivan, 376 U. S. 254 (1964). See also Rosenbloom v. Metromedia, Inc., 403 U. S. 29 (1971); Curtis Publishing Co. v. Butts, 388 U. S. 130 (1967); Time, Inc. v. Hill, 385 U. S. 374 (1967).
④ See Emerson, Legal Foundations of the Right to Know, 1976 WASH. U. L. Q. 1.

对于为了公共利益的目的而公开他人私人生活的行为，该权利往往受制于这些现实的或者推定的放弃权利的行为。

我们思考一下两个很少争议的、悲痛的案件：第一，在 Barber v. Time, Inc. 一案①中，被告对外公布原告的照片并且声称她食量极大，原告因此受尽折磨。基于原告的主张，两个摄影师对在病床上的原告拍照。随后，《时代周刊》的"每周日常"版刊登了这些照片，并且对她作出一个简短的报道，透露了原告的姓名和其他身份详情。第二，在 Briscoe v. Reader's Digest 一案②中，一个改过自新的罪犯首次从他女儿的口中得知，在他实施犯罪行为后的第 11 年，他女儿的某些校友在一篇涉及抢劫的文章中看到他的犯罪案件。如果不考虑损害赔偿数额，原告的两个主张都获得了支持，并且，在道德方面，因为被告在没有正当理由的情况下实施了错误的行为，因此原告的两个主张也应当获得支持。

尽管如此，这里所阐释的隐私概念不能适用于 Briscoe 一案，而该案大概比 Barber 一案更深刻、尖锐，其原因有二：首先，在该案中，被告没有侵犯原告狭窄意义上的亲密行为；其次，该案所涉及的信息属于公开记录。甚至在 Barber 一案中，因为被告没有现实侵入原告所在的医院房间，所以这也不足以达到亲密行为概念的严格标准。更坦白地说就是，作为被告的两名摄影师知道原告的病情，在原告进入医院的时候，对原告进行拍摄，并且随后刊登出来，他们的行为是可以受到诉讼豁免的。

在这段分析的总结中，笔者没有提及与《第一修正案》所规定的知情权相似的但又模糊的例外规则，也就是，Clark 大法官在 Sidis v. F. R. Publishing Co. 一案③中所制定的"新闻价值"规则，以及一个更古老的规则，即追溯到 Warren 和 Brandeis 所主张的，但是在

---

① 348 Mo. 1199, 159 S. W. 2d 291 (1942). See also Banks v. King Features Syndicate, 30 F. Supp. 352 (S. D. N. Y. 1939); Cason v. Baskin, 155 Fla. 198, 20 So. 2d 243 (1944); Feeney v. Young, 191 App. Div. 501, 181 N. Y. S. 481 (1920).

② 4 Cal. 3d 529, 93 Cal. Rptr. 866, 483 P. 2d 34 (1971). See alsoMelvin v. Reid, 112 Cal. App. 285, 297 P. 91 (1931).

③ 113 F. 2d 806, 807 (2d Cir. 1940).

Time, Inc. v. Hill 一案①中有所修正的"公共利益"规则。对于这些判断标准，有很多显著的评论②，其中最好的评论是，除了政治家以及相类似的人可以被推定放弃隐私权之外，这些作为例外规则的判断标准是不必要的。虽然这些例外规则可以满足更积极的言论自由权，但是对于这种消极的隐私权进行紧密分析可以做到言论自由权所不能做到的事情：自身限制。在这些案件中，在《第一修正案》和隐私权之间有一种不确定的、不容易的"均衡"，因为法官对这两个权利上的权衡也是不确定的。对于《第一修正案》来说，这种不确定可能是有益的，甚至是必要的。作为可能是最基本的宪法原则，它只能被其他基本的宪法原则所限制，例如隐私或者国家安全，并且，只有当其他基本的宪法基本原则的定义足够狭窄时，它们才能对最基本的宪法原则作出限制。

五、结语

作为一个概念和一个权利，隐私概念极度需要一些确定性和限制。然而十分巧妙的是，对于法律规则毫不模糊地适用于事实这一理想，单凭概念是永远不够的。身份、自治权和亲密行为这些概念只意味着原告在隐私权有可能行使的狭窄范围内提起诉讼。

与现实侵犯他人性行为的隐私侵权不同，因为我们仔细分析法律规定或者行为人所实施的观察行为、公开行为对他人通话或联系这些亲密行为的隐私所造成的侵扰，所以此时，我们不可避免地更难确定他人所享有的法律权利。隐私已经成为一只负荷过重的骆驼，负担过多的个人权利（以及侵权行为）的诉讼。在学者有时对他人所享有的隐私权进行草率分类之后，公开披露他人私人生活的隐私侵权类型为我们提供了例子。

正如 Harry Kalven 恶作剧地评论道，在公开披露他人私人生活的隐私侵权类型中，大多数判例都是"极不重要的"。在信息性隐私权

---

① 385 U. S. 374 (1967).
② See, e. g., Nimmer, The Right to Speak From Times to Time.: First Amendment Theory Applied to Libel and Misapplied to Privacy, 56 CAL. L. REV. 935 (1968).

的范围内,很难发现比 York 一案①、Griswold 一案②或者 Doe 一案③更强有力的判例。在所有这些案件中,它们全部都涉及行为人可恶地侵犯他人有关性方面和人格方面的亲密行为,而且这些亲密行为都是根据我们的习惯和直觉认定的。这并不意味着不存在其他类型的侵权案件以及在道德上侵犯他人情感的案件,反而,这些案件经常出现,并且还会持续出现。Briscoe 一案和 Sidis 一案就是它们的例子。但是,正如生活中很多事情一样,它们大多数都不在法律的管辖范围内,或者说,它们大多数已经超越了法律可以帮助的对象范围。

---

① York v. Story, 324 F. 2d 450 (9th Cir. 1963).
② Griswold v. Connecticut, 381 U. S. 479 (1965).
③ Doe v. Commonwealth's Att'y, 403 F. Supp. 1199 (E. D. Va. 1975), aff'd mem., 425 U. S. 901 (1976).

二分还原主义的隐私权理论

戴维·马西森[①]著 凌玲[②]译

目　次

一、取消主义、原教旨主义和还原主义的隐私
二、取消主义、原教旨主义和还原主义的隐私权理论
三、二分还原主义的隐私权理论
四、人、自由权、财产权
五、内在的侵扰以及对人的关系型侵扰
六、隐私权侵害：对人的关系型侵扰
七、内在的侵扰行为与对行为的关系型侵扰
八、隐私权侵害：对行为的关系型侵扰
九、对财产的内在侵扰和关系型侵扰
十、隐私权侵害：对财产的关系型侵扰
十一、隐私权的体系
十二、结语

一、取消主义、原教旨主义和还原主义的隐私

针对某些阐释隐私的关切的哲学文献，学者们展开了一场主题为"隐私本身是否属于一种独特的社会现象"的论战。对此，取消主义的隐私学者（eliminativists），如 Freund（1971）、Thomson（1975）、

---

① 戴维·马西森（David Matheson），美国德保罗大学法学院教授。
② 凌玲，中山大学法学院助教。

Posner（1978，1981）①都坚持给出否定的答案。根据他们的观点，人们对隐私所下的定义过于宽泛，突出了隐私在不同的适用情形中所涉及的各种各样的、与隐私无关紧要的利益，而人们在适用隐私时对这些无关紧要的利益的关注导致人们疏忽了对隐私本质内容的适用。他们对于隐私这个概念的理解相当于人们对"绿发屋（greenhairhome）"（在英文里，green 是绿色的意思，hair 是头发的意思，home 是家、房屋的意思，greenhairhome 由这三个单词组合而来）这个概念断章取义式的理解：人们对"绿发屋"的理解无非有两种：一是认为该词的意思是指人们在圣帕特里克节穿上绿色的衣服，二是指人们在圣帕特里克节这一天用绿色的装饰物装点整个房屋或者把自己的头发弄成绿色。在人们共同的认知体系中，人们对"绿发屋"的上述两种理解根深蒂固，这使得某些人开始尝试探寻"绿发屋"这个概念的核心内容，又或者说是深入地分析人们过去对这个概念的理解的局限性使得人们错过了这个概念的哪些内容——"绿发屋"的含义肯定不仅仅在于人们在圣帕特里克节穿上绿色的衣服或者带上满头的绿发，又或者有权将自己的房屋打扮得一片绿意盎然——如果"绿发屋"的含义仅在于此，那么，人们肯定会抱怨自己被剥夺了享受"绿发屋"的权利。但是，人们的这些探索是不切实际的，因为事实上，"绿发屋"的意思根本不是这样的。

非取消主义的隐私学者（noneliminativist）反对取消主义的隐私学者的观点，他们认为，人们对隐私这个概念的理解强调人们在不同的情形中享有不同的利益，这是隐私这个概念被充分适用的表现，而不是人们曲解隐私的核心内容的体现。非取消主义的隐私学者的某些观点与原教旨主义的隐私理论（fundamentalism about privacy）有共通之处：前者认为，每一种具体的情形所涉及的相关利益都是基本的、不可还原的、独一无二的利益，这与 Moore（1903）曾经对功利主义表达的赞赏以及 Williamson（2000）如今对隐私的认知相似。尽管在最近的隐私文献（Alfino & Mayes 2003）中，原教旨主义的隐私学者也占有一定的地位，但是，大部分的非取消主义学者都是支持还原主

---

① "A Distributive Reductionism About the Right to Privacy" by David Matheson, The Monist, vol. 91, no. 1, pp. 108 – 129. Copyright ? 2008, THE MONIST, Peru, Illinois 61354.

义的隐私理论的，因为他们能够认识到，在能够适用隐私这个概念的情形中，隐私这个概念所突出的利益可以简化为/还原为（reducible）一系列相似的构成因素——这些因素都各自代表或者具备独特的利益。

在当代社会，还原主义的隐私学者划分为三个阵营：第一个是控制理论学者（Control theorists,），如 Westin（1967）和 Fried（1968 和 1970），他们都坚持认为，隐私的概念突出为公民控制自己的私人信息的独特利益。行为人与他人的信息有多大的联系这个问题相当于，根据他人的自主选择，行为人能够在多大的程度上了解或者获取他人的信息。第二个是限制进入理论学者（Limited-access theorists），如 Gavison（1980）、Allen（1988）和 Powers（1996），他们认为，在本质上，所谓隐私，是指在某些有关他人的重要事情上，行为人想要了解这些事情所受到的限制，这些限制的存在并不以他人亲自作出的选择作为依据或者基础，而是源于人与人之间存在的社交障碍依据社会的法律规范。第三个是不可知论学者（ignorance theorists），如 Parent（1983a 与 1983b）以及 Davis 在 2006 年曾主张，所谓隐私，仅仅是指一种行为人不知道或者不了解他人的私人信息的情形或者状态。人们可以将隐私视为一种功能——它不仅可以令他人以外的所有人都对他人的私人信息都处于一种不可知的状态之中，还可以决定行为人对他人的信息的了解程度。

二、取消主义、原教旨主义和还原主义的隐私权理论

毫无疑问，人们对隐私的性质的看法会直接影响人们对隐私权的看法。对于隐私权，取消主义的学者认为，正因为隐私权（假设真的存在隐私权）的存在相当于赋予了人们各种各样不相关的利益（unrelated interests），所以，人们与其讨论隐私权，还不如抛却隐私权而深入讨论这样一个主题：在每种具体的情形中，人们所享有的各种各样对应的权利分别是哪些。原教旨主义的隐私学者则认为，在每个涉及隐私的情形中，隐私这个概念所代表的含义都是不一样的、独一无二的，人们应当通过隐私的概念来突出隐私权所代表的各种利益，并据此将隐私权视为人们的一种基本权利———种独立的、作为

一个人所享有的基本权利,而不是一种以其他多种权利为基础的权利。①

与之相反的是,还原主义的隐私权学者倾向于将隐私权视为一种衍生的权利——人们所享有的隐私权以人们所享有的其他权利为依据;换言之,隐私权并不是一种独立的权利,而是其他权利的一种衍生物。同样地,这些重要的权利是否也可以被视为因为人们反对被别人奴隶而衍生的权利或者被视为从最基本的自由权所衍生出来的权利?对于隐私权,还原主义的隐私权学者持有一种以还原主义论为基础的看法——他们认为,隐私权不是一种独立的权利,而是一种在其他更加基本的权利中衍生的权利。

三、二分还原主义的隐私权理论

笔者认为,区分两种形式的还原主义十分有助于人们理解还原主义的隐私权理论。还原主义的学者可能会认为,在公民权利的领域内,隐私权只是一个以其他更加常见、更加基础的权利为基础的亚种群(权利),因为构成隐私权可以被缩减为其他多种更加基本的权利的一些构成要素。② 这种还原主义论被人们称为统一还原主义(unified reductionism)的隐私权理论。但是,除此之外,还存在另一种还原主义——二分还原主义(Distributive Reductionism)。根据二分还原主义学者的观点,隐私权只是一个以其他多种(或者所有)更加常见、更加基础的权利为基础的亚种群(权利),在这个意义上,隐私权可以被还原为所有其他基本权利都具备的一些要素。

---

① My talk of rights throughout should be understood as talk of the moral rights of individuals, i. e. , individual rights whose violation is a moral, but not necessarily legal, transgression.

② I say "more commonly countenanced, more fundamental rights", and not merely "fundamental rights", to leave open the possibility that the rights in question are them selves ultimately best conceived of as varieties of some yet more fundamental right. Some such possibility seems to be implicitly suggested by Warren and Brandeis (1890) 's frequent talk of the ultimate and "more general right to be let alone" of which the right to privacy, they claim, is but one part. (At least this is so in my reading of their essay. For a contrasting interpretation, see Glancy [1979].) Were the more fundamental rights so conceived, the distributive reductionism about the right to privacy that I offer in this paper, relative to them, might turn out to be a form of unified reductionism relative to that further, fundamental right.

因为二分还原主义的隐私权理论和取消主义的隐私权理论在理解隐私权时都建议人们从了解更多的更加基础的权利入手,所以,人们很容易混淆这两种理论。但其实这是两种不同的理论,取消主义的隐私权理论否认那些更加基础的、涉及隐私权的权利之中有某些要素存在相同之处,但二分还原主义的隐私权理论则认为,尽管在事实上,隐私权的不同构成要素涉及不同的基本权利,但是,涉及这些要素的权利之间也存在重要的共同之处。

笔者已经在其他文章中讨论过(并赞成)还原主义的隐私权理论中的不可知论(Matheson,2007)。而在本文中,笔者想要主张,对于隐私权理论,不可知论的学者应当采纳二分还原主义的隐私权学者的观点。笔者认为,学者们对二分还原主义的其他解读或许与主要的还原主义的学者的解释更加贴切,但是,在本文中,笔者的目的在于构建一个更加温和的主张———一个与不可知论的学者对隐私权的解释特别相关的主张。控制理论的学者与限制进入理论的学者对于隐私权的看法是否属于二分还原主义的学者对隐私权的看法的阵营?这也是一个笔者要接着讨论的争议点。

首先,在主张二分还原主义理论中的不可知理论由三种具备广泛的认知度和久远的历史作为依据的要素构成时,笔者将会采纳有关更加普遍的、更加基础的权利的法律框架。这三个要素分别为:作为人的权利(在美国的司法判判例中,这种权利经常被法院引用,是一种广义上的"生命"权)、自由权、财产权。其次,通过大致指出笔者想要参考的这三种权利以及如何区分这三者,笔者将会介绍有关这个法律框架的一些学术背景和相关评论。在第 5 部分至第 11 部分,正如不可知论的学者对隐私权的理解那样,隐私权只是这三种更加基本的权利的一个亚种群(权利),笔者将会对隐私权展开阐释。在总结部分,笔者将会指出这种二分还原主义的隐私权理论的两个特征:一方面,它可以比取消主义理论、原教旨主义理论以及统一还原主义理论更加恰当地解释许多人对隐私权持有的"分散感"(sense of scatter)———人们总是会觉得隐私权是一个模糊的概念,隐私权本身就涉及很多种其他的权利。另一方面,它可以为人们不再主张"隐私权不应当被自由权或者财产权等权利所合并"提供合理的理由。

四、人、自由权、财产权

Warren 和 Brabdeis 在 1890 年发表的那篇经典之作极大地促使人们承认，经常被人们提及的作为人的权利（rights to person）、自由权以及财产权不仅包括物理性（physical）权利，也包括心理性（sychological）权利，除此之外，通过这两种权利所指向的不同对象，人们可以对它们进行区分。

所谓作为人的基本权利（the general right to person），是指人作为权利主体所享有的在自己毫无防备的、最放松的状态（即人们沉溺于自我世界的状态）下免受别人的不正当侵扰的自由。这两种权利分别对应物理性的领域和心理领域这两种不同领域。人们所享有的物理性权利的主要目的在于保护人们身体上处于一种内在的状态之中（intrinsic bodily states），如保护人们的身体处于一种不被外在环境所影响的状态之中。而心理性权利的目的则在于保护人们内在的精神状态（intrinsic mental states）不受外界影响。

所谓自由权，是指人们的行为不受外界的不正当侵扰的基本自由——同样包含了物理性自由和心理性自由两种领域：一方面，所谓物理性自由，是指人们所享有的其身体行为不受外界的不正当侵扰的权利；另一方面，心理性权利则是指人们所享有的精神活动不受外界的不正当侵扰的权利。行为人不应当对他人的生育、堕胎、传播和表达思想的行为施加过分的限制，或者对那些能够激发人们的感情和情绪的艺术作品进行清教徒式的审查。

所谓财产权，是指赋予了权利主体对其通过合法手段获得的财产所享有的排除外界一切不正当侵扰的自由处分权。财产权也分为物理性和心理性两个层面。更偏向于物理性层面的财产权保护的是人们所拥有的有形财产不受外界的不正当侵扰。与之相反，偏向于心理性层面的财产权保护的则是人们对其无形财产，如抽象的机械设备设计、文学著作的内容、被艺术品激发的情感所享有的不受外界的不正当侵扰的自由。这些东西在本质上都是无形的，但是，这并不妨碍行为人可以通过有形的方式不正当地侵扰他人对这些东西所享有的权利。

毫无疑问，行为人所实施的所有侵犯他人的上述权利中的任何一项权利的行为都会剥夺他人（权利主体）的其他两种权利。如果行为人侵犯了他人的物理性自由权,其行为可能会导致他人所享有的心理性自由权也在其他很多情形中受到侵犯。同样地,行为人所实施的侵害他人的心理性权利的行为可能足以使得他人丧失对其有形财物所享有的所有权。但是,这并不会模糊这几种权利之间的区别——因为,在某些情形中,人们所享有的某种权利的丧失会导致另外一种权利的丧失的事实并不能证明这两种权利就是一模一样的,人们应当正确区分这两种不同的权利之间的区别。

以下表1、表2、表3概括了上述这三种权利在物理性层面和心理性层面的核心特征。

表1 作为人的权利

基本权利:人们不受外界的不正当侵扰	
物理性权利:人们内在的身体状态不受外界的不正当侵扰	心理性权利:人们内在的精神状态不受外界的不正当侵扰

表2 自由权

基本权利:人们的行为不受外界的不正当侵扰	
物理性自由权:人们的身体行为不受外界的不正当侵扰	心理性自由权:人们的精神活动不受外界的不正当侵扰

表3 财产权

基本权利:人们对其财产所享有的权利不受外界的不正当侵扰	
物理性财产权:人们对其有形财产所享有的不受外界的不正当侵扰的权利	心理性财产权:人们对其无形财产所享有的不受外界的不正当侵扰的权利

如今,笔者的目的在于向人们阐释,根据表1、表2、表3所展示的被细分的权利,不可知论的学者是如何在理论层面上构建隐私权的——尽管在事实上,这种有关隐私权的构想与取消主义的隐私权学者的观点相反——取消主义的隐私权学者认为,隐私权不是一种连贯的社会现象,但根据这种隐私权理论,隐私权是一种连贯的社会

现象。

五、内在的侵扰以及对人的关系型侵扰

一开始,人们认为,作为人的权利中的物理性权利和心理性权利保护的都是人作为权利主体所享有的在自己毫无防备的、最放松的状态免受外界的不正当侵扰的自由,换言之,这种权利反对行为人侵扰他人的私人空间。虽然在生活中,行为人实施这种侵扰行为侵扰他人权利的例子数不胜数,但是,这些例子中的大部分都可以被归类到笔者所说的对人的内在侵扰(intrinsic interferences with the person)这一分类中。通过改变他人的部分特征或者非关系型的特征(non-relational features),行为人可以对他人实施内在的侵扰行为,如此一来,我们可以这么说,行为人的行为对他人构成了伤害。例如,如果一个人攻击了另一个人,那么,后者很可能会遭到骨折之类的伤害。这也相当于内在的侵扰行为,因为它也对后者内在的身体状态产生了伤害性的影响:曾经完好无损的骨头如今变得支离破碎——从这方面上讲,后者的身体曾经是一个整体,身体的各个部位保持着非关系型的特征,但如今,这一切都不一样了。

人们的心理或者精神状态同样可能受到内在的侵扰。① 通过强行破坏他人的感官体验(人们将这种感官体验称为心灵的安宁)、令人讨厌的声音、气味和视觉图像,行为人都可能会干扰他人的心理状态。人们在心理上受到的打击会改变人们的思想,这类似于人们受到的物理性攻击会伤害人们的身体。甚至于,物理性的攻击可以等同于侵扰人们内在的精神状态的内在侵扰行为,因为物理性的攻击也会使人们的内心变得心变得脆弱和容易受到伤害。

但是,不管是在物理性层面上,还是在心理层面上,并非人们所受到的所有侵扰都属于内在的侵扰。除了内在侵扰之外,还存在另外一种侵扰——笔者称之为关系型侵扰(relational interferences)。这种侵扰行为的发生不在于行为人的行为对他人的部分特征或非关系型的特征产生了有害的影响,而在于改变了他人生活的社会环境。如果行

---

① "Psychological" because it involves an entitlement to entities that are characteristically involved in psychological attitudes, states, and processes.

为人散播了有关他人的不好的谣言，则行为人通过这种行为对他人施加了消极的负面影响。不管能否找出诽谤自己的人（行为人），他人都必然因此承担精神上的痛苦。行为人散播谣言的行为是一种侵扰行为，它改变别人与他人之间的关系——即改变了他人在别人心目中享有的声望以及伤害了他人的尊严，这会改变他人内在的精神状态和物理性状态：只要他人以某种方式获得了别人的尊重，那么，不管事实上他人的本质（人格）有没有变化，行为人的行为都必然会改变他人与别人之间的关系（即他人受到别人的尊重），且使得别人不再尊重他人。如果行为人因为疏忽大意而没有修理好他人坐的椅子，那么，即使这张椅子实质上并没有裂开，对于他人而言，行为人的这种行为是不正当的：通过提高他人可能因为椅子没修好而受到伤害的可能性，这相当于消极地改变了他人所处的内在状态——因为他人正坐在一张存在安全隐患的椅子上。即使事实上这种消极的改变并没有转变为发生的事实（即椅子没有真的裂开而使得他人真的受到了伤害），但是，行为人的行为也是对他人构成了侵扰。各种各样不必要的物理距离的缩短（physical closeness）提供了另一种关系型侵扰的例子：为了将行为人（跟踪者）故意缩短其与他人之间的物理距离的行为视为对他人的一种严重的侵扰行为，他人（被跟踪者）不需要知道其与行为人（跟踪者）之间的物理距离已经被后者缩短了，也不需要为此承受自己内在的精神状态或物理性状态强遭改变。

当行为人改变他人内在的身体状态与生活环境之间的关系的行为侵犯了他人作为人所享有的物理性权利时，行为人的行为构成不正当的关系型侵扰。反之，行为人改变他人内在的精神状态与生活环境之间的关系的行为则侵犯了他人作为人所享有的心理性权利。这两种不正当的关系型侵扰行为包括了很多种不正当的关系型侵扰行为。例如，在上文那个行为人粗心大意没有修理好椅子导致他人处于隐藏的危险之中的例子当中，他人内在的身体状态与内在的心理状态与环境之间的关系似乎都可能因此改变：行为人的疏忽行为提高了他人遭受由其所处的环境所带来的身体伤害和精神伤害的可能性。

当然，在生活中，人们（不管是其内在的身体状态还是其内在的心理状态）与其生活环境之间的关系是经常变化的，但其中只有部分的变化属于不正当的关系型侵扰。一个遥远的星系中的一颗星星燃烧得更加明亮了,这也会导致人们与其环境之间的关系的变化。笔者不确定的是,如果有人在镇上的另一边朝我吹了一个笔者并不喜欢的口哨,那么,这个行为是否称得上使笔者与环境之间产生了一种新的关系。但是,这种对人与环境之间的关系造成改变的事情是经常发生的,并不能被人们视为不正当的关系型侵扰行为。这与上文中行为人散播谣言、具备重大过失或者跟踪他人的例子不同,这两种情形(星系的改变和有人吹口哨)不会导致关系型的改变,它们不会导致人们受到别人不公平的不好的评价或者获得相对别人而言不公平的优势和权力。在上文行为人散播有关他人的谣言的例子中,行为人的行为导致了他人不公平地受到别人过低的评价并失去别人的尊重,这明显是导致了他人与生活环境之间的关系的改变。在行为人具备重大过失的例子中,行为人由于疏忽使得他人要坐的椅子处于一种破损的状态之下,这相当于不公平地降低了他人所处的环境的安全系数。在行为人跟踪他人的例子当中,行为人的跟踪应当受到谴责,通过单方面改变他人与自己的关系,行为人使得他人处于自己的强权之下,成为受害者。而在行为人吹口哨的例子当中,尽管人们与自己的环境之间的关系有所改变,但是,既没有人受到不公平的不好的评价,也没有人获得比别人更高的权力。[①]

六、隐私权侵害:对人的关系型侵扰

无知——这是人们所处的一种对世界不了解的懵懂状态——也是人们与环境之间所存在的一种关系。一个人不可能对任何事情都无知,但总会对某些事情一无所知——某些事实或者信息碎片。不可知论的学者认为,当涉及个人隐私权时,人们要处理这样一种关系:当一个人的隐私与别人对其私人信息一无所知的这种关系息息相关(隐私之所以为隐私,正是因为别人不清楚这些事情);因为一个人隐私通常与其内在的状态有着十分紧密的联系——所以,其隐私通常由其与别人之间的关系组成(这种关系指的就是别人不清楚其隐私信息)。根据不可知论的学者的观点,隐私权赋予了人们这样一种环

[①] The examples are from Steven Davis, who pressed me to consider how they are ultimately to be distinguished from ones involving wrongful relational interference.

境：别人对涉及其内在状态的私人信息始终保持一种不知道的状态，任何不公正的侵扰行为——指侵扰其隐私权的行为——都会被视为构成对其个人的关系型侵扰。但侵扰其隐私权的行为只是对人的关系型侵扰行为中的一种类型——当行为人以不正当的方式知道了他人的私人信息时，这种侵扰行为便发生了。一方面，即使所有不公正的侵扰行为都侵犯了人们作为人所享有的权利，但并不是所有的这些不正当的侵扰行为都构成侵犯隐私权的行为——例如上文所说的行为人作出的物理性攻击和心理性攻击、发出的令人讨厌的声音、气味和图片等行为，都属于侵犯了人们作为人所享有的权利的行为，但并不构成侵犯隐私权的行为。另一方面，也不是所有不正当的对人的关系型侵扰行为都构成侵犯隐私权的行为。例如上文行为人诽谤、鲁莽危害他人以及偷偷尾随他人的行为都是不侵犯隐私权，但构成不正当的对人的关系型侵扰行为的行为。根据不可知论的隐私权学者的观点，只有在行为人在通过破坏了别人对他人的私人信息的认知状态，从而改变了他人与别人之间的关系，使得别人改变对他人的评价时，行为人的行为才构成对隐私权的侵害。

  行为人所实施的侵害隐私权的行为既可以是物理性的侵害行为，也可以是心理性的侵害行为。行为人可以侵害他人的物理性隐私权——也就是说，行为人以不正当的手段获取有关他人的内在身体状态的信息（如他人的身体健康状况的信息）——同样，行为人也可以侵害他人的心理性隐私权——行为人通过不正当的手段得知与他人的内在精神状态（如他人对别人的私人态度、他人的宗教信仰、他人内心最深的恐惧、他人的希望或者他人未公开的、重要的决定）有关的私人信息。但是，如果有人认为，只有行为人以不正当的手段改变了自己或者别人对他人的信息所处的无知的状态（即改变了自己或别人与他人之间的认知关系）时，行为人的行为才会构成侵害他人隐私权的行为，且这种行为只能是心理性的侵害行为，那么，这种观点就大错特错了。的确，这种关系与人与人之间的认知有关，且一般都是与人们的心理性状态有关的关系。但是行为人改变自己或别人与他人之间的关系的此种隐私权侵害行为，既可能是物理性的侵害行为，也可能是心理性的侵害行为。因为，行为人不正当地改变这种认知关系（即他人以外的人都不知道有关他人的某些信息）的行为既可以改变自己或别人对他人（被关系者）身体状态的认知，也可以改变前者对后者的精神状态的认知。即使在那些与他人（被关系者）有关的关系中——他人以外的所有人都对他人的私人信息一无所知——但这些关系本身就是与他人的心理状态密不可分的。

七、内在的侵扰行为与对行为的关系型侵扰

正如人们所享有的作为人的心理性权利和物理性权利伴随着外界对人们内在的物理状态和心理状态的侵扰，人们所享有的物理性自由权和心理性自由权也会遭到某侵扰些行为的侵扰。但是，正如内在的关系型侵扰行为也分为物理性的侵扰行为和心理性的侵扰行为两种一样，上述这两种侵扰行为也存在区别。所谓对行为的内在侵扰行为（Intrinsic interferences with action），是指行为人改变他人的行为本身的构成要素的行为。对此，最具代表性的例子就是逮捕行为。假设笔者正在中心市场逛街，突然另一个好斗的人威胁笔者要关注他疯狂地关心的事情，使得笔者不得不停下自己的脚步。在这个例子当中，这个好斗的人就侵犯了笔者的物理性行为——通过破坏笔者本身想要逛街的这个行为的核心要素：行为构成要件、大概、笔者本人、市场、笔者向市场走过去的行为；他改变了笔者想要继续逛街这个行为中的"笔者向市场走过去的行为"这个要素，使得笔者不得不停下自己继续逛街的脚步。假设他的侵扰是不正当的，他的行为已经侵害了笔者的物理性自由权。又例如，笔者正在全神贯注地欣赏一幅抽象派的艺术作品，这个时候，只有这个国家的艺术审查部门（Ministry of Art Decency）的审查行为可以正当地打断笔者的欣赏行为。但是，这时候却有人以艺术审查部门认定这个艺术品是不入流甚至下流的作品为由从我眼前撤走了这幅作品。这样一来，通过把作品撤走这一行为，那个人就侵扰了笔者欣赏作品的精神行为。这种侵扰行为与艺术审查部门撤走作品的行为不一样，后者的行为在道德上是具备正当性的。这种对行为的内在侵扰行为相当于侵犯笔者的心理性自由权。

除了对人的内在侵扰之外，对行为的内在侵扰的存在可以更好地解释某些侵扰行为对人们的侵扰严重性程度的提高。如果行为人伤害了他人的大腿（是永久性的损伤），那么，行为人这个原本只是对他人本人造成的内在侵扰就会引发对他人的行为造成内在的侵扰，因为

这个伤害已经使得他人的行为无法继续下去。通过改变他人的行为的构成要素，使得他人不在具备行为的能力，行为人伤害他人的大腿的行为通过剥夺他人的行为能力侵扰了他人的许多行为（如走路和奔跑）。

正如在对人的侵扰的例子当中，对行为的侵扰也分为物理性和心理性两种类型。对行为的关系型侵扰的出现不是因为他人的行为本身的构成要件被行为人强行改变，而是因为行为的关系型特征被改变了。例如，通过嘲笑他人的身体行为或者到处抹黑他人的行为目的，行为人可以改变他人的行为的关系型特征（即，原本他人的行为受到别人的尊重，但行为人的这种行为会改变他人的行为与别人之间的这种关系）——即使他人的行为由开始的受人尊重变成为人所不齿，即使这些变化不为他人所知，也不会对他人的行为带来任何阻碍性的影响，但是，行为人的行为仍然侵扰了他人的行为。像这种针对他人的行为散播谣言的行为，对他人的行为带来了不正当的影响，这相当于侵犯了他人的物理性自由权。对此，跟踪者尾随、逐渐靠近正在实施日常生活行为的被跟踪者的行为也是侵犯他人（被跟踪者）的物理性自由的一个例子——即使被跟踪者根本不知道有人在跟踪自己，跟踪者的这种行为仍然侵扰了被跟踪者的行为，因为这种行为使得跟踪者与被跟踪者之间的关系有了改变：原本被跟踪者的行为不为跟踪者所知，如今这种情况却被改变了。笔者认为，侵犯他人的心理性自由权的行为甚至可能出现在这样一种情形中：如果在一个学术指导颁奖典礼上，举办方把最高分的奖项颁给一个名不副实参赛者（学生），那么，通过贬低其他学生（没有获奖的学生）的努力的价值，不公平的得分结果会侵扰其他学生的努力学习行为，使得其他学生可能不再努力进行学术创造。

八、隐私权侵害：对行为的关系型侵扰

人们的私人信息既可能涉及人们的行为，也可能涉及人们的内在状态。因此，不可知论的学者认为，正是因为人们对别人的私人信息、行为和隐私不知情，所以不同的人的行为之间才会频繁地建立各种关系。如果有人侵扰了人与人之间这种相互不了解对方信息的关系或者通过不正当的手段获取了别人的私人信息，那么，我们可以说，这种行为侵害了别人的自由权。当这种侵害行为涉及的行为属于身体

行为的时候，这种侵害行为属于侵害人们的物理性自由权的行为；反之，如果这种侵害行为涉及的是人们的精神行为，这种侵害行为属于侵害人们的心理性自由权的行为。根据不可知论的学者的进一步解释，所有这些侵害行为都会侵害人们的隐私权，因为它们都相当于不正当地改变了人们的行为之间的关系（指人们相互不了解对方的行为的关系）。

笔者认为，隐私权侵权行为可以被视为侵害自由权的行为，对此，Benn 曾经说过的那句鼎鼎大名的话："'故意改变别人实施行为的环境'，从而偷看别人，让别人以为除了自己之外再也没有别人知道自己在做什么。"（Benn，1971）这可以很好地解释上述这个观点。当人们对自己的行为所享有的隐私权被别人公开侵害，那么，这种对人们的行为的侵扰行为改变了人们之间的关系的性质。因为人们从与别人保持恰当的距离变为与别人联系在一起，而且这种关系之所以会改变，是因为有人通过不正当的手段促成了这种结果。

隐私权并不仅仅从属于作为人的物理性权利和心理性权利。至少在不可知论的学者看来，隐私权还从属于物理性自由权与心理性自由权。还有一个人们必须继续研究的问题在于，根据不可知论的学者对隐私权的分析方法，隐私权是否也有可能从属于物理性财产权和心理性财产权。

九、对财产的内在侵扰和关系型侵扰

所谓对财产的内在侵扰行为，是指那些改变了人们的财产权本身的要素的行为。不管这个名称有多么的特殊，但是，这类型的侵扰行为涉及一些最常见、最明显的物理性和心理性财产侵权行为。例如，通过侵扰别人的有形财产（即汽车），汽车上的小偷侵扰了别人（车主）的物理性财产权。这种侵扰行为是内在的侵扰行为，因为它改变了别人对汽车所享有的财产权最重要的一个要素。一般而言，人们认为对汽车享有的财产权由以下几个要素构成：汽车、人、人对汽车的占有。当小偷把车偷走之后，虽然还剩下人和车这两个要素，但是人对于汽车的占有却不复以往。同样地，不正当地违反知识产权的行为也对产权人对其无形的版权作品享有的财产权构成内在的侵扰，这相当于对产权人的心理性财产权的侵扰。通过复制产权人的知识作品，行为人这一侵犯著作权的行为侵扰了著作权人对其作品所享有的特殊的占有形式。鉴于著作权人对其作品享有独占权,即排斥其他所有人对其作品的利用——行为人不正当地违反其著作权的复制行为破坏了产权人对其作品享有的独占权,这相当于改变了著作权人就其作品与别人之间存在的关系。在某些情形中,内在的侵扰行为并没有对人们的财产权构成带有破坏性的关系变化。例如,在以下涉及一个有礼貌的侵入者的情形中,侵入者的行为就不会对这片土地的所有者的财产权构成带有破坏性的关系变化:该名侵入者没有必要对一小块土地施加具备破坏性的压力,使得这块地由人烟稀少的荒地变成人口密集的地方。

但是,笔者还是要再一次强调,人们必须承认(这很重要),这种侵扰不仅仅只有内在的侵扰这一种类型。它也包括对财产的关系型侵扰在内——在本质上,对财产的关系型侵扰会改变财产的所有者与其对财产所享有的财产权之间的关系。例如,尽管对财产的侵扰行为的构成要素包括改变该财产与人们之间的关系的价值:对财产的侵扰行为使得一栋房子的构造与其邻近的一大片普通的房子一样没有魅力,从而使得人们对这栋房子享有的财产权不再像以前那么有价值;此外,人们对这栋房子享有的财产权的外在价值也开始降低——也就是说,人们与其对这栋房子所享有的财产权之间的关系已经发生变化;但是,人们对这栋房子所享有的财产权以及这栋房子本身都可能保持着从来没有别人接触或者触犯的状态。如果行为人对他人的房子的完整性散播虚假的信息,那么,尽管他人与这栋房子之间的关系的受尊重程度、价值高低等都已经受到了重大的影响,但是,他人对这栋房屋所享有的财产权在本质上并没有改变。

十、隐私权侵害:对财产的关系型侵扰

正如我们所看到那样,人们的个人信息不仅包括有关其内在的身体和心理状态的信息,它还包括公民身体和心理活动的信息。此外,人们的个人信息显然还包括其财产信息:一旦行为人知道诸如房屋、汽车、饰品、金融财产等财产属于他人之后,行为人肯定掌握了他人的某些个人信息,这些信息让行为人或多或少地知道了他人当前内在身体上和心理上状态和行为。行为人对他人的私人信息不知情,此外,在很多情况下,人们的私人信息都会涉及其财产,因此,这意味

着许多涉及隐私的情况都涉及公民的财产。

人与人之间存在一种一个人不知道涉及另一个人的私人财产信息的关系，对这种关系的不正当关系型侵扰破坏了人与人之间的这种关系，使得一个人可以得知另一个的私人信息。对于不可知论的隐私权学者而言，这些不正当的关系型侵扰似乎是对公民隐私权和财产权的侵害。它们之所以侵害了公民隐私权，其原因在于它们不正当地侵扰了隐私权赋予公民的利益，也就是说，人们与别人之间存在这样一种关系：别人不知道人们财产的私人信息；但是，这些不正当的关系型侵扰行为却改变了这种关系，使得人们的私人财产信息被别人知道。此外，之所以说它们侵害了公民的财产权，其原因在于它们不正当地干扰了财产权赋予公民的众多利益之一——这种利益是指公民原本对其财产享受免受关系型侵扰的权利。根据我们的认知，这种情况中的关系型侵扰是一种不正当的侵扰。

十一、隐私权的体系

在不可知论的学者看来，本文最后部分的考虑因素会促进人们更加清楚隐私权的体系和分类。在第四部分，隐私权也是一些更加基础的权利的亚种群（权利），也分为物理性隐私权和心理性隐私权（见表4、表5、表6）。

表4　作为人的权利

基本权利：人们不受外界的不正当侵扰			
物理性权利：人们内在的身体状态不受外界的不正当侵扰		心理性权利：人们内在的精神状态不受外界的不正当侵扰	
内在的权利：人们的内在身体状态不受不正当的侵扰	关系型的内在侵扰：人们的内在身体状态不受不正当的关系型侵扰	内在的权利：人们的内在精神状态不受外界的不正当侵扰	关系型的内在侵扰：人们内在的精神状态不受不正当的关系型侵扰
	隐私权：他人与行为人之间存在的行为人对他人的内在身体状态不知情的关系不能被行为人不正当地改变		隐私权：他人与行为人之间存在的行为人对他人的内在精神状态不知情的关系不能被行为人不正当地改变

表5 自由权

基本权利：人们的行为不受外界的不正当侵扰			
物理性自由权：人们的身体行为不受外界的不正当侵扰		心理性自由权：人们的行为不受外界的不正当侵扰	
内在的自由权：人们的身体行为不受不正当的内在侵扰	关系型的内在侵扰：人们的身体行为不受不正当的关系型侵扰	内在的自由权：人们的精神行为不受不正当的内在侵扰	关系型的内在侵扰：人们内在的精神行为不受不正当的关系型侵扰
	隐私权：他人与行为人之间存在的行为人对他人的身体行为不知情的关系不能被行为人不正当地改变		隐私权：他人与行为人之间存在的行为人对他人的精神行为不知情的关系不能被行为人不正当地改变

表6 财产权

基本权利：人们对其财产所享有的权利不受外界的不正当侵扰			
物理性财产权：人们对其有形财产所享有的不受外界的不正当侵扰的权利		心理性财产权：人们对其无形财产所享有的不受外界的不正当侵扰的权利	
内在的财产权：人们对其有形财产所享有的财产权不受不正当的内在侵扰	关系型的内在侵扰：人们对其有形财产所享有的财产权不受不正当的关系型侵扰	内在的财产权：人们对其无形财产所享有的财产权不受不正当的内在侵扰	关系型的内在侵扰：人们对其无形财产所享有的财产权不受不正当的关系型侵扰
	隐私权：他人与行为人之间存在的行为人对他人的物理性财产权不知情的关系不能被行为人不正当地改变		隐私权：他人与行为人之间存在的行为人对他人的心理性财产权不知情的关系不能被行为人不正当地改变

十二、结语

根据不可知理论、二分还原主义理论的学者的观点，笔者想要通过指出隐私权的以下两个重要特征来总结有关隐私权的内容。二分还原主义的隐私权理论的第一个重要特征在于，它可以更好地解释人们对笔者所提出的"（隐私权的）分散感"的理解——在人们讨论隐私权时，大部分人都会对隐私权持有这种感觉。二分还原主义的隐私权理论可以比取消主义理论、原教旨主义理论以及统一还原主义理论更为恰当地解释"分散感"这个概念。

分散感曾经出现在不少的法学评论中，曾经有学者说，隐私权就像是一锅大杂烩，它可以容纳许许多多其他主要权利。如果人们认为，隐私权只是一种单一的权利，那么，这无疑是大错特错的。隐私权对于人们而言仍然是一个模糊不清的概念。

笔者将会指出这种二分还原主义的隐私权理论的两个特征：一方面，它可以比取消主义理论、原教旨主义理论以及统一还原主义理论更加恰当地解释许多人对隐私权持有的"分散感（sense of scatter）"——人们总是会觉得隐私权是一个模糊的概念，隐私权本身就涉及很多种其他的权利。另一方面，它可以为人们不再主张"隐私权不应当被自由权或者财产权等权利所合并"提供合理的理由。学者们对隐私权发表的比较常见的看法是，在本质上，隐私权是一个包含很大范围内的道德性因素的权利领域，或者说，人们特意将隐私权设计成这个样子。对于隐私权这个概念的模糊性和复杂性，有的学者表现出一种悲观的态度，有些学者恰好相反——隐私权的模糊性和复杂性正让他们感到十分振奋。但是，以后不管人们对隐私权抱有何种态度，人们都很难否认，在隐私权的研究过程中，隐私权的"分散感"的重要性以及出现的频繁性——人们总是会频繁地提及这个概念。但问题在于，人们应当如何解释这个术语。

对此，取消主义的学者首先会承认隐私权的"分散感"在一个方面的有效性，即人们对隐私权的认识包含了许多其他权利也包括的因素，在这个意义上，所谓的隐私权是具有分散性，是指取消主义的学者为其分散性附加了收缩性的条件（deflationary rider）：人们对"分散感"这个概念的使用表明了这样一个假设的现象在现实生活的存在，隐私权本身没有实质性的内容，因为隐私权的概念本身分散（涵盖）的因素之间并不存在连贯性和一致性，也就是说，不同情形中的隐私权之间完全不存在共同之处。

但是，取消主义的学者为分散性附加收缩性的条件是要付出沉重的代价的。添加了这个收缩性的条件，取消主义的学者对分散性的解释会使人们更难了解，为什么人们会在涉及其他人们经常提及的权利因素的情况下适用隐私权这个概念。如果那些权利因素之间并不存在相似之处，那么，为什么人们会用同一个概念（隐私权）来区分和标志它们，按照常理，如果几样东西之间完全不存在相似之处，人们会给这些东西冠上完全不同的名称。对此，除了隐私权这个概念本身的模糊性之外，笔者不认为取消主义的学者还可以找到其他合理的解释或者给人们一个满意的解答。

在解释分散感这个概念时，相对于取消主义的观点，笔者所说的二分还原主义就不会引发那么多的疑问。因为根据二分还原主义的学者同意取消主义的学者对隐私权具备分散性的这个观点——这个在上文的表4、表5、表6的底端就可以看出来，它避免了人们为隐私权的分散性附加收缩性的条件：根据二分还原主义的观点，不管隐私权是否具备分散性，所有情形中的隐私权都会存在一些重要的相似之处——不管是在人们不应当受到不正当的侵扰的状态受到破坏的情况下，还是在人们的私人信息不应该被别人知道的这种人与人之间的关系被破坏的情况下。因此，通过允许隐私权的分散感的存在以及坚持用一种连贯的、实质的权利来分析和解决社会现象，二分还原主义在两个方面上都承认了隐私权的分散感的有效性。

不管是原教旨主义的隐私权学者还是统一还原主义的隐私权学者，他们都会以一种与取消主义的学者的观点相反的方式来解释隐私权的分散感。他们都认为，隐私权是一种真实的、实质存在的现象。但是他们仍然否定，隐私权具备显著的分散性。在他们看来，隐私权的分散性并没有像取消主义学者或者二分还原主义的学者所想的具备那么明显的分散性。尽管原教旨主义和统一还原主义的学者在解释隐私权的分散感时附加了不同的收缩性条件，但是笔者推测，这些收缩性条件也会使得他们的解释出现很多问题。笔者并不认为，认为隐私权不具备分散感的解释会比认为隐私权的分散感使得人们无法适用隐私权这个概念来保护自己的解释更加合理。

二分还原主义的隐私权理论还有另一个特征：它为我们提供了一个让人们要注意自己的隐私权主张不要和自由权、财产权主张混淆的理由。不可知论的隐私权学者经常宣称，他们的观点为隐私权提供了一个"狭窄的"定义,这恰好与限制进入理论和控制理论的学者对隐私权所做的"宽泛的"解释相反。这暗示了,人们对隐私权的狭窄的解释无法协调人们认知中的隐私权与自由权、财产权的关系。①

例如,Parent 曾经对美国联邦最高法院审判的 Griswold v. Connecticut 一案(1965)以及 Eisenstadt v. Baird 一案(1972)发表意见:审判 Griswold v. Connecticut 一案的法院推翻了一项将夫妻的堕胎行为定为刑事犯罪的法律。在该案中,撰写多数意见书的 Douglas 大法官认为,即使《美国联邦宪法》没有明确规定公民享有隐私权,但是公民仍然能够从其他宪法性规定中合理地推断自己享有隐私权。有关堕胎是刑事犯罪的规定侵犯了公民的隐私权。

不幸的是,Douglas 大法官从来没有解释有关堕胎是刑事犯罪的规定为什么侵犯了公民的隐私权。当然,这有一个很明显的理由可以说明为什么这个规定侵犯了公民的隐私权,法院只是稍微提及这个问题。在 Douglas 大法官看来,到底何为"隐私权"的具体定义?这在 Eisenstadt v. Baird 一案可以找到答案。该案的判决发生在 Griswold v. Connecticut 一案的七年之后,在该案中,法院多数票将隐私权视为与自由选择权平等的权利,因为他的存在,公民可以免受政府的侵扰。该法院认为,马萨诸塞州的法律中一项禁止使用非婚人士使用避孕工具的法规侵犯了公民的隐私权。

因为在 Eisenstadt v. Baird 一案中,美国联邦最高法院已经援引了隐私权判案,将隐私权假设为一种选择的自由权,宣布了几个州禁止人们自由选择流产还是生育的法律是无效的法律。还有好几个州的最高法院也接受了美国联邦最高法院的这种观点并在几个涉及安乐死、使用大麻、用苦杏仁苷治癌的案件中适用了这个观点。在这些案件的审判过程中,法院都没有区分隐私权和自由权,而是将二者合并了。这使得人们明显感受到了隐私权是具备分散感的。因此,这引起了社会上一股主张公民享有的自由权得到《美国联邦宪法》的保护且在经过正当程序之前,政府执法机关不得侵犯公民隐私权的主张。混淆自由权和隐私权的做法只能用来反驳法院判决的统一性。(Parent 1983b:283-284)

---

① See DeCew (1997), ch. 2, and Powers (1996).

Parent 承认，那些禁止堕胎之类的执法活动可能会侵害公民所享有的隐私权。但是，他也指出，他的这个观点使得人们更加清楚地意识到以下关键点：只有在政府执法行为不正当地侵扰了公民作出重要的、基础的选择的权利时，政府执法行为才会侵害公民所享有的隐私权。但是，这种认为隐私权只有在少数的、公民权利遭到严重损害的情况下才会遭到侵害的观点会混淆隐私权和自由权。

但是，根据本文所说的二分还原主义的隐私权理论，不可知论的隐私权理论和 Parent 的观点是错误的。在二分还原主义的隐私权学者看来，不正当地侵害了公民的重要的基本选择权的行为必然会侵害公民所享有的隐私权——因为在这种情形中，这两种权利本来就是一样的。在涉及对人们的选择造成关系型侵扰的侵犯行为的情形中，人们需要解决这种行为对公民的自由权和隐私权带来的问题。

或者，人们可以考虑最近发生的两个法律案件——一个是由美国联邦最高法院审判的案件，另一个是受到加拿大最高法院管辖的案件。这两个案件都涉及行为人通过在他人的房子外面使用红外摄像机记录有关房子的热能辐射图像的行为（这种行为是受到国家的认可的）。在 Kyllo v. United States 一案（2001）以及 R. v. Tessling（2004）一案中，政府执法人员以他们通过上述方式获取的证据为依据向法院申请了搜查令，并据此进入被告房子，之后便起诉被告犯有贩毒罪。在 Kyllo 一案中，上诉法院认定，政府执法人员利用红外摄像机记录被告的房子的热能辐射图像的行为遵循了《美国联邦宪法第四修正案》有关不合理的搜查行为和扣押行为的规定。随后，美国联邦最高法院推翻了这个判决：美国联邦最高法院认为，在该案中，政府执法人员的行为侵犯了被告的隐私合理期待（公民的隐私合理期待受到《美国联邦宪法第四修正案》的保护）。因为在该案中，如果政府执法人员不利用红外摄像机，则他们只能通过实施现实性的侵入行为才能收集这些信息，而且这些信息全都是十分详细的私人信息。在 Tessling 一案中，加拿大的最高法院也推翻了上诉法院的判决，但是，它的观点刚好与美国联邦最高法院在 Kyllo 一案中的观点相反：它认为，Tessling 一案不能适用《加拿大人权利与自由宪章》第八章所保护的公民的隐私合理期待。因此，它最终认定，政府执法人员利用红外摄像机获取的信息不是私人信息。

上述两个案件的判决基础都受到了人们的广泛讨论。但是有一点很重要的是，人们应当注意到，在这两个案件中，统一还原主义理论都不会为被告提起上诉提供依据。有人可能会认为，在这两个案件中，因为被告的隐私权与财产权并没有重合的地方，所以，被告的隐私权并没有遭到政府执法人员的侵害。在这种情况下，被告最可能采取的行动是主张政府执法人员的行为侵害其财产权，而不是隐私权。

幸运的是，在这两个案件中，美国联邦最高法院和加拿大最高法院没有适用这种另类的推理方式，而是适用了笔者所主张的二分还原主义理论。根据二分还原主义理论，在这两个案件中，法院可以论证被告的财产权与其隐私权是一致的。在很多情况下，公民的财产权与隐私权是同时出现的（同时受到侵害的），这并不是说，这两者永远都是重合在一起的，而是说，它们会向人们展示同一种权利的两个方面，或者说是两种表达形式。

隐私权的重构

马克·阿尔菲诺[①]　G. 伦道夫·梅耶斯[②]著　陈圆欣[③]译

目　　次

一、导论
二、假定
三、隐私是一种基本的道德权利
四、与其他隐私理论的关系
五、含义
六、结语：信息隐私和离散监控问题

一、导论

Judith Thomson 在《隐私权》[④]一文的开头中写道："也许隐私权最引人注目的是似乎没有人能够清楚地说出它的内涵。"25 年以后，人们仍在对它进行研究，但是此时的研究受到新的紧迫感的驱使。

Warren 和 Brandeis 在 1890 年明确地提出了隐私权这个概念，公众对隐私权的认可逐渐增长[⑤]。到了 20 世纪末，虽然我们仍然未能清楚地认识隐私权的内涵，但是我们对隐私侵权的触觉变得十分敏

[①]　马克·阿尔菲诺（Mark Alfino），美国冈扎加大学教授。
[②]　G. 伦道夫·梅耶斯（G. Randolph Mayes），美国萨克拉门托州立大学哲学系教授。
[③]　陈圆欣，中山大学法学院助教。
[④]　Judith Jarvis Thomson, "The Right to Privacy", Philosophy & Public Affairs 4（1975）: 295 – 314.
[⑤]　2Samuel D. Warren and Louis D. Brandeis, "The Right to Privacy", in Ferdinand David Schoeman（ed.）, Philosophical Dimensions of Privacy: An Anthology（Cambridge: Cambridge University Press, 1984）, pp. 75 – 103

感。过去，人们只是把"不请自来"的广告视为令人厌恶的事情，如今，人们已经将此种广告视为侵犯他们基本权利的东西。公民的个人品位、兴趣和购物习惯等信息属于私人财产，未经公民同意而搜集这些信息的行为属于盗窃行为。

2001年9月12日的早晨，大多数人醒来后都会对隐私权产生新的看法。当我们面临恐怖袭击的威胁时，个人隐私似乎成了微不足道的事情。如果保护我们免受恐怖组织侵扰意味着我们所实施的相对无辜的活动要接受公众监督，那就这样吧。同年10月，国会轻而易举地通过了《爱国者法》，授予政府执法人员前所未有的权力来监控美国公民的私人生活。

Thomson的话应该被解释为：也许如今隐私权最引人注目的是，似乎没有人能够清楚地判断它是不是一种权利。在本文中，我们即将看到，即便在一个被恐怖主义缠绕的世界里，隐私仍然可以被视为一种基本的道德权利（moral right），这种权利并不违背我们希望增加对私人生活监控的意图。事实上，为了保护隐私利益，我们甚至可能要求增加对私人生活进行监控。诚然，对于将隐私等同于没有监控的人来说，上述观点显然是荒谬的。毫无疑问，如果我们认为消除隐私等同于没有监控这种想法，那么我们必须从一个基本层面来重新思考隐私权。

二、假定

本文的目的旨在将隐私视为一种基本的道德权利，并且建立与之相关的隐私理论。有三个要素是至关重要的：①笔者假定隐私权是一种人人都有的权利，而不仅仅是一种理性人努力实现的善；②笔者假定隐私权是一种道德权利，而不是一种宪法权利或者法律权利；③笔者假定隐私权是一种基本权利，而不是一种其他基本权利，比如生命权、自由权或者财产权的引申。总而言之，这三个假定与大部分有关隐私的哲学文献大相径庭（详见本文第四部分）。虽然公众如今已经习惯将隐私权称为基本道德权利，但是哲学论证倾向于假设（或者总结）成另外的情况，也就是说，隐私权要么被视为一种非基本道德权利，要么被视为一种善而非一种实际权利。

虽然笔者的假定符合普通（20世纪）的直觉，但是笔者的结论与大众所认可的隐私权的内涵不同。本文的核心主张可以被总结为：

如果隐私是一种基本的道德权利,那么当前公认的隐私权则不足以证明公民有权控制他们私人信息这个主张的正当性。诚然,我们意识到,信息隐私拥护者会将此主张视为一种反证法。毕竟,如果根据我们的分析,隐私权不能证明公民控制私人信息的正当性,那么隐私权是一种基本道德权利这个假定有可能是错误的。这是很有可能的。然而,我们相信本文的分析值得人们进行慎重的思考,即便是仅仅关注私人信息保护的人也应该慎重思考本文的分析。除了提供一种清晰且直观的哲学理由来证明隐私侵权是一种独立的侵权行为外,本文的分析还为许多问题提供了解决方案,并且展示了对于更广泛的道德问题而言,隐私方面的考虑比我们如今所想的更加重要。此外,我们并不反对私人信息的保护,本文的分析仅仅认为,私人信息的保护应该求助于道德考量(moral considerations)而非隐私权。

隐私权很容易而且经常会被合并在(私人)财产权和(掌控私人事务的)自由权中。事实上,正如 Thomson 所说的那样,"隐私"一词被人们认为是一系列道德考量的结果,隐私权并非一种具体的权利,而是某些权利的集合体,它赋予公民在某些领域享有主权。我们反对此种观点,本文将指出隐私领域可以通过某种方法来区别于其他权利。

在提出本文的理论之前,笔者将简单地总结目前有关的理论。虽然存在与隐私权有关的不同理论,但是大部分理论的特点都在于将隐私权视为限制进入个人领域的权利。这些隐私理论的不同之处在于它们针对的是不同的个人领域:①有些理论认为隐私权是限制行为人接触他人人身的权利;②其他理论则认为隐私权是限制行为人接触私人信息的权利。

Warren 和 Brandeis 在 1890 年提出的著名的隐私权公式——"独处权",属于上述第一种隐私理论。[①] 许多学者似乎认为这种隐私理论很容易被反驳。例如,Thomson 写道:如果我用一块砖头敲了

---

① Although Warren and Brandeis do argue for restricting access to personal information, they do so mainly on the basis of the intrusiveness of the actions required to acquire that information, as well as the personal harm that can result from its publication. They do not suggest that the right to privacy logically entails the right to restrict access to personal information.

Jones 的头,那么我就侵犯了他的独处权。然而,当我用砖头敲打 Jones 的头时,我肯定侵犯了 Jones 的某些权利,但是这个行为不必然侵犯了他的隐私权。此外,隐私权的范围在哪里?是不是侵犯他人的每一种权利都算是侵犯了他的隐私权?①

笔者认为,Thomson 的设问的答案是肯定。当 Thomson 用砖头敲打 Jones 的头时,假定 Thomson 同时侵犯了 Jones 的某些,甚至全部的权利的想法并不荒谬。这就解释了为什么无缘无故地用砖头敲打他人是一种过分的犯罪行为。这个例子实际上可以说明的是,有时候,某个行为不仅仅侵犯了公民的隐私。如果 Thomson 在没有事先通知 Jones 或者接受 Jones 邀请的情况下突然出现在他的屋子里,那么 Thomson 就侵犯了 Jones 的隐私权。如果 Thomson 随后将 Jones 绑了起来,抢了他的财物,并且将其折磨得奄奄一息,那么他仍然侵犯了 Jones 的隐私权。只不过此时的 Jones 不会再将隐私侵权作为其主要的诉求。②

在笔者看来,隐私权包括禁止行为人接触他人人身的权利的想法是正确的。只不过这不是隐私权的全部内涵。这种理论的真正问题在于,某些人直觉上认为属于隐私侵权的情况并不涉及人身接触。秘密监控就是最明显的例子。大部分公民会将监视认为是一种显然易见的隐私侵权行为,即便监视完全没有入侵性。为了回应这个问题,也许会有人提出,隐私权不仅包括禁止行为人接触他人人身,还包括禁止行为人接触他人信息,但是,这种理论难以解释为什么我们仅仅看一眼在院子里的人的行为不属于侵犯隐私的行为。

目前,有关隐私权的第二种理论将隐私权视为限制行为人接触他人的私人信息。③ 它可以通过将受保护的私人信息限制为公民享有隐

---

① Thomson, "The Right to Privacy", p. 295.
② Thomson's work on privacy has received a great deal of critical attention. See, for example, Thomas Scanlon, "Thomson on Privacy", Philosophy & Public Affairs 4 (1975): 315 – 322; Jeffrey Reiman, "Privacy, Intimacy and Personhood", Philosophy & Public Affairs 6 (1976): 26 – 44; Julie Inness, Privacy, Intimacy, and Isolation (New York: Oxford University Press, 1992).
③ See, for example, Charles Fried, "Privacy", in Schoeman (ed.), Philosophical Di mensions of Privacy, pp. 203 – 222; and Alan Westin, Privacy and Freedom (New York: Atheneum, 1967).

私合理期待的信息,从而避免上述问题的出现。当行为人获取他人私人事务(比如医疗记录、金融控股和视频租赁习惯等)的信息而非他人人身信息时,此种理论也符合我们对隐私保护的强烈的直觉。

隐私的信息方面值得注意,因为它直接影响如今最让我们感到困扰的隐私问题,即信息技术让行为人更容易接触他人敏感的私人信息。然而,隐私的信息方面仍然不能作为一般隐私理论的基石。因为它不能解释为什么当行为人实际侵入他人的私人领域时,行为人就是侵犯了他人隐私权。我们不能认为,行为人实施上述侵权行为的同时获得了他人的信息。在实施上述侵权行为时,行为人可能没有获得任何信息,但仍然侵犯了他人的隐私。这个问题就是笔者如今关注的问题。

大部分公民会将隐私权视为限制行为人接触他人人身和信息的权利。这也许就是为什么许多理论都仿效 Gavison 和支持"隐私权是权利集合体"的观点,比如 Judith Wagner DeCew,也就是说,隐私权能够限制行为人接触他人的信息和他人的人身以及作出决定的过程,它能够让被窥视的人免受伤害。DeCew 主要从法律框架来主张:公民之所以需要法律保护其掌握自己信息的能力和作出决定的能力,原因是公民希望为自己保留一个庇护场所,他们可以通过这个场所塑造和实践自己的生活以及与别人的关系——不仅是亲密关系也包括其他活动的关系,而不需要受到监控的威胁、感到尴尬或者遭受到别人的指指点点,也不需要承担与之相关的危害后果。①

最近有两种理论似乎不太符合本文所总结的隐私理论的特征。Julie Inness 对她称之为隐私的"独立基础"提出有说服力的反对意见,此种独立基础着重"独处权"。在《隐私,亲密关系和孤立》一书中,她将隐私权归根于公民对其亲密情形和亲密关系控制的需要。② 虽然 Inness 意识到将"独处"视为隐私权目标的理论局限性,但是她却将隐私权视为对神圣不可侵犯领域的控制权。类似地,在《隐私与社会自由》一书中,Ferdinand Schoeman 展现了比先前理论

---

① 7Judith Wagner DeCew, In Pursuit of Privacy: Law, Ethics, and the Rise of Technology (Ithaca, N. Y.: Cornell University Press, 1997), p. 64.

② Inness, Privacy, Intimacy, and Isolation, p. 74.

更多的对隐私的社会功能的关注。Schoeman 主张,隐私是重要的,"主要因为它为社团和人际关系提供了便利,拉近了人与人之间的距离"①。正如其他构成隐私所包含的善的要素那样,无论是社会要素还是其他要素,Schoeman 为证明限制别人接触我们私人领域的价值提供了有意思的理由。虽然 Inness 和 Schoeman 的研究属于较好或者较清晰的社会学理论,但是在隐私本质这个问题上,他们最终仍然保持与先前学者一样的观点。

找出隐私权要素的基本任务就是在一个清晰且统一的隐私领域中找出正确的理论。为此,我们必须做的工作:一是将隐私领域扩展至能够解释为什么实际侵入和秘密搜集私人信息的行为都属于侵犯隐私的行为;二是将隐私领域的范围限缩,排除公众显然享有正当利益和有权进入的私人领域;三是判断隐私领域究竟是独立的领域还是其他权利领域的集合体。笔者将在下文对隐私权的分析中完成以上三个目标。

三、隐私是一种基本的道德权利

本文的核心主张是隐私是一种基本的道德权利。支持此主张的论据很简单,但是此论据所带来的后果和所蕴含的含义则一点都不简单。在这个部分里,笔者将从基本道德权利的角度构架隐私权,并且阐释此种观点最显著的含义。至于此种观点的发展和反对意见将在下一个部分内进行阐述。

在主张隐私是一种基本的道德权利时,我们显然假定了已经被证实能够描述公民之间的社会关系的相关权利和义务。具体而言,能够描述公民和其他人单独或者共同正当行使权利的道德权利。这些权利不仅能够被视为相互保护的消极权利,还能够被视为反映了我们对公

---

① Ferdinand Schoeman, Privacy and Social Freedom (Cambridge: Cambridge University Press, 1984), p. 8.

民如何构建和维系道德行为（moral agency）的最佳理解的积极权利。①

我们所理解的道德行为的核心在于对有道德的公民"自律"能力或者自治能力的信仰。我们会探讨不同自治权之间的重要区别，但是就目前而言，最重要的是探讨我们所假定的权利义务体系和自律公民的概念。事实上，最基本的道德权利可以被理解为自律主体概念的明确表达，或者公民如何与实体的社会建立必要联系的暗示。例如，正当程序权利是基本的道德权利，因为当公民失去权利和特权，他无法受到正当程序保护时，他就无法为自己的行为订立合理的规则。

在构建个人自治权时，隐私扮演着基本且不可磨灭的角色。如果明白这一点，我们也许就能扩大自治权核心内容的司法隐喻。道德行为会制定何种规则？此种规则适用于何种对象领域？诚然，Immanuel Kant已经广泛地提出这些问题并且作出了相应的回答。② Kant解释，道德生活的基本启发就像是现实空间与自然法以及道德空间与道德法之间的类比。这种类比是"权利话语"（rights talk）的核心。通常，我们都会在一个能够预测权利主张和侵权赔偿的类似法律的背景中谈论权利。法官和立法者都会利用权利（无论好坏）划分不同类型的空间：一个属于财产关系和私人社交关系的私人空间，一个属于共同期待公平待遇和集会的公共空间。当我们将特权授予某种特定关系，比如牧师和忏悔者之间的关系或者律师和当事人之间的关系时，我们会通过道德法律来为这种关系构建一个道德空间，就像是一个神圣的造物主通过一系列可能的实体法构建一个现实空间那样。

无论我们是否赋予道德空间本体论上的意义，它仍然有助于阐释本文的基本理论框架。此外，道德空间与现实空间之间的类比也提醒了我们，因为公民在认知和情感上都有所发展，所以他们需要一个道

---

① Because moral agency is the ability to act in the world as an individual who values, among other things, her own and others' rights, there is necessarily something a bit circular about rights. The assumption of a scheme of rights and correlative duties depends upon a reasonable basic understanding of moral agency, but discussions of its reason ableness will inevitably involve reference to the kinds of lives rights make possible.

② Immanuel Kant, Groundwork of the Metaphysics of Morals, ed. Mary Gregor (New York: Cambridge University Press, 1998).

德空间来行使自治权。我们可以基于对人类行为和发展的背景认识来评判道德空间的竞争陈述。

与我们心理有关的事实本身不能证明道德权利的正当性。然而，我们对自治主体占据的道德空间和管理此空间的道德法律的理解必须符合我们对实体世界的法律的理解，尤其是管理人类及其存在的现实条件的法律。根据这些限制条件，我们对珍惜何种现实和精神环境作出了不同的选择，从而构建了规范社会生活的特定道德空间。

笔者所提出的道德空间概念展示了两种含意：一种是理性选择的理想化概念，这是所有自治权定义的核心内容；另一种是对道德生活在实体环境中必须有意义的承认。道德空间就是一个由理想主义的理性主体和约束公民实现此种理想主义的现实条件之间的联系所定义的被规则管控的领域。我们能够通过这种道德空间的需求理解许多道德权利、规则和文明公约。即便是不重要的文明公约，比如我们应该在公共场合中以多低的音量说话以及我们不应该向陌生人询问什么，也能够被认为是在受到特定现实条件约束的世界里，解决公民在实现理想的理性行为过程中所产生的焦虑的方法。

现实空间和道德空间之间的类比是隐私研究老生常谈的内容。正如笔者在第一部分所暗示那样，隐私学者总是使用空间隐喻，比如"领域"，来解释他们所理解的隐私含义。他们对隐私权的争议经常围绕着"如何拓展公民的隐私领域"这个话题。另一方面，隐私学者经常混淆了隐私领域的道德空间和现实空间，从而误入歧途。他们总是轻而易举地接受已有的观点，即公民需要对其现实空间实施某些掌控，然后，他们的结论是某些现实空间或者某些私人信息必须被纳入神圣不可侵犯的隐私"领域"。同样地，公民有权在不受现实干扰的情况下进行正常的日常交往。然而，当我们的日常交往（比如监控摄像机拍下的视频，公民的购物记录，浏览过的网页和听过的电台）[①] 透露出的信息属于隐私领域时，上述规则就不适用了。从公民

---

① Privacy concerns were recently raised by a new technology, produced by Mobiltrak, which can determine which radio stations people are listening to as they drive. The tracking device cannot identify the proper name of the motorist, but it does operate with out their awareness. Catherine Greenman, "They Know What You Listened To Last Summer On Your Car Radio", The New York Times, 20 January 2000, p. G8.

的私人现实空间在某种意义上是"令人感到私密"的空间这一事实中,许多隐私学者似乎推断出公民必须拥有一个自律空间。相反,本文的隐私理论试图首先分离个人道德空间的道德正当性,然后探讨此种道德空间对公民实体关系的影响。

通过道德空间的隐喻,我们可以对不同隐私理论进行讨论,这些理论为什么样的法律能够规制道德空间(尤其是我们称之为私人空间的道德空间)提供了不同的观点。我们将私人空间定义为公民推理出其选择的空间,尤其是现实选择(practical choices)。我们的推理活动是理性行为和道德自治之间的基本练习。剥夺公民的推理能力就是干扰公民最基本的自我管理能力。因此,隐私是保护私人空间的武器,它保障了我们有权在免受别人不正当干扰的情况中实施推理活动。

自治权和理性主体之间的联系已经不证自明,以及正如我们即将看到的那样,其他几个哲学家已经揭露了自治权和隐私之间的联系。然而,有趣的是,隐私权起着合理性作用的提议几乎没有被研究过。笔者将在下文详述此观点,但是根据以往的经验,新的建议一开始对大部分人而言并不直观,笔者将会在详述观点之前调整大家的直觉。

在隐私权变成我们的规范性词语之前,哲学家通过"私人的"一词来基本描述意识经验的本质特征。笛卡尔世界观的基本教义是没有人能够真正知道另一个人的想法和感受。诚然,此种世界观是"公民是自治主体"这一概念的起源之一,而这种概念的形而上的合理性在某种程度上可归因于隐私意识:人类的基本不可预测性保障了他们的个性和免受别人控制。然而,我们必须在哲学和科学的基础上否认依赖于站不住脚的理性主义和精神/物质二元论的笛卡尔世界观,不管它对世俗的直觉多么有吸引力。笔者认为,这将有助于解释为什么隐私会被视为一种权利。也许这是因为我们明白了,精神和身体之间不存在形而上的边界,使得我们要从规范性层面重申隐私的原则。因为我们并非不可预测的,其他人在经过审慎调查之后能够知道并且在某种程度上控制我们的想法和感受,所以我们现在坚持享有隐私的道德权利。最适合笔者所提出的隐私理论的直觉是,隐私就是阻止别人损害他人意识的独立性。

四、与其他隐私理论的关系

在讨论理解自治权的不同途径以及干扰自治权的意思之前,我们应该将基本的理论框架与其他隐私理论联系起来。此前,隐私学者以对公民生活不同领域的限制来区分隐私理论。另一种有效的区分方法的依据是,这些隐私理论对有关隐私本质的公民直觉所产生的影响。根据这个评判标准,当前大部分隐私观点可以被简单地划分为两个阵营。

第一个研究隐私观点的阵营为"直觉论者"(intuitionist),它通过理论来支持人们的基本直觉,即隐私保护大范围的公民决定和广泛的私人现实空间以及私人信息"领域"。美国联邦最高法院的许多法官都是此观点的追随者,比如 Warren 大法官和 Brandeis,Blackmun 大法官在 Bowers v. Hardwick 一案[1]的异议中指出,大多数法学学者从美国联邦最高法院作出的涉及自由、表达和正当程序的各种判决中,以及诸如 James Rachels, Ruth Gavison 和 W. A. Parent[2] 等哲学家的观点中对界线不明的隐私理论下定义。许多学者写下了有关计算机伦理的著作,而隐私常常承载着直觉论者的观点。毋庸置疑,自治权的讨论对于直觉论者来说十分重要,但是他们并没有一致地考虑过隐私是不是一种基本的道德权利这个问题。从道德的角度来看,他们所展开的大范围思考属于更实用而非更基础性的思考。

第二个研究隐私观点的阵营为"还原论者"(reductionist)。Edumun Byrne 在 1998 年出版了一篇优秀的文章——《"隐私"应用伦理的百科全书》,他在法律领域中将还原论者的隐私理论总结为,还原论者相信所有关于隐私的法律主张都可以被其他领域的法律主张所吸

---

[1] Bowers v. Hardwick 478 U. S. 186 (1986).
[2] James Rachels, "Why Privacy is Important", in Deborah G. Johnson and Helen Nissenbaum (eds.), Computers, Ethics, and Social Values (Englewood Cliffs, N. J.: Pren tice Hall, 1995), pp. 351 – 357; Ruth Gavison, "Privacy and the Limits of the Law", in Johnson and Nissenbaum (eds.), Computers, Ethics, and Social Values, pp. 332 – 350; W. A. Parent, "Privacy, Morality, and the Law", Philosophy & Public Affairs 12 (1983): 269 – 288.

纳。① 还原论者阵营最重要的学者是 William Prosser，他认为隐私主张可以被分解为不同的侵权主张。② 在还原论者阵营中作出杰出贡献的哲学家是 Judith Jarvis Thomson，正如前文所述，他试图通过一系列非隐私的道德和法律权利来分析隐私，从而达到减少或者消除隐私权。

为了在这丰富的理论中找到笔者的观点，我们需要将直觉论者对自治权理论的定义分离并且进行对比。因为笔者将隐私权视为一种基本的道德权利，所以笔者不属于完全的还原论者。另一方面，笔者认为，隐私权是有关保护私人领域的权利，勉强与自治权有关。因此，笔者不会像直觉论者那样过多地讨论公民可以在多大范围中利用隐私一词来主张其道德权利。笔者基本的观点是隐私是一种保护私人空间的条件，私人空间是公民用于推理的空间，而且公民对于将推理作为保障个人自治权的手段享有一种基本的道德权利。在笔者看来，自治权本身被假定为自由文化中不证自明的权利和义务体系的一部分，但是此种假定不会结束自治权包括什么的讨论。因为自治权在隐私理论中占据着重要的地位，我们需要对比不同的自治权理论，并且观察这些自治权理论所保护的不同私人空间。

John Rawls 通过以下方式对自治权进行定义："自主行动意味着公民能够像一个自由且平等的理性人那样行动，这也是我们理解别人行动的方式。"③ Ruth Gavison 对自治权的理解更为广泛："道德自治权是对社会规范的反思和批判性接受，公民根据一个有关这些社会规范的价值的独立道德评价来遵守它们。"④ 她声称，自治权有三个要素：①一种作出独立道德评价的能力；②一种执行此能力的意图；③即便该道德评价不受欢迎，也有勇气承担执行的后果。虽然上述定义各有差异，但是它们的核心内容是一致的。虽然 Rawls 对自治权下定义的内容没有 Gavison 充实，但是满足 Rawls 所定义的自治权必须

---

① Edmund F. Byrne, "Privacy", in Ruth Chadwick (ed.), Encyclopedia of Applied Ethics, vol. 3 (San Diego: Academic Press, 1998), pp. 649–659.
② William Prosser, "Privacy", California Law Review 48 (1960): 383–422.
③ John Rawls, A Theory of Justice, rev. ed. (Cambridge, Mass.: Harvard University Press, 1999), p. 453.
④ Ruth Gavison, "Privacy and the Limits of the Law", p. 344.

对社会规范进行"反思和批判性"评估，以满足这些社会规范的要求。因为 Rawls 将自治权定义为行动，所以他所定义的自治权必然符合 Gavison 提出的前两个要素。最大的差异是 Gavison 提出的定义将"勇气"作为隐私其中一个核心要素。对于 Gavison 来说，她的想法很容易从自治权的心理层面转移到隐私的其他心理目标，包括减轻公民的压力、减轻被嘲弄的感觉、降低他们因私人行为而被其他公民否定的机会等。Gavison 甚至将全面推广"心理健康"作为隐私保护的广义目标之一。

对于将隐私领域从推理的必要条件延伸至让公民更容易掌控私人信息或者限制别人获取私人信息的必要条件来说，我们有一种自然且直观的需要。在思考如何作出选择时，我们首先会确保所在空间无人打扰。通常，如果其他公民不知道某位公民在做某件事情时，该公民会感到更有勇气去做这件事。例如，公民会拒绝让候选人和雇员得知推荐信和评价信的内容，因为此种保密行为会赋予举荐者按照真实意愿行动的"勇气"。

尽管这个观点有直观的吸引力，但是笔者认为大规模扩展私人空间的做法是需要被抵制的，这不是因为我们永远无法证明此种扩展行为的正当性，而是因为在超出理性反思和自治权所需的私人空间的保护范围之外的行动牵涉各种各样的道德和实践考量，而其中大部分考量都与基本的道德权利无关。如果道德理论的合理目标之一是区别基本的道德主张和非基本的道德主张，那么我们就有理由抵制自治权的核心价值从完善理性主体转移到无数的社会和文化目标上，而当私人空间被扩展至包括禁止别人接触公民人身或者禁止别人获取公民私人信息的全面保护空间时，这些社会和文化目标才会与自治权有关。笔者必须强调（此时笔者有些同情还原论者）保护公民免受不受欢迎的侵扰或者让公民掌控他们私人信息的理由有很多，但是这些理由仅与隐私的基本权利有关，如果缺乏此种保护，公民为其选择作出推理的能力将受到损害。质疑对意志力薄弱的举荐者的授权，禁止别人获取有关公民习惯的可耻信息，区分可被接受和不被接受的窃听行为或者闲聊，这些均取决于复杂且多样化的考量，这些考量至少是从基本的道德权利过渡到公民拥有为其选择作出推理所需的私人空间的一大步。①

　　笔者并非否认公民所使用的"隐私"一词包含了比我们所保护的私人空间更广泛的含义这个事实,也不是要进行一次流行语言学的改革来纠正公民的用词。毫无疑问,"隐私"一词在哲学上的某些有趣用法并不涉及基本的隐私权利。笔者只是主张,没有对"隐私"一词的含义作出区分的隐私理论会陷入无望的混乱与模糊之中。自治权是一种有关道德行为的基本且跨文化的规范,然而,不同文化会选择不同的方式来允许或者支持公民作出的真实选择。以保密推荐信为例,理性人可能会对保护举荐者"隐私"是赋予他们勇气还是保护他们薄弱意志的做法存在不同的意见,然而,任何人应该不会对公民拥有一个私人空间来反思自己作出的评价内容享有基本权利这一点存在不同的意见。公民拥有一个可以思考自己选择的私人空间是自治权的核心内容,它注意到了构成一种基本道德权利的部分隐私直觉。

　　其他直觉主义的隐私学者,比如 Thomas Scanlon② 和 James Rachels③,他们的隐私理论基础与自治权几乎没有关系,所以他们的理论并非本文重点关注的对象。然而,他们的理论与 Gavison 过于广泛的自治权定义有着类似的弊端。Scanlon 认为,公民对于隐私本身享有直接的道德利益,隐私不仅是构建自治权的一种方式。在需要判断这些道德利益的来源时,Scanlon 会寻求习俗和现存有效的社会规范的帮助,有时候,他还会寻求直接检验这些利益合法性的结果的帮助。因此,这种理论相对合理地将大部分隐私主张视为审慎的和道德的利益权衡的结果。同样地,Rachels 将隐私视为一种非基本的社会和道德价值。他主张"将公民对别人接触人身和私人信息的掌控能力和与不同人建立以及维持不同类型的社会关系的能力紧密联系起

---

① One anonymous reviewer has suggested that this is a distinction of degree and that our analysis should be extended to cover more serious cases, e. g., information related to child custody or HIV infection. But the reason these cases are more serious is because of the consequences that would likely result from others acquiring the information, and the case for protecting the information should be made by appeal to these consequences. This is hard work, since the consequences turn out to be a befuddling mixture of good and bad. Our view.
② Scanlon, "Thomson on Privacy".
③ Rachels, "Why Privacy is Important".

来"①。这种理论只停留在描述性层面,而不能对隐私主张的重要性或者优先性提出任何重要的判断。例如,完善某种社会关系(例如,通奸者试图掩饰他们的幽会)在什么时候比完善其他关系更为重要? Rachels 认为,这些问题必须根据个案分析,并且要考虑其他道德和实践的考量因素。只要有人认为隐私不是一种基本的道德权利,那么 Rachels 的理论就是有其合理性的。诚然,笔者不赞同这个观点。

五、含义

虽然笔者相信本文的观点为"隐私是一种基本的道德权利"这一想法提供了一个极好的基础,但是此分析的合理性最终依赖于这个基础能否满足本文第一部分所提出的评判标准。笔者所提出的理论对隐私领域有什么看法?它能够为公民提供何种保护?它如何限制其他公民的自由?如果要完整回答这些问题,笔者需要花费很大的篇幅,因此,在这里,笔者仅关注这种观点最重要的含义。

本文分析的最显著特征是认为隐私侵权在于对公民活动的侵扰。从这个意义上说,它类似于 J. S. Mill 提出的自由原则。Mill 支持行动自由和思想与表达自由,但是在这两种情况中,他仔细区分了影响某种行为实施的意图和强迫某种行为实施的意图之间的差异。笔者所提出的隐私理论之所以没有限制为个人自由的理论,其原因在于侵入某人的私人空间不必然构成强迫的一种表现形式。我在你的空间出现有可能会影响你作出不同的行为,但是严格来说,你仍然有选择如何作出行为的自由。因此,隐私权保障公民在一个空间里免受别人对其施以强迫和违背他们情愿的影响。②

笔者所提出的理论能够提供一种新颖的途径来理解冒犯性言论和行为的道德意义,这是它吸引人的地方之一。有些哲学家主张,我们

---

① Rachels, "Why Privacy is Important", p. 351.
② It may be possible to articulate the principle of liberty in such a way that it would subsume privacy. For example, one might, with Berlin, argue for a positive conception of liberty that promotes, rather than merely permits, freedom, and this might require the free exercise of rationality. Isaiah Berlin, Four Essays on Liberty (Oxford: Oxford University Press, 1969).

对个人自由的高度重视让我们过于容忍上述行为。① 因为单纯的冒犯性言论与行为和造成真正伤害的言论与行为之间不存在明确的界限，所以人们很容易通过认定异常令人受伤的感觉才是真正损害来向这些批评妥协。然而，自由的捍卫者迅速地指出，这是滑向极权主义的第一步。正因为隐私理论不依赖于私人空间和公共空间之间的划分，而划分对于何为真正损害的争论而言至关重要，所以它也许能够为这个问题提供一些解决方法。无论公民身处何地，他都享有在不受别人干扰的情况中为自己的选择进行推理的权利。② 因此，我们可以合理地主张，不管在公共空间还是私人空间，只要行为人的言论足以侵犯他人的推理能力，那么行为人就侵犯了他人的隐私权。③

本文对隐私的分析也赞同 Warren 和 Brandeis 所提出的公民享有"独处权"的观点，诚然，本文对隐私的分析可以不费吹灰之力地视为此种观点的明确表达。然而，在笔者看来，对于隐私侵权而言，某位公民违背另一位公民的意愿出现在他所在的空间这一行为既不必要也不充分。如果某位公民发现了另一位公民可以从一个现实可移动的位置观察他的一举一动，该公民也未必不能按照理性的方式处理他的事务。这种出现是不足以侵犯他人隐私的，因为尽管一个人可以有各种各样的理由拒绝别人出现在他所在的空间内，但是他不能以干扰了他为自己的选择作出推理的能力为由拒绝别人的出现。

这种分析通过清晰且挑衅的方式扩展和限缩了隐私的领域。笔者在本文的开端提到，Thomson 对隐私的反证法是将隐私视为独处权。我们现在可以看到，此种反证法是失败的。用砖头敲打 Jones 的头确实干扰了他的推理实践，因此，此种行为可以视为侵犯了 Jones 的隐私。笔者在对 Thomson 所举的例子进行简要讨论的过程中提到，虽然

---

① Stanley Fish, There's No Such Thing as Free Speech, and It's a Good Thing, Too (New York: Oxford University Press, 1994).

② Of course, what counts as a violation of the right to privacy will depend very much on a person's physical location. For example, if I am in your home, you probably do not violate my right to privacy by walking around stark naked, however much that may com promise my ability to reason.

③ Note that the "fighting words" proviso on constitutionally protected free speech, while normally defended on the basis that fighting words provoke violence, attributes the likelihood of such to the fact that it compromises an individual's ability to behave.

某个行为侵犯了公民的隐私,但是对公民而言,隐私侵犯并非此行为带来的最严重的后果。然而,当我们考虑到推理能力的重要实践意义时,这种规则甚至都是不必要的。

至于其他道德败坏的活动,它们所造成的伤害是难以被描述的:无痛洗脑、利用真相敲诈别人以及说谎,等等。这些都可以被视为干扰了公民的推理实践的活动。诚然,本文针对这些问题的分析可能会揭露一个潜在的问题:在本文的模型中,什么样的行为才是不属于隐私侵权行为?异常丑陋的外表、不求回报的感情和特有的习惯都可能在正常的情况中让一个人分心。那么,这些都算是侵犯隐私权的事情吗?这是一个必须认真对待的问题,而这个问题的答案应该如下:许多事情可能侵犯了隐私(比如干扰了公民的推理能力),但是它们不一定侵犯了隐私权。这两者的区分最终要取决于特定心理常态的(固有的文化)标准。此外,值得注意的是,笔者不赞同隐私权是绝对的这个观点。某位公民享有的隐私权有时候会与其他公民享有的隐私权发生冲突。在隐私理论中,这是一个重要的问题,但是对于隐私权本身而言,这并非一个重要的问题。

六、结语:信息隐私和离散监控问题

本文的分析在某些方面扩展了隐私的领域,而在另外一些方面限制了它。最引人注目且可能存在问题的限制与先前所讨论的隐私的信息层面相关。虽然根据本文的分析,任何试图获取公民私人信息的行为都干扰了公民的推理实践,从而被视为侵犯隐私的行为,但是对公民私人事务进行离散的且未经公民发现的观察行为不属于侵犯隐私的行为。如果偷窥狂的偷窥行为从未被人发现,而他通过偷窥获得愉悦纯粹是自娱自乐的,那么他获取别人信息的行为就不能被合理地视为侵扰了别人的推理实践的行为,因此,他就没有侵犯别人的隐私。

笔者意识到,即便这个结论不被视为荒唐,它也会让某些人感到尴尬。对这个结论持反对意见的人认为,不管偷窥行为带来什么样的后果,它本身就是侵犯隐私的典型表现。根据这种观点,任何否认它的人都是不可能成功的(non-starter)。诚然,这是信息隐私的主要优点,它禁止了行为人对他人实施离散偷窥。笔者将提供以下理由来阐述我们的观点。

首先，笔者提醒读者，如果将信息隐私理论作为隐私的一般理论，那么此种理论本身就是不可能成功的。与上述主张相反，笔者认为，侵犯隐私的典型行为不包括知道某位公民的事情，而是正如 Warren 和 Brandeis 所说的那样，侵入了某位公民的空间。在笔者看来，将仅仅对某位公民进行观察的行为视为侵犯了他/她的私人空间的行为是不合理的。无论我们觉得行为人的眼神具有多么强大的穿透力，在哲学意义上，可靠的隐私考量必须与我们已知的世界因果结构相一致，也就是说，无论多么无意识，我们总会将有关私人活动的信息不断地传送到宇宙最遥远的地方。正如笔者在本文开头所说那样，我们仍然可以基于其他理由主张信息隐私。的确，最常见的理论是将隐私阐释为公民对其私人信息的掌控，因而任何违背公民意愿的行为都构成盗窃的一种形式。毋庸置疑，我们对此主张持怀疑的态度，但是就本文而言，这个问题不足以引起我们的讨论。再次重申，笔者的目标在于构建一个将隐私视为基本道德权利的理论。因此，寻求建立个人信息所有权的人就是在寻求将隐私的某些事务降格为财产事务。

其次，笔者所提供的理论并非认为，只要行为人实施暗中监视的行为，他就可以免于为其监视行为承担责任。笔者的理论仅仅暗示，此种行为并非侵犯隐私的行为。虽然人们强烈地倾向于将拒绝偷窥别人的私人生活作为一种自然而然的、令人愉快的且普遍的善良人性，但是它与笔者的观点仍然是一致的，也就是说，即便不发生其他结果，放纵过分的偷窥恶行也会对偷窥者的个性造成严重伤害。①

再次，有人可能会提出，笔者未能充分感受私人信息受到侵犯的公民的痛苦，因而，我们对能够扩展本文所提出的理论以保护此种信息的明显方法视而不见。对于十分重视隐私的公民而言，仅仅是陌生人知道他们私人事务的想法都能够让他们感到心烦意乱。对于这些公

---

① There is an interesting parallel here between spying and gossiping. Both are widely regarded as morally corrupt, even though both can be healthy manifestations of human curiosity creating a great deal of social utility. [On gossiping in particular, see Emrys Westacott, "The Ethics of Gossiping", International Journal of Applied Philosophy 14 (2000): 65 – 90.] The sense that there is something categorically wrong with these is perhaps best captured by virtue ethics. Most of us would agree that, considered as character types, Peeping Toms and gossips extract a pathetic degree of gratification from their voyeurism.

民来说,生活在一个不保护信息隐私的社会里会诱发他们产生妄想症,因此,在某种特殊意义上说,信息隐私不受保护对于这些公民产生的干扰达到了笔者提出的干扰标准。这也许是一个友好的修订,但是笔者暂时不打算通过此种方式扩展本文所提出的隐私权理论。笔者已经提到,我们的理论必须明确地运用心理常态的标准。虽然笔者在本文中尚未制定这种标准,但是我们对某些观点表示怀疑,即在一个没有将信息隐私视为一项基本权利的社会里,普通公民不能正常工作。诚然,自"9·11"悲剧发生以后,民众对政府监控的反映就是一个反例。大部分人发现,在一个允许随机暴力行为的环境中,我们是无法展开推理活动的。在这种环境以及我们的术语中,老大哥(Big Brother)的监控摄像头不再是隐私的威胁,而是保护隐私的前提条件(诚然,信息隐私拥有庞大的市场,有点讽刺的是,这个市场主要的帮凶是信息技术本身)。在《大西洋月刊》(2001年3月刊)的最近一篇文章中,Toby Lester用文件证明,匿名软件为在公共互联网的网络空间上工作和游戏的人提供了名副其实的"盖吉斯之戒"。[1] 然而,如今重读此文,最引人注意的是身处虚拟环境的人们并不关注网络匿名对犯罪分子的价值。

最后,笔者提醒读者,笔者所提出的隐私权理论并不涉及从结果论(consequentialist)的角度保护信息隐私。在缺乏有力证据支持公民对控制私人信息享有基本权利(笔者相信这种证据的确不存在)的情况下,限制别人获得私人信息的最引人注目的途径实际上就是结果论。私人信息被获取所带来的损害并非其他人知道了我们不愿意他们知道的事情,而是他们会通过我们不愿意看到的方式来使用这些信息。这些恐惧是合理的,它们能够证明最近几十年通过的隐私权成文法的正当性。然而,如果我们承认公民对控制私人信息享有基本权利,那么我们就不再需要阐释这些损害了。通过主张信息隐私,妨碍有效市场实践、拖延就医和阻止公平分配社会资源的法律以及犯罪活动就有其存在的合理性。在笔者看来,这是滥用公民对隐私的合理关注的体现。

---

[1] 29 Toby Lester, "The Reinvention of Privacy", The Atlantic Monthly 27, no. 3 (2001): 27–39.

隐私的哲学理论

赫尔曼·T. 塔瓦尼[①]著　谢晓君[②]译

目　次

一、导论
二、隐私的各种理论
三、在网络隐私问题上适用有限获取与有限控制理论
四、结语

一、导论

"隐私的定义需要与其日常的用法相适应……但是这还是不够的，因为我们交谈和使用语言的方式都充满不一致性、模糊性以及矛盾性。我们所需要的定义是，它不仅在很大程度上与日常语言相一致，会说英语的人不会对应该以这种方式定义'隐私'而真正感到惊讶，而且也可以让我们一致地、清晰地并且精确地谈论隐私的各种理论。"

——W. A. Parent 1983, 269[③]

给隐私构建一个定义，使其符合 Parent 所提出的条件，这会面临很大的挑战。然而，如果我们可以成功地对最近关于隐私威胁的主张进行理解和评价，包括电脑和信息技术所带来的威胁，那么我们必然

[①]　赫尔曼·T. 塔瓦尼（Herman T. Tavani），美国里韦大学哲学系名誉教授。
[②]　谢晓君，中山大学法学院助教。
[③]　Parent, W. A. 1983. "Privacy, Morality and the Law". Philosophy and Public Affairs 12, no. 4: 269–288, 269.

可以迎接这个挑战。本文的目的之一，就是清晰地表达隐私的定义，从而对 Parent 所带来的挑战作出回应，并且为隐私理论奠定一个充分的基础。本文的另外一个目的就是，表明隐私理论如何让我们构建清楚的、透明的和一致的网络隐私政策。

本文主要分为以下两个部分。

第一个部分主要对隐私理论进行讨论分析，首先，通过对隐私理论进行一个简单的分析，以及对以权利为基础的隐私理论与以利益为基础的隐私理论进行初步的区分。其次，对某些在哲学上的和法律上的经典或普遍的隐私理论作出重要评价。笔者会将这些隐私理论分为四大类，也就是，不侵扰理论、安宁理论、限制理论和控制理论。随后，笔者会对 James Moor 的隐私理论（1990 年和 1997 年）[1] 进行讨论分析，他的理论将各种经典理论的重要因素都合并在一个统一的理论中，称之为"有限获取/有限控制的隐私理论"［Restricted Access/Limited Control（RALC）theory of privacy，以下简称"RALC 理论"］。笔者还会对 RALC 理论进行辩护，认为它包括某些对于一个充分的隐私理论来说至关重要的区别。例如，笔者会表明，RALC 理论如何成功地区分隐私的描述性层面和规范性层面，从而让我们区分隐私的丧失（纯粹在一个描述性的意义上）与隐私的违反或侵犯（在一个规范性的意义上，涉及隐私权）。此外，笔者还会表明，RALC 理论如何区分隐私的概念与隐私的合理性（justification），以及如何区分隐私的概念与隐私的管理（management）。

第二个部分，笔者会表明，对于某些既具有私人特征也具有公共特征的信息，RALC 理论如何帮助我们判断这些私人信息是否属于隐私，以及如何保护这些信息，Helen Nissenbaum 将此描述为保护"公共场所隐私权"之难题。此外，笔者还会表明，对于包括计算机数据采集在内的信息技术的使用所带来的隐私争论，"公共场所隐私权"这一问题如何作为这些争论的核心。虽然笔者所调查的数据采集案件只是表明，RALC 理论可以在数据采集这一电脑/信息技术领

---

[1] Moor, James H. 1990. "The Ethics of Privacy Protection". Library Trends 39, nos. 1 and 2 (Summer/Fall): 69–82; Moor, James H. 1997. "Towards a Theory of Privacy in the information Age". Computers and Society 27, no. 3 (September): 27–32.

域被用来构建一个充分的网络隐私政策，但是笔者总结认为，RALC理论十分全面，足以适用于与现代信息技术相关的广泛的隐私关切。

二、隐私的各种理论

个人隐私到底是什么？因为隐私很难被定义，所以人们经常从自由、自治权、秘密和独处这些角度定义隐私，并且人们有时还会混淆隐私与这些概念。我们常常将隐私定义为某些事务，这些事务可以被"侵扰""侵犯""违反""违背""丧失""减少"等等。在这里，每种说法都反映了一个隐私概念，并且每个隐私概念都对应一个或者多个标准的隐私模式或隐私理论。虽然某些隐私理论的性质是描述性的，但是其他隐私理论的性质却是规范性的。并且，许多规范性的理论都是以权利为基础的，例如规范性的隐私理论认为，行为人所侵扰或侵犯的是他人的空间或领域。然而，并不是所有规范性的理论都必然意味着隐私的权利概念。例如，某些规范性的隐私理论认为，隐私与可以被违反的机密相关，或者认为隐私与可以被背叛的信任相关。与之相比，隐私的描述性理论有时认为，隐私可以被理解为私人信息的储存室，如果行为人获取了这些私人信息，那么他们的行为会导致他人的隐私受到减损，或者可能完全丧失。

某些学者认为，将隐私视为他人所享有的利益（interests）更有用，而不是将其视为一种权利（right）。例如，Roger Clarke 认为，隐私最好被定义为"他人为维护其私人领域而享有的免受别人或组织干预的利益"。对于以利益为基础的隐私理论与以权利为基础的隐私理论，即便对这两者之间的区别进行详细的描述和分析超出了本文的范围，但是值得一提的是，许多争论已经认可了以利益为基础的隐私理论。某些学者已经认为，隐私可以被认为是他人对其私人信息所享有的一种"财产利益"。主张以利益为基础的隐私理论的其他学者认为，我们可以单纯地规定隐私保护方案（作为实践性的事务），而不是以哲学和法律理论作为其基础，所以这表明，涉及隐私权的讨论经常陷入争论。

然而，一方面，某些学者在以权利为基础的隐私理论与以利益为基础的隐私理论之间不断徘徊；另一方面，某些学者对在性质上属于描述性的隐私与属于规范性的隐私感到混淆。我们将会看到，这些混淆如何表现在经典的隐私理论当中。我们对这些理论进行分析的目的在于，对于隐私是什么，为什么隐私具有价值，以及在涉及电脑和互联网相关技术的具体实践中，如何使隐私受到普遍威胁这些问题。为了获得一个更好的理解，笔者将这些隐私理论分为以下三类：不侵扰与安宁的隐私理论，控制与限制的隐私理论，有限获取与有限控制的隐私理论。

（一）不侵扰与安宁的隐私理论

在 1890 年，Samuel Warren 和 Louis Brandeis 所写的一篇经典文章，将隐私描述为"独处"（being let alone）或者免受侵扰，这篇文章被许多学者认为是隐私的开山之作。将隐私视为不侵扰的隐私理论在美国联邦最高法院的两个司法判决中也显然易见：Louis Brandeis 大法官在 Olmstead v. U. S. 一案①中所撰写的判决意见以及 William Brennan 大法官在 Eisenstadt v. Baird 一案②中所撰写的判决意见。然而，不侵扰理论存在以下几个问题。

第一，这种隐私理论是否充分？我们首先应该注意到，不侵扰理论的某些说法往往会混淆隐私的条件（或者内容）与隐私权。这种混淆在采取不侵扰理论的判决中尤为明显，例如 Brandeis 将隐私权定义为"独处权"（the right to be let alone），③ 以及 Brennan 将隐私权定义为"公民所享有的……免受政府执法人员在没有搜查令或扣押令的情况下实施侵扰行为的权利。④"

第二，不侵扰理论的另一个问题在于，如果我们将隐私定义为免受侵扰，那么这会混淆隐私与自由。虽然这两个概念十分接近，但是它们仍然有不同之处。隐私对于自由是十分重要的，因为隐私使他人享有自由的可能。然而，自由允许他人在政治上有不同的观点，与之相比，隐私允许他们一方面向某些人隐瞒其所主张的这些不同观点，而另一方面向特定的人披露这些观点。因此，我们必须要区分隐私与

---

① Olmstead v. U. S. 1928. 277 U. S. 438.
② Eisenstadt v. Baird. 1972. 405 U. S. 438.
③ Olmstead v. U. S. 1928. 277 U. S. 438，475，Brandeis dissenting.
④ Eisenstadt v. Baird. 1972. 405 U. S. 438，453.

自由这两个概念。不幸的是，关于不侵扰的隐私理论并不允许我们这样做。

我们现在来分析一下关于安宁的隐私理论。根据这种观点，隐私被认为是"独处"。安宁理论有多种表达形式。首先，我们可以在 Ruth Gavison 的评论中发现这种理论的其中一种表达形式，即当他人"完全远离别人"时，他人此时享有"完美隐私"（perfect privacy）——也就是说，此时没有人能够"现实接触他人"[1]。其次，安宁理论的另一种表达形式体现在 Alan F. Westin 对隐私的描述当中，这就是，他将隐私描述为"他人自愿和暂时从一般社会中抽离出来，防止社会公众通过物理手段对其实施侵扰行为，从而保持独处的状态"[2]。此外，Warren 和 Brandeis 将隐私描述为"独处"以及他人有时必须"从社会中抽离出来"[3]。

与不侵扰理论不同的是，安宁理论不仅没有混淆隐私与自由，而且因为安宁理论为隐私所提供的解释在本质上是描述性的，所以它也没有混淆隐私的内容或条件与隐私权。然而，将隐私描述为他人与别人相隔离的安宁理论往往会混淆隐私与独处。根据这种理论，如果他人越孤独，那么他人就享有越多的隐私。换句话说，如果他人被困在一座没有人烟的岛屿上，那么此时他人就享有完全的隐私，或者是 Gavison 所主张的"完美隐私"。然而，我们会质疑，首先，他人在这种情况下是否能享有任何有意义的隐私。其次，他人独处的能力是否对于其享有隐私至关重要。与安宁理论所暗示的相反，我们将会发现，即便他人不处于独处状态，他人也有可能享有隐私。

不侵扰理论与安宁理论都强调与"现实接触他人"相关的隐私关切——也就是说，行为人通过观察行为（现实）接触他人（就安宁理论而言），或者说，行为人通过现实接触他人的私人文件、住所等行为无理侵扰他人的私人领域（就不侵扰理论而言）。"接触性隐

---

[1] Gavison, Ruth. 1980. "Privacy and the Limits of the Law". Yale Law Journal 89: 421–471, 428.
[2] Westin Alan F. 1967. Privacy and Freedom. New York: Atheneum Press. 7.
[3] Warren, Samuel, and Louis Brandeis. 1890. "The Right to Privacy". Harvard Law Review 14, no. 5: 193–220, 196.

私"（accessibility privacy）有时会强调这些隐私关切。① 与之相比，在不侵扰理论当中，"决定性隐私"（decisional privacy）有时会对与他人作出具体决定的权利相关的隐私关切进行分析，防止行为人干预他人所享有的作出决定的权利。隐私分析学者表明，美国的隐私理论不断发展，它最初与侵扰行为（现实接触）有关，然后与干预行为（作出决定）有关，并且，在最近，它与私人信息的传播有关。因此，不足为奇的是，最近的隐私理论已经偏向于根据获取和控制私人信息的条件对隐私作出分析。在描述与信息相关的隐私关切时，包括获取储存在电脑数据库的私人信息，许多学者现在使用"信息性隐私"（informational privacy）的表达方法。其中有两种隐私理论都特别关注信息性隐私，也就是控制理论以及限制理论。

（二）控制与限制的隐私理论

我们可以在 Charles Fried, Arthur Miller, Alan F. Westin, James Rachels 以及其他学者（例如 Elizabeth Beardsley②）的著作中找到关于控制的隐私理论的各种表达形式——也就是，只有当他人对其信息享有控制权时，此时他人才享有隐私。根据 Fried 的说法，隐私"不仅仅指别人不了解我们的信息，而且还指我们对自身信息的控制"③。Miller 也主张控制理论，并将隐私描述为"他人控制与其相关的信息的传播能力"④。Westin 也认可控制理论，并将隐私描述为"他人……决定何时、以何种方式以及在何种程度上向别人披露其信息"⑤。此外，Rachels 在他的评论中似乎也表达了对关于控制的隐私理论的看法，也就是，控制理论连接"他人控制别人获知自身信息的能力

---

① DeCew, Judith W. 1997. In Pursuit of Privacy: Law, Ethics, and the Rise of Technology. Ithaca, N. Y.: Cornell University Press, 76.
② Beardsley, Elizabeth. 1971. "Privacy: Autonomy and Selective Disclosure". In Nomos XIII: Privacy, edited by J. Roland Pennock and John W. Chapman, 56 – 70. New York: Atherton Press.
③ Fried, Charles. 1990. "Privacy: A Rational Context". In Computers, Ethics, and Society, edited by M. David Ermann, Mary B. Williams, and Claudio Guitierrez, 50 – 63. New York: Oxford University Press, 54.
④ Miller, Arthur. 1971. The Assault on Privacy. Cambridge: Harvard University Press, 25.
⑤ Westin Alan F. 1967. Privacy and Freedom. New York: Atheneum Press, 7.

与他人创造和维护不同类型关系的能力"①。

　　与不侵扰理论与安宁理论不同的是，关于控制的隐私理论将隐私与自由和独处相分离。或许最重要的是，控制理论承认享有隐私的他人所作出的选择的作用。换句话说，享有隐私的他人不仅可以允许别人获取关于他／她自身的信息，而且也可以拒绝别人获取关于他／她自身的信息。但是控制理论存在两个重要的模糊之处：其一，他人对于哪种类型的私人信息享有控制权；其二，他人对于这些私人信息享有多大的控制权。

　　对于第一个问题，我们可以质疑，他人是否合理期待对这些私人信息享有控制权。例如，当你在一个特定的食品杂货店购物时，如果你被熟人撞见了，那么你就无法控制你的熟人是否获知关于你在该特定商店购物的信息（即便因为某些原因，你不希望这些信息被他知道）。他人所期待能控制的私人信息类型大概局限于"不公开的私人信息"（其中某些目前被称为NPI），这些信息包括敏感的机密数据，例如财政和医疗记录。与私人信息相比，还有种信息在性质上是公开的，或者称之为"公开的私人信息"（PPI），例如他人工作、生活、购物、晚膳的场所，等等。然而，认可控制理论的人往往并不会讨论他人对NPI所享有的控制权与他人对PPI所享有的控制权之间存在的区别，至少不会对此作出明确的讨论。

　　对于第二个问题，控制理论主义者也没有弄清楚，他人对于这些私人信息享有多大的控制权。控制理论主义者所声称的，即为了享有隐私，他人必须要控制其自身的私人信息，这实际上是指什么？他们主张他人必须全部或绝对控制其私人信息，从而作为享有隐私的一个必要条件吗？如果真的如此，那么这似乎在实践上并不可行。在日常事务中，尤其是在涉及商业贸易时，他人需要披露某些特定类型的私人信息。因此，控制理论主义者需要更加清晰地指出，他人对于这些私人信息享有多大的控制权，尤其是与他人对NPI享有多大的控制权相比，他人对期待享有隐私的PPI享有多大的控制权。

　　此外，控制理论主义者所主张的隐私概念也被认为违反人们对隐私概念的传统理解。例如，许多控制理论主义者似乎认为，即便他人

---

① Rachels, James. 1975. "Why Privacy Is Important", 297.

完全披露其私人信息，但是他们仍然享有隐私。然而，如果仅仅因为他人可以控制是否披露这些私人信息，就认为他人在披露其全部私人信息之后仍然在某种程度上享有隐私，这似乎不仅与我们对于隐私要求的直觉相违背，而且还与我们在日常披露中使用隐私理论的方式相违背。虽然他人在选择向别人披露其私人信息时享有自治权，但是难以理解的是，在这样的情况下，他人如何仍然享有隐私。因此，控制理论混淆了隐私与自治权。

关于限制的隐私理论，Gavison，Parent 和其他学者，如 Allen[①]的著作都对这种限制理论有所表述。根据这种理论，如果他人享有隐私，那么此时在特定情况下，行为人获取他人相关信息的能力受到限制。Gavison 根据这种理论将隐私描述为"行为人获取他人信息能力的限制"[②]。并且，Parent 似乎也认可限制理论，他将隐私定义为"防止行为人获知关于他人未公开的私人信息的条件"[③]。

限制的隐私理论的其中一个价值在于，它明确承认建立隐私环境或"区域"的重要性，从而限制行为人获知他人的私人信息。除此之外，限制理论的另一个长处在于，它没有混淆隐私与自治权，以及隐私与自由和独处。然而，不幸的是，限制理论似乎低估了控制权或者选择权的作用，也就是说，如果他人要享有隐私，那么他们还是需要控制权或选择权，而限制理论没有考虑到，享有隐私的他人不仅可以选择允许别人获知关于其自身的信息，而且也可以选择限制（甚至是拒绝）别人获知其信息。限制理论似乎认为，他人只是在一定程度上享有隐私，也就是可以限制行为人获知其信息。例如，Gavison 指出，当"没有任何人获知关于某人 X 的信息"时，X 即享有"完美隐私"。根据这种观点，他人的私人信息对别人有越多的保留（或者保持秘密），那么他人所享有的隐私就越多。因此，根据限制理论所作出的关于隐私的解释，隐私很容易与秘密相混淆。

[①] Allen, Anita. 1988. Uneasy Access: Privacy for Women in a Free Society. Totowa, N. J.: Rowman and Littlefield.

[②] Gavison, Ruth. 1980. "Privacy and the Limits of the Law". Yale Law Journal 89: 421 – 471, 428.

[③] Parent, W. A. 1983. "Privacy, Morality and the Law." Philosophy and Public Affairs 12, no. 4: 269 – 288, 269.

就目前的分析来看，上述传统的隐私理论似乎都不够充分。我们发现每种理论都将隐私与其他概念相混淆，如自由、独处、自治权以及秘密。此外，我们还发现，对于信息性隐私权，与不侵扰理论与安宁理论相比，控制理论和限制理论为此提供了一个更好的解释。因此，对于分析涉及电脑和信息技术的隐私关切，控制理论与限制理论都似乎是更具有说服力的理论框架。我们接下来会继续思考，一个统一的和全面的隐私解释应该如何包括这两种理论的关键要素。

（三）有限获取与有限控制的隐私理论

Moor 在 1990 年和 1997 年的著作中介绍了一个隐私模式，① 并且 Moor 和笔者在 2001 年对此作出详细叙述。② 这里将这个隐私模式称为"有限获取与有限控制的隐私理论"（RALC）。RALC 理论推定认为，一个充分的隐私理论既需要区分隐私的概念与隐私的合理性，也需要区分隐私的概念与隐私的管理。因此，RALC 理论的框架有三个组成部分：对隐私概念的解释，对隐私合理性的解释，对隐私管理的解释。

在分析隐私概念时，RALC 理论区分了隐私的条件（也就是，在描述性的意义上，什么对于他人享有隐私是必要的）与隐私权。我们将会发现，这种区分如何使我们区分隐私的丧失（a loss of violation）与隐私的违反或侵犯（a violation or invasion of privacy）。但是，在这个理论框架中，隐私如何被明确地定义？根据 RALC 理论，"如果他人在某种状况（situation）中……可以免受行为人所实施的侵扰行为、干预行为以及获取信息的行为"，那么他人此时就享有隐私。③ 然而，虽然"状况"这一概念对隐私的定义至关重要，但它却是模糊或者不明确的，以至于它可以"涵盖我们一般认为属于隐私的事

---

① Moor, James H. 1990. "The Ethics of Privacy Protection". Library Trends 39, nos. 1 and 2 (Summer/Fall): 69 – 82; Moor, James H. 1997. "Towards a Theory of Privacy in the information Age". Computers and Society 27, no. 3 (September): 27 – 32.
② Tavani, Herman T., and James H. Moor. 2001. "Privacy Protection, Control of information, and Privacy-Enhancing Technologies". Computers and Society 31, no. 1: 6 – 11.
③ Moor, James H. 1997. "Towards a Theory of Privacy in the information Age". Computers and Society 27, no. 3 (September): 27 – 32, 30.

务"。Moor认为,这些"状况"可以是指"在某个位置上的行为"、一种"关系",或者是"对信息的储存以及获取,例如储存在电脑上……或被电脑所控制"①。在这些情况下,他人一般免受行为人所实施的侵扰行为与接近行为,从而享有描述性的或"自然的"隐私。

RALC理论也注重区分自然的私人状况(naturally private situation)与规范的私人状况(normatively private situation)。在自然的私人状况下,他人不能阻止通过自然手段所实施的观察行为、干预行为以及侵扰行为。例如,自然环境中所存在的现实障碍,如当他人在森林中徒步或野营时所处的自然环境。此时,虽然他人的隐私可以丧失,但是不能被违反或侵犯,因为不存在可以援引保护他人权利的规范,无论是在传统上、法律上还是道德上。然而,规范的私人状况并不如此,它包括:场所,如他人的住所(行为人需要敲门并且得到允许才能进入);关系,如宗教告解;行为,如投票;信息,如医疗记录。在规范的私人状况下,他人的隐私不仅可以丧失,而且还可以被违反或侵犯,因为已经有相关的法律和规范保护这些私人状况。

因为RALC理论将隐私概念与通过限制行为人接近他人或获知他人信息而保护他人相联系起来,所以RALC理论最初可能只是限制理论的一种衍变。事实上,虽然Moor在一个更早期的构想②中已经对RALC理论作出了清楚的表述,但是Dag Elgesem对RALC理论作出了重新的解释,其写道:然而,根据Moor的观点,我们必须承认,我们往往享有一定程度的隐私,因为数以亿计的人受到现实的限制,不能接近我们……并且……准确地说,因为在某种程度上,所有状况都是私人的,所以我们很难根据这种理论判断,私人状况如何区别于公开状况。

对于Elgesem的评论,Moor和笔者已经作出回应指出,公开状况与私人状况的相关区别被认为是规范性的,而不是描述性的,正如Elgesem在对RALC理论的解释中所暗示的那样。在对Elgesem的回

---

① Moor, James H. 1990. "The Ethics of Privacy Protection". Library Trends 39, nos. 1 and 2 (Summer/Fall): 69–82, 76.
② Moor, James H. 1997. "Towards a Theory of Privacy in the information Age". Computers and Society 27, no. 3 (September): 27–32.

应中，我们还表明，为什么 RALC 理论不仅仅是限制理论的一种衍变，是因为 RALC 理论还承认控制在隐私理论中的作用，即控制在隐私的合理性与管理中的作用。

我们已经知道，RALC 理论将隐私定义为保护他人免受行为人所实施的侵扰行为和获取信息的行为（通过规定各种私人状况或者为了限制行为人接近而建立的隐私区域），而不是将隐私定义为对信息的控制权。根据我们对关于控制的隐私理论的分析，我们知道给隐私下定义的某些困难在于要求他人控制其相关信息。例如，对于这样的定义，我们知道既存在理论上的困难，也存在实践上的困难。此外，我们也知道，在没有完全控制的情况下，他人还是有可能享有隐私，并且在没有享有隐私的情况下，他人也有可能控制其信息。然而，对于 RALC 理论的总体的三个部分来说，"有限控制"的概念仍然起到举足轻重的作用。

首先，为了了解控制的概念如何在 RALC 理论的框架中起作用，我们可以思考一下医疗信息这个例子。他人的医疗信息属于隐私，因为有一个规范的区域用来限制行为人获取这些信息，而不是因为他人对这些信息享有完全的控制权，从而控制谁可以在医疗语境下获取这些信息。医生、护士、财务管理人员和保险商都有可能合理地获取这些信息。但是，为什么包括医疗记录在内的信息值得受到规范性的保护呢？其中一个正当根据在于，他人希望避免尴尬和歧视。另一个相关的正当根据在于，他人希望控制他们的生活。他们需要在某种程度上控制他们所交往的人、他们所承担的工作以及他们所选择的保险计划，尽管这种控制权有所限制。通过规范性地限制行为人获取关于他人的信息，这些隐私政策可以为他人提供有限制的控制权，从而在特定状况下保护他人。

其次，对于隐私的管理来说，控制也是很重要的。然而，在对隐私的管理中，他人不需要绝对地控制其自身的信息（正如许多关于控制的隐私理论所暗示的）。反而，他人需要在三个方面享有某种程度上的控制权：选择、同意和纠正。他人需要享有一定的控制权，选择行为人实施接近行为的程度，而这个选择的范围包括完全隐私到完全公开。他人还可以通过同意这一过程而对隐私进行管理——例如，他人可以放弃限制行为人获取与其相关的某种信息的权利。至于对私人信息的纠正在隐私管理中的作用,也就是,他人需要可以获取他们的信息,并且如果有需要的话,他们需要对这些信息进行修改。充分的隐私政策会合理地包括诸如选择、同意和纠正等方面的有限控制权。在本文的第二部分,我们将会分析,RALC理论如何为我们提供一个机制,从而为这些隐私政策构建框架。

此时,RALC理论的某些关键特征可能需要有所总结。因为RALC理论区分了隐私的概念与隐私的合理性以及区分了隐私的概念与隐私的管理,那么该理论就有三个重要的组成部分。其中,隐私的概念被定义为保护他人在特定的状况下免受行为人所实施的侵扰行为、获取信息的行为。如果他人受到规范、政策或法律的明确保护,而这些规范、政策或法律都是为了保护他人的私人状况而建立的,那么此时他人就享有规范性的隐私。虽然隐私被定义为保护和有限制的接近,但是,在RALC理论的框架中既包括隐私的合理性,也包括对隐私的管理,控制的概念仍然起到重要的作用。构建隐私政策的合理性部分在于,这些政策为他人提供了管理其隐私而需要的有限控制权。为了分析如何构建一个充分的隐私政策,我们需要在一个涉及信息技术的特定隐私争议中适用RALC理论。

三、在网络隐私问题上适用有限获取与有限控制理论

虽然笔者只对RALC理论作出了一个大概的描述,但是我们可以开始思考,RALC理论框架如何适用于某些特定的隐私争议,包括由电脑和互联网技术所引起的网络隐私问题。在本文的第一部分,笔者已经表明,"状况"在RALC理论中起到至关重要的作用。基于对"状况"这一概念的分析,涉及互联网的行为和实践可以被视为是"状况"。例如,可以根据"状况"对以下网络行为进行分析:通过互联网搜索引擎获取他人的私人信息、通过使用互联网终端数据获取网络用户浏览偏好的信息[所谓互联网终端数据(Internet cookies),就是网站发送以及储存在用户电脑系统的文档文本,这些文档文本可以使网站所有者获取网络用户浏览偏好的相关信息]、通过文件共享系统和对等网络(P2P)监视他人在互联网上交换的信息、通过在互联网上可获取的资源中采集他人的私人数据而获得他人和其他团体的信息。即便这些状况都可以作为RALC理论的测试例子,但是我们这

里将紧紧围绕数据采集这一例子进行分析。

(一) 在互联网上采集数据

数据采集（Data Mining）是一种电脑技术，使用来源于人工智能（AI）领域的研究和发展而得的模式匹配计算程序分析大量的信息。数据采集工具的使用经常会"发现"不明确的和不明显的数据模式。当对他人的信息采取数据采集技术时，数据采集可以对人形成新的分类，并且这些分类有时是不明显的。因此，如果行为人使用数据采集工具获取他人的私人信息，那么他人将会被划分到新群体当中，或者与新群体相关——包括他人可能从未想过会存在的群体。在这种意义上，数据采集有时会被认为可以披露他人的"新事实"。

因为对于通过信息采集行为获取的他人信息后续如何使用这一问题，目前的隐私权法为他人提供很少的保护，所以私人数据采集的实践对于保护他人隐私产生某些严重的困难。一方面，数据采集工具的使用已经产生了许多信息商人，他们掌握大量关于他人的信息数据，并且可以将这些信息数据卖给第三方；另一方面，对于受影响的他人来说，用于获取这些信息的手段是不透明的。

我们首先应该质疑，在互联网上对他人数据的采集行为是否必然违反或侵犯他人的隐私。通过适用 RALC 理论，我们发现，无论行为人何时获取他人的数据，他人可能确实丧失了某些隐私（在描述性的意义上）。然而，正如我们所已经知道的，如果他人在一个特定状况下仅仅只丧失了隐私，那么此时行为人所实施的行为并不必然构成对他人隐私的侵犯行为。所以仍然不明确的是，此时他人的隐私是否受到规范性意义上的违反或侵犯。目前数据采集技术可以获取的所有私人信息都被认为属于规范意义上的隐私吗？换句话说，这是否构成应该在某些规范意义上保护这些信息的一种状况？或者说，行为人可以在网络上采集的所有私人信息都应该被认为是公开信息吗？为了回答这个问题，我们应该首先思考，私人信息本身的性质是否具有某些固有的特征或特性。

但是，根据 RALC 理论，私人信息本身，如作为信息的特定类型或种类，并不能帮助我们判断这些信息是否应该属于公开信息还是私人信息。相反，对于判断某些特定类型的私人信息是否应该被认为属于规范意义上的隐私,我们必须要考虑行为人使用私人信息的语境或状况。

因为对于判断私人信息什么时候应该受到规范性的保护,特定语境起到重要的作用,所以 RALC 理论中的隐私标准可能是模棱两可的。然而,Moor 在其 1997 年的著作中表明为什么并非如此,在他对一个例子的讨论中,判断大学教授的工资信息是否应该被看作属于公开信息,不需要得到规范性的保护,还是是否应该被看作属于私人信息,应该得到规范性的保护。Moor 认为,我们有正当理由在一个语境下公开大学教授的工资信息——例如,在州立学院;或者说,我们有正当理由认为在其他语境下,这相同类型的信息也应该属于规范意义上的隐私——例如,在小型的私人学院。因此,根据 RALC 理论,关于大学教授工资的信息本身并没有告诉我们这些信息是否一般属于规范意义上的隐私状况,从而是否应该得到保护。

正如 Moor 所表明的,对于判断信息是否应该得到规范性的保护,这往往取决于状况或隐私区域,而不是信息的种类本身。这种区分有助于分析 Nissenbaum 所提出的保护"公共场所隐私权"的问题,并且这也是数据采集争论中的一个重要问题。

(二)公共场所隐私权的保护

Nissenbaum 指出,虽然我们有隐私规范,即明确的隐私权法和非正式的隐私政策保护被认为是私密和敏感的私人信息。例如,医疗记录和财政记录——但是,规范性的保护一般不会延伸到被认为是既不敏感也不私密的私人信息。她还表明,对于如何保护公开语境下或她称之为"不属于私密范围内"[①] 的私人信息这一问题,大多数规范性的隐私解释都有一个理论上的"盲点"。她对于这个问题的分析阐述了与从"公开"来源采集私人数据行为相关的某些争议。乍看起来,这些行为似乎是无伤大雅的,因为所涉及的是公开数据。然而,Nissenbaum 揭露和质疑其中涉及在公开层面上私人信息的地位的两个推定:一是"对于公开的信息,没有可以适用的隐私规范";二是"如

[①] Nissenbaum, Helen. 1998. "Protecting Privacy in an Information Age". Law and Philosophy 17: 559–596.

果每部分的信息没有违反隐私,那么将这些信息聚集起来的行为也没有违反隐私"。

使用数据采集技术的信息商人可能会以上述两个推定的其中一个或者两个作为辩护其行为的理由。但是,上述两个推定是否为构建网络隐私政策提供了充足的理由,从而在商业领域收集和加工私人信息呢?根据 RALC 理论,上述两个推定首先要得以明确,然后需要在法庭的理性辩论中证明其合理性。RALC 理论认为,如果要证明行为人所实施的行为没有侵犯他人的隐私权,那么所涉及的获取他人私人信息的状况是"完全公开的",并且在此状况下,所牵涉的他人对此知情。定义这些状况的规则和因素必须是明确的和公开的,并且他人必须有机会为具体状况是否应该被认为属于规范性的隐私这一问题作出辩论。Moor 的公开原则(Publicity Principle)对这些要求有所说明,其在 1997 年的著作中写道:"关于私人状况的规则和条件应该明确清晰,并且受影响的他人应该对此知情。我们现在就开始思考,这种原则如何适用于涉及私人信息采集的状况当中。"

(三)公开原则及其对网络数据采集的影响

根据公开原则,一个针对数据采集的、充分的网络隐私政策需要清楚说明,从事商业贸易的网络消费者在使用数据采集技术的网站中对于隐私的要求。这些消费者首先必须明知,这些网站使用数据采集技术。此外,如果通过数据采集获取的信息的后续使用是这些消费者在一般情况下可能没有明确授权的,并且这些用途会威胁消费者的隐私,那么网络商必须告知消费者。在这个情况下,在网络语境中所进行的数据采集行为的举证责任不再属于消费者。相反,网络商有责任告知网络消费者是否、如何使用数据采集行为,以及消费者的私人信息如何受到影响。

为什么网络消费者需要被明确告知,行为人可以通过数据采集技术而获取这些关于他们的信息?一方面,我们不能合理期待,一般消费者会注意到这种技术的存在,并且,这往往会对他们产生重要的影响,例如决定他们的信用评分。通过明确的政策,消费者可以注意到数据采集行为的存在以及它们的影响,那么这样一来,消费者就可以和网络商协商他们的私人信息采集之后的后续用途。消费者对于网络商如何对其私人信息进行后续使用这一问题的干预能力,对任何追求公开或透明的隐私政策来说,这似乎都是一个重要的组成部分。此外,这也遵守了 RALC 理论的公开原则,该原则要求消费者明确同意行为人出于数据采集的目的而收集其数据。

虽然许多(如果不是大多数的话)用户都可能避免他们的私人数据被行为人采集,但是某些人还是可能会为了潜在的经济目的,而希望行为人采集他们的私人数据。例如,如果他们所要购买的款物可以得到折扣或返利,那么某些消费者可能会选择参加到数据采集行为中去。当然,重要的是,选择参加的网络消费者会明确注意到规则的规定,因为此时参加过程是公开的或透明的。此外,对于行为人是否以及如何使用他人的私人数据,他们还可以在被告知的情况下作出选择(他们可以对此进行有限制的控制)。

除此之外,对于数据采集技术所产生的隐私争议,还有其他可代替的建议。一方面,某些建议主张构建隐私保护的新分类;另一方面,某些建议要求采取以技术为基础的隐私措施。

笔者将会对这两方面各举一个例子进行简要描述。

首先,Anton H. Vedder[①] 已经赞成隐私保护的新分类,并将其称为"分类的隐私"(categorical privacy),因为他认为这是数据采集所特有的隐私争议。虽然 Vedder 的建议有助于我们确定某些与数据采集技术相关联的隐私关切,但是这并不能为我们提供系统的或者是全面的解决措施,从而解决与相似类型的信息技术相关联的网络隐私问题。

其次,还有一个不同的建议要求采取以技术为基础的解决措施,如隐私加强技术(privacy-enhancing technologies,以下简称 PETs)。支持这一观点的人认为,PETs 可以有助于用户在网络交易中控制他们的隐私。不幸的是,与扩大对数据采集的隐私保护种类一样,诸如 PETs 等这些以技术为基础的解决措施并没有提供系统的或全面的解决办法,从而解决影响网络行为的更广泛的隐私争议。因此,这两种建议的解决措施都是狭窄的和临时的,与一般的网络隐私涉及更加广

[①] Vedder, Anton H. 2004. "KDD, Privacy, Individuality, and Fairness". In Readings in Cyber Ethics, 2d edition, edited by Richard A. Spinello and Herman T. Tavani, 404 – 412. Sudbury, Mass.: Jones and Bartlett.

泛的关切不同，它们都关注数据采集本身所特有的这一关切。然而，RALC 理论的其中一个特点就在于，它允许我们在没有采取如 Vedder 所建议的那样扩大隐私保护现有种类的情况下，或者在没有采取工具或以技术为基础的解决措施的情况下，如 PETs，从而分析与数据采集相关的网络隐私关切，因为以上两种建议充其量只能作为隐私关切的"快速对策"，但是我们需要在一个更广泛的语境下理解这些隐私关切，而不是仅仅通过具体的技术对它们进行具体的分析。

　　换句话说，我们已经知道 RALC 理论如何使我们构建一个针对数据采集的隐私政策，并且这些隐私政策在网络语境下也有广泛的适用空间。例如，对于判断通过数据采集技术获得的私人信息是否应该被认为属于规范意义上的私人状况，这相同的判断步骤同样也可以适用于其他被认为是"私人状况"的网络隐私争议的分析，例如，涉及互联网终端数据的隐私争议。通过适用 RALC 理论，我们可以运用相似的步骤，从而判断通过互联网终端数据技术获得的私人信息是否应该作为规范意义上的私人状况而受到保护。此外，对于分析与储存在用户电脑系统的文档文本相关联的隐私关切，这不需要构建一个隐私保护的新分类，或者不需要取决于新工具（例如 PETs）。这样一来，RALC 理论为我们提供了一个全面的、系统的步骤，从而强调与广泛技术相关的网络隐私关切。

四、结语

　　在本文的第一部分所分析的经典隐私理论中，没有一种理论可以为隐私提供充分的解释。换句话说，笔者已经为 RALC 理论作出辩护，指出该理论如何区分隐私的概念与隐私的合理性，以及区分隐私的概念与隐私的管理。我们知道 RALC 理论区分了隐私的规范层面和描述层面，并且区分了隐私的条件与隐私权，以及区分了隐私的丧失（在描述的意义上）与对隐私的违反或侵犯（在规范的意义上）。通过在数据采集技术所产生的隐私关切中适用 RALC 理论，我们得知 RALC 理论如何构建一个全面的网络隐私政策，并且该隐私政策不仅可以适用于涉及数据采集的状况，而且还可以适用于与电脑和信息技术相关的广泛的隐私争议。

法律和道德当中的隐私范围

朱迪恩·瓦格纳·得茨[①]著 谢晓君[②]译

目　次

一、导论
二、隐私与公共记录
三、超越信息
四、隐私与自由
五、隐私的广泛含义
六、结语

一、导论

无论是在法律层面还是在道德层面,"隐私"均是一个伞状的术语,包含着范围广泛的不同利益。由于电脑技术和电子监控的发展,行为人能够更加容易地对他人的数据进行收集、储存和关注,他们甚至可以在没有获得搜查令的情况下对他人的通话或者信息进行观察和利用,并且这些信息包括学术信息、医疗信息和雇佣记录等。在这些领域,他人的隐私最容易受到侵犯,并且传统上,侵权法保护"他人可以控制的信息"这一隐私利益。此外,在最近的宪法领域,隐私与某些争议有所联系,例如,他人对于其在住所内所实施的性行为、不同种族的婚姻问题、堕胎以及其他医学治疗等。

我们可能认为,诸如他人的喜好这些信息属于他人的隐私信息。

[①] 朱迪恩·瓦格纳·得茨(Judith Wagner Decew),美国克拉克大学法学院教授。
[②] 谢晓君,中山大学法学院助教。

并且，我们也会认为，虐待妻子的行为不全是属于隐私的行为，尽管这些行为发生在行为人的住所内。然而，不同的判例之间存在令人困惑的界限问题。例如，当律师或者心理医生得知当事人有侵害他人生命的念头时，是否能够以隐私的名义对此进行保护？因为隐私与所造成的伤害或者伤害风险之间的关系是很复杂的，以及隐私与社会公共利益之间的矛盾也很复杂，所以我们还不能在法律和道德当中区分出隐私的范围。

一系列的司法判例产生了许多关于隐私的讨论。随后，哲学家们也参与到这场辩论中来，试图阐述隐私权可以和应该意味着什么。在最近的两篇文章当中，William Parent 已经开始试图理清伴随在隐私概念周围的困惑。① 他对隐私的一个定义进行辩护，该定义的关注点在于，私人信息不属于任何公共记录的一部分。后来，他怀疑关于隐私的这些可以互相代替的解释，认可隐私作为道德价值的重要性，并且对最近法律上的隐私判例进行评估。Parent 也认为，在 Griswold v. Connecticut 一案② （禁止对已婚夫妻提供关于避孕的信息、指导和医学建议）之后，涉及隐私权的宪法判例都是"以假乱真的"隐私判例，因为它们试图以隐私的名义结合隐私与自由。笔者主要的目标在于表明，我们可能对于宪法性隐私权判例中的这一主张存在争议。笔者首先将介绍 Parent 对隐私的定义，并且强调他这种解释的优势和劣势。然后，笔者会表明，为什么我们必须否定 Parent 对隐私的定义以及其他狭窄的定义，从而对隐私采取一个更宽泛的定义。在讨论与宪法性隐私权判例相关的隐私概念不需要混淆隐私和自由之后，笔者将讨论关于隐私的另一个可替代的概念基础，这个理论基础既与侵权法领域的隐私权有关，也与宪法领域的隐私权有关。

笔者首先提出两个前提。

第一，在本文中，笔者不会特别侧重将隐私视为一种权利，而不是一种主张或利益。所谓主张（claim），也就是经常被描述为他人应

---

① William A. Parent, "A New Definition of Privacy for the Law," Law and Philosophy 2 (1983) 305–338; "Privacy, Morality, and the Law," Philosophy and Public Affairs 12 (1983), 269–288.

② 381 U. S. 479 (1965).

该得到某些事物的论据。权利（right）是有正当理由的主张，而根据正当理由的来源不同，权利可分为两种：其一，根据法律或者司法判例可证明合理性的权利属于法律权利；其二，根据道德可证明合理性的权利属于道德权利。[1] 然而，无论我们是否在根本上弄清权利的意思，这都无关紧要，笔者在于解释道德权利和法律权利何时会产生拘束力，或者在于表明，道德权利和法律权利都是可以被简化为功利主义的主张。因为关于隐私的著作使用了有关权利的专业术语，所以笔者必须对此作出解释。但是，由于笔者没有对权利理论提出主张，所以笔者无论何时都将隐私视为一种利益（可以被侵犯的利益），并且笔者认为，在一定程度上，将隐私看作一种利益是一件好事，因为这样一来，我们可以对隐私提供更广泛的保护。

第二，在笔者的讨论中，不需要推定读者认可笔者所援引的所有判例。对于受到侵犯的隐私，读者不需要接受客观存在的判决，从而质疑是否存在一个共同的隐私概念。实际上，对某些判例的否认至少出于以下两个原因：其一，隐私概念难以清楚地被表达出来，以至于其所要保护的对象也难以明确；其二，即使我们有一个较为明确的隐私概念，但是这也不能为隐私与其他个人权利或者公共利益之间的平衡提供指引。虽然他人享有重要的隐私利益，但是这些利益可能基于法律或者社会的原因而不能受到保护。

二、隐私与公共记录

虽然 Parent 关于隐私的观点是合理的，但是不够充分，通过对该观点进行理解，这有助于强调关于"隐私"范围和含义的一般争议。因为 Parent 致力于给隐私下一个如下的定义：其一，总的来说，该定义与"普通用语相一致"；其二，该定义"不损害其他相关概念的基本含义和功能"，所以，Parent 将隐私定义为，他人防止行为人获知其未公开的私人信息的条件。他强调其将定义隐私的"条件"与隐私权相对立。他解释道，不同之处在于，隐私的条件属于道德上的价值，也就是说，通过主张道德上的隐私权，他人还可以保护其所享有的自由和个性，在一定程度上防止行为人在没有获得授权的情况下实

---

[1] Joel Feinberg, Social Philosophy, Prentice-Hall (1973), 64–67.

施侵权行为。此种道德上的权利受到法律的保护，并且根据 Parent 的观点，此种权利应该得到比目前更好的保障。此种区分是很重要的，因为根据这种区分，我们就可以承认，即便行为人所实施的行为削减了他人的隐私，但这些行为不需要侵犯他人道德上的隐私权或法律上的隐私权，反之亦然。

笔者将对隐私的意思作出更清晰的解释。根据 Parent 的说法，行为人对他人的了解是指对他人私人信息的了解。他认为这些信息必须是真实的，因为公开虚假事实或者主观看法的行为不构成对他人隐私的侵权行为，而构成书面诽谤行为、口头诽谤行为或者名誉侵权行为。此外，私人信息一般存在两种情况：其一，它所涉及的信息是社会生活中大多数人都不愿意向社会公众公开的私人信息（除非向亲密的朋友、亲人等公开）；其二，它所涉及的信息对于特定的个人来说是极其敏感的，因此他人不愿意向社会公众公开这些信息，即便大多数人不会在意向社会公众公开关于他们自身相类似的信息。因此，一方面，在我们的文化中，关于他人性取向、工资薪酬、生理健康或者心理健康，等等，都属于私人信息；另一方面，即使我们大多数人都不会认为身高或者婚姻状况属于私人信息，但是仍然有些人会对这些信息感到敏感。

只有当信息属于公共记录时，这些私人信息才是公开的。也就是说，只有此时，这些信息才会出现在报纸、法院审理以及其他社会公众可获得的官方文件中。这一表述旨在排除那些为了特定目的而储存在档案中的私人信息，如医疗记录或者雇佣记录，而这些信息都不是社会公众可以随意获得的。

Parent 对隐私的解释有一个重要的特征，这就是，他不仅将隐私视为一个清晰的概念，而且还认为隐私具有一定的独特性、基础性和具体价值。与之相比，例如 Judith Thomson[1]等"简化主义者"认为，隐私权不是一个独立的权利，而是由其他权利"派生"而来，而且大多数是财产权和安全权。根据这些假设，隐私权是不存在的，因为任何构成侵犯他人隐私权的行为都可以构成侵犯他人某些其他权利的

---

[1] Judith Jarvis Thomson, "The Right to Privacy", Philosophy and Public Affairs 4 (1975), 295–314, especially 308–313.

行为，并且这些权利与隐私权不同，或者不从属于隐私权。在某种程度上，隐私是"派生的"，因此在没有提及隐私权（the right to privacy）的情况下，我们仍然有可能对各种隐私权利（privacy rights）作出解释。所以，没有必要在各种隐私权利中找出共同点。即便我们都会认同，将隐私视为一个独立概念也无补于事，但是评论者必然不会认同这种解释。通过仔细思考 Thomson 所列举的例子，Parent 表明，推翻简化论是正确的，也就是说，诸如财产权的其他权利或者他人所享有的人身权反而都是隐私权利的"派生物"。实际上，如果存在一个由"隐私"这一术语所创造的独特的、重要的价值，那么其他权利或者人身权利都派生于隐私权利的这一说法也是有可能的。

Parent 对隐私的解释存在第二个特征，这就是，他对于承认和接纳隐私作为一个传统的或者相关的概念的程度。因为对于私人信息的判断，不同的组织之间或者不同的人之间会有不同的看法，并且这些看法可能会随着时间而有所变化，也就是说，隐私没有一个固定的范围。虽然隐私的相关性特征是很明显的，但是并没有经常被提及。尽管如此，一个关于隐私的充分解释必然会对此有所涉及。[1]

三、超越信息

为了使隐私在理论上的核心得到独立，Parent 必然会抛弃 Cooley 大法官对隐私的描述，即"独处权"。[2] 这一描述虽然很著名，但是过于宽泛。然而，他极力主张有限制的隐私，并且为一个十分狭窄的隐私定义进行辩护。为了解释这一观点，我们可以首先思考一下 Parent 对于未公开的私人信息的强调。想象一下，在某个案件中，行为人实施了侵犯他人隐私的行为，使得他人的私人信息成为公共记录的一部分。例如，一个新闻机构秘密窃听演艺人员的电话，随后将通话内容公之于众，披露其性生活或者毒品偏好等私人信息。根据 Parent 对隐私的定义，一旦这些私人信息成为公共记录的一部分，那么如果行为人再次公开这些信息，行为人所实施的行为不构成侵犯隐私的侵

---

[1] See Benn and Gaus, Public and Privacy in Social Life, St. Martin's Press (1983), and Journal of Social Issues 33 (1977).

[2] T. Cooley, Law of Torts, 2nd ed., (1888).

权行为。因此演艺人员不能要求得到进一步的保护,并且即便初次披露是一个错误,或者违反了道德,但是这些信息也不再属于隐私。

为了对其观点进行辩护,Parent 声称:"属于公共领域的事情不能被看作隐私,否则就会产生谬论,并且这也不应该被纳入隐私概念的合理范围之内。"如果行为人在全国性的日报中初次公开他人的私人信息,那么后续的公开行为当然只会产生轻微的侵犯。但是,如果行为人在不著名的文件中初次公开他人的私人信息,虽然社会公众可以获得这些文件,但是我们难以否认,如果后续对这些信息进行大范围的再版和发布,那么这些后续行为就会构成对他人隐私进一步的侵犯行为。也就是说,我们不能单凭行为人不是第一个侵犯他人隐私的这一事实,就认定行为人所实施的行为不构成侵权行为。因此,举个例子来说,在法院审理 Margaret Heckler 离婚案件期间,她的丈夫声称他们之间已经持续 20 年没有性生活。虽然法庭内的记者可以获知这些信息,但是很明显的是,如果记者或新闻媒体随后向社会公众公开这些信息,那么他们所实施的公开行为不仅削减了 Heckler 的隐私,而且还侵犯了她所享有的隐私权。

Parent 以类似的公开行为对此作出回应。例如,就公开行为而言,强奸案件中的受害者不能援引隐私受侵犯作为理由要求赔偿,但是她可以根据匿名权受到侵犯要求赔偿。他的解释完全没有反映出我们在语言学上的一般用法,或者说,他的解释甚至不能适用于 Heckler 的案件。并且,即便我们认为,在具体情况下受害者的"匿名权"(right to anonymity)受到侵犯,但是我们肯定会认为他的隐私没有受到侵犯。因为根据 Parent 对隐私的解释,一旦信息成为公共记录的一部分,无论合理与否,对这些信息的进一步公开行为永远不会构成侵犯隐私的行为。然而,在实际上,对于 Parent 所持的观点,法律上存在着反例。[1]

此外,如果任何私人信息成为公共记录的一部分,那么根据 Parent 的解释,尽管在不知道这些信息已经公开的情况下,行为人为了获取这些信息实施了最阴险的窥探行为,但是这些行为都不构成侵犯

---

[1] Briscoe v. Reader's Digest Association, 4 Cal. 3d 529 (1971); Melvin v. Reid, 112 Cal. App. 283 (1931).

他人隐私的行为。因为只要满足"信息已经公开,并且在不实施任何窥探行为的情况下,任何人都可以获知这些信息"这一条件,那么此时就不存在侵犯他人隐私权的行为。因此,Parent 对隐私侵权行为的判断标准在于私人信息是否已经进入公共领域。然而,我们大多数人会认为,尽管在信息已经公开的情况下,这些窥探行为是基于错误认知或者是不必要的,但是行为人所实施的窥探行为仍然会削减他人的隐私。Parent 认为,窥听行为、窥视行为和其他获知信息的方法往往都不是隐私侵权行为的决定因素。例如,笔者可以通过在地铁上偷听他人所说的悄悄话而侵犯他人的隐私。尽管如此,事实并非真的如 Parent 对隐私的解释所表明的那样,获知他人信息的方式与隐私侵权行为的成立完全无关。

首先,这些思考反映了我们所关切的一个很普遍的问题。因为 Parent 已经认为隐私侵权行为等同于获取他人未公开的私人信息的行为,所以,他的此种解释不能判断什么信息应该属于公共记录的一部分,而什么信息不应该属于公共记录的一部分。他对于什么信息事实上属于公共记录的一部分的描述性强调,使他忽视了在规范意义上值得保护的隐私利益。举个例子来说,蓝十字蓝盾的指导原则最近有所修改,也就是说,为了方便患者索赔,对于心理科或者精神病科以及物理治疗,它要求医生对所治疗的疾病作出具体的描述。虽然 1974 年的《隐私权法》保护医疗记录和其他记录,但是如果蓝十字蓝盾所要求的详细描述被认为对于医疗费合理性的公共验证是必要的,那么根据 Parent 对隐私的定义,它们也就不属于他人的隐私。这里的关键在于,如果私人信息通过法律行为或者机构决定而被公开,那么根据 Parent 对隐私的定义,即便这些信息属于十分私密的私人信息,它们也不再属于他人的隐私,因为它们已经被公之于众。然而,Parent 关于隐私的此种解释不能够提供一个规范的判断标准,从而判断什么样的信息才是社会公众合理知道的信息。

其次,我们可以质疑的第二个问题是,为什么 Parent 把隐私描述为他人防止行为人获知其未公开的私人信息的条件。其中一个问题在于,我们难以判断某些言论的真实性。然而,撇开这些判例不管,我们仍然可能质疑,为什么这些私人信息的传播会导致他人隐私的丧失。Parent 认为,"侵犯隐私的行为必须要求行为人对他人的信息实施真实的披露行为……行为人通过特定类型的侵权行为侵犯他人的隐私，也就是由于他们的行为具有认知上的属性，从而获知他人某些未公开的私人信息。"然而，对于行为人所实施的侵权行为究竟在于获知他人信息的行为还是披露他人信息的行为，这是一直模糊不清的问题，并且也是最困扰 Parent 的问题。但是如果行为人既没有实施获知行为，也没有实施披露行为呢？如果行为人秘密使用望远镜窥视他人，但并没有发现任何关于他人的隐私信息，那么此时行为人所实施的行为就不构成侵犯他人隐私的行为吗？我们可以思考一下 Parent 对 Thomson 的例子所作出的讨论：因为一位著名的歌剧演唱家不希望再公开演唱，所以她只在隔音墙后悄悄地歌唱。尽管如此，如果行为人通过设计独特的、精心安置的扩音器而听到她的歌唱，那么此时他们获得关于该演唱家的什么信息呢？即便他们没有获得关于该演唱家的任何信息，我们大多数人都会认为行为人所实施的行为构成侵犯演唱家隐私的行为。Parent 似乎对于这些判例感到困惑。一方面，当他对该例子进行评论时，他写道，"如果在没有正当根据的情况下，行为人所实施的窥听行为应该被视为侵犯他人隐私权的行为"，表明是否构成隐私侵权行为，关键在于不正当的窥探行为本身，该窥探行为独立于所获知的任何信息。因而，判断行为人所实施的行为是否构成隐私侵权行为这一问题可以简化为，行为人所实施的窥探行为是否具有正当根据。然而，另一方面，根据 Parent 对隐私的定义，我们却必须承认，如果行为人没有获知他人未公开的私人信息，那么在这些案件中，他们所实施的行为不构成隐私侵权行为。

我们可以将 Parent 的评论理解为，获知他人的私人信息只是判断他人隐私遭受损失的必要条件，而不是判断他人隐私权受到侵犯的必要条件。尽管 Parent 没有作出这样的回应，但是他提议，当隐私受到损失时，我们应该将他对隐私所下的定义视为一个法律标准，并且该标准大概也与判断权利侵犯相关。然而，他作出了另外一个回应，这就是，在许多类似案件中，行为人其实已经获知了他人的某些信息。例如，实施窥探行为的行为人可以得知他人的姿势和穿着，或者还可以得知歌剧演唱家所歌唱的内容和频率，等等。尽管如此，如果行为人实施了重复的观察行为，那么我们更加难以确定，他们可以获知关于他人新的信息。并且，如果行为人所获知的他人信息是不重要的，那么我们就有正当理由怀疑,我们为什么认为行为人所获知的这些信息属于他人的隐私。Parent 承认,如果行为人对他人实施窥探行为,但没有获知关于他人的任何信息,那么此时,虽然行为人所实施的行为不构成隐私侵权行为,但是这些行为是可谴责的,并且在没有获得搜查令或扣押令的情况下,这些行为构成侵扰行为。然而,Parent 往往声称,如果歌剧演唱家在一栋由第三方所有的建筑内练习,那么实施窥听行为的行为人侵犯的是所有权人的权利,而不是演唱家的权利!如果他试图认为窥听者对演唱家造成侵扰,那么无论他承认与否,此种"侵扰行为"只能代替某种特定类型的隐私侵权。

最后,即便我们不采取 Parent 对隐私所下的定义,不再将行为人获知他人信息作为隐私侵权行为成立的必要条件,但是我们仍然想知道,为什么隐私的核心必然在于对信息的占有。如果隐私只是行为人不能获知他人特定信息的条件,那么这表明,隐私相当于秘密,尽管 Parent 致力于否认这种认定。几乎每本字典都包括一个隐私的定义,其定义将隐私看作秘密或者隐蔽。根据《牛津英语词典》,所谓隐私,是指"社会公众所不知情的信息,这些信息不在一般人可获知的信息范围内"①。隐私信息往往是那些被隐藏的信息,并且许多隐私案件的核心在于,他人享有不被窥视或者窥听的隐私利益。然而,这只表明,隐私与秘密的概念存在重叠之处。但是,隐私和秘密并不是两个等价概念。其一,虽然所有秘密信息都是隐蔽的,或者是别人所不知情的,但是它们不一定属于隐私。例如,社会公众所不知情的秘密条约或者军事计划并不是隐私事务或者隐私信息。其二,隐私并不是经常意味着秘密。例如,关于他人债务或者古怪行为的隐私信息可能是公开的。虽然这些信息不再受到隐藏,但是它们仍然属于隐私。② 因此,我们不能将隐私描述为被隐藏的信息。存在许多类似的反例可以对此作出说明。例如,虽然军事秘密都受到隐藏,但是它们并不属于隐私;即使关于他人的信息或者亲密拥抱的行为并没有受到隐藏,但是它们却可能属于隐私。

在隐私权法的发展历程中,虽然存在对信息的保护,但这些保护

---

① Oxford English Dictionary, Oxford, Clarendon Press (1961), p. 1388.
② In Secrets: On the Ethics of Concealment and Revelation, Random House (1983).

并不是彻底的、详尽的。Warren和Brandeis首先致力于对公开行为的保护，也就是说，在没有获得他人同意或者充分的正当根据的情况下，行为人不仅不能公开他人的私人信息，而且也不能公开他人的姓名或者肖像。《美国联邦宪法第四修正案》（以下简称第四修正案）和《美国联邦宪法第五修正案》对于无理搜查、无理扣押以及自我入罪的保护可以防止政府执法人员可能实施令人难以承受的监控行为和信息收集行为。现在除了对主要执法对象的隐私实施现实侵扰行为之外，政府执法人员对于实施窃听行为和其他电子监控行为已经有所限制。①

此外，大家都认为，行为人对他人所实施的其他现实接触行为同样会以其他方式侵犯他人的隐私。Ruth Gavison已经声称，无论行为人对他人的关注是否有意和具有目的性，抑或是无意之为，只要他人成为受关注的对象，尽管行为人没有获知他人新的信息，此时他人的隐私都会受到损失。② 更明显的是，当行为人现实接近他人时，他人的隐私将受到损失，例如偷窥狂汤姆（Peeping Toms），他观察别人的身体、行为或者互动，凭借借口而进入他人的住所，甚至将他人的单人办公室变成共同办公室。在这些案件中，行为人是否获知关于他人新的信息对于判断隐私侵权行为是不必要的。Scanlon生动地表达道：如果你问我某些传统上禁止询问的私人问题，我往往可以拒绝对这些问题作出回答。但是，即便他人的信息没有被披露，但是这也不能因此而认为行为人所实施的行为不构成侵权行为。例如，当你通过浴室的窗户对我进行窥视时，虽然因为我采取了及时的回避动作，所以你并没有看到我的身体，但是你的行为仍构成侵权行为。③ Parent回应道，此时与隐私无关。Parent认为，行为人所实施的行为充其量只能构成骚扰（以及可能会构成侵扰行为）。在行为人没有获知他人新的信息的情况下，Parent一般极力认为，即便行为人所实施的行为构成侵权行为，但是，这与隐私无关。这些行为要么与匿名权（强

---

① Paul Bender, "Privacy", "Our Endangered Rights: The ACLU Report on Civil Liberties Today", Norman Dorsen, ed., Pantheon (1984).
② Gavison, "Privacy and the Limits of Law", 429 ff.
③ Scanlon, "Thomson on Privacy", 317.

奸案件受害者）和侵扰行为（暗中窥听歌剧演唱家的歌唱）有关，要么与骚扰行为（Scanlon 所列举的例子）有关。但是，该观点难以充分说明为什么这些行为与隐私无关。即便这些行为涉及骚扰、侵扰或者侵犯他人匿名权，但是这也不能代表这些行为没有使他人的隐私受到损失或侵犯。

上述案例似乎将隐私描述为与安宁或者别人隔绝的状态或条件，与行为人的观察对象或公共利益相分离。[①] 此种对隐私的定义可能与Cooley 大法官所描述的"独处权"最接近。然而，即便他人的对话或者行为属于隐私，如果他人的这些对话或行为发生在公共场所，或者，如果行为人偶尔听到、看到或观察到他人的对话或行为，那么此时他人的对话或行为仍然不是处于隐蔽状态。即便他人意图对某些对话或者行为保持隐私，例如虐待儿童或者同意性虐待，但是这些对话或者行为可能会被行为人获知或者受到社会公众的注意。类似地，即便他人的对话或者行为没有被行为人听到或者看到，这些对话或者行为仍然有可能不属于隐私，例如，尽管行为人碰巧对这些对话或者行为没有任何了解，但是因为它们涉及重大的社会利益，所以它们也不属于隐私。

隐私权法明确保护他人某些方面的安宁。美国法学会 1976 年的《侵权法复述第二版》包括"侵扰他人安宁的隐私侵权"。具体规定如下："一旦行为人故意以现实性或其他方式侵扰他人的安宁、私人事务，如果对于一个理性人而言，行为人所实施的侵扰行为是令人高度反感的，那么行为人应当就其所实施的侵扰行为对他人承当相应的责任。"但是，法律上的此种保护是受到限制的。如果涉及公共人物的话，或者如果所涉及的信息不属于机密的话，那么原本被认为是隐私利益的事情往往得不到保护。在没有获得搜查令的情况下，如果政府执法人员通过办公用卷宗对公民暗中实施搜查行为，尽管这些行为会使公民的隐私受到损失，但是他们所实施的行为不会被认为构成侵犯公民隐私的行为，因为政府执法人员所收集和公开的信息正好可以用于对美国联邦参议院的候选人作出判断。[②] Ralph Nader 抱怨在其著

[①] Davis, "What Do We Mean by 'Right to Privacy'?", 6.
[②] Pearson v. Dodd, 410 F. 2d 701 (D. C. Cir. 1969).

作《任何速度都是不安全的》(Unsafe at Any Speed) 发表之前，因为美国通用汽车公司的代理人对他进行了采访，了解他对于政治、种族和性方面的观点，从而导致他在公共场所受到监控。行为人试图诬蔑他与女人之间的关系，给他拨打威胁性的、令人厌恶的骚扰电话，对他的通话内容进行录音，并且通过电子机械装备偷听他的私人对话。对此，法院认为，"根据这种理论，当行为人只获得特定他人的信息时，这并不会引起诉讼。只有当行为人所获得的信息属于秘密信息，并且其所实施的行为属于不合理的侵扰行为时，行为人所实施的行为才侵犯了他人的隐私。"[1]

根据 Nader 一案的判决意见，内容的秘密性对于隐私的判断至关重要。然而，即便无论行为人所获得的信息或者照片是否具有秘密性，其他隐私侵权的诉求也可以由于行为的侵犯性而得到法院支持。例如，在 Dietemann v. Time Inc. 一案中，《生活杂志》(Life magazine) 的两个记者凭借借口进入残疾退伍军人的住所，并且暗中进行拍摄和记录，公开传播他所实施的骗术。[2] 上诉法院作出了维持判决，认为尽管信息的内容不属于秘密，并且无论这些信息是否被公开，行为人所实施的行为都构成侵犯他人隐私的行为。

法院明显对隐私与内容的秘密性以及公开与侵扰性之间的关系产生疑惑。虽然秘密、安宁以及信息内容的秘密性可能对于某些隐私侵权行为有重要的影响，但是它们本身并不足以构建全部的隐私区域。不幸的是，Parent 既不承认也不强调此种困惑。笔者希望，我们大多数人可以认为 Nader 一案的判决是反常的，而 Dietemann 一案的判决结果是合理的，并且相信，歌剧演唱家的隐私已经受到侵犯。这样一来，我们就会认为，行为人获知他人未公开的私人信息这一事实并不往往与是否构成隐私侵权行为相关。与 Parent 对隐私所下的定义相比，我们的隐私利益更加宽泛和深入。他的定义顶多涉及隐私概念在法律上的扩展，然而却没有涉及隐私概念在道德上的性质。

---

[1] Nader v. General Motors Corporation, 25 N. R. 2d 560 (1970).
[2] 449 F. 2d 246 (1971).

四、隐私与自由

笔者认为，在判断是否构成隐私侵权行为时，我们绝对不能只考虑行为人对他人信息的获知以及公开行为。如果我们真的采取了笔者的这一建议，并且承认隐私的关切焦点不仅包括信息，而且还保护行为和现实接触，那么我们就有正当理由认为，隐私区域是否既能合理地包括宪法所保障的隐私利益，又能合理地包括其他相关的侵权法所保障的隐私利益。通过过去 90 多年的发展，隐私侵权保护他人的个人利益，不仅保护他人的信息免受公开，而且在没有正当根据的情况下，还保护他人本身、他人所实施的行为、他人的信息以及通话内容免受行为人的观察或者了解，无论行为人亲自实施还是通过电子监控这些观察或了解行为。隐私侵权对于他人的通话内容和信息提供了更进一步的保护，也就是说，在没有获得他人同意的情况下，行为人不能复制或者滥用他人的通话内容，并且，行为人不能擅自使用或者利用他人的信息。

最初由美国联邦最高法院在 20 年前的 Griswold 一案中确立的宪法性隐私权已经变得难以捉摸。宪法性隐私权不仅保护他人使用和分发避孕工具的权利，[①] 而且还保护他人堕胎的权利，以及为后续判决提供辩护，而这些判决涉及拨款、父亲权利、第三方对未成年人的同意和对胎儿的保护。此外，对于他人在其住所内进行"淫秽之事"的主张，[②] 隐私权还可以作为一个主要的论据，并且，隐私权与很多案件都有关，例如，绝育法[③]、不同种族间的婚姻[④]，以及去公立学校上学[⑤]。

一方面，隐私侵权案件涉及他人对其信息的关切，要么是其所表达的信息，要么是其自身的信息；另一方面，宪法性隐私权的案件多种多样，并且越来越多涉及与他人的身体、家庭关系、生活方式或者子女养育相关的争议。1977 年，在 Whalen v. Roe 一案中，美国联邦

[①] Eisenstadt v. Baird, 405 U. S. 438 (1972).
[②] Stanley v. Georgia, 394 U. S. 557 (1969).
[③] Skinner v. Oklahoma, 316 U. S. 535 (1942).
[④] Loving v. Virginia, 388 U. S. 1 (1967).
[⑤] Pierce v. Society of Sisters, 268 U. S. 510 (1925).

最高法院给隐私权下了迄今为止最全面的定义，主要包括两个方面：其一，他人对于避免个人事务公开披露所享有的利益；其二，他人对于自主作出特定类型的重要决定所享有的利益。① （即便美国联邦最高法院支持纽约的制定法，对于某些危险但是合法的特定药物，法律要求保留药物处方的电子记录，并且这些电子记录包含患者的姓名，但是该案必然涉及隐私的以上两个方面。）

自确立以来，宪法性隐私权一直受到严重的批判。它被认为是"有害的"，"因为隐私的法律概念在理论上的空白，才会导致有所发展的宪法畸形"，以及"虚无缥缈的感知所组成的混合物"。② 对于宪法性隐私权，大家所普遍担心的问题是，该权利公然体现司法的主动性，并且，因为对于美国联邦最高法院所描述的权利，无论《美国联邦宪法》还是《权利法案》都没有相关的明确规定，所以该权利是政策法律化的一种表现形式，而这并不是法院所应具备的合理功能。更严重的是，即便《美国联邦宪法》没有提及其他法律权利（例如自由在州与州之间旅行的权利），但是它们在某种程度上是可以合理地被推理出来的。然而，宪法性隐私权不能从立宪者的意图或者宪法所描述的政府系统中推理出来。

除此之外，笔者还希望强调一个在哲学上比较重要的关切点，这就是，Griswold 一案之后的一系列宪法判例所涉及的权利是"没有任何有价值的隐私概念基础"的。③ Parent 尤其拒绝将隐私与宪法判例相联系，他认为这是在一个错误的理论基础上管理重要的个人事务：将隐私和自由相混淆。他声称，自由最典型的意思是，他人免受外在的限制或者强制。如果他人在监狱服刑，或者被锁在房间内，或者身体被限定在某活动范围内，那么他们就不能自由地去做许多事情。相似地，如果他人受到法律的禁止，不能作出某些特定的决定，那么也就是他们不能自由作出决定。在这些案件中，自由的丧失表现为自治权的剥夺。因此我们可以意味深长地说，自由权中包括他人享有对其

---

① Whalen v. Roe, 429 U. S. 598 – 600 (1977).
② Hyman Gross, "The Concept of Privacy", 42 New York Law Review 34, 35, 42 (1967).
③ Richard Posner, "Uncertain Protection of Privacy By the Supreme Court", Supreme Court Review, (1979) 173 – 216.

生活在根本上作出重要决定的权利，他们从而可以管理自己不同方面的行为。自由权与隐私权有明显的区别，隐私权防止行为人无理获知他人未公开的私人信息……所有这些宪法性隐私权的判例都混合了隐私权和自由权。

我们赞同 Parent 的观点，即一个充分的隐私解释不应该混淆与之相关的其他概念，如自由或者自治权。并且正如他所表达的那样，自由的概念必然与隐私有所区别。但是仍不明确的一点是，宪法性隐私权的案件是否真的如 Parent 所表明的那样没有涉及"真正的"隐私利益。即便他的观点得到普遍接受，但是这已经不是什么新的观点。[1]

虽然对于美国联邦最高法院为什么在 Griswold 等一系列案件中适用隐私，这没有一个合理的解释，但是对于它为什么避免适用自由，这却有一个实践上的原因。根据《美国联邦宪法第十四修正案》，不经正当法律程序，各州都不能剥夺任何人生活、自由或者财产。该正当程序条款所规定的"自由"最经常被用于 20 世纪 90 年代初期的判例中，这些判例推翻了将近 200 个关于经济的规章制度，例如调整女性的最低工资。[2] 但是批判者（Oliver Wendell Holmes 大法官所领导的）认为，在这些案件中，美国联邦最高法院不仅仅强调正当程序，而且还以正当程序条款为借口在实质上认真审查有关经济的规章制度，并且如果美国联邦最高法院认为这些规章制度是不明智的，可以援引正当程序条款从而认为它们违宪。然而，这种实质上的正当程序理论允许法官介入立法价值判断，但是在 20 世纪 30 年代后期，这种理论普遍受到怀疑和抛弃。

法律上的隐私权可以作为一种独处权，而消极的自由概念存在一个著名的解释，即免受干预的自由，根据法律上的隐私权与自由之间早期的联系，不足为奇的是，隐私与自由之间应该相互平等。但是我们的直觉会认为，隐私的概念与自由存在差别。例如，一方面，在没有影响他人自由的情况下，如果行为人对他人实施秘密监控行为，那

---

[1] See, for example, Hyman Gross, "Privacy and Autonomy", Nomos XIII: Privacy, 180 – 181, and Louis Henkin, "Privacy and Autonomy", 74 Columbia Law Review 1410 (1974).

[2] Adkins v. Children's Hospital, 261 U. S. 525 (1925).

么此时虽然他人的自由没有受到侵犯，但是他们所享有的隐私将持续受到侵犯；另一方面，如果他人受到袭击、被授予不想要的利益，或者作出选择的权利受到限制（如焚烧征兵证），那么此时虽然他人的隐私利益没有受到侵犯，但是他们的自由将受到侵犯。有许多自由是我们并不享有的。例如，笔者在没有护照的情况下不能出国；在白天，George Carlin 不能在电视广播上模仿脏话。然而，在这些案件中，我们都不会认为他人的隐私受到损害。即便"隐私"这一词汇可以意味着，在没有政府干预的情况下，他人有权自由地生活，但是美国联邦最高法院不能如此使用"隐私"这一概念，因为这样一来，在每个案件中，他人的隐私权就会被认为受到侵犯。事实上，我们的生活经常受到政府规章制度的严重限制。① 即便隐私没有经常得到很好的保护，但是无论根据美国联邦最高法院或者日常用语，隐私都不像免受政府规章制度约束的自由那样存在一个全面的利益。

在 Griswold 等一系列案件中，我们大概可以将隐私与自由之间的关系视为宪法性隐私权保护特定的自由，也就是说，他人可以自由实施不影响别人利益的行为，而 J. S. Mill 在《论自由》一书中将此称为"关于自己"的行为。从 Mill 使用并列的手段可以看出，Mill 同时以"自由"和"隐私"描述他最想要保护的行为范围。他最初的描述是，与个人相区分，如果社会对于他人所实施的行为范围存在利益的话，那么这也只是间接的利益：在这些行为的范围内，他人可以自由控制自己生活的各个部分以及各种行为，并且这只对自己产生影响，或者说，如果这也对别人产生影响的话，那也得需要别人自由的、自愿的和明确的同意和参与。笔者在这里声称这只对他人自己产生影响，意思是指直接的、最初的影响，而对别人的影响是指，通过影响他人本身从而影响别人……这就是个人自由的合理范围。②

即便 Mill 只在后面两段为保留该种自由的必要性提出辩护，但是他警告认为，现代国家努力防止"法律对于私人生活中详细事务的过度干扰"，然而传统社会往往相反。"古代的共和国认为自己有

---

① John Hart Ely, "The Wages of Crying Wolf: A Comment on Roe v. Wade", 82 Yale Law Journal 920 (1973).

② John Stuart Mill, On Liberty, Penguin (1976), 71.

权使用公权力制约私人行为的每一部分,并且古代哲学家对此表示支持。"①

然而,在 Paris Adult Theatre 一案②中,美国联邦最高法院明确加以拒绝,认为宪法性隐私权是指他人只对关于自己的行为享有自由。

美国联邦最高法院的理由如下:首先,虽然宪法没有规定成年人之间相互同意的行为可以经常不受到约制,但是宪法规定了隐私权。根据 Mill 所描述的权利,如果对于没有作出同意的他人而言,行为人所实施的行为没有对他们造成任何伤害,那么此时行为人享有免受法律或者其他政府执法干预的自由,但是,隐私权并不如此。其次,美国联邦最高法院清楚地表达了需要宪法性隐私权保护的种种事情。根据 Mill 所描述的权利,某些宪法性隐私权保护的行为将得不到保护,例如子女养育。在美国联邦最高法院的论证中,虽然某些行为根据 Mill 所描述的权利可以得到保护,但是根据隐私权却得不到保护,例如,吃喜欢吃的东西,Paris 一案中所涉及的在公共电影院观看色情电影。因此,宪法性隐私权与 Mill 所描述的自由权不具有同等的保护范围,而 Mill 所描述的自由权是指,对于没有对他人利益造成特别影响的行为,行为人对此享有免受政府干预的自由。

因为宪法性隐私权的判例一般涉及他人享有独立作出基本的或者个人的决定的利益,所以正如 Parent 所承认的,他人真正关心的是对于决定自己行为的自治权。但是因为隐私不仅仅包括未公开的私人信息,并且在宪法性隐私权判例中所援用的关于隐私的直观概念没有混合隐私和自由,所以我们也不需要否认这些案件与隐私相关。相反,笔者希望表明的是,我们应该更直观地认为,通过以下方式,隐私与自由是相关联的。许多隐私争议与自主作出决定无关,例如对于免受电子监控的保护。并且,无论在任何意义上,个人可以自己作出的许多决定往往都不是隐私决定,例如,在经过一个安静的地方时驱动扩音器。然而,对于自治权的判例来说,他人对于其基本生活方式的个人决定很容易被认为同时也涉及隐私利益。一方面,因为这些判例涉及他人作出决定的权利,所以它们应该被视为关于自由的判例;另一

---

① Mill, On Liberty, 72.
② Paris Adult Theatre I et al. v. Slaton, District Attorney, et al. 413 U. S. 49.

方面，由于这些决定的性质，导致在这些案件中，他人的隐私也受到威胁。虽然需要强调这些决定和行为属于隐私，但是正如没有评论或者合并的概念认为一个行为既可以被认为构成盗窃行为，也可以被认为构成侵害行为一样，类似地，即便我们承认，在某些案件中，既存在侵害他人隐私的行为，也存在侵犯自由的行为，但我们也不需要混淆这些概念。

Parent 没有表明，宪法性隐私权判例所包含的隐私概念必须合并隐私与自由。如果根据 Parent 对隐私的定义，那么这些一般的宪法判例与隐私无关。尽管这个结论是没有意义的，并且甚至还涉及循环论证，但是这有助于判断是否存在更广泛意义的隐私，而所有这些被认为隐私受到侵害的案件都与广泛意义上的隐私有关。

五、隐私的广泛含义

如果我们认为，在没有混合隐私与自由的情况下，宪法性隐私权的判例也属于"真正的"隐私判例，那么我们（至少）有两个选择：其一，为了在信息性隐私权、《第四修正案》对隐私的相关规定以及宪法判例的基础上发展隐私的概念，我们可以利用侵权法领域的隐私主张与宪法领域的隐私主张之间的相似之处。具体的例子表明这是有可能的。例如，发生在他人住所内并且双方同意的同性恋行为。无论政府是否对该行为进行规制，或者当行为人试图获得或利用这些信息时，我们都应该将此视为他人的隐私事务。其二，我们应该承认，无论"隐私"在侵权法和《第四修正案》的判例中意味着什么，它在宪法判例中所意味的内容将有些不同。即便我们将认真对待这些区别，但是我们也会对隐私这一术语加以合理使用，并且这一隐私术语不是"虚假"的，而是由我们日常用语所反映的。

因为所列举的隐私主张的多样性，并且在这些社会生活的各个层面，包括信息、财产、个人能力、决定、行为和事业，隐私这一术语都能得以适用，所以上述第二种选择似乎更有效，并且表明，为什么在这些以隐私为核心的所有案件中都难以对共同要素进行划分。然而，虽然在这些案件中，隐私这一术语没有被认为是无意义的或者是空洞的，但是即便是在侵权法中，对于我们将要继续分析的"隐私"，也没有一个固定的分析方法。因此，笔者应该利用上述第一种选择对本文作出总结。

为了将隐私表述为一个描述性的术语,与值得保护的利益所包含的规范性使用相区分(取决于个案事实,某些利益实际上是受到保护的),人们有时认为,对隐私的关切不仅在于行为人没有获知他人的信息,而且还在于他人对于行为人可获得关于自己信息的控制。即便最开始讨论的隐私利益在于他人对于行为人可获知关于自己信息的控制,但是这些隐私利益不断扩展,从而也包括对于行为人可获知关于自己行为的控制。根据这个观点,隐私是一种权力,他人可以根据隐私权而拒绝或者允许别人获知他们的信息或者行为。但是这当然并不意味着,如果他人丧失对其私人信息、行为或行为人对其所作所为的控制权,或者行为人获得对他人的私人信息、行为或对他人实施所作所为的控制权,那么这都代表着他人隐私的丧失,或者行为人获得他人的隐私。如果我们对一个作家进行搜索后,出乎意料地发现他是三流学校毕业的,或者说他的学历是不真实的,在没有获得他同意的情况下,这些关于他的信息被公之于众,那么此时,即便我们不认为他的隐私受到损失,但是他的确失去了对这些信息的控制权。[①] 类似地,如果一名警察将笔者推出救护车,那么虽然笔者丧失了控制行为人所作所为的权利,但是我们一般不认为此时笔者的隐私受到侵犯。也就是说,并不是所有的触碰行为都构成对他人隐私的侵犯行为。如果我们将隐私利益视作为一种控制的能力,那么这样的理解实在过于宽泛。

尽管如此,对于隐私受到损失的主张,我们对自身某些方面的控制权可能是必要的切入点。对于每个隐私侵权行为,他人可能都会丧失某些控制权,包括其所见所闻、阅读书目,其信息、记录或者照片的用途,行为人对其所实施的所作所为(例如在没有获得他人同意的情况下,行为人对他人实施监听或者监控),或者他人所实施的某些行为,如使用避孕工具、阅读色情作品,等等。

如果是这样的话,我们可能要扩展财产权的传统概念,从而使其包括他人所控制的任何事情。根据这种解释,虽然每一个隐私侵权行为都是财产侵权行为,但反之不然,因此隐私利益从属于财产利益。

---

① Richard B. Parker, "A Definition of Privacy", 27 Rutgers Law Review 275 (1974).

我们不仅可以主张认为我们的身体、思想和著作作品属于我们的财产，还可以主张认为我们的名誉、信息等也属于我们的财产，从而在很大程度上扩展财产权的一般概念。这实际上是 Van den Haag 的观点："隐私最好被视作为一种财产权。"并且，当他把隐私定义为一个专属他人的区域并排斥行为人进入时，他将排他性视为隐私的核心。①

然而，笔者担心，我们对于财产权的直观认知在隐私的语境下是行不通的。我们可以拥有某些不希望受到观察的行为吗？或者我们可以拥有所有信息，从而排除别人获取吗？我们可以像信件、土地或者曾经奴隶属于财产一样，直接地拥有自己的身体吗？即便以上这些假设得到充分的论证，但是这仍然是令人不安的，因为控制权或者财产所有权不能为隐私争议提供一个全面的解释。因为这没有识别到多种多样的隐私案件所与众不同的、最基本的特点。

在美国联邦最高法院对宪法性隐私权的解释当中，它特别提及"个人的"权利。人们可能会认为，无论行为人所实施的隐私侵权行为是否侵犯他人的信息、身体安全，或者他人对于生活方式的选择，他们所实施的行为往往都侵犯了他人一个特定的区域，在该区域内，他人的言行举止都是十分私密的、个人的。根据《牛津英语词典》，所谓隐私，是指影响"与一般社会相分离的他人、一个私密的小团体或者一小群人，因此隐私是个人的、私密的"②。Parent 对隐私的定义有一个特点，这就是，隐私是指"私人的"信息，并且我们没有否认该特点。即便在这个意义上讲，信息是私人的，但是为了形成一个更广泛的隐私概念，我们需要试图扩展他对于什么是私人的描述，使其包括行为和信息。然而，回想起 Parent 认为所谓"私人的"是与他人相对的，不仅要考虑他人最希望分享什么，而且还包括他人"实际上对什么感到敏感"。肯定的是，对这些特有的感知提供法律保护是一件很困难的事情，并且我们可能更愿意采用"理性人"的判断标准，判断什么才是私人的事情。

然而，对于什么属于私人事务的判断这一建议也存在某些问题。

---

① Ernst Van den Haag, "On Privacy", Nomos XIII, Privacy.
② 1389.

当行为人窃听他人的电话时,如果行为人只听到他人给披萨外卖下单,那么虽然他们没有听到关于他人的私人信息,也没有对他人实施现实触碰行为,但是我们仍然可以合理地认为,行为人所实施的行为构成侵犯他人隐私的侵权行为。虽然他人与别人进行商业合并的决定可能属于他人的隐私,但是这个决定并不属于一个私人决定。这些案件表明,对于什么才是他人的私人行为或信息的关注,这或者是没有意义的,或者不足以限制隐私的范围。

根据我们的直觉一般认为,所谓隐私,就是指与别人都无关的事情。根据这个观点,我们可能认为隐私区域就是指别人没有合理根据对其进行关切的区域,这里所说的别人不仅包括侵权领域隐私权案件中的行为人,而且还包括宪法领域隐私权案件中的政府。尽管这一特征具有模糊性,但是我们可以据此认为,在某种意义上讲,他人的信息、行为和决定都是隐私,而侵权领域中的隐私利益与宪法领域中的隐私利益之间存在基本的理论关系。根据此种解释,他人、夫妻或者小群体都可以提出隐私请求。因为根据这种解释,某些琐碎的主张也可以是隐私,无论隐私利益的重要与否,隐私的范围将十分广泛。此外,根据环境和文化的不同,人们对于合理关切的内容也有所不同。因此,一方面,在这个国家中,我们可能认为,夫妻对于是否使用避孕工具的决定超出了社会公众合理关切的范围;而另一方面,在某些人口过多的国家,如中国或者印度,政府执法人员对这种决定进行干预却是合法合理的。

大家所普遍担心的是,这种对于隐私的解释过于宽泛。例如,约翰·洛克的宗教理论不是政府合理关切的对象。① 其中,如果我们希望区分隐私和宗教主张,那么我们必须要对超出社会公众合理关切范围并且构成隐私的事项作出解释。这是一项十分困难的工作,是本文不能完成的工作。然而,笔者认为,如果我们致力于阐释人们渴望隐私的多种原因,我们将会对此有所进展。此外,对于保护侵权领域的隐私权与保护宪法领域的隐私权的主张,这两者之间原因的相似性为这些主张的相关性提供进一步的证据,并且巩固了笔者的立场,也就

---

① Statement of this principle is the subject of the first Letter Concerning Toleration, Works of John Locke, 5 – 58.

是说,在宪法性隐私权案件中,他人重大的隐私利益受到侵犯。

对于控制自身信息的渴望,人们对此有许多不同的原因,或者出于自由,或者出于名誉,又或者出于商业目的。当他人免受审查、尴尬、判断甚至是嘲笑的自由受到侵犯时,或者当他人免受服从的压力、偏见、情感伤害的保护受到侵犯时,或者当他人由此丧失自尊、机会或者财物时,我们此时更倾向于将信息控制的主张视为一种关于隐私的主张。隐私侵权诉讼是社会用来实现这些保护的一种机制。然而,隐私侵权诉讼本身并不足以提供所有的保护,因为为信息保护提供原因的利益包括使他人免受与信息泄露所面临的相同问题的威胁。换句话说,貌似合理的是,他人对于社会公众获知其信息的担心往往出于对社会控制其信息的担心。对于行为人可以对他人实施什么行为,或者他人可以自由实施什么行为并免受审查、判断等威胁,这经常取决于行为人、政府或者社会公众所获得的他人信息,无论这些信息是否属于私人的。因为笔者的行为也会受到自己所能作出选择的程度的影响,不仅包括信息泄露的威胁,而且还包括对于作出决定的控制权被削减的威胁,这些威胁都会对笔者的行为产生"寒蝉效应"(chilling effect)。因此,为他人提供一个庇护所,在该保护范围内,他人可以塑造和经营自己的生活以及与别人的关系,包括亲密行为以及其他行为,免受别人的审查、尴尬、判断以及它们可能带来的危害后果,这是他人渴望控制自身信息最主要的根本原因,既能保护对信息的控制权,又能保护作出决定的控制权。此外,因为人们希望控制许多事情,并且自由远比隐私要宽泛,所以对于分析隐私权而言,保护侵权领域的隐私权和宪法领域的隐私权之间的相似原因更加根本,而不是将隐私视为自由或者控制。

即便对保护隐私的原因所作出的这些阐释不能为隐私提供一个统一的定义,但是这表明,我们可以通过证明这些主张的合理性从而确定隐私主张。当行为人不合理地侵扰他人时,他人的隐私利益岌岌可危,因为行为人所实施的侵扰行为危及或者侵害他人所享有的隐私区域,在该区域内,他可以免受别人对其进行审查、判断,并且他人可以远离压力、伤害或者由行为人的行为所带来的损失。即便笔者没有列举关于保护隐私的详细原因,但是笔者自认为已经足以表明,保护侵权领域隐私权的主张与保护宪法领域隐私权的主张之间的相似原因有一个特定的范围,可以用于区分行为人所实施的侵扰行为是否属于侵犯他人隐私的行为。

如果隐私的此种描述有用的话,那么我们需要对合理性这一概念作出进一步解释。这样一来,许多案件都将变得清晰。例如,如果笔者没有传染病或者危险倾向,那么无论是笔者在寝室内所实施的行为,还是关于这些行为的信息,社会公众都没有合理根据对这些行为或者信息进行关切。与之相比,对于一名母亲堕胎与否的决定,大家都普遍反对母亲以外的别人可以对该决定进行合理的关切。然而,即便我们认为他人性生活的详情不属于政府可以合理关切的信息,但是我们难以判断,当他人患有艾滋病时,出于艾滋病的危险性,以及我们对于其传播缺乏了解,这是否能作为一个正当根据,允许社会公众合理关切他人性生活的详情。

这个建议存在一个更加严峻的问题。正如上文所述,这不允许我们对合理的隐私侵权行为的存在作出解释。例如,当他人患有艾滋病时,政府卫生官员可以合理关切他人性生活的详情,根据此种解释,我们必然认为,当政府卫生官员询问他人的亲密行为时,他们所实施的行为没有侵犯他人的隐私。但是,这是不正确的。在这样的一个案件中,我们希望表达的是,虽然对这些信息的获取行为构成侵犯艾滋病患者隐私的侵权行为,但是出于健康的严重威胁,这种侵权行为具备合理性。

解决这一困难最好的方法大概就是,根据正常环境下一个理性人的判断标准,或者根据特定的社会习俗,将隐私区域视为一个社会公众一般不能对其进行合理关切的区域,因为他人在该隐私区域内享有免受别人对其进行审查或者判断以及由此所带来的潜在问题的威胁。因此,隐私属于信息财产权或者行为财产权,虽然行为人所实施的某些特定侵扰行为可能具有合理性,但是他们所实施的任何侵扰行为都构成隐私侵权行为。然而,需要强调的是,对于这种较为一般的描述,我们还需要考虑相关的环境、习俗以及对各种行为的具体描述。

此种解释确实有助于我们阐明隐私与自由之间的重要关系。正如我们所看到的,隐私的丧失也会导致自由的消减。尽管如此,为隐私所作出的辩护并不是往往都能保护自由。例如,它不能防止公共袭击。然而,如果为了某些特定的原因,隐私保护他人免受行为人的侵扰，并且当他人远离外部制约和干扰时，他人享有自由，那么对他人隐私的保护就会保护其一定的自由。我们可以这样理解 Parent 的主张，即"对于追求自由和个性的人来说，隐私是一个道德价值"。

此外，我们还要关注另外一个后果。Parent 拒绝认为，目前的信息性隐私权比宪法性隐私权得到更少的保护。如果 Warren 和 Brandeis 所要反对的公开家庭婚礼的行为实际上没有给一个理性人造成伤害，那么在这些案件中，他人的隐私只是受到一点点侵犯。[①] 与使用他人的姓名、信件或者照片所产生的尴尬相比，如果我们认为，更为重要的是排除政府干预他人是否进行输精管切除手术的决定，或者对避孕信息和工具的获取，那么我们将可能支持而不是反对 Parent 的主张。[②]

六、结语

对于在 Griswold 等一系列判例中，作为一种权利的宪法性隐私权受到侵犯这一主张，笔者既没有对此提供宪法上的辩护，也没有试图进入关于如何严格解释《美国联邦宪法》的这一辩论中。然而，笔者已经极力主张，我们可以合理地认为，宪法案件存在隐私利益，理由有三：其一，隐私不只是存在于对未公开的私人信息的享有和获取之中；其二，即便我们将隐私看作与宪法案件有关的概念，但这并不需要合并隐私和自由的概念；其三，对于保护侵权领域隐私权中的信息，以及宪法领域隐私权中的自主决定权，相似的利益可以为此提供保护的原因。此种观点的含义很重要。尽管目前宪法上的判断标准可能具有争议性，但是它要求对涉及"基本价值"的案件进行"严格审查"，并且隐私被认为属于"基本价值"。因此，当隐私与其他权利或者一般利益相冲突时，这些对隐私的保护将面临巨大的挑战，比它们只与免受政府干预的自由相冲突时所遇到的挑战还要严峻。

[①] Harry Kalven, "Privacy in Tort Law: Were Warren and Brandeis Wrong?", Richard Epstein has argued that privacy is the least important tort in "Privacy, Property Rights, and Misrepresentations", Georgia Law Review (1978).

[②] Richard Posner, "Uncertain Protection of Privacy by the Supreme Court".

第四编　隐私权的其他界定

论隐私权

理查德·A. 波斯纳[①]著　陈圆欣[②]译

目　次

一、导论
二、隐私经济学
三、隐私侵权法
四、结语

一、导论

隐私的概念既难以捉摸又模棱两可。许多学者试图解释清楚隐私的含义。[③] 笔者将避开这个定义问题,而简单地讨论隐私的一个方面,即信息的保留或者隐藏。经济学家对这个方面有着特别的兴趣,因为信息研究已经成为经济学一个重要领域。[④]

迄今为止,信息经济学被认为是与显性市场(主要是劳动市场和日用品消费市场)里的信息传播和(在更小程度上与)信息保护

[①] 理查德·A. 波斯纳(Richard A. Posner),美国芝加哥大学法学院教授。
[②] 陈圆欣,中山大学法学院助教。
[③] See, e. g. , Thomson, The Right to Privacy, 4 Po. & PUB. Arv. 295 (1975). On the variety of legal contexts of the term "privacy", see Comment, A Taxonomy of Privacy: Repose, Sanctuary, and Intimate Decision, 64 CAup. L. Rxv. 1447 (1976).
[④] See G. STIGLER, The Economics of Information, in THE OachizAoN oF Irmusrmy 171 (1968).

有关的主题，这个主题包括广告宣传，欺诈、市场价格离散和求职。本文希望主要在私人信息而非商业信息的语境中对信息传播和保护进行经济学分析。因此，本文必然会涉及偷窥、窃听、"自吹自擂"和流言蜚语。私人信息语境和商业信息语境的界线不总是清晰明确的，笔者也不会坚持私人信息和商业信息之间的界线是清晰而明确的，不过，本文的重点在于对私人信息的分析。

本文的第一部分将阐释经济学的分析。尽管根据当前的隐私的经济学分析来看，群体隐私应该比个人隐私更为重要，但是根据当前公共政策的趋向来判断，笔者注意到，具有讽刺意味的是，个人隐私似乎比群体隐私更为重要。本文的第二部分将检验侵权责任法在商业信息和私人信息领域中对"隐私权"的保护（虽然本文仅对前者进行简短地讨论），并且得出的结论是，法官在侵权案件中已经关注到了隐私经济学。

二、隐私经济学

（一）将隐私和好奇心视为中间商品

人们会拥有不同的信息，其中包括涉及他们自身的事务或者与别人交谈的内容，他们都需要付出代价来保护这些信息。有时候，这些信息对别人来说很有价值：也就是说，别人会付出代价来揭露这些信息。因此，两种经济商品就随之产生了，"隐私"（privacy）和"窥视"（prying）。我们可以将它们单纯地看作消费品，就像是经济学分析里的萝卜或者啤酒那样；随后，我们就会谈到隐私或者窥视的"味道"。然而，这会造成经济学分析就此止步，因为从经济学的角度来看，味道是不可分析的。另一种途径就是将隐私或者窥视视为中间商品而不是最终商品，将它们的价值视为工具价值而非最终价值。根据这个方法，人们不应该指望从隐私或者窥视本身得到价值，而是应该指望通过它们获得某种收益成果或者其他更为广泛的效用、福利。

为了进行经济学分析，本文采取第二种途径，即将隐私和窥视视为中间商品。显然易见，如果隐私和窥视事实上不具备中间商品的重要属性，那么本文就没有充分理由采取第二种途径了。因此，笔者将会努力证明它们具有此属性,这种方法能否捕捉充分相关现实,就留给读者执行判断。

(二)对私人信息的需求

当人们身处某种现实的或者潜在的关系,无论此种关系是商业关系还是私人关系时,人们就会对私人信息(本文通篇将之视为一种中间产品而非最终产品)产生需求,尤其是税务官、未婚夫、合伙人、债权人和竞争者,相比于其他人,他们更渴望获得相应的私人信息。较为隐秘的一个现象是,窥视朋友和同事的私人生活是社交生活中普遍存在的特点,它受到自我利益之理性考虑的因素推动,而它的普遍程度远远超出我们的想象。窥视能够帮助人们更准确地了解他们的朋友或者同事,而人们通过窥视获得的信息也有助于他们与该朋友或者同事的社会或者职业交往。例如,在交朋友时,你会合理地想知道对方是一个小心谨慎的人还是粗枝大叶的人,是一个自私的人还是一个慷慨的人,而当你和对方第一次见面时,这些品质并不总能明显地表现出来。甚至一个完全利他主义的人也需要知道潜在受益者的财富状况,以衡量受益者获得财富的价值。

像商业交易一样,社会交往也会通过失实陈述而把握机会。心理学家和社会学家指出,甚至在每天的生活中,人们都试图通过失实陈述来操控别人对自己的看法。① 正如一位心理学家所写道那样:"希望掌握别人的隐私的心态体现了一种意图,此意图旨在控制别人对自我封闭之人的看法和认知。"② 甚至隐私的最坚定拥护者也将公民的隐私权描述为"控制有关自身的信息传播"的权利③。一个很少被提及的推论指出,虽然公民享有失实陈述个人性格的权利,但是别人也享有揭开这些假象的合法权利。

然而,有时候,公民对别人的私人信息的需求并不是出于上述的自我保护,而似乎出奇地与己无关。例如,读者对报纸"八卦"专

---

① E. Go Man, the Presentatmn of Sef Ine Veryday Lie 58 (1959).
② Jourard, Some Psychological Aspects of Privacy, 31 LAW& Co. 'rmsp. PROB. 307, 307 (1966).
③ Stone, The Scope of the Fourth Amendment: Privacy and the Police Use of Spies, Secret Agents, and Informers, 1976 AM. BAR Found. Research J. 1193, 1207.

栏的需求，此种需求被 Warren 和 Brandeis 谴责为"毫无意义的好奇心"，而在我看来，Warren 和 Brandeis 的谴责①毫无意义。"八卦"专栏揭露了富人和成功人士的私人生活，他们的品位和生活习惯能够为普通人在消费、事业和作出其他决定的方面提供范例，也就是产出信息。不过，这些范例不总是积极的。例如，Howard Hughes 的故事常常被作为警惕成功陷阱的道德戏。其他臭名昭著的人以及罪犯的故事，比如 Profumo 和 Leopold 的故事也有类似的功能。"八卦"专栏让人们看到了机遇和危险，它们具有真正的信息性。

"毫无意义的好奇心"是一个令人误解的表述。人们不会产生漫无边际的和无差别的好奇心。为什么穷人的生活（比如，这可以根据小说主角以穷人形象出现的频率来统计）比富人的生活值得人们产生好奇心的地方更少呢?② 这是因为相比于富人的生活，穷人的生活不会为装点我们自己的生活提供那么多有用的信息。即使人们对穷人产生兴趣，他们也只会对那些曾经一度贫穷但是如今变得跟我们一样的人，没有人会对始终一贫如洗的人感兴趣，这种信息的警示作用显然易见。

Warren 和 Brandeis 将人们对别人私生活的好奇心与日递增的原因归结于新闻媒体的无节制行为。③ 然而，经济学家不会相信供应产生需求。对于八卦专栏日益增多的现象的有说服力的解释就是，公民的个人收入正在持续不断地增长。显然，穷人社会没有什么隐私，因为人们很容易看到别人的私密生活。④ 对富人社会的监控，监控者要付出更多成本，一方面，富人的居住环境能够为他们提供更好的隐私保护；另一方面，监控所花费的时间成本（以及由此机会成本）更大，这种成本之大以至于监控者无法花那么多时间来监控邻居的行

---

① Warren & Brandeis, The Right of Privacy, 4 HAV. L. REV. 193, 196 (1890).
② Surely not because writers know the lives of the rich more intimately than those of the poor: Shakespeare's protagonists are kings and nobles, but he was no aristocrat.
③ Warren & Brandeis, The Right of Privacy, 4 HAV. L. REV. 193, 196 (1890).
④ See D. Flaherty, Privacy In Colonial New England 83 (1972); T. Gregor, Meiiinakui: The Drama of Daily Life In A Brazluan Indian Vi. lage 89-90, 360-361 (1977); and anthropological data reported in the first chapter of A. Westn, Privacy And Fraedom (1967). Gregor's findings on privacy are summarized in M. Haris, Cannibals And Kings: The Origins of Cultures 12 (1977).

踪。因此，在比较富裕的社会中，人们找到了另一种方式来了解其他人的生活信息，媒体提供了这样一种方式。在打听别人闲事的成本异常之高的社会里，媒体的一个合法且重要的功能就是提供专业化的窥视内容。

（三）私人信息的产权

个人信息披露受到公民的抵制，因为虽然这些信息对别人是有价值的，但是这些信息的披露会给公民带来很大的损失，所以公民似乎主张将与自己有关的信息产权授予本人，并且让他们自由地出售这些权利。这样一来，这种自由交易的过程就能确保信息得到最佳的利用。然而，这种解决方法的吸引力依赖于信息的性质与来源和交易成本。

鼓励产出对社会有价值的信息的利益为授予信息秘密产权提供了最强有力的依据。法律保护"商业秘密"，其中包括各种商业思路、商业计划和商业信息，这是基本的经济学原理。这也解释了，法律不要求"精明的砍价者"在与商家协商时表露其真实想法。我们所说的"精明的砍价者"是指那些通过投入资源来获得商品真实价值信息的人。假如他被迫与潜在的商家共享信息，那么他的投入就不会得到回报。人们通过自愿交换物品并且使得物品发挥最大效用的过程也会因此受损，这是市场经济的基本道理。即便"精明的砍价者"在砍价的过程中可以隐瞒其部分真实想法，使得交易缺乏一点"自愿性"，上述的道理也成立。

在某种程度上说，信息的不公开变成了欺诈。判断交易一方是否逾越了警戒线的要素之一就是看他所隐藏的信息对投资是否产生重大影响。[①] 如果不是，那么信息披露的社会成本就不会高，再次重申，因为信息收集受到了阻碍从而抑制了人们投资的动机，信息披露的社会成本由此而来。这个要素对于下面的问题也起着至关重要的作用：法律应不应该要求房屋所有人将房屋的某处隐蔽而且不明显的瑕疵告知买房者。诚然，房屋的所有和维护是一项高成本的生产活动。然

[①] See Kronman, Mistake, Disclosure, Information, and the Law of Contracts, 7 J. LEOAL STUD. 1 (1978).

而，房屋所有者可以在不付出（或者几乎不付出）成本的情况下得知房屋瑕疵的信息。因此，如果法律迫使他将瑕疵告知给买房者，那么法律也不会减少他为发现房屋瑕疵而投入的动机。

交易成本因素的考虑可能会妨碍保有秘密者获得产权。试想一下：法律应不应该要求人口普查局为其从公司或者住宅搜集到的信息付费，法律应不应该允许杂志社在未经订阅者同意的情况下将订阅者名单出售给另一家杂志社。如果人口普查局付出一致的价格来购买信息（意味着是将其所需求的信息产权分配给了被采访人），那么他们所得到的样本就会被扭曲。为了获得具有代表性的样本，人口普查局需要考虑到披露公司和住宅样本的信息所需的不同费用（以及由此产生的合作费用），人口普查局需要采取高度复杂的、具有区别性的价格表。在第二种情况中，获得订阅者同意的成本与订阅者名单的价值密切相关①。因此，如果我们认为，这些名单的价值对于购买者而言，要高于它们对订阅者免受可能违背自身意愿的揭发的价值，那么我们应该把产权配置给杂志（即购买者），事实上，法律也是这样做的。②

在人口普查和订阅者名单的例子中，之所以不把产权配置给个人，是因为对于个人而言，信息披露的成本很低。在人口普查的例子中，由于政府采取防范措施，防止债权人、税务官或其他人通过与公民交往来获取他的信息并且从该公民的身上得到相应的好处，故信息披露的成本低。在订阅者名单的例子中，由于购买者从名单上获取的有关订阅者的信息是微乎其微的，购买者不可能利用此信息向订阅者收取实质费用，故信息披露的成本低。

从总体上看，我们此前所讨论的私人信息与该主体的败坏名声之事毫不沾边。不过，我们仍然可以找到其他阻止将产权配置给个人的充分理由。然而，许多对隐私的需求往往涉及败坏名声的信息，这些信息通常与过去的或现在的罪行，或者与某人公开承认的道德标准不相符的行为有关。此外，正如前文所述，一个人之所以要隐瞒信息，往往是为了误导那些与其有交往的人。尽管其他人们想要隐藏的信息

---

① See Shibley v. Time, Inc., 45 Ohio App. 2d 69, 341 N. E. 2d 337 (1975).
② See Shibley v. Time, Inc., 45 Ohio App. 2d 69, 341 N. E. 2d 337 (1975).

在严格意义上不属于败坏名声的信息,但是一旦被披露,人们一直营造的假象也会被打破,例如,雇员希望向雇主隐藏其严重的健康问题,或者一名即将结婚的男人向其未婚妻隐藏其不育的事实。为什么社会要将这些信息产权分配给这些信息拥有者,其原因并不清晰;而正如我们所看到的那样,普通法一般不会这样做。我们将在下面论及的另一个问题是,不将产权配置给拥有有罪秘密信息之人的决定是否意味着法律应支持任何一种以及所有发现这些秘密信息的方法。

用商业做一个类比,将有助于解释为什么人们无权隐瞒自己的重要事实——至少在经济学基础上是绝对没理由的。我们认为,法律不应该允许销售者在兜售器皿时对他的器皿的质量作出误导性或者不完整的表述,这也是无效率的。然而,当人们在"出售"自己以及他们的物品时,为了吸引其他人与他们建立他们能够从中受惠的社交或者商业关系,他们会自称自己的行为符合高标准的要求,而同时,他们也会隐藏一些有利于与之交往的人准确把握他们性格的信息。我们有实质原因不把承担充分披露其缺点的普遍法律义务——禁止成为伪君子的义务,强加于公民身上。但是,任何公民均应有权查出别人隐瞒的能够(无论含糊还是明显地)反映此人道德品质的事实真相,以保护自己在不利于己的交往中的利益。

这不是对公民享有"独处权"(the right to be let lone)① 的回答。只有少数人希望独处。他们希望通过有选择性地揭露自己的事务来操控他们周围的世界。② 为什么其他人应该毫无保留地接受他们自我标榜的种种声明,而又无权获取必要的信息来证实或者证伪这些声明呢?

人们希望隐藏的某些信息并非不光彩的。例如,在我们的文化里,大部分人都不希望被别人看到自己的裸体,但是即使被别人看到,也不会暴露自己任何不光彩的事实。既然隐藏这些事实不会像隐藏不光彩的信息那样产生社会成本,既然交易成本也不高,那么将此种私密信息的产权配置给公民就有了经济学上的理由;正如我们所见的那样,这也是法律所认同的。然而,笔者不认为,许多人都会有隐

---

① Olmstead v. United States, 277 U.S. 438, 478 (1928) (Brandeis, J., dissenting).
② E. Go Man, the Presentatmn of Sef In Everyday Lie 58 (1959).

藏光彩的私人信息的共识。在飞机上或滑雪缆车上与陌生人相邻而坐时，任何人都知道向完全陌生的人自吹自擂所带来的乐趣。当一个人与朋友、亲戚、熟人或商业伙伴交谈时，他就会产生隐藏信息的心态，因为这些人会利用个人信息而在特定的商业或社会交往中得到好处。一般来说，隐藏信息的心态是一种手段而不是目的。

许多人不愿意暴露自己的收入，有时候，这会作为人们希望保护自己隐私的例子，而且这种做法不能用纯粹的工具性术语解释出来。但是，笔者认为，人们之所以要隐瞒出乎意料的低收入，是因为在信用市场以及其他地方，高收入才会被认为是有价值的。而人们之所以隐瞒出乎意料的高收入，是因为他们希望躲避税务官、绑架者和盗贼的注意，希望躲避慈善团体和家庭成员索要钱财的要求，以及维持慷慨的美名，因为如果其他人知道高收入人群所捐赠的钱财与他们的收入相比是九牛一毛的，他们的美名就会被破坏。其中第一点和第二点可以解释为什么人们希望匿名向慈善组织捐赠。

（四）交流之隐私

在某种程度上，人们为了误导别人才隐藏个人信息。从经济学角度来看，如果法律给予这些信息保护，那么这种做法无异于承认商家在销售时可以实施欺诈。然而，考虑别人通过什么途径来获得这些私人信息也是必要的。如果是熟人在不经意间窥探到目标人物的私人对话，那么熟人的行为应该区别于利用电子设备或者其他方式窃听私人对话的行为。A 在与 B 的交谈中说 C 的坏话。如果 C 有权利来听这个交谈，A 将不得不考虑 C 可能会有的反应，从而改变其本来与 B 交谈时所用的词语。由于产生了这个外在效应，交谈的成本就高出许多，而且增加的成本会导致交流变得更少，效果也更差。当人们适应了这种公开交谈的新世界后，即便是诸如 C 之类的人也不能够从公开交谈所产生的更多信息里获得更大的利益，因为人们会更加注意他们言语的措辞。公开的主要后果是使交谈更加正式，交流效果更差，而非增加交谈所涉及的第三方的见识。

换言之，谈话的公开程度越高，诽谤性言谈的成本以及为避免名誉受损而进行辩护的合理成本就越高。如果所有的谈话内容都是公开的，那么人们为了避免其谈话出现有意或者无意的诽谤内容所花费的时间和其他资源的成本就会上升。社会可以通过简单且成本低廉的方法来避免额外的成本开支，也就是说，用法律来制裁对交流的隐私的侵犯。

每一位学术机构的管理人员都熟悉《巴克利修正案》的适用经验，这些经验就是支持上述分析的证据。① 根据这部法案，学生可以知道别人为他们写的推荐信内容，除非他们事先放弃此权利。几乎所有的学生都选择了弃权，因为他们知道这种能为被推荐人知悉内容的推荐信，比私人推荐信的信息价值要小得多。

另一个证据就是，随着社会的发展，公民所使用的语言变得没那么规范了。相比起20世纪的美国人，原始人所使用的语言还更为精致，更仪式化，也更谦恭。其中原因之一也许是原始人几乎没有隐私。原始人之所以较少进行私人对话，其原因是第三方当事人经常在场，原始人需要顾忌他们的感受。即使在今天，我们也可以看到这种现象：在场的人数越多，说话者所使用的语言就越规范。隐私存在泄露的风险，因此，当人们在进行私人交谈时，他们会更加经济地进行交流——即用词简短和不规范，这在原始社会是很少见的。如果法律允许其他人窃听他人的私人交谈，那么此种行为将损害此种有价值的交谈经济。

在某些情况中，交流的确与社会生产活动无关。刑事共犯之间的交谈就是一个例子。在这些情况中，政府执法人员可以实施有限的窃听行为，因为此种行为对私人交谈的危害少于它为社会带来的好处。

本节的分析很容易让人联系到努力得到他人笔记、信件以及其他私人文件的现象，而这些现象会阻碍信息交流。例如在公民的家里，摄像监控就给我们带来了一个更复杂的问题。隐私权让公民能够在自己家中能够任意地穿衣服和进行娱乐活动，而不用顾虑对第三人的影响。然而，如果家庭空间被放置于公共领域，则这种能够节约资源的随意性就会荡然无存。人们穿衣服并不仅仅会受到他人的影响，还会受到前面说过的因谨慎心态的影响，也就是说，他们会通过穿衣服来掩盖裸体和其他敏感地方；谨慎心态是人们得以对这些敏感地方享有隐私权的另一个原因。

---

① Family Educational Rights and Privacy Act of 1974, § 513, 20 U.S.C. § 1232g (1974).

（五）简述经济学研究方法

本文的两个主要论证线索可以通过指出目的和手段在此语境中的差异而被连接起来，这两个线索要么跟私人事务有关，要么跟私人交谈有关。就目的而言，如果强制披露作为社会生产活动的副产品的秘密信息，就会减弱人们从事这种活动的积极性，那么将该秘密的产权分配给个人似乎就很有道理；但是，如果秘密信息误导了与个人打交道的其他人，减低社会的产出，那么不将产权配置给个人似乎也是有道理的。然而，考虑到行为人的侵扰行为对合法交流的成本所造成的影响，不能仅仅因为上述分析中有关个人的大部分事实属于公共事务，就认为法律应在原则上许可行为人侵扰他人的私人交流。

笔者认为，这种基于私人事务和私人交谈而确认的两分法分析过于僵硬。如果你被允许向我的熟人打听我的收入，那么我就可能会采取措施来隐瞒我的收入，比如我会提高对话的规范性来保护我的谈话享有隐私权的保护，这些措施的成本就是社会损失。两者之间的区别仅在于程度之不同。当交流隐私受到监控的威胁时，我们会期待人们能够采取在总体上成本极高的规避策略来保护交流的隐私，其中部分原因在于窃听和相关的侵扰性监控方式是取得私人信息的有力方法，另一部分原因在于人们很容易防范这些侵扰方法。然而，难以想象的是人们会采用有力的措施来防范别人偶然性的窥探。公民不可能为了确保能更好地隐瞒其收入或其他私人信息，以防别人不经意的打听或新闻采访，而突然改变其收入或生活方式（但对这个一般情况而言，Howard Hughes 是个出名的例外）。

笔者已经根据经济效率总结出隐私权的基本要素：①为贸易或者商业秘密提供保护，这样一来，商人就可以运用其非凡的知识或者技巧了（将保护原则应有之义运用到私人领域，如举办宴会的男主人或者女主人能够隐藏宴会佳肴的秘诀）；②即便公民可以阻止别人通过不法手段侵犯其私人事务，法律也不保护这些私人事务——比如公民的疾病、坏脾气，甚至是收入，因为公民对这些私人事务不享有产权;① ③法律应尽可能规定,只有在打击不法活动时,政府执法人员才能实施窃听以及其他形式的侵扰行为。

(六) 隐私权领域的立法趋势的适用

鉴于目前隐私领域内的立法趋势,本文分析的一些内容也许令人吃惊。正如前文所述那样,一般来说,法律对私人商业信息的保护应该超过对私人信息的保护。企业家的秘密是创造社会利益的重要途径,法律应该保护这些秘密;而私人的秘密更多的只是隐瞒公民不光彩的事实。无论交流是公开进行还是私下进行的,团体之间的交流所受到的保护应该与公民之间的交流所受到的保护一致,因为不管在哪一种情形中,信息公开均妨碍了信息的交流。

然而,与本文的分析相反,隐私权领域的立法趋势倾向于给予公民的私人事务和私人交流越来越多的隐私保护,却给予公司和其他组织,包括政府机构、大学和医院越来越少的保护。《信息自由法》(The Freedom of Information Act) 是一部让行政机构事务向公众公开的阳光法律,然而,这部法律也逐渐弱化了预防政府秘密遭受破坏的有效制裁手段,大大减少了政府内部交流所受到的隐私保护。与此类似的法律制度,比如《巴克利修正案》以及允许学生观察员列席教员会议的制度都在诸如公司和私立大学等私人机构中产生影响。渐渐地,公民得以在非自愿的情况下拒绝揭露其拘捕记录、健康状况、信用价值、婚姻状况、性爱嗜好等与个人有关的事宜,但是,联邦证券法、民事权利法和商业报告规则等却不断地要求商业企业扩大披露事项的范围,从而使有关商业企业的事宜暴露于公众的视野中(因此,一些公司为了使其计划和运作的秘密受到更大的保护,它们选择了"私有化")。与之相关的是,道德标准对政府官员公开其收入的要求越来越严苛,因此,官员的隐私受到伤害。

对于经济学家来说,这种注重个人隐私、轻视团体隐私的立法趋势是难以理解的。再次强调,无论交流者是一个公民,还是大学、企业或政府中的一个职员,交流者的性质似乎都与保护交流的隐私的经

---

① See, e. g., Thomson, The Right to Privacy, 4 Po. & PUB. Arv. 295 (1975). On the variety of legal contexts of the term "privacy"

济学理由无关,对与个人或团体有关的事实而言,保护商业隐私的理由在整体上似乎强于保护个人隐私的理由。

Greenawalt 和 Noam 在最近发表的一篇论文中所得出的结论,显然与本文的观点不同。① 不过,值得注意的是,他们的分析有部分是建立在经济学基础之上的。他们认为,企业或者其他团体的隐私利益与个人隐私利益有两个区别:其一,他们认为,后者属于权利问题,而前者仅仅建立在工具性、功利性考虑因素之上。然而,他们似乎从功利性的角度出发,认为个人隐私是权利,即他们认为人们应当有机会通过隐瞒其以往的令人尴尬或丢人事实,得到"全新开始"的机会,其二,如果没有一些隐私,人们就不可能保持明智稳健。但是,Greenawalt 和 Noam 忽视了将秘密当作投资生产活动的激励应具备的功利性的正当理由,正如笔者前面所说那样,这种激励主要存在于商业语境中。

他们对商业隐私权和个人隐私权所作的第二个区别,奇怪地与笔者对企业或生产性秘密的论点不同。他们主张,建立信息产权是不容易的,甚至他们评论道,秘密是建立信息产权的一条途径。然而,他们并没有得出显而易见的结论,即通过建立信息产权,秘密能够促进生产性活动。相反,他们通过信息市场中客观存在的缺陷,为政府强行把私人信息从商业企业中抽离出来提供了理由。他们没有解释,政府如何能够比公司更有效率地利用这些信息,更不用说解释政府是如何做到这一点的。此外,他们还没有考虑这种公开窥探行为对信息产生的激励所造成的影响。

(七) 隐私的非经济学理论

笔者在此将简要地检讨一些与隐私的经济学理论相反的其他理论,这些理论最初由 Warren 和 Brandeis 提出。他们写道:"新闻媒体正在全面且明显地逾越礼貌和礼节的界限。流言蜚语不再是无所事事者和道德败坏者的专属产物,新闻媒体已经厚颜无耻地将它当作一种产业。为了满足部分人好色的心态,媒体会在日报上开设专栏并且广

---

① K. GREENAWALT & E. NOAM, Confidentiality Claims of Business Organization (forthcoming in Columbia University conference volume).

泛地传播两性关系的细节。为了让无所事事者有茶余饭后的话题,媒体也开设了一个又一个充斥着流言蜚语的专栏,这些专栏无不侵犯了公民的家庭生活。随着人类文明的发展,生活变得越来越紧张和复杂,公民需要在世界里找到属于自己的角落,在精炼文化的影响下,公民更容易被暴露于众,因此他们更加需要独处和隐私;然而,现代产业和发明已经严重侵犯到公民的隐私,让他们遭受精神的痛苦和悲伤,这种痛苦和悲伤比身体伤害对公民造成的影响更大。此种伤害并不局限于成为新闻业或者其他行业的话题而遭受的痛苦。正如其他商业领域一样,没有需求就没有供给,这些侵犯他人隐私的行业正是为了满足部分人的需求而产生。经过人们的加工和传播,不得体的流言蜚语所蔓延的范围会越来越广,造成的影响也会越来越大,这些'茁壮成长'的流言蜚语又为其他流言蜚语的产生埋下种子,这种循环源源不断,最终导致了社会道德的败坏和评判标准的一降再降。"①

这种对隐私的分析是完全不能让人满意的。这种分析很狭隘,只是为公民免受报刊八卦专栏的谈论的权利提供了正当性,这种分析的基础是一系列没有理据支撑且不合理的经验命题:其一,报纸故意尝试降低读者的品位;其二,报纸上的流言蜚语给被议论者所造成的伤害要远远比身体伤害严重;其三,媒体制造出的流言蜚语越多,读者的需求就越多;其四,阅读八卦专栏会减损人们知识和道德。

在那些将隐私与个人性格联系起来的学者中,Edward Bloustein 教授是个代表人物,他这样写道:"一个人时刻都与他人在一起生活,他的各种需要、思想、愿望、幻想或满足感均要经过公众的严格审查,因此,他的个性和尊严也荡然无存。这样一个人与社会大众融合在一起了。他为人所知的观念往往与众无甚差异;他为人所知的志向都是被大众接受的;在众目睽睽之下,他的感情失去了个人独特的激情而变成人人皆有的感情。尽管这样一个人有知觉,但是他是可代替的;他不是一个独特的个体。"②

在某种程度上说,Bloustein 仅仅认为,如果人们被迫将私下的行

---

① Warren & Brandeis, The Right of Privacy, 4 HAV. L. REV. 196 (1890).
② Bloustein, Privacy as an Aspect of Human Dignity: An Answer to Dean Prosser, 39 N. Y. U. L. REv. 962, 1003 (1964).

为与公开的行为同一化,那么他们的私下行为将更加一致;也就是说,如果人们所享有的隐私越少,那么他们的行为将更好。他认为,这种结果是不可接受的,因为实施社会容忍的行为的人越多,由此产生(从定义上说)的墨守成规者就越多,但他并没有解释他讨厌这种人的原因,他肯定认为这是不言而喻的,因为他根本就没尝试对其解释。

诚然,Bloustein 认为,公开性不仅减少了人们违反公认的道德准则的概率,而且还减少了人们背离传统思想和行为的概率。然而,历史没有说,隐私就是产生创造性以及个性的前提条件。在包括古希腊、文艺复兴时期的意大利、伊丽莎白时代的英格兰在内的社会中,这些特性得到蓬勃发展,而人们在这些社会中所享有的隐私要比现代美国人所享有的隐私少得多。

Charles Fried 教授主张,对爱情、友谊和信任这些基本价值而言,隐私是必不可少的。在他看来,"如果公民共享彼此的私人信息,但是这些私人信息不受亲密性保护"①,那么我们简直无法想象人们可以拥有爱情和友谊。信任的前提因素之一就是,一方不知另一方(被信任方)在做什么,如果一方知道另一方的全部事情,那么他就不需要基于对另一方的信任而作出判断。然而,笔者认为,信任自身并不值得珍视,信任实际上是对信息的一种不完全替代,因此,当信息完全对称时,信任就不必要存在了。至于爱情和友谊,它们也理所当然地存在于那些几乎没有隐私的社会之中。Bloustein 和 Fried 的隐私理论都是文化的偏见。

即使在我们自己的文化中,我们也会质疑隐私为我们所珍视的价值带来的积极性是否超出了其破坏性。如果无知是信任的前提条件,那么同样,隐私所隐匿的知识就是宽恕的前提条件。一些学者在现代社会中发现的社会混乱、没有人情味、缺乏集体感或利他心现象,可以被看作这个社会中已达到高度隐私的表现。简而言之,隐私与社会价值之间的关系看似非常复杂的。

Fried 清楚地说到,他不想将隐私权建立在与经济分析非常相似的功利主义的考虑之上。然而,如今我们也不能将隐私权建立在非功

---

① C. Fried, An Anatomy Of Values: Problems Of Personal And Social Choice 142 (1970).

利主义的考虑之上了。值得怀疑的是,完全独立于成本与收益计算而确立权利的分析方法是否能够适用于隐私领域。正如 Walter Block 所指出的那样,将名誉视为一种"权利"(right)是毫无道理的。名誉是他人对我们的看法,我们没有权利控制他人的思想。① 同样,我们也没有权利通过控制已知的与我们自身有关的信息,来控制别人对我们的看法。不过,在大部分学习这个科目的学生看来,这种控制正是隐私的本质。

除了经济分析所强调的理由之外,Greenawalt 和 Noam 还从功利主义的角度出发提出一些重视隐私的理由,即"全新开始"理由和"心理健康"理由②:第一个理由认为,那些曾经犯罪或做过超出社会道德标准之行为的人有权利全新开始,如果他们不能隐瞒过去的恶行,他们就难以被社会认同;第二个理由指出,作为一种人类心理的事实,如果人们不能在一些私人领域中作出与他们展现给公众的自我形象不同的行为(通常是丑恶可耻的),那么他们就不能有效率地开展工作,例如,那些在餐厅里卑恭地伺候顾客的侍者,他们往往会在厨房里恶意诅咒顾客。第一个理由的立足点是流行但不合理,而且(至少在我看来)无实质内容支持的假设,这种假设认为人们不能理性地对待别人过去的罪行,因为只有当你具备人们非理性地拒绝接受一个人改过自新的证据时,你才能主张,一个曾经有罪之人会遭受社会不公平地对待,并且没有重新开始的机会。③ 第二个理由让人感觉有点道理,但是它似乎过于夸张而且带有文化偏见,笔者认为,它只是单纯的推断,缺乏经验或理论的支持。

上述对有关隐私的非经济学理论的回顾并不全面。然而,即便笔者没有完全公允地对待之前隐私的文献,笔者也至少指出了用此种非经济学理论来分析隐私的诸多困难,并且暗示了经济分析方法的价值。总的来说,经济分析仅仅简要地质问了两个问题:①为什么人们在理性地追求自己利益时,会一方面试图隐匿有关他们自己的特定事

---

① W. Block, Defend N The Undefenoable 60 (1976).
② K. Greenawalt & E. Noam, Confidentiality Claims of Business Organization (forthcoming in Columbia University conference volume).
③ Phelps, The Statistical Theory of Racism and Sexism, 62 AM. ECON. REV. 659 (1972).

实，而另一方面又试图窥探别人的特定事实；②在何种情况中，这种行为将增加社会财富而不是减少社会财富。

三、隐私侵权法

众所周知，尽管 Warren 和 Brandeis 的论文激励了隐私侵权法的发展，但法律的演化模式与他们的建议截然不同。Bloustein 通过批评 Prosser 所写的有关隐私侵权的权威论文来提出自己的隐私理论。① 那么，也许侵权法与有关隐私的经济学思考更加相关，而不是与非经济学思考更为相关。在对法律的实证分析中，这种可能性就提出了一个有趣的问题。集中探讨隐私侵权法的另一优势在于，因为它主要涉及规范个人侵权而非政府侵权，所以我们在思考隐私问题时，无需再考虑如何将隐私作为抵御政治压迫的武器这个复杂问题。

（一）商业隐私

侵权法的特征包含在前面有关隐私权的经济学基础的讨论之中：一是对商业交易秘密给予实质性保护；二是通过窥探来获取有关公民的大部分私人事实属于公共福利；三是严格限制获取这些事实的侵扰行为。第一点属于商业秘密法的领域，它是不正当竞争侵权法的一个分支。虽然最著名的商业秘密种类是秘密配方或工序，但法律保护的范围更为广泛——"在商业经营中使用的知识或信息几乎都是其拥有者持有的秘密"②。在一个众所周知的案件中，法院认定，被告对竞争对手正在建造的工厂进行航拍是侵权行为，并且用了"商业秘密"这个术语来描述受保护的利益。③ 这个决定表示，法院愿意保护这些秘密，以便企业能够获取由自己的活动所创造的合法收益。

我们难以界定侵犯商业隐私行为的外部界线。例如，一个企业购买了其竞争对手的产品并且通过拆解来了解产品的构造，尽管这种"逆向工程"可能会揭示出该竞争对手的工序秘密，但是人们也是能

---

① Prosser, Privacy, 48 CALnF. L. REv. 383 (1960).
② Smith v. Dravo Corp., 203 F. 2d 369, 373 (7th Cir. 1953).
③ E. I. du Pont de Nemours & Co. v. Christopher, 431 F. 2d 1012, 1016 (5th Cir. 1970). See also Smith v. Dravo Corp., 203 F. 2d at 377 (7th Cir. 1953).

够接受的。如何才能将此类窥探与航拍区别开来呢？其中一个差异是，如果法律允许企业或者公民对竞争对手正在建造的工厂进行航拍，然而，这种行为的主要后果不能产生信息，而是引起竞争对手耗费资源来掩饰工厂的内部构造，这些资源以及用于航拍的资源相互抵消，那么就是社会浪费。相反，逆向工程不大可能导致生产者再以很高的成本去改变其产品。另一个差异是，与逆向工程可能暴露的秘密相比，航拍所可能揭露的秘密更难通过专利制度进行替代性保护。

笔者对商业隐私的分析并不全面。笔者仅仅认为，这是一个经济学原理可以发挥作用的领域，一个值得单独关注的领域。

（二）个人隐私

隐私侵权包括四个方面：①擅自使用（appropriation）；②公开（publicity）；③丑化他人形象（false light）；④侵扰（intrusion）。[①]

1. 擅自使用

在最早明确涉及隐私权的案件中，一个广告商未经某位公民的同意就使用了他或她的姓名或照片。[②] 有时候，将这些案件归入"隐私权"案件也会受到批评，因为法律通常并不是让公民免于曝光，而是让他们能够从曝光中获得酬劳，因为很多案件所涉及的名人都希望被曝光。然而，只有当隐私侵权理论试图将隐私权建立在隐瞒个人信息的社会利益之上时，这些案件的上述特征才是一种尴尬——正如第一部分的内容所阐释那样，这种研究方法毫无吸引力。将用于广告的肖像中的产权授予肖像权人在经济学上有很好的理由：这种分配确保最看中肖像价值的广告商购买该肖像。如果将肖像当作广告商的公共财产，就不能达到这个目标。

前文讨论的订阅者名单问题，似乎也同样体现了"公开权"[③]。然而，由于存在交易成本，一家杂志社不可能向另一家杂志的订阅者购买其征订杂志之权利。此外，如果大量使用同一肖像为不同商品做

[①] see W. Prosser Handbook of The Law of Torts ch. 20 (4th ed. 1971).
[②] See, e. g., Pavesich v. New England Life Ins. Co., 122 Ga. 190, 50 S. E. 68 (1905).
[③] See Note, The Right of Publicity-Protection for Public Figures and Celebrities, 42 Brooklyn L. Rev. 527 (1976).

广告，就会使该肖像的广告价值降为零。因为有这个成本，所以将肖像分配到某种有价值的用途中的方法就成为一件非常重要的事情。然而，订阅者名单的大量使用，对于该名单的价值没有任何消极影响，即使有影响也是微不足道的。

正如可以预见到那样，Bloustein 教授不想承认"公开权"拥有经济学基础，还试图将这一隐私法分支视为对市场的批评而非对市场的正面支持。他写道："为了商业目的而使用一幅肖像，无异于使公民变成一种商品，并且让该公民为别人经济需要和利益服务。"然而，这并不是侵权法理论所考虑的内容。侵权法并不禁止个人为"商业目的"而使用其肖像，而是赋予其使用自己肖像的产权。

当广告商把广告词与另一个人的姓名一起使用，并且产生微妙的不实表述时，侵权法也不会禁止这种行为。尽管不实表述可能是某些隐私权案件的一个要素，但公民所享有的法律权利要广泛得多。Haelan Laboratories v. Topps Chewing Gum 一案的判决就说明了这一点。法院认定，如果一个棒球运动员将其肖像的排他使用权授予某个口香糖生产商，那么在未经该运动员同意的情况下，其他口香糖生产商不能在广告中利用该运动员的肖像。① 法院明确指出："公民对其肖像的公开价值享有权利，也就是说，他有权将印制其肖像的排他性特权授予别人。"因此，错误表述中包含的基本道理不能用以解释诸如 Haelan 一案的结果。

2. 公开

如果一个广告商未经许可就使用了公民的肖像，那么正如我们所看到那样，公民的合法权利受到了侵犯。然而，如果同一张肖像图出现在报纸的新闻版面，那么公民的合法权利就没有被侵权（至少在该图片没有令公民感到尴尬，或者扭曲他的形象时是这样的，下面将讨论这两种不同的侵权事由）。乍眼一看，这种区别对待似乎很武断。如果出版某位公民的照片能够让他的形象发挥最大的使用价值，为什么报纸不能向公民购买照片的产权呢？

从表面来看，新闻媒体使用公民的照片能够产生公共利益，而当

---

① Haelan Laboratories v. Topps Chewing Gum, 202 F. 2d 866（2d Cir.）, cert. denied, 346 U. S. 816 (1953)。

广告商使用同样的照片时,他们却不能产生此种利益。即便一家报纸投入资源生产能够让社会公众产生广泛兴趣的新闻,它也可能不能获得该报道所产生的社会收益,从而弥补它的投资,因为竞争对手可以在不给首家报道的报纸任何补偿的情况中获取并且传播该新闻,只是传播的速度稍微晚了一点。换言之,首家报纸的采访调查创造了外部收益,而弥补该报纸为创造收益而投入资源的方法之一,就是允许它将某些成本外部化(这是不是最好的方法,则是另外一个问题)。然而,正如我们将要看到的那样,虽然外部收益可以被用来解释报纸媒体不用向作出该报道的新闻人物支付费用的原因,但是它不能解释报纸无须支付代价就能出版公民照片的原因。如果报纸对该公民的照片享有版权,那么在未经这家报纸许可的情况中,其他任何报纸都不能再出版该公民的照片。①

然而,还有另外的两个原因也许可以解释法律对待用于广告的照片和用于新闻报道栏目的同一照片之间的差别。首先,在广告的情况中,产权处置的社会成本比其在新闻的情况中更大。正如前文所说那样,如果任何一家广告商都可以使用名人的肖像,那么名人肖像的广告价值就会减损;如果 X 牌啤酒在其广告中成功使用了名人 A 的肖像,那么它的竞争对手就会在其广告中使用 A 的肖像,直到 A 的肖像没有广告价值。与此相反,如果处于竞争地位的报纸大量使用某个名人的肖像,那么对于读者而言,该肖像的价值也不可能降低。其次,在新闻报道的情形中,如果名人对其肖像拥有产权,那么他就可能会利用这种产权,向公众不实表现他的形象,他也许会要求报纸只能刊登某张特别讨人喜欢的照片。除非将该产权公有化,否则我们很难阻止这种形式的虚假广告。

如果新闻媒体所公开的是某位公民令人讨厌或者令人尴尬的个性,那么就没有理由赋予该公民产权,因为此种公开似乎发挥着制度化的窥探功能,正如前文所说的那样,在一个公民能够利用隐私权掩饰其不光彩之事的社会中,此种功能很重要。一般来说,这个结论是正确的,而且也是这些案件最终的处理结果;然而,公民总会有十分

---

① This is so even after Time, Inc. v. Bernard Geis Assoc., 293 F. Supp. 130 (S. D. N. Y. 1968).

想要隐瞒的事实，并且揭露这些事实所创造的社会价值是非常有限的。假如某位公民长了个畸形鼻子，那么认识他的人当然都知道这个事实。一家报纸的摄影记者对该鼻子拍照，并且在丑人轶事中刊登了该照片。对于认识该公民的人来说，这位公民的畸形不能被隐匿或者没有隐匿，那么，公开这张照片并不能纠正该公民被扭曲的形象。诚然，当报纸的读者看了这张照片后，他们会从中获得价值；否则，报纸就不会刊登此相片。然而，公民希望隐匿该照片的意图与在任何商业市场或社会市场中的不实表述没有关系，因此，我们没有理由假设公开照片所创造的社会价值会超过隐匿照片所创造的价值。在这个情况中，让公民对其肖像享有产权是一种合适的社会反应，如果报纸希望刊登他的鼻子的照片，那么报纸就应当出价购买。①

Daily Times Democrat v. Graham 一案②就是这种情况：一位女士在一家游戏室时，一阵风将其裙子吹起来，裙边卷到了她的腰部，有人将这个场景拍了下来。当地报纸在没有经过该名女士同意的情况下就刊登了该照片。法院认定，这家报纸侵犯了女士的隐私权，并且强调，毫无疑问，她只是为了陪伴孩子才进入这家游戏室的，这阵风的突袭是出乎她的意料的。在这种情况中，这张照片不能传递任何信息来让她的朋友和熟人纠正对她品性产生的误会。如果说这张照片传递了什么信息，那么这张照片的确错误地反映了该女士的品性。

上述的分析似乎是在支持承认隐私的产权，只要不涉及虚假表述的因素，或产权的购买者对照片所包括的信息享有版权，以排除任何的外在性。然而，有必要为该规则设置一个例外情况，因为被拍摄事件的性质常常使得交易成本变得高昂。例如，当公民作为观看游行队伍的人群中的一员被拍摄，并且别人从照片上无法识别他的样子时，当由于时间上的限制，只有刊登照片才能保持其新闻价值，而拍摄者无法与被拍的受害者协商时，将照片的产权配置给被拍摄者是无效率的。在前一情形中，与照片上的主体相比，产权一般来说对摄影者更

---

① This hypothetical case was suggested by the facts of Griffin v. Medical Society, 11 N. Y. S. 2d 109 (Sup. Ct. 1939); see also Lambert v. Dow Chem. Co., 215 So. 2d 673 (La. App. 1968).

② 162 So. 2d 474 (Ala. 1964).

具有价值；但在后一种情形中，我们不能如此清晰地得到这个结论，因此，在暂时搁置《美国联邦宪法第一修正案》这个因素的情况中，我们也必须建立某种类型的成本收益平衡。笔者将在下面探讨如何做到这种平衡。

根据本文的经济分析思路，上面讨论的案例明显不同于另一些案例，例如，一家报纸揭露了某位公民曾经做过的违法之事或者不道德之事，而该公民一直努力隐瞒这些事情，以免他的朋友或者熟人知道。因为在评价一个人能否获取的友爱、尊敬和信任时，这样的信息是不可或缺的重要信息，所以法律保护这种隐瞒信息的行为，这与法律对待市场中的虚假商品广告的态度是不一样的。此外，在加利福尼亚州的一个早期案件 Melvin v. Reid 一案中，法官认为，公民的隐私权赋予其隐瞒这些信息的权利。① 这个案件相当特别，因为它的上诉内容是要求法院支持原告的诉求，即原告主张，揭露她不堪的过往并不能为任何人带来有用的信息。② 随后，在加利福尼亚州的另一个案件 Briscoe v. Reader's Digest Association 一案③中，法官认定，公民的隐私权没有赋予他隐瞒自己最近（而非很久以前）所犯下的罪过的信息。从经济学立场来看，这种区分表明法律正朝着正确的方向发展，但是它所走的路还不够远。如果一位公民最近才犯罪，那么他将来实施不当行为的可能性会更大，相反，该公民在很久以前曾经犯罪的信息与其将来实施不当行为的关联性很小。然而，很难说这样的信息与人们是否与该公民建立或继续社会或商业联系的考虑无关；如果无关，那么公开此种信息就不会伤害该公民。④ 人们之所以要隐瞒过去的罪行，不是出于羞耻心，而是因为可能与之交往的人会本能地将某人过去的罪行作为是否与之交往的负面判断依据。

---

① 112 Cal. App. 285, 297 p. 91 (1931).
② 112 Cal. App. at 286, 297 P. at 91.
③ 4 Cal. 3d 529, 483 P. 2d 34, 93 Cal. Rptr. 866 (1971).
④ Restatement (Second) of Torts § 652D, Illustration 26 (Tent. Draft No. 22, 1976); See also Phelps, The Statistical Theory of Racism and Sexism, 62 Am. ECON. REV. 659 (1972).

根据上述分析，我们不难发现，Melvin v. Reid 一案①的原则只适用于加利福尼亚州。虽然侵权法已经达到了这种效果，但是在最近的 Cox Broadcasting Co. v. Cohn 一案②中，美国联邦最高法院作出的决判决还是增强了这个效果，该判决认定，《美国联邦宪法第一修正案》让公开出版物（或本案中的广播）受到特权保护，使新闻媒体得以刊登公共记录所记载的事务，不管该事务距今多少年。然而，此种特权保护似乎抹杀了发生在最近的和很久以前的罪行之间的区别，而且似乎也排除了与之相关的隐私权。不过，值得注意的是，Cox 一案自身并不涉及过去的罪行。在该案中，被公开的事实是一个死亡的强奸受害者的姓名。这种公开使该受害者的家人感到十分苦恼，但是此公开行为没有为那些准备与该受害人（由于她已经死亡）或其家庭交往的人提供任何有用的信息。此外，她的姓名对于广播信息的价值来说没有多大意义。作为一个侵权法（本文仅关注侵权行为）案件，州法院作出广播公司侵犯了这个家庭的隐私权的判决似乎是正确的。

然而，我想另一个案件更能够说明问题，这就是 Sidis v. F-R Publishing Corp. 一案③。因为该案不存在不实表述的可能，所以法院仍拒绝认定出版商侵犯了公民的隐私权。《纽约客》杂志刊登了一篇名为《他现在在哪里》的文章，此文讲述了一个数学神童在成年后变成了古怪的隐士。有人可能会认为，《纽约客》的报道为那些想与 Sidis 交往的人提供了有用的信息，但是这个观点过于牵强，因为 Sidis 极度渴望隐居，所以同他交往的人寥寥无几。此外，考虑到这种渴望，我们难以肯定《纽约客》杂志会愿意按照 Sidis 的要求，并且花钱来购买这个故事。但是，笔者在前文曾经暗示一个突出的经济理由，此经济理由为法院作出的判决提供了支持，即杂志社发表该文章没有侵犯到 Sidis 的合法权利。这个故事迎合了公众对神童的兴趣，从这个意义上说，它有新闻价值。然而，一旦《纽约客》刊登了这

---

① See Rawlins v. Hutchinson Publishing Co., 318 Kan. 295, 543 P. 2d 988 (1975); Pember & Teeter, Privacy and the Press Since Time, Inc. v. Hill, 50 WASH. L. REv. 57, 81—82 (1974).

② 420 U. S. 469 (1975).

③ 113 F. 2d 806 (2d Cir. 1940).

个故事,那么只要其他任何杂志和报纸没有抄袭原文的措辞,那么它们就可以在不付出任何代价的情况下再次刊登《纽约客》收集的故事,也许《纽约客》是通过高成本的调查才获得此故事的。由于潜在复制者的数量有限,所以不存在一种将《纽约客》所收集信息的全部社会价值与购买 Sidis 对其生活故事所享有的权利进行谈判协商的市场机制。在这种情况中,我们可以认为不能给 Sidis 这样的权利,换言之,应当允许《纽约客》将其在调查的过程所付出一些社会成本,即强加在 Sidis 身上的成本外在化,正如必须使其中的一些收益外在化那样。

不过,上述的讨论似乎忽视了一个简单方法,即在故事中可以不用 Sidis 的真名。这个方法既可以减少这种报道施加给 Sidis 的成本,同时,这一公开行为又不会实质性地损害该文章对于《纽约客》或已经发表该故事的其他杂志的读者的价值。然而,为了有效地掩饰 Sidis 的身份,这一杂志还不得不改变其他的细节,而这种改变将实质性地减少这个故事所创造的信息价值:读者不能确定自己所读的是事实还是故事。然而,在 Barber v. Time, Inc. 一案①中,法官认定,杂志出版商侵犯了公民的隐私权,因为在报道一位患有令人讨厌的疾病的女士的故事中,该本杂志使用了她的姓名,而故事的新闻价值并不依赖于对她真实姓名的使用。正如笔者曾经暗示的那样,Cox 一案的情况也是如此。

笔者并不是说 Sidis 一案的结果肯定是正确的,特别是从一般的经济学道理来看,该案的结果不必然正确。仅仅因为《纽约客》的故事也许产生了外在收益,我们不能认定,该故事产生的全部收益超过了包括由 Sidis 承担的成本在内的全部成本。显然,法官很难做这样的比较。然而,法官的确做过这样的努力:在判断报纸所报道的文章是否违反法律时,法官试图检查被公开情节对公民造成侵犯的程度和它的新闻价值,这样一来,此种侵犯程度和新闻价值就分别代表了公开行为的成本和收益。②

然而,这种代表极其粗糙,人们由此提出了这样的问题:如果法

---

① 348 Mo. 1199, 159 S. W. 2d 291 (1942).
② Restatement (Second) of Torts §652D, Illustration 21 (Tent. Draft No. 22, 1976).

律不是为了补偿由于它否认这一领域（新闻）中的产权所带来的无效率，而在另一领域（隐私）废除产权，那么，法律为什么不承认新闻的产权？这样一来，就不会有人反对 Sidis 阻止别人刊登他的故事。新闻和隐私均有产权存在的事实使得市场能有效地运行，而法官也不必对此进行价值评判。

如果我们回答这个问题，并由此判断诸如 Sidis 一案的判决是不是用于处理经济最优化或有小错误的问题的次优解决办法，那么我们的讨论就会严重偏离隐私领域，而纠缠于版权法和政策的疑难问题之中。但是，我们也不能就此停步。如果将版权保护扩展至思想观念的做法在实践中存在困难，那么我们就应考虑让 Sidis 可以获得有关自己（特定）事实的产权，一旦《纽约客》从 Sidis 处购买了此权利，它就可以对任何未经其同意刊登 Sidis 的故事的报纸或杂志强制执行该产权。这个解决办法能够让 Sidis 一案的结果与此前的畸形鼻子一案的结果保持一致，但是也存在无法充分解释的严重问题。然而，虽然报社不能对新闻享有产权，但是法律也不能出于弥补的心态，就给予报社其他特权。显然易见，如果一个理论要全面论述新闻传媒的法律权利和义务，那么它不仅要考虑新闻收集带来的外在收益的限度，还要考虑为了弥补新闻媒体的努力成果中缺乏产权这个损失，承认新闻的产权是否不比让新闻媒体在社会中得到更多责任豁免的权利（这个世界中的 Sidis 们需要承受代价）更有效率。

为了概括隐私侵权法中最有意思的分支所包含的混乱理论，法律大致将私人信息分为不光彩的信息和光彩信息两种，并且理所当然地给予前者更少的保护。尽管从经济学的角度来看，加利福尼亚州的法律对第一种信息的保护还是太多了。如果隐私不是保护公民作出的某种形式的不实表述，那么法律对公民信息的保护就会更加宽泛，但是，此种法律保护仍要受到外在性问题和交易成本问题的限制，这些问题都拒绝法律为公民的私人事务提供完全的隐私保护，不管该私人事务是否光彩。《侵权法重述》的判断标准，平衡了信息公开对公民造成的侵犯程度与信息所蕴含的新闻价值，并抓住了这个问题的基本经济实质。然而，如果该判断标准只适用于没有揭露真相的曝光案件，它会是一个更好的经济学判断标准。如果被揭露的事实是某位公民为了误导别人对自己的看法而形成的事实，那么该公民就不得以该揭露行为对其造成侵犯，以及被揭露的事实几乎不涉及公共利益来主张他的隐私受到法律保护，这两个理由还比不上商贩提出的允许为自己商品做虚假广告的托词。

3. 丑化他人形象

有时，主张隐私权的原告因为报纸或其他新闻传媒歪曲报道了与其有关的事实，而要求获得损害赔偿。正如学者所指出那样，诽谤侵权的存在，包含了诸多与丑化他人形象侵权一样的因素，似乎我们可以得出这样的结论，即丑化他人形象是可以被诉讼的。然而，某种经济学主张，法律救济既不必要，也不恰当。这种观点意味着，法律能够而且应当让思想市场的竞争来决定事物之真相。然而，新闻媒介之间的竞争也许没有考虑被丑化的人所承担的全部成本，上述的观点也忽略了这一点。假设《生活》杂志发表了一篇有关一个家庭被劫为人质的文章，其中虚构了他们受到胁持者鞭打、口头性骚扰和其他的侮辱情节。这篇文章传达了有关这个家庭的虚假信息，致使别人不再与这家人发生特定的社会关系或其他关系，这样，它将成本强加于个人和社会。如果公众要求准确报道这家人的特点，那么《生活》杂志的竞争对手就可能会发表文章来纠正《生活》杂志中的文章所造成的错误印象，不过，这也不是必然的。在考虑是否出版这样一篇文章时，竞争对手不会考虑纠正这一错误印象会给这家人以及那些与这家人有交往的人带来的好处，它只考虑其读者是否有兴趣阅读这样一篇文章。

前面的观点认为，发表有新闻价值的文章能够产生外部收益，这也许是允许报纸或杂志将其某些成本外在化的正当理由，这个观点似乎也不是定论。然而，为了鼓励成本外在化而采用歪曲事实的方式是没有效率的，因为歪曲事实不仅会减少出版的成本，也会减少社会收益。

本文这部分内容也表明了一个经济学原因，即当政府官员和其他"公众人物"受到诽谤时，法律为什么要限制他们求诸法律救济的权利。公众人物的地位增加了他与媒体接触的途径，因此，他对诽谤内容的否认也具备了新闻价值，这就为由市场（而非由法律）来判断诽谤指控的真相提供了便利。基于类似的理由，这个分析也许还可以解释，普通法传统上不承认公民享有因竞争对手虚假贬低自己的商品而获得赔偿的权利①的理由是：因为被贬低的公民能够在诽谤者使用过的同一广告媒介上反驳这个不实指控。

4. 侵扰

诸如窃听、在他人卧室内安装监控设备、为发现某人的信息而搜寻私人记录，以及非法侵入人们用以封闭自己隐私的屏障等行为，属于侵权行为。② 这个结果与本文第一部分的经济学分析是一致的，但是在涉及"惹人注目的监视"（ostentatious surveillance）的案件中，比如一个侦探无时无刻不在跟踪某位公民，我们遇到一个更为复杂的问题。法官认定，涉及惹人注目的监视的侵权案件蕴含相同的威胁，即监视超过了发现个人信息所应有的合理限度，而变成了一种恐吓、尴尬或苦痛。涉及 Onassis 夫人和那个好事的摄影记者 Ron Gallela 的著名案件就是一个例子。③ 法院认可 Gallela 有权对 Onassis 夫人进行拍摄，但是他和 Onassis 夫人应当保持一定的距离，因为他以拍照的方式损害了 Onassis 夫人行动的自由，所以 Gallela 不能以获得更多信息为由将其侵权行为正当化。这不是说，Onassis 夫人应该为了使 Gallela 与她保持距离，而给他付款；如果她对自己的肖像没有产权，那么通过向拍摄者付款的方式来阻止别人对她进行拍摄，只会让别人希望通过骚扰她的方式来获得类似的回报。

与本文的分析一致，普通法没有限制行为人通过不干涉他人行动自由的手段来窥探他人的权利。因此，在 Ralph Nader v. General Motors Corp. 一案中，法院认可 General Motors 有权雇人来跟踪 Nader，向 Nader 的熟人询问他的情况，以及（简单来说）可以穷追不舍地查找 Nader 的私人信息，即便 General Motors 也许会利用该信息贬损 Nader 的信誉。④ 不过，笔者倒是希望，法院会禁止人们为了剽窃 Nader 的奇思妙想，而通过这样的方法探知 Nader 就某个问题的看法。

---

① See American Washboard Co. v. Saginaw Mfg. Co., 103 F. 281 (6th Cir. 1900).
② See, e. g., Roach v. Harper, 143 W. Va. 869, 105 S. E. 2d 564 (1958); Dietemann v. Times, Inc., 449 F. 2d 245 (9th Cir. 1971).
③ Galella v. Onassis, 487 F. 2d 986 (2d Cir. 1973).
④ Nader v. General Motors Corp., 25 N. Y. 2d 560, 255 N. E. 2d 765, 307 N. Y. S. 2d 647 (1970).

四、结语

本文第二部分的分析表明,在很大程度上,普通法对隐私问题的反应已经与本文第一部分对该问题的经济学分析是一致的。[①] 笔者没有讨论所有的隐私案件,而且笔者所讨论的案件也不完全与经济学理论相吻合。不过,考虑到目前尚且缺乏一种完备的、富有竞争力且有积极意义的隐私侵权理论,经济学的分析方法的确能增进我们对隐私侵权法这个疑难法律分支的理解。

没有人会主张,大多数立法都隐含一个经济学逻辑。因此,最近的隐私领域的立法趋势与隐私问题的经济学不一致也是很正常的。通俗地说,这种趋势一直在扩大对公民的个人隐私的保护,缩小对包括商业企业在内的团体隐私的保护;如果效率因素是推动隐私立法的动机的话,那么这种趋势恰恰与你的期望背道而驰。

---

① These considerations are expounded in Landes & Posner, The Private Enforcement of Law, 4 J. LEGAL STUD. 1, 42–43 (1975).

隐私、秘密和名誉

理查德·A. 波斯纳[①]著　陈圆欣[②]译

目　次

一、导论
二、隐私经济学分析的起源
三、"隐私"一词的语源
四、隐私蕴含的经济学原理
五、经济学分析的一些理据
六、名誉侵权的经济学
七、与隐私有关的立法运动
八、政府与隐私

一、导论

在《论隐私权》这篇文章中，笔者试图从经济学的角度来分析隐私。[③] 由于从经济学的角度来分析隐私是一件庞大且困难的事情，这件事情也从来没有人做过，所以笔者先前所写的文章难免是不完整的。本文将对先前的文章未能详述或者根本未涉及的领域展开分析。此外，本文所指的隐私仅限于公民隐瞒的事实和交流。本文涉及隐私

---

① 理查德·A. 波斯纳（Richard A. Posner），美国芝加哥大学法学院教授。
② 陈圆欣，中山大学法学院助教。
③ Posner, The Right of Privacy, 12 GA. L. Rev. 393 (1978) [hereinafter cited as Right of Privacy]. An abbreviated version of the article that contains, however, some additional material on privacy legislation appears in Regulation, May/June 1978, at 19, under the title An Economic Theory of Privacy.

的不同方面——例如，即便呼叫方根本没想过索取被呼叫方的私人信息，被呼叫方拥有的独处欲望也会让他讨厌通过电话征集信息的行为。同时，本文试图为隐私的经济学分析构建一些实证基础。进一步而言，本文将诽谤也纳入隐私分析的范畴。通过不实指控的方式来破坏他人名誉与通过隐瞒不光彩的事实来提升某人名誉十分相似，后者是《论隐私权》一文认为公民寻求隐私保护的重要动机之一。

本文试图解释在涉及信誉和雇佣关系时，国家的法律法规对待公民隐私所存在的轻率，以及分析政府作为隐私持有者和作为公民隐私侵犯者的双重身份。然而，本文的这两部分内容都是高度试验性（tentative）的。

二、隐私经济学分析的起源

有关隐私的文献极为丰富。虽然诸如 Brandeis，Bloustei，Fried 以及 Prosser 等学者和诸如 Westin[1] 等政治学家、历史学家、社会学家、人类学家、心理学家和哲学家都写过关于隐私的文章[2]，但是正如笔者的第一篇有关隐私的文章（无论好坏）那样，本文也缺乏相关的隐私文献。隐私的经济学分析起源于由 Gary Becker 首创的非市场行为的经济学分析。[3] 法律的经济学分析领域部分起源于 Becker 对诸如种族歧视、犯罪、婚姻和其他非市场行为的经济学分析，另一部分起源于 Calabresi，Coase 和其他学者的研究[4]以及信息经济学。[5]

由于有 Becker 的研究，诸如流言蜚语、窥探、"自吹自擂"、诽谤和隐匿等隐私所涉及的话题至少都被认为属于经济领域的一部分。

---

[1] Posner, The Right of Privacy, 12 GA. L. Rev. 406 – 409 (1978).
[2] See, e. g., D. Flaherty, Privacy In Colonial New England (1972); Shils, Privacy: Its Constitution and Vicissitudes, 31 Law & Contemp. Prod. 281 (1966); Thomson, The Right to Privacy, 4 PHIL. & PUB. AFE. 295 (1975).
[3] See G. Becker, The Economic Approach To Human Behavior (1976).
[4] See generally R. Posner, Economic Analysis of Law (2d ed. 1977).
[5] See, e. g., Hirshleifer, Where Are We in the Theory of Information?, 63 Am. Econ. rev. Papers & Proc. 31 (1973).

然而，隐私也有小部分情况不属于经济学分析的对象。[1] 笔者试图自行对这些情况进行分析。在之前的文章里，笔者强调这样一个结论，即当公民的秘密对于保护其为了获得具有社会价值的信息而进行的投入是必不可少时，该秘密受到法律的保护，但是当公民仅仅为了隐瞒某些事实，以免别人降低对他作为一名员工、借款人、朋友、配偶或者其他交易方的评价时，他的秘密不能受到法律的保护。[2] 虽然这个结论看似普通，但是它有着不同的主要目的。它能够帮助我们理解与隐私相关的行为和相关的法律回应。例如，如果我们假设普通法最好能够被解释为法官建立规则让经济效率最大化的努力成果，那么隐私的经济学理论就为此假设提供了一个实证检验标准。[3] 笔者在先前的文章中得出的结论是，隐私的普通法一般都与隐私的经济学分析保持一致[4]，至于普通法中的诽谤，本文也得出了同样的结论。

三、"隐私"一词的语源

众所周知，"隐私"一词难以被定义。笔者先前的文章仅仅关注到隐私的一个方面，即隐瞒私人信息（包括交流）。然而，这种方式忽视了"隐私"一词所包含的其他意义。

"隐私"一词最初的含义是让不涉及公共利益的事务免于公开。[5] 此外，它的词根和"丧失"（privation）、"剥夺"（deprivation）的词根是一样的。本来，不参与公共事务的人就是被剥夺之人，在那时，"注重隐私"可不（像今天的某些领域那样）是一种对别人的恭维。如果对隐私的理解存在争议，那么此种语源学将是一种帮助我们理解隐私的重要线索：如今，我们所接受并且使用的隐私理论是一种西方文化的工艺品。如果一个社会根本不存在个人隐私，那么远离公众视野的想法也就毫无意义了，这种想法不仅代价高昂，还极度危险。在

---

[1] See Beresford & Rivlin, Privacy, Poverty, and Old Age, 3 Demography 247 (1966); R. Michael, V. Fuchs & S. Scorr, Changes In Household Living Arrangements 1950—1976 (Working Paper No. 262, Nat'l Bur. Econ. Res., July 1978).

[2] Posner, The Right of Privacy, 12 GA. L. Rev. 394 – 404 (1978).

[3] See R. Posner, Economic Analysis of Law (2d ed. 1977).

[4] Posner, The Right of Privacy, 12 GA. L. Rev. 409 – 421 (1978).

[5] See Viii Oxford English Dictionary 1388 (1933) ("privacy").

那时，隐私被认为专属于贱民。

随后，"隐私"一词令人讨厌的含义慢慢淡化，这可能因为制度、财富和社会秩序发生了变化，人们获得个人隐私的途径（尽管途径甚少）在经济上变得可行，而在实际上也有了相应的保障。到了17世纪，我们从远离公共生活的地方找到了隐私，即实际迁移到隐蔽的花园或者乡村庄园。这种隐私也许可以被称为"隐匿"（seclusion）。它最明显的特征就是减少社交活动。另一个类似的词语就是"退隐"（retirement），也就是说，在现代复杂的语义中，当我们说到一个人处于"隐匿的"（retiring）状态时，也会说一个人"与世隔绝"（retired）。

在与隐私有关的文学作品中，隐匿对隐私的含义有着重大的影响。例如，Brandeis和Warren就在他们所写的著名的《论隐私权》一文中使用了这个概念。[1] 然而，"隐匿"仍然是一个相当古老的概念，它属于个人隐私十分有限的时代——在那时，人们仍然过着群居的生活[2]，他们要到与世隔绝的乡村之地才能获得隐私。在现代社会，人们获得个人隐私的概率就大得多，很少人会渴望瓦尔登湖式的隐匿。当Brandeis和Warren撰写（在电子窃听泛滥之前）现代人如何比前人得到的隐私更少时，他们实际上忽视了个人隐私正在急速增长的事实。

然而，Brandeis和Warren的文章将隐私定义得过于狭隘了，他们原本可以采取更为广泛的定义。"退隐"一词恰好能够表达笔者的想法。人们可以从纷扰的日常生活中"退隐"到田园；或者人们可以"退隐"到自己的书房去写作或者计划一次促销活动。退隐的第一层含义就是减少社交活动，因此也减少了市场和非市场的产物；然而，退隐的第二层含义恰恰与第一层含义相反，它是产品的创作或者准备阶段。例如，一个人不再进行电话营销的原因可能是他不想与别人发生任何关系，也有可能是他准备去做一件比电话营销带来更多效益的社交活动。"隐匿"一词并不必然与前文所描述的偶发性的祥和

---

[1] Warren & Brandeis, The Right of Privacy, 4 HT-iv. L. Rav. 193 (1890).

[2] See N. Chagnon, Yanoam6: The Fierce People (2d ed. 1977); W. Smole, Yanoama Indians: A Cultural Geography (1976).

与宁静有关，但是，它能够让笔者避免使用复杂的术语来同时描述某人减少和增加其社交活动的情况。

无论是过去在住宅里不能获得隐私以及在乡村田野里不能获得安宁的人们所渴望得到的隐匿，还是人们（尤其是需要进行脑力活动的人们）对祥和与宁静的需求（虽然现代西方生活所保护的大量现实隐私已经满足了此需求），它们都与现代人们对隐私的迫切需求几乎没有关系。如今，当人们在抱怨他们没有隐私时，他们想要的东西与过去大相径庭：他们希望自己的信息得到保密，以免别人利用这些信息对自己作出不利的举动。例如，此种隐私需求成为了《联邦隐私权法》①（the Federal Privacy Act）的基础，它限制任何人保留和散布封存在政府文件中的他人不光彩的个人信息。笔者想要强调的是，如今，隐私的含义已经远远超出其早期的含义，也超出了 Brandeis 和 Warren 所强调的隐匿含义。

隐瞒个人信息所体现的隐私层次与减少社交活动并且选择退隐生活模式所体现的隐私层次不同，前者所体现的隐私层次要"弱于"后者，更不用说笔者在前文提到的隐匿所体现的隐私。因此，遗憾的是，倡导对秘密享有广泛隐私权的人将隐匿和保密这两个概念混合了。他们认为，隐私应该包含此种表达——"一位十分注重隐私的公民"支持雇员享有向其雇主隐瞒自己的犯罪记录的权利。然而，他们没有对过度解释《美国联邦宪法第一修正案》（下面简称《第一修正案》）的做法提出抗议，即便公民根据《第一修正案》所享有的权利可能侵犯到其他公民所享有的真正隐匿权，比如受到耶和华见证者的广播车的影响。② 正如 Freud 教授在几年前指出那样："从总体上说，积极传教的利益受到更多的保护，而获得安宁的权利或者隐私权受到的保护更少。"③ 现代的隐私倡导者希望他们能够隐藏自己的信息而不是获得祥和与安宁。

隐瞒信息与另外一个概念联系紧密，这种联系也暗示着诽谤和隐

---

① 5 U.S.C. § 552 (a) (1976).
② See Saia v. New York, 334 U.S. 558 (1948). See also Erznoznik v. City of Jacksonville, 422 U.S. 205 (1975).
③ P. Freund, Tim Supreme Court of The United States: Its Business, Purposes, And Performance 40 (1961).

私侵权之间存在延续性。笔者以"名誉"为例。所谓的"名誉",是指一个人在交易、社交、婚姻或者其他关系中,别人对他的评价。名誉是一种十分有价值的资产,它能够被诽谤和侮辱损害。这种损害的可能性导致公民迫切地希望从不实的诽谤中获得赔偿,希望隐藏自己不光彩的信息,前者构成了名誉侵权的主要内容,后者则构成了隐私侵权的主要内容。名誉的概念并不像隐匿那样与隐私的概念纠缠在一起。诚然,对一位试图减少社交活动的公民来说,其他公民对于他对社会有什么贡献的看法越来越不重要。

笔者从以下三个方面对语源学的讨论进行总结。

第一,现代人对隐私认可的过程是充满坎坷的。倡导集体主义的学者将隐私重新命名为"焦虑的隐私主义",并且通过共同生活主义者所鼓励的开放性、率真和利他主义来反驳隐私的主张。[1] 这种批评还是有价值的,它提醒我们隐私是一项人工的文化产品而不是天然的人类需求。在缺乏隐私理论或者隐私现实(包括其隐匿和秘密的含义)的情况中,大部分文化产品都能良好地运行,在总结隐私是珍贵的人类品质,比如爱情和友情的先决条件之前,人们应当重视上述事实,更不用说(正如有时候有人主张的那样)在总结隐私是健全人格的先决条件之前。

第二,传统的隐私文献主要关注个人隐私,而不是团体隐私,比如商事企业的隐私。此外,只有很少一部分的公民活动被认为与隐私有关。尤其是公民的创业活动经常被忽视。然而,我们需要看到的是,例如在交易的过程中,如果公民希望隐瞒自己对某些商品的真实意见,那么他们就会十分希望自己的保密权受到法律保护。长久以来,普通法一直承认此种观点以及企业家的类似主张。

在更加现代化的讨论中,隐私领域的任意性限制的建议就是,通过重新定义术语的方法来改变人们的观点。我们可以从宪法裁判中找到另一个例子。美国联邦最高法院已经制定出一条关于"性隐私"

---

[1] See Rotenberg, "Alienating Individualism" and "Reciprocal Individualism": A Cross-Cultural Conceptualization, 17 J. Humanistic Psych. 3 (1977). See also Weinstein, The Uses of Privacy in the Good Life, in Nomos xii: Privacy 88, 89 – 93 (J. Pennock & J. Chapman eds. 1971).

的宪法规则，例如，禁止州法律阻止出售避孕药给已婚夫妇，或者阻止怀孕三个月内的孕妇堕胎。① 不管这条规则在宪法上还是其他方面有何价值，它的确对"隐私"的通常含义作出改变。②

第三，弄清楚个人隐私的概念是十分重要的。隐私指的是一种生活状态，而不是单纯地为公民提供或多或少地远离其他公民的途径。门、私人公寓、独立的单个家庭住宅以及私家车更为明显地体现隐匿或者秘密的感觉，让人们更容易享有隐私。其他更广泛的社会活动，比如城市化和职业化的流动，通过减少人与人之间的重复交流来减少人们被别人观察、欺骗或者以其他方式侵犯权利的机会。然而，电子监控的现代化发展却增加了上述侵权发生的机会。虽然现代的公社成员也许不会将电子窃听作为减少隐私和个性的工具之一，但是他们会小心翼翼地确保隐私实现的现实先决条件，有时候甚至包括门。

四、隐私蕴含的经济学原理

（一）隐匿

正如前文所述，当乡村被平复，居住在拥挤环境中的公民偶尔也能够从纷扰的生活中隐匿、撤退、隐居或者退隐时，隐私的消极含义开始淡化。乍眼一看，作为一项活动的输入或者投入，隐匿的需求的确是令人难懂的工具主义术语。它本身不是目标，它更像是消费（consumption）或者感受（taste）的一个方面——如果将它视为"感受"，那么就是承认我们无法从经济学的角度来解释它。我们也无法从有说服力的心理学角度来解释它。隐匿的感受不能被视为健全人格的一个先决条件，甚至它不能被视为愉悦之感的一个先决条件，因为在大多数时间和情况中，人们没有隐匿的感受。从人类进化的历程来看，只有在最近一段时间里，人们才可能在短期内体会到独处的感觉。即便在今天，当知识分子认为自己希望过上隐匿、沉思的生活

---

① See, e.g., Carey v. Population Services Int'l, 431 U.S. 678 (1977); Roe v. Wade, 410 U.S. 113 (1973); Griswold v. Connecticut, 381 U.S. 479 (1965).
② Bloustein, Privacy Is Dear at Any Price: A Response to Professor Posner's Economic Theory, 12 GA. L. Rev. 429, 447 (1978). Toward a Constitutional Theory of Individuality: The Privacy Opinions of Justice Douglas, 87 YALE L. J. 1579 (1978).

时,大部分人还要继续和其他人一起生活、工作、旅游、娱乐和消遣;即便在"独处"的时候,大部分人通常会做的还是听收音机或者看电视。大部分隐匿者都是非自愿的,相比于非隐匿的生活,隐匿生活也许会让人产生心理疾病。①

然而,隐匿和知识分子之间的联系暗示,对最低限度的隐匿或者隐匿的需求有别于对于永远隐匿生活的需求,我们也许能从工具主义的角度来解释此种差异。从事脑力劳动的人比从事体力劳动的人更需要安宁的环境,此种需求导致他们需要更多的隐匿空间。进一步而言,正如我们即将看到的那样,为了让创作获得适当的社会利益,创作者通常会寻求对其想法保密,而保密通常要求隐匿。最终,我们必须采取一些隐匿的措施来保证交流的隐私,交流的隐私是隐私的重要一面,笔者将在后文对其进行讨论。

值得注意的是,如果公民以隐匿的感受作为目标,那么从准确的经济学意义来说,这种感受就是一种自私的情感,可以被归入利己主义的范畴。单独的活动(或者活动停止)只能让行为人受益。工作以及非市场性交流,比如爱情、照顾孩子,甚至日常的社交活动都会造福别人。市场产品生产消费者剩余,那么非市场的社交活动应该会生产非市场的消费者剩余。② 因此,从某种程度上说,无论一个人多么贪婪,只要他工作了,他就是"无私的"。然而,退隐的公民,比如懒人(他将市场收入换取工作负效用的降低),减少了他对社会财富创造的贡献。"注重隐私的人"之所以被认为是一种赞许而不是耻辱,其原因在于现代知识分子所持有的反市场偏见。

然而,隐私的需求与希望做一名隐士或者仅仅希望得到祥和和安宁是没有关系的。当人们需要隐私时,通常他们希望通过隐藏自己的性格、想法或者过往的某些方面来操控别人对自己的看法,他们担心,一旦这些信息被披露,他们在参与市场或者非市场交易中的优势就会被削弱。但是,这个观点不总是正确的,有时候,人们并非为了隐匿或者操控别人而希望享有隐私。这也就是"创新"的情况。

---

① See, e.g., Cooper & Green, Coping with Occupational Stress Among Royal Air Force Personnel on Isolated Island Bases, 39 PSYCH. REP. 731 (1976).

② See Homans, Social Behavior as Exchange, 63 AMt. J. Soc. 597 (1958).

(二) 创新

众所周知，在自由市场体系中，人们对于如何正确获取信息量存在疑问。一旦信息被生成，别人很容易快速地擅自使用此信息，因为信息具有公共性的特征，但是此种擅自使用的行为阻止了信息的原始生产者，即创新者从产品中收回他的投入。有两种方法能够解决这个问题，而且它们都与我们通常理解的市场体系相容。其一，就像专利法和版权法那样，明确宣示信息产权。其二，就是保密。除非信息的生产者能够从他的排他占有中获取利益，否则他所使用的信息不会被披露。

至于要选择哪一种促进生产社会有价值的信息的方法，这就取决于上述两种方法在特定情况中的收益和成本的比重。就收益来看，我们可以对比成文法和普通法给予版权的保护。成文法上的版权法让作者或者出版商对其作品享有产权：在未经作者或者出版商授权的情况下，任何人不得复制他的作品。普通法则通过保密的方法保护版权：只要作者没有公开发表他的手稿，那么法律就会禁止其他人在未经作者授权的情况下传播其作品。① 显然，当公民希望公开发表他的作品，或者一旦某项发明被付诸实践，该发明所蕴含的创新思想就会暴露无遗时，通过保密的方法保护版权可能会弄巧成拙。即便保密的方法能够为版权提供某些保护（比如一名出版商能够在盗版作品面世前获得实质的利益），它也是一种代价高昂的保护方式；例如，对于未发表的出版物的出版成本而言，保密的方法要比给予出版商版权的方法所耗费的成本更高。进一步而言，在其他行业，保密的方法也许会得到更有意义的适用，但是，生产工序的所有者可能会害怕出售其产品，因为他担心自己的工序秘密会被泄露给竞争对手。

然而，产权并非总是将信息所含有的社会利益私有化的最佳途径。有时候，实现某种产权所需要付出的法律代价会与需要被保护的信息价值不相称：专利制度不能用于保护某份广受欢迎的宴席菜单。

---

① The recent revision of the copyright law provides statutory protection from the time when the work is "fixed in any tangible medium of expression". 1976 Copyright Act, 17 U. s. c. § 102 (a).

通常，信息的"追溯成本"排除依赖于财产权制度来保护信息。如果一些想法与专利法或者版权法所保护的具体信息不同，那么它们就会遭受过度的侵犯，这些侵权行为也更加难以被认定。出于种种原因，保密是一项鼓励信息生产的重要社会手段（正如我们所见那样，在知识产权尚未发展的领域内，保密尤其是保护信息的重要手段）。许多例子——涌现眼前。在与别人进行协商时，精明的协商者会隐藏自己对交易物品的真实想法，他就是正当地占有优越的市场价值知识的社会效益；想要购买某些公司股票的大买家亦是如此，他们会利用假名进行众多小额股票交易，这样一来，卖方就难以从他们的举动中获取信息，也不知道自己低估了股票的价值。保密是一种不可或缺的信息保护方法，它不仅保护投资者为了获取重要的及时调整市场策略的信息而进行的投入，还保护无论是大厨师还是家庭主妇深得人心的美妙菜谱。律师工作成果原则最好被理解为通过保密的方法来保护律师（及其客户）在调查和分析案件中的投入。

（三）个人事务的隐瞒

在讲到隐匿和创新的隐私时，笔者没有必要讨论名誉，名誉关乎交易伙伴在社交或者商业活动中对某位公民的评价。如果一位公民拥有好的名誉，那么这意味着别人渴望与该公民进行交易，如果名誉不好，那么就意味着别人不希望与其进行交易。名誉能够决定公民在交易的过程中得到的待遇，进而影响该公民的财富。因此，一般来说，一个想提高自己名誉的人不会选择从社会中退隐，不管此退隐是暂时的还是永久的。举一个极端的例子，隐士几乎不需要名誉。发明者也不会为了建立或者提高名誉而寻求"隐私"的保护。相反，笔者要解释的隐私第三层含义——隐瞒个人不光彩的事务，与名誉密切相关，因为隐瞒个人不光彩的事务的确是一个提升名誉的方法（虽然它不是唯一的，甚至不是最有效的方法）。

人们不会因为希望隐匿而隐瞒自己曾经的犯罪事实，他们也不会为了获取创新成果而隐瞒自己的过往。人们会为了保护自己的良好名誉而隐瞒自己的事务。生产商会隐瞒其产品的不良安全记录。公民会向他的雇主、家人和朋友隐瞒他的心理疾病历史或者其他相关的健康问题情况，或者向他的债权人隐瞒自己曾经破产的事实，或者隐瞒诸如品位、怪癖、意见、态度的事情，因为这些事情如果被公民的朋友或者熟人知道，那么公民的名誉可能会受损，公民此种行为与上述生产商隐瞒其产品瑕疵的行为并无二致。不过，只有反对市场活动的现代知识分子的偏见才会提出异议。①

有人可能会反对上述的观点，他们认为，公民隐瞒的许多事务（比如同性恋、种族本源、反感的情绪、对共产主义或者法西斯主义的同情、轻微的情绪疾病、曾经做过的违法行为、婚姻不和）即便被披露出来，也不会引起未来的老板、朋友、债权人以及爱人等作出不理智的反应。然而，这种反对意见忽视了避免人们作出愚蠢决定的机会成本，换言之，它忽视了人们避免作出非理性行为的收益。如果前罪犯都是好员工，但是大部分雇主都不知道他们的犯罪前科，那么知道员工有犯罪前科的雇主将会以低于平均工资的薪酬雇用前罪犯，因为前罪犯的就业前景十分暗淡，与拒绝雇用前罪犯的雇主相比，雇用前罪犯的雇主因此获得了比较优势。在一个多样化、分散化以及充满竞争的社会里，比如我们的社会里，随着时间的推移，我们可以预见到非理性的回避将会被淘汰。②

举一个类似的商业例子来说明这个观点。多年以来，美国联邦贸易委员会要求特定商品的进口商在产品上标明来源国，尤其是进口自日本的产品。美国联邦贸易委员会这样做的原因是众所周知的，而它宣称其要求是合理的，因为它不是要确认或者否认，某些国家（尤其是日本）的产品比较差。同时，人们相信美国联邦贸易委员会的要求是表达了美国对珍珠港事件的余怒。然而，正如我们所见那样，日本产品在市场上证明了自己的实力，人们对它们的偏见也慢慢消减，最终消失，如今，日本来源是一个令人自豪的代表品质和价值的标签。这是一个说明竞争如何随着时间消除偏见的例子。这个例子来自商业领域，不过，还有一个涉及美国和日本的人们，而不是日本产品的类似例子可以说明职业和人际关系领域中的竞争过程。

---

① See Director, The Parity of the Economic Market Place, 7 J. LAW & ECON. 1 (1964), and Coase, The Market for Goods and the Market for Ideas, 64 Am. Econ. Rev. Papers & Proceedings 384 (1974).

② See, e. g., G. Beck R, The Economics of Discriminatvon (2d ed. 1971); Demsetz, Minorities in the Market Place, 43 N. G. L. REV. 271 (1965).

侵权责任法和证据法对待过去犯罪行为的差异可以让我们从侧面了解这个观点。在加利福尼亚州,如果行为人公布他人的犯罪记录,无论该犯罪发生在多久以前,他人也无权对行为人的行为提起诉讼。① 如果行为人利用他人的犯罪记录来质疑某位证人在刑事庭审中作出的证词,那么他只能(根据法官的自由裁量权)在涉及新近犯罪的庭审中使用他人的犯罪记录。② 在上述两种情况中,我们有理由主张,如果某些不光彩的私人信息与新近发生的犯罪相关,他们可以质疑这些信息。然而,在侵权责任法中,如果人们(朋友和熟人、债权人、雇主以及其他真实的潜在交易者)过分重视以往发生的事情,那么他们可能会为质疑信息付出代价,即丧失获得有利交易的机会。因此,他们直觉上都不会对这些信息作出非理性的反应。相反,陪审员不需要为他们作出的非理性行为付出任何代价,因此,我们有必要通过家长式管理方法(paternalistic approach)来解决他们裁决的合理性问题。

非理性的偏见会被市场制度淘汰,但是不能将其与对不完整信息作出反应的行为相混淆。当一个理性的公民或者公司从额外调查获得的边际利得与边际成本相等时,他们会终止调查(及时或者在其他时间里)。因此,如果与某位公民进行交易的价值会小于与其他公民进行交易的价值,或者获取额外信息的成本很大,那么正如某些人的判断那样,理性调查的过程会在很早的阶段就终止。如果前罪犯们的平均就业纪录欠佳,如果改正雇主对某个申请工作的前罪犯的一般印象成本高昂,如果可取代前罪犯的无犯罪记录的雇员所要求的薪酬不会太高,那么一个理性的雇主可能会采取一条浅显的规则,即不雇佣有犯罪记录的人。③

没有证据显示,人们对雇员、配偶和朋友的调查会比他们对市场活动的调查要更加不理性(实际上雇用也是市场活动的一种)。越来越多有关非市场行为(包括婚姻、生育和犯罪)的实证文献发现,

---

① Posner, The Right of Privacy, 12 GA. L. Rev. 415–416 (1978).
② See C. McCORMIcKic, Law of Evidence § 43 (2d ed. 1972).
③ See, e. g., Phelps, The Statistical Theory of Racism and Sexism, 62 Am. ECON. Rev. 659 (1972).

人们在这些领域里作出的行为与公司和消费者在显性市场里作出的行为一样理智。① 这些发现支持了通过市场规则确定公民所隐瞒的不光彩信息的权重。市场化的方法建议,只要是管制普通产品市场的欺诈行为的最佳规则,它们都同样适用于劳动市场、信贷市场和纯粹人际关系"市场"。因此,如果从经济学分析的角度将拒绝披露某些特定事实的行为归于产品市场的欺诈行为,那么此种拒绝披露行为在其他场合中,比如找工作、个人借贷或者夫妻关系中,同样应该被视为欺诈行为。因此,因欺诈撤销婚姻的条件应该与因欺诈撤销商业合同的条件一样严格。诚然,在人际关系的许多方面中,欺诈的成本都很低,以至于不需要正式的法律救济。

公民如果将隐私作为操控别人想法的工具,那么他们需要具备以下方面的资格。

(1) 有时候,隐瞒信息会自相矛盾地起到加速而不是抑制精确信息的流动的作用。公民的脑子在任何时候都可能出现漂浮的、未成形和欠缺考虑的想法,如果这些想法被别人知道,别人从中获取的信息远少于公民通过言语表达的信息。隐瞒某人的"内在思想"只是选择特定想法用于言语表达的另一个方面,通过这样的方式,人们得以表达其意愿和价值观。类似的,穿着不仅能够起到保护某人的作用,还能够起到公开表达某人价值观和品位的作用。如果我们赤身裸体地行走,将脑海所有想法第一时间像婴儿一样说出来,那么我们所披露的信息肯定少于我们穿着得体并且沉默寡言时所披露的信息。社交活动会将变得障碍重重而非便捷有效。② 这不是说虚伪是社交关系必不可少的润滑剂,也没有明确的经济学解释支持此观点。如果 A 将 B 视为潜在的生意伙伴,而 A 告诉 B 他长得像一只青蛙,那么这个"告诉"会掩盖而非阐明 A 对 B 的真实想法——他将 B 视为潜在的生意伙伴。

我们可以用染发的例子来说明信息隐瞒和失实陈述的隐瞒之间的模糊地带。一个人染发可能是为了表达其个性,也有可能是为了隐瞒

---

① See G. Becker, The Economic Approach To Human Behavior (1976).
② See De May v. Roberts, 46 Mich. 160, 9 N. W. 146 (1881). The explanation may be genetic (cf. E. Wilson, Sociobiology: The New Synthesis 320 (1975)).

他的年纪。诸如衣服、饰物、化妆品和气味等物品不仅能够表达公民想要表达的东西，还可能令人造成误解，它可以解释某些限制衣着华丽程度的做法的原因。在 14 世纪，世袭贵族最痛恨的莫过于一些暴发户模仿他们的服饰和礼节，这导致了社会长期存在的等级秩序变得模糊。拥有特权的贵族通常衣着华丽，其他人不得穿与他们相同样式的服装。为了将这个原则变成法律，并且阻止"不同的人无耻地穿着与其财产和身份不符的且过分华丽的服装"，《禁奢法》被多次公布，它试图约束人们应该穿怎样的衣服以及花多少钱。①

（2）有时候，隐瞒信息会起到合法自救的功能。例如，一个富人想要隐瞒自己的收入，因为他担心自己会成为绑匪的目标。这个动机有别于公民想对其债权人、成年家庭成员和税务官隐瞒自己的收入的动机。

（3）有时候，任何造成失实陈述的隐瞒（类似于商业欺诈）都涉及一些物质上的考量。即便某些关于公民自身的事务被披露不会影响他们的社交活动，他们也会为了某些无法让人完全理解的原因（至少从经济学的角度无法理解）努力地隐瞒这些事务；例如，一些传统（但是逐渐消减）观念对裸体的沉默。② 披露非物质的被隐瞒的事务不能提高效率利益。出于同样的原因，这些事务很少会被要求披露。

（4）有时候，从效率的角度来看，信息的竞争供应会让它过度生产。③ 例如，一些广告部分甚至主要用于抵消竞争对手的广告。这个观点也适用于人们通过衣着、理解和其他自我宣传的方式表达真实的信号。即便信号是真实的，每位公民大声、清晰表达信号的努力也可能导致他们比最理想的状态披露了更多关于自身性格的信息。然而，作为广告本身，自我宣传更容易只注意到问题而不是提供可行的解决方法。虽然从表面上看，某些商业公司和私立学校是为了提升衣着标准而制定着装规范，但是这种着装规范有时候也会产生事与愿违

---

① B. Tuchman, A Distant Mirror: The Calamtious 14th Centur 19 (1978).
② On medieval European attitudes toward nudity, see N. Elias The Civilizing Process 163 – 165 (E. Jephcott trans. 1978).
③ See Hirshleifer, The Private and Social Value of Information and the Reward to Inventive Activity, 61 Am. ECON. REV. 561 (1971).

的结果。限制着装差异能偶尔减少用于自我宣传的资源数量。

迄今为止,笔者已经讨论过公民在欺诈基础上获得好名誉的情况,但是该公民的好名誉因此很容易被真相击倒。然而,同样地,拥有理所当然的好名誉的人也很容易被谎言伤害。从这个意义上说,名誉侵权法和隐私侵权法联系紧密。正如我们将看到的那样,处理名誉侵权案件的法官考虑保护公民的良好名誉免受失实陈述的损害,处理隐私侵权的法官则会花更多的精力让因不光彩事务被披露而导致良好名誉受损的公民获得补偿,而该公民本不应该获得良好名誉。隐私侵权和名誉侵权的差异证明,当法官在处理隐私侵权案件时,他们并非保守和迟钝,而是看到了隐私侵权主张与名誉侵权主张的根本差异。

失实陈述对本应该获得良好名誉的公民所造成的损害与隐藏不光彩事务的公民所造成的损害并无二致。当某位公民误信其有犯罪记录而隐藏该信息时,他也丧失了有利的社会交易机会。这个例子类似于竞争者在商业领域里毁谤竞争对手的产品。此种失实的毁谤会导致消费者避开与该竞争者的交易,从而丧失了可能增加自己财富的机会。诚然,实施失实毁谤的人,无论其毁谤对象是商品还是人,他们所处的位置与隐藏不光彩的私人信息的公民是一样的:他们都是通过假象来将替代交易者的交易转移到自己身上,然而,如果不存在失实毁谤,替代交易者将是更好的交易对象。

(四)交流

交流方面所蕴含的隐私要求具体情况具体分析。在某种意义上,交流(信件、电话、面对面交谈或者其他方式的交流)只是(有选择性地)披露事务的媒介。因此,如果保密交流所披露的事务有利于促进创新,那么该交流应该得到优先保护;如果只是为了掩盖不光彩的信息,那么该交流就不能得到优先保护。然而,此种分析方法过于简单。某次交流除了会披露讲话者(或者聆听者)的事务,它也会涉及第三者的事务。如果涉及第三者的事务是私人事务,那么讲话者可能会考虑到这一事实并修改自己的讲话。此修改不仅耗费时间(思考),还会降低交流的清晰度。例如,如果A跟B讲C的坏话,而C偷听到这场对话,那么C可能会感到生气或者难过。如果A不想C产生这种情绪(可能他喜欢C或者C可能会报复自己),那么虽然他不知道 C 可能听到自己与 B 的谈话，但是他还是会避免讲 C 的坏话。A 会更小心地选择自己的措辞，这种刻意的思考和拐弯抹角会降低交流的价值，并且增加交流的成本。诚然，如果 A 讲的坏话是不真实的并且对 C 造成了损害，那么上述的交流成本会得到补偿效益（offsetting benefit）。然而，我们没有理由相信，一般而言，在私人对话中，失实的坏话会比真实的坏话更多，而真实坏话的传播前景不会比失实坏话的传播前景差。如果 A 仅仅为了不招惹 C 的愤怒而不跟 B 说 C 是骗子，而自己没有从修改措辞中获得实质利益，那么 C 知道 A 和 B 之间的交流这一可能性就会导致 A 隐瞒了对 B 有价值的信息。此外，这也是学术期刊匿名审查被提交的稿件的原因。

此外，偷听不是发现事实（比如发现 A 对 C 的看法）的有效途径。如果讲话者得知被偷听的风险，那么他就会修改自己的讲话内容来减少披露涉及第三者的信息，这需要付出一定的社会成本。举一个非交流的类似例子，如果公民犯下了法律不允许其隐瞒犯罪记录的犯罪，那么他就会竭尽所能地通过改变姓名、工作地点和住址，甚至自己的外貌来避免别人发现自己的犯罪记录。如果拒绝承认公民对其不光彩信息享有产权的主要影响是，该公民需要通过某些昂贵但是有效的途径掩饰自己的过往痕迹，那么社会效益就会很低，甚至可能是负效益。允许公民窃听别人的交流不会让其余社会成员获得更多与该公民有关的信息，而是会让交流变得更加烦琐和效率更低。

上述的观点可以由图 1 解释。D 是隐瞒重要私人事务的公民的边际私人收益安排。S 代表该公民隐瞒事务的边际成本安排。两条线段的相交点 q 代表他的活动输出。如果我们假定：首先，该公民隐瞒信息的收益等于他隐瞒信息的交流对象所付出的成本（也就是说，该公民的收益是从交流对象转移给他的），其次，这种转移最终变成等价的社会成本。① 然而，此活动的社会成本完全落在 q 与 D 曲线相交的左边。假设法律或者技术发生的某些变化使公民隐瞒重要私人事务的成本升高。成本升高带来的后果是公民隐瞒事务的边际成本安排从

---

① See Becker, Crime and Punishment: An Economic Approach, 76 J. POL. ECoN 169, 171 n. 3 (1968); Tullock, The Welfare Costs of Tariffs, Monopolies and Theft, 5 W. ECON. J. 224 (1967).

S 升到 S'（假设供给曲线呈等比例的变化）。结果是公民的活动输出下降了，其社会成本也相应下降。然而，如果改变供给曲线的事务，比如引入不加区别的窃听行为，增加了社会生产性活动和非生产性活动的成本，而且该成本不会在图表中反映，那么上述变化的净社会收益会相应变成负收益。

然而，现在假设 S 随着法律和技术的变化而上升，公民不能通过隐瞒信息所付出的适度额外开支来补偿 S 的变化（比如建立全国性的信贷机构）。此种变化如图一的 S'' 所示。此种变化导致了隐瞒事务的活动大幅度减少，而因此减少的社会成本可能会超过任何负外部性。

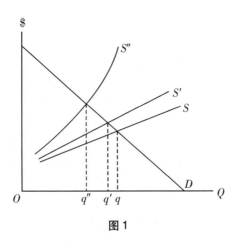

图 1

S 变化为 S'（据推断）是允许公民窃听别人交流对隐藏事务的活动造成了影响的后果，而从 S 变化为 S'' 则是拒绝承认公民对其诸如犯罪记录或者心理疾病历史等私人信息享有产权的后果。正如 S'' 的斜率所示，隐瞒过往事务所付出的成本高于在谈话中含糊其辞所付出的成本，而随着活动的规模变大，成本也会快速升高。当 1972 年 Thomas Eagletons 被提名为民主党副主席候选人时，他没有办法隐瞒自己的心理疾病历史，不过他可以在某次政策宣传中隐瞒自己对第三人的看法。

(五) 隐私的法律保护,尤其是保密关系的保护

笔者已经明确指出某些保密行为有助于提高社会福利的领域。那么问题来了,在这些领域里,法律对这些保密行为的法律保护的本质是什么呢?假如 A 在与 B 的交谈中诽谤了 C,B 将此诽谤向 C 复述,而 C 起诉 A 诋毁其名誉。A 有没有权利向 B 提起违反保密义务的诉讼,以弥补他需要向 C 支付的补偿费用呢?一般来说,答案是否定的,除非 A 与 B 签订了合同并要求 B 承担保护 A 秘密的义务。这种保密合同鲜有出现,也许因为违反保密的成本通常与协商和实施一份合同的成本关系不大。同时,人际关系的持续本质已经建立了通过朋友或者家人来惩罚违背承诺之人的有效非法律惩罚机制。① 但也有例外情况,即商事交易的秘密,通常我们能够找到禁止违反保密义务的明示合同。

如果秘密所包含的事务是不光彩的,那么被用于阻止此事务披露的合同可能会被视为违背公共政策的,因此是不可执行的。这个结果与本文的分析一致,也是法律的一般结果。如果我犯了罪并且得到你不会将我的坦白告诉别人的承诺,那么不管合同采取何种形式来规定保密义务,你的承诺也是无效的。然而,这个原则也存在例外情况:在普通法中,夫妻之间、律师与当事人之间以及某些政府官员(执行特权)之间的交流所包含的秘密信息能够获得额外的保护。② 例如,一个丈夫向其妻子坦白了自己的罪行,妻子可以免于在刑事审判中对该坦白的事项作证。从经济学角度来看,这个结果是令人困惑的。诚然,如果配偶之间或者律师与当事人之间的交流需要格外小心翼翼,那么婚姻关系或者律师与当事人之间的关系会因此受到损害,因为婚姻关系和律师与当事人之间的关系容易让其中一方配偶和律师发现另一方配偶或者当事人的犯罪事实。然而,为什么社会希望加强犯罪分子的婚姻纽带和维护他的法定辩护权?

也许在配偶特权的情况中,如果促进婚姻关系存在足够强烈的社

---

① See Posner, Gratuitous Promises in Economics and Law, 6 J. Legal Stud. 411, 417 (1977).
② See C. McCORMIcK, Law of Evidence § 43 (2d ed. 1972). chs. 9, 10, 12. The doctor-patient privilege is statutory.

会利益，那么尽管配偶特权会提高犯罪成本，但是它为配偶提供了彼此交流的机会，让配偶不用担心对方会将自己的坦白作为对自己不利的证词。① 因此，配偶特权有其存在的正当性。当某个区域对稳定婚姻关系的重视下降时，该区域对配偶特权的排斥会更加明显。②

与配偶特权和律师与其当事人之间的保密特权恰恰相反的规则要求公民披露与其相关的重要事务——比如联邦证券法要求公司定期披露信息。理论和经验表明，无论在哪一个领域，此种报告要求都不是必要的或者合适的。③ 我们可以通过正式的或者非正式的合同，让债权人、雇主、配偶、朋友或者股东获得他们认为最佳的信息披露数量，从而决定要不要与正在考虑交往的公民或者公司进行交往，以及决定何种条款是最佳的。规范私人和商业或者企业信息的统一途径是明确的。笔者先前的文章（在讨论隐私侵权时）以及本文（在第五部分讨论名誉侵权）都证明了，至少，普通法对私人信息和商业信息采用统一的标准。

（六）场所隐私

隐私理论里最重要的元素之一就是场所隐私，即我们所讲到的"私人公寓"，或者当我们需要与另一个家庭共享一个厨房，或者与其他同事共享一个办公室时，我们会觉得自己"缺乏隐私"。场所隐私的重要之处不在于其本身，而在于它是笔者已经谈论到的众多隐私的前提——隐匿、创新、隐瞒信息和交流隐私。它能够将社会的隐私水平与其物质条件联系到一起。贫民或者贫困的社会无法负担足够的实体空间来建立隐私。④ 在最贫困的社会里，人们只能通过野外获得场所隐私，而通常会伴随着危险。除了纯粹的空间考虑外，贫困社会的公民也缺乏为了职业或者娱乐而移动的行为，而此种移动行为能够增大追踪公民行踪的成本，从而保护公民的隐私。城市化通过让公民获得匿名来有力地保护公民的隐私。

---

① See C. McCORMIcK, Law of Evidence § 86 (2d ed. 1972).
② See C. McCoRMIcK, Law of Evidence 30 (2d ed. Supp. 1978).
③ see G. Benston, Corporate Financial Disclosure In The Uk And Tm USA (1976), and Stigler, Public Regulation of the Securities Market, 37 J. Bus. 117 (1964).
④ A Theory of Primitive Society, with Special Reference to Law (Feb. 1979).

隐私的发展历程涉及供需的变化。如果当人们的收入上升时，他们会寻求私人住宅或者迁移到城市以获得更多的隐私保护（这是获得众多隐私利益的合理动机，比如隐私能够促进创新，便于隐瞒信息等），那么随着人们的收入不断增长，隐私会变成不断增长的优等物品，它的增长可能会比人们对隐私的需求更多。然而，促进隐私保护的发展因素，比如城市、私人住宅和汽车，也会被其他需求影响。这些发展因素通过偶然地降低获取隐私的成本，它们进一步地促进了隐私的发展，并且为观察隐私的增长提供了额外的理由，因为社会变得更加富有和城市化。

另一个影响供应的因素是监控成本，一直以来，人们都认为，相比于资本密集型制造业，劳动密集型产业所耗费的成本越来越高于生产率的增长。经过电子产业这五十年的发展，这种趋势有可能被扭转，这种扭转首先与窃听相关。最近，计算机数据处理取得的进步让信用局、保险公司、其他私人公司以及政府能够以低成本搜集公民大量的私人信息。同时，随着政府的税收要求提高和规模扩大，政府对公民私人信息的需求也日益增加。

如果隐私真的是优等物品，而保护隐私的成本由于偷窥的成本下降而升高，那么我们也许能够理解为何最近的立法趋势倾向于给予公民更多的隐私保护。笔者将在第五部分回归此主题的讨论。

（七）好奇心与偷窥

正如人们对隐私有需求那样，人们对于索取、偷窥以及以其他方式侵犯他人隐私也有需求。人们的思想倾向是将他们对隐私不加批判的热情和他们对偷窥不加批判的厌恶结合起来。然而，作为曾经乡村八卦的主要内容，偷窥如今更多地被调查员和八卦专栏作家实施，它在披露公民为了在与别人交易的过程中获得优势条款而进行误导陈述的方面起到了重要的社会作用（笔者采用最广义的交易含义，包括想当"我们"副总统而又不披露他的心理病史的公民）。

偷窥具备独立的教育意义，它与对抗不诚实的交易者的自我保护无关。人们大多依靠模仿别人来从生活中学习和形成自己的品位。然而，在一个场所隐私高度发达以及被高度重视的社会里，直接观察别人的行为是十分困难的。在这些情况中，人们对八卦专栏就有了需求。高昂的时间机会成本进一步刺激了此种需求。随着人们的素质越来越高,这些成本让阅读比亲自观察更有效地了解别人的信息。

"八卦"专栏包含信息内容这一想法是抵制利用经济学分析隐私的最有力暗示。然而,我们如何解释,富人和名人的隐私生活所包含的"淫欲"与场所隐私密切相关呢?相比起欧洲,八卦专栏和电影杂志在美国更受欢迎(正如我们将在本文的下一个部分讨论的那样),因为欧洲公民比美国公民拥有更少的场所隐私。虽然八卦专栏、电影杂志和其他传播流言蜚语的载体被认为是粗俗的和不受教育的主要来源,而且公民受教育的水平正在逐步提高,但是上述载体似乎在这个国家里稳步增长——因为笔者建议,场所隐私的发展阻止了公民直接观察其他陌生人的生活。[①]

毫无疑问,我们不能用纯粹的市场术语来解释某些偷窥行为。然而,大部分偷窥行为都是由政府执法人员实施而非由私人雇主、债权人、邻居和新闻记者实施。有两个因素支持这个结论。其一,政府执法人员通常会参与没有经济合理性的活动,例如通过税收来将反对者的财富转移到支持者手上,而偷窥是实施此活动的重要工具。其二,缺乏竞争的约束让政府执法人员实施偷窥的成本超过边际收益等于边际成本时的交汇点所代表的成本,因此,他们实施偷窥的成本要远低于私人公司和公民实施偷窥的成本。笔者将在第八部分详述这些观点。

五、经济学分析的一些理据

本文的前面部分重复和扩展了笔者在先前文章所使用的经济学分析,并以此作为基础主张与隐私权有关的普通法是有效率的。笔者不会重复或者试图将该证据添加到这个部分[②],而是会采取不一样的观点。如果某位公民接受或支持隐私案例与隐私的经济学理论广泛一致,那么有哪些证据来支持这个理论的正确性呢?

---

① A. Westn, Privacy In Western So. ciety: From The Age of Pericles to The American Republic 44 (Report to Ass'n of Bar of City of N. Y. Spec. Comm. on Sci. & Law, Feb. 15, 1965).
② See Posner, The Right of Privacy, 12 GA. L. Rev., at 409 – 421 (1978). With regard to defamation, see Bloustein, Privacy Is Dear at Any Price: A Response to Professor Posner's Economic Theory, 12 GA. L. Rev., at 442 – 447 (1978).

大部分证据都是间接的。虽然通常来说,对各类个人行为的实证研究不会考虑经济动机,包括配偶的选择和是否实施诸如故意伤害或者强奸等"非经济"犯罪,但是这些实证研究确认了这种行为的经济模式的适用性。① 这些研究提出了一个温和的假设,即经济学分析的方法同样适用于其他个人行为,包括涉及隐私领域的个人行为。

比较研究和心理研究中也存在以下某些隐私的经济模型的直接证据。

(一)虽然没有简便的规则能够通过社会对隐私的保护程度来划分社会等级,但是的确可能存在明显的差别

在最原始的社会里(美国印第安人、非洲部落等),隐私几乎不存在。② 挤在一起住在小乡村的人们也没有隐私空间,甚至他们不会关门,他们几乎没有独处的机会,也没有隐瞒自己事务的机会。③ 隐私的匮乏(原始民族甚至从来不会提起隐私)暗示着,如果本文第三部分的经济学分析是正确的,即在原始而古老的社会里,人们的言谈会比现代社会的人更加规范和周到,现代社会人们的言谈会随着观众人数增多而变得规范,就像是原始社会的人们的言谈那样。最终形成在公元前7世纪或者8世纪的荷马史诗为原始社会人们的言谈的精度和礼节提供了有力而非唯一的证据,此精度与礼节与原始技术的粗糙程度形成鲜明对比。在亚里士多德的时代(的确很久远),修辞学是教育和研究的一个重要领域,但是如今,它已渐渐消失。这是一种与隐私的发展相符且密切相关的长期趋势,如今人们的言谈和写作越来越不规范,越来越远离修辞学所要求的词汇和语法精准度。

---

① see Becker, Landes & Michael, An Economic Analysis of Marital Instability, 85 J. POL. ECON. 1141 (1977); Landes, An Economic Study of U. S. Aircraft Hijacking, 1961—1976, 21 J. LAW& ECON. 1 (1978).

② See, e. g., Right of Privacy, at 896 n. 10; J. HAVILAND, Gossip, Reputation, and Knowledge In Zinacantan (1977); Roberts & Gregor, Privacy: A Cultural View, in NOMOS XIII: PRIVACY. For a vivid evocation of the lack of privacy in primitive societies, see E. Evanspritchard The Nuer 15 (1940).

③ See N. Chagnon, Yanoam6: The Fierce People (2d ed. 1977); W. Smole, Yanoama Indians: A Cultural Geography (1976).

另一个对隐私经济学分析的暗示是，在原始社会里，说谎所受的责难要比现代社会对其的责难更少。当人们缺乏隐私并且互相了解时，谎言几乎不能起到操纵别人想法的作用（更多起到夸张的、圆滑的或者隐喻的作用），而在一个现代的、高度分化的社会里，人们对别人的了解很少但是需要进行的交易很多，因此，大家需要诚信。很早以前，一位杰出的社会学家已经用类似的话语来解释原始社会和现代社会对待谎言的差异。①

然而，原始社会缺乏隐私还有另一个暗示：原始社会是停滞不前、毫无创新和进步的。这些的确是原始社会已经被充分证实的特征，然而，这些特征与缺乏隐私之间的关系却被忽略了。根据本文第四部分的分析，如果人们想要占有其创意的收益，那么在缺乏完善的创意产权制度时，隐私变成了最重要的权利。如果人们不能占有其创意的收益，那么他们将会缺乏动力来创造这些想法。简而言之，笔者建议，原始社会的人们不是因为他们身处原始社会而缺乏门和分区，而是缺乏门和分区是他们身处原始社会的原因之一。

然而，支持高水平的创新活动所必备的隐私可能比我们所想的要少。例如，在古罗马，只有少部分富有的人享有人们在发达国家里所享有的场所隐私，但是他们的隐私仍然受到很大的损害，因为他们一直被自己的仆人观察，显然，大部分仆人是不忠诚的（他们经常成为政府线人）。在中世纪庄园里，整个家族的人会一起睡在大厅（包括庄园主人及其夫人，可能还会有一个或者两个受欢迎的客人一起睡在一张床上）。一直到17世纪，富裕的家庭才可能会让他们的仆人睡在房间，以免他们受到侵犯。一直到18世纪，家族及其仆人才睡在各自的房间里而非共用的大厅里。

笔者推测，在某种程度上，未来个人隐私的增加不再对创新的动力产生重要的影响，然而，它仍然会增强公民为了操控别人的想法而掩饰自己事务的能力。显然，辨别隐私的社会收益如何递减是一项十分困难的研究任务；笔者也不会在本文中作此种尝试。笔者仅会简单

---

① See Simmel, The Sociology of Secrecy and of Secret Societies, 11 AM. J. Soc. 441, 446, 450 (1906).

地提到，作为隐私和创新之间的联系进一步体现，以及解释何时到达递减的社会收益点，Lawrence Stone 发现现代观念的隐私从早期资本主义的崛起。Stone 提议，在隐私和企业之间构建一种意识形态的亲和力（ideological affinity）；笔者则建议，建立一种经济关系。

另一种有趣的现象就是现代美国和欧洲之间的比较。[①] 美国比欧洲拥有更多的场所隐私。欧洲人生活在更为拥挤的环境中，独立住宅更为少见，而美国人则大量存在"郊区蔓延"（suburban sprawl）的情况；许多欧洲人仍然住在村庄里，而美国人比欧洲人出现更多因职业需要而产生的地域流动性。与场所隐私有关的特征受到欧洲政府的损害远超美国政府——比如内部通行证等。从经济学的角度来看，缺乏隐私意味着欧洲人使用语言更为规范和精确，以及与陌生人交流时更多地保留和谨慎，即更加"私人的"（根据美国人的标准，日本人也是缺乏隐私的，而他们的行为印证了这个观点）。美国人会与陌生人自由地畅谈，而欧洲人和日本人不会。支持本文分析的理由是，美国人更容易隐瞒自己不光彩的信息，所以他们向陌生人披露自己信息所付出的成本很低。在美国，陌生人再次见到某位公民的机会，或者知道认识该公民的人的机会，或者在将来需要与该公民打交道的机会要比欧洲或者日本少得多。

上述的分析暗示，在美国，我们会看到居住在拥挤环境的人们拥有更高的修辞技巧，比如黑人聚居地。考虑到该群体受到的教育普遍低下，我们会惊讶地发现，他们拥有卓越的表达技巧。然而，事实上，社会语言学的研究已经建立了"非标准黑人英语"或者说"黑人英语方言"这个分支，用以展现黑人英语与标准英语之间的语法和词汇的重大区别，这些语法和词汇被认为是相当精妙和强有力的表

[①] See Spiro, Privacy in Comparative Perspective, in NoMos XIII Privacy ; See also Weinstein, The Uses of Privacy in the Good Life, in Nomos xii: Privacyy 121, and for the factual basis of this paragraph, E. Hall, Tim Hidden Dimension 123 – 153 (1966).

现手段。① 缺乏隐私也许可以解释将重点放在此种被剥夺的文化的修辞技巧之上的原因。

（二）心理学研究表明，如果坦白的代价更高，那么人们对其言谈就会更加慎重

试验研究表明，例如，相比起女人，一个男人与陌生人说话时会更加地不自在。② 这种差异不一定要归结于性别上的生物差异，也可能归结于经济上的原因。因为相比起女人，男人参与市场活动的几率更大，他们通常从隐瞒自己不光彩的信息中获得更多的收益，这个事实也可以用于解释男人比不工作的女人更多地保持沉默的原因。这份研究还表明，相比起陌生的男人，一个男人会向陌生的女人坦白自己更多的私人事务。这种行为与男人（除了唐璜）更有可能在未来与另一个男人（比如税务官、侦探、竞争对手和雇员等）进行交易的事实相一致。

这份研究还有另一个相关的发现，居住在波士顿机场的城外居民比在波士顿城内的居民更容易将自己的私人信息透露给陌生人。主试人提供的解释与经济学分析相符："参与试验的波士顿人预计他们将来有可能在笔架山或科普利广场再次遇到主试人，而城外居民却几乎肯定他们与主试人的生活轨迹再也不会出现交集。"③ George Stigler 作出类似的推测，19 世纪英格兰小说的主人公之所以愿意披露他们的收入（让现代读者感到惊讶），是因为当时没有征收所得税。

此外，与隐私有关的心理学研究也倾向于反驳隐私是心理需求这个观点，这个观点与经济学模型不一致。拥挤是缺乏隐私的代名词，对拥挤的研究表明，纯粹的拥挤对心理健康或者稳定的各种措施造成

---

① See, e. g., 'W. Labov, Language In The Inner City: Studies In The Black English Venacular (1972). For a brief discussion, see S. Ervin-tripp, Language Acquisition And Communicative Choice 351 (1973), and P. Trudgill, Sociolinguistics: An Introdum'ton 65 – 83 (1974); Labov, A Linguistic Viewpoint Toward Black English, in Language, Society, And Education: A Profile of Black English 10, 21 (J. DeStefano ed. 1973).
② See Rubin, Disclosing Oneself to a Stranger: Reciprocity and Its Limits, 11 J. Experimental Soc. Psych. 233 (1975), and studies cited therein.
③ See Rubin, Disclosing Oneself to a Stranger: Reciprocity and Its Limits, 11 J. Experimental Soc. Psych. 255 – 256 (1975).

的影响是无关重要的。① 隐私不是像我们需要食物或者空气那样"需要"的某种东西，它是我们为了提前计划远离生物规则所要的东西。与隐私有关的理性行为也表明，当人们缺乏场所隐私时，他们会以保持沉默取而代之，此种替代的方式意味着，当人们面对更多观众（拥有更少隐私）时，他们倾向于采取更加规范的表达方式。

上述所讨论的证据（还可以进行多一点补充）显然没有在以经验为主的稳固根基上构建隐私的经济学理论。每一项证据都似乎有替代解释。在早期的隐私经济学研究中，我们可以说的是，即便没有经过系统的测量，经济模型肯定可以用于组织和解释多样化的、已被证实的现象。

六、名誉侵权的经济学

笔者先前有关隐私的文章主要关注隐私侵权。虽然长久以来，名誉侵权（口头诽谤和书面诽谤）所产生的问题与隐私侵权产生的问题并行，但是经济学分析能够帮助我们精确地厘清这两种侵权的关系。经济学分析还可以从名誉侵权频繁受到的指控的角度来进行评估，即名誉侵权在理论上被认为是侵权法最不完善的分支，因为它充满了神秘和非理性的差异，比如诽谤本身和实质诽谤之间的差异。② 正如我们即将看到的那样，虽然经济理论不能解释名誉侵权法的所有细节，但是它在解释名誉侵权法方面起着十分重要的作用。

名誉在市场系统（或者说在任何注重自主交易的系统）里有着重要的经济作用。它降低了买卖双方调查的成本，它让优质生产商比劣质生产商更容易提高自己的产品销量，这样一来，他们就可以将资源投放到最有价值的招聘里——这是市场系统的核心过程。名誉的经济作用不仅体现在显性市场里，它在诸如"婚姻市场"、友谊市场和政治市场里起到同样重要的作用。

因此，歪曲他人名誉是一个值得社会关注的正当问题。此种歪曲行为可以采取两种方式。一方面，一家公司或者一个人（这无关紧

---

① See, e.g., Freedman, Heshka & Levy, Population Density and Pathology: Is There a Relationship?, 11 J. Experimental Soc. Psych. 539 (1975).

② W. Prosser, Handbook Of The Law of Torts 737 (4th ed. 1971) (footnote omitted).

要）也许试图通过令人信服的失实陈述或者隐瞒自己不光彩的事务来获得他们原本不该获得的良好名誉。这种行为导致了本文和笔者先前文章中提到的"伪隐私"的诞生。另一方面涉及名誉侵权，即一家公司或者一个人可以通过损害某个人（或者某家公司）理应获得的良好名誉而达到歪曲他人名誉的目的。

我们可以通过广泛的途径来辨认或多或少地构成诽谤的因素。首先，如果我们知道某位公民的全部事务，那么我们就不需要从对其有限的了解中推断出他享有的名誉是好还是不好，而是可以从对其整体的了解中知道他的名誉，此时，诽谤是不会发生的，因为没有人相信诽谤。换言之，如果获取信息的成本很低，那么任何关于某个人或者某件产品的虚伪诽谤都会被人发现。在这些情况中，诽谤不需要付出代价。这意味着诽谤主要是相对现代化的问题，它几乎不会发生在部落或者乡村社会里；此外，原始社会里甚少提及诽谤这一点也支持了上述观点。① 然而，还有另外一个因素是，名誉作为诱导或者阻止交易的重要因素与现存完善的违约救济之间存在逆相关的关系。在缺乏此种完善救济的情况中，合同一方当事人为了保护自己重视合同的良好名誉所享有的利益是确保合同不会随意终止的唯一可靠保证。这就是"盗亦有道"不是自相矛盾的术语的原因，也许这也是原始社会将良好名誉作为核心价值的原意。合同的社会体制越不发达，公民因其不良名誉而遭受的潜在损失更大。

在一个紧密联系的部落或者村庄里，人们难以靠以后的行为来洗清污名。而在像我们身处的现代社会里，人们可以通过更换工作或者居住地轻而易举地修复自己的不良名誉。然而，此种移动可能需要付出巨大的特定人力成本，所以此种修复名誉的方法成本很高。此外，我们还需要考虑现代科技所造成的大范围诽谤言论的影响：电视媒体可以将对某位公民的名誉损害传播到全世界。

经过衡量上述因素后，有人可能会得出这样的结论：诽谤似乎是

---

① Defamation was a recognized wrong among the Nuer people of the Sudan, but, significantly, it is said to be "usually associated with false accusation of witchcraft" [P. howell, A Manual of Nuer LAWs7v0 (1954)] -a type of accusation whose falsity is difficult to detect among people (even if they lack privacy) who believe in witchcraft. To similar effect, see W. Goldschmit, Sebei Law 131-133 (1967).

最严重的社会问题,虽然在部落或者乡村的环境中,行为人难以令人信服地损害他人名誉,但是缺乏完备有效的合同机制也会让人们将信誉作为交往的重要考虑因素。与上述结论一致,我们发现,名誉侵权大量存在于晚期的罗马共和国,而非早期的罗马共和国。① 早期的罗马共和国的情况与部落社会的情况相似,而晚期的罗马共和国则被描述为刚脱离部落状态的社会。类似地,在中世纪英国,它也是刚从部落状态脱离的社会,诽谤行为显然得到蓬勃发展,尤其是在教会法庭里。随后,虽然侵权行为在某些方面得到更广泛的定义,但是随着各种防御措施的出现,包括限制针对受害人的诽谤言论的严格规则②,名誉侵权的定义的实用价值随之降低。

既然诽谤一位公民和诋毁一个竞争对手或者他的产品都是欺诈,那么问题是,为什么名誉侵权要比诋毁商誉的侵权发展更早且更完善呢?③ 有关欺诈的经济学文献能够回答这个问题。④ 经济学文献对两种概念作出区分,一种是"搜索"(search)或者"检查"(inspection)商品,这些商品的质量和适配度在出售之前已经确认,而"体验"(experience)商品的质量只有在使用过后(比如相机的持久度)才知道;另一种是"信任"(credence)商品,因为它们的质量难以评估,所以买家严重依赖卖家的诚实信用。当我们从搜索商品发展至信用商品时,买家对法律保护的需求会增多。在普通法上的商誉侵权法形成时期(也就是说,直到1914年的《联邦交易委员会法》颁布时),大部分商品都是搜索商品,因此,竞争者对利用法律保护商誉免受侵害的需求很少。然而,在那很久之前,公民已经变成了"信任"商品,与人交往取决于信任而非检查,公民对利用法律保护名

---

① See H. Jolowicz & B. Nicholas, Istorical Introduction to The Study 01 Roman Law 191, 273 (3d ed. 1972).
② See C. Fifoot, History And Sources Ofthe Common Law: Tort And Conmract 126 – 153 (1949); Veeder, The History and Theory of the Law of Defamation I, 3 CoLuas. L. R-v. 546 – 557 (1903); Helmholz, Canonical Defamation in Medieval England, 15 Am. J. Legal Hist. 255 (1971); Donnelly, History of Defamation, 1949 Wis. L. REV. 99, 100 – 101.
③ See American Washboard Co. v. Saginaw Mfg. Co., 103 F. 281 (6th Cir. 1900).
④ See, e. g., Darby & Karni, Free Competition and the Optimal Amount of Fraud, 16 J. LAW & ECON. 67 (1973); Nelson, Information and Consumer Behavior, 78 J. POL. ECON. 311 (1970).

誉的需求要远大于利用法律保护商品被诋毁的生产商的需求。如果 A 将 B 称为一个骗子，那么 B 的社交和商业伙伴可能没有与之进行深交，因而，他们不确定 A 的陈述是失实的。

将诽谤等同于诋毁商誉的做法似乎赋予诽谤过于商业化的气息，并且忽视了名誉侵权同时也保护"人格尊严"的利益。然而，名誉侵权不是为了保护内心安宁、自尊、其他"隐私"利益或者情感而存在的。这是"公开"的要求所体现的。诽谤必须被他人或者身边的人知道，否则，他人不能提起名誉侵权之诉。也就是说，诽谤必须降低别人对他人个性的看法，从而损害他人获得优势交易（社会或者商业）的机会。① 如果伤人的谎言没有损害他人的交易机会，那么他人就不能因此提诉。这个结果与以下的观点保持一致，即当公民的私人事务被披露，并且别人因此决定是否与其交往或者以什么样的条件与其交易，而让公民的感觉受到伤害时，隐私侵权不会为此提供救济。

名誉侵权和隐私侵权还在另外两个引人注目的方面存在交集：其一，如果 A 在与 B 的私人对话中诽谤了 C，而某个窃听者偷听到了这场对话，那么 C 不可能就诽谤提起诉讼。② 这是社会判断的逻辑推论，笔者已经从经济学的角度提出，为了保护有效的交流，对话的隐私应该受到保护。其二，在隐私侵权和诽谤侵权的情况中，他人能够就其信息被披露而提起诉讼的理由也不同，隐私侵权之诉要求"公开"信息③广泛地传播，而名誉侵权之诉只需要有一个人听到或者看到行为人对他人的诽谤就可以了。这种区分似乎有些随意，但是一旦我们理解了这两种侵权之间的经济关系，那么这种区分就显得有意义了。通常来说，隐私侵权之诉所涉及的都是真实的信息被披露（否则，就应该提起名誉侵权之诉）。当这种信息披露只发生在小圈子里时，这个小圈子通常是认识隐私受损的公民的人，这将带来社会收益：因为此种信息披露能够揭开该公民的伪装，而认识该公民的人能

---

① Restatement (second) op Torts § 559 (1976).
② W. Prosser, Handbook of The Law of Torts 774 (4th ed. 1971) (footnote omitted).
③ W. Prosser, Handbook of The Law of Torts 810 (4th ed. 1971) (footnote omitted).

够根据被披露的信息重新评估他们之间的关系。① 然而，如果公开被披露的信息，那么该信息的传播范围就可能超出上述的小圈子了，无论是目前未与该公民交往的其他公民，还是未来也不可能与该公民有实质交往的其他公民都会知道被披露的信息。如果向上述其他公民披露该公民的信息，那么此披露行为所起的作用就不是揭开公民的伪装，相比起公民有选择地展现自我，此种披露行为更像是侵犯公民的独处利益（但不是操控别人想法）。因此，公开的要求起到辨别信息披露是否侵犯他人正当利益的作用。诚然，向公民不认识的人公开其私人信息所造成的伤害会少于向与其有有利关系的人公开该私人信息。然而，后一种伤害对于拥有该信息的人来说是一种收益，因此，在这种情况中，保护公民隐私不可能产生净社会收益。然而，当某位公民的私人信息被陌生人知道时，陌生人从中获得的效益微乎其微，远远少于此种信息披露对该公民所享有的独处利益的伤害。换言之，虽然公开不是让某个隐私行为产生净社会效益的充分条件，但是它是必要条件。

然而，诽谤的情况恰恰相反。诽谤有可能在公民的朋友或者熟人圈子里造成最严重的社会危害。公民的谎言最容易让他在与朋友或者熟人交往时处于优势地位，当谎言被揭穿时，公民的朋友和熟人所受的伤害不亚于公民所受到的伤害，因为他们是与公民交往的人。诚然，他们比陌生人更容易辨认诽谤的真假，如果诽谤的成立需要具备公开的要件，那么此种公开的要求将会让许多代价高昂的诽谤不受法律的约束。

让我们来想想名誉侵权其他特征的经济合理性。名誉侵权是一种严格的侵权责任，行为人可能实施了合理的注意义务以免诽谤的发生这一事实与侵权责任的成立没有关系。在一个著名的案件中，一家科幻报纸的作者在其故事中偶然地使用了一个真人的名字——Artemus Jones。Jones就此向法院提起名誉侵权之诉，并且推翻了其邻居以为该故事是关于他的想法。② 从经济学的角度来看，严格责任和替代责

---

① See, e.g., Cullum v. Government Employees Fin. Corp., 517 MYM. W. 2d 317 (Tex. Ct. Civ. App. 1974).

② Jones v. E. Hutton & Co., [1909] 2 K. B. 444, aff'd, [1910] A. C. 20.

任（比如无责任或者过错责任）的选择主要取决于行为人和受害人避免损害的相关能力。Jones 不能采取任何措施来避免其名誉受损，而作者或者出版商本来可以调查现实生活中是否存在与小说中的恶棍相似的人物，或者至少他们可以增加与免责声明效果类似的声明，即"如有雷同，纯属巧合"。① 一般而言，名誉受损的他人无法合理地避免自己被失实陈述所伤，因此，将责任分配到他们身上无法取得有利的资源配置后果；相反，大部分失实诽谤可以通过行为人的合理询问来避免。在这种情况中，从经济学的角度来看，严格责任规则有其吸引力。因此，如果行为人仅仅传播了某次书面或者口头的诽谤，比如，一家报纸的经销商，那么只有当他因疏忽而没有看到作者的表达方式具有诽谤或者虚假的特征时，他才需要对诽谤他人承担责任。因为单纯的传播者阻止诽谤发生的代价高昂，所以对其适用严格责任在经济上缺乏正当性，即严格责任常常会基于"诽谤行为人"在避免诽谤发生方面拥有优势而不合理地将损失转嫁到"诽谤行为人"身上。

严格责任的另一个值得注意的例外情况是适用于群体诽谤的无责任规则，例如"所有律师都是奸诈之徒"。这个规则得到了几个经济因素的支持。诽谤对群体里单个成员的损害微不足道。群体诽谤和个人诽谤的区别就像是对一家公司进行诽谤和对该公司所在的行业进行诽谤的区别那样。在某个行业里，也许其他公司的产品可替代性很强，足以让单个公司的需求变得几乎完美的灵活，但是整个行业的需求也许是高度不灵活的，因为其他行业缺乏接近该行业需求的可替代品。如果人们相信"X 是一个奸诈的律师"，那么他们可能会更换其他律师，而 X 的业务会迅速下滑。然而，如果人们相信所有律师都是奸诈之徒，那么他们也无法做些什么，因为没有其他职业可替代律师。如果每个律师需要按照同样的比例承担由诽谤造成的业务损失，那么每个律师所承担的业务损失相对而言会小。

大部分群体诽谤在本质上都是令人难以置信的，如果诽谤针对的是群体的全部成员，那么该诽谤所造成的损害将是微不足道的，如果诽谤仅针对某些成员，甚至是针对大部分成员，那么这些诽谤对每位

---

① In Washington Post Co. v. Kennedy, 3 F. 2d 207 (D. C. Cir. 1925).

成员所造成的伤害也是微乎其微的。很少人会相信，所有律师都是奸诈之徒。然而，如果信誉诽谤的表述是"大部分律师是奸诈之徒"，那么某位律师的名誉可能会因此受损，因为他的客户或者潜在客户有可能将他视为占据多数的"奸诈之徒"而非少数的"非奸诈之徒"。最终，相比于只有一个成员的品格出现问题，当群体属性或者倾向出现问题时，判断诽谤的真假所花费的成本更大。

名誉侵权的另一个特征是死人不可能提起名誉侵权之诉，这个特征的依据是判断诽谤真假的成本过高。然而，这个特征也有另一种解释。名誉的经济功能就是促进交易。一旦交易者死亡，任何对其名誉的损害都失去了市场影响。换言之，个人名誉是一种不可转让的人力资本，因此，一旦死亡，此种资本也就消失了。不过，此种观点过于夸张：如果有人告诉我你的父亲曾经是一名盗贼或者破产者，而我相信犯罪基因能够遗传，那么我与你交易的意愿就会被削减。当已经死亡的祖先被称具有一些明显遗传缺陷或障碍时，法律允许子孙提起名誉侵权之诉来为最严重的诽谤情况提供救济。①

在名誉侵权法中，众所周知且备受责备的是证明口头诽谤（slander）和书面诽谤（libel）的证据标准不同。在口头诽谤的情况中，只要被诽谤者证明行为人的诽谤符合四种诽谤本质之一：犯罪行为、令人厌恶的疾病、女性不忠贞和不符合专业或者职业，名誉侵权之诉就不需要证明特定损害的存在，也就是说，不需要证明实际经济损失。在上述四种诽谤本质以外的诽谤情况，被诽谤者必须证明诽谤行为对他造成了实际的金钱损失，他才能提起名誉侵权之诉。在书面诽谤的情况中，提起名誉侵权之诉的要求就没那么局限。只有当从表面上无法确认书面诽谤的特定对象时，被诽谤者才需要证明特定损害的存在；如果外部事实对于确认诽谤对象是必要的，那么被诽谤者也需要证明特定损害的存在，除非行为人的诽谤行为符合上述其中一种诽谤本质的定义。

诽谤本质分类这个概念本身不应该受到责备。这种分类是一种常见的法律技术（例如，被广泛用于反垄断法），它可以通过权衡失误成本和细致检查特定案件中的信息来减少失误的成本来证明其正当

---

① See Developments in the Law-Defamation, 69 HAIv. L. R – v. 875, 893 – 894 (1956).

性。对诽谤本质分类的主要批评是，此种分类方法没有跟上时代发展的步伐。它在刚建立时有一定的积极意义。[①] 在传统社会里，如果一个女人被认为是不忠贞的，那么此种想法就会大幅度降低该女人结婚的机会，结婚是传统社会的女人最为重要的交往。如果一个人被认为有麻风病、梅毒或者瘟疫——即令人厌恶的疾病，那么无论他与其他人进行何种交往，这种交往的机会会大幅度降低；如果一个人被认为是犯罪分子，他与其他人进行交往的机会也会大大降低。最后，如果一个被认为无法胜任其工作，那么此种想法将直接影响到这个人参与对自己有利的市场活动的机会。诚然，在公民与其他公民进行交易时，其他类型的诽谤也会严重危害该公民参与优势交易的机会，但是只有当被诽谤的公民证明他遭受了实际的经济损失时，他才可以提起名誉侵权之诉。

从表面上看，名誉侵权法区别对待从表面上就能确定诽谤对象的诽谤和从外部事实才能确定诽谤对象的诽谤是具有经济意义的。为了将诽谤和预期被诽谤者联系起来，我们需要知道更多额外信息，以减少诽谤为被诽谤者与其潜在交易者进行交易时带来的劣势。然而，知道相关外部事实的人通常是被诽谤者认识的人，而忽略外部事实的人通常是目前或者将来都不可能与被诽谤者认识的人，因此，这些人不可能对被诽谤者进行诽谤。因此，外部事实规则被指责偷偷地在名誉侵权中增添了公开的要求，而正如前文所述，名誉侵权不要求公开诽谤的内容。

书面诽谤比口头诽谤受到更严厉的法律约束是合理的。诚然，存在一些另类的案件，比如一封寄到公共地址以吸引大量观众的私人信息，但是，暂且不管最近（在普通法的发展过程中）发生的涉及广播和电视的案件，一般来说，书面诽谤的受众要比口头诽谤的受众多，因此，它对公民造成的损害更大。诚然，虽然书面诽谤的受众更多，但是大部分受众都是陌生人，所以被诽谤的公民所受到的额外损失比较少。然而，出于同样的原因，陌生人一般比熟人更难辨别诽谤的真假，因此，被诽谤的公民所受到的额外损失也不一定少。此外，还有其他理由支持书面诽谤比口头诽谤受到更严厉的法律约束。首

---

① Veeder, The History and Theory of the Law of Defamation I, 3 CoLuas. L. R-v. 560 (1903).

先，正如我们在第四部分有关交流隐私的讨论那样，避免公民偶然的口头诽谤需要付出高昂的代价。如果公民需要小心翼翼地选择措辞，需要认真思考自己有关第三者的言论遭到误解的可能性，那么口头交流的效率将被削减。如果要求公民经过深思熟虑才进行书面交流，则公民所付出的代价相对较低，因为书面交流本来就是一个比口头交流更加深思熟虑的过程。公民避免在书面交流中出现诽谤所付出的额外成本要比口头交流少。①

书面诽谤比口头诽谤的影响力更加持久。即便书面诽谤的最初传播范围比口头诽谤的传播范围窄，它可以被保存下来并且在将来被其他人阅读，因此，书面诽谤的总体受众要比口头诽谤多。第三点与第二点有关，即书面诽谤要比口头诽谤更加让人信服，因此，它对被诽谤的公民造成的损害更大。这可能是因为人们通过书面交流获得准确信息的成本比口头交流更低，而获取不准确信息的成本更高，书面诽谤的影响力更加持久并且（可能）拥有更多的受众，读者希望通过阅读获取比聆听更加准确的信息，因此，他们更重视书面诽谤的信息而非口头诽谤。如果名誉侵权造成的损害是可计算的，书面诽谤和口头诽谤的差别会自然而然地体现在这些名誉侵权的案件中；不过正因为损害是不可计算的，书面诽谤比口头诽谤的证明标准更低才有意义。

如果仅仅因为公民经常被批评，法律就将诽谤内容是真实的作为绝对的抗辩理由是不公平的。② 如果行为人揭露的是他人的真实事务，而这些真实事务可能是关于他人性格的小缺陷或者早已被人遗忘的缺陷，那么这种披露对他人造成的伤害就超过了纠正他人名誉所依仗的失实陈述所带来的收益。法律坚决反对这种结果，而它的反应也与本文的经济学角度相符。法律为公民提供的保护不会超过其对商家提供的保护，而为了引诱别人与其建立对他有利的个人或者商业关系，商家会对产品的品质作出虚假陈述。

其他重要的诽谤抗辩理由与专栏特权（rubric of privilege）有关。这些抗辩理由在名誉侵权法中享有"附条件的"和"绝对的"特权。

---

① Donnelly, History of Defamation, 1949 Wis. L. REV. at 123–124.
② See Developments in the Law-Defamation, 69 HARV L. REV. 932 (1956).

只要行为人不是出于"真实的恶意",那么此种"附条件的"特权能够让行为人作出虚假和带有诽谤性质的表述;在实践中,这意味着只要行为人是真诚地,哪怕他不合理地相信自己所作出的表述是真实的,他就不用承担诽谤的责任。而所谓的绝对特权,是指即便行为人表露了真实恶意,他也不用承担诽谤的责任。一个典型涉及附条件的特权的例子是,一名雇主评论一名前雇员的性格;一个典型的涉及绝对特权的例子是,评论员对电影的批判。①

当行为人利用特权作出相关陈述时,特权能够降低其作出陈述所付出的成本。为什么法律愿意这样做?其中一个原因可能是,当一个人将某项活动的成本外部化时,该项活动的收益也会外部化,如果这个人被迫承担全部社会成本,那么他可能不会将此活动引领到社会最优点。这种技术也偶尔出现在普通法里。② 在雇主评论前雇员性格的情况中,雇主主要为了评论带来的收益而不是付出成本,如果前雇主需要为诽谤行为承担责任,那么我们可以预计他既不会对前雇员的性格进行评论,也不会对前雇员的性格作出消极的评价。诚然,如果将要招聘雇员的雇主希望获得前雇主的真实评价,那么他可以补偿前雇主需要承担的诽谤责任,或者雇员放弃他向前雇主提起名誉侵权之诉的权利。然而,无论是何种解决方式,与雇主对前雇员作出评价所带来的收益相比,它们的交易成本都是比较高昂的,因此,作为解决问题的实际途径,它们会抑制大部分雇主对前雇员的性格作出评价的行为。法律途径也许是最有效率的途径。

大部分涉及"附条件的"特权的案件与雇主对前雇员的性格作出评价的情况类似,但也不全然是这种情况。信贷机构将一种"附条件的"特权巧妙地命名为"信用诽谤"③,这种特权难以从经济学的角度去解释。信贷机构的活动的收益没有外部化,因为它收费的对象正是自己的服务对象。信贷机构所享有的"附条件的"特权是一种重要的异常情形,它为下文所讨论的隐私立法提供了重要的平台。

---

① In New York Times Co. v. Sullivan, 376 U. S. 254 (1964).
② See Posner, The Right of Privacy, 12 GA. L. Rev. 417 (1978); Landes & Posner, Salvors, Finders, Good Samaritans, and Other Rescuers: An Economic Study of Law and Altruism, 7 J. legal Stud. 83, 128 (1978).
③ W. Prosser, Handbook of The Law of Torts 790 (4th ed. 1971) (footnote omitted).

对绝对特权的批评建立在完全不同的基础之上,它不存在失实陈述。如果笔者说"Charlie Chaplin 是一个糟糕的演员",或者甚至说"Chaplin 不会演戏",笔者表达的是自己真实(有可能是愚蠢)的意见而不是陈述一件虚假的事实。如果笔者因为不喜欢这个演员才故意发表这种意见,那么笔者的意见也没有不真诚,也不会令人产生误导。只有当评论对某件事实作出虚假陈述,比如某些作者剽窃时,失实陈述规则才会发生作用。①

总而言之,名誉侵权的基本规则似乎与名誉侵权的经济学相一致。然而,这不是说经济学可以解释普通法中的每一个结果,而这些结果涵盖了众多不同的特征,这也许因为名誉侵权法存在两个历史渊源分支(口头诽谤侵权起源于中世纪教会法庭,而书面诽谤侵权起源于皇室法庭对抗煽动性作品的刑事审判)。② 在法律上,就像在消费者行为和其他经过经济学家研究的活动中,经济学在解释核心倾向方面比解释公民的决定方面更成功。

七、与隐私有关的立法运动

最近,许多有关隐私的州和联邦的法规被颁布。笔者先前的文章提到与隐私有关的立法曾经试图增加公民的隐私(这里的隐私指隐瞒私人信息),并且减少公司和其他组织,包括大学和政府机构的隐私。笔者提出,从效率的角度来看,这种立法是不正当的,因为隐瞒不光彩的个人信息几乎不是为了实现社会目的,而隐瞒公司或者组织的信息通常能够保护与企业隐私相关的激励功能,而不是操控别人的想法。③ 然而,笔者也同意 Rubin 教授的观点,即政府的隐私主张应该与私人商事企业的隐私主张分开讨论。

笔者希望进一步讨论用于保护公民隐私免受非政府机构侵犯的成文法。这些成文法大多是限制雇主获取潜在雇员的信息,或者限制出

---

① See Fitzgerald v. Hopkins, 70 Wash. 2d 924, 425 P. 2d 920 (1967).
② Enumerated and pungently denounced in Courtney, Absurdities of the Law of Slander and Libel, 36 AM. L. REV. 552 (1902).
③ See Posner, The Right of Privacy, 12 GA. L. Rev. 404 – 406 (1978).

借人获取潜在借款人的信息。① 在雇佣的情况中，重点在于限制雇主获取潜在雇员的逮捕记录、年代久远的过往经历或者"无关紧要"的犯罪前科。在信贷的情况中，重点在于限制出借人获取借款人（不良）的信贷记录。不同的州的成文法在细节方面有很大的不同，某个州可能只有涉及雇佣情况的隐私立法，而没有涉及信贷情况的，反之亦然。《联邦公平信用报告法》(Federal Fair Credit Reporting Act)禁止出借人询问潜在借款人发生超过14年的破产情况或者其他发生了超过7年不良的事实（包括逮捕记录和犯罪前科），或者因此拒绝贷款给借款人。这是直接规制公民隐私免受私人机构侵犯的最重要的联邦成文法。②

我们可以从几个方面来解释诸如上述成文法的法律。第一种是传统但是如今被许多律师和经济学家认为是不足以采信的方法，即假设成文法的制定是为了回应在"市场失灵"的情况中进行公共干预的正当性。这种方法在隐私权领域没有得到进一步的发展。因为雇主只需要对获得能够筛选出不合适雇员的信息付出相应的成本，并没有经济学上的理由去支持雇主要从雇员和求职者身上获取更多信息这个假设。正如前文所说，普通法的法官（除了加利福尼亚州的法官）拒绝承认公民享有隐瞒自己犯罪记录的权利，即便该犯罪记录发生已久，因为其他人可能对此披露的信息作出"不理性"的反应。在雇佣的情况中，此种主张是站不住脚的，因为竞争会让作出不理性雇佣决定行为的公司付出沉重的代价。正如前文所说那样，在信贷法中，普通法法院对信贷机构免于名誉侵权之诉责无旁贷。然而，正如州立法机构在其他领域中经常做的那样，解决这个问题的方法就是废除普通法授予信贷机构的豁免权。或者，如果涉及隐私的名誉侵权之诉不足以弥补名誉侵权带来的损失，那么因疏忽而收集或者传播虚假的信用信息也可能受到刑事处罚。然而，限制信贷机构收集和传播公民真实信息这一做法不是一个合适的解决途径。

---

① The statutes are listed and discussed in Reort or The Privacy Protecton Study Commssion, app. I: Privacy Law in the States (G. P. O. 1977).
② The Buckley Amendment (Family Educational and Privacy Rights Act, 20 U. S. C. § 1232g (1976).

假如不能以隐私市场失灵来解释隐私权法的制定，那么我们能不能以提高"歧视是不公平"的公民意识来解释呢？经济学家主张，许多种族歧视和性别歧视都只是信息代价的产物。① 这些成本导致人们仅根据十分有限的数据来作出判断，包括以某个种族的平均特征来判断该种族的个体特征。一场伟大的反歧视全民运动正在种族和性别领域出现，即便是在纯粹受到信息成本驱动的领域；也许我们可以主张，这场运动提高了公民意识，减少了他们再用粗糙的方法来筛选求职者或者借款者的概率。毕竟，根据某个简单的规则拒绝雇用有犯罪记录的求职者是一种歧视行为，因为经过仔细调查后，雇主可能发现此犯罪记录并不会让求职者无法胜任该工作②，正如因为黑人的平均就业质量偏低就拒绝雇用黑人那样。

简而言之，一开始对黑人（稍后出现）和女性的歧视激发了公众对受歧视者产生更广泛的同情，如今，每当有人不考虑公民的个人情况，而是根据某些普遍的假设拒绝与该公民进行对其有利的交易时，公众就会对该公民产生此种同情。隐私权法的"同情"理论的问题在于它深远且难以让人接受的影响。因为信息成本总是积极且高昂的，所以我们难以想象社会可以在不依靠某些标准（proxies）取代公民全面调查相关事实的情况下运行。如果我们对一个15岁的少年因破产判决而被拒绝获得新贷款感到遗憾，那么我们应该同样对一个年轻人因在标准化考试中没有展现自己真实的学术潜力而被拒绝进入大学感到遗憾。诚然，虽然我们的同情心如此强烈，但是如今教育的趋势越来越依赖于考试成绩。

另一种可能性是隐私权法是对某些利益集团比公众，或者说利他的公众更加团结而非松散所带来的压力的回应。许多立法的意图似乎

---

① See, e. g. , Phelps, The Statistical Theory of Racism and Sexism, 62 Am. ECON. REV. 659 (1972).

② An alternative rationale for facilitating the concealment of a criminal record, based on the rehabilitation goal of criminal punishment, is discussed and rejected in Right of Privacy, at 415 n. 46. See also Epstein, Privacy, Property Rights, and Misrepresentations, 12 GA. L. REV. 455, 471 – 474 (1978).

就是这样的。① 然而，无论是隐私权法还是其他"消费主义的"立法，受益群体看起来都缺乏了一个有效政治利益集团的特点。受益群体都是拥有犯罪记录或者不良信贷记录的公民。前者是偷偷摸摸的、不受人尊敬和无组织的，后者也没有团结形成利益集团理论所要求的有利于有效政治活动的集团。此外，拥有不良信贷记录的公民的数量可能比愿意支付更高利率以弥补因不能从借款人的信誉获得充足信息而造成不良贷款的公民的数量更少：笔者的意思是说，作为拥有最佳信誉的借款人，其他边际贷款的借款人更有可能享受低利率贷款。

在受到隐私权保护的集团中，黑人群体是一个毋庸置疑的有效利益集团，他们的政治影响在最近几年里似乎牢不可破。试想一下以下情形。因为在信贷和就业情况中，黑人的平均表现比白人差（不管出于何种原因），所以黑人在这些领域中遭到歧视。某些州政府（和联邦政府）颁布了禁止歧视黑人的法律。虽然雇主不得以种族作为判断求职者工作能力的标准，出借人也不得以种族作为判断借款人信誉的标准，但是他们会寻找其他替代标准，比如逮捕记录、犯罪前科、破产记录和判决等。他们这样做的原因不是他们想歧视黑人，而是他们希望筛选出不能胜任工作的人以及不能享有正常贷款利率的借款人（或者筛选出可以给予较低工资的求职者和适用较高贷款利率的借款人）。然而，如果种族是一项揭示雇主和出借人感兴趣的有关雇员和借款人基本特征的好标准，而其他替代标准（比如逮捕记录等）也同样是好标准，那么这些替代标准对同一种族的雇员和借款人所产生的影响几乎与种族标准是一样的。禁止歧视的法律将毫无实际意义。

在这种情形中，种族群体可能也会要求禁止雇主和出借人使用上述替代标准。诚然，如果禁止雇主使用逮捕记录作为就业标准，那么一个没有逮捕记录的黑人的录取机会可能会被一个有逮捕记录的黑人抢走，而如果出借人不能以破产记录作为贷款利率的判断标准，那么一个没有破产记录的黑人可能需要承担更高的贷款利率，因为出借人

---

① See, e.g., Jordan, Producer Protection, Prior Market Structure and the Effects of Government Regulation, 15 J. LAW& ECON. 151 (1972); Stigler, The Theory of Economic Regulation, 2 BELL J. ECON. & Management SCI. 335 (1978).

无法排除那些曾经破产的黑人（假设一个曾经破产的人在未来破产的概率会增加——这也是出借人关心破产记录的原因）。然而，既然那么多黑人借款人拥有不良信贷记录以及黑人求职者拥有逮捕记录，那么法律取消阻碍他们获得贷款和工作机会的障碍会让更多黑人受惠，而不是损害他们的利益。

我们可以通过实证分析来检验这一假设，即比较颁布了人权法的州和颁布了信贷和就业隐私权法的州。Landes 在 1968 年进行的有关就业歧视的研究表明，美国有 29 个州颁布了禁止雇主种族歧视的法律（至少有相关的执法机构），其中 21 个州在 1964 年的《联邦人权法》颁布之前已经颁布了相关的法律。① 隐私委员会在 1977 年的研究表明，已经有 8 个州颁布了法律来保护私营机构的雇员和求职者的隐私。② 其中有 6 个州（75%）同时也属于上述 Landes 的报告中拥有反歧视执法机构的 29 个州，有 5 个州（63%）属于很早开始颁布反歧视法律的 21 个州。因此，颁布反歧视法律的州似乎比没有颁布此法律的州更有可能通过雇员隐私法（前者通过的概率是 58%，后者是 42%）。

在信贷的情况中，上述分析将会变得复杂，因为联邦政府早于州政府颁布了关于反歧视（《平等信贷机会法》）③ 和隐私（《公平信用报告法》）④ 的法律。然而，如果我们继续沿用 Landes 的研究寻找民权运动更为激烈的州，即便这些州没有颁布明确的信贷法，那么就有 11 个州⑤采取了比《联邦公平信用法》更严格的信贷隐私保护措施，

---

① Landes, The Economics of Fair Employment Laws, 76 J. POL. ECON. 507, 507 n. 1 (1968).
② The statutes are listed and discussed in Reort or The Privacy Protection Study Commission app. I: Privacy Law in the States at 17 – 19 (G. P. O. 1977).
③ 15 U. S. C. § 1691 (1976).
④ 15 U. S. C. § 1691 (1976). Incidentally, the legislative history of this important privacy statute indicates a concern that unregulated disclosure of adverse information to creditors could have a disproportionately adverse effect on blacks. See Fair Credit Reporting: Hearings on S. 823 Before the Subcomm. on Financial Institutions of the Senate Comm. on Banking and Currency, 91st Cong. , 1st Sess. 129 – 132 (1969).
⑤ The statutes are listed and discussed in Reort or The Privacy Protection Study Commission app. I: Privacy Law in the States at n. 47 (G. P. O. 1977).

其中9个州（82%）出现在了Landes的研究名单中，6个州（55%）属于上述早期颁布法律的21个州。这就是采取更严格的反歧视政策的州要比没有采取此政策的州更有可能通过隐私权法的进一步证据。

笔者通过另一组略有不同的数据来进行另一项实证研究，这组数据是由Robert Smith编制的有关州和联邦隐私权法最新和最全面的数据。① 他将隐私权法划分成15个种类，并且在每个种类中标记出颁布了该种类的隐私权法的州（或者哥伦比亚特区或者联邦政府）。然后，他利用Landes的数据将各个州（包括哥伦比亚特区）划分为在1964年以前颁布《公平就业法》的州、在此以后颁布该法的州，以及没有颁布该法的州（在Landes的研究所覆盖的期限内），我们可以看到，平均有6.9个州在1964年以前颁布隐私权法，6.5个州在此之后颁布，6.3个州没有颁布隐私权法。虽然上述差异在意料之内，但是它们之间的差距很小，也许部分原因在于Smith所编制的15种隐私分类包括太多与黑人直接利益没有明显关系的内容，比如窃听和信息自由。如果我们将注意力集中在3种与黑人利益明显相关的隐私分类——逮捕记录的隐私、信贷信息的隐私和就业记录的隐私，那么我们可以看到在1964年以前颁布了相关隐私权法的州只有1.10个，在此之后颁布的只有1.00个，而没有颁布相关隐私权法的州有0.78个。②

虽然上述研究的结果表明（虽然统计数据没有达到预期的显著性），人权法和隐私权法之间存在联系，这些研究结果没有为前述利益集团理论提供明确的支持，因为它们支持的假设是人们的同情心导致反歧视法和隐私权法的诞生——但此种同情心针对的是黑人，而不是拥有不良信贷风险的人和前科犯，等等。区分这些可替代假设的途

---

① R. Smith, Compilation Of State And Federal Privacy Laws 1978－1979 (1978).
② The federal government is not included in these statistics. In the 15－category analysis the federal government's "score" is 9, considerably above the average of the early enacting states, but in the 3－category analysis the federal government's score is 1, identical to that of the late-enacting states-which makes sense since the date of the first federal civil rights act of modem times-the Civil Rights Act of 1964－was used as the break point to divide the early-from the late-enacting states. Sources: Robert Ellis Smith, Compilation of State and Federal Privacy Laws 1978—79, at 2 (1978); U. S. Bur. Of The Census, Statistical Abstract of The United States: 1977, at 31, 35.

径是调查隐私权法的出现和黑人以及西班牙裔人数（这两个是最可能从隐私权法中获益的少数族群）之间的相关性。如果此种相关性是正相关，那么我们有理由相信隐私权法的出现与利益集团的需求相关；如果是负相关，那么它就与同情心相关（因为同情心的成本越低，收益越小）。如果不存在任何相关性，那么这就说明隐私权法的出现与利益集团和同情心都没有关系。

表1试图阐释此种相关性。50个州被划分成四类，分别是颁布了3种相关隐私权法的州，颁布了2种相关隐私权法的州，颁布了1种的州，以及没有颁布相关隐私权法的州。然后算出每种分类中，黑人和西班牙裔占各州总人数的未加权平均百分比。① 在表1中，我们可以看到，随着州政府颁布相关隐私权法的数量上升，该州拥有黑人和西班牙裔的人数就越多。

表1　州政府所颁布的隐私权法数量与黑人和西班牙裔占该州总人数的百分比

州政府所颁布的隐私权法数量 （州数量）	黑人和西班牙裔占该州总人数的百分比 （平均百分比为9.2）
3 （3）	13.1%
2 （7）	10.7%
1 （24）	8.7%
0 （16）	8.5%

---

① As my measure of the Hispanic population, I used Mexican parentage. This measure tends to bias the results in Table 1 against the interest-group hypothesis, since it excludes both Puerto Ricans (heavily concentrated in New York State, which is in the second-highest privacy category), and Mexican-Americans whose parents were born in this country (heavily concentrated, judging by the distribution of the population having Mexican parentage, in four states of which three are in the two highest privacy categories).

因此，虽然看起来有点让人感到惊讶，但是本文所进行的实证研究为"重要的隐私权法也许与黑人和西班牙裔群体利益相关"这个假设提供了一些支持。然而，这种支持是薄弱的。每一项研究结果单独来看都不具有统计学意义。诚然，虽然整体数据都指向同一个方向，但是整体数据的统计学显著性要大于每项结果自身的统计学显著性。然而，实证研究所依据的样本并非完全独立的，整体样本对数据分析所起的决定性作用是难以估计的。结论需要由其他统计检测结果做进一步的补充。① 总之，本文这个部分所提供的数据只能起到参考作用。

虽然本文所采取的分析方法没有将隐私权运动视为由政治利益集团活动引发的单一现象，但是当一系列隐私权法突然出现时，此分析方法试图将这些法律解释为受益的利益集团的产物，而笔者不认为此方法在原则上存在任何问题。从政治需求的角度来看，我们没有理由假设隐私权运动是一种单一现象。诚然，笔者曾经表示，公民对隐私日益增长的需要（因为隐私是优等物品）以及电子监控技术和电子数据存储及检索技术的发展所导致的隐私侵犯成本下降可能与隐私的立法运动有关；然而，在本文所讨论的特定隐私立法中，这个解释并不可行。从整个社会的角度来看，限制雇主获取雇员信息以及限制出借人获取借款人信息甚至不是一场零和博弈，这是一场负和博弈，因为暂且不说普通法可以通过赋予特定的信誉诽谤者豁免权或者扩大政府官员因错误逮捕承担的责任来更好地纠正某些偶发性失误，对于整个社会而言，限制雇主和出借人获取信息的法律将增加社会欺诈的风险、提高信贷利率以及降低商业生产力。然而，随着公众的收入逐渐提高（将隐私的需求曲线移向右边）以及侵犯隐私成本日益降低（将隐私的供应曲线移向左边），公众对隐私的需求更广泛，因此，限制政府执法人员保留和传播公民私人信息的成文法规日益严格也是对公众需求的回应，正如我们所看到那样，不存在任何假设认为政府侵犯公民隐私可以达到最优点。

---

① Claire Friedland reran the correlation reported in Table 1 with certain modifications in the statutory classification and using a different measure of Hispanic population. Her results were qualitatively similar to mine and statistically significant.

八、政府与隐私

正如 Rubin 教授所指出那样，笔者先前的文章出现了某些偶然的错误，即认为政府是隐私的持有者也是侵犯其公民隐私的入侵者。笔者在该文章中提到，作为隐私的持有者，政府应该像私营企业那样，它的交流和"创新"事实（如果有的话）应该免于非自愿的披露。至于作为公民隐私的入侵者，笔者认为，职业流动性增强和城市化等都导致了政府对公民的信息掌握得越来越少。Rubin 提出了两个重要的观点：其一，政府隐瞒信息的动机与私营企业不同，政府希望选民不要知道自己的运作已经出现问题；其二，随着政府承担越来越多的角色，它不仅是税务官和雇主，而且是社会保险人，它已经比以前掌握更多的公民信息。笔者接受上述观点以及该观点所暗示的，政府的隐私主张和它对公民隐私的侵犯不同于私营机构的主张和侵犯，所以两者不能混为一谈。这是一个至关重要的观点。那些希望限制诸如信贷机构和私人雇主等私营企业和机构收集、保留和传播信息的人经常以政府侵犯公民隐私（或者夸大政府所享有的隐私）的例子来支撑他们的观点，而没有承认政府在私人领域实施的行为所产生的问题是不同于非政府实体实施的行为的。

例如，政府的隐私主张不仅不同于私人实体的隐私主张，还通常比较薄弱。本文上述的一种隐私利益——"隐匿"则不适用于政府机构或者主要官员。无论是被选举还是被任命，现代政治家不可能是一个处于退隐状态的人，即便他可能需要偶尔的祥和与宁静来筹划他的工作。[①] 另一种隐私利益——"创新"也几乎不适用于政府，因为基于国内外安全的考虑，政府不能参与企业活动。有时候，政府会发现它成为某些私人信息的保管者，因为在进行数据统计或者执法活动时，它会获得某些公司的商业秘密。在这种情况中，虽然政府名义上主张其享有隐私权，但是此种隐私权的实际所有人是私人实体。[②]

[①] To be sure, politicians' very lack of privacy may result in a self-selection toward people lacking much sense of privacy.

[②] This is not to say the government may not have a strong incentive to preserve the privacy of such information: the costs of collecting income tax are inversely related to the confidentiality of income tax returns.

法律不仅需要保护政府在安全和获得的私人实体信息方面的隐私,还需要增加对政府交流隐私的保护。诚然,如果政府的交流被公开,那么政府交流的效率以及政府履行其义务的能力都会受到损害。然而,如果将政府的交流效率定义为减少实施政府政策的成本,那么它也不是一个纯粹的优点;如果此种交流效率是一个纯粹的优点,那么分权原则就不会被政府采纳,因为从狭义的角度来说,分权原则是缺乏效率的。① 公开政府的交流以阻止它作出对公民不利行为的价值要大于政府效率降低所带来的成本,不过笔者不会试图评估这个比重。

接下来,让我们讨论政府如何窥探其公民的交流和秘密。在某些领域中,政府对信息的需求与私人实体的需求是类似的。例如,政府是一个大雇主,他对审查潜在雇员的背景享有正当利益。然而,作为雇主,政府比私人机构对潜在雇员的信息量方差的要求都会更高,而且不同职位对潜在雇员的背景审查要求不同。对于某些职位,尤其是联邦政府的职位,即便雇员需要承担的责任相同,政府也会比私人雇主对潜在雇员的背景和人际关系等信息进行更详细的审查。而对于其他职位,政府可能比私人雇主对潜在雇员的竞争力或者个性的要求更低。公共机构对潜在雇员的信息量方差的要求更高的原因在于公共招聘是一项政治活动,而不是纯粹的履行机构职责的途径,只有效率因素的考虑会对雇员的背景审查产生细微的影响。

大部分认为政府爱管闲事的争论都涉及政府执法人员履行执法职能的实践。笔者认为,政策的主要问题在于被执行的法律的实质价值。如果一项被禁止的行为的反社会性越明显,那么公民会越乐意政府执法人员通过窃听、卧底、审讯、搜查和其他方法来获得此行为的私人信息。不管是古罗马政府,还是纳粹德国政府,抑或是苏联政府,当政府执法人员利用卧底或者其他监控方式来辅助执行不受欢迎的或者侵犯公民权益的法律时,他们的行为是最受公民谴责的。② 此外,政府执法人员过度窥探公民信息的行为与其受到公众监管的程度不成比例。如果政府只对很少的隐私行为感兴趣,也就是说,政府必

---

① See generally R. Posner, Economic Analysis Of Law at 492 – 493 (2d ed. 1977).
② On Rome, see A. WESTIN, supra note 53, at 50, 52 – 53.

须对避税行为施以强制措施,它的唯一实质考虑是防止实施(外部或者内部)强制措施的需要,那么政府用于揭露反社会活动的手段就会变得极其有限(在紧急时期,人们可能会接受某些极端手段)。只有当政府执法人员干预私人出于自愿而实施的行为,比如喝酒、吸毒、借高利贷、嫖娼或者参与敏感的政治讨论时,它利用监控技术辅助执法的行为才会变得压抑。

上述言论也许可以被视为对公诉机关获取证据或者线索的三种备受争议的方法的讨论,这三种方法分别是:电子窃听,使用卧底和刑讯逼供。

(一)电子窃听

如果电子窃听技术能精确地针对涉及不法行动的交谈,那么此项技术所受到的质疑就会更少。诚然,正如本文第四部分阐释的那样,窃听技术增加了交流成本和降低了交流的效率;然而,一旦证实窃听内容是涉及公众反感的非法活动的对话,窃听技术增加交流成本和降低交流效率这一点就从缺点转变成了优点。类似的例子还有扣押违禁品,它是争议最少而且最可能得到《美国联邦宪法第四修正案》许可的搜查和扣押形式。如果政府执法人员窃听的内容只能披露已经发生的犯罪活动,那么它受到的争议会相对大一点,就像是政府执法人员扣押的证据只能揭示已经发生的罪行,而非违禁品和毒树之果那样,正如本文第四部分所主张的那样,在这种情况中,窃听的主要影响仅仅是引导犯罪分子在实施违法活动时更加小心,以免留下痕迹。

然而,窃听不能准确地针对特定的犯罪阴谋,它还会截取其他对话。此外,为了达到充分效率,政府执法人员不仅需要对明显是犯罪分子的人实施窃听行为,他们还需要针对某些犯罪嫌疑人实施窃听行为,而其中部分犯罪嫌疑人是无辜的,如果犯罪是显然易见的,那么窃听的价值就会削弱——除非它发现新的犯罪嫌疑人。因此,为了执法目的,窃听就成为阻碍交流效率的一个实质而且成本高昂的手段。然而,政府的执法范围是评估其监控手段的重要考虑因素。有限政府会比如今的政府更少使用电子监控,因为它对犯罪嫌疑人的定义更狭窄。苏联政府窃听知识分子的电话和我们的政府窃听"婴儿掮客"(baby brokers)以及高利贷的电话是合理的,但是依靠私人市场而非政府规范公民行为的政府没有理由窃听公民的电话。

(二) 卧底

卧底通常都是讨人厌的,因为他们帮助政府执法人员实施干预私人自愿行为的执法活动。这些法律是"没有受害者犯罪"的来源,它的执行需要安插卧底,否则就没有一个告密的证人了。卧底在交流中所起的作用与电子窃听一样。在古罗马,正如前文所述,富人的仆人通常会被警察收买来监视他们的主人。因为警察主要寻找颠覆政权言论的证据,所以富人的仆人与现代极权国家使用的窃听技术所起的作用是一样的。虽然卧底和窃听技术所起的作用类似,但是如果政府执法人员在犯罪嫌疑集团中安插卧底的行为缺乏宪法或者成为法的约束,那么此行为难以与受到额外限制的电子窃听技术保持协调。①

(三) 自白

《美国联邦宪法第五修正案》规定,任何公民不得自证其罪。这一条文让刑事被告有权不表明自己的立场,被询问的证人有权不提供让自己陷入犯罪指控的证言。《美国联邦宪法第五修正案》还禁止在刑事庭审中公开被告在受到酷刑或者其他胁迫的情况下作出的自白。在支持不得自证其罪的众多主张中,最常见的就是法律有必要避免公民在受胁迫的情况下作出虚假自白。然而,反对意见认为,公民的自白应该是被证实的或者独立验证的。

在不超出本文讨论范围的情况下,笔者建议,不得自证其罪的存续期间应该与政府对公民的管控范围有关,而在真正的有限政府的体制中,不得自证其罪的特权就失去了其存在的意义。简而言之,笔者建议将 Bentham 关于有限政府的提议与其废除不得自证其罪的特权的主张联系起来。在只有少部分主要的胁迫行为受到惩罚的体制中,要求公民的自白被证实这一点大大有助于消除反对强迫自证其罪的特权。然而,事实上,政府倾向于对大范围的行为进行惩罚,甚至包括对政府怀有敌意的行为以及拒绝遵守特定宗教信仰的行为。政府执法

---

① This is a major theme in Stone, The Scope of the Fourth Amendment: Privacy and Police Use of Spies, Secret Agents, and Informers, 1976 Am. Bar Found. RES. J. 1193.

人员对公民造成的侵犯是如此虚无缥缈，即使从理论上，我们也无法证实政府执法人员实施了侵犯公民利益的行为，因此，如果法律允许逼供，那么我们也没有外部力量能够证实供词的真实性，① 正如斯大林清洗运动中受害者的供词那样。一直到布莱斯通时期，英格兰人民都不得想象国王的死亡，否则就是死罪。不得自证其罪的特权出现在英格兰的原因显然是为了反对皇室法庭或者其他涉及政治和宗教罪行的法庭的程序。总之，法律所赋予公民的特权应该更少地关注如何维护程序正义的理念，而更多地关注如何完善诸如宪法和《权利法案》等限制政府对公民信仰进行监管的条文。

---

① See E. Griswold, The Fifth Amendment Today 8-9 (1955).

论隐私权

劳埃德·L. 维因雷布[①]著　魏凌[②]译

目　　次

一、隐私权的定义问题
二、自治性隐私权
三、信息性隐私权
四、隐私权是否来源于惯例

一、隐私权的定义问题

笔者在本文将要探讨的问题是，隐私权究竟是否存在？这不仅仅是指探究法律性隐私权在美国是否存在，更具体而言，是指宪法之上的隐私权是否存在？许多一般的法律权利和具体的宪法权利都可能采用此种方式进行描述，美国联邦最高法院也在处理案件时曾经提及，《美国联邦宪法》里面暗含着一个一般隐私权。笔者在本文所谈及的问题也不是他人是否享有应受尊重的道德性隐私权的问题。笔者认为，在许多情况下，尊重他人所享有的隐私权将产生利益，如果是这样的话，那么他人所提出的所有关于隐私权的主张都应该得到尊重。相反，笔者的问题在于，他人是否享有非基于制定法之上的隐私权？也就是说，他人所享有的隐私权之所以应当被尊重，并非是由于考虑任何好的或坏的结果，而仅仅因为它是一个权利。

接下来，笔者认为，理所当然的是，尽管权利都有规范的表达方式，但是权利的存在是一个事实问题。例如，当需要确定某个特定的

[①] 劳埃德·L. 维因雷布（Lloyd L. Weinreb），美国哈佛大学法学院教授。
[②] 魏凌，中山大学法学院助教。

法律权利是否存在时，这一事实问题是由制定法来回答的。不过，法律回答的是该权利是否存在，而不是该权利是否应当存在。类似地，隐私权是否在法律上独立存在是个事实问题，这一问题因不同的情况而有不同的回答。所有人类权利的依据都是自治，自治是指自由和承担道德责任的能力，此种能力将人类与其他物种和物品相区分并同时作出了限定，只有享有自治，才能被称之为人。人类作为人而享有的权利仅仅是指责任的状态，这一命题直接来源于"人是自治的"这一出自经验的无可非议的结构性事实。笔者承认，这些命题都让人难以理解且充满争议。笔者已经在其他文章中对这些命题进行了详细的解释和辩护，在本文中，笔者也将基于这些观点展开论述。如果隐私权确实存在，那么，人们通常都会承认隐私权和自治之间的紧密联系，读者也许会接受此种联系，起码暂时人们不会尝试去解释和证明这一普通的观点。

由于聚集了各种各样极其不同的诉求和观点，所有围绕隐私的主题都非常混乱。这些主张主要有如下几种：人们对隐私的渴望是出于自然的和基本的人类特性；隐私权是指许多个法律权利，又或者隐私是指一个足以包括多种特定形式的包罗万象的法律权利；隐私本质上是一种利益，又或者隐私通常产生利益。值得引起我们注意并且一直都没有被厘清的问题是，作为权利的隐私权不是基于制定法而产生的，它是来自于特定的法律权利。例如，在 Griswold v. Connecticut 一案中，William O. Douglas 大法官认为，已婚夫妇享有在他们的卧室使用避孕措施的宪法性权利——隐私权，这一权利存在的时间比《权利法案》还要早。尽管 Douglas 大法官援引了某些之前的案例作为证明隐私权存在的证据，但是他并未指出隐私权的渊源来自何方，究竟隐私权是来自某些位阶高于《美国联邦宪法》的法律，还是来自悠久社会的传统，又或者是来自其他地方？不过，毫无疑问的是，在任何意义上隐私权都不仅仅是来自制定法。自 Griswold 一案以来，隐私权已经成为学者或法官对待宪法态度的试金石，从他们对隐私权的态度中，我们可以看出他们究竟是自由的还是保守的；是积极活跃的还是墨守成规的。隐私权是否存在的问题和宪法是否保护隐私权的问题并不相同。人们可能会相信隐私权的存在，但是这并不代表他们认可隐私权也体现在《美国联邦宪法》之上。当然，笔者在本文中仅仅关注隐私权是否存在的问题。

　　这一问题并不只是隐私权的概念是否清晰的问题。归根结底，我们需要明白，他人所提出的不同的隐私主张的依据或来源是什么？一些人将隐私视为法律权利，另一些人则不这样认为，他们也许是基于以下的观点：隐私权是否超出了惯例，无法衡量自我行为和利他行为之间的区别，又或者，更为狭窄的观点是，隐私权是指普通人基于某些原因想对其他人隐藏或隐瞒自己的某些信息。隐私利益也许来自上述的某个观点，作为社会政策问题，隐私利益也可能是隐私权作为法律权利的充分根据。即便隐私权已经被证明是合理的法律权利，它也不足以去对抗以下的观点，这就是，惯例是多余的，它们应当被丢弃，重大利他行为的重要性被忽视或低估。从本身并不令人反感的理论上所获得的信息通常在使用时都是可获得的。即便法律权利经得起上述观点的考验，在面对隐私主张时它也不一定能抵挡。当惯例成形且要求为自己的扩张寻求正当性时，它们往往通过立法实践的方式进行延伸。技术进步和新信息打破了利己主义和非利己主义之间的平衡。曾经作为实际问题的机密信息现在被有效地生成、收集和传播，此种方式既打破了旧的惯例，也赋予想要获得信息的人的正当性。无论如何，如果我们需要对他人享有的隐私权进行保护，那么隐私权仅仅作为一个偶然性的法律权利看起来似乎是不够的。

　　在此种情况之下，人们可能会向某些版本的自然权利求助，人们总是习惯于相信自然，因为它更为坚固和持久，然而，此种方法已经被证明很难维持，用此种方法解释隐私权甚至比其他大多数的自然权利的观点都更为艰难。一方面，隐私的主张在某些地方被视为基本主张，但是在另外某些地方则不是，在不同的社会，隐私的诉求也不同。另一方面，尽管某些隐私获得了法律认可，但是，它们似乎只是偶然存在的，并且它们为了特定的目的被普遍的自然所掩盖。尤其是谈及信息隐私，人们很难在自然秩序中为他人的信息性隐私权找到忽视其他人的权利基础，即便这些信息关于他人的某些信息。

　　在将隐私权视为自然权利的方法失败后，人们又提出了一个看似更有前途的分析方法，这就是，将隐私权视为他人所享有的民事权利。正如 Douglas 大法官在 Griswold 一案中所陈述的那样，隐私权存在某些与民事权利相符的特性。尽管隐私权在不同的社会中有着明显

第四编 隐私权的其他界定 485

的不同,但是,隐私权得不到尊重通常也是用来批评制定法的一个理由。一般的民事权利通常以某些方式表现出其客观有效性,隐私权也同时具有描述性和规范性内容。"某件事是私密的"既是对事实的陈述,也是指隐私应该是怎样的。因此,隐私似乎正如笔者在自己的另一篇文章《何为民事权利》中所说明的那样,"隐私占据着自然权利和制定法上的法律权利之间的模糊地带"[1]。那些为了保护隐私权而将其视为民事权利的做法,并不仅仅是将隐私权作为理想的社会政策问题,而是撇开社会利益的考虑,将隐私权视为应当获得法律承认的权利。当然,如果隐私权是一个民事权利,那么将其视为民事权利的依据还没有显现出来。

  隐私最大的问题在于它是如此的难以捉摸。任何事物都可以是隐私:人、场所、事物、行为、言语、思想、情感——正如 Seinfeld 所言,"无论何物都可成隐私"。什么事物会加入和变成隐私并不明显,一位退休的学校教师,一个家庭小宅,一个螺丝扳手,在洗澡时唱歌,对仁慈的咒骂,隐忍的愤怒,等等,都在隐私的大范围之内。显而易见,隐私与某些特定的人相关,不论隐私是什么,他人所受到威胁的隐私与事物无关,但是与某个人有关。然而,究竟隐私与人之间的联系是什么还尚不明确,除非此种联系就是隐私本身。隐私很容易被假想为他人反对行为人监管利己主义的行为,Mill 也曾用隐私来作为保护自由的基石。[2] 人们很容易将隐私视为自由的一方面,政府在收集公民个人数据方面所作的努力通常被视为侵犯公民自由的行为。隐私可能包括他人将自己遮挡起来以便与别人分开。隐私并不是指隐居,隐私只有在与其他事物相联系时,它才会出现问题。某些特定的活动,大多数性行为和身体行为都是秘密的或不寻常的,这些活动也都属于隐私的范畴,但是在此种情况之下,比起像个特权或权利,隐私更像是一种义务。在隐私这个大杂烩里较为突出的是信息性隐私,它是指他人控制别人知道与自己有关的某些信息,信息性隐私包含各

---

[1] Lloyd L. Weinreb, "What Are Civil Rights?" in Ellen Frankel Paul, Fred D. Miller, Jr., and Jeffrey Paul, eds., Reassessing Civil Rights (Cambridge, MA: Blackwell, 1991), 2.
[2] John Stuart Mill, On Liberty, in Mill, Utilitarianism, Liberty, and Representative Government (New York: E. P. Dutton, 1951), 81-229.

种各样的形式。行为人侵犯他人信息性隐私权的行为可能涉及如下行为，如行为人未经他人的同意观察或窃听与他人有关的某些信息，在此种情况之下，隐私的概念也同样涉及遮蔽物。更进一步而言，侵犯信息性隐私权的行为包括多种方式，行为人未经他人授权，行为人获得或者收集或者散布有关他人的信息，即便行为人实施的行为并未真正侵扰他人。唯一的事实是他人不想让信息被别人知晓并不等于该信息是私密的。除了信息具有隐私性之外，行为人侵犯他人的隐私信息可以不是秘密的、令人尴尬的或非比寻常的，换句话说，任何信息都有可能成为他人的隐私，只不过，什么样的信息属于他人的隐私仍然尚不清楚。

　　隐私权在法律上的权利内容必须更明确。法律所保护的隐私并不都是同种类型的。民法保护他人的财产权，使他人的不动产或动产免受行为人的侵入和侵占，刑法禁止盗窃行为及偷盗行为，它们都是证明隐私与财产存在联系的最好例子。但是，这里也存在其他形式的隐私与财产一点关系也没有。有学者曾经质疑，隐私权是否存在独立的法律概念，法律对隐私权提供的保护难道不是基于某些保护财产和人的权利？[1] 如果我们确实存在此种需求，那么至少正确的是，隐私权应当与某些保护财产和人的权利之间存在一笔好的交易，不仅是为了自己的定义，还有为了获得法律对自己的保护。另一方面，当 Samuel Warren 和 Louis Brandeis 写下有关隐私权的开创性文章时，他们就明确地表达出自己的观点，将看似在不同领域的相互区分的法律权利视为一个共同的隐私权是一种更好的做法。[2] 在 Griswold 一案中，Douglas 大法官在四个不同的美国联邦宪法修正案中发现了隐私权的踪迹，此外，他还在一系列涉及宪法的处理和孩子的教育问题的司法判例中也发现了隐私权的影子。不论隐私权是一个或者多个，如果隐

---

[1] See Judith Jarvis Thomson, "The Right to Privacy", Philosophy and Public Affairs 4, no. 4 (Summer 1975): 295 – 314; reprinted in Ferdinand David Schoeman, ed., Philosophical Dimensions of Privacy: An Anthology (Cambridge: Cambridge University Press, 1984), 272 – 289.

[2] Samuel D. Warren and Louis D. Brandeis, "The Right to Privacy", Harvard Law Review 4, no. 5 (December 1890): 193 – 220; reprinted in Schoeman, ed., Philosophical Dimensions of Privacy, 75 – 103.

私权所有千变万化的形式都被考虑在内,那么法律性隐私权,更多的是隐私的概念本身,在躲避着普通的分类。例如,他人所提出的隐私权主张可能有部分是基于财产法,也即基于《美国联邦宪法第四修正案》所提出的。① 此外,他人所提出的隐私权主张还有可能是基于限制特定行为的侵权法提出的,例如禁止对他人进行不受欢迎的商业利用。当然,他人还有可能同时基于财产法和侵权法提出有关隐私权的主张,例如,行为人有形或无形地侵入由他人占领的不动产之上或之内。隐私权似乎一直都在保护公民的私人生活免受政府官员的侵犯。当然,隐私权也号召政府阻止行为人侵犯他人的私人生活。

毫无疑问,如果还不确定隐私权究竟是个什么权利,那么将问题重重。如果隐私权的概念需要符合各种各样的特定具体的隐私形式,那么问题将变得更为复杂。大多数情况下,人们将隐私视为属于某人的利益。意料之中,隐私的这两个特性——"利益"和"属于人所有"更容易使其转化成一个权利。权利的光环将围绕隐私的所有方面,独立的、完全抽象的隐私权概念受到吹捧,此种概念与隐私的特定形式无关,只是作为个人自治的一种反映。笔者将在本文的第二部分详细介绍隐私的这一抽象概念。通常,讨论具体的隐私权更多的是集中在信息性隐私权的情况之下。他人与别人隔离,包括性行为和身体行为的隐私,这些内容通常都包含在与隐私本身毫无关系的私有财产的内容之内。一般而言,人们通常不会将利己主义的行为视为隐私问题,而是将其归于与自由有关的问题。Douglas大法官背离了这一点,显然是因为他不赞成"实质性正当程序"的分析方法。如果将隐私权视为自治的功能,那么我们需要回答的问题是,行为人未经他人的同意公开或传播与他人有关的某些尚未确定的信息,此种行为是否可以称之为他人自治的状况或结果?这些是本文第三部分将要探讨的问题。最后,在本文的第四部分,笔者将试着探究,隐私权是否可以直接从固定的社会惯例中找到依据,不论这些惯例的基础是什么。

二、自治性隐私权

在政治哲学上,有某些格言反复被提起,就如同亚里士多德在其

---

① See also Minnesota v. Carter, 525 U.S. 83 (1998).

《政治学》一书的开头处所写的那样,"人类天生就是政治动物。"① 人类在和其他人相处的过程中获得自己的独特性质,这一观点已经无数次地在不同场合得到认可。例如,Hobbes 采用了严格的还原论和严密的逻辑推理提出了自己的著名论断,他认为,如果人类处于由规范惯例组成的社会界限之外,那么人类将变得"孤独、贫穷、肮脏和目光短浅",换言之,人类将不能成为完整意义上的人。② 如果没有社会的存在,责任行为将没有人可以承担,这是区分人类与其他物种并且使人之所以为人的根本。不论道德原则的渊源是否可以追溯到某些额外的人类渊源,正如 Hobbes 所主张的那样,道德原则就在社会本身,它是指责任的一种状态,特别是人类意义上的自由,此种感觉是在其他同样的负责任的生物的陪伴下所获得的。

社会是由独立的个体组成的,如果没有这些独立的个体的奉献,那么就不会有集合体的存在。即便 Locke 将个人的贡献缩小到了最小,但是就算是个人只做了最小的贡献,聚集起来也是非常大的。③ 从根本上或是从一个更为实践的角度而言,个人和社会都是独立的。从实际情况而言,个人一旦获得责任感就可以将自身的存在与别人隔离。除了这些极端的例子以外,只有人类生活的地方才能称之为社会,这就意味着人类只与一个组织模式共存。因此,用最宽广、最具概括性的术语来描述个人生活的领域就是——公共的,一般意义而言社会可能会对公共感兴趣。至少此种公共领域与社会生存有关。不过,除了生存这一高于一切的问题,在任何情况下,公共领域包括更多内容,不仅包括社会作为一个整体而涉及的,还包括那些反对人际交往的利他行为,正如 Mill 对自由的解释一样,号召社会作为法律和授权分配武力的资源。

生活中也必然存在一个方面是非公开的。当然,这也是基于人类生活在社群中的相同的前提。尽管为了公共生活的考虑,人们需要受到社会意愿的管制,人类作为自我决定和肩负道德责任的存在,也需

---

① Aristotle, Politics, 1253al, trans. B. Jowett, in Jonathan Barnesm, ed., The Complete Works of Aristotle (Princeton, NJ: Princeton University Press, 1984), 2: 1987.

② Thomas Hobbes, Leviathan, ed. Michael Oakeshott (Oxford: Basil Blackwell, 1957), 82.

③ See John Locke, Second Treatise of Government, in Locke, Two Treatises of Government, ed. Peter Laslett (Cambridge: Cambridge University Press, 1960), 283-446.

要拥有一个能够自治的隐私领域。在此种意义之下，隐私可能被视为是表面的东西，呈现在其他人面前的自治在同一个社会上看来与隐私无异，仅仅公共与私人之间的二分法，是公共的就不是私人的，是私人的就不是公共的。在此种方式之下，公共与私人这两个术语仅仅意味着相互对立，它们之间没有谁的地位比谁优越。今时今日，在美国，公共生活在很大程度上贬低和侵犯了私人生活，尽管私人生活极力地反抗，但是在其他时间和其他场所，私人生活都被视为次要的，显而易见，简单的"隐私"一词的英语派生自经典的古希腊语"idios"。

曾经有某些学者尝试描述不存在私人生活的社会是怎样的情况。在 George Orwell 所撰写的《1984》一书中，Winston 会因为一切的事情而被带至 101 房间，甚至是他未表达的思想和情感，都会成为被关注的正确对象和国家的服务对象。[1] 为了表明此种状态的社会并非是错位的，Plato 和 Rouseau 减少了隐私的领域，使隐私的范围变得远远小于人们普遍认同的范围。[2] 某些真实的制度确实朝着该方向发展。斯巴达就是一个真实的例子，它因高度重视自己的时代而受到了众多的辱骂。不过，不论想象和理论发展至何种程度，现实总是猛然停留。完全用公共生活替代私人生活是对人类自治的一种否认，换言之，此种做法是否认人类作为人的做法，如果没有人的存在，那么将不会有社会的存在。

隐私在此种意义之下完全是抽象的，比起谈论隐私，更多的是谈论自治本身。因此，尽管划分私人领域和公共领域的人类经验是必需的，但是，人们已经有力地证明很难详细说明私人领域的内容。根据 Mill 所提出的原则，利己行为属于私人行为，尽管考虑到了政府行为，但是特定行为是否属于利他行为本身就充满争议且难以厘清。利己行为是否是一个私人行为在其他方面来说是一个开放性的问题。政

---

[1] George Orwell, 1984, in The Complete Works of George Orwell (London: Seeker & Warburg, 1986—1987), 9: 296.

[2] See Plato, Laws, trans. A. E. Taylor, in Edith Hamilton and Huntington Caims, eds., The Collected Dialogues of Plato (Princeton, NJ: Princeton University Press, 1961), 1225 – 513; and Jean-Jacques Rousseau, Considerations on the Government of Poland, in Rousseau, Political Writings, ed. and trans. Frederick Watkins (Edinburgh, NY: Nelson, 1953), 157 – 274.

府或其他公民可能尝试在不影响个人行为的情况下告诉自己哪些是利己行为。Mill自己就不认为利己行为必须是私人行为，利己行为与免受政府干扰的行为不同，Mill也不反对使用非政府的压力去改变利己行为。尽管将自由定位成隐私领域的利己行为，将自由视为隐私的一方面，隐私并没有在自由所包括的概念里添加任何具体的事物，它也没有为隐私权提供区别于自由权本身的权利内容。它的意义仅仅在于将自由作为以自由与自治为本体的政治理想。

  日常生活的某些隐私方面被视为从"自然而然地"转向为人类的普通特征。由于达到性满足通常要求不被外界所注意，性行为似乎天然就是一种隐私。类似地，基于各种各样的原因，排泄功能也可能属于自然隐私的范畴，排泄时的不愉快的感觉使他人避免被别人观察。尽管某些稀奇古怪的例外并不会反驳此类隐私是有疑问的内在行为，这些例外也不会受到限制。这里存在太多性行为的公开，诸如在现场表演、电影等等。显然，对于大多数公开行为的人来说，他们也乐意并且允许认同性行为天生就是隐私的这一观点。同样，尽管他人享有排泄功能的隐私很常见，但是也明显受到文化条件的影响。在任何情况下，此种类型的隐私通常都是义务的，它是普通人类共同推动的，它并非是自治的反映，而是公共领域利他行为的一个方面。

  他人未表达的想法、情感和态度似乎都属于他人的隐私。他人内在的精神生活是作为实践的隐私，他人内在的精神生活免受政府机构的调查被广泛视为自由的其中一个显著方面。然而，从实践的角度而言，他人未表达的思想的隐私和其他方面的隐私仅仅是偶然的。倘若人类突然获得了读懂他人思想的能力，我们的行为也可能受到影响，我们可能会认为他人的行为责任在某些情况下是不同的，但是，认定人类不再享有自治的结论是没有依据的，责任自身也被推翻。人类并不具有此种能力，因此，想要获得他人未表达的信息必然将从物理上或精神上对他人造成侵犯，并且直接侵犯了被视为避难所的隐私。尽管现存的方法可能使调查令人反感，但是它们并不会使信息更为私密，而是再一次成为实践问题，理论本身仅仅成为侵犯隐私的问题。自由也被涉及在内，倘若私人想法的隐私被公开，个人的责任感也将受到影响。但是，除非他人自决的能力完全被消除，否则他人将一直拥有个人自治的能力。他人的内在精神生活值得受到特殊保护，但是，就考虑到隐私本身而言，这是属于信息隐私的话题，笔者将会在下文讨论。

尽管在隐私领域或根据隐私理论而言，他人个人生活中的行为是属于他们自身的事务，但是此种描述的空间也仅仅是隐喻性的。公共和私人的抽象概念在不断地提醒人们，人类社会和自治几乎是同时构成的。严格来说，自治并不是一个权利，而是他人享有任何权利的状态。尽管我们可能限制个人自治，但是，否认个人自治，并且将自治视为一种权利是不准确也是不严肃的做法。同样，他人可能在私人领域提起某种权利，或提起隐私权，从这个意义而言，一个自主的人将享有空间上的权利。然而，以此种方式识别的权利一定也不明确，他人享有权利的空间的形状或尺寸及内容都不明确。除了通过隐喻自治本身，它毫无用处。

三、信息性隐私权

当人们谈及隐私权，他们大多数都会想起信息性隐私权。信息性隐私权是指他人控制别人收集和公开有关自身信息的权利。此种观点也受到美国联邦最高法院的认可。例如，当美国联邦最高法院认定《美国联邦宪法第四修正案》保护他人享有的"合理隐私期待"，不论行为人实施的行为是否构成普通法意义上的侵入侵权行为。虽然隐私的其他方面也涉及这方面的问题，如他人将自己隐藏起来躲避别人或将别人排除在某些空间之外，但是，信息性隐私权的核心和隐私权往往关注的问题仅仅在于他人决定公开个人信息的权利（笔者在此处将信息隐私当作隐私，除非上下文有其他的表示）。然而，并非所有的信息和所有的个人信息都是私密的。保护隐私权最困难的方式在于没有具体说明信息所包含的内容是什么。

他人可能会由于考虑到信息公开的后果而抗拒披露信息。尽管美国联邦最高法院将《美国联邦宪法第四修正案》所保护的隐私权和行为人侵犯他人权利的救济相区分，但是，他人主张隐私权一定是为了避免行为人侵犯自己的权利。不过，将行为人侵犯他人隐私的行为视为对他人的侵害是错误的，因为即便行为人对他人没有造成损害结果，行为人所实施的行为也有可能侵犯了他人所享有的隐私权。一方面，不论人们是出于何种目的渴望享有隐私权，满足人们的此种愿望有助于促进社会利益。另一方面,其他人享有知晓信息的渴望并且如果他们知晓想要得到的信息,他们将会很高兴,同样,满足他们知晓信息的愿望也将促进社会利益。他人可能几乎没有什么动力释放自己的好奇心,某些好色之徒或小报的其他读者可能会好奇,但是计算他们之间的利益并没有区别。此外,大多数情况下,倘若信息缺乏特殊的保密需求,那么拥有信息将会被视为经过授权,因此,行为人公开他人的信息是可取的行为。

为隐私权寻找一个不因不同社会和社会实践改变的基础,评估隐私权的利益,权利捍卫者将个人自治视为人格本身的特性,而不是取决于当地的惯例。由于各种形式的隐私都独特地与每个人相连,隐私的抽象概念也根本没有超出自治的范围,信息性隐私权似乎特别地与自治存在吸引力。三个理论都将以不同的方式说明此种吸引力和弱点。最后,将信息性隐私权视为个人自治的观点并没有成功。

James Rachels 指出,人类在自身和自身的财产上享有隐私权,隐私权最为关键的重要性在于它是作为一种不同于利益的价值存在,隐私使人们懂得如何将与别人的社会关系适应个人关系的境况。[1] 关系并不是仅仅指对其他人爱憎与否的态度,它还包括一种倾向,人与人之间的关系在某些程度上是由他人对别人的行为所形成的。Rachels 认为,实际上,隐私就如同一个水闸门,他人可以通过水闸门来控制水量的大小,也即他人可以通过隐私来控制让别人知道有关自身的事务。通常,他人向别人透露的内容不仅将影响他们与别人之间的关系,具体而言,他人通过隐私来控制透露给别人的信息,并且以此维持和不同的人之间的关系。Rachels 通过观察得出,他人向不同的人展示自己的不同方面并非是虚伪的表现。因为人们出于表面所交往的对象与亲密对象是不同的,人们需要根据不同的时间和场合来与别人交往。现实中并不存在完全无可争议的人,大部分人都或多或少在不同程度上存在某些欺骗性。人与人之间不同的关系就要求人们作出不同的行为,这其中当然包括让别人知晓关于我们自身的事务。

---

[1] See James Rachels, "Why Privacy Is Important", Philosophy and Public Affair 4, no. 4 (Summer 1975): 323–333; reprinted in Schoeman, ed., Philosophical Dimensions of Privacy, 290–299.

第四编　隐私权的其他界定　　　493

　　Charles Fried 曾经基于隐私的价值或其部分意义提出了比本文更狭窄的观点，他研究了受到更多限制的特殊关系。① Fried 认为，隐私给人们提供"道德资本"去拥有亲密的爱情、友谊和信任关系。Fried 指出，亲密关系是指他人与亲密对象分享某些不会再告诉其他人的信息。倘若人们不能控制向外界透露有关自身的信息，人们想要分享信息的对象将会变得非常少，亲密也会因此贬值。Jeffrey Reiman 对 Fried 的观点作出了回应，Reiman 反对 Fried 的观点，他认为，关于亲密关系，这里存在某些令人难以忘怀的令人不快的事物，这就是，亲密关系某种程度上取决于类似市场稀缺，他人向其爱人所透露的信息之所以珍贵，是因为这些信息是别人所不能获得的。② Reiman 认为，亲密不仅取决于他人向别人透露了多少信息，还取决于他人向别人透露信息时的情绪。比起对自己的情人，他人可能会对自己的医生、秘书或税务会计透露更多的信息，但是他人却与自己的情人有着更为亲密的关系。人们渴望亲密关系或亲密本身的关键原因在于，放下各种各样的障碍和对亲密的人毫无保留。如果隐私并非全是亲密关系的状态，大多数人都可能会将亲密关系视为高度的隐私形式。

　　Rachels 所提出的观点范围更广，他的观点描述了大多数人生活的普遍特征，因此能够和 Fried 所提出的有关亲密关系的观点相容。几乎所有人都会抗拒，比如说，长久地用相机拍摄自己的行为，将自己对别人的所作所为，包括向别人透露的信息按要求公开给某些不存在的人们知道，这些人在以后和自己交往的过程中可以对比和比较他们之前对待其他人的行为。如果我们对他人进行限制，要求他人对待所有人都采取相同的态度和行为，而不论亲疏远近，那么这将是一件多么悲伤的事情。当然，此种做法是否提供了隐私权的依据则另当别论。

　　大量的社会交往都是通过人们自己寻求或避免其他人的存在而维系的。倘若不存在限制收集和披露他人信息的规范，这里仍然存在产

---

① Charles Fries, "Privacy", Yale Law Journal 77, no. 3 (January 1968): 475-493; reprinted in Schoeman, ed., Philosophical Dimensions of Privacy, 203-222.
② Jeffrey H. Reiman, "Privacy, Intimacy, and Personhood", Philosophy and Public Affairs 6, no. 1 (Fall 1976): 32; reprinted in Schoeman, ed., Philosophical Dimensions of Privacy, 304.

生不同关系的场合和机会。毫无疑问，这将对他人的行为造成影响。人们可能会对某些关系更加慎重，人们可能会更注重彼此的优势，避免遭受不情愿的公开，人们对共同规范的理解将减少。人们可能会认为有必要对自己的所作所为进行掩饰，他们将会更仔细地查验，确保自己没有受到监视。在许多情况下，隐私将屈服于秘密之下。特别是对于那些曾经信任隐私的人而言，他们可能将因此失去幸福。

诚然，即便人们不再享有隐私，他们还是可以决定自己的行为并对自己负责。尽管这是正确的，正如 Rachels 和 Fried 强烈认同的那样，假如人们不享有隐私，那么人们不能再像现在这样如此简单地与不同的人建立不同的关系。比起他人无法随意改变自己的外表或使别人看不见自己，如果他人无法控制让别人知晓有关自身的信息，那么他人所享有的自治将会减损。后一种情况下，其他人仅仅是作为他人活动的一部分。自治并不是要求他人在不确定的环境中作出自决行为，他人必须为自己作出决定，但是我们不能要求他们决定所有由该行为所导致的后果。相反，自治并非仅仅由他人的自我意愿所决定，而是取决于背后的环境。正如我们所知，他人行使自由权和履行责任就要求他们的所作所为产生后果。诚然，没有约束的选择将使自由和责任都归于无效，因为没有限制将没有选择的必要性和可能性。当然，某些限制将不利于他人作出自我决定。但是，当人们能够选择自如行动时，这里将不存在排除别人干扰自己意识的原则。事实上，在此种情形下，环境可能受到他人意志的影响，客观的自然秩序并不起作用。如果自我决定意味着他人作出负责的选择而不是仅仅随意决定，那么我们强烈建议，他人应当承认对自己的行为负责的这一原则。

更具体而言，也即将隐私的抽象概念与自治分离。一方面，隐私对维持令人满意的人际关系的价值是毋庸置疑的；另一方面，这一点也是显而易见的，这就是，重点并不在于他人是否处于私人场所，即便他人停止自主行动并且不能决定作出何种行为，即便他人不再像以前那样行动，他人也仍然要为自己的所作所为负责。这就是真正的人际关系。Rachels 和 Fried 向我们充分解释了隐私的重要性，尽管还应当补充说明的是，隐私或许显著取决于根深蒂固的社会惯例而不是普遍的人类特征。尽管，Rachels 和 Fried 为法律权利提供了强有力的论点来支撑对规范的理解,但是,他们没有建立起独立的隐私权。

基于人们对隐私权的尊重,Stanley Benn 提出了一个普通原则,"任何不愿成为审查对象的人都享有合理的初步豁免权。"① Benn 认为,这一原则的基础在于,承认人之所以为人就是承认他们具有自我决定的能力,他们尝试通过世界来控制自己的路线。尊重他人就要求人们考虑自己的行为可能会对他人的路线造成何种影响。未经他人的同意对他们进行审查就否认了他人的这一方面,因为审查行为使他人认为自己是一个对象并且改变他们认为自己是一个主动者的看法。此外,如果他人成为秘密审查的对象,他们也否认了自己值得受到尊敬,他们成了傻子,因为他们是在错误地坚持自己的方向。

Benn 认为,隐私权仅仅是一个表面的主张,它可以被功利主义的观点说服。例如,保护某个儿童使其免受父母的虐待的利益,将超出父母反对外界公开他们的行为的利益。完整开放公共辩论的利益在某些时候(并非所有时候)会比其他利益更重要,诸如公共人物反对受到新闻媒体审查的利益在某些时候会屈服于新闻媒体的利益。Benn 认为,在此种情形之下往往存在一个正当理由的负担,它仅仅取决于认可他人的隐私是否处于危险境地。比起其他权利被相似地克服,考虑利益而克服隐私权的主张的情形似乎更多也更明显,Benn 相信,他人所提出的隐私权主张也有资格构成一个权利主张,但是此种主张是非常微弱的。

Benn 并没有主张,行为人在未经他人同意的情况下审查他人的信息将侵犯他人的隐私。他所提出的原则限制在审查他人本身,以及那些通常被认为是个人的延伸的人或物——他人的家庭成员、财产等等。Reiman 反对 Benn 的这一观点,他认为,如果没有此种限制,Benn 所提出的表面上有理的观点将会太过宽泛,实际上,它确实是这样,但是,此种限制假设出了隐私的概念。Benn 也许会作出回应,审查他人具有独特的意义,因为审查行为不仅漠视了他人的目的,反对他人的意愿,实际上,此种行为使他人在有意识的情况下成为被审查的对象。但是,此种回应也留下了一个难题,这就是,当他人不是

---

① Stanley I. Benn, "Privacy, Freedom, and Respect for Persons", in Pennock and Chapman, eds., Privacy, 12, reprinted in Schoeman, ed., Philosophical Dimensions of Privacy, 232.

作为一个有意识的人被审查时，诸如他人在睡觉时，又该作何解释呢？不过，如果我们忽视这一点，Benn 的观点似乎已经足够应对 Reiman 所提出的异议。

Benn 所提出的原则的最大难处在于，如何避免原则的物化，但是，此种做法并没有毁坏 Benn 所主张的他人值得尊敬的概念。人们用来回应 Rachels 的观点，自治行为的条件也与他人本人有关。我们都是属于自然的部分，但又不是完全属于自然。同样，人们作为社会的一部分生活在社会中，但又不完全属于社会。人类条件决定他们在某个时间或同时成为主体或客体，成为自我决定的主体或偶然成为被决定的存在。尽管在评估个人责任时，我们侧重于评估他人作为主体的情况，但是也不能忽视他人作为主体时所面临的限制。他人能够自主决定自己的行为并不代表他人意识到某些限制。尽管采用特定的手段作为了解他人的方式可能会因其他原因遭到反对，但是人们成为其他人的审查对象与人们作为自治主体并不矛盾。所有人都可以说，如果尊重他人的隐私被视为尊重他人本人的标志，那么侵犯他人的隐私则是对他人的不尊重。然而，我们不能仅仅因为别人了解他人的某些信息就认为别人侵犯他人享有的自治，这并不能构成有效的异议。

为了对 Benn 和 Rachels 的论文进行回应，Reiman 提出了自己的观点，他认为，信息性隐私权的正当性既不是为了保护他人与别人构建不同关系的能力，也不是为了尊重他人，而是因为信息性隐私权对他人意识到自己是自治的个体作出了重大贡献，信息性隐私权实际上使他人成为自治主体。谈及隐私，Reiman 认为，隐私对于在人类之外创造自我而言是必不可少的，自我意识指的是，至少有部分人注意到了自己的存在——自己的思想、身体、行为等。Reiman 提出，若需要他人形成或维持作为自我决定主体的意识，那么他人不仅需要控制自己的思想、身体和行为，同样，他人也需要享有隐私来控制别人对自我的认知接触。

Reiman 承认，他所赋予信息性隐私权的重要性是推测性的，他进而转向研究某些"极权机构"，诸如监狱和精神病院等，这些机构将剥夺他人的隐私视为抑制居住者自我的一种方式，这也就是说，完全剥夺居住者的自由。Reiman 相信，这一有限的经验证实了他的理论，他的理论将隐私视为所有人类都享有的基本权利，而隐私权的具体内容是由社会实践所决定的。监狱等诸如此类的机构就构成使人信服的例子。

有观点认为,个人的自治感取决于社会实践,而不是某些与生俱来的自我需求。此种观点让人联想起笔者在本文的第二部分所提出的观点,这就是,社会环境就是人类生活在社会中所形成的。此种观点支撑了公共和私人的基本两分法,隐私的抽象概念也反映了该二分法。然而,上述观点并没有支撑 Reiman 所提出的信息性隐私权的具体理由。相反,Reiman 的部分观点,尽管是基于经验主义所提出的,有着不可否认的投机性,但是也非常有限。监狱和其他类似的机构并没有对他论文中的普遍命题提供支持。尽管在诸如监狱等机构内,犯人的隐私无疑丧失,但是,这类机构的普通特征是受到严格限制的,当犯人处于这些空间时,他们往往被关在某些密闭的小空间内,大多数正常活动的机会都被剥夺。在这些机构中,居住者受到持续不断的监视,此种做法显而易见地使他们保持强烈的自我意识,他们被允许在有限的机会内强调表达的重要性。同样,如果没有此种极权机构的束缚,隐私的范围和程度将根据环境的不同而不同。例如,在经历自然灾害之后,人们可能生活在某个仅享有一点隐私或根本不享有任何隐私的生活环境中。即便此种艰难的生活条件持续下去,人们也不完全会丧失自我意识,相反,人们的自我意识会以其他方式维持,例如,当人们受到某些匿名的矫揉造作的观察者或者观察行为的影响时,他们的自我意识就会警醒。一般而言,尽管有人类学的证据表明,我们可以在所有的社会中发现隐私的某些形式或隐私的替代品,但是,隐私的范围和程度存在很大的差异。Reiman 的观点似乎暗示,当他人享有的隐私变少时,他人的人格本身也会减少。笔者认为,Reiman 的观点似乎是错误的,不仅在政治上是错误的,就事实上来说也是错误的。仅仅是非常普通的观察行为并不能当作得出结论的坚实依据,但是,比起 Reiman 所信赖的相反的观察结论,这些结论已经算很扎实了。

隐私从作为一种经验现象过渡到作为他人验证自我的规范,此种转变是由于设想人们能够理解隐私的社会实践并且将隐私作为确认人们的道德表率地位的证明。或许如此。Reiman 的观点不能依赖于具体的人来见证,比起反驳他的观点,更难的是如何去证明他的观点。

我们至少可以认为，当儿童的道德责任感开始形成时，这样的推理可能超出了儿童的能力范围。他人可以通过另外一种更为直接和显著的方式来意识到个人是自治主体。道德责任感取决于代理行为。责任行为是他人的自主行为。人们可以通过奖惩制度来学习何时分配责任是适当的，个人是对自己负责的，这就意味着，所有人都需要区分人与物，并且承认人的价值。我们既没有具体证据来推断，也没有抽象的人格概念来反映 Reiman 的理论所预示的隐私的基本重要性。

笔者在上文所讨论的三种理论都是在日常生活的行为中检验信息性隐私权的重要性。这三种理论向我们展示了，隐私是如何增强他人的力量感，使他人作为自治主体与其他和自己相像的人生活在社会中。然而，三种理论都没有说明隐私权作为一种社会利益的独立价值。从根本上来说，这三种理论之所以失败是因为它直接关注其他人了解的事物。尽管他人的行为已经作出了改变，隐私受到侵犯的人作为原告，如果他们没有，那是由于其他人获得了有关他们的某些信息。尽管这里存在某些自治的状态来作为人格的状态并且与所有的人类权利相连，它们并非是偶然出现的，而是由人们的行为所决定的。

事实证明，最终没有一个理论能够具体说明什么是隐私，除非提及由惯例所固定的人类的普遍期待。Rachels 和 Fried 通过将注意力集中于人际关系上而跳过了这一问题，他们假设人际关系必须存在隐私，仅仅是因为人们不将这些隐私告诉其他人。特别地，Fried 通过分析亲密关系而使隐私的性质看起来显而易见，他认为，亲密关系必须是私密的。Benn 关注他人的身体部分，由于"他人与他人的身体有着极为亲密的联系"[①]。此外，Benn 同时指出，不同的文化也将对自我产生影响。然而，隐私与自治或自我之间存在联系，隐私只是自治所熟悉的事物。Reiman 没有努力去说明何为隐私，他认为隐私只是社会实践，社会实践认为隐私是什么，隐私的内容就是什么。Reiman 认为，他人在行使隐私权时，也是他人在行使自治权的一种方式。尽管隐私能够增强他人的自治感，并且为他人的自治行为提供范围，但是，自治作为人类的一种特性，它并非是隐私的结果，而只是一种状态。

---

① Benn, "Privacy, Freedom, and Respect for Persons", 12.

四、隐私权是否来源于惯例

有关隐私权的论战不需要就此终止。假设我们承认，自治并不是由隐私所决定的，隐私仅仅是由社会实践所形成的惯例。假设隐私并非是普遍的或必然的而仅仅只是偶然存在的。倘若惯例或多或少已经固定，那么"隐私事务在某些方面是对事实的陈述"的这一命题并不足以在法律上或在事实上支撑隐私权。权利必须有实在的属性，除非隐私权是一个属于全人类的人权，它才不需要有固定的属性。尽管在不同的社会中，隐私权是不同的，但是，无论在怎样的社会中，隐私权都取决于社会实践的发生，隐私权的问题都是一个事实问题。不过，从民事权利的角度而言，隐私权取决于固定的社会惯例。这一理由是否还不足以将隐私权视为民事权利？

诚然，在普通意义上而言，当人们在使用"私密的"这一形容词时，就如同在陈述某个事实问题一般。从语法的角度而言，当人们谈及"某件事是私密的"时，"私密的"一词是作为表语来陈述。当然，这句话也具有规范的力量，尽管这并不是简单的赞成（或可能反对）的问题，但是它也包括他人应当如何行为的指示。对于一个权利而言，事实与规范的结合必不可少。此外，往往在没有区分不同的方面或方式的情况之下，隐私就被表述为与权利有关的问题。然而，这里存在许多令人信服的理由来说明，为什么信息隐私不能被视为与权利有关的问题。当然，在某些情况下，隐私权也有可能是一个法律权利。进一步而言，信息隐私似乎是基于功利的考虑，他人赖于裁决所获得的保护往往也是十分含糊的，它可能是为了服务于社会利益，又或者，是受到某个服务于社会利益的规则的命令。

在许多相似的情况下，尽管他人的某些信息被视为他人的隐私，但是事实上，这类信息却不会被视为隐私信息。因为对此类信息的披露通常被认为是服务于正当的公共利益或其他人的利益，所以社会并不会保护他人对此类信息所享有的隐私。某些学者主张，从利他而非利己的角度而言，某些信息对于别人而言具有重要意义，如果社会广泛认可这一主张，那么当他人在向法院提起信息隐私的请求时，行为人就可以用这一理由来反驳他人。例如，当某位女子询问某个即将成为自己未婚夫或情人的男子是否感染艾滋病病毒或是否曾经在没有采取保护措施的情况下滥交时（或者并不少见的情况是，该女子坚持声称该男子曾做过艾滋病病毒的检验），如果我们因此谴责该女子侵犯男子的隐私，此种行为将显得非常奇怪。相反，即便该男子没有受到询问，他也会因为没有如实告知该女子有关这方面的信息而受到谴责。类似地，一个人喜欢同性恋的事实，喜欢变态性行为的事实，又或者某男子是性无能的事实，当然这类事实都属于个人隐私的范畴，但是同时也是与他的妻子有着密切联系的事实，这类信息都是该男子的未婚妻在婚前有权利知晓的事实。这位女子可能会因向该男子的前女友询问并且求证上述的问题而受到谴责。但是，如果人们谴责该女子的依据是基于该女子想获得某些信息而没有尊重男子的隐私的话，那么对女子的谴责显然是错误的。在公共领域也是如此。产生争论的问题在于是否应当公开候选人的某些与其履行公职的能力有关的私人事务？如果认同这些私人事务是与履行公职有关的，那么对于那些反对公开这些事务的人而言，这些信息具有利他意义。只要人们认同公开此类信息并不具有利他意义，他人的某些与此类信息有关的隐私就可能具有权利方面的属性，他人就享有对此类信息的隐私权并且有权获得法律保护。此外，保护此类信息的私密性而给其他人造成有害后果的可能性并不在我们讨论的问题范围之内。不过，一旦此种可能性存在就将形成严重的问题，隐私将丧失其作为权利的属性，它将成为利益问题。

　　一般而言，人们并不需要对权利和利益作出严格的区分。然而，需要说明的是，针对此种情况，披露他人所享有的隐私并没有构成障碍。如果此类将要公开的信息的类型被视为隐私，那么此种情况将会描述为，他人确实享有隐私权，但是他人却通过参与或运行某些事务而放弃了该权利；又或者，需要披露信息的利益大于他人所享有的隐私权，而不是他人不享有免除的权利或其权利被剥夺。所谓的"免除"通常都是不明确的，并未包含固定的内容。不过，在此种情况下，此类信息并不会被视为隐私。尽管在紧急情况下不需要否认隐私的权利属性，但是，权利的本质并非取决于对利益的计算，某个权利的生效并不会考虑是否将对其他人造成损害。"我享有隐私的权利"并非是一个主张，人们计划中的诉讼行为在道德上是正确的，可能不会得到不幸的结果，不论它是否构成主张都不重要。

与行使隐私权不同,承认他人享有隐私权不能脱离当时的环境。相反,它必须考虑不同的情况并随着这些情况的不同而变化。如果在某些案例中,法院裁决支持原告所提出的隐私权主张,那么此种特殊情形下人们可能不需要考虑当时的境况。不过,在此种情况下,隐私的正当性并非基于个人权利而是社会利益。某些认为隐私权不应当受到尊重的人认为,基于社会利益,要么是该规则不能适用于各种情况,要么该规则本身是错误的。如果此种观点占了上风,那么个人权利无疑将遭到毁灭。

有人认为,信息隐私仅仅是惯例,它来源于社会实践和对社会规范的理解,在不同的社会中信息隐私也不同。倘若这一观点是正确的,那么隐私取决于环境的这一设想将是合理的。在此种方式之下,信息隐私放弃了把隐私与权利联系的修辞优势,特别是在个人自治和自由的要求之下,此种做法是为了换取对隐私更为直截了当的清晰认识。正如我们所知,当前我们所处的时代,信息是社会财富和福利的关键,坚持隐私的主张变得越来越像卢德主义者。科技的进步为以前的随机数据信息创造利用价值,同时也获得了某些未知的甚至是不可知的信息,从某种意义上而言,此类信息当然不可避免地包括某些私人信息。尽管有关隐私权的主张将盛行一段时间,但是只要它有好处,人们的反对声就会越来越小。最后将是关于利益的争论。这并不意味着隐私一直都是失败者,它意味着,那些为隐私辩护的人必须提供一个令人信服的人类利益的解释,而这并不容易。

论隐私权

罗伯特·B. 麦凯[①]著　谢晓君[②]译

目　次

一、导论
二、《美国联邦宪法第十四修正案》的正当程序以及《权利法案》
三、隐私权与《美国联邦宪法第五修正案》和《美国联邦宪法第四修正案》
四、政府以及避孕信息的传播

一、导论

（一）背景：Brandeis 的遗产

在 Louis Brandeis 和 Samuel Warren 于 1890 年所撰写的《论隐私权》[③]一文中，他们找到了一种方法，从而可以保护 Warren 家人所进行的社会活动免受令人讨厌的新闻媒体的关注。[④] 他们虽然强调私法层面的侵权，但是大概不会预测到，隐私权还可以获得宪法上的保护。尽管如此，75 年之后，目前称之为"隐私权"（right of privacy）的这一概念已经被美国联邦最高法院在 Griswold v. Connecticut 一案[⑤]

[①] 罗伯特·B. 麦凯（Robert B. McKay），美国纽约大学法学院教授、副院长。
[②] 谢晓君，中山大学法学院助教。
[③] Warren & Brandeis, The Right to Privacy, 4 HARV. L. REV. 193 (1890).
[④] See Mason, Brandeis—A Free Man's Life 70 (1946).
[⑤] Griswold v. Connecticut, 381 U. S. 479 (1965).

中使用,并且被认为属于一种宪法上的权利。一方面,美国联邦最高法院的某些法官认为,这种新权利是根据《权利法案》的具体规定所衍生形成的"伞状"性保护范围之内的权利;另一方面,某些法官则强调这是几乎被人遗忘的《美国联邦宪法第九修正案》(以下简称为《宪法第九修正案》)所规定的"由人民保留的权利",① 尽管之前只是没有被发现而已。

讽刺的是,已经发展了 75 年的隐私权侵权理论虽然是根据著名的倡议而被引进,并且被广泛称赞为是法律发展中的重要进步,但是直到目前为止,它都未能被明确定义,或者甚至没有得到普遍的认可。William Prosser 已经将隐私权侵权行为描述为"不仅仅是一种侵权行为,而是四种侵权行为的结合"②。对于此种观点,目前仍存在某些反对意见③,并且对于隐私侵权的明确界限,目前尚未有一个统一的意见。人们对于隐私权侵权(或者四种隐私权侵权)的普遍认可仍然踌躇不定,然而,与之相比,自从美国联邦最高法院在 Griswold 一案中首次明确之后,从不同角度出发考虑的宪法性隐私权明显迅速发展成熟。此外,更加讽刺的是,虽然引发宪法性隐私权的事件是避孕用具这一狭窄领域,而在一个文明社会中,与 Brandeis 和 Warren 所寻求保护的隐私权人相比,上述案件所涉及的隐私权人只是很小的一部分,但是从 1965 年开始,宪法性隐私权已经成为国会和许多州议会听证会的内容之一,并且也成为广为流传的杂志进行全面阐述的新闻内容之一。④

人们都想知道 1890 年的 Brandeis 或从 1916 年至 1939 年的 Brandeis 大法官是怎么看待这些发展进程的。无论他的原始观点究竟是怎样的,Brandeis 最终肯定会将隐私权看作一个多方面的理论,有人推

---

① See Patterson, The Forgotten Ninth Amendment (1955); Kelsey, The Ninth Amendment of the Federal Constitution, 11 IND. L. J. 309 (1936); Redlich, Are There "Certain Rights…Retained by the People?", 37 N. Y. U. L. REV. 787 (1962); Rogge, Unenumerated Rights, 47 CALIF. L. REV. 787 (1959).
② Prosser, Privacy, 48 CALIF. L. REV. 383, 389 (1960).
③ Bloustein, Privacy as an Aspect of Human Dignity—An Answer to Dean Prosser, 39 N. Y. U. L. REV. 962 (1964).
④ Life, Sept. 10, 1965, p. 59.

测认为，他已经承认隐私权具备进一步发展的空间。在 1890 年的《论隐私权》发表一段时间之后，Brandeis 在 1928 年的 Olmstead v. United States 一案①中撰写了著名的异议意见，对多数意见的判决提出强烈的质疑，其中多数意见的判决认为，电话线所传播的信息不属于《美国联邦宪法第四修正案》（以下简称为《宪法第四修正案》）对无理搜查或扣押的保护范围。虽然他当时肯定也没有考虑到 1965 年 Griswold 一案所提出的具体问题，但是他的异议意见却对这些问题有所预兆。通过认为《美国联邦宪法》的条款已经被广泛解释而适用于"立宪者所不曾想到过的"行为和客体，Brandeis 大法官由此提醒美国联邦最高法院：保护公民免受权力滥用侵害的宪法条款必须能够适用于一个不断变化发展的社会……随着科学技术的发展，政府所具备的实施监控的手段不会停滞于搭线窃听。在未来，政府可能可以在没有从公民的暗屉中拿走一张纸的情况下，而在法庭中展现公民的这些信息，或者向陪审团披露公民在其住所内发生的最私密的事件。这样一来，《美国联邦宪法》是否仍然不保护公民免受这些侵犯其个人安全的行为的侵害呢？对于 Cooley 大法官首创②的极具表现力的术语——"独处权"（the right to be let alone），Brandeis 将其描述为"对于文明人而言，这是最全面的、最有价值的权利"③。对于保护"公民的隐私免受政府执法人员所实施的每个不正当侵权行为的侵犯"，在强调这其中的紧急必要性时，Brandeis 大法官广泛借鉴其在 75 年前所写的文章。

（二）Griswold v. Connecticut 一案：令人失望的判决与一个新的出发点

尽管在美国联邦最高法院之外对于 Olmstead 一案的多数意见判决存在许多批判，并且美国联邦最高法院内也有某些反对意见，但是无论是在 1965 年还是在 1928 年，对搭线窃听的唯一限制在于制定

---

① 277 U. S. 438 (1928).
② Cooley, Torts 29 (2d ed. 1888). See also Griswold, The Right To Be Let Alone, 55 NW. U. L. REV. 216 (1960).
③ Olmstead v. United States, 277 U. S. 438, 478 (1928).

第四编 隐私权的其他界定

法,而不是宪法。然而,住所内婚姻隐私权的产生回应了 Olmstead 一案规则所存在的宪法问题。与之相比,这种新权利以某种不明确的方式结合了《美国联邦宪法第一修正案》(以下简称《宪法第一修正案》)、《美国联邦宪法第三修正案》(以下简称《宪法第三修正案》)《宪法第四修正案》《美国联邦宪法第五修正案》(以下简称《宪法第五修正案》)以及《宪法第九修正案》。

Griswold v. Connecticut 一案的判决可能仅仅只回答了一个问题。美国联邦最高法院认为,康涅狄格州关于禁止使用避孕用具的制定法因为侵犯公民的婚姻隐私权而违宪。在 1965 年,美国联邦最高法院对这一狭窄的问题所作出的判决几乎是令人失望的。在此之前,美国联邦最高法院曾经遇过两次这样的争议,也就是在 1943 年[①]和 1961 年[②],但是这两个案件都因为缺乏证据或不成熟而被驳回。当美国联邦最高法院最后对该案的实体问题作出判决时,很少法官认为要保护州的制定法。例如,大概会支持保留康涅狄格州关于禁令使用避孕用具的罗马天主教会似乎也认为,Griswold 一案所涉及的康涅狄格州的制定法是无效的。然而,本文之所以表明大家普遍对 Griswold 一案的判决结果感到满意,原因不在于表明大家都认同判决所基于的宪法理由的稳固性,也不在于表明有人所赞誉的判决结果与未来发展相符。为了让大家明白为什么案件中所产生的问题比其所回答的问题要多,笔者认为首先需要对案件中的各个观点进行简要分析。然后,这才有可能在一个被认为是基于《权利法案》所"衍生"的规定而作出的判决中找出未来潜在的"衍生权利"。

(三) Griswold 一案的判决意见

代表美国联邦最高法院撰写 Griswold 一案判决意见的 Douglas 大法官认为:"《权利法案》中的具体规定存在由这些规定所衍生而形成的半影,而这些规定赋予这些半影以生命和意义。"[③] 他通过分条列举认为,《宪法第一修正案》所存在的半影是,隐私保护公民免受

---

① Tileston v. Ullman, 318 U. S. 44 (1943).
② Poe v. Ullman, 367 U. S. 497 (1961).
③ 381 U. S. 479.

政府执法人员的侵扰。此外，他也在其他修正案中找到属于隐私的各个方面，其中有《宪法第三修正案》所规定的"未经房主同意，士兵平时不得驻扎在任何住宅"；《宪法第四修正案》所规定的政府执法人员不得无理搜查或扣押；《宪法第五修正案》所规定的禁止自证其罪原则；以及《宪法第九修正案》所规定的那些额外的、不明确的权利属于"由人民保留的"权利。

Goldberg 大法官、Warren 首席大法官和 Brennan 大法官同意 Douglas 大法官的结论，认为"康涅狄格州关于禁止使用避孕用具的制定法违反宪法侵犯公民的婚姻隐私权……"然而，在他们的并存意见中，他们"强调了美国联邦最高法院判决与《宪法第九修正案》的相关性。"

在 1791 年至 1965 年，几乎没有司法对其作出解释的《宪法第九修正案》是极其模糊的："《美国联邦宪法》对具体权利的列举不应该被解释为拒绝或否认其他由人民保留的权利。"因此 Goldberg 大法官认为，他一直所追求的独处权在宪法上的表现至少是保护公民的"家庭生活这一隐私领域"。虽然他知道《美国联邦宪法》没有明确提及婚姻隐私权，但是他并不认为《美国联邦宪法》对这些基本权利不提供任何保护……相反，正如《宪法第九修正案》所明确规定的，尽管《美国联邦宪法》没有作出明确规定，但是这些基本的个人权利仍然不能被政府执法人员剥夺。最后，他认为，在 Griswold 一案中，尽管州政府认为，日常法规对于州正当目的的实现有一定程度上的作用，但是案中所涉及的基本的个人自由不能单纯因此而被州剥夺。

虽然 Harlan 大法官和 White 大法官认同该判决结果，但是他们认为，制定法应当根据违反《美国联邦宪法第十四修正案》（以下简称《宪法第十四修正案》）的正当程序条款而被认定无效，而不是根据《权利法案》所衍生的任何内容而被认定无效。笔者将在下文第二部分重点讨论他们的观点。

在异议意见中，Black 大法官（Stewart 大法官认同）主要反对 Goldberg 大法官的意见。因为《美国联邦宪法》没有规定对隐私权的保护，所以 Black 大法官率直地表达了他的担忧，担心美国联邦最高法院将"判断任何不合理的、无正当理由的、冒犯的法律是否无效的权力赋予给联邦司法机关"。

美国联邦最高法院在 Griswold 一案争议的事项引发了一个至关重要的问题,即联邦司法权力的性质问题,并且这一分歧是基础性的。因此,重要的是,我们要对这些问题进行详细分析,并且,如果可能的话,我们还要判断这种新隐私权所依赖的宪法框架是否会进一步延伸至其他领域,抑或这只是本案建立的一个临时规则。

虽然在 Griswold 一案的多个意见中,存在许多吸引人的观点,但是本文着重讨论三个问题:其一,如果州权超越《权利法案》中"具体"规定的合理范围,那么《宪法第十四修正案》所规定的正当程序条款是否对此存在任何实质上的限制?其二,对于婚姻隐私权与其他方面的隐私权,例如《宪法第四修正案》所规定的禁止政府执法人员实施无理搜查或扣押行为,以及《宪法第五修正案》所规定的禁止自证其罪,如果这两者之间存在关系的话,那么它们之间是什么关系?其三,如果有的话,那么在人口控制方面,或者更确切地说是在避孕信息的传播中,Griswold 一案所预示的政府的允许作用究竟是什么?

二、《美国联邦宪法第十四修正案》的正当程序以及《权利法案》

虽然《宪法第十四修正案》中的任何规定与《美国联邦宪法》其他部分尤其是《权利法案》对于特定公民自由的保护之间在文字上没有具体联系,但是,已经被长期接受的宪法理论认为:"对于前八条修正案所保障的免受国家行为侵害的某些公民权利,这至少同样也适用于免受州行为的侵害,因为如果违反了这项规则,那么这就违反了正当程序法。"① 尽管如此,涉及正当程序条款的三个主要问题在美国联邦最高法院已经形成分歧。

首先,对于哪些权利应当被认为可以通过正当程序条款而适用于州,这有不同的意见。在最近几年,由此延伸的权利目录已经在迅速扩大。直到 1965 年,美国联邦最高法院已经认为,《宪法第一修正案》、《宪法第四修正案》的所有规定,以及《宪法第五修正案》、

---

① Twining v. New Jersey, 211 U.S. 78, 99 (1908).

《美国联邦宪法第六修正案》和《美国联邦宪法第八修正案》的大多数规定都能适用于州。

其次，作为正当程序条款的延伸，《权利法案》的具体规定是否应该对州作出与联邦政府同样程度的限制。虽然美国联邦最高法院对此并没有一个统一的意见，但是这个问题现在已经得到肯定。

最后，正当程序条款是否不仅可以通过《权利法案》的具体规定对州政府进行限制，而且还可以通过《权利法案》所"衍生"的规定或其他不明确的方式对州政府进行限制。这一问题在 1947 年的 Adamson v. California 一案①中被提出。在该案中，一个基本问题就是，《宪法第十四修正案》的正当程序条款是否保护被告免受州对于举证义务的强迫要求，正如《宪法第五修正案》对于保护被告免受联邦政府所要求的自证其罪一样。美国联邦最高法院大多数法官对此抱有否定态度，他们认为，《宪法第十四修正案》并不能延伸出免于自证其罪的权利，该意见后来被 1964 年的 Malloy v. Hogan 一案否认。② 对于《权利法案》所规定的保护并不属于《宪法第十四修正案》的正当程序条款的保护范围之内这一说法，Adamson 一案中的异议者对此有所争议。Douglas 大法官所认同的 Black 大法官的异议意见认为，正当程序条款应当被解读为《权利法案》完全适用于各州。Black 大法官不仅否认"合并原则"（selective incorporation）理论，而且反对 Rutledge 大法官和 Murphy 大法官在异议意见中对正当程序所作出的过于宽泛的解释。③ 然而，即便这些法官同意 Black 大法官和 Douglas 大法官的观点，也就是，"《权利法案》的具体规定应当被延伸为属于《宪法第十四修正案》的第一款的保护范围"，但是他们"并不打算认为《权利法案》对《宪法第十四修正案》第一款有完全的、必要的限制"。

在 1952 年的 Rochin v. California 一案④中，Murphy 大法官和 Rutledge 大法官对于正当程序的观点所内在的宪法冲突得以体现，美国

---

① 332 U. S. 46 (1947).
② 378 U. S. 1 (1964). See also Griffin v. California, 380 U. S. 609 (1965).
③ Adamson v. California, 332 U. S. 46, 68 (1947) (Black, J., dissenting).
④ 342 U. S. 165 (1952).

联邦最高法院对此作出判决的八位法官同意认为,正当程序条款禁止采用通过强制的"洗胃机"获得被告的胶囊的这一证据。然而,这是对既有规则的重要分歧。通过 Frankfurter 大法官所撰写的判决意见,大多数法官认为这是违背道德的行为。通过强迫将公民的口或胃打开并取出里面的东西,政府执法人员所实施的这些行为违法侵犯公民的隐私,并且由此所获得的证据必定也会侵犯公民的感知,即便是坚强的感知。这些方法与拷问、严刑逼供太过于接近,从而导致在宪法上并无二异。

因为 Murphy 大法官和 Rutledge 大法官现在已经去世了,所以我们不能知道,他们对于其在 Adamson 一案中的立场得到这一表面上的接受有何反应。但是 Black 大法官和 Douglas 大法官很快就指出他们的担忧,也就是,在解释正当程序条款这一层面上,法官享有无拘束的司法裁量权。虽然 Frankfurter 大法官坚持认为"正当程序条款的模糊界限其实并没有给法官留下太多的司法裁量空间"。但是 Black 大法官则坚持他在 Adamson 一案中的观点,也就是,每一个宪法禁令都必须要有具体的宪法条文作为支撑。按照 Black 大法官的说法,例如在 Rochin 一案中,对于"通过现代科技手段而强迫从被告身上获取归罪证据",《宪法第五修正案》保护公民享有免于自证其罪的权利就正是对此在条文上的支撑。但是,他认为,"对于任何'不合理的'或者违背美国联邦最高法院对文明得体这一观念的州法律,宪法并没有赋予司法机关宣布其无效的权力……"即便最近案件的判决结果是一致的,但是这也不能掩盖其所披露的分歧①,并且 Black 大法官和 Douglas 大法官的观点在异议意见中得到强有力的重申。

虽然 Griswold 一案的判决体现了被称之为自由主义的精神,而经常被看作美国联邦最高法院中自由主义势力领导者的 Black 大法官在其异议意见中对此也表明支持。但是,他认为《美国联邦宪法》对于婚姻隐私权没有明确的具体规定,并且,他不仅反对 Douglas 大法官的看法——认为这样的一种权利可以从《权利法案》的其他具体规定中"衍生"形成,而且也反对 Harlan 大法官和 White 大法官对

---

① See, e. g., Breithaupt v. Abram, 352 U. S. 432 (1957); Irvine v. California, 347 U. S. 128 (1954).

于正当程序的主张以及 Goldberg 大法官对于《宪法第九修正案》的主张,"因为从分析上看,正当程序与《宪法第九修正案》其实都是指向同样的事情,只是使用不同的方法主张美国联邦最高法院和联邦司法权力机关可以宣布任何立法无效,只要法官认为这些法律存在不合理或冒犯之处。"①

尽管 Black 大法官对于某些法官的理由所提出的异议意见并没有超乎意料之外,但是我们需要注意的是,即便各法官对 Black 大法官的同意更多地表现在判决意见或并存意见当中,但实际上只有 Stewart 大法官认同 Black 大法官的异议意见,所以这些问题必然需要更进一步的分析。

需要注意的是,Douglas 大法官在本质上认同 Black 大法官的观点,也就是,虽然正当程序完全适用于《权利法案》的具体规定,但是它并不保护超出相对明确界限的权利。然而,尽管 Douglas 大法官在 Griswold 一案的判决中强调各种修正案存在"半影"或"衍生权利",但是他并不能为婚姻隐私权找到明确的具体来源。Black 大法官对于 Douglas 大法官的判决意见所存在的异议在于"狭窄",也就是说,《宪法第一修正案》的适用与该案的特定事实和情况有关,因而他认为,在 Douglas 大法官的判决意见中难以找到一个甚至是最低程度的、可预测的、稳定的宪法基础。然而,虽然根据"衍生"来定义正当程序的这一做法似乎不可能成功,但这总比在没有任何比"深深根植于理性和法律职业的强制传统的考量因素"② 更明确的外部标准的情况下根据间接因素定义正当程序要好。

正如过去开庭的所有法官都认同的一样,目前美国联邦最高法院的所有法官都认同,美国联邦最高法院无权审查国会或州立法机构所制定的法律中所蕴含的智慧;否则,他们将侵犯立法权。然而,从这些角度分析问题几乎不会对美国联邦最高法院的分歧提出任何理性的解决办法。美国联邦最高法院对于该争议存在三种或四种观点。可以理解的是,每派观点都主张其看待问题的方法能够提供法律条文上的支持理由,而其他方法只是基于法官的个人偏好。所以,由此产生的

---

① 381 U.S. at 511.
② Rochin v. California, 342 U.S. 165, 171 (1952).

争议集中于司法程序的性质这一问题上。因此,对于各种观点的含意有一个清晰的认识是至关重要的。

1961年,在备受批评的 Poe v. Ullman 一案①判决中,美国联邦最高法院拒绝对康涅狄格州的反避孕法进行审理,因为它认为,根据案情,该案尚未达到作出实体裁判的成熟条件。Harlan 大法官在 Poe 一案的异议意见中表明,如果有机会对该案作出实体裁判,那么他一定会投票判决所涉及的制定法是无效的。在讨论《宪法第十四修正案》的正当程序条款所保护的"自由"时,他说道:我们不能从割离的角度理解"自由",也就是将其理解为财产自由、言论自由、出版自由、宗教自由、持有和携带武器的自由,以及免受无理搜查或扣押的自由以及等等。广泛地说,自由是一个合理的集合体,包括免受所有实质上荒诞不经的强制措施以及毫无益处的限制措施而享有的自由。②

尽管美国联邦最高法院许多法官反对康涅狄格州的法律,但是 Harlan 大法官所提出的宪法规则似乎还不能说服美国联邦最高法院的大多数法官。Douglas 大法官在 Poe 一案中作出独立的异议意见,与 Harlan 大法官的意见不同的是,他采用了正当程序的观点。Douglas 大法官将"自由"描述为"有时从其他具体规定所衍生的权利或自由社会的要求中获取其含意的一个概念",这大概可以对其在后来 Griswold 一案的判决意见进行预测。在 Roe 一案中,虽然 Black 大法官反对美国联邦最高法院不对实体进行审理和裁判,但是他并没有认同 Douglas 大法官的异议意见。然而实际上,根据 Black 大法官所不断坚持的观点,也就是,除非根据《权利法案》的具体规定进行合理推断,否则正当程序条款必须不能被理解为对州政府进行限制。那么令人意外的是,他在某种程度上认同了 Douglas 大法官关于"衍生权利"的观点。

在1961年之后,在 Black 大法官的领导下,美国联邦最高法院大多数法官极有可能在对康涅狄格州的法律进行实体审查后便不愿意推翻该法律。正因为这种可能性,康涅狄格州法律的反对者重新审查

---

① 367 U.S. 497 (1961).
② Poe v. Ullman, 367 U.S. 497, 543 (1961) (Harlan, J., dissenting).

了宪法的规定,从而提出其他理由让美国联邦最高法院宣判康涅狄格州法律无效。其中最可行的理由便是笔者的同事 Norman Redlich 所提出的,他反对该法律,认为《宪法第九修正案》保护"由人民保留"的某些权利,并且这些权利根据《美国联邦宪法第十修正案》(以下简称《宪法第十修正案》)而"由人民保留"。① 对于这些规定并不能为此提供比正当程序更明确的法律条文标准的指责,他认为:对于标准的问题,如果我们根据《宪法第九修正案》和《宪法第十修正案》而不是正当程序来思考这一问题,那么一个明确的模式就会出现。为了遵守这些修正案的目的,法律条文的标准应当是整个《美国联邦宪法》。最初的《美国联邦宪法》及其修正案设计了一个自由、开放的社会。《宪法第九修正案》和《宪法第十修正案》承认,在我们国家发展的起初,不可能对于国家发展蓝图作出一个十分详细的描绘。因此,某些权利是由人民保留的。上述两个修正案的规定和历史表明,所保留的权利与所列举的权利在性质上是一样的。这些权利之所以由人民保留,并不是因为它们不同于《美国联邦宪法》所具体规定的权利,而是因为人们不可能对于其在一个自由社会中应当享有的所有权利作出规定,并且,大家都相信的是,对某些权利进行列举,这也意味着某些权利是不存在的。

在上述理由的基础上,Redlich 教授主张认为,这些修正案的适用并不能推翻名声败坏的适用契约自由理论的案件,如 Lochner v. New York 一案②,因为他认为,这些案件几乎不能适用《美国联邦宪法》的权利体制。然而,已婚夫妇对其婚姻关系的私密性享有免受州刑事处罚的权利,而这能够适用公民应当免受无理搜查或扣押的社会模式。

Redlich 教授的上述观点与正当程序条款的观点形成明显的差异,而在 Griswold 一案中,美国联邦最高法院有三位大法官采纳了 Redlich 教授的观点,这体现在 Goldberg 大法官的并存意见中:《宪法第九修正案》表明立宪者的一个信念,也就是,前八条修正案没有明确

---

① Redlich, Are There "Certain Rights... Retained by the People", 37 N. Y. U. L. REV. 787 (1962).
② 198 U. S. 45 (1905).

列举的基本权利是有可能存在的,并且,宪法所列举的权利并不是穷尽的……《宪法第九修正案》简单表明了立宪者的目的,也就是,不能单纯因为前八条修正案没有明确列举某些基本的公民权利而拒绝为其提供保护或以任何方式对其进行侵害。① 这样看来,除了将婚姻隐私权看作受保留的"基本公民权利"的合理客体之外,Goldberg 大法官似乎认为没有其他更好的做法。但是他又焦虑地认为,"法官不能撇开法律而根据他们个人的见解对基本权利作出判断",所以他又对该标准的客观性提出新的质疑,并引用了基于正当程序这一灵活概念的两个判例。根据 Snyder v. Massachusetts 一案②,他认为法官"必须根据'传统和人民的共同良心'判断一项原则是否'足够根深蒂固……从而可以被看作为是基本的'"。根据 Powell v. Alabama 一案③,他认为:"问题在于,在没有违反这些'作为社会制度和政治制度基础的自由原则、公平原则的情况下',所涉及的权利是否具备'不能被侵犯的特性'。"

因此,Goldberg 大法官不能区分《宪法第九修正案》所规定的"受保留的"权利和灵活的正当程序概念,而正如 Black 大法官拒绝将正当程序适用于该案一样,Black 大法官基于相同的理由拒绝适用《宪法第九修正案》这一新的宪法理由。这也是 Black 大法官之所以认为 Harlan 大法官的正当程序主张与 Goldberg 大法官的《宪法第九修正案》主张"是同一件事"的原因。

如果要说什么是美国联邦最高法院所有法官都认同的,那么这一定是,对于致力于促进经济和社会福利的法律,司法机关绝对不能基于正当程序这一理由宣判其无效。美国联邦最高法院反复强调它不关注法律的"智慧、需求或恰当性"④。在 1963 年的 Ferguson v. Skrupa 一案中,Black 大法官表明:"对于 Lochner 一案、Coppage 一案、Adkins 一案、Burns 一案以及类似的案件所获胜的正当程序理论,也就是,只要法官认为案涉法律不当,他们就有权判定法律违宪,这一

---

① 381 U.S. at 492.
② 291 U.S. 97 (1934).
③ 287 U.S. 45 (1932).
④ Olsen v. Nebraska ex rel. Western Reference & Bond Ass'n, 318 U.S. 236, 246 (1941).

理论已经被长期抛弃。"① 然而，Black 大法官和 Stewart 大法官发现该理论在 Griswold 一案有所复兴。不幸的是，Douglas 大法官和 Goldberg 大法官的判决意见都没有对他们所提议的解决办法不属于司法修正主义作出辩解。

当《权利法案》不足以保护公民免受政府所实施的或可能实施的侵权行为时，那么我们需要寻求另外的限制规定，而很多人认为应当在基本宪章中寻求这样的规定。许多判例求助于《宪法第九修正案》所规定的由人民保留的权利，从而为此提供所需要的确定性以及防止没有拘束的司法创造权。对于确定性这一要求，Redlich 教授的判断标准值得进一步关注。在一般的经济和社会政策领域，他认为，只要能够合理得出一个有效的法律结果，那么法官应该尊重法律的判断。然而，如果法律越权管理某些权利，而这些权利被认为"属于《美国联邦宪法》所建立的自由社会中至关重要的组成部分"，那么法官就可以"要求提供充足的必要性证据，以及能够证明为什么不采用其他或更小负担的手段实现这一法律目的的证据"。他认为："虽然不能建立完全客观的判断标准，但是法官也并没有完全撇开法律，对于与《美国联邦宪法》所规定的权利相临近或相类似的权利，我们可以根据《宪法第九修正案》和《宪法第十修正案》对这些权利进行定义。"

令人满意的客观标准是否能取代法官单纯的个人反应，这仍有待论述。对于 Griswold 一案，要么作为为"基本的公民权利"提供保护的首例，该案将在宪法体系中获得尊敬的一席之地，要么因为不切实际而将作为司法实践被抛弃，而这取决于该案的理论走向。这一答案部分取决于隐私权本身的未来发展，而本文第三部分将会对此进行论述。

三、隐私权与《美国联邦宪法第五修正案》和《美国联邦宪法第四修正案》

在 1965 年之前，隐私权是一个可变的理论，代表着各种不同的

---

① 372 U. S. 726, 730 (1963).

利益，被法官适用于"不同的方面以及各种不同的目的。"① 这一术语的使用暗示一种价值判断，也就是，对于该种"权利"的任何侵犯行为在一定程度上是错误的并且应当被阻止。困难在于，隐私权的概念经常会引起公认的危言耸听。即便它的含义曾经是明确的，但是通过过度适用于广泛的各种情形，它的含义也已经变得模糊、不明确。为了判断 Griswold 一案所适用的隐私权的潜在影响，我们有必要更多地了解隐私权的起源、发展以及当前的意义。

（一）宪法历史中的隐私权

在美国，宪法对隐私权保护的发展主要与对政府扣押公民或财产的限制相伴随。与此相似的历史是，在美国独立战争之前，殖民地经常会给税收官员颁布"协助令状"，从而让他们有权酌情对走私货物的可疑场所进行搜查。在 1761 年，James Otis 对这些令状进行谴责，因为它们将"每个人的自由交到每个渺小的官员手中"。在辩论中，约翰·亚当斯后来宣布："独立之子当场就诞生了。"

对于英国法律所规定的依据令状或其他任意的行政权力而搜查公民的住所以获取归罪证据，1765 年 Entick v. Carrington 一案②的著名判决已经对此作出修整。这就是宪法保护公民免受政府所实施的扣押人身或财产行为的侵扰，从而保护公民所享有的隐私权，但是这一般要取决于财产的概念，例如对于非法侵入行为而提供的保护。根据《宪法第四修正案》，这种权利就是保护公民免受无理搜查或扣押，而这已经得到积极的辩护。然而，当这种隐私权被成功提出时，它往往被局限于对公民人身或有形财产实施无理搜查或扣押的这一范围内。虽然在 Boyd v. United States 一案③中，《宪法第四修正案》与免于自证其罪的《宪法第五修正案》甚至被认为"几乎可以融为一体"，但是实际情况却是，制定法对于强迫获取公民的私人文件或将有所保留的推测内容视为供认内容都作出明确的授权。类似地，当

---

① Beaney, The Constitutional Right to Privacy in the Supreme Court, [1952] SUP. Cr. REV. 212.
② 19 Howell's State Trials 1029.
③ 116 U.S. 616 (1886).

Mapp v. Ohio 一案①适用《宪法第四修正案》的非法证据排除规则时，所产生的问题再次涉及对有形财产的扣押行为。

这些案件与 Griswold 一案相对比，它们只是都使用了"隐私权"这一术语保护各种权益。如果婚姻隐私权被看作《权利法案》的衍生权利，或者依据《宪法第九修正案》被看作由人民保留的权利，那么自然会产生的问题是，对于其他至今尚未得到保护的"隐私权"，甚至是尚未发现的"隐私权"，它们是否也会被纳入宪法这一广泛的保护领域。

虽然部分隐私权仍不足以得到宪法的保护，并且隐私主张早先也不能引发许多案件，但是这些情况目前都会得到重新审视，从而判断它们是否满足新的标准。并且，这一质疑可能会带来新的问题，也就是，新发现的婚姻隐私权是否会引发其他潜在的、至今尚未被检验的情况出现。

（二）隐私、搭线窃听与麦克风监听

对于适用《宪法第四修正案》的财产保护理论以阻止扩大修正案对其他隐私领域的保护，美国联邦最高法院最为著名的一个判例就是 Olmstead v. United States 一案。② 在判定《宪法第四修正案》不禁止使用通过搭线窃听所获得的证据时，Taft 首席大法官强调了《宪法第四修正案》所保护的"财产"方面：《宪法第四修正案》表明，搜查行为的客体是有形物——人身、住宅、文件或财产。使搜查程序合法的搜查令必须详细描述搜查场所以及需要扣押的公民或物品……《宪法第四修正案》的规定不能被延伸或扩大至包括使用电话线窃听的方式"进入"被告的住宅或办公室。虽然 Brandeis 大法官和 Holmes 大法官的异议意见没有在这一具体问题上劝说美国联邦最高法院的大多数法官，但是他们的异议意见与 Griswold 一案中 Douglas 大法官和 Goldberg 大法官的判决意见十分相似。在 Holmes 大法官简短的异议意见中，他承认"《宪法第四修正案》和《宪法第五修正

---

① 367 U. S. 643 (1961). Cf. Wong Sun v. United States, 371 U. S. 471 (1963); Silverman v. United States, 365 U. S. 505 (1961).

② 277 U. S. 438 (1928).

案》的半影"有可能应当被适用于禁止搭线窃听以及使用由此得来的证据。但是 Brandeis 大法官的有说服力的、经常被引用的异议意见与 1965 年的 Griswold 一案的判决意见所承认的观点最为接近。通过主张对《美国联邦宪法》禁止事项的解释应与目前的发展相适应，Brandeis 大法官指出："政府目前已经可以通过狡猾的、远距离的方法侵犯公民的隐私。随着现代科技的发展，政府可以通过比现场拷问更有效的手段获得公民在密室内窃窃私语的内容，并且在法庭中对此进行披露。"

Brandeis 将《宪法第四修正案》看作对于公民所享有的免受政府侵扰其私人事务的自由在宪法上的基本规定。在他的异议意见最为著名的一段话中，他说道："《美国联邦宪法》的立宪者保障公民追求幸福的权利……他们赋予公民免受政府侵扰的独处权——一种最全面的权利，一种对于文明人来说最有价值的权利。为了保护这种权利，政府所实施的每种不正当的侵犯公民隐私的行为都必须被认定为属于违反《宪法第四修正案》的行为，无论政府所采用的侵权手段是什么。并且，如果通过这些侵权行为所获得的事实作为刑事诉讼证据使用，那么这必须被认定为违反《宪法第五修正案》的行为。"①

在 Olmstead 一案所涉及的搭线窃听问题中，与之相近的还有监听案件中所产生的以及被否认的隐私权主张。对于被认为"在根本上侵犯公民隐私"②的电子监听行为，Brandeis 的担忧实现了。虽然任何电话都能通过麦克风很快就被传输到监听室，并且人们可以在一百步宽的街道对面的监听室听到通话内容，但是，宪法并没有规定保护公民免受此种侵权行为的侵扰。③然而，《联邦通讯法》（Federal

---

① Olmstead v. United States, 277 U. S. 438, 478–479 (1928).
② Williams, The Wiretapping-Eavesdropping Problem: A Defense Counsel's View, 44 MINN. L. REV. 855, 866 (1960). See also Dash, Knowlton & Schwartz, The Eavesdroppers 339–79 (1959); Packrd, The Naked Society (1964); Symposium, Science and the Law, 63 MICH. L. REV. 1325 (1965); King, Electronic Surveillance and Constitutional Rights: Some Developments and Observations, 33 GEO. WASH. L. REV. 240 (1965); Michael, Speculations on the Relation of the Computer to Individual Freedom and the Right to Privacy, at 270.
③ On Lee v. United States, 343 U. S. 747 (1952); Goldman v. United States, 316 U. S. 129 (1942); cf. Lopez v. United States, 373 U. S. 427 (1963); Lanza v. New York, 370 U. S. 139 (1962).

Communications Act）的第 605 条规定禁止搭线窃听，这项多能为被通话者认为属于其隐私的通话内容提供有限的保护。①

（三）其他潜在的隐私权主张

虽然在其他判例中，隐私主张一直被权利人所要求或者被法院所否认，但是这往往都是以违反《宪法第四修正案》或《宪法第五修正案》为由，而从来没有以 Douglas 大法官所主张的"半影"理论或 Goldberg 大法官所主张的《宪法第九修正案》为由。例如，在 Public Utilities Commission v. Pollak 一案②中，原告诉称，由哥伦比亚特区管理的一家私人公司在巴士和地面电车上所播放的电台节目侵犯了乘客的隐私权，违反了《宪法第五修正案》所规定的正当程序条款。美国联邦最高法院拒绝了原告的诉称。Douglas 大法官作为唯一一个异议者，他在异议意见中写道：该案的判决减损了《宪法第五修正案》所使用的"自由"一词的含义。与免受政府所实施的违法行为限制而享有的自由相比，宪法意义上的自由的含义必须更加宽广。如果它要作为自由的集合体，那么它必须也包括隐私。独处权实际上是所有自由的开始。

如果我们记得《宪法第一修正案》所规定的"思考和信仰的神圣"是"宪法上独处权的重要方面"，那么笔者不相信我们会像美国联邦最高法院那样在《宪法第五修正案》的范围内狭隘地解释"自由"。

在 Frank v. Maryland 一案③中，美国联邦最高法院特别承认，《宪法第四修正案》和《宪法第五修正案》保护公民享有"个人隐私免受侵犯的权利"以及"与其自身密切相关"的自卫权——防止未经授权获取公民的私人信息以进一步侵犯其生活、自由或财产。但是，在该案中，原告所诉称的侵权行为是指，一个市卫生检查员在没有搜查令的情况下进入公民私人住宅搜查卫生隐患。因为他没有找到

---

① See generally Westin, The Wire-Tapping Problem: An Analysis and a Legislative Proposal, 52 COLUM. L. REV. 165 (1952).
② 343 U.S. 451 (1952).
③ 359 U.S. 360 (1959).

有关刑事犯罪的证据,所以美国联邦最高法院大多数法官否认任何隐私权的存在,从而足以排除该搜查行为。在 Douglas 大法官的异议意见中,四位异议者认为该判决"严重削弱了隐私权"。

美国联邦最高法院的法官有时会对隐私权作出讨论,这经常会发生在并存意见或异议意见当中,并且与除了《宪法第四修正案》和《宪法第五修正案》之外的其他宪法规定所保护的权利相结合讨论。因此,《宪法第一修正案》所规定的言论自由、信仰自由、结社自由都是隐私权的体现,因为"《宪法第一修正案》所暗含的隐私权创造了一个政府不能进入的领域"①。所以,这同时也表明,"与言论自由、集会自由相关的隐私权益"②足够重要,因而政府调查机构除非"能够表明其对政府利益与公民隐私权两者进行了充分的平衡",否则不能对公民实施干扰行为。在《宪法第一修正案》的其他领域,某些法官也会作出相类似的考量,包括宣誓效忠③、律师准入④、资格披露要求⑤以及旅行自由。⑥ 但是,美国联邦最高法院的某些法官仍然单独根据《宪法第一修正案》的禁止事项看待这些问题,没有在潜在的隐私方面考虑所诉称的权利。因为美国联邦最高法院经常在这些案件中产生分歧,判决也因而在政府权力与个人自由两方面摇摆不定,所以值得我们思考的是,对于《宪法第一修正案》所保护的公民免受政府侵扰的独处权,在 Griswold 一案中地位有所提高的隐私权是否预示着法院对于独处权的态度有了一个新的看法。

在传统上,《宪法第四修正案》和《宪法第五修正案》保护公民的财产在没有正当理由的情况下可以免于作为刑事犯罪的证据(以及上文提到的《宪法第一修正案》所提供的保护),但是,当美国联

---

① Gibson v. Florida Legislative Investigation Comm., 372 U. S. 539, 570 (1963) (Douglas, J., concurring).
② Uphaus v. Wyman, 360 U. S. 72, 107 (1959) (Brennan, J., dissenting).
③ E. g., Baggett v. Bullitt, 377 U. S. 360 (1964).
④ E. g., Schware v. Board of Bar Examiners, 353 U. S. 232 (1957); Konigsberg v. State Bar of California, 353 U. S. 252 (1957).
⑤ E. g., Shelton v. Tucker, 364 U. S. 479 (1960); Bates v. Little Rock, 361 U. S. 516 (1960); NAACP v. Alabama, 357 U. S. 449 (1958).
⑥ E. g., Aptheker v. Secretary of State, 378 U. S. 500 (1964); Kent v. Dulles, 357 U. S. 116 (1958).

邦最高法院在以上三个修正案之外的某些情况下承认公民享有隐私权时，法院有时会将隐私权理论作为一项辅助权利，从而帮助对抗其他宪法性权利受到侵犯的主张。因此，在 Breard v. Alexandria 一案①中，美国联邦最高法院支持了禁止其他州的推销员挨家挨户推销杂志的法规。该案的利益衡量在于"某些住户对于隐私的期待与出版者根据其认为最好的方法来推销出版物的权利"。而四位异议者几乎都不认为这与隐私权有关，而只是一个对抗其他权利的借口，其中某些异议者以《宪法第一修正案》所保护的权利作为异议理由，而其他异议者则以州际自由贸易的利益作为异议理由。

此外，在 Griswold 一案之前，涉及隐私权的还有另一个案件，也就是 Skinner v. Oklahoma 一案。② 在该案中，美国联邦最高法院保护公民可以拒绝接受不自愿的绝育手术，而这些绝育手术是根据在适用上有所歧视的制定法授权而实施的。然而，该判决仅仅依赖《宪法第十四修正案》的平等保护条款保护公民的尊严和人格。

美国联邦最高法院的判决意见经常会讨论隐私权的不足，尤其是在最近几年，但是直到 Griswold 一案，它们并没有讨论出什么实际意义的东西。在 Griswold 一案之前，除了依据《宪法第四修正案》所作出的判决之外，隐私权在辩护中往往得不到支持。甚至在《宪法第四修正案》的案件中，尽管法院已经越来越多地讨论该修正案保护隐私权，但是判决似乎并不会超出 1886 年 Boyd v. United States 一案的判决。无论 Boyd 一案与《宪法第四修正案》和《宪法第五修正案》多么紧密，宪法所提供的保护仍然不足以保护公民免受政府所实施的扣押行为的侵扰，不管是真实的扣押行为还是推定的扣押行为。并且，法院不仅拒绝排除使用通过搭线窃听或电子监听的方式所获得的证据，而且还拒绝将《宪法第四修正案》适用于"私人的"搜查行为，与其他公民自由的保护不同，隐私权在 1791 年之后并没有过多发展。

Griswold 一案并不必然预示着《宪法第四修正案》理论会有所修整。上文已有所论及的《宪法第四修正案》所规定的隐私权与 Gris-

---

① 341 U. S. 622 (1951).
② 316 U. S. 535 (1942).

wold 一案中的婚姻隐私权几乎毫无相似之处。为了对比,我们可以认为,一方面,《宪法第四修正案》所规定的隐私权是一种程序上的保护——限制政府为了刑事指控的目的而采取违法手段获取证据;另一方面,婚姻隐私权是实体上的权利,当适用婚姻隐私权时,依据有效立法权制定的制定法会被宣布无效。因此,在 Griswold 一案中,不需要存在与传统的《宪法第四修正案》相关的强制措施。

即便两种隐私权有可能完全分离,永不相交,但是更有可能的是,新的隐私权将实际上对旧的隐私权产生影响。无论这两者之间如何不同,它们之间的关系都可能会相互有所发展。例如,尽管搭线窃听行为与电子监听行为都被认为不违反《宪法第四修正案》和《宪法第五修正案》,但是 Douglas 大法官所提出的"半影"理论可以为《权利法案》建立"衍生权利",从而禁止搭线窃听行为和电子监听行为(如果该观点有点薄弱不足以克服长期建立的理论,那么还可以求助于《宪法第九修正案》这一可能更好的理由)。如果公民在住所内享有婚姻隐私权,那么为什么公民对于住所内或营业场所内的私人通话内容不享有隐私权,从而免受未被邀请的人所实施的不受欢迎的侵扰?如果隐私权不仅仅狭隘地局限于 Griswold 一案的事实,而是意味着对公民个人尊严以及人格权利免受侵犯的广泛保护,那么,是否不应该将隐私权的适用与立法调查、宣誓效忠、旅行自由、宗教自由以及其他与《宪法第一修正案》相关的权利相联系起来?

与基于 Griswold 一案狭窄的案件事实所作出的判决结果相比,更为重要的问题是,所宣布的规则是否会产生同样重要的结果。笔者认为,这必然是有可能的。

四、政府以及避孕信息的传播

在 20 世纪下半叶,如果《美国联邦宪法》与政府仍然保持关联的话,那么它必须对政府构造及其权力的疑难问题作出切实可行的回答。据了解,Griswold 一案与联邦主义的现代理论有重要的关系。20 世纪的另一个问题在于,强大的州政府对于社会福利所作出的必要贡献与公民防止大政府的强力压迫而享有的平等表达需求这两者之间的关系越来越激烈。Griswold 一案所暗示的正是这样一种冲突关系。

在美国联邦最高法院对 Griswold 一案作出判决之前,该案所反映的潜在社会问题似乎只是一个很狭窄的问题。在1956年的座谈会中,没有人对这个问题的表述提出异议:"州是否应当禁止或者以其他手段管理避孕用具的销售或使用?"① 这个新问题马上引发讨论,也就是,无论是州政府还是联邦政府,它们是否可以通过公共医疗诊所、美国的社会福利项目以及国外的国际援助计划传播避孕信息。

从第一感觉来说,这个问题似乎不太困难。在各州,传播避孕信息并没有产生严重的政治问题或宗教问题,这些信息是大家都可以获取的。此外,对于避孕信息的传播,虽然有实质性的反对意见认为与商业的法律条款有关,但是这唯一的反对意见也逐渐被削弱。② 如果州不享有禁止使用避孕用具的权力,那么政府对于信息传播过程的参与地位可能就能弄清楚了。然而,这还会产生一个主要由罗马天主教会发言人所提出的新的争议,也就是,政府在这一过程中究竟能发挥什么作用。

众所周知的是,天主教会基于道德理由长期反对使用避孕用具。实际上,在马萨诸塞州,天主教机构过去支持"按上帝的方式投票"(Vote God's Way)运动,反对废除禁止传播避孕信息的州法律。为了达到这一宗教目的,天主教会的每个成员都疯狂地致力于寻求制定法上的禁止规定。只要禁止使用避孕用具以及禁止传播避孕信息的制定法仍然存在,那么州资助的家庭计划项目几乎没有得到提议,并且私人诊所甚至还冒着被警察抓捕的风险继续运营。

然而,天主教对这些制定法的支持逐渐削弱,虽然它仍然要求其成员遵守这一道德禁令。实际上,在 Griswold 一案中,关于公民自由的天主教会议作为法院之友支持以隐私为由判定康涅狄格州法律无效。

当美国联邦最高法院完全根据隐私这一理由认定康涅狄格州的法律无效时,几乎没有天主教会的领导人物公开表达异议,并且某些天

---

① Symposium-Morals, Medicine, and the Law, 31 N. Y. U. L. REV. 1157, 1158 (1956); Kalven, A Special Corner of Civil Liberties-A Legal View, 31 N. Y. U. L. REV. 1223, 1224 – 1225 n. 1 (1956).

② Ploscowe, The Place of Law in Medico-Moral Problems: A Legal View, 31 N. Y. U. L. REV. 1238, 1240 – 1241 (1956); Comment, History and Future of the Legal Battle Over Birth Control, 49 CORNELL L. Q. 275 (1964).

主教徒认为这属于事先同意的自由。① 实际上，在全国天主教福利会议公开支持判决之前，宾夕法尼亚州天主教会议的总法律顾问 William Ball 已经对该判决有所言论。但是，他此时所关注的焦点有所变化。虽然 Ball 先生代表天主教会议支持 Griswold 一案的判决，但是他表明反对提议授权美国"更有效解决全球快速人口增长以及由此产生或与此相关的问题……"的参议院法案。② 因为反对法案的天主教徒担心这将会成为第一步，不仅促进人口控制的研究，虽然这是他们并不反对的事情，但是这还会促进政府在国内外传播避孕信息。

在某种程度上讽刺的是，反对法案的意见建立在隐私权这一新事物的基础之上。换句话说，不论是福是祸，现在是福利国家的时代。福利国家与大政府会给公民个人带来许多问题，尤其是当公民致力于保护其个人尊严免于被一群毫无个人差异的群体所淹没时。根据 Griswold 一案对于隐私权而作出的判决，美国联邦最高法院再次被认为关注公民自由，这已经在其他领域有所体现。例如，在学校祈祷的案件③中，美国联邦最高法院保护公民免受政府对应当属于私人的领域所实施的侵扰行为。通过禁止州在公立学校发起祈祷，美国联邦最高法院被认为"已经发现儿童与州政府之间的关系所内在的强制行为，尽管宏观看来，这有利于儿童和社会，尽管儿童可以通过主张不参与而进行豁免"。

我们已经知道社会福利项目所潜伏的危险。Charles Reich 教授已经指出福利项目管理中所存在的隐私威胁，并且他还警告，某些福利规则试图"将一个道德行为的标准强加于受益者身上"④。根据所有这些因素，Ball 先生担心运用州权传播避孕信息可能会被认为是一种强制行为。他表明：在社会工作者与当事人这一社会关系中，如果州政府的审问权介入的话，这会在隐私权范围内产生最严重的问题，而

---

① See Ball, The Court and Birth Control, 82 Commonweal 490 (1965). See also N. Y. Times, Aug. 26, 1965, p. 42, col. 1.
② S. 1676 (89TH Cong., 1st Sess.).
③ Engel v. Vitale, 370 U. S. 421 (1962).
④ Reich, Individual Rights and Social Welfare-The Emerging Legal Issues, 74 YALE L. J. 1245, 1247 (1965). See also Reich, Midnight Welfare Searches and the Social Security Act, 72 YALE L. J. 1347 (1963).

美国联邦最高法院目前认为隐私权属于宪法的保护范围之内。例如，这是否会延伸至诸如性交行为的频率、伦理观、储蓄习惯、饮用习惯等私人事务？什么可以构成一项记录？什么才是合法的保密义务？（除了避孕之外）家庭计划中的"计划"的程度是多少？他担心，甚至是出于好心的福利工作者，他们都有可能基于"对'不受欢迎的人'这一不言而喻的严格推定"，而发展成为"对穷人进行严重的家长式统治管理"。

然而，虽然这些观点起初似乎是令人担忧的，但是这只是杞人忧天。毫无疑问的是，任何政府项目都有可能存在滥用行为，甚至是严重的滥用。弱势群体的成员不仅尤其容易表达与政府敌对的言论，而且也尤其有可能对政府所担忧的管理不足产生误解。但是这并不意味着，因为存在权力过度扩张的风险，那么以人道主义为目标的项目就不应当被实施。相反，风险的存在应该强调管理监督的需要，防止有益的项目超越善意导致滥用行为的出现。管理上的困难不应当被拔高到宪法地位的层面上来。

避孕信息这一领域所产生的问题并不比任何其他领域要更严重。如果风险是实在的，那么需求也是一样的。十分明确的是，美国的富裕家庭和中产阶级可以很容易获得避孕信息和避孕用具，虽然这是这些信息和用具能得以广泛使用的阶层，但是为了让穷人和消息不灵通的人不能同样获取相同的避孕信息，这有可能会给那些穷人制造另一种歧视。由于贫穷而产生的弱势群体已经广泛存在，并且这必须不能再扩大。如果我们打着隐私主张的旗号这样做，那么，这将会导致Griswold一案中公民自由的胜利荡然无存。

论隐私的定义

朱丽尔·英尼斯[①]著　魏凌[②]译

目　次

一、导论
二、以信息为基础的隐私定义
三、以接触行为为基础的隐私定义
四、以决定为基础的隐私定义
五、结语

一、导论

他人享有一定程度的隐私权就是指他人对自己生活的某些特定方面享有控制权。但是，这些特定的方面是指哪些呢？换言之，隐私的内容是什么？在法律和哲学方面对隐私的研究中，曾出现对这一问题的三个不同方面的潜在回答。第一，隐私涉及与他人有关的信息；第二，隐私与接触他人有关；第三，隐私是指他人所作出的亲密决定。笔者将这三种不同的回答分别归类为"以信息为基础的隐私内容"[③]、

[①] 朱丽尔·英尼斯（Julie Inness），美国曼荷莲女子学院哲学助理教授。
[②] 魏凌，中山大学法学院助教。
[③] See Judith Thomson, "The Right to Privacy", Philosophy and Public Affairs, vol. 4 (1975); Charles Fried, "Privacy", Yale Law Journal, vol. 77 (1968); Alan Westin, Privacy and Freedom (New York: Atheneum, 1967).

"以接触行为为基础的隐私内容"① 和 "以决定为基础的隐私内容"。② 笔者认为,隐私不能仅仅关注某一领域如信息或接触或亲密决定,因为隐私同时涉及这三个领域。再者,这些显然不同的隐私领域通过亲密关系这一共同特征联系到了一起,隐私的内容包括亲密信息、亲密接触和他人所作的与亲密有关的决定。本文将跨越信息、接触和亲密决定对隐私所作的标准分类来对隐私下定义,笔者认为,隐私是指他人享有的控制某一亲密领域的状态。这一领域包括他人所作出的是否让别人接触亲密的身体和信息方面的决定,以及是否实施亲密行为的决定。

二、以信息为基础的隐私定义

对于隐私的概念这一问题,不仅存在三种相互竞争的看法,而且这里还存在另一种在日常生活、法律及哲学领域都广泛使用的独立观点——隐私是指涉及他人的某些信息。这一受到广泛使用的方法很容易阐明。在日常生活中,当行为人了解到有关他人的某些隐藏性事实如性生活、家庭行为或个人习惯时,他人很快就会将此种信息的传播视为隐私侵权行为。此外,此种隐私侵权行为似乎是因为行为人知晓他人的此类信息不具有正当性。类似地,隐私往往在法律和立法领域担任保护他人个人信息的角色。例如,隐私侵权法在很大程度上与信息保护有关。③ 再者,国家的隐私立法也主要是为了保护他人的某些特定类型的信息,如他人的信用信息、医疗信息和教育背景。最后,研究隐私的学者曾提出了基于信息的隐私定义,根据信息来定义隐私的内容被视为隐私理论的"教条"之一。例如,Alan Westin 将隐私定义为:"隐私是指个人、群体或组织机构所享有的自主决定在何时

---

① See Jeffrey Reiman, and Personhood," Philosophy and Public Affairs, vol. 6 (1976); James Rachels," Why Privacy is Important," Philosophy and (1975), pp. 323—333; Richard Parker," A Definition of Privacy," vol. 27 (1974), pp. 275—296; Thomas Scanlon," Thompson on Privacy," Public Affairs, vol. 4 (1975).
② Tom Gerety, "Redefining Privacy," Harvard Liberties Law Review, vol. 12 (1977), pp. 233—296; June Eichbaum, Autonomy-Based Theory of Constitutional Privacy," Harvard Liberties Law Review, vol. 14 (1979).
③ Samuel Warren and Louis Brandeis, "The Right to Privacy", The Harvard Law Review (1890).

以何种方式向别人披露有关自己的何种信息的主张。"考虑到信息在隐私的定义中所起到的作用，正确定义隐私的内容要么明确地将信息包括在内，要么就必须将信息排除在隐私的内容之外。笔者将在下文指出，在某些情况下（并非所有的情况下），信息必须被包含在隐私的范畴之内。

下列有关信息的共同主张构成了隐私主张的范式。例如，假设，当笔者知道某个人在未经笔者同意的情况下将有关笔者性倾向的细节公之于众时，笔者就会主张自己的隐私受到了侵犯。关于笔者的主张，这里存在两点内容是非常清晰的。首先，笔者反对的是已经发生的信息披露行为。如果外界询问笔者反对此种行为的原因，那么笔者可能会作出如下的解释，笔者认为，在未经本人同意的情况下，别人不应当知晓有关笔者性行为的细节信息。其次，笔者将此种对信息的主张视为对隐私的主张似乎没有什么不妥。即便有人提出反对意见，笔者也不会立刻就认为自己对隐私所下的定义是错误的，笔者会首先对他们提出质疑，探究他们是否真正理解隐私的含义。笔者认为，某些学者对隐私所下的定义存在缺陷，这些学者没有将行为人传播他人详细的性信息的行为纳入隐私的范畴。这一例子所反映的潜在观点非常简单——信息不能完全从隐私的内容中排除出去。

假设隐私的部分内容与信息有关，我们是否应当允许隐私的内容只能完全包括信息？也就是说，隐私无非是指他人享有控制自我信息的状态？笔者认为，尽管个人信息是隐私内容的组成部分，但是，它并非是识别和约束隐私的特征。

以信息为基础的隐私定义所要面临的第一个问题是，他人的某一方面的信息并不一定是他人隐私范围的充分要素。换言之，隐私并不是指他人控制所有的与自身有关的信息。为了进一步说明笔者提出的这一观点，我们可以试着考量在以下的情形中，当某个人成功获得与他人有关的某些信息时，他人会作何反应？例一，某个陌生人想了解有关他人性倾向方面的信息，他从某位过度八卦的朋友口中了解到了他人的这一信息。例二，某个陌生人想了解他人将车停泊在何处，他从某位朋友中得知了他人的这一信息。上述两种情况都明显涉及他人丧失控制自我信息的情形。然而，并非两种情况都涉及明显的隐私侵权行为。一方面，如果他人作为原告向法院起诉例一中那位八卦的朋友侵犯自己的隐私，那么本案的举证责任将由被告承担，被告必须说明为什么自己的行为没有侵犯原告所享有的隐私权。如果被告拒绝承担举证责任，那么原告只需要指出被告所披露的信息的性质是属于亲密的私人信息，在被告不存在减轻情节的情况之下，原告被披露的性信息的亲密性质就将此类信息纳入隐私的范围。另一方面，如果在例二的情形下，他人也向法院起诉，要求法院判令被告就其披露原告泊车信息的行为承担侵权责任，那么，尽管原告事实上丧失了对某些自我信息的控制，本案的举证责任仍然是由原告承担。原告必须证明自己的停车信息包含在自己享有的隐私范围当中。通常，那些非个人亲密性质的信息，比如他人的停车位置信息，它们都不属于隐私的内容。正如这些例子所揭示的那样，通过引用是否存在信息披露行为并不能解释是否存在隐私侵权行为。我们必须关注他人被行为人公开的信息的类型，行为人披露他人信息的行为之所有构成侵犯他人隐私权的行为，是因为行为人所披露的信息具有亲密的性质。

本文的观点对某些批评的意见持开放的态度。某些学者认为，本文对隐私所作的定义使隐私的内容更接近我们的语言直觉而抛弃了我们的道德直觉，因为根据亲密信息对隐私作出界定，而不是基于所有的信息来作出界定，此种做法将导致我们无法解释某些道德直觉。支持这一批评意见的论点主要包括以下两个步骤：

（1）将亲密信息纳入隐私的内容当中允许人们从道德上谴责某些人，例如当行为人破坏他人享有的控制亲密信息的权利时，我们就可以称行为人的行为侵犯了他人的隐私。但是，将非亲密的信息从隐私的内容当中排除将会起到相反的效果，人们就不能谴责行为人破坏他人控制非亲密信息的行为，因为此种破坏行为不会侵犯他人的隐私。

（2）事实上，行为人破坏他人控制与自我有关的非亲密信息的行为通常具有道德上的可谴责性，因此将隐私保护限于亲密信息是不正确的。此种做法将导致如下情况的发生，当行为人破坏他人控制非亲密信息的状态时，我们无法从道德上谴责行为人所实施的行为。为了分析这一观点，笔者将提出两个问题。第一，他人是否享有控制与自身有关的非亲密信息的道德主张？第二，如果他人确实享有此种主张，那么，将此种保护阐述为隐私是否是最恰当的做法？

笔者不会对第一个问题的答案进行浓墨重彩的评论。行为人减轻或损害他人控制与自身有关的非亲密信息的状态应当承担道德上的责任，这一点不难论证。笔者将举出以下两个例子进行说明：第一，笔者有某位八卦的朋友询问我明天会做什么。笔者告诉这位朋友，明天我将为某个共同的朋友举办一个惊喜派对。笔者的朋友将此信息告知其他人，毁坏了笔者的惊喜派对。第二，笔者告诉某位朋友自己找到了一份新工作。笔者希望朋友暂时先对此信息保密，因为笔者想自己亲口告诉大家这一信息。但是，笔者的朋友无视笔者的警告，擅自将此信息告知了其他人，使笔者的愿望落空。上述两个例子中，行为人的行为都应当受到道德谴责，因为他们侵犯了笔者对非亲密信息的控制权。首先，两个例子都涉及明显的信息公开行为。其次，两个例子中被公开的信息都不属于他人的亲密信息。根据我们的社会惯例，他人的派对计划信息和就业信息并不值得纳入亲密信息的范畴。如果某个熟人问我有关惊喜派对的时间或者是我工作的性质，我可能会基于他询问的信息是我的个人信息而拒绝回答，但如果我仅仅发出一个感叹，比如"这不是你应该问的问题！"这句感叹不足以完全解释为什么笔者拒绝回答朋友问题，也会令朋友感到不解。最后，假设不存在任何的减轻因素，上述两个例子都涉及信息传播者实施了应受道德谴责的行为。信息控制权受到损害的个人有权向侵权人提起道德主张，他们的依据是未经个人允许，行为人不得擅自公开他人的派对信息和工作信息。上述两个例子都证明笔者所持的主张至少部分是正确的。它们揭示了一个道理，这就是，行为人侵害他人对非亲密信息所享有的权利是应受谴责的。因此，在某些情况下，他人确实享有控制与自身有关的非亲密信息的主张。不过，他人所享有的这一主张以隐私作为依据是否恰当呢？

考虑到隐私领域混乱不清的状况，将隐私作为他人享有控制非亲密信息主张的依据的做法不足为奇。例如，许多法律和行政法规都规定，禁止行为人在未经授权的情况下公开他人的非亲密信息，这些规范都是依隐私权制定的。然而，此种通常做法混淆了隐私与秘密之间的关系。秘密可以作为一个适当的描述性和规范性依据，通过援引秘密的方式，我们可以分析他人享有控制非亲密信息的权利的正当性，也可以分析对损害此种控制权所作的道德惩罚的正当性。为了进一步阐明这一观点,笔者建议重新审视上文所提出的例子,笔者的惊喜派对计划被那位八卦朋友公开的例子。当笔者告诉朋友有关派对的计划时,笔者会加上一句"这是个秘密。"笔者增加的这一话语向朋友传达了两层意思:第一层为描述性的意思,即派对计划是一个隐秘信息;第二层则为规范性的意思,即朋友在知道秘密之后不应该向外传播,如果他将笔者的这一计划告知了其他人,毁坏了笔者的派对计划,笔者可以通过指出朋友的行为侵犯了自己的隐私而对其进行道德上的谴责。这一例子表明,秘密可以被用来正确地描述他人规范自己的非亲密信息的行为,并且捕捉此种规范行为的描述性意义。

诚然,我们仍然要解决一个问题:为什么我们更倾向于使用"秘密"而非"隐私"?毕竟,隐私可以用来描述上述所有的问题。但是,秘密在正确地描述他人控制非亲密信息时具有某些超越隐私的优势。首先,秘密并不具有潜在的亲密意味,但是亲密确是隐私的核心。因此,使用秘密来描述他人对非亲密信息所享有的控制权有利于保护隐私和亲密之间的关系。其次,与隐私不同,秘密并不是一个固有的积极概念,人们不享有基本的秘密权,人们对秘密不享有基本的主张。秘密的这一特性符合一个事实,即规范他人的非亲密信息在道德上并不总是令人接受的,他人并不享有控制非亲密信息的权利,除非他人有计划以某种方式证明此种控制是正当的。相反,隐私的积极价值使隐私主张的有效性在很大程度上独立于他人的计划之外。再者,秘密意味着隐瞒,而隐私则意味着控制。正如 Morton Levine 所指出的那样,秘密涉及隐藏"某些他人认为在公开之后会对自己造成损害的信息,如果他人个人财产的限制被潜在的房东所了解,那么房东很有可能就不会同意将房子租给他人"[①]。在他人规范非亲密信息的情况下,秘密的隐藏状态正岌岌可危。例如,当笔者告诉朋友不要将惊喜派对计划和新工作的消息透露给其他人时,笔者的目的在于将信息隐藏起来不要其他人知晓,如果笔者意欲隐藏的信息不知何故被其他人知道,笔者将不用再担心信息的隐藏状态。这一点与隐私相反,因为他人对隐私的担心在于能否控制信息,即便信息被公开,他

---

① Morton Levine, "Privacy in the Western World", in Privacy ed. William Bier (Fordam University Press, 1980).

人所享有的利益也不会停止。正如 Judith DeCew 所言,"私人信息可能会被公开。尽管它不再处于隐藏状态,它仍然是私人的。"[1] 与隐私不同,秘密在隐藏非亲密信息上享有利益。基于此,秘密不仅可以用来解释为什么行为人侵犯他人控制非亲密信息的行为属于道德问题,还可以提供一个更令人满意的解释,此种优势性是隐私所不能给予的,结论已经非常明确:如果我们需要解释的问题是,为什么侵犯他人对非亲密信息的控制需要受到道德谴责,那么隐私不必将非亲密信息包括在自己的范围之内。

此时此刻,判断何种事物属于隐私范畴的充分条件已经被修正——它们不仅仅是关于他人的信息,还必须是亲密信息。不过,即便以信息为基础的隐私定义已经作出了此种修正,它也还面临着一个问题,这就是,他人信息的泄露,即便被泄露的信息属于亲密信息,他人的隐私也不必然受到侵犯。隐私侵权行为也可以发生在行为人未曾获得他人信息的基础之上。

首先,笔者在上文曾讨论过某个试图窥探他人身体的好色之徒的例子,因为他人将自己隐藏在床上,所以偷窥者的行为失败,这一例子可以用来阐述笔者的观点。在此种情形之下,偷窥者的行为可以被解释为在某种形式上接触了隐藏起来的人,但是,显而易见,此种接触行为并不构成信息收集行为,毫无疑问的是他人的隐私受到了侵犯。

其次,即便行为人没有获得他人的信息,他人的隐私也可能受到侵犯。例如,当偷窥狂再一次透过窗户窥探某人时,毫无疑问,偷窥狂此次绝对不会再获得有关受害者的新信息。尽管偷窥者没有再获得新的信息,但是他的行为也显然与第一次的窥探行为一样,再一次侵犯了受害者所享有的隐私权。当偷窥者因第二次的行为受到指控时,偷窥者并不能以"我上次已经看过了"这一解释来逃脱指控。基于亲密信息对隐私作出定义的做法必然是不全面的,因为隐私侵权行为并不必然涉及侵犯信息的行为。不过,亲密信息和隐私之间的联系也是无法割裂的。处理这一问题我们需要保存亲密信息和隐私之间的联

---

[1] Judith DeCew, "The Scope of Privacy in Law and Ethics", Law and Philosophy, vol. 5 (1986).

系，同时，我们应当否认亲密信息是隐私的唯一组成部分。笔者建议重新探究以接触行为为根据的隐私定义。

三、以接触行为为基础的隐私定义

以接触行为为基础的隐私定义存在多种形式。例如，Thomas Scanlon 指出，隐私为他人提供了一个不需要时刻防范外界侵扰和观察的区域。① James Rachels 和 Jeffrey Reiman 认为，隐私为他人提供了控制外界接触自身（包括信息接触）的权利。② 尽管存在诸多不同，以接触行为为基础的隐私定义共同提出了一个隐私内容的假设——隐私包含对他人的接触。因此，以控制为基础、以接触为中心的隐私定义的通用模式如下：隐私是指他人享有控制别人接触自己的状态。基于这一定义，我们需要思考两个问题：首先，根据接触来定义隐私的内容就能避免以信息为基础定义隐私所遇到的困境吗？其次，控制别人对他人的接触是否能够涵盖隐私内容的方方面面？以接触为根据的隐私定义在捕捉隐私的内容上只能取得部分胜利。

笔者对以信息为基础的隐私定义的批判以一个问题引入：他人怎么可以在将亲密信息纳入隐私的范畴之后，又承认公开他人信息的行为并不必然导致他人隐私的丧失呢？以接触他人为根据定义隐私的内容，可以帮助我们解释为什么隐私侵权行为既可以发生在他人信息丧失的情形下，也可以发生在他人信息毫发无损的情况下。一方面，如果我们接受这样的观点，即隐私与他人控制别人接触自己息息相关，那么他人信息的公开并不必然导致他人隐私的丧失，因为行为人可以在不知晓他人信息的情况下侵犯他人所享有的控制别人接触自己的权利。例如，某位偷窥者已经是第十次偷窥受害人，显而易见，偷窥者的行为损害了受害人控制别人接触自己的权利，即便在此种情况之下没有任何新的信息被披露。另一方面，他人丧失对自我亲密信息的控制仍然可以造成他人隐私的丧失，因为行为人可以通过了解他人信息的方式来接触他人。换言之，知晓他人信息的行为可以理解成从信息

---

① Scanlon, "Thomson on Privacy", op. cit.
② See Rachels, "Why Privacy is Important"; and Reiman, "Privacy, Intimacy and Personhood".

方面接触他人的行为，仍然属于接触的一种方式。为了阐述何种信息披露行为足以构成侵犯他人的接触行为，我们可以试图联想下面的情况：行为人在未经他人允许的情况下，擅自获得并且阅读了他人的情书。行为人实施的信息获取行为就构成了侵犯他人的接触行为——行为人通过阅读情书所展现的信息接触了他人。简言之，以接触行为为基础的隐私定义解释了为什么丧失对信息的控制可能而不是必然导致隐私的丧失，信息仅仅只是接触他人的其中一种方式。然而，以接触行为为基础的隐私定义并非完全没有问题。

以接触行为为基础的隐私定义首要面临的难题与以信息为基础的隐私定义相似。行为人实施侵犯他人的接触行为并不必然导致他人隐私的丧失。并非所有形式的接触行为都将导致隐私的丧失。一方面，亲密接触行为明显将造成他人隐私的减少。例如，一直盯着某人看，倾听他与朋友的讨论，或者是了解他的性习惯，诸如此类的行为都将造成他人隐私的减少。另一方面，非亲密形式的接触行为并不造成对他人隐私的侵犯。我们可以联想起在日常生活中人们实施的数不清的接触他人的方式，瞥一眼路人，与迎面走来的人擦肩而过，听到他人的谈话片段，了解关于他人的衣着、头发颜色、姿态等碎片化的信息，等等。诸如此类的任意非亲密形式的接触在形式而非仅仅是在程度上与减少隐私的亲密接触形式不同。为了阐明这一点，我们需要对以下的问题进行探究，对于某个声称自己的隐私被行为人非亲密接触的行为所侵犯的人，我们应该怎样对他进行回应才合理。或许人们可以指出，行为人所实施此种类型的接触方式不会构成隐私侵权行为。如果他人对这一解释还不满足，举证责任将由他人承担，他人需要证明，行为人实施的明显的非亲密、非隐私形式的接触行为实际上已经足够亲密，足以构成对他人隐私的侵犯。倘若他人提起的与接触行为有关的隐私主张以亲密作为依据，那么我们必须拒绝承认未经修正的隐私的接触性定义。

四、以决定为基础的隐私定义

我们已经认定侵犯隐私权的充分条件在于，行为人侵犯他人所享有的控制别人亲密接触自身的权利。但是，许多涉及规范接触行为的隐私案例均表明，接触行为并不会消耗他人的隐私领域，换言之，接触行为并不必然造成他人隐私的丧失。亲密决定也出现在了隐私的范围当中，不仅是明显体现在法律当中，还体现在日常生活中。例如，对于大多数宪法性隐私权案例来说，接触行为都属于外围的问题。《美国联邦宪法》所关注的是"隐私利益与他人所作出的某些决定有关"。美国联邦最高法院根据隐私的范畴所保护的私人决定包括，诸如儿童的抚养和教育问题、家庭关系、生育、婚姻、避孕和堕胎等私人行为。美国联邦最高法院认为，将他人诸如此类的私人决定纳入隐私的内容的理由在于，这些决定都涉及亲密。根据美国联邦最高法院的做法，我们可以得知，正是由于他人所作决定的亲密性质，他人的决定才被包含在宪法性隐私权的范围之内。对于美国联邦最高法院来说，将他人所作出的亲密决定纳入隐私的范围并不出奇。我们通常从行为本身来区分亲密决定和非亲密决定，并将亲密决定视为"私人的"或"个人"，这些决定不是国家监管权力所干涉的对象。例如，他人被告知获得社会福利要求他们与某个特定的对象实施性行为，和他人被告知获得社会福利应当缴纳税款，两者之间是存在差别的。他人行为的自由在每种情况下都会受到限制，但是此种限制并非是完全相同的。社会福利机构没有权利作出与他人的性行为和性伴侣有关的决定，为了阻挡异乎寻常的社会困难，社会福利似乎存在合理的征税理由。如果要求证明这些不同结论的正当性，他人也许会回应，他人决定与特定的人发生性关系属于他人的私人事务（倘若此种决定是在被强迫的情况下作出，那么他人的隐私将受到损害）。相反，与纳税有关的决定既不是属于亲密事务也不属于私人事务。这一回应构成了一个可理解的辩护。它符合人们潜在的直觉，即与行为有关的亲密决定属于隐私的范畴，而与行为有关的非亲密决定则不在此范围之内。鉴于法律和我们的直觉，宪法性隐私问题属于隐私范畴的部分内容，我们是否必须放弃隐私的控制亲密接触定义？笔者认为，我们不一定非要这样做。

  人们可以认为，"自治性隐私"是一个误称，因为它实际上无非是对自由或自主的一个误导性描述。正如 Ruth Gavison 所言，"将隐私定义为私人行为的不受干扰，可能会掩盖法律决定的性质，并且将注意力从重要的值得考虑的地方中转移。国家干扰私人行为的限制是一个重要的问题，它存在已久。处理这一问题的术语通常是'行为自由'。"① 基于此,当他人主张有关个人行为的亲密决定应当受到隐私保护时,他人也可以通过主张"行为自由"来代替"隐私"。假设,正如 Gavison 所言,接触作为隐私概念的核心,那么上述问题就从概念上与行为自由不同(因为行为自由涉及另一方的不干扰的义务)。人们仅仅通过谈论关于个人行为的亲密决定的隐私来混淆理论。因此,应当维持将亲密接触作为隐私概念的核心,他人不应当将行为自由包含在隐私的内容中。

有学者认为,我们应当放弃宪法性隐私权作为隐私的定义,理由是因为它仅仅是行为自由,这一观点似乎看起来是合理的。毕竟,即便是草率考虑,我们也能相信受到宪法性隐私权保护的亲密决定涉及行为自由的领域。例如,如果他人享有控制自己生育的隐私权,他人也可以说自己拥有与生育有关的行为自由。相似地,如果他人享有在大多数情况下控制性表达的权利,那么他人也同样可以说自己拥有与性行为有关的自由。尽管这些观点有其最初的合理性,但是尝试将自治性隐私融入行为自由的领域必然存在以下三个瑕疵:

首先,它并不为以下的观点提供辩解,这就是,自治性隐私或宪法性隐私涉及自由,它们拥有某种特性足以把它们和非隐私的自由区分开来。其次,它并未对我们如何混淆隐私和行为自由作出解释。最后,如果我们接受这一观点,那么也会对以接触为根据的隐私定义造成破坏,也就是将损坏隐私定义本身。

上述这些争议都承认,宪法性隐私权产生了隐私的某一部分,但是它们指出这一事实并不必然构成行为自由,因此不应该被进一步视为隐私。根据第一个争议点,宪法性隐私权与行为自由之间的联系可以用两种方式解释——表明自治性隐私是一个混淆概念或指出受隐私保护的行为自由与自治性隐私之间的区别。基于此,我们可以区分涉及隐私的行为自由和不受隐私保护的行为自由,显而易见,探寻此种区别的基础将比抛弃它、任由它处于混乱状态更为可信。接着,让我们来探究第二个争议点,我们没有特别的理由去相信,我们确实混淆了行为自由和自治性隐私——Ruth Gavison 的观点并未对"困惑"的

---

① 32. Ruth Gavison, "Privacy and the Limits of Law", in Philosophical of Privacy, ed. Ferdinand Schoeman, New York: Cambridge University Press, 1984.

产生提供任何解释。

最后，如果我们认可了她的理论，对于某些支持以接触行为为基础的隐私定义的学者而言，我们的想法无疑太过多管闲事。宪法性隐私涵盖了某些形式的自由，基于接触行为的隐私定义也可能发生此种情况。例如，如果他人享有控制别人接触自身的主张，那么，他人就得以限制偷窥者对自己的窥探接触行为，换言之，他人也可以认为自己享有一定程度的自由，也即所谓的享有行使此种控制的自由。因此，如果我们拒绝接受自治性隐私的定义是由于它与自由有关，那么，我们同样有理由拒绝认可基于接触行为的隐私定义。考虑到接触行为位于隐私的中心，我们有充分理由拒绝一切抛弃此种定义的观点。隐私学者不能仅仅因为自治性隐私与行为自由有关就抛弃它。

将隐私的内容从亲密信息改为亲密接触有其自身的优势。通过此种做法，我们可以将亲密信息（假借信息接触行为的名义）维持在隐私的范围之内，此外，我们还能将隐私的范围扩大到包含非信息性的亲密接触行为。然而，当面临涉及他人所作出的与自己行为有关的亲密决定的隐私时，因为这些亲密决定并不能视为接触问题，所以此种改变并不能对我们起到帮助。此外，与他人行为有关的亲密决定和隐私之间的联系仍然存有争议。因此，根据接触行为来解释隐私的内容并不能包含隐私的全部内容。我们应当怎样化解决定性隐私和接触性隐私之间明显的争议？

在隐私的领域内，他人所作的有关行为的亲密决定似乎是不可回避的问题。亲密接触的问题似乎也包含在这领域之内。为了解决隐私中这些截然不同的方面的争议，可以有以下两种方法。首先，人们可以否认将亲密接触作为隐私的部分内容，人们可以认为，隐私仅仅是指他人控制与自己行为有关的亲密决定。其次，人们也可以通过解释这些明显不同的领域的联系来说明隐私的内容同时包含亲密接触和亲密决定。接下来，根据亲密决定来认定隐私的内容的做法难以令人满意，因此亲密接触问题和信息接触问题都落入隐私的领域。不过，隐私的内容包括亲密接触和他人作出有关行为的亲密决定是必然的。将这些看起来似乎完全不同的因素纳入隐私的范围的原因是亲密因素。

基于有关行为的亲密决定和亲密接触之间的显然不同，笔者尝试通过将亲密接触从隐私的内容中排除出去来解释它们之间的不同。这并非是一个反常的做法。例如，在涉及宪法性隐私权的案例中，他人永远不能找到自治性隐私权和侵权行为法（接触行为）存在联系的解释，这就给我们留下一个隐私，只有自治性隐私才是"真正"的隐私。当他人转向研究某些评论宪法性隐私权的著作时，我们的这一印象似乎进一步加深了。某些研究隐私的学者试图为宪法性隐私权提供一个连贯的理论框架，但是他们所提供的框架忽视了亲密接触的问题，从而没有将亲密接触包括在内。① 然而，我们是否真的可以把接触问题简单地从隐私的范围中排除，不顾它们是否在隐私领域内盛行？此种做法当然不是没有争议的。但是，唯一可行的观点已经被证实是不成立的。我们可以采用支持以接触行为为基础的隐私定义的学者所提出的观点来反对自治性隐私权（换言之，控制接触问题可以被视为与自由相关的问题，因此，它并不是隐私问题）。但是，此种方式可能会成为原始形式的受害者。为了禁止这一做法，亲密接触问题不能从隐私的内容中排除，由于它们在侵权行为法和日常普遍用语当中的流行性，我们没有任何理由认为此种流行是因为混乱的原因。

这里仅剩最后一条路径：他人必须将亲密接触行为和有关行为的亲密决定综合在隐私的内容当中。摆在面前的障碍是，自治性隐私和接触性隐私之间明显缺乏某些概念性的联系。正如 Ruth Gavison 所言，人们最初的直觉是，隐私与接触他人的行为有关。此种初始直觉的部分内容是，人们想要许多东西，我们失去的比我们得到的东西多。如果我们所使用的概念仅仅是描述出事物表面之间的区别，事实上却没有指出它们根本不同之处，那么我们会成为此种错误表象的受害者，我们所选的语言将会对我们造成障碍而不是帮助。将自治性隐私权排除在隐私的内容之外看起来似乎是一种危险的做法。

尽管 Gavison 的观点是为了将自治性隐私排除在外，它也可以被用来将接触问题排除在隐私内容之外。无论哪种方式，关键之处都在同一个地方——在隐私的内容之下同化有关他人行为的决定和接触问题代表隐私概念重点的缺失。幸运的是，如果他人认为在本文中，决定的性质和接触问题都已经被排除在隐私的范围之外，那么这一意义

---

① Eichbaum, "Towards an Autonomy-Based Theory of Constitutional Privacy", and David Richards, Toleration and the Constitution (Cambridge: Oxford University Press, 1986).

的力量就消失了。本文的观点是,并非所有形式的接触和有关他人行为的决定都属于隐私的范围。因此,这里存在一个概念性的焦点——亲密上的共享,它可以把隐私的自治方面和接触方面统一起来。而不是将隐私视为由两个完全不同的要素组成,我们应当将自治性隐私和接触性隐私视为保护他人的亲密领域的要素,他人的亲密领域包括他人行为方面的自由和是否让别人接触。基于亲密是属于自治性隐私和接触性隐私独特的一面,因此 Gavison 的观点不再成立。

他人所作出的有关行为的亲密决定和亲密接触(包括亲密的信息接触)都属于隐私的内容,我们将面临一个好奇的轨迹。正如前文所述,许多研究隐私的学者都假设在自治隐私和接触隐私之间存在重大的结构性区别。此种假设背后的原因显而易见。一方面,隐私被限制在亲密接触方面是为了引起不干扰他人义务的产生。例如,当别人接触他人的身体区域时,他人想寻求隐私对自己提供保护,他人所依据的是未经允许别人不得接触他人身体的义务。另一方面,亲密的自治性隐私问题由与他人的亲密行为有关的宪法性隐私法提供保护。例如,当他人将隐私与避孕决定联系在一起时,他人会认为自己享有行为自由的权利,因此可以决定是否采取避孕措施。不过,此种分离并非是内在的问题所显现的。考虑与亲密接触问题有关的隐私主张。例如,他人所提出的隐私主张与自己被别人碰触有关,或者与自己的日记被别人翻阅有关。他人不会要求避开所有人的接触,他人会寻求控制作出是否让别人接触的权利的保护。他人希望能够自由决定是否让别人接触。同样,让我们考虑与自治性隐私有关的隐私主张。例如,他人提起的隐私主张与作出堕胎的决定有关,或者与是否和意中人进行性行为的决定有关。诸如此类的主张是为了表明他人享有作出与行为有关的亲密决定的权利。他人希望能够决定在亲密环境中如何作为。简而言之,接触性的隐私主张和自治性的隐私主张都是为了享有控制决定的权利。因此,以决定为基础的隐私定义和以接触行为为基础的隐私定义之间的区别不复存在了。与其根据亲密接触和亲密决定来理解隐私的内容,我们应当将这些看起来完全不同的领域综合起来看待:隐私的内容包括亲密决定,隐私包括他人决定是否让别人从物理上或信息上接触自己的权利以及决定是否实施亲密行为的权利。假设隐私的功能就在于给他人提供控制私人生活领域的权利,隐私现在有了一个全新的定义：隐私是指他人享有控制亲密领域的状态，这一领域包括亲密的信息接触、亲密接触和亲密行为。

本文已经提出基于亲密的基础上，隐私是一个清楚明白的概念。隐私是指他人能够自主地决定亲密领域的事务。显而易见，此种隐私的定义基于亲密的概念之上。但是，此种独立性产生了一种异议：根据模糊的亲密术语是否足以阐明隐私的概念？毕竟，定义明确的亲密概念无法通过总结他人对隐私的日常直觉和法律规范来作出。

五、结语

毫无疑问，这里又出现了一个新的问题：亲密的性质是什么？不过，考虑到本文所提出的有关隐私的内容的观点，这一问题的回答显得没有那么必要。这是因为以下两个原因：首先，毋庸置疑的是，亲密是一个含糊不清的边缘性概念，不过这一原因并非是使以亲密为基础的隐私概念不能在日常生活中得到有效使用的关键。事实上，宪法性隐私权已经颇具争议地将亲密作为根据。其次，让我们探究宪法性隐私权的发展进程。尽管美国联邦最高法院没有致力于完善亲密的概念，但是，它也成功地通过一系列的裁决扩大了对隐私的保护。从整体上而言，这一成就是依据亲密所作出的——例如美国联邦最高法院在有关家庭、避孕、住所和生育的案件中所作的裁决。我们已经认可人们在这些案件中所作的决定的亲密性质，这就表明，美国联邦最高法院在裁决案件时，它已经援引某些受到普遍认可的隐私权含义。另一方面，笔者对 Blackmun 大法官在 Bowers v. Hardwick 一案[①]所作的异议进行了考量。在 Bowers 一案中，美国联邦最高法院认定，同性恋者的性行为并不受到宪法性隐私权的保护。Blackmun 大法官对此案作出了异议，他指出，美国联邦最高法院没有承认性行为的亲密决定。尽管 Blackmun 大法官没有指出亲密的定义，但是他所作的异议仍然以一种有意义的方式提及了亲密。考量 Blackmun 大法官的主张："表面上看，美国联邦最高法院拒绝承认他人享有实施同性恋性行为的基本权利，实际上法院拒绝承认的是他人享有控制亲密关系性质的基本利益。"笔者认为，Blackmun 大法官所提及的"亲密关系"表明

[①] Bowers v. Hardwick, 85 U. S. 140 (1986).

它体现着隐私的核心意义。然而,如果亲密是隐私的核心意义,我们就可以适用以亲密为基础的隐私概念,尽管这一概念并不完美。其次,某些学者批判本文只是用混淆亲密的方式取代了隐私所产生的混淆,此种做法将使同样的混乱状态继续下去。本文所提出的有关亲密的问题与有关隐私的问题相同。如果不做此种假设,那么他们的批判将缺乏力量。然而,笔者认为,使用亲密来解释隐私也会产生一些新问题。我们应当探寻的问题是何种决定属于他人的亲密决定并因此得出隐私的范围,而不是探寻亲密决定是否应当纳入隐私的保护范围。例如,我们可以探寻,为什么他人所作的是否与别人接吻的决定属于亲密决定,但是他人所作的穿越马路的决定却不是。因此,本文通过从旧问题中得出新问题的方式,对推动哲学研究也有所裨益。

隐私的概念、价值和隐私权

苏珊娜·王[①]著　谢晓君[②]译

目　次

一、导论
二、隐私的概念
三、隐私的价值
四、社会中的隐私权保护
五、结语

一、导论

在20世纪，隐私已经引起许多人的注意。许多学者都对此作出热烈的讨论，并且在美国，侵权法与宪法当中各种各样的法律权利都已经被视为隐私的基础，学者因而逐渐对此撰写了越来越多的著作。除了法律执业者和学者之外，大多数人都直观地承认隐私的重要性及其价值。虽然每个人都可能对隐私所包含的内容有一个自己的看法——正如几乎每个研究隐私的学者都对隐私提出了一个自己的定义，但是大多数人都认为，无论隐私的明确概念是什么，一定程度的隐私保护是应当存在的。

本文将会对三个独立的但也有所关联的隐私争议进行讨论。

首先，笔者将讨论隐私概念的意义。隐私在本质上是指一种安宁的状态，也就是他人免受不正当的侵扰行为或者公众关注。

[①] 苏珊娜·王（Susanna Wong），毕业于英国伦敦大学学院，现任德意志银行高级法律顾问。
[②] 谢晓君，中山大学法学院助教。

其次，笔者将讨论隐私的正当性，也就是为什么隐私具有价值。有些学者根据隐私与爱情和友情之间的关系对隐私的重要性进行解释，并且隐私之所以具有价值，其中一个重要原因在于隐私是他人个性发展的前提。此外，笔者还会对隐私的单一理论作出阐释，并且分析，对于隐私在本质层面上还是在工具层面上具有价值的这一争论是无用的以及不必要的。

最后，笔者还会讨论，虽然隐私值得保护，但是在理论上，它并不可能得到全面的保护，因为利益之间的冲突正是隐私的问题所在。

为了对本文中的多种争论进行阐释说明，笔者将会以推定的死者隐私为例进行分析。显然的是，法律并没有为死者的隐私利益提供保护。因为实际上，虽然书面诽谤侵权和口头诽谤侵权均以名誉侵权为他人的隐私利益提供一定的保护，但是并不存在对死者进行诽谤的相关诉由。然而，撇开法律规定不管，根据笔者所进行的一次非正式的民意调查，超过一半的投票者认为阅读刚刚逝去的死者的日记的行为在一定程度上是不对的，这与阅读在生他人日记的行为具有相似性，而至少在没有获得他人同意的情况下，阅读在生他人日记的行为表面上构成侵犯他人隐私的侵权行为。他们认为，当他人停止呼吸之后，他人的隐私利益并不会像呼吸一样马上消失，并且在某些情况下，死者的隐私确实需要获得一定的保护，但是这些保护必然要服从于最重要的法律或道德的相关规定。本文将会使用多种理论去判断他们是否对死者的隐私利益这一普遍接受的观点作出充分的解释。

二、隐私的概念

虽然大多数人都会直观地认为隐私具有价值，但是，要对隐私作出一个统一的概念并不是一件易事。实际上，至少有七种描述隐私的方法："利益""主张""权力""权利""状况""状态"以及"生活领域"。① 在这些"混乱的概念"当中②，在字面上似乎最正确的

---

① Wacks, "The Poverty of 'Privacy'" (1980) 96 LQR 73 at 74 – 75.
② Parent, "A New Definition of Privacy for the Law" (1983) 2 Law and Philosophy 305.

是将隐私定义为"远离其他人的一种状态"①,"限制行为人获知他人生活经历的一种实然状态。"② 尽管如此,最常见的做法一般是将隐私定义为"他人可以控制其信息"③,或者"他人可以控制以防止行为人接近"④。然而,以控制权的这种方式定义隐私会产生问题,因为它不能完全适合"隐私"这一词语的日常理解。Parent 提出一个自愿披露信息的反例对这一问题进行说明。假设 A 自愿向 B 披露其私人生活的所有信息,因此根据对"隐私"这一词语的一般理解,A 将丧失其"隐私",因为他的生活不再属于"私密的",尽管他由此对其个人信息还享有完全的控制权。同时,A 所实施的这一自愿披露信息的行为明显不能在法律上对 B 提出隐私丧失的主张。

相反地,如果 B 以某种方式拥有所有必要的监控设备,从而可以收集关于 A 最私密的个人信息,并且 A 不能阻止 B 使用这些设备,那么除非 B 实际上使用这些设备并获取 A 的个人信息,否则 A 保持隐私的状态将不会受到侵犯。虽然从 B 拥有这些监控设备的那一刻起,A 已经对其信息丧失控制权,但是 A 的隐私并不必然受到侵犯。实际上,即便缺乏证据证明行为人获取了他人的个人信息,但是仅仅由于某些窃听设备的安装而导致他人丧失对其个人信息的控制权,这已经足以让他人在法律上提起隐私诉讼。⑤

上述这一反例充分说明,将隐私描述为一种"状态"比一种"控制"更准确。这种将"隐私"视为一种"状态"的中立概念⑥也

---

① Weinstein, "The Uses of Privacy in the Good Life", in Pennock & Chapman (eds.), Privacy (New York: Atherton Press, 1971).
② O'Brien, Privacy, Law and Public Policy, (Praeger Publishers, 1979) at 16.
③ Fried, "Privacy" (1968) 77 Yale LJ 475 at 482 – 483; Beardsley, "Privacy: Autonomy and Selective Disclosure", Nomos XIII 56 at 65; Gross, "Privacy and Autonomy", in Pennock & Chapman (eds.), Privacy (New York: Atherton Press, 1971).
④ Van Den Haag, "On Privacy", in Pennock & Chapman (eds.), Privacy (New York: Atherton Press, 1971).
⑤ Hamberger v. Eastman, (1964) 106 N H 107, 206 A 2d 239 (New Hampshire Supreme Court). See Post, "The Social Foundations of Privacy: Community and Self in the Common Law Tort", (1989) 77 Calif Law Rev 957 at 959.
⑥ Gavison, "Privacy and the Limits of Law" (1980) 89 Yale LJ 421 at 415 – 440.

有助于隐私功能的心理学研究①，或者有助于对隐私与不同社会文化之间的关系进行社会学研究。此外，这还有助于指出隐私概念与隐私作为一种价值或利益的正当理由之间是有所差别的，而隐私作为一种价值或利益的正当理由来源于隐私是否应当属于一种强加于行为人身上的权利以及应当为其提供多少保护，从而使得隐私利益在法律框架内与其他利益相平衡。然而，完全价值中立的概念只是对隐私的一种有用的描述，这必然不足以对隐私的规范边界进行道德上和哲学上的讨论，因为隐私的规范边界问题是一个具有价值判断的问题。

三、隐私的价值

某些隐私需求实际上是天生的。Westin 通过生态学研究表明，几乎所有动物都对其领域有保护的倾向。虽然动物一般为了社会交往的目的而需要同伴，但是同时，它们"也需要最低程度的隐私空间，否则它们的生存将受到损害"。这些个人领域对于诸如繁殖和其他团体活动来说都是至关重要的。相似地，人类也需要一个特定的私人空间，不仅为了生存，而且还为了他们自身个性的发展。他们会在各种活动中设置特定的物理距离作为他们的个人领域，以免其他同伴侵扰他们的个人领域。这一对个人领域的需求是属于本能的、天生的，所以这在逻辑上似乎与社会和文化传统没有任何关联。

Goffman 将个人领域定义为"他人享有占有、控制、使用或处分权利"的一个"场所"或者一种"保留"。② 我们不仅期待可以控制这一私人领域免受行为人的物理侵扰，而且还期待可以控制这一领域所体现的另一种形式，也就是"信息保留"，而这些信息包括他人自身的个人或私密信息。这一个人领域并不能由诸如尺寸这些中立的、客观的判断标准进行划分，而应当通过规范的社会因素对此进行衡

---

① See e. g. the list of functions of privacy in Westin, "Privacy and Freedom", (New York: Atherton Press, 1967) at 32 et seq.
② Goffman, "The Territories of the Self", in Relations in Public: Microstudies of the Public Order 28 (1971).

量。将他人作为一个人的尊重需要承认他人对其"不受侵犯的人格"① 这一规范领域享有权利,并且行为人不得无理侵扰他人的这些个人领域。如果行为人侵犯他人的人格,那么行为人所实施的侵犯行为将构成对他人人格尊严的冒犯,这属于"精神上的"侵权行为。

在个人领域范围内,他人可以免受其他人的干扰,自由自在地实施任何行为,无论是播放极其喧闹的摇滚音乐,还是实施超越社会规范的行为。几乎可以确定的是,如果行为人对他人实施物理侵扰行为,那么这会对他人的活动造成侵扰,从而侵犯他人的个人领域。然而,如果行为人在没有获得他人同意的情况下披露或获取他人个人信息,因为这些行为对他人的个人领域所造成的威胁是不太明显的,所以此时需要更详尽的解释和分析。Benn 指出,行为人对他人的观察行为有多明显,那么行为人就对他人所享有的控制其个人信息的权利造成多大的侵犯,即便在没有实施任何物理侵扰行为的情况下,这也构成对他人行为的侵扰。因为"当他人发现自己被作为审视对象时……这会给他人带来新的感知,就像通过别人的眼睛看待自己一样"②。因为知道自己正在受到行为人的观察,他人将会变得不自在、害羞,从而不再享有"作为一个个人主体、创作主体和选择主体而完全享有的自由"。此外,对个人领域规范界限的尊重也不允许行为人对他人进行隐蔽的观察行为。虽然在进行隐蔽观察行为的过程中,他人不会因此而变得害羞,他人的行为也不会因此而受到影响,但是他将成为一个"傻子",以为他没有受到任何人的观察。他人有权在实施行为时对实际的情况进行了解,并且他人推定认为其作为一个个人主体、一个选择主体,他享有完全的自由,然而这一推定却将被作为观察者的行为人"故意打破"。

对于阅读死者日记这一例子,我们或许可以类推适用这一说理过程。虽然这一阅读行为可能不是隐蔽的,没有欺骗、隐瞒写日记的人(实际上,对于一个根据推测已经过世的主体,不需要利用这样的欺

---

① Warren and Brandeis, "The Right to Privacy" (1890) 4 Harvard LR 193 at 205; Bloustein, "Privacy as an Aspect of Human Dignity: An Answer to Dean Prosser" (1964) 39 New York U LR 962 at 971.

② Benn, "Privacy, Freedom and Respect for Persons", in Pennock & Chapman (eds.), Privacy (New York: Atherton Press, 1971).

骗手段），但是这仍然构成对他人及其个人领域的不尊重，因为这类似的行为会导致他人被追忆认为是一个傻子。他人基本的推定是，他的日记及其个人信息不会被其他人阅读，但是，行为人打破了他人的这一推定。如果认为尽管他人的生命已经逝去，但是我们还要保持对他人的尊重的话，那么这一尊重需要对死者的隐私也有所尊重，正如他还活着一样。

　　与其他人相分离的个人领域一般被认为对他人作为一个个人而言是至关重要的，从而使他人可以在心理上和社会上与其他人相分离。① 虽然隐私不意味着他人可以如其所愿地享有所有的自由，但是它可以以消极的方式通过为他人提供必要的"规范框架"以免受来源于其所属社会的侵扰压力，因此他人可以发展自己的个性、"个人自主、个人尊严以及个人的完整性"，从而"成为一个独一无二的、自我决定的个人主体"。隐私允许他人免于遵循社会规范而带来的过度压力。Benn 对此作出恰当的评论，也就是，"所有典型的人际关系都会涉及某些角色期待，无论这一期待有多么渺小"。"角色"这一个词语意味着，"外界在表面上对他人的了解与他人的实际情况之间往往存在区别，而他人的实际情况会更加复杂、真实"。因此，"每个个人都会以自己的方式在其面具后有自己的生活"，并且，当他人暂时脱下其面具时，在他人为了相当重要的社会交往重返社会之前，隐私可以为他人提供其所需要的安宁。（巧合的是，"个人"（person）这一词语最本源的意思是指演员所使用的戏剧面具，② 而个性的现代意义在于他人可以暂时脱下面具，从而可以免受社会规则的规范限制。）因此，对于他人认真地审视其道德原则而不是大规模地盲目采用流行观点，隐私可以对此提供重要的、有构建性的作用。Weinstein 简洁地将这一过程描述为各种各样灵魂搜索式的"质疑"，而这是个人判断的提升过程，并且生活因此而成为一门艺术。

---

① Simmel, "Privacy is Not an Isolated Freedom", in Pennock & Chapman (eds.), Privacy (New York: Atherton Press, 1971).
② Hixson, Privacy in a Public Society: Human Rights in Conflict, (New York: Oxford University Press, 1987) at 135.

(一) 隐私与亲密关系

关于隐私的一个争议是,隐私是否有助于亲密关系的发展,其中最为著名的支持者是 Fried。他的理由基本可以分为两个方面。一方面,他主张,道德原则要求个人领域的边界要受到普遍尊重,因为每个人都享有这样一个基本的人权。他坚持认为隐私及其固有的尊重可以为爱情、友情和信任的发展提供"必要的空气","就像氧气对于燃烧一样重要"。另一方面,他完全改变了他的关注点,狭窄地仅仅关注信息性隐私。他将隐私定义为"控制他人自身的信息",并且认为,当我们向亲密的朋友或爱人吐露秘密时,尽管可能只是向为数不多的几个人吐露,使他们可以独有地获取我们这些受到保护的隐秘信息,但我们在这样的友情关系和爱情关系中需要"花费"这种"道德资本"(moral capital)。根据相同的思路,Rachels 进一步主张,因为不同人际关系之间传播不同程度的个人信息,从而导致不同人际关系之间的亲密程度不同,所以隐私是具有价值的,因为它不仅使我们"可以控制谁有权获取和了解我们自身个人信息……而且使我们可以如愿与不同的人保持多种不同的人际关系"[①]。

Fried 所主张的第一个论点在本质上与前文已述的个人边界讨论相似。然而,这一论点与权利的关系可能是令人困惑的,至少在隐私价值这一讨论中是令人困惑的。Fried 似乎表明,每个人都对其个人领域享有一个基本的道德"权利",并且这一基本的"权利"产生于"他人作为一个个人的状态",正如在康德哲学看来,每个人本身都是一个有价值的目的。虽然每个人都在其个人领域中享有利益,但是就像本文所主张的一样,这绝不能自动引导出每个人都享有隐私权这一结论。对于隐私利益是否能明确为隐私权,无论是一种社会权利、道德权利还是法律权利,这都取决于隐私利益是否足够重要,从而在某些特定情况下优先于其他冲突利益。当然,有人往往认为,尽管在优先于其他权利的情况下隐私是一个权利,但是这也是一个不能执行的权利,或者是一个不能转化为具体权利的抽象权利。尽管如此,这

[①] Rachels, "Why Privacy is Important?" (1975) 4 Philosophy and Public Affairs 295 at 329; Reiman, "Privacy, Intimacy and Personhood", 6 Philosophy and Public Affairs 26 at 30.

一论点与权利的关系并不能有助于讨论隐私价值的正当性。因为这还有可能引发隐私利益不可避免需要得到作为一种权利的保护的假象，所以我们最好避免这一论点的讨论。

Fried所主张的第二个论点仍然有问题。

首先，第二个论点似乎并没有比第一个论点对个人边界作出稍为详尽的阐述。这些人际关系的发展之所以重要，是因为它构成他人个性发展的重要一部分。实际上，Fried含蓄地承认了这些人际关系与"他人的完整性"是密切相关的，并且隐私使我们可以"自由地对自己作出定义"。虽然Fried仅仅将亲密关系描述为分享自己的隐私信息，但是实际上，信息的保存可以为他人提供在人际关系中所"花费"的"道德资本"，这意味着这些信息是有价值的，并且含蓄地证明我们最深处的个人信息是我们自身完整的、珍贵的一部分，我们只会在向某些亲密朋友或爱人披露这些信息时才会感到舒适。实际上，因为人类不能隔绝地生存，并且天生需要同伴等社会交往，所以绝对的隐私是不可能存在的和不切实际的。[1] 虽然倾心的人际关系是"令人感到满意的、有救赎作用的、详细的"，但这些关系仅仅存在于特定人之间，例如爱人或者亲密朋友，并且"这些关系存在完全的信任"，从而使这些爱情关系或友情关系得到进一步的发展。因此，从一开始，Fried所主张的"爱情和友情"论点实际上并不是对隐私的独立解释，而仅仅是对个人领域原则的扩散。

其次，"爱情和友情"的这一论点甚至不能很好地阐释隐私的价值。仅仅处理隐私与控制他人个人信息之间的关系，这会导致忽略了使他人独立于社会侵扰这一更大范围的隐私利益，因为在这些情况下，完全有可能不会涉及任何个人信息的披露行为。[2] Fried实际上承认这一论点不能对隐私的价值提供一个充分的解释，因为"即便世界上没有爱情、友情或者信任，人们还是会认为隐私是有价值的"。我们可以举一个最怪异的例子，也就是，如果单单因为被判处终身监禁的罪犯不可能发展爱情关系或友情关系，从而判断他们不享有任何

---

[1] Silber, Masks and Fig Leaves, in Pennock & Chapman (eds.), Privacy (New York: Atherton Press, 1971).

[2] See e.g. Griswold v. Connecticut (1965) 381 U.S. 749.

隐私权，这显然是不正确的。

最后，对于保留个人信息可以提供所要"花费"的"道德资本"，这一论点不仅是"令人反感的"，而且还是不能令人信服的。这一论点之所以是令人反感的，是因为它将亲密关系描述为个人信息"稀缺性"的一个"市场概念"，正如其所表明的，"亲密关系的价值和实质不仅仅在于他人所拥有什么，还更在于其他人所没有拥有什么。"相反，亲密关系还有可能出于其他原因而有其价值，例如这些紧密关系的有限性。

与之相比，这一论点更是不能令人信服的，大多数人一般都不会以这样的方式进行思考和行为。例如，假设 C 认为其收入对于其职业来说是属于令人难堪的低水平状态，现在 C 所居住的当地报纸公开了 C 的收入，那么 C 会因此感到其隐私遭受侵犯。他可能会认为这一披露公开行为侵犯了他自身（作为一个个人）。但是，他完全不可能因为这一公开行为导致他不能将这一令其感到难堪的低收入仅仅让他的爱人和最好的朋友知道，从而认为他的"道德资本"遭到损害。并且，"道德资本"的这一论点不能用于解释死者隐私利益这一例子。死者本质上不再能建立任何人际关系，所以不会存在任何所谓因侵犯其隐私的行为而有所减损的"道德资本"。

同时，Fried 的"道德资本"论点不能涵盖涉及隐蔽观察行为或隐蔽披露行为的案件，而 Benn 的"傻子"理论可以对这些案件作出完全的禁止。如果 C 永远不知道这一披露行为，那么他的"道德资本"是否受到损害仍然是一个未知之数。假定 C 的收入并不是被公开在其当地社区，而是在位于国家另一端的其他小城镇，并且他对这一公开行为并不知情。那么，C 的爱情关系、友情关系可能会继续很好地发展，就像这一公开行为不存在一样。此时公开行为就没有侵害 C 所可以"花费"的"道德资本"，并且根据 Fried 的理论，这一行为没有构成对 C 隐私的侵权行为，但是，这一行为当然不能被认为是正确的行为。

此外，Fried 的论点将亲密朋友和爱人带进讨论，从而导致隐私争议的复杂化。假设另一个类似的情景，C 自己并不担忧其收入水平，但是他的爱人 D 认为这一收入对于 C 的职业来说是属于令人难堪的低水平状态，而当地报纸公开了 C 的收入，C 和 D 都知道这一公开行为。尽管 C 可能会认为这一公开行为对其造成不安,但是他可能不会因这一公开行为而感到羞辱。相反,D 可能会对这一公开行为而感到尴尬,并且认为 C 所可以"花费"的"道德资本"受到减损。实际上,Fried 认为,"(爱情)关系所令人满足的形式是为了新的、共享的利益而相互放弃某些权利",并且友情关系只在"关系的同化程度"有所不同,而不是关系类型的不同。虽然 Fried 认为这一般与权利放弃相关,但是这必然会适用于放松信息控制的具体情况,例如放弃阻止行为人进入个人领域的"权利"。因此,在发展亲密的爱情关系时,他人放弃(至少部分放弃)其隐私"权利",从而在他与其爱人之间形成一个共享的隐私利益。对于 C 和 D 对 C 的个人信息所共同拥有的隐私利益,尤其当 C 和 D 对于什么构成"个人"信息存在不同意见时,这一尴尬局面的复杂性是本文不需要讨论的。隐私的主要焦点仍然应当在于安宁受到侵犯的他人,而不是他的朋友或爱人。

总之,Fried 的论点不恰当地将个人领域受到威胁的他人转移到他人的人际交往中,从而扭曲了对隐私的讨论,更不必说通过狭窄地单单讨论信息性隐私而忽视其他有价值的讨论。隐私对于他人个性的发展具有重要性的正当理由应当是充分的、清晰的,而对"道德资本"的讨论所引发的这些复杂性是不必要的。除此之外,对于爱情、友情和信任关系的讨论不能为隐私的价值提供一个充分的解释,因为即便这些关系不存在,隐私也还是具有其价值的。Fried 的论点仅仅是以一种费解的方式指出爱情关系、友情关系和信任关系是他人个性发展的一个完整部分,但是他的解释并没有对这些亲密关系与隐私价值之间的联系作出明确说明。

(二) 隐私在本质层面上或者工具层面上的重要性

关于隐私的另一争议是,隐私是否是一种独立的利益,还是来源于其他更基础的利益。此外,也有人争议,隐私是在本质层面上还是在工具层面上才具有重要的价值。Prosser 认为,没有所谓独立的"隐私"利益,隐私利益其实是精神上心神稳定、名誉和他人的姓名或肖像这些无形财产的利益的混合,由美国法当中的四种不同的隐私侵权行为对此加以保护。Westin 认为,隐私"本身不是目的",隐私之所以具有价值,仅仅是因为它通过四种重叠的功能,也就是,个人自主、情感释放、个人评价以及受保护的交流,从而"在工具层面上可以实现他人的个人自觉这一目标"。即便Fried认为"需要在本质层面上赋予隐私某些意义",否则隐私仅仅在工具层面上具有价值,然而这却是"脆弱的",但是他最后还是不能完成这一任务,因为他仅仅描述隐私在工具层面的价值,从而为爱情关系、友情关系和信任关系提供"语境"以及"道德资本"。O'Brien对此认为难以抉择,因为隐私不仅在本质层面上具有重要的价值,而且在工具层面上也具有重要的价值。

实际上,对于隐私是否是一种独立的利益还是来源于其他更基础的利益这一问题,任何回答都注定是徒劳的,因为在这一领域当中,来源是可逆的。无论认为隐私来源于其他各种不同的利益,例如精神上心神稳定、名誉、他人的姓名或肖像,还是认为这些各种不同的利益都只是相同的隐私利益的不同表达方式,这两种说法其实是一致的。如果这是正确的话,如果只是要在一个相同的隐私利益与多个实质上相同的隐私利益之间作出选择,那么单一理论似乎更倾向于作为一个"所有问题的主要标准"。与分离规则所导致的混乱不同,普遍适用的单一理论可以更好地促进其在未知领域的进一步发展,尤其当社会环境随着时间而变化时。对于这些未曾预见的社会变化,一个好的例子就是电脑化的数据库给隐私所带来的威胁,而20世纪研究隐私理论的前辈绝对不会预测到这种情况的发生。

假设只有一个相同的利益,对于隐私在本质层面上还是在工具层面上具有价值这一问题,尽管其答案如何具有启发性仍不明确,但是这同样会引发相当重要的关注。普遍承认的是,一个在本质层面上具有价值的利益比一个"仅仅"在工具层面上具有价值的利益要更加重要。在本质层面上具有价值的利益的价值,在于其自身,而在工具层面上具有价值的利益的价值取决于该利益的作用和它所能展现的功能。这意味着,与在本质层面上具有价值的利益相比,单单在工具层面上具有价值的利益将获得较少的保护,因为后者缺乏本质上的优势。然而,这些区分往往更多的是程度上的区分,而不是种类上的区分。对于什么才是完全在本质层面上具有价值的利益,我们几乎不可能对此作出解释,除非依赖于"本能感觉"这一直觉以及"固有优势"这一单调的主张。对于任何利益价值进行有理由的讨论不可避免会涉及什么利益在实践中可以得以实现,例如,它在工具层面具有什么价值。这些区分并不必然意味着,根据实际作用所描述的利益就会具有较小的意义或者获得较少的保护,尤其当其他利益不能充分实现相同的功能时。因此,利益在本质层面上或者工具层面上是否具有价值,在很大程度上并不是取决于是否存在一定的"固有优势",而在于其效用的独特性,也就是,其他利益是否具有相同的功能,以及这些相关功能的重要性。在日常语言的使用当中,"本质"与"工具"这两个词语具有明显的、重大的区别,但是它们在本质上并没有实质性的差异。如果一种利益被广泛认为值得获得更强的保护,那么这一利益将会被普遍认为是在本质层面上具有价值的利益,而获得较少保护的利益会被认为是在工具层面上具有价值的利益。一种利益的作用不同决定其应当被划分为在本质层面上具有价值的利益还是在工具层面上具有价值的利益,而不是由这些划分导致利益的作用不同。

将这一说理应用于隐私的具体情况当中,我们会发现,对于隐私在本质层面上还是在工具层面上具有价值的这一争论是没有结果的,因为不存在一个合乎情理的答案。所以,更重要和更有价值的是寻找隐私的功能,从而确定这些功能的重要性,随后判断对隐私所提供的保护是属于一般对"在本质层面上"具有价值的利益所提供的保护还是属于一般对"在工具层面上"具有价值的利益所提供的保护。这样做的一种方法是,在不涉及隐私的情况下,考虑其他利益是否具备相同的功能。我们到目前为止已经总结认为,隐私保护他人的个人领域,他人因而可以在免受社会不正当侵扰的环境下发展自身的个性。这一功能对他人的个人尊严来说至关重要,这是他人作为一个个人的核心所在。此外,在不涉及隐私的情况下,其他利益难以完全实现这一功能,因为隐私的规范定义在本质上是根据这一功能而塑造的:所谓隐私,就是指对于保护他人的个人领域所必要的任何事情。因此,尽管隐私根据其功能而被认为"仅仅"在工具层面上具有重要性,但是它对于人类来说仍然是具有重要意义,从而应当在观念上也得到恰当的保护。

四、社会中的隐私权保护

有人认为,隐私之所以值得获得保护,是因为它与民主之间强有力的关系,而民主是一个大多数西方国家所赞同的概念。虽然在理论上,现代民主的制度设计可能来源于允许普遍社会大众通过选举代表的方式对公共利益作出决定,但是实际上,公民往往根据他们所认为的[①]利益进行投票。然而,有所疑问的是,一般投票者是否可以处于最好的地位,没有受到任何限制,从而判断什么才对整个社会有益。民主制度因而"本质上倾向于承认他人的个人利益……从而作为政治活动的合法基础"。虽然根据民主制度,公民可以根据自己的利益在程序上享有投票自由和参与自由,但是这些自由都将毫无意义,除非公民同时享有最大可能的实质自由去发掘他们的自身利益,因为这对于公民根据自身利益投票来说是至关重要的。而且,公民有权发现他们真正利益所在的这一权利必须同时也是持续不断的,至少因为他们的利益可能会随着时间而有所变化。因此,自由发掘自身利益所在的这一自主权是民主存在的一个结果,一个"民主制度明显培养的基本价值"。隐私可以明确为这些自主权提供基础,在免受社会不正当侵扰的情况下,允许公民发掘自身的利益并且以此作出行为,在各种各样的"质疑"过程中批判地审视自身的道德原则。所以,隐私不仅对于自主权来说是一个"必要的前提条件",而且也是民主所要实现的基本目标。因此,西方民主才会致力于为隐私提供尽可能的保护。

长期以来,人们都主张他人应当享有隐私权。Reiman 认为,隐私赋予他人"对其存在享有精神上的权利",所以他人可以恰当地宣称其物理上的存在仅仅属于他人自己。实际上,作为个人所有权的一种形式,隐私是个人财产中最极度的一种表现形式。[②] 大多数人都不愿意认为,在一个承认各种个人权利和财产权利的法律框架中,如果

---

① Samar, The Right to Privacy: Gays, Lesbians and Constitution, (Philadelphia: Temple University Press, 1991) at 92.
② Hirshleifer, "Privacy: Its Origin, Function and Future" (1980) 9 The Journal of Legal Studies 649 at 650.

他人的姓名可以作为商品在市场中交易以及作为缔结的合同债务,那么他人此时仅仅是一个无关紧要的实体。人们一般认为,他人作为一个人而不仅仅是一个物品、一种手段。根据康德主义的观点,人本身就是目的,并且这一观点已经得到普遍认可。实际上,尽管隐私案件涉及许多复杂的问题,但是法官往往在隐私案件的判决中使用财产权加以分析说理,这已经不为人惊讶。一般而言,这一适用往往会被加以正当理由的借口,也就是说,即便他们不能对受威胁的利益作出一个具体的描述,但是他们可以提供一个有用的类推模型。因此,保护个人权利和财产权利的社会不能始终拒绝为隐私提供类似的保护。

到目前为止,隐私已经被认为属于一个有意义的利益并值得受到保护,不仅因为它与个性发展之间存在重要的关系,而且还因为它与社会中的民主以及保护私人财产之间存在必要的联系。然而,仍然存在一个未回答的问题:应当为隐私提供多少保护?

对隐私持怀疑态度的人认为,隐私的概念过于模糊以至于不能作为一项权利而受到保护。Wacks 认为,虽然隐私起初作为一个清晰的概念被提出,但是它已经成为一个"庞大的"概念,至少"夹杂"着七个其他概念,所以不可能再将隐私描述为"一个法律权利或者诉讼理由"。实际上,隐私的道德理论或者社会理论往往不能产生法律所要求的"固定的、广泛适用的"概念①,"因为它们将个人隐私与其他各种不同的个人状况(恰当地)相联系起来"。因为"隐私过于私密,在精神上触及他人的个人生活",所以隐私在性质上是高度个人的,并且它本质上不能被出于法律目的的客观术语所充分解决。然而,隐私在社会中或法律中的保护之所以困难重重,除了因为已经有所谈及的模糊性之外,还有多种更加基础的原因。

因为世界上所产生的每个想法或每个行为都必然来源于人,所以这可能会触及他人的个人领域或者他人自我定义的某部分。因此,在理论上,每个想法或行为都可能涉及他人的隐私,这取决于他人的原则和价值。因为每个单独个人都对个人领域有自己的主观看法,所以社会中的所有成员不可能都对他们的个人领域边界划分作出统一的意

---

① Ashdown, "Media Reporting and Privacy Claims-Decline in Constitutional Protection for the Press" (1977—1978) 66 Kentucky LJ 761 at 774.

见。即便在某种程度上可以奇迹般地在全社会范围内得出一致意见，但是隐私利益的冲突在每个社会中都必然存在，因为社会成员之间的交流与社会交往必然会对他人的隐私造成侵犯。实际上，"在我们的时代里，隐私的主要敌人"是"社会"。① 如果人们不与其同伴生活在一起，那么隐私将永远不会发生争议，没有人会侵犯他人的个人领域，隐私因而并不存在任何"敌人"。然而，正如上文所述，人们需要其他同伴等社会交往，这也是为什么他们需要生活在社会当中的原因。因为人与人之间的交流是社会交往的一部分，所以这注定会对他人的个人领域造成连续不断的侵犯。

实际上，Rubenfeld 已经进一步指出，除了已有所讨论的个人主义层面之外，还有一个更加被人忽视的层面，也就是，他人个性的公共层面。如果一方面，一个反社会习俗者的隐私可以得到保护，使其可以免受所有社会规范的限制并发展其个性，那么，另一方面，一个无法忍受的循规蹈矩之人可能会坚持认为，其所属社会的一致性是其个性发展的一个主要因素，并且这将作为其隐私的一部分得到保护。② 然而，对这两种相冲突的隐私利益提供全面的保护肯定是不能实现的。因为隐私的问题实际上就是这些利益相冲突的问题。

当不同人之间的隐私利益发生冲突时，一个明显的问题就是哪一个利益应当得到优先保护。这一问题显然不容易回答。如果回答认为"好的"或"健康的"个性优先于"坏的"或"不健康的"个性，那么这一回答肯定是自打嘴巴的。因为这些对个性的判断和随后必然具有侵扰性的执行措施都是隐私理念所致力于防止发生的，从而保护每个人都可以自由发展其个性，"甚至当这些个性与普遍的、传统的、'正常的'价值相反时"。

此外，另一个答案就是采用损害原则作为判断隐私保护水平的标准。因为自由是一个在很多方面都被认为与隐私十分相似的概念，所以我们可以通过类推自由从而认为，只要没有对社会中的其他人造成损害，那么他人的隐私利益就应当受到最大限度的保护。对于那些只会对自己产生影响的行为，他人对于损害自己的决定是其个人定义的

---

① B. Moore, Privacy: Studies in Social and Cultural History (1984) at 267.
② Rubenfeld, "The Right of Privacy" (1989) 102 Harvard LR 737 at 765.

一部分,并且他人应当"无论根据法律还是社会,都可以自由实施行为并承担其行为后果。"① 然而,正如上文所述,人类生活在社会当中这一事实意味着,完全只对自己产生影响的行为是不存在的。几乎所有行为都会对其他人产生影响,而对于这些涉及其他人的行为,此时问题将变成,在任一特定情形下,社会是否由于保护他人的隐私利益而受到"损害",但是,在没有发现所有相关情况的前提下,这一问题是得不到回答的。尽管如此,重要的是,无论隐私利益的价值是多少,隐私利益都不会自动成为可执行的权利。这往往需要一个衡量过程,在他人个性受威胁的程度与其他受威胁的社会利益的重要性二者之间进行衡量。

实际上,在任何社会中,这一平衡方法对于权利机制的运作都是至关重要的一步。一个普遍的隐私"权利"只是一个抽象的、表面的权利,是一个"理想状态",也就是说,只有当他人的隐私没有与其他更重要的法律、道德或政治利益相冲突时,他人的隐私才能受到保护。隐私与其他利益的衡量取决于不同时期每个特定社会中的文化和价值。只有在这一衡量过程之后,任何可执行的具体权利的确切范围才能得以确定。因此,没有任何理论可以保证所有的隐私利益都会得到保护。如果他人的隐私受到保护,那么隐私保护水平取决于社会的文化和价值。这是为什么隐私权的"虚拟边界"与"实际边界"之间往往存在差别,其中隐私权的"虚拟边界"取决于隐私利益的价值,而隐私权的"实际边界"取决于各种相冲突利益的衡量。

对于应然上的隐私保护水平和将隐私视为法律上的一种权利的实然上的隐私保护水平之间的差别,我们可以借助上文所提及的死者隐私例子作出清晰阐述。即便大多数人都倾向于认为,出于对离世作者的隐私的尊重,翻阅死者的个人日记在某种程度上是不对的,但是大多数人也认为,这不是一个不变的规则。大多数人认为,在特定情况下,阅读死者日记的行为甚至可以构成一种权利。例如,如果有人认为死者属于自杀身亡,那么死者生前的日记将是判断其是否属于自杀的一个重要证据。或者,从另外一个完全不同的角度看,已经去世已久的死者的日记可能可以作为时代文物,对历史研究或社会研究有重

---

① Mill, On Liberty (G. Himmelfarb ed. 1985) at 142.

要的价值。这些假设的情况都表明,虽然对于为什么隐私具有价值并值得获得特定保护,其原因可能在本质上是相同的,但是对死者的隐私利益所提供的道德保护或法律保护可能与对其生前的隐私所提供的保护有相当的不同。实际上,对于死者的隐私利益所提供的保护可能会随着时间而有所变化,例如,对于为了历史研究的目的而不保护死者的隐私,这一观点将随着时间的推移而得以加强。与其说不同的衡量过程需要考虑实质上不同的道德因素或法律因素,不如说这些相同的考虑因素在不同的衡量过程中被作出不同的衡量和比较。

有人认为,死者的隐私利益之所以容易受到损害,是因为这些利益不能与一个(活着的)主体相对应,所以不存在对利益的侵害,更加不用说是对权利的侵害。然而,虽然大多数权利和利益都与活着的特定个人主体相联系,尤其是作为法律系统上的程序事项,任何权利的执行往往要求一个活着的人去发起必要的诉讼程序,但是这些主体并不是利益存在的逻辑要求。对于他人享有一种权利的这一说法,可以换一种表达方式,也就是,其他人需要对他人承担义务。对于"权利"及其反义词"义务",这两个词语的使用不仅是一种方便的对应表达,而且还对权利与义务的关系进行了说明,也就是,因为他人享有"权利",所以这会对其他人造成相应的后果,即"义务"。正如上文所述,这些后果取决于权利的实施,并且这一实质性的问题在逻辑上不会受到是否存在一个活着的"主体"的影响。尽管如此,死者隐私利益的重要性往往低于仍在生的其他人所享有的其他利益,因为否则其他人在死者阴影下所进行的生活将无法想象!因此,在大多数情况下,其他利益很有可能会超过死者的隐私利益。然而,这并不会导致对死者隐私利益的讨论发生不连贯的情况。

任何时候,如果利益要成为权利,那么权利的范围都要取决于是否存在任何相冲突的利益,如果是的话,那么就要取决于这些利益之间的衡量。其中一个几乎必然优先于隐私利益的就是,促进和保护社会凝聚力的需求。Devlin 认为,无论社会如何变化,它都不过是一个"意见的集合体","由共同想法这一不被看见的纽带所结合(成为一个实体)"。① 根据他的这一说法,不被看见的纽带不仅包括政治意

---

① Devlin, "Morals and the Criminal Law", in The Enforcement of Morals, at p. 10.

见,而且还包括道德意见,而后者被定义为"社会成员对其行为方式以及生活管理的意见"。对他人个性的保护不能以损害"社会特性"为代价,"破除传统的做法将会陷入一个困境,也就是,社会所代表的究竟是什么……从而(威胁)破坏甚至是重新塑造社会已经建立起来的具体特性"。如果这样一种已被认可的道德对于社会的存在来说是至关重要的,那么社会往往在法律上有一种初步权利可以执行其价值和道德判断。即便有人怀疑,某些共同的道德是否对于任何社会的存在至关重要[1],但是毫无疑问的是,对隐私作出全面的保护是不可能的,因为保护隐私所必然导致的疏离会"阻止'真正社会'的实现",然而,社会交往与为了个人幸福而建立的完整的个人领域是同样重要的。

因此,无论隐私利益值得获得多少保护,对于社会通过法律促进其凝聚力的权力,在理论上是没有任何限制的。尽管隐私利益的保护水平只取决于对相冲突利益之间所作出的衡量,但是往往存在一个因素可以优先于对他人隐私的保护。"社会有权通过法律保护其自身免受威胁,无论是来源于内部的威胁还是外部的威胁。"如果隐私被作为一张不受限制的通行证,他人可以利用隐私这一借口做任何他想做的事情,那么这肯定是难以为人所接受的,因为这样一来,社会将无法生存。然而,隐私确实值得获得一定的保护,因为它毕竟对于他人的幸福而言具有必要的、有价值的功能。对此,一个明智的折中办法就是,在法律上对公民的生活作出最低限度的规定作为一般原则,但通过承认法律在隐私的名义下可以囊括一切,从而在实际中允许为隐私提供尽可能多的保护。随后,问题就不再是"哪种行为在本质上与隐私关联而永远不会受到法律的规定?"因为答案是不存在任何一种行为;此时问题是:"如何通过对日常生活作出最恰当且最低限度的法律规定,从而使明智的折中办法得以实现?"因为法律确实有实质性的权力塑造人们的生活。

这一结论对本文的潜在观点有所巩固。与其说隐私利益关注他人可以只根据他所希望的那样实施行为的基本自由,还不如说隐私利益关注他人的生活不会受到社会规范的过度干扰所享有的基本自由。虽

---

[1] Hart, Law, Liberty and Morality (1951).

然他人可以在其个人领域内自由地玩耍，但是对其个人领域的外部限制不是取决于其自己，而是取决于他所属社会的普遍社会规范，因为这是在社会中共同生活的所有人保护他们各自隐私的唯一的一种方式，即便这些保护是有限的。

五、结语

虽然在现代社会中，隐私被认为对于他人个性的发展来说是有价值的，但是不管怎样，它总是不能获得全面的法律保护。因为"隐私的价值只能以个人或主观的角度加以定义"，它的价值不仅仅在政治上没有吸引力，而且法官和律师都很难把握它的微妙之处。在"依据判例法裁判的普通法体系中"，"基于明确表达区分或者遵循相关案例的原因这一强烈的压力下"，法官对于法律原则的发展需要"明确的、可行的判断标准"，但这完全是隐私这一难以捉摸的词语所缺乏的。由于缺乏这些技术性要求，对于隐私在特定情况下是否被作为一种权利得以保护，这取决于其与其他冲突利益之间的衡量。有趣的是，这里对"隐私"这一词语具有启发作用的词源作出简要说明。虽然"隐私"（privus）在拉丁语中最古老的含义是指"单一"，"后来作为判断标准用以判断什么是特定的、特殊的或者他人所有——其暗含的语境不是单独的他人，而是与其他人的潜在主张相冲突的他人"。

在大多数案件中，其中一个与隐私相冲突的利益是，社会为了加强社会凝聚力而需要执行其自身的规范。这可能是隐私之所以被认为是极度脆弱和容易受损的其中一个原因。因此，只要社会中有两个人以上生活，隐私不可避免就是一个相竞争的问题，因为社会所存在的社会交往将不可避免地导致个人领域的竞争。许多人会认为，将隐私作为一种权利并加以保护的不确定性是令人困惑的，因为实际上，无论是将隐私定义为远离其他人的一种状态，还是认为隐私有助于他人的个性发展，这一隐私的概念和隐私的价值其实并没有过多的疑惑性。